KB050583

테러리즘의 스펙트럼

김태영 · 문영기

Spectrum of Terrorism: Violence, Crime and War

박영사

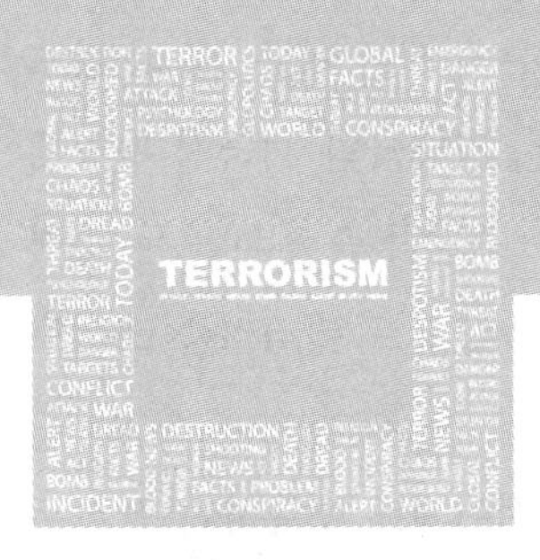

머리말

"테러리즘의 스펙트럼!"

1937년 국제연맹에서 최초로 오늘날 우리가 인식하는 테러리즘의 개념을 '한 국가에 대하여 직접적인 범죄행위를 가하거나, 일반인들의 마음속에 공포심을 일으키는 행위로서, 정치적인 동기에서 기반한 폭력행위'로 합의하였다. 1988년 테러리즘 연구의 선구자였던 미국의 정치학자 Alex P. Schmid는 50여 년간 수많은 학자들의 테러 연구 분석을 통해 "테러리즘은 불법적인 개인·조직·국가 행위자들이 자신들의 정치적 목적을 달성하기 위해 일반인들에게 불안과 공포를 유발하는 반복적 폭력행위"로 규정하였다. 한편 1999년 미국의 RAND 연구소장을 역임했던 Bruce Hoffman은 21세기의 테러양상을 예측하며 "과거 전통적 의미의 테러리즘과 수법이나 피해의 규모 면에서 차별화되는 테러양상"을 뉴테러리즘(New Terrorism)이라고 명명하였다.

최근 들어 세계 각국에서 하루가 다르게 테러는 다양한 형태로 진화하며 일상화되고 있다. 최근에는 코로나19의 비대면 사회가 현실화가 되면서 메타버스 환경 하에 테러범과 테러수단조차 드러나지 않고 국경을 초월하는 테러공격이 현실화되고 있다. 따라서 국제사회는 테러를 공동으로 대응해야 할 심각한 초국가적 위협으로 인식하고 있다.

테러의 개념과 이론은 과연 언제까지 유효한 것일까? 이제는 인종·종교 혐오에 기반한 증오범죄, 이민자들에 의한 폭력적 갈등, 내전, 강대국의 제국적 팽창에 대한 저항에서 비롯된 저강도 분쟁, 하이브리드 전쟁 등 포괄적 측면의 모든 폭력행위를 총칭해서 테러라고 새롭게 규정해야 하지 않을까? 앞으로 테러리즘 스펙트럼의 경계선은 어떻게 정립하고 대응해야 할 것인가?

이런 측면에서 본 책의 제목을 정하는 과정은 역설적이게도 행복하지만 본문을 작성하는 것만큼이나 어려웠다. 앞으로 도래할 테러의 양상에 대해서 명확하게 예측하기는 쉽지 않았다. 전통적 테러리즘의 테러공격은 한정된 테러대상목표와 인원에 대해서 이루어져 왔다. 뉴테러리즘의 양상은 9·11 테러 이후 전쟁 수준의 무차별적 대량살상이 주된 특징이었다. 프랑스 파리 테러를 기점으로 공간과 수단의 복합성을 특징으로 하는 동시다발 복합테러가 나타났다. 또한 일상에서 손쉽게 획득할 수 있는 테러수단에 의한 로우테크 테러로 양상은 변모를 거듭해왔다. 오늘날에는 테러범 대신 무인 드론이나 킬러로봇 등 4차 산업혁명 기술이 주도하는 테러양상으로 진화하고 있다.

이 책의 저자들은 공통적으로 공직에서 대테러 및 국가안보 분야에서 재직하면서, 학술적으로도 연구 및 강의 등을 활발히 수행하여 왔다. 필자는 20여 년간 대테러 및 경호안전 분야에서 근무하였다. 특히 국무총리실 대테러센터와 합동참모본부에서 대테러 업무를 담당하였다. 정책학·범죄학 석·박사 과정과 연계하며서 글로벌 테러리즘 양상과 대한민국의 대테러활동의 현주소를 체감할 수 있었다. 현재는 대통령경호처 경호안전교육원 교수로 재직하며 테러리즘을 강의 및 연구하고 있다. 공저자인 문영기 박사는 40여 년간의 공직생활의 대부분을 대테러 분야에서 근무하면서, 초대 국무총리실 대테러센터장으로 근 4년간 재직하였다. 2018 평창동계올림픽 및 2019년 한-아세안 특별정상회의 대테러안전대책본부장을 역임하였다. 석사와 박사과정에서 테러리즘으로 논문을 제출한 특이한 이력을 가지고 있고, 본 책의 내용에 재구성하여 반영하였다. 현재는 경찰대학에서 '테러리즘' 과목을 강의하고 있다.

저자들의 경험과 연구의 결과물로 테러리즘과 연계된 20여 편의 국내외 학술논문을 발표해 왔고 이러한 노력들이 이 책의 중요한 밑거름이 되었다. 단편적인 이론 혹은 실무적 측면에만 치우치지 않고, 보다 학제적 관점에서 테러리즘에 대한 필수적 내용들을 담고자 노력하였다. 따라서 이 책이 갖는 가장 의미 있는 특성은 실제 국가대테러활동의 정책적 경험적 노하우와 최신 테러 양상 및 이론 등이 융합된 학술서적이자 실무매뉴얼로서의 이중적 성격을 갖는 책이라고 자부한다.

이 책은 크게 세 가지 영역으로 구성되어 있다.

Part 1(제1장~제4장)은 테러리즘 총론을 설명하였고, Part 2(제5장~제7장)는 테러리즘 위협으로 코로나19 이후 지역별 · 주요 테러 양상별 위협과 테러와 전쟁을 정리하였으며, Part 3(제8장~제10장)는 테러리즘 대응으로 대한민국 및 주요 국가들의 테러대응체계와 저자들이 생각하는 정책적 대응전략을 제시하였다.

첫째, 총론에서는 제1장 테러리즘의 스펙트럼의 요소인 폭력 · 범죄 · 전쟁 등 본질과 유사개념의 정의, 제2장 테러리즘의 역사적 변천과정, 제3장 국제테러단체 현황, 제4장 국제정치 및 범죄학적 관점에서의 테러발생 원인론 및 테러공격예측 이론을 설명하였다.

둘째, 테러리즘 위협 파트에서는 제5장 코로나19 이후 변화된 글로벌 및 우리나라의 테러정세를 살펴보고, 일본 · 중국 등 아시아, 미국·유럽 등 서구권, 중동·아프리카의 테러양상 등 주요 지역별로 테러정세를 정리하였다. 제6장에서는 주요 테러 양상별 위협으로 대한민국에서 발생 가능성 높은 대량살상테러, 드론 · 폭탄 · 요인 · 국가중요시설 및 다중이용시설 테러, 재외국민 대상 국외 테러, 사이버테러 위협 및 양상에 대해서 예측해 보았다. 제7장인 테러와 전쟁에서는 국제정치 · 정책학 · 안보학 관점에서 테러사건이 정규전 등 군사개입으로 확대된 대표적인 사례인 미국 9 · 11테러(2001년)와 프랑스 파리테러(2015년) 사건의 군사개입 결정과정을 비교분석하였다.

셋째, 테러리즘 대응 파트에서는 제8장 대한민국 테러대응 체계에 근간인 테러방지법 및 주요 쟁점사항, 한·미 대테러 법률의 입법과정 비교분석, 현행 국가테러대응체계 및 대테러활동의 주요단계인 예방 · 대비 · 대응단계별 주요 내용을 소개하였다. 제9장에서는 미국 · 영국 · 독일 · 프랑스 · 일본 등 주요 국가들의 테러

대응체계를 대테러법령, 테러대응조직, 대테러활동 정책으로 나누어 살펴보았고, 최근 코로나19 이후 각 국별 추진하고 있는 정책적 추진사항에 대해 소개하였다. 제10장에서는 저자들이 생각하는 우리나라의 대테러역량 발전방안에 대해 주요 테러 양상별 범정부 차원의 법적·제도적·거버넌스 차원의 대응전략에 대해 제안하였다.

끝으로, 이 책의 저술과정에 자문과 격려를 아끼지 않은 대통령경호처 경호안전교육원장님을 비롯한 동료 교수분들에게 감사드리고, 마지막 퇴고과정에서 늦은 저녁 및 주말까지 필자를 위해 독자의 눈높이에서 빨간펜 선생이 되어 준 국무총리실 대테러센터 김현태 중령님과 육군 군사경찰 김호 중령, 이상열·최창규·노주영·정종택·이재환 소령, 지무현 대위에게도 이 자리를 빌려 고마움을 전하고 싶다. 박영사 안종만 회장님은 물론, 편집과 제작을 책임져 준 조성호 이사님과 오치웅 대리님, 양수정 편집자님에게도 깊은 고마움을 전한다.

아무쪼록 공공·민간 영역에서 대테러업무를 하는 담당자와 학부·대학원 학생들이 좀 더 거시적인 시각에서 국가대테러정책을 수립하고, 현장에서 좀 더 체감된 대테러업무를 추진하는 데에 도움이 되기를 희망한다.

2022년 3월

저자를 대표하여 **김 태 영**

차례

Ⅰ. 테러리즘 총론

제1장 테러리즘의 스펙트럼

제2장 테러리즘의 역사와 변천

제3장 테러조직론

제4장 테러발생 설명이론

Ⅱ. 테러리즘 위협

제5장 코로나19 이후 글로벌 테러위협과 정세

제6장 주요 테러 양상별 위협

제7장 테러와 전쟁

Ⅲ. 테러리즘 대응

제8장 대한민국의 국가테러대응체계

제9장 주요 국가들의 테러대응체계

제10장 대한민국의 테러 대응역량 발전방안

I

테러리즘 총론

테러리즘의 스펙트럼

• SPECTRUM OF TERRORISM •

Violence, Crime and War

COMBAT TERRORISM

제1장 테러리즘의 스펙트럼

제1절 테러리즘 본질과 정의

1. 테러리즘의 본질

인류의 역사 이래 인종·민족·국가 간 대립과 갈등 및 전쟁은 지속되어 왔다. 과거 전통적 안보대결인 냉전체제의 종말로 이념을 중시했던 민주주의와 공산주의의 군사력 대결의 현장은 사라졌으나, 종교·경제·자원·민족적 측면의 요인들과 세계화에 따른 다양한 원인에 기반한 대립은 점점 심화되고 있다. 이런 상황에서 세계 각국의 상징적인 테러대상목표(인원·시설)에 대한 테러공격이 감행됨으로써 테러단체 및 개별적 테러범이 정치적 목적을 달성하는 패턴이 두드러지고 있다. 대표적 예로 ISIS(Islamic State of Iraq and Syria) 등 이슬람극단주의 국제테러단체들이 대중의 공포 조성을 통한 정치적 목적을 달성하기 위해 민간인에 대한 무차별 테러를 감행하고 있다(김태영, 2020).

최근 코로나19 이후에는 세계 각국에서 방역통제로 인한 봉쇄조치 강화에 따

| 그림 1-1 | ISIS 테러단체

출처: https://www.bbc.com/news/world-middle-east-27912569

른 온라인상에서 선전선동활동을 통해 테러공격의 여건조성을 강화하고 있다. 특히 미국 네브라스카대학 테러리즘 연구소인 NCITE에서는 최근 새로운 인터넷 플랫폼인 메타버스[1]와 같은 사이버공간이 잠재점 테러범들을 포섭(Recruitment)하거나, 가상 테러대상목표를 설정하여 협조된 테러계획 수립 및 훈련수단으로 악용될 것이라고 경고하였다(NCITE, 2022). 이른바 가상현실·증강현실·AI 등 첨단기술로 현실세계와 상호작용하는 시뮬레이션이 실시간 가능해지면서 전 세계 잠재적 테러범들이 3차원의 메타버스 환경에서 테러 콘텐츠를 투영하고 테러공격을 수행하는 시대가 열린 것이다(KAIST, 2022).[2]

한편 미국 서구권 등지에서 발생하는 테러공격은 대상 및 장소를 공유하는 동시다발테러 사례가 다수 발견되는 등의 유사성을 보여주고 있다. 일례로 2015년 11월 파리 테러는 유동성이 높은 도심에서 일반시민을 대상으로 발생되었는데, 특히 공격대상이 다중이용시설(Soft Target)이었으며 공격형태도 인질납치, 자살폭탄과

1 메타버스는 물리적 제약이 없는 사이버 공간에서 개인을 대신한 아바타를 활용해 실제 현실과 유사한 생활을 하는 가상 세계를 의미

2 KAIST. (2022). 카이스트 미래전략 2022: X이벤트 위기와 기회의 시대. KAIST 문술미래전략대학원 미래전략연구센터.

무장총기공격 등 복합적 형태의 공격으로 많은 수의 인명을 살상하려 했다는 점에서 최근 테러의 경향을 가장 대표적으로 보여주는 사례라고 할 수 있다.

이렇듯 테러양상은 더 이상 어느 한 국가에서만 발생하는 일도 아니며 특정 신념이나 목적과는 상관없이 발생되는 경우도 빈번하다(박재풍, 2013). 과거의 테러는 명확한 목적이나 이념을 가지고 있고, 자신들의 요구조건을 제시하였지만, 오늘날에는 추상적인 이유를 내세워 테러를 감행하며 요구조건의 제시도 없고, 정체도 밝히지 않는 환경에 직면해 있다(이창용, 2007).

결국 테러는 너무나 복잡한 요소들이 뒤엉켜 있기 때문에 그 본질 또는 정의를 내리는 것이 매우 제한된다. 일례로 테러와 폭력·살인·조직범죄 등 범죄(criminal act)와의 차이점, 테러와 전쟁 및 비정규전(insurgency)과의 기준과 경계선은 점점 불분명해지고 있다(Gaines & Kappeler, 2019). 테러는 전통적으로 사회적 불만(social discontent)을 갖고 상대방에게 자신의 의사를 받아들이게 하기 위해 무자비한 폭력을 수단으로서 사용하는 행위로 규정되었다. 특히 최근에는 합법적인 폭력을 행사할 수 없는 비국가 행위자가 비합법적 폭력을 사용하여 사회 전반에 공포분위기를 조성함으로써 목적을 달성하고자 하기 때문에 점차적으로 대상과 방법에 한계를 두지 않는 방식으로 진화하고 있다. 게릴라(Guerilla Conflict)나 이라크와 시리아 국가 간 ISIS에 의해 수행되는 내전(Civil war) 등이 진화된 테러의 좋은 예라고 할 수 있다(Rand, 2017).

2. 폭력적 극단주의(violent extremism)의 이해

테러의 본질적이고 개념적 정의를 고찰하기 위해서는 먼저 테러행위의 중요한 특징인 폭력적 극단주의(violent extremism)에 대한 이해가 선행되어야 한다. 모든 테러행위의 배경에는 테러범인 가해자에게 동기와 목적을 부여하는 고도의 신념체계가 자리잡고 있는데, 불관용(intolerance), 윤리적 절대성(moral absolutes) 등으로 규정되는 극단주의 신념이 정립되어 있다(Martin, 2017).[3] 비록 극단화된 방식의 테러

3 Martin, G. (2017). Essentials of terrorism: Concepts and controversies. SAGE Publication.

가 개인이 신념을 표출하기 위한 유일한 방식이 아님은 분명하며, 분명 다양한 정치행위 등 온건한 방식의 의사표현방식을 통해 충분히 참여할 수 있을 것이다. 그러나 보편적으로 테러범들은 정치적 문제에 대해 급진적이며 초강경한 의도를 가지고 폭력행위를 합리화 및 정당화하는데, 특히 극단주의를 통해 폭력적인 테러행위를 표출한다.

이러한 극단주의의 사전적인 개념으로 극단적으로 사회의 평균적 통념에서 심하게 괴리된 상태를 의미하며,[4] 좀 더 심층적으로 접근하면 주로 정치나 종교적 영역의 견해에 있어 이데올로기나 행동의 경향이 주류에서 급진적·초강경·진보적인 경향성을 띤 신념을 의미한다. 극단주의는 반대되는 이해관계와 다양한 견해에 대한 불관용이 특징이며, 이것이 테러행위의 주된 기폭제로서 작용하게 된다.[5] 대표적으로 파시즘, 나치즘, 테러리즘 등과 같이 역사적으로 세계 각국에서 다양하게 발견되었다.

폭력적 극단주의[6]

이와 유사한 개념으로는 급진주의(Radicalization) 개념을 살펴볼 필요가 있는데, 사회적 이상을 실현하기 위하여 현재의 정치·사회·종교 체제 및 관행 따위를 급격하게 변혁하려는 급진적인 과정을 의미한다(이규범·박보라, 2017). 사전적 정의에서도 알 수 있듯이, 폭력이나 불법적 행위와 결합되지 않았을 경우 급진주의 그 자체는 국제인권법(International Human Rights Law)에서 정의된 바와 같이 사회적 위협으로 인식되지는 않으며, 오히려 급진주의는 유익한 변화를 가져오는 동력으로 작용하는 경우도 많다. 예를 들어 노예제 폐지나 보통선거권을 주장하였던 정치적

4 https://en.wikipedia.org/wiki/Extremism#cite_note-The_Free_Dictionary-2

5 https://www.merriam-webster.com/dictionary/extremism#other-words

6 https://theconversation.com/what-language-tells-us-about-changing-attitudes-to-extremism-80789

권리를 찾기 위한 인권 운동 등은 급진주의의 개념으로 받아들여질 수 있는데, 당시 이러한 현상들이 사회의 주류적인 관점에 반하는 관점으로 인식되었기 때문이다(OSCE · ODHIR, 2014).7

이러한 급진주의와 극단주의는 이념의 극단성이라는 공통점도 있지만 행위의 표출 및 실행방식이 격렬하고 급격하다는 점에서 학자들은 등은 극단주의와 급진주의의 차이점을 구별하였다. 즉, 일반적으로 급진주의는 이단의 견해를 가질 수 있으나 합리적이고 이성적으로 표현하는 반면, 극단주의는 테러리즘의 전조(precursor)로서 자신의 신념을 폭력적으로 표현하는 것을 특징으로 한다는 것이다(George & Wilcox, 1996).

3. 폭력적 극단주의자들의 주요 특성

1) 불관용(Intolerance)

불관용은 폭력적 극단주의의 가장 중요한 특징이자 테러행위의 가장 중요한 부분으로서, 테러범의 대의(cause)는 절대적으로 정의롭고 선한 것으로 인식하며, 이러한 대의에 조금이라도 동의하지 않는 인원들을 적대세력으로 간주한다. 이러한 극단주의자들의 불관용 인식은 적대세력을 향한 테러범의 대의와 목표를 정당화시키기 위한 신념체계에 뿌리를 두고 있다. 특히 이슬람극단주의자나 분리주의자들의 경우 자신들의 반대집단 구성원들에 대해서 부정적이고 적대적 특성을 보유하고 있다고 단정 짓는 경우가 대다수다(Chernus, 2015).

2) 윤리적 절대성(Moral Absolute)

윤리적 절대성은 테러범이 선과 악을 명확히 구분함으로써 적대세력을 이분

7 민주 제도와 인권(ODIHR)의 유럽 안보 협력기구(OSCE)(http://www.osce.org/).

법적으로 구분하는 극단주의적 신념과 대의를 의미하는데, 특히 윤리적 비전 제시를 통해 상대방에 대한 상대적 우월성을 확립하고자 한다. 이를 위해 극단주의자는 억압받는 대중을 자유로 인도하는 도덕적 엘리트의 지위를 획득하며 폭력은 성스러운 수단으로 대체된다(이국헌, 2014). 예를 들어 이슬람극단주의자들은 그들의 종교인 이슬람교가 모든 타 종교들에 비해 절대적으로 우월하며 이 종교를 지키기 위해 행하는 지하드(jihad)[8]는 절대적으로 정당한 것이라는 강렬한 믿음을 갖고 있다(George & Wilcox, 1996).

3) 새로운 언어와 음모론적 신념

극단주의자는 적대세력의 악마적 이미지를 제고하고, 극단주의 신념체제를 부정하는 집단을 테러범으로부터 분리시키기 위하여 정의로운 투사로서 새로운 언어와 음모를 창조한다. 예컨대 미국의 백인우월주의 등 극우주의 추종자들은 음모론적 신념에 기반하여 유대인이 주류인 국제 은행가들이 미국 연방정부나 국제기구 등을 장악했다고 주장하며, 테러공격을 수행한다(Martin, 2017). 2019년 3월 뉴질랜드 크라이스트처치 이슬람사원에서 벌어진 총기난사 테러범도 테러의 직접적 동기를 온라인상에서 백인우월주의 음모론인 대전환(The Great Replacement)[9]논리에 따른 테러범 스스로 인종전쟁을 수행해야 하는 순교자가 되어야 한다는 식의 의식화된 것으로 나타났다.

한편 최근 미국 국토안보부(DHS)에서는 극단주의 성향의 백인우월주의(VIOLENT WHITE SUPREMACISM)를 가장 심각한 위협으로 평가하였다. 이에 따라 부루킹스 연구소[10]에서는 백인우월주의 테러단체들에 대응하기 위해 2011년부터 2020년까지의 미국에서 발생된 백인우월주의 테러사건 40건을 분석하여 다음과 같은 취약성

---

8 이슬람교도들에게 전쟁에 의해 이슬람을 전파하도록 하는 종교적 의무를 말하며 종종 성전(聖戰)으로 번역된다.

9 유럽인의 후손이 다른 인종에게 압도당해 결국 백인이 멸종할것이라는 음모론.

10 1927년 워싱턴 DC에 설립된 미국의 사회과학 연구소로 미국기업연구소(AEI)·해리티지 재단과 함께 미 경제외교정책 입안에 영향력이 가장 큰 3대 연구소로 꼽히는데, 주로 진보성향 정책을 연구한다.

을 도출하였다. 첫째 시민의 지지 결여, 둘째 공개적으로 세력을 확장할 수 있는 안전지대 및 피난처 확보 제한, 셋째 이슬람극단주의 테러단체는 주적(서구권)을 명확히 선정하지만 상대적으로 공격대상이 모호하며, 넷째 느슨한 조직력에 따른 기획테러 등 테러실행 역량이 미흡하다는 경향성을 도출하기도 하였다(BYMAN & PITCAVAGE, 2021).11

4. 테러리즘의 정의

1) 테러 정의의 필요성

테러의 정의는 왜 필요한 것인가? 테러방지법은 국민의 생명과 안전을 극단적인 폭력과 위협으로부터 보호하기 위한 법률이다. 테러는 국가의 존재가치를 위협하는 '전쟁' 위기 상황까지 촉발될 수 있기에 테러범들의 극단적 폭력행위은 법제도를 통한 질서유지라는 공권력이 작동되어야 하는 국가 체계에서는 예외적이고 비정상적인 현상이다. 무차별적인 대량살상으로 인한 피해의 정도를 정확히 판단하기 제한되는 테러의 특징 때문에, 법령상에 테러 개념의 정립이 필요하다. 결국 대량살상이 수반된 테러가 언제 어디서든 발생할 수 있다는 가정은 국가가 보유한 공권력의 규범적인 한계를 무너뜨리고, 극적인 대응 수단의 도입을 허용하게 만드는 것이다.

이러한 극단적인 비상상황을 전제로 하는 테러는 국민을 보호하기 위해 정상적인 상황에서는 정당화 될 수 없는 권한의 수행을 정당화시켜야 한다. 다만 테러를 일반 범죄행위 등과 구분하고 차별화된 형태로 정의하려는 본질적인 목적을 명확히 정립하는 것이 중요하다. 특히 테러가 갖는 특성인 무차별적 살상이 정치·사회적 충격과 공포감을 조성하고 사회 공동체의 정상적인 삶과 제도적 장치의 붕괴

---

11 BYMAN D & PITCAVAGE M(2021). IDENTIFYING AND EXPLOITING THE WEAKNESSES OF THE WHITE SUPREMACIST MOVEMENT. https://www.brookings.edu/wp-content/uploads/ 2021/04/Identifying-and-exploiting-the-weaknesses-of-the-white-supremacist-movement.pdf

를 목적으로 한다는 점이 일반적인 범죄행위와 다르다는 데 주목할 필요가 있다.

테러의 개념을 별도로 정의하는 목적은 테러의 특성을 고려하여 국가 공권력의 대응방식이 일반적 범죄행위와 차별화된 선제적인 형태로 예방하고 강력하게 대응할 행위의 유형 및 방식을 규정하기 위함이다. 즉 법치주의적 통제 측면에서 국가 공권력의 효율적이고 강력한 수단의 유형을 예측가능성 차원에서 구현하는 목적인 것이다. 왜냐하면 최근 무차별적인 테러공격 양상 앞에서 골든타임 내 강력하고 선제적으로 테러에 대응하는 국가 대테러활동이 일반적인 법치주의적 통제를 벗어날 수 있는 가능성이 높기에 구체적인 개념적 정의가 필요한 것이다.

결국 테러의 법적 정의를 명확성과 법치주의의 한계를 벗어나지 않고 만들 수 있다면 이 문제에 대한 국가적 이해를 명확히 형성할 수 있고, 테러양상의 한계도 정해지며 이에 따라 불법적 대응과 합법적 대응을 구별할 수 있게 된다. 예를 들어 어떤 폭력적 사건이 테러사건으로 규정되고, 이에 따라 테러범으로 규정되는 순간, 이와 관련된 개인은 기본권의 중대한 침해를 감당해야 할 것이기 때문이다.[12]

테러리즘, 테러의 일반화된 개념적 정의는 과연 존재하는가? 20세기 들어와 국제사회에서 최초로 테러리즘의 개념을 정의하고자 시도했던 1937년 국제연맹에서 개최된 '테러리즘 방지와 처벌에 관한 회의(1937, Terrorism Convention)'에서 합의된 '한 국가에 대하여 직접적인 범죄행위를 가하거나, 일반인들의 마음속에 공포심을 일으키는 행위로서, 특히 정치적인 동기에서 기반한 의도되고 계산된 폭력행위'라는 테러의 정의는 현재에도 유효한 것인가? 아니면 국가 내부에서의 범죄 및 무질서, 내국인과 이민자들 간의 폭력적 갈등, 내전, 강대국의 제국적 팽창에 대한 저항에서 비롯된 저강도 분쟁이나 전쟁 등이 포괄적으로 융합된 이른바 개별 인간 및 사회집단 간의 모든 폭력행위를 총칭해서 테러라고 새롭게 규정되어야 하는가?

이처럼 테러의 스펙트럼은 국가안보를 위협하는 전쟁의 방식으로까지 진화하면서 미래 비전통적 안보위협으로서 국제사회가 공동으로 대응해야 할 심각한 아

12 송석윤. (2018). 인권보호 강화를 위한 테러방지법 개정방향 연구용역 보고서. 한국공법학회.

젠다가 되었다. 그러나 아직도 테러에 대한 보편적인 정의와 개념을 새롭게 정립하려는 학계와 각국의 노력은 미진한 실정이다.

우선적으로 테러는 그 동기와 대상, 주체 등에 따라 그 정의가 달라지며, 국가별·연구자별·관계기관별 관점에 따라 역시 달라지기 때문에 보편적이면서 정확한 정의를 내리기 어려운 측면이 있으므로 테러의 정의에 관하여 학자들 사이에 많은 논란이 있어 왔다(장석헌, 2006).

특히 최근 테러의 목적이 다변화되면서 개인적 동기나 편견에 의한 인종, 성별, 종교적 혐오에 기반한 불특정 집단을 향한 살상행위 등 증오범죄(hate crime)도 서구권에서는 테러의 범주에 포함되고 있다.

테러에 대한 명확하고 보편적인 정의는 아직까지 없으나, 기본적인 정의 없이 테러의 현상을 일반적 폭력범죄와 구분 짓기는 쉽지 않다. 따라서 테러에 대한 명확한 정의를 내려야 테러현상의 본질적 이해를 토대로 한 테러예방과 대응에 있어 효과적일 것이다.

2) 테러와 테러리즘

테러(terror)의 어원은 '겁을 주다'라는 의미인 라틴어 'Terrere'에서 유래되어, 극도의 공포(Extreme Fear)가 지속되면서 발생 원인에 상관없이 '특정 위협이나 공포로 인간이 느끼게 되는 극단적인 정신적 두려움'으로 본질적으로 인식하고 있다(문영기, 2019).[13] 이러한 테러의 용어가 널리 사용된 것은 1789년 프랑스혁명 이후, 자코뱅파의 공포정치(강압지배)시기(1793년~1794년)에서 비롯되었는데, 혁명을 추진하기 위한 반동파에 대한 탄압 등 테러의 지배(reign of terror)로부터 파생되었다. 당시 로베스피에르가 이끄는 공공안전위원회(Commitee of Public Safety)에서는 반대파를 겁박하기 위해 대규모의 처형을 시행하여 반대의견을 차단하려고 1년 사이에 무려 30만 명이 체포되었고, 1.7만 명 이상이 사형당하는 공포정치를 펼쳤다(Ranney, 2000).

13 https://en.wikipedia.org/wiki/Terror

이러한 상황을 접했던 인접국가였던 영국 정치가인 버크(Edmund Burke)는 테러(terror), 테러리즘(terrorism)이라는 용어를 처음 사용하였고, 사전에 처음 등재된 것은 1798년 프랑스 한림원(Academia de Françe)에서 발간한 사전에서이다. 이 사전에서는 테러리즘을 조직적 폭력의 사용으로 정의했고, 공포정치(reign of terror)를 테러리즘으로 표현하기 시작했다(조순구, 2009).

한편 테러가 공포심과 같은 피해자가 느끼게 되는 극단적인 정신적 두려움이라면 이와 유사한 용어인 테러리즘(Terrorism)은 '테러나 심리적인 공포나 충격과 같은 갈등을 유발시키기 위한 정치적인 폭력행위'로서, 테러행위 자체를 의미하는 상징적인 단어로 불려져 왔으며,[14] 과거에는 테러와 차별화된 개념으로 규정되곤 하였다. 국내에서는 테러리즘과 테러를 같은 의미로 혼용해서 사용하며 외국의 경우 공식문서에서는 테러리즘을, 비공식 문서에서는 테러로 각각 사용하는 경향도 있다. 그러나 최근에 테러와 테러리즘은 유사한 의미로 사용되며 정치·이념·종교 등의 특정 목적을 갖고 상대편을 위협하거나 폭력행위의 행사를 통해 공포에 빠뜨리게 하는 행위로 총칭하는 개념으로 사용되는 추세이다.

3) 테러의 정의[15]

앞서 전술한 1937년 국제연맹에서 테러에 대한 정의를 도출하려고 시도된 이후 지금까지 일관되고 보편적인 정의로 받아들여진 것은 없다. 그만큼 테러에 대한 입장의 차이가 있기 때문일 것이다. 과거 전통적인 테러에 대한 정의는 일반적으로 어떤 정치·이념·종교 등의 목적을 달성하기 위하여 직접적인 공포 수단을 이용하는 것을 의미하였다. 그러나 세계화가 본격적으로 이루어지고 테러의 규모, 수단, 파괴력 등이 다양하고, 대규모화 되면서 테러의 개념도 점차 변화되게 되었고 특히, 뉴테러리즘(New Terrorism)에 대한 정의가 미국의 9·11 테러를 시발점으로 인식이 확산되고 있나(이장용, 2007). 뉴테러리즘이란 용어는 1999년 미국의 민간연

14 https://en.wikipedia.org/wiki/Terrorism
15 이병석(2021)의 테러 개념 재정의 필요성에 관한 연구를 참고하여 재구성하였음.

구소인 RAND에서 처음 사용하였는데, 미국의 RAND 연구소장을 역임한 바 있는 호프만(Bruce Hoffmann)이 "과거 전통적 의미의 테러리즘과 수법이나 피해의 규모면에서 많은 차이를 나타냄으로써, 새롭게 등장한 테러리즘"을 뉴테러리즘이라고 명명하였다(오태곤, 2006). 또한 최근의 극단주의에 의한 테러리즘 행위는 기존의 정치적 테러리즘 단체들이 가능한 무고한 시민을 대상으로 하지 않았던 패턴과는 달리 뉴테러리즘은 오히려 민간인을 볼모로 대량살상을 노리고 있는 특성을 보인다(박준석, 2014).

따라서 본 장에서는 각국의 정부기관 및 학계에서 연구되어 온 국제적 정의와 국내적 정의를 중심으로 테러의 정의를 살펴보고자 한다.

(1) 국제적 정의

(가) 국가별 테러 정의

■ 미국의 테러 정의

미국의 경우 테러에 대한 개념은 특이하게도 법률과 기관에 따라 다양한 방식으로 정의하고 있다. 연방형사법(18 U.S.C §2331), 국토안보부법(Homeland Security Organization), 이민법(immigration Law), 애국법(Uniting and Strengthening America by Providing Appropriate Tools Required to Intercept and Obstruct Terrorism Act 2001) 등에서 정의하고 있는데, 특히 Whittaker(2012)은 미국 정부기관인 CIA, FBI, 국방성, 국부무 등의 테러의 정의를 정리한 바 있다.

미국의 연방 형사법 18 U.S.C 2331 규정에서는 테러를 국제 테러와 국내 테러로 나누어 다음과 같이 정의하고 있다.

첫째, 국제 테러(international terrorism)는

(가) 미국이나 미국의 어느 주의 형법 위반이거나 미국 혹은 어느 주의 관할권 안에서 저질러지는 경우 형법위반이 될 수 있는 생명에 위험한 행동이나 폭력으로서,

(나) 아래와 같은 의도가 있는 것으로 보이는 행위를 의미한다.

(A) 대중을 협박하거나 강요하려는 의도

(B) 협박이나 강요로 정부의 정책에 영향을 끼치려는 의도

(C) 대량살상, 암살 혹은 납치로 정부의 행동에 영향을 미치려는 의도

(다) 주로 미국의 영토적 관할권 밖에서 일어나거나 그들이 만들어낸 수단이나 협박하고 강요하려고 한 사람들 혹은 그 범법자들이 작전을 진행하고 숨어있던 지역의 관점에서 국경을 초월하여 일어나는 경우

둘째, 국내 테러(domestic terrorism)는

(가) 미국이나 어떤 주의 형법의 위반인 생명에 대해 위험한 행위이면서,

(나) 아래와 같은 의도가 있는 것으로 보이는 행위를 의미한다.

(A) 시민 다수를 협박하거나 강요할 의도

(B) 협박이나 강요를 통하여 정부의 정책에 영향을 끼치려는 의도

(C) 대량 살상, 암살, 혹은 납치로 정부의 행위에 영향을 끼치려는 의도

(다) 주로 미국의 영토적 관할 내에서 일어나는 행위

셋째, 미국 대테러활동의 컨트롤타워인 국토안보부(DHS)의 Homeland Security Act of 2002 법령에서는 "인간의 생명이나 중요한 인프라 시설을 파괴하거나 잠재적으로 위험하게 하는 행위"로서 미 연방 및 주 형법을 위반하여 민간인을 협박 및 강요하여 정부 정책에 영향을 미칠 수 있는 대량살상, 암살, 납치 등의 행위로 정의하고 있다(Homeland Security Act, 2002).[16]

넷째, 미국 국무부에서는 테러리즘을 "준국가단체나 비밀요원이 주로 군중에게 영향력을 행사하기 위해 비전투원을 목표로 가하는 사전에 준비되었으며 정치적 동기를 가진 폭력"으로 정의하고 있다(U.S. Department of State, 1996).

다섯째, 미국 국방부는 테러리즘을 "종교, 정치, 이념과 신념에 의해 자행되며 주로 정치적인 목표를 달성하기 위해 정부나 사회를 강압하고 공포를 주입하려는 비합법적인 계산된 폭력 또는 협박행위"로 정의하고 있다(Joint Chiefs of Staff DOD, 2008).

여섯째, 미국 연방수사국(FBI)에서는 "정치적·사회적 목적을 달성하기 위해 정부, 시민사회, 또는 그 특정 구성원을 위협하거나 협박할 목적으로 인명, 재산에 대

16 https://www.dhs.gov/sites/default/files/publications/hr_5005_enr.pdf

해 사용되는 불법적인 물리력 또는 폭력행위"로 정의하고 있다(Michael, 2011).

일곱째, 미국 중앙정보부(CIA)에서는 "확립된 정치권력에 찬성 또는 반대하여 정치적 목적을 위하여 개인 또는 집단에 의해서 행해지는 협박 혹은 폭력 행위이며, 직접적인 희생자보다 큰 목표 그룹에 충격을 주거나 또는 위협할 것을 의도하는 행위"로 규정하고 있다.

이렇듯 하나의 국가 안에서도 부처마다 다르게 정의하고 있다는 사실은 개념 정의의 어려움을 단적으로 표현해 주는 것으로 볼 수 있다.

■ 영국의 테러 정의

영국은 역사적으로 많은 테러 대응 경험을 가지고 있다. 특히 대영제국 시절 세계 각국의 식민지 독립운동을 억제하고 대응했던 역사적 경험들과 북아일랜드 독립을 위한 반군사조직인 IRA[17]의 투쟁에 대응했던 경험들을 통해 대테러 관련 법령 등을 선제적으로 정비하고 체계화하여 왔다.

영국의 테러 정의는 'Terrorism Act 2000(이하 TA 2000)'[18]과 'Prevention of

표 1-1 영국의 TA 2000

Terrorism Act 2000
(1) 테러(terrorism)란 다음에 적시한 행위의 실행 또는 실행을 위협하는 것을 말한다. (a) (2)에 규정된 행위로서 (b) 행위의 실행 또는 위협으로 정부에 영향을 주거나 대국의 공포를 유발하고 (c) 정치적, 종교적 또는 이념적 목적 달성을 목표로 하고 있어야 한다. (2) 본 항에서의 행위란 다음 사항을 말한다. (a) 신체에 대한 심각한 폭력행사 (b) 심각한 재산상의 피해 유발 (c) 타인의 생명에 중대한 위험을 가하는 행위 (d) 불특정다수인의 건강 또는 안전에 심각한 위해를 가하는 행위 (e) 전자장치에 대한 심각한 차단 및 방해 (3) 총기류 또는 폭발물을 이용하여 (2)에서 규정한 행위를 자행한 때에는 (1)(b) 규정에 관계없이 "테러"로 본다.

17 아일랜드공화국군(IRA: Irish Republican Army)은 영국령 북아일랜드와 아일랜드공화국의 통일을 요구하는 반군사조직이다. 창설자는 독립운동가이자 민족주의자인 마이클 콜린스이며, 1913년에 조직된 군사조직 아일랜드자원군의 후신이다. 여기서 IRA는 1947년 조직된 아일랜드의 무장테러단체(Provisional Irish Republican Army)를 말하는데, P를 빼고 IRA라고 칭한다.

18 https://www.legislation.gov.uk/ukpga/2000/11/contents.

Terrorism Act 2005(이하 PTA 2005)'[19]에 규정되어 있다. 'TA 2000'에서는 테러를 "정치·종교·이념적 목적을 위한 폭력의 사용으로 정부에 영향을 미치거나 대중 일반 또는 일부에 대해 공포심을 조장하려는 목적으로 행하는 폭력의 행사 또는 위협"이라고 포괄적으로 정의하면서, 아래 표의 2항에 구체적인 유형을 열거하였다. 특히 전자장치에 대한 심각한 차단 및 방해라는 행위유형을 포함한 것이 특색이다.

이와 달리 'PTA 2005'에서는 테러의 정의에 구체적 행위태양만을 제시하였을 뿐, 일반적·포괄적인 규정은 별도로 규정하지 않았다. 이 외에 테러와 관련된 법률은 'Anti-Terrorism, Crime and Security Act 2001', 'Terrorism Act of 2006' 등이 있으나 이 법령에도 테러개념에 대한 규정은 없으며, 'TA 2000'을 보충하는 내용으로 테러에 대한 개념 규정은 없으나 테러에 대해 강력하게 대응한다는 방침을 강조하고 있다(박웅신·윤해성, 2013).

■ 프랑스의 테러 정의

프랑스는 유럽에서 가장 테러가 빈번한 국가이다. 2015년 파리 테러 이후 심각한 테러위협에 대응하기 위해 2017년 마크롱 대통령 취임 이후 지속적으로 인터넷 검색기록 감시 등 대테러 관계 법령의 개정을 통해 테러에 대한 처벌과 법규를 강화하고 있는 추세이다.

프랑스는 형법(Code panal)에서 테러행위를 정의하고 있는데, 형법전에 총 23개의 조문(421-1조부터 422-7조)으로 구성되어 있으며, 테러개념을 포괄적으로 정의하고 행위유형을 테러행위로 예시적으로 기술하고 있다.

형법전 제421-1조에는 "개인 또는 집단의 획책하에 의도적으로 공공질서를 심각하게 훼손할 목적으로 위협이나 공포를 통하여 준테러행위, 테러자금공여죄 등의 범죄행위를 하는 것이 테러행위가 된다"고 규정하고 있다(백수웅, 2019). 이 외에도 '국방법전'에서 군 관련 범죄와 폭발물, 핵 관련 범죄, '국내안전법전'에 규정된 자금세탁 범죄, 내부자 거래 범죄 등을 규정하고 있다. 그러나 무차별적이거나

---

19 https://www.legislation.gov.uk/ukpga/2005/2/contents.

무고한 시민 등 특정대상에 대한 설명이 없기에 해당 법 조항을 근거로 테러를 명확히 이해하기에는 제한이 있는 실정이다.

한편 테러혐의자의 국적여부는 형법상 테러를 적용하는 데에는 전혀 문제가 없다고 하여 국내범죄와 국제범죄를 구별하지도 않는데, 형법상 세부적으로 규정되어 있는 테러유형에 해당되면 테러혐의를 적용하여 형법으로 처벌하고 있다. 결국 프랑스는 테러의 개념을 폭넓게 적용함으로써 유연성을 바탕으로 자국의 문화적 특수성을 절충한 법률 적용으로 테러범죄에 대응하고 있다.

■ 캐나다의 테러 정의

캐나다는 반테러법(Anti-Terrorism Act 제4조 2001)[20]에서 테러를 테러 관련 10개 국제협약상의 범죄로 규정하고 있다. "정치적, 종교적, 이념적 목적을 실현하기 위하여 계획적으로 공중을 협박하거나 개인, 정부, 국제기구에 작위 또는 부작위를 강요하기 위하여 생명, 신체상 위해를 가하거나 심각한 재산상의 손해를 가하는 등의 행위"를 테러로 정의하고 있다(신제철, 2008; Canada Minister of Public Safety, 2013). 이는 우리나라의 테러방지법의 체계와 유사하다.

■ 독일

독일은 테러의 개념을 법률상으로는 규정하고 있지 않고 독일 형법에서 테러단체구성죄만 규정하고 있는데, 형법 각칙 제7장의 "공공의 질서에 대한 범죄(Straftaten gegen die öffentliche Ordnung)[21]"에서 테러단체구성죄(제129a조: Bildung terroristischer Vereinigungen)를 규정하고 적용하고 있다(제129a조 제2항 전단). 독일은 테러의 유형을 예시적(제2항 제1호 내지 제5호의 행위)으로 기술하고 있는데, "일반공중을 현저하게 위협하거나, 폭력 또는 폭력행사의 위협을 통해 관청 또는 국제기구를 위법하게 압박하거나, 국가나 국제기구의 정치적·헌법적·경제적·사회적 기본구조를 제거 또는 심각하게 침해하는 데 적합하고 그 범죄의 실행방식 또는 그 효과를 통해 국가 또는 국제기구에 심각한 손해를 가할 수 있는 행위"로 정의하고 있다.

독일과 대한민국의 테러방지법을 비교하면, 일반공중(Bevölkerung)에 대한 위

---

20 https://laws-lois.justice.gc.ca/eng/acts/a-11.7/page-1.html.

21 http://stgb-online.de/ordnung.html.

협 또는 국가나 국제기구의 작용(활동)에 영향을 미치는 (범죄)행위를 테러의 공통된 요소로 보고 있다. 우리나라의 테러방지법이 테러에 해당하는 행위를 예시적으로 규정(제2조 제1호 각 목)하고 있다는 점에서 독일의 입법례와 일부 유사한 측면이 있는데, 특히 테러방지법의 '국가·국제기구 및 공중 협박 등'과 유사한 측면이 있다.

(나) 정책적 시사점

위에서 살펴보았듯이 국가별로 테러의 개념을 정의하는 방식이 상이하다는 것을 알 수 있는데, 먼저 포괄적 방식, 예시형 방식 등 각국의 역사적, 정치적 상황에 따라 다른 방식으로 법률에 규정하고 있다는 것을 알 수 있었다. 한국, 캐나다 등은 테러와 관련한 법률에서 포괄적으로 테러의 개념을 본문에 서술하고, 예시적인 항목을 열거하는 방식으로 테러를 개념정의하고 있는 반면, 미국과 영국 등은 테러를 포괄적으로 정의하고 있다. 특히 미국은 개방형으로 정의하고 있고, 영국은 포괄적인 본문하에 행위유형을 예시하고 있다. 이는 우리나라와 같이 개별 행위를 열거하는 방식이 아니라 신체, 재산, 생명, 안전과 같이 보호법익을 침해하는 유형을 열거하는 포괄적인 방법을 택하고 있다. 다만, 영국이 포괄적인 방법으로 정의하고 있는 가운데 사이버 테러와 같은 전자기적 방법을 포함시키고 있다는 차별성이 존재한다.

위에서 언급한 포괄적 방식과 예시형 방식은 모두 장점과 단점이 있는데, 먼저 예시형 방식은 지나치게 세분화하여 법률의 적용 시 새로운 테러환경 변화에 따른 탄력적인 법률의 적용을 어렵게 만드는 한계점이 존재한다. 포괄적 방식은 명확성의 원칙에 위배된다는 점인데, 결국 법률의 명확성의 원칙에 위배되지 않은 범위 내에서 법률의 사각지대를 최소화할 수 있는 법률이 마련되어야 할 것이다(이병석, 2021).

표 1-2 국가별 테러개념 기술방식

	포괄형	예시형
대테러법	미국, 영국	한국, 캐나다
형법	미국(연방법)	독일, 프랑스

출처: 이병석(2021).

둘째, 별도로 테러관련 특별법을 제정하여 테러범죄와 테러단체를 처벌하는 국가가 있는 한편, 별도의 테러관련 법을 제정하지 않고 형법에서 테러관련 행위(테러단체, 테러자금처벌)를 처벌하는 국가도 있다. 셋째, 사이버 범죄와 테러자금 등 변화하는 테러유형에 대해 선제적으로 대응하는 국가가 있는 반면, 예전 법률을 그대로 적용하여 새로운 유형의 테러행위를 처벌하기 곤란한 국가도 있다.

이러한 분석결과를 대한민국의 테러방지법과 비교하면, 대한민국은 예시적 방식을 취하고 있으며, 별도의 테러방지법을 제정하여 테러의 개념을 법률에 규정하고 있다. 다만, 사이버범죄 등과 같은 신종행위들은 테러로 처벌하는 것이 아니라 형법이나 특별법에 의해 처벌하는 유형이라고 할 수 있다.

(다) 국제 학술적 정의

국제적으로 학자들마다 테러에 관한 다양한 정의를 내리고 있는데, 대표적인 학자로는 Alex P. Schmid의 테러의 정의가 많이 인용된다. Schmid(1988)연구에서는 1936년부터 1980년까지 제시되었던 테러의 정의 109개에 대한 내용을 분석하여 22개의 공통된 요소를 추출해 "폭력", "정치적", "공포"가 테러의 핵심단어라고 분석하였다. 이를 토대로 테러행위를 "불법적인 개인, 조직, 국가행위자들이, 자신들의 특이한 범죄적·정치적 목적을 달성하기 위해 폭력행위의 직접적 목표에 대한 암살 등에 의한 방법으로 일반인들에게 불안을 유발하는 반복적 폭력행위"라고 정의하였다.

Bruce Hoffman(1998)은 테러를 "피할 수 없는 정치적 목적과 동기를 갖고, 직접적 피해자나 대상을 초월하는 광범위한 심리적 영향을 미치도록 설계된 폭력행위"라고 정의하였다. 특히 행위주체가 식별가능한 지휘체계 또는 음모론적 세포구조를 가진 조직인 비국가행위자나 하위 국가그룹, 비정규군에 의해 수행된다고 규정하였다.

Pillar(2003)는 테러의 정의 연구를 통해 4가지의 공통적 요소를 분석하였다. 첫째 사전에 피해자나 적을 상정하여 공격하겠다는 의도(Premeditation), 둘째 정치적·문화적·종교적·사회적 이슈에 의해 동기부여 받게 되는 정치적 아젠다(Political Agenda), 셋째 공격대상이 군사조직이 아닌 비전투원(Noncombatants or Civilians), 넷째 테러주체가 국가 단위 이하의 조직(Subnational or Clandestine group) 등의 핵심요소를 추출하였다.

Saul(2006)은 테러행위를 첫째 정치적·이념적·종교적·윤리적 목적으로 행해진 행위, 둘째 개인·단체·대중에 극단적 공포를 형성하기 위한 행위로써 대중 또는 개인에게 행하는 심각한 협박행위, 셋째 정부 국제조직에 강요 또는 해야 할 일을 그만두게 하기 위한 극단적 강요행위로 정의하였다. 그러나 타인의 사망, 심각한 신체적 상해, 공중보건의 심각한 위협 등을 의도하지 않은 것은 테러에 포함시키지 않았다.

Agnew(2010)는 테러를 "시민을 대상으로 하는 폭력적인 범죄행위로, 테러행위는 반드시 정치적·사회적·종교적인 목적을 달성하기 위해 행하여지며, 국가 단위 이하의 단체나 조직에서 이루어진다."고 정의하였다(홍승표, 2020).

한편 중동지역의 테러방지협약(Arab Convention for the Suppression of Terrorism)에서는 테러를 "개인이나 집단의 범죄 의제의 추구를 통해 동기나 목적이 무엇이든간에 사람들 사이에 폭력행위와 공포감을 조성하려는 행위"로서 정의하고 있다. 세부적으로 환경, 공공 및 민간시설에 대해 점거 또는 생명을 위험에 빠뜨리거나 국가자원을 치명적인 위협에 초래하는 행위로 규정하였다(Arab Convention for the Suppression of Terrorism, 1998).

다음의 〈표 1-3〉은 테러의 정의를 요약 정리한 것이다. 표에서 보듯이 시대·국가기관·연구자의 분야별로 차이가 있음을 알 수 있다.

표 1-3 테러에 대한 국외 학계·기관별 정의

학자	내용
T. P.Thornton(1964)	폭력의 사용이나 폭력의 위협을 포함한 극히 비정상적인 수단에 의해 정치행위에 영향을 미치려는 계획적, 상징적 행위[22]
Ernest Evans(1979)	정치적 목적·효과를 달성하기 위해서 일정한 사회집단에 사용하는 폭력을 통한 전략[23]
미 중앙정보국(CIA) (1981)	정치적 상징효과를 얻기 위해 폭력을 사용하거나 위협하는 것으로서 직접적인 희생보다 더욱 포괄적인 대중들에게 심리적 충격을 가함으로써 정치적 목적을 달성하고자 하는 행위

22 이태윤, 『현대 테러리즘과 국제정치』(파주: 한국학술정보, 2010), p. 56.
23 위의 책, p. 55.

Gibs(1989)	정치적·사회적·종교적 목적을 달성하기 위해 테러 대상자와 더불어 일반 대중에게도 영향을 끼칠 목적으로 하는 폭력행위
Alex Schmid(1989)	불법적인 개인, 조직, 국가행위자들이, 자신들의 특이한 범죄적·정치적 목적을 달성하기 위해 폭력행위의 직접적 목표에 대한 암살 등에 의한 방법으로 일반인들에게 불안을 유발하는 반복적 폭력행위
Arab Convention for the Suppression of Terrorism(1998)	개인이나 집단의 범죄 의제의 추구를 통해 동기나 목적이 무엇이든 간에 사람들 사이에 폭력행위와 공포감을 조성하려는 행위로서 세부적으로 환경, 공공 및 민간 시설에 대해 점거 또는 생명을 위험에 빠뜨리거나 국가자원을 치명적인 위협에 초래하는 행위
Webster's Dictionary(1998)	정치적 목적을 위해 협박 또는 지배하기 위하여 폭력을 사용하거나 위협하는 행위
Hoffman(1998)	정치적 목적과 동기를 갖고, 직접적 피해자나 대상을 초월하는 광범위한 심리적 영향을 미치도록 설계되어 식별가능한 지휘체계 또는 음모론적 세포구조를 가진 조직에 의해 수행되는 폭력행위 (비국가행위자 하위 국가그룹, 비정규군에 의해 수행)
미 국무부(2003)	준 국가단체 또는 한 국가의 비밀요원이 다수의 대중에게 영향력을 행사하기 위해 비전투원을 공격대상으로 하는 사전에 계획된 정치폭력
미 국방부(2008)	정치, 종교, 이데올로기적 목적 달성을 위해 정부 또는 사회에 대한 압박 혹은 협박 수단으로 개인과 공공시설에 대한 계산된 비합법적인 폭력 및 협박행위
Moghaddam(2006)	대중의 심리적 피해를 유발하기 위해 개인 또는 국가를 대상으로 하는 정치적으로 동기화된 폭력행위
Saul(2006)	선전포고 없는 전쟁(underdeclared war)이며 암살, 폭력, 살인과 같은 다양한 형태의 직·간접적인 공격수단을 이용하여 목표를 달성하는 행위
Agnew(2010)	정치적·사회적·종교적인 목적을 달성하기 위해 국가 단위 이하의 조직이 대중을 대상으로 하는 폭력행위

(2) 국내적 정의

(가) 테러방지법상 테러의 정의

한편 우리나라는 2016년에 테러방지법이 제정되면서 테러 대응을 위한 법률체계를 갖추게 되었는데, 이전에는 대통령훈령인 '국가대테러활동지침'에 테러에 관한 정의가 예시적으로 기술되어 있었다. 그동안 우리나라에서는 미국의 9·11 테러와 같은 사회적으로 큰 영향을 미치는 대형 테러사건이 발생하지 않았기 때문에 테러와 관련한 활발한 논의가 이루어지지 못한 측면도 있지만, 테러가 발생하더라도 정치 외교적인 수단으로 해결해 왔기 때문에 법적 개념을 정의하는 등 법령정비에는 상대적으로 미흡하였다.

1983년에 대통령훈령 47호 '국가대테러활동지침'상에 테러의 정의를 최초로 기술하였다. '국가대테러활동지침' 제2조에는 '테러라 함은 국가안보 또는 공공의 안전을 위태롭게 할 목적으로 행하는 다음 각 목의 어느 하나에 해당하는 행위를 말한다.'고 정의하였고, 세부항목으로 다음의 〈표 1-4〉와 같이 국제사회에 통용되는 9개의 국제협약에 규정된 행위유형을 테러로 예시하였다.

이러한 테러의 정의는 변화하는 테러의 양상을 반영하지 못하며 법률로써 실효적인 효과를 가지지 못한다는 한계가 있다는 비판에 따라 테러방지법 제정의 필요성이 지속 제기되었다. 결국 2016년 테러방지법 제정을 통해 테러에 관한 정의를 규정하였다. 테러방지법에서는 테러를 '국가·지방자치단체 또는 외국정부(외국 지방자치단체와 조약 또는 그 밖의 국제적인 협약에 따라 설립된 국제기구를 포함)의 권한 행사를 방해하거나 의무 없는 일을 하게 할 목적 또는 공중을 협박할 목적으로 하는 행위로, 인명의 살해 및 위협 및 항공기와 선박 등에서 발생할 수 있는 위해 행위'로

표 1-4 최초의 국내 테러 정의

국가대테러활동지침 제2조
테러라 함은 국가안보 또는 공공의 안전을 위태롭게 할 목적으로 행하는 다음 각 목의 어느 하나에 해당하는 행위를 말한다.
가. 「외교관 등 국제적 보호인물에 대한 범죄의 방지 및 처벌에 관한 협약」 제2조에 따른 국가 또는 국제기구를 대표하는 자 등을 살해·납치 등
나. 「인질 억류 방지에 관한 국제협약」 제2조에 규정된 강요할 목적의 인적억류·감금 등
다. 「폭탄테러행위 억제를 위한 국제협약」 제2조에 규정된 국가중요시설 또는 다중이 이용하는 시설·장비의 폭파 등
라. 「항공기의 불법납치 억제를 위한 협약」 제1조에 규정된 운항 중인 항공기의 납치·점거 등
마. 「민간항공의 안전에 대한 불법적 행위의 억제를 위한 협약」 제1조에 규정된 운항 중인 항공기의 파괴, 운항 중인 항공기의 안전에 위해를 줄 수 있는 항공시설의 파괴 등
바. 「1971년 9월 23일 몬트리올에서 채택된 민간항공의 안전에 대한 불법적 행위의 억제를 위한 협약을 보충하는 국제민간항공에 사용되는 공항에서의 불법적 폭력행위의 억제를 위한 의정서」 제2조에 규정된 공항 내에서의 인명 살상 또는 시설의 파괴 등
사. 「항해의 안전에 대한 불법적 행위의 억제를 위한 협약」 제3조에 규정된 선박 억류, 선박의 안전운항에 위해를 줄 수 있는 선박 또는 항해시설의 파괴 등
아. 「대륙붕상에 소재한 고정플랫폼의 안전에 대한 불법적 행위의 억제를 위한 의정서」 제2조에 규정된 해저에 고정된 플랫폼의 파괴 등
자. 「핵물질의 방호에 관한 협약」 제7조에 규정된 핵물질을 이용한 인명살상 또는 핵물질의 절도·강탈 등

정의하고 있다. 이를 구체적으로 살펴보면 ① 사람을 살해하거나 사람의 신체를 상해하여 생명에 대한 위험을 발생하게 하는 행위 및 사람을 체포·감금·약취·유인하거나 인질로 삼는 행위, ② 항공기의 운항 중 항공기를 추락시키거나 전복·파괴하는 행위, 운항중인 선박 또는 해상구조물을 파괴하거나 그 안전을 위태롭게 할 만한 정도의 손상을 가하는 행위, ③ 사망·중상해 또는 중대한 물적 손상을 유발하도록 제작되거나 그러한 위력을 가진 생화학·폭발성·소이성(燒夷性) 무기나 장치를 차량 또는 시설에 배치하거나 폭발시키는 행위, ④ 핵물질, 방사성물질 또는 원자력시설을 파괴하여 공공의 안전을 위태롭게 하는 행위 등을 명시하고 있다.

특히 테러방지법에서는 테러의 대상으로 '국가·지방자치단체 또는 외국정부'라고 명시하고 있는데, 국가는 국가의 구성요소인 영토와 국민, 주권을 포괄하는 개념으로, 조직으로서의 국가기관과 국가기관에 소속된 개인은 물론 국민 개개인에 대한 사항을 포괄하고 있다. 또한 국가기관에 소속되지 않은 지방자치단체 역시 그 대상에 포함되며, 외국정부는 대한민국 정부 이외의 다른 나라 정부를 의미하며, 외국 지방자치단체와 공인된 국제기구도 포함하는데, 이는 국제협약에 따라 설립된 기구를 의미한다.

■ 사람에 대한 테러

사람에 대한 테러행위는 살인, 생명의 위험을 발생시키는 체포·감금·약취·유인, 인질 행위와 신체상의 상해 등 모든 범죄적 행위를 의미한다. 이는 테러방지법에서 개별적인 처벌규정이 아닌 행위유형별 「형법」 등 국내법에 의거하여 처벌하고 있다(백승대, 2020).

■ 항공기에 대한 테러

항공기에 대한 테러행위는 운항 중인 항공기에 대한 행위와 운항 관련 행위에 대한 것이며, 법률에 명시된 테러행위의 대상이 되는 항공기는 「항공법」 제2조 제1호의 항공기를 의미하는 것으로 비행기, 비행선, 활공기, 회전익 항공기, 그 밖에 항공에 사용할 수 있는 모든 기기를 포함한다. 특히 항공기[24]인 경우에는 대한

24 항공기가 운항 중이라는 것은 승객이 탑승한 후 항공기의 모든 문이 닫힌 때부터 내리기 위하여 문

민국에 등록된 대한민국 항공기 또는 외국에 등록된 외국항공기의 여부를 불문하며, 테러행위의 영역에 있어서 대한민국 영공에 한정되지 않는다. 운항 중인 항공기에 대한 테러행위는 추락행위, 전복·파괴행위, 손괴행위(안전을 해칠 정도의 손괴) 등 항공기 자체에 대한 테러행위와 운항 중인 항공기 강탈행위 및 항공기 운항 강제행위 등 항공기 운항에 위협이 일체의 행위를 의미한다. 테러의 방법은 폭행·협박, 그 밖의 방법 등 운항에 위협이 되는 일체의 행위, 직접 운항 중인 항공기에 대한 테러행위는 아니지만 운항 관련 항공시설을 손괴하는 행위와 운항 관련 항공시설의 조작 방해를 통하여 항공기 안전운항에 위해를 주는 행위를 포함한다.

테러는 다른 많은 사람들에게 공포감을 끼치는 것을 목표로 하기 때문에 많은 사람들이 그것을 보고 듣고 느낄 수 있게 하는 장소를 필요로 한다. 이런 측면에서 항공테러는 테러범의 입장에서는 한 번의 실행으로 다수에게 '공포'를 전파시킬 수 있는 최적화된 테러유형이 되며, 적은 비용과 노력으로 최대의 살상 효과를 달성할 수 있다는 장점이 있다.

■ 선박 또는 해상구조물에 대한 테러

선박[25]과 해상구조물에 대한 테러행위는 운항[26] 중일 때의 테러행위와 운항 관련 기기·시설에 대한 행위로 나누어 볼 수 있다. 선박인 경우에는 대한민국에 등록된 대한민국 선박 또는 외국에 등록된 외국선박의 여부를 불문하며, 테러행위의 영역에 있어서 대한민국 영해에 한정되지 않는다. 선박테러는 운항 중인 선박 또는 해상구조물을 파괴하거나 그 안전을 위태롭게 할 만한 정도의 손상을 가하는 행위를 명시하며, 폭행이나 협박, 그 밖의 방법으로 운항 중인 선박 또는 해상구조물을 강탈하거나 선박의 운항을 강제하는 행위 등 선박 납치죄와 손괴죄가 적용된다.

제7조 선박 등의 손괴죄에서는 선박 운항과 관련된 기기·시설을 파괴하거나

을 열 때까지를 의미함.

25 선박의 개념은 「선박 및 해상구조물에 대한 위해행위의 처벌 등에 관한 법률」 제2조 제1호 단서에 관한 사항은 적용하지 않으므로 적시된 모든 선박이 적용대상이 됨.

26 운항이란 정박, 계류, 대기 등 해양에서의 선박의 모든 사용 상태를 말하며 그 대상으로는 선박과 해상구조물 및 선박운항과 관련된 기기·시설을 의미함.

중대한 손상을 가하거나 기능장애 상태를 야기하는 행위를 포함하며, 단순 파괴행위 및 손상행위, 과실행위는 이에 해당하지 않으며 이에 관련한 내용은 선박운항 관련 기기·시설의 손괴죄 등이 적용된다.

한편 선박테러와 유사한 개념으로 최근 이슈가 되고 있는 동남아, 아프리카 지역에서의 선박을 대상으로 한 해적행위에 대해서 살펴보면 국제해사기구(IMO)에서는 유엔해양법협약에서 배제되어 있는 "영해 내에서의 해적행위"를 "선박에 대한 무장강도"로 정의하고 있다. 또한 아시아 지역해적퇴치협정(ReCAAP)상의 무장강도 행위는 "일방체약국의 관할권이 미치는 곳에서 사적인 목적으로 행하는 선박이나 그 선박 내의 사람이나 재산에 대한 불법적 폭력행위, 억류, 약탈행위와 한 선박이 다른 선박에 대한 무장 강도행위가 되는 활동을 하고 있다는 사실을 알고서도 자발적으로 그러한 활동에 참여하는 모든 행위와 이의 교사와 고의적 방조행위"로 정의하고 있다(손경환, 2016).

■ 핵물질 또는 방사성물질·원자력 시설에 대한 테러

테러리즘 행위의 대상으로 핵물질은 「원자력시설 등의 방호 및 방사능 방재 대책법」 제2조 제1호의 핵물질 적용을 받는다. 핵물질은 우라늄, 토륨등 원자력을 발생할 수 있는 물질과 그 밖의 핵연료물질의 원료가 되는 것들을 대통령령을 통해 정한 것을 규정한다. 먼저 방사성물질은 「원자력안전법」 제2조 제5호의 방사성물질이란 핵연료물질 및 사용 후 핵연료와 방사성동위원소, 원자핵분열생성물을 일컬으며, 원자력시설은 「원자력시설 등의 방호 및 방사능 방재 대책법」 제2조 제2호의 원자력 시설은 발전용 원자로와 연구용 원자로, 핵연료 주기시설과 방사성폐기물은 저장에서 처분하는 시설과 핵물질을 사용하는 시설, 그 외 대통령령으로 정하고 있는 시설로 규정하고 있다.

이에 관련하여 핵물질 또는 방사성물질·원자력 시설에 대한 테러리즘의 행위란 ① 원자로 파괴를 통하여 사람의 생명·신체 또는 재산을 해하거나 그 밖에 공공의 안전을 위태롭게 하는 행위, ② 방사성물질 등과 원자로 및 관계 시설, 핵연료주기시설 또는 방사선 발생장치를 부당하게 조작하여 사람의 생명이나 신체에 위험을 가하는 행위, ③ 핵물질을 수수·소지·소유·보관·사용·운반·개조·처분 또는 분산하는 행위, ④ 원자력시설을 정상적인 운전을 방해하여 방사성물질을 배출하거나 방사선을 노출하는 행위를 포함하고 있다.

(나) 국내 학술적 정의

국내 학자들 역시 테러에 관한 다양한 정의를 내리고 있는데 대표적 학자들의 견해를 살펴보면 아래와 같다.

이태윤(2004)은 테러리즘이란 정치적 또는 사회적 목적을 달성하기 위하여 특정표적에 대해 직접적인 폭력을 행사하거나 위협함으로써 공중에 대한 심리적 상징효과를 달성하고자하는 조직적이고 계획적인 폭력 활동으로 정의하였다.

최진태(2006)와 이만종(2019)은 정치적·사회적·종교적·민족주의적인 목표를 달성하기 위해 국가 또는 특정 단체가 사용하는 조직적이고 지속적인 폭력 또는 이를 통한 협박으로 공포 분위기를 조성함으로써 개인과 단체, 정부 궁극적으로 사회 전반의 인식 변화와 정책의 변화를 유도하는 행위라고 정의하고 있다.

윤민우(2017)는 폭력, 저강도 분쟁, 게릴라 전쟁, 내전, 정규전 세계대전 등 폭력의 스펙트럼에서 중층에 있는 폭력행위로 규정하면서 범죄이자 동시에 전쟁의 이중적 형태라고 정의하였다. 특히 낮은 수준의 테러리즘은 범죄에 가깝고, 높은 수준의 테러리즘은 보다 정치적이고 권력적이며 전쟁과 유사함을 강조했다.

이병석(2021)은 테러방지법상 테러 개념의 관점을 범죄의 측면이 아닌 국가안보 차원으로, 사후 범죄수사 중점이 아닌 사전 예방의 관점으로 접근하여 재정의할 것을 주장하였다. 테러의 정의 중 대상의 범주에 일반인, 시설, 전산망 등을 구체적으로 추가하여 대중에게 유·무형의 폭력을 사용하여 공포감을 조성함으로써 자신들의 목적을 달성하고자 하는 계획적이고 의도된 행위로 규정하였다.

(3) 테러의 구성요소

앞서 살펴보았듯이 테러에 관한 정의는 학문적으로나 실무적으로나 살인, 방화 등과 같이 범죄행위의 유형에 따라 일률적으로 정의하는 데에 제한되며 테러를 바라보는 국가별 종교적·정치적·문화적 시각에 따라 다양한 정의를 규정할 수 있다. 더욱이 테러의 구성요소를 세부적으로 살펴 개념을 도출하는 것은 의미가 있는데, 일반적으로 테러의 구성요소는 5가지로 피해자(victims), 목표물(objects), 의도

(intention), 수단(means), 동기(motivation)고 구분할 수 있다.

먼저 테러공격의 피해자(victims)는 민간인이나 비전투원으로 테러리즘의 가장 큰 특징으로 무장을 하지 않은 일반시민들을 대상으로 자행된다는 것이다. LAQUEUR(2011)은 테러발생 시 무고한 일반시민들이 희생당하는 것은 상징물, 수단으로서 테러조직의 목적달성을 중점으로 둔 것이라고 강조하였다. 이처럼 테러는 고귀한 인간 그 자체를 수단으로 삼는 반인륜성 때문에 용납될 수 없는 범죄라는 공통된 비판을 받게 된다.

둘째, 테러공격의 목표물은 주로 무고한 민간인과 같은 일반 피해자들이지만 그들은 공포와 위협적 메시지를 전달하기 위한 매개물에 불과하고 궁극적인 목표물은 정치지도자들이다.

셋째, 테러공격은 명백한 의도(intention)를 가지고 있는데 직접적으로 일반 시민들을 협박하거나 위협하여 엄청난 공포를 확산시키는 것이다.

넷째, 테러공격은 공포를 최대한으로 조장하고 자신들의 행위를 가능한 널리 알리려고 인간 자살폭탄, 독가스 등 상상을 초월한 비전통적 군사무기를 수단(means)으로 사용한다. 테러 조직은 가장 극적인 공포 효과를 달성하기 위해 다양한 폭력적 방법을 동원한다.

다섯째, 테러공격은 일반적인 폭력과 달리 분명한 어떤 동기(motivation)를 갖는다. 주로 이념적, 종교적 그리고 민족적, 문화적 이유를 갖는 정치적 동기인 것이다(권순구, 2018).

여기서 테러의 구성요소를 범죄 및 전쟁양상과 비교분석해 보면 몇 가지 특징을 찾을 수 있는데 첫째, 테러의 목적(target)이 정치적·이념적·종교적이므로 금전적이나 개인적인 원한·보복을 목적으로 하는 일반 형사범죄와 구별된다는 것이다. 둘째, 피해대상(victims)이 무장을 하지 않고 있는 일반시민이거나 공공시설물(소위 soft targets)을 겨냥하고 있다는 점에서 게릴라전이나 국지전과 구별된다. 셋째, 테러의 공격은 장기간 치밀한 계획 및 의도(intention)에 의해 자행된다는 점에서 우발적 범죄(일명 묻지마 범죄)와 구별된다. 넷째, 대중에게 공포를 조성하여 소기의 목적을 달성하고자 한다는 점에서 일반적으로 비폭력·평화적 방법으로 목적을 달성하고자 하는 정치범 또는 확신범과 구별된다고 하겠다. 결국 이러한 측면을 고려한다면 테러는 정치적·이념적·종교적 등의 목적을 위하여, 무장을 하지 않은 일반 대중이나 시설물을 상대로, 공포를 조성하여 소기의 요구사항을 달성하기 위한 조직적이고 계획적인 폭력이라고 정의할 수 있을 것이다.

다만 이러한 여러 개념적 요소가 혼재되고 복합적인 양상을 보이는 오늘날의 세계적 테러 추세를 감안할 때 테러의 개념이 분명하게 확정되지 못하고 있는 점은 모두가 인정해야 할 것이다.

제2절 테러 개념의 재정의[27]

1. 테러 개념의 재정의 필요성

과거의 테러는 폭파, 파괴, 암살 등을 수단으로 하여 국가나 일반인들을 대상으로 공포심을 심어주어 자신의 목적을 달성하고자 하였다면, 오늘날은 과거와 달리 사이버 공간이나 메타버스와 같은 새로운 무대를 대상으로 확대되고 있으며, 테러의 유형과 양상 또한 킬러로봇, 드론 등 획기적으로 변하고 있다.[28] 이처럼 과학기술의 급속한 발전에 따라 테러수단도 고도화·첨단화되고 있는 데 반해 이에 대응하는 대테러 대응 법령과 제도는 그에 미치지 못하는 것이 현실이다. 국제적으로도 별도의 독립적인 테러 대응 법률을 제정하여 운영하는 국가도 많지 않을 뿐 아니라 제정된 국가에서조차 법률이 시행된 지 얼마 되지 않은 경우가 대부분

27 이병석(2021)의 테러 개념 재정의 필요성에 관한 연구를 참고하여 재구성하였음.

28 2020년에는 전세계 54개국에서 1,951건의 테러가 발생하여 14,478명의 사상자가 발생하였으며, 2019년의 1,663건(16,556명 사상)에 비해 17.3%가 증가하였으며, 중동·아프리카가 전체의 56%(1,089건)을 차지한 것으로 나타났다.

이다. 우리나라 역시 테러방지법의 제정과 관련하여 많은 논의를 거친 끝에 2016년에 이르러서야 "국민보호와 공공안전을 위한 테러방지법"(이하 테러방지법)을 제정하게 되었다. 그러나 현행 테러방지법 제2조에 기술된 테러의 개념으로는 구체적 위험을 전제로 하는 형사법적 대응과 사후대응방식으로 규정되어 있기 때문에 진화하는 테러행위를 실효적으로 예방하는 데는 한계가 있다. 국제사회에서조차 테러가 전세계가 공통으로 해결해야 할 가장 중요한 문제임에도 공통의 개념 정의조차 없다. 국가별로 테러의 개념 정의를 다르게 해석하거나 사이버 테러와 같은 최신의 테러수단에 대해 대응하지 못하고, 국가안보차원이 아닌 단순한 범죄문제로 대응함으로써 테러범의 실효적 처벌과 테러의 예방에 장애가 되고 있다(이대성, 2008).[29]

이처럼, 국제사회나 국가별로 테러의 개념 정의를 다르게 해석하거나 사이버 테러와 같은 최신의 테러수단에 대해 대응하지 못하고, 국가안보차원이 아닌 단순한 범죄문제로 대응함으로써 테러범의 실효적 처벌과 테러의 예방에 장애가 되고 있는 실정이다. 이러한 차원에서 테러 유형에 대응하고 실효적인 테러예방을 위해 공통으로 적용할 수 있는 테러의 개념을 정의하는 것은 매우 중요하다.

2. 테러방지법상 테러개념 재정의 방안

국내외 학자들의 견해와 각국의 입법례를 종합검토하여 2016년에 '테러방지법'을 제정하여 지금까지 이어져 오고 있다. 그러나 현행 테러방지법 제2조에 기술된 테러의 개념으로는 구체적 위험을 전제로 하는 형사법적 대응과 사후대응방식으로 규정되어 있기 때문에 진화하는 테러행위를 실효적으로 예방하는 데는 한계가 있다는 전문가들의 의견이 상당하다(이병석, 2021). 우리나라 테러방지법상 테러의 개념은 제2조 본문에 포괄적인 테러의 개념을 서술하고, 구체적인 내용을 각

29 이대성(2008), "테러범죄의 동향 분석과 대응방안에 관한 헌법적 연구", 세계헌법연구 제14권 제3권, 국제헌법학회.

목에 예시조항으로 규정해 놓은 방식을 택하고 있다고 설명하고 있다. 따라서 예시로 되어 있는 각 목에 해당하지 않으면 테러로 규정할 수 없는 한계가 있다. 테러방지법 제2조의 조문의 내용이 길게 서술되어 있어서 많은 내용을 포괄하는 것처럼 보이지만 실제로는 테러의 유형을 오히려 제한하고 있기 때문이다. 이병석(2022)은 이러한 논의를 종합하여 테러의 개념을 정의할 때 고려해야 하는 요소를 다음과 같이 제시하였다.

첫째, 테러행위의 주체는 개인, 조직, 단체, 국가 등 특정대상을 불문해야 한다.

둘째, 테러행위의 목표 중 인원은 비전투원이며, 시설은 건물뿐만 아니라 전자통신망 등을 포함해야 한다. 전투원을 대상으로 하는 것은 군사적 공격에 해당하기 때문에 배제하고, 시설, 전산망 등을 포괄하여 메타버스 및 사이버 공간에서의 테러 등을 테러의 개념에 포함시켜 진화된 테러양상에 적극 대응할 수 있어야 한다.

셋째, 테러행위의 대상에게 유·무형의 물리력을 행사하여야 한다. 테러행위는 살인, 강도, 납치, 감금, 폭행, 폭파, 파괴, 마비 등의 유형의 물리적인 행위뿐만 아니라 사이버 공격, 해킹, 가상공간에서의 테러모의 등 전산망에 의한 무형의 비물리적인 방해·교란·마비행위를 포함해야 한다. 특히 테러는 주로 폭력적 수단을 사용하여 이루어지나, 물리적 폭력 수단에 한정되는 것은 아니다. 메타버스 공간에서 테러공격이나 가상 자산을 활용한 사이버 테러와 같이 전산망을 마비, 방해, 교란하는 비물리적 폭력수단도 포함해야 한다.

넷째, 이러한 폭력으로 사람들에게 공포감을 조성해야 한다. 행위로 인해 공포감이나 위협 등을 불러일으키지 않으면 단순한 범죄가 되기 때문이다.

다섯째, 테러행위는 특정한 정치·종교·이념적 목표를 달성하려는 계획되고 의도된 행위이어야 한다. 따라서 단순한 '묻지마 범죄', '무동기 범죄' 등과 같은 단순 형사범죄와는 구별되어야 한다.

특히 테러의 목적은 경제적 이익이나 개인적인 원인이 아니라 정치, 종교, 이념 등과 같이 사상·관념의 실현을 목적으로 한다는 점에서 일반 범죄와는 다르며, 불특정 민간인을 상대한다는 점에서 전투원을 대상으로 하는 전쟁과 다르다.

테러가 불특정 민간인을 대상으로 하지만 그것은 수단에 불과하며, 실제로는 정부, 종교단체와 같은 궁극적 목표가 존재한다. 일반 범죄에는 과실범이 있는 경우도 있으나 테러에는 과실이란 있을 수 없고 계획되고 의도된 행위이다. 충동적이고 무계획적인 폭력행위는 그 행위의 규모가 크더라도 테러라고 볼 수 없고 단순한 범죄에 불과하다.

제3절 테러리즘과 폭력(Violence)

테러는 폭력의 다양한 방식이라 할 수 있는 대량학살, 전쟁, 전쟁범죄,[30] 정치적 암살 등과는 차별화된 행위로서 즉각적인 희생자보다 광범위한 대중들을 직접적인 목표로 하는 파괴행위라는 것이 핵심이다(Jame, 2015). 그렇다면 폭력의 범위는 어디까지일까? 단순 몸싸움이나 시설점유부터 쿠데타도 폭력의 범위에 포함될 수 있을까?

이는 수많은 국가 및 기관들이 테러의 공통된 특성과 같이 정치·종교·이데올로기적 목적 달성을 위한 협박의 수단으로서의 폭력을 사용한다는 것에서도 알 수 있다. 테러의 긴 역사에도 불구하고 테러를 정확하게 정의하는 것이 어렵듯이, 테러행위를 일반적인 폭력과 구분하는 것도 쉽지 않다. 한편 Kobayashi(2020)의 연구에서는 폭력을 테러와 구별짓기 위해 폭력행위에 의해 사람을 살해한 것은 대중들에게 특정 의도 및 메시지를 전달하기보다 살해행위 그 자체에 중점을 두기 위한 행위라고 주장했다. 대다수의 전문가들이 정치적 목적을 달성하기 위해 불특정

30 전쟁범죄는 전쟁기간 중 독재정권에 잠재적으로 문제를 야기시킬수 있는 대량학살, 학대, 기아 등을 통한 집단 학술행위를 의미한다 International Encyclopedia of the Social & Behavioral Sciences(Second Edition), 2015.

사람들에게 불법적으로 폭력적인 무력을 사용하는 행위가 테러라고 주장하고 있으나 테러는 사실 매우 복잡한 현상이므로 모든 폭력적 형태를 테러행위로 포괄적 정의하는 것은 어렵다. 특히 테러와 폭력이 상당 부분 극단주의 측면에서 유사한 면을 가지고 있을지라도, 아래와 같은 명확한 차이점이 존재한다. Siegel(2018)은 다음과 같은 예로서 폭력과 차별화되는 테러의 특성을 설명했다. 만약 정부정책 및 대중여론에 영향을 주기 위한 목적으로 국가요인이나 관계기관 주요 인사가 아니라, 테러목표와 전혀 무관한 일반인들을 대상으로 암살이나 살인 등의 방식을 실행했다면 그것은 테러의 범주에 포함될 수 있다는 것이다. 왜냐하면 정치적 변화를 촉진할 목적으로 개인·집단·지역사회 또는 정부를 협박하여 테러범들의 요구를 관철시키기 위해 폭력행위를 자행했기 때문이다. 결국 테러는 대중에게 영향을 미치기 위한 살인이라는 폭력행위라는 요건을 충족하는 것이다.

특히 테러범 입장에서 대중에게 공포감을 심어주기 위해서는 무고한 불특정 일반인만큼 매력적인 표적이 없을 것이다. 왜냐하면 고위 정치인이나 유명인사를 상대로 한 요인암살은 역사적으로 일반적 현상이었기에 대중에게 공포감을 주기에는 평범한 현상일 것이다. 그러나 아무런 연관이 없는 무고한 사람을 무차별로 살상한다면 곧 잠재적으로 대중 자신들도 표적이 될 수 있다고 체감하기 때문에 공포의 효과가 극대화될 수 있을 것이다.

제4절 테러리즘과 범죄(Organized Crime)

1. 범죄와 테러의 구분

일반적인 학자들의 견해는 단순한 개인적 탐욕이나 이기심에 의해 발생된 관습법적인 범죄행위로는 테러로 성립되지 않는다고 주장한다(Siegel, 2018). 최근 들어 정치적 목적으로 추정되는 폭력의 사용이나 위협을 통해 사회 구성원을 극도의 불안 속에 노출시키는 강력범죄들이 자주 발생되면서 테러와 범죄를 구별하기가 점점 모호해지고 있다. 또한 서구권에서는 사건의 양상은 테러이지만 범행주체가 정신질환자나 범죄경력이 있는 전과자에 의한 인종·종교 등 증오범죄와 구분이 모호하여 테러수사 시 혼선을 야기하는 경우도 빈번하다. 2021년 6월 알카에다는 선전지를 통해 "서구권이 지하드(성전)를 정신이상자의 일탈로 왜곡하는 경향이 있다며 미디어를 활용해 테러목적을 적극 홍보할 것"이라고 선전 선동하기도 했다(테러정보통합센터, 2021. 11. 3).

한편 국내에서도 2006년 박근혜 전 대통령 후보시절의 선거유세장에서 커터칼 피습사건, 2015년 3월 리퍼트 주한 전 미국대사의 안면폭행사건, 2015년 문재인 대통령 민주장 대표시절 지역국 사무실에서 발생한 인질극 사건 등은 형사범죄인지 정치적 의도(보수 대 진보)에서 발호한 테러인지 규명하기가 어렵다.

엄밀히 따져 보면 우리나라 테러방지법상 테러의 정의는 형법상에서 기술된 범죄들인 살인, 방화, 납치, 협박, 손괴, 파괴 등의 구성요건에 해당되며, 특히 테러는 미국 FBI의 테러 정의를 보더라도 정치적(이념·종교) 목적으로 국가 공권력에 위협을 가하는 행위로 차별화된 범죄로 규정되어 있다.[31] 그렇다면 실제로 범죄와 테러는 구별이 되고 차별화된 개념적 정의가 존재하는 것인가? 필자가 실무나 외부전문가 세미나, 강의 때마다 접하게 되는 질문이었다. 그만큼 테러와 범죄의 구분이 모호하다는 것을 의미하는 것이리라 생각된다.

범죄는 각국의 형법에서 규정하고 있는데, 범죄의 표출되는 행태는 테러와 유사하지만 범죄의 목적이 개인적인 원한이나 욕구, 금전에 있다는 데서 확연히 구별된다(최진태, 2006). 게다가 범죄자는 범행을 위한 사전준비단계를 거치긴 하지만 테러범에 비해 상대적으로 우발적이고 충동적인 범죄가 다수를 차지하기에 테

31 The Federal Bureau of Investigation (FBI) generally relies on definition of domestic terrorism. the Code of Federal Regulations characterizes terrorism as including "the unlawful use of force and violence against persons or property to intimidate or coerce a government, the civilian population, or any segment thereof, in furtherance of political or social objectives."

러범과 비교하기는 제한될 것이다(권순구, 2018).

다만 국내외적으로 명확한 동기없이 때와 장소를 가리지 않고 불특정 다수를 상대로 폭력 및 살인을 행사하는 무동기 범죄가 기승을 부리고 있다. 이러한 무동기 범죄는 불특정 다수를 대상으로 하고 있는 최근의 테러공격 경향과 유사성을 가진다. 특히 일반적으로 살인, 강도와 같은 강력범죄에서는 범행 목적이 특정이유와 동기가 명확한 데 비해 불특정 다수를 대상으로 하여 일반시민들에게 범죄피해의 두려움과 공포심을 유발시킨다는 점에서 테러와 매우 흡사하다.

2. 증오범죄(Hate Crime)와 테러

코로나19 상황과 연계하여 최근 미국 및 서유럽 등에서 급증하고 있는 증오범죄가 유사테러 형태로 이슈화되고 있다. 미국 연방법 Hate Crimes Prevention Act of 2009에서는 증오범죄의 정의를 이념적 기반하에 인종, 성별, 국적, 종교 등 가해자가 특정집단이나 특정인에 갖고 있는 편견에 의해 이루어지는 범죄로 규정하고 있다.[32] 일반인들이 테러와 유사한 증오범죄와의 차이점 구분이 쉽지 않을 수 있는데, 이러한 이유는 기본적으로 증오범죄 테러의 행태의 공통점이 이념에 기반한 폭력적 행위이기 때문이다(권순구, 2018). 특히 서구권에서는 최근 인종혐오 등에 기인해서 발생한 살상행위를 국내테러(domestic terrorism)로 판단하여 엄격하게 처벌하고 있는 추세이다.

그러나 증오범죄는 테러에 비해서 상대적으로 개인의 악의(malice)나 성향에 의해 범죄가 발생될 수 있는 가능성이 높으므로 증오범죄가 테러의 정의에 일치될 수 있더라도 테러의 개념이 증오범죄에 속하기에는 제한된다는 논리도 상존하고 있다.

한편 이병석(2021)은 테러의 개념 정의 연구에서 테러는 정치적 목적달성을 위해 수단으로써 폭력을 사용하므로 테러범의 행위가 단순한 범죄로 규정된다면

32 https://www.justice.gov/crt/matthew-shepard-and-james-byrd-jr-hate-crimes-prevention-act-2009.

| 그림 1-2 | 미국의 2019~2020 주요 대도시의 혐오범죄 발생현황

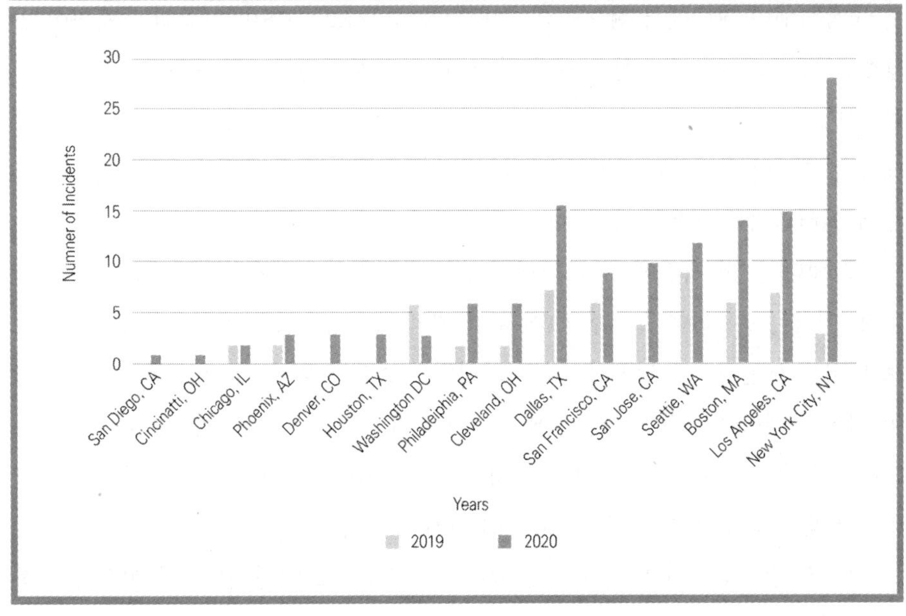

출처: Center for the Study of Hate & Extremism(2020).[33]

테러의 정치적 목적달성이 어렵게 되며, 설상 테러단체가 실행한 단순 범죄행위라도 이미지화를 범죄의 영역이 아닌 테러의 영역으로 하려는 경향을 갖고 있다고 주장했다. 이러한 근본적 원인은 테러단체들이 국제사회에서 지지를 받거나 자신들의 정치적 영향력 유지하기 위해서도 범죄단체가 아닌 테러단체로 자리를 잡기를 원하기 때문이다.

또한 테러단체는 범죄단체와도 구별되야 하는데 테러단체는 정치, 인종, 이념 등 다양한 목적을 위해 폭력을 사용한다는 점에서 범죄 자체를 그 목적으로 하는 형법상의 범죄단체와는 다르다. 한 예로 어떤 범죄단체가 혁명을 수립하기 위해 테러단체로부터 사주를 받고 자금확보차원에서 은행강도 행각을 벌였다면, 이것을 테러로 간주할지 은행강도로 취급해야 하는지 논란이 되고 있다.

33 Center for the Study of Hate & Extremism. (2020). FACT SHEET: Anti‐Asian Prejudice March 2020.

2021년 11월 30일 미국 디트로이트시에서 에단 크럼블리(Ethan Crumbley)라고 하는 고등학생이 교내에서 혐오범죄 측면의 총기난사로 11명이 살상되는 사건이 발생했는데, 용의자는 특정한 대상을 목표가 아닌 불특정 다수를 향한 무차별 총격을 가했다. 미시간 주 검찰당국은 총격 사건의 의도 및 동기를 결정하지 않은 상태에서 테러혐의와 1급 살인혐의 등을 적용하여 기소하였는데, 미국에서는 총격사건에 테러혐의를 적용한 것은 매우 이례적인 일로 평가받았다.

그렇다면 '이 사건에서 왜 테러혐의가 적용되었는가?'에 대한 의구심이 들 수 있다. 미국은 9·11 테러 이후 34개 주가 자체 테러방지법을 제정했으나 통상적으로 테러는 보편적으로 연방형법에 의거하여 기소되어 왔다. 여기서 핵심은 테러범이 지정된 테러단체인 ISIS·알카에다 등과 연계 시에만 적용될 수 있다는 점이다. 테러범이 국외·국내 '테러범'으로 지정한 국제테러단체를 지지하는 행동과 연관이 없다면 연방법에 의해 테러범으로 기소되지 않는다.

이 사건을 담당한 미시간주 검찰당국의 입장은 2001년 법 개정 이후 불특정 일반인을 위협 및 강요에 의한 정부 공권력에 영향을 끼치는 폭력적 행위도 테러로 규정하고 있기에, 이 사건에서 용의자의 동기가 명확히 밝혀지지 않았음에도 해당 고등학교의 피해학생들이 받은 정신적 충격 등을 강조하며 이번 사건이 명백히 테러 행위에 부합한다고 주장했다. 또한 용의자인 고등학생의 우발적인 범행이 아니라 의도된 혐오범죄이라는 구체적인 증거도 확보하였고, 근본적으로 총기난사를 무고한 학생들을 살해하고 지역사회를 공포와 충격에 빠뜨린 폭력이기에 명백히 테러라고 강조했다. 결국 정부활동이 아닌 민간인 대상의 폭력행위라도 그 피해와 공포감이 확산된다면 테러로 규정할 수 있다는 논리였다. 이러한 최근 미국 미시간주의 테러혐의 기소결정은 다양한 논쟁을 야기시킨 면도 있으나, 미국 사회에서 자주 발생해 왔던 총기난사 범죄를 테러의 스펙트럼으로 포함할 수 있는지에 대한 아젠다를 제시했다는 측면에서 의의가 있다.

이와 같이 테러는 먼저 정치적·이념적·종교적인 목적(target)이 있다는 점에서 금전적이나 개인적인 원한·보복 목적의 일반 형사범죄와 구별된다. 둘째, 대중에게 공포를 조성하여 소기의 목적을 달성하고자 한다는 점에서 일반적으로 비폭력·평화적 방법으로 목적을 달성하고자 하는 정치범 또는 확신범과 구별된다. 셋

| 그림 1-3 | 미국 디트로이트 15세 소년 Ethan Crumbley의 총기난사 사건 (2021년 11월 30일)[34]

The 15-year-old Michigan school shooting suspect has been identified as Ethan Crumbley (right) and is being charged as an adult

째 테러는 장기간 치밀한 계획 및 의도(intention)에 의해 자행된다는 점에서 우발적 범죄(일명 묻지마 범죄)와도 구별된다고 요약할 수 있다

이번 사건이 발생한 미시간주 의원들은 2001년 법을 개정하여 "민간인을 위협·강요하거나 또는 위협·강요 등을 동원해 정부 활동에 영향을 미치려는 의도로 행한 테러 행위가 대상으로 판단하였고, 용의자의 동기가 분명히 밝혀지지 않았으나, 일제히 학생 등의 정신적 충격을 언급하며 이번 범행이 테러 행위에 부합한다고 설명했다. 담당검사는 이번 사건은 용의자의 충동적인 범행이 아니라 계획된 사건이며 그에 대한 구체적 증거도 갖고 있으며, 무엇보다 총격으로 무고한 민간인을 살해하고 지역사회를 공포에 빠뜨리는 폭력 행위이기 때문에 테러에 해당한다고 강조했다. 요약하면 정부를 겨냥한 테러 의도를 넘어 민간인 대상이라도 그 피해가 상당하면 테러로 규정된다는 것이다. 이러한 최근의 미국 미시간주의 테러혐의 기소결정은 여러 가지 논란거리를 양산하고 있지만 미국에서 빈번하게 발생하

34 https://metro.co.uk/2021/12/01/michigan-school-shooter-idd-as-ethan-crumbley-charged-as-an-adult-15698720/

는 내부의 총기난사 사건을 테러의 범주안에 포섭할 수 있는지에 대한 논의를 제공했다는 점에서 의미가 크다. 그럼에도 불구하고 미국 내에서는 용의자의 구체적인 동기가 밝혀지지 않은 상태에서 용의자의 범죄를 테러로 규정하는 것에 대한 비판이 공존하는 상황이다.

제5절 테러리즘과 전쟁(Guerrilla · Irregular warfare)

1. 테러와 군사개입

전쟁은 인간이 집단적 폭력을 행사하는 대표적인 방식이라고 할 수 있다. 군사적 개입과 같은 전쟁이 테러로부터 촉발되는 경우는 최근 역사적으로 빈번하게 볼 수 있는데, 대표적인 예가 제1 · 2차 세계대전, 미국의 이라크 · 아프간 전쟁(2001~2021), 프랑스의 시리아군사 개입(2015) 사건을 들 수 있다. 먼저 제1차 세계대전은 1914년 오스트리아 황태자를 세르비아계 청년이 사라예보에서 암살한 요인테러사건을 계기로 오스트리아가 세르비아에 대한 선전포고를 하면서 유럽 전체가 전쟁에 휩싸이게 되었다. 둘째, 제2차 세계대전의 개시도 독일의 폴란드 침공의 명분이 된 자작극이었던 글라이비츠 방송국 테러사건에서 비롯되었다.[35] 1939년 독일과 폴란드 국경지대에 위치한 독일 소유의 국가중요시설인 글라이비츠 방송국을 타격 및 방송을 중단시키고 독일 전역에 '폴란드가 독일에 전쟁을 선포한다'는 허위 선전 선동 방송을 하면서 독일의 폴란드 침공으로 이어지게 되었다(백수웅, 2020).

35 https://en.wikipedia.org/wiki/Gleiwitz_incident.

사라예보사건(1차세계대전) 프랑스 시리아공습(파리 테러)[36]

셋째, 2001년 미국의 9·11 테러도 알카에다의 미국에 대한 테러공격의 보복으로 아프간·이라크 전쟁이 20년 동안 지속되었다. 넷째, 2015년 이슬람극단주의 테러단체인 ISIS의 기획하에 발생한 파리 테러로 인해 미국 및 프랑스 등 연합국의 시리아의 군사개입이 수행되기도 하였다.

2. 테러와 전쟁의 구분

최근 테러양상을 살펴보면 테러수단들이 장갑차, 헬기, 탄도미사일 등 군사적 무기들을 광범위하게 사용하고 있으며, 대규모화된 피해로 인해 테러행위가 전쟁의 개념에도 가까워지고 있다. 예를 들면 아프간 탈레반이 미군의 무기를 자신들의 테러활동에 사용하는 것을 볼 때 전쟁과 구별이 모호해 진다.

테러란 국제법의 적용을 받지 않는 범죄로서 그 대상은 일반인 전체가 해당될 수 있고 테러의 방법은 무차별 살상방식을 통한 사회에 대한 폭력행위이다. 이에 반해 전쟁은 국제사회의 하위 구성요소인 국가와 다른 국가 간의 정치적 무력투쟁 혹은 비국가행위자들 간의 무력투쟁이라고 규정할 수 있다. 전쟁에 관한 전통적인 인식은 일반적으로 폭력행위의 주체, 폭력의 강도, 전쟁행위의 경계문제를

36 http://www.ohmynews.com/NWS_Web/View/at_pg.aspx?CNTN_CD=A0002160647.

포함하는데, Hedley Bull은 그의 저서인 『무정부사회(The Anarchical Society)』에서 "전쟁은 정치적 단위 간에 벌어지는 조직적인 폭력(organizaed violence)"이라고 했고, 19세기 전략가였던 Clausewitz는 전쟁은 다른 수단으로 하는 정치의 연장선이며, 정치와 다른 것은 단지 무력수단으로 수행되는 것임을 강조했다(Bull, 2012). 요약하면 전쟁은 국가의 목적달성을 위해 다른 국가에 대해 무력을 사용한다는 것이다.

이처럼 최근 현대 사회에서 전쟁과 테러의 가장 큰 차이는 국제법적인 적용시 전쟁범죄로 규정하는 민간인(비전투원)에 대한 살상문제일 것이다. 전쟁에서는 적대국 군인을 대상으로 살상을 인정하고 있지만 불특정 비전투원에 대한 무모한 살상은 전쟁범죄로 규정되기 때문이다. 그러나 테러는 전쟁과 반대로 정치적 목적을 위해 무고한 민간인, 즉 그 대상이 비국가행위자인 민간인 전투원 및 비전투원을 포함하고 있다. 따라서 이 점이 전쟁과 테러를 구분짓는것이 주요 특성이 된다고 할 수 있다.

한편 9·11 테러 이후의 테러양상은 선택된 테러대상목표에 대한 첨단정보통신기술에 의한 정밀타격과 자살테러범에 의한 목표타격이 동일한 전쟁양식의 다른 표현으로 표출되었다는 데 의의가 있다(Berkowitz, 2003). 또한 조직적 범죄가 테러로 수렴하는 경향을 보이며 통합적인 형태로 국가 주권 범위 내에서 경제, 치안 등의 국가 공권력의 작동을 방해하고 무력화시키는 방식으로 진화되었는데, 이를 5세대 전쟁으로 정의하기도 했다(Reed, 2005). 윤민우(2018)는 이러한 전쟁과 테러와의 관계를 연구하면서 전 세계적으로 국제테러의 폭력적 양상이 확대되는 이유가 테러의 수행방식이 전쟁수행방식과 관련된 선택적 타격과 비국가 폭력세력인 테러단체들에 의한 국가의 체제 흔들기 전략이 통합되었기 때문이라고 평가하였다. 결국 테러는 새로운 전쟁양식으로 성격을 갖는다는 것인데, 이러한 새로운 전쟁양식으로서의 테러의 성격을 제대로 이해하지 못했던 미국 등 서구권 국가들의 전략적 실패는 이라크와 아프가니스탄에서의 전쟁 실패와 이슬람극단주의 테러단체들의 세력 확장으로 이어졌다는 것이다. 또한 테러는 피해대상(victims)이 무장을 하지 않는 일반시민이거나 소프트 타깃(Soft Target)과 같은 민간시설을 목표로 한다는 점에서 전쟁과 구별되기도 하였다.

최근에는 과학혁명의 패러다임 변화가 전쟁양식에도 적용되고 있다(Blum &

Gavroglu & Renn, 2016). 국제분쟁에서 군사력보다 에너지·사이버 등 비군사적 방안을 포괄적으로 사용하는 하이브리드 전쟁이 부각되면서 테러공격이 주요수단으로 등장하고 있다. 테러단체뿐만 아니라 무장반군 및 민병대까지 목적달성을 위해 테러전술을 폭넓게 활용하고 있으며, 드론 등 신종 테러수단에 의한 위협도 고조되는 추세이다(윤민우, 2017).

참고문헌

[국내문헌]

1. 단행본

권순구. (2018). 『한국 대테러학』. 파주: 법문사.

박준석. (2014). 『국가안보 위기관리 대테러론』. 파주: 백산출판사, 59－60.

백수웅. (2019). 테러방지법상 테러개념에 관한 법제적 고찰. 『원광법학』, 35(1), 원광대학교 법학연구소, 227－228.

윤민우. (2017). 『(폭력의 시대) 국가안보의 실존적 변화와 테러리즘: 테러리즘과 국가안보, 그리고 안보정책』. 서울: 박영사.

이만종. (2019). 『전쟁의 다른 얼굴－새로운 테러리즘』. 서울: 박영사.

이창용. (2007). 『뉴테러리즘과 국가위기 관리』. 서울: 대영문화사, 99.

이태윤. (2004). 『새로운 전쟁, 21세기 국제 테러리즘: 미 9·11 테러와 대테러 전쟁의 실체』. 서울: 모시는사람들.

_____. (2010). 『현대 테러리즘과 국제정치』. 파주: 한국학술정보, 55－56.

조순구. (2009). 『국제관계론』. 서울: 법문사

최진태. (2006). 『테러리즘의 이론과 실제』. 서울: 대영문화사.

2. 논문

문영기. (2019). 9·11과 파리 테러 이후 군사개입 결정요인 비교 연구. 『경남대학교 정치외교학과 박사학위논문』.

박웅신·윤해성. (2013). 테러개념에 대한 소고, 『한국테러학회보』, 6(2).

백승대. (2020). 대테러법제 비교연구: 한국과 일본을 중심으로. 『국민대학교 법무대학원 석사학위논문』.

손경환. (2016). 한국의 해상테러의 대응전략 분석과 제언－해상특수경비원의 인성교육 필요성을 중심으로. 『한국융합과학회지(구 한국시큐리티융합경영학회지)』, 5(1), 91－101.

신제철. (2008). 국제협약 및 외국 입법례상 “테러” 개념정의 비교분석. 『한국범죄심리연구』, 4.
오태곤. (2006) 뉴테러리즘 시대 북한테러리즘에 관한 공법적 검토. 『법학연구』, 제21권, 378.
이규범·박보라. (2017). 미국 경찰의 급진주의 대응에 관한 연구. 『한국공안행정학회보』, 26, 127−150.
이국헌. (2014). 폭력과 저항의 탈근대적 논의와 기독교 평화주의. 『신학논단』, 78, 159−190.
이대성. (2008), 테러범죄의 동향 분석과 대응방안에 관한 헌법적 연구. 『세계헌법연구』, 14(3), 267.
이병석. (2021). 테러 개념 재정의 필요성에 관한 연구. 『경찰청 대테러연구지』.
홍승표. (2020). 자살 테러 발생 영향요인에 관한 연구. 『한국경찰학회보』, 22(5).

3. 기타

법제처. (2019). 국민보호와 공공안전을 위한 테러방지법. 법률 제15608호.
테러정보통합센터. (2021). 2020년 테러정세 및 2021년 전망. 국가정보원.

[해외문헌]

1. 단행본

Berkowitz, B. D. (2003). *The new face of war: How war will be fought in the 21st century*. Simon and Schuster.
Blum, A. S., Gavroglu, K., Joas, C., & Renn, J. (2016). Shifting Paradigms: Thomas S. Kuhn and the history of science. Edition Open Access.
Chernus, I. (2015). *Monsters to destroy: the neoconservative war on terror and sin*. Routledge.
Gaines, L. K., & Kappeler, V. E. (2019). *Homeland security and terrorism*. Pearson.
George, J., & Wilcox, L. M. (1996). American extremists: Militias, supremacists, klansmen, communists & others. Amherst, NY: Prometheus Books, 354.
James, D. (2015). *International Encyclopedia of the Social & Behavioral Sciences* (Second Edition)
Kobayashi. (2020). *International Encyclopedia of Human Geography* (Second Edition).
LAQUEUR, W. (2011). *Postmodern terrorism: new rules for an old game*. 1996. Acesso em, 16.
Martin, R. (2011). *From the Race War to the War on Terror. Beyond Biopolitics:*

Essays on the Governance of Life and Death, 258－76.

Michael R. Ronczkowski. (2011), *Terrorism and organized hate crime*, CRC Press, p. 18.

Pillar, P. R. (2004). *The dimensions of Terrorism and Counterterrorism. HOWARD, Russell y Reid Sawyer, Terrorism and Counterterrorism. Understanding the New Security Environment, Guilford, CT*, McGraw Hill/Dushkin, 24－46.

Ranney, A. (2000). *Governing: An introduction to political science*. Pearson College Division.

Saul, B. (2006). *Defining Terrorism. In The Oxford Handbook of Terrorism.*

Schmid, A. P., & Jongman, A. J. (1988), *Political terrorism. A Research Guide to Concepts, Theories, Databases and Literature*, Amsterdam and New Brunswick.

Siegel. L. J. (2018). *Criminology: Theories, Patterns and Typologies* (13th). CENFAGE Learning.

Whittaker, D. J. (2012). *The terrorism reader*. Routledge.

2. 논문

Agnew, R. (2010). *A general strain theory of terrorism*. Theoretical Criminology, 14(2): 131－153.

CANADA Minister of Public Safety. (2013). *Building Resilience Against Terrorism: CANADA'S COUNTER－TERRORISM STRATEG.*

Reed, J. (2005). *Do Terrorists have Human Rights too? A Critical Analysis of the Representation of (Suspected) Terrorists in the "War against Terror" Discourse in the UK and US.*

Sacco. (2021). *Sifting Domestic Terrorism from Hate Crime and Homegrown Violent Extremism*. US Congressional Research Service.

NCITE. (2022). *Potential Dark Side of Metaverse in Nationally*. University of Nebraska Omaha, National Counterterrorism Innovation, Technology, and Education Center (NCITE).

3. 기타

6 U.S. Code §444

18 U.S.C. §2331

Betsy Woodruff Swan. (2020). "DHS draft document: White supremacists are greatest terror threat," Politico, September 4, 2020. www.politico.com/news/2020/09/04/white－supremacists－terror－threat－dhs－409236.

CANADA'S COUNTER－TERRORISM STRATEG.
Prevention of Terrorism Act(2005)
Rand. (2017). The Islamic State (Terrorist Organization), (https://www.rand.org/topics/the－islamic－state－terrorist－organization.html).
Terrorism Act 2000
Uniting and Strengthening America by Providing Appropriate Tools Required to Intercept and Obstruct Terrorism Act(2001)
U.S. Immigration and Nationality Act(2021).

제2장 테러리즘의 역사와 변천

제1절 전통적 테러리즘

1. 9·11 테러 이전의 양상

1) 1960년대 ~ 1980년대

테러양상은 국제 정치와 직접적으로 연관성이 있으며 2차세계대전 이후 특정 양태로 변모해왔다. 현대적 의미로 테러의 태동은 1960년대라고 볼 수 있는데, 특히 1964년의 팔레스타인해방기구의 등장으로 인해 현대적 테러의 발생이 시작되었다. 팔레스타인 난민들은 유엔 및 강대국을 상대로 문제 해결을 촉구했으나 성과가 보이지 않자 폭력적 형태의 테러공격을 이용하여 자신들의 정치적 의지를 표현한 것이다(김상범, 2002).

1964년 팔레스타인 해방기구(PLO)의 등장으로 1968년과 1972년 사이에 테러는 절정을 이루었는데, 1968년~1969년 사이 120건이 빈번히 발생했다. 대표적 테러사건으로는 1972년 검은 9월단의 서독 뮌헨올림픽 선수촌 테러사건을 들 수 있다. 특히 서유럽 테러단체들은 흔히 억압받는 지역 주민들과 연대하여 국제적으로 파급력이 큰 목표를 공격하였다. 이 당시 테러단체들은 현재 대다수 소멸되어 소수로 남아 있는 실정이다.

당시 팔레스타인 테러단체들은 1968년 한 해 동안 35건의 항공기 납치를 자행할 정도로 위협적이었으며, 팔레스타인 명분에 동조한 서유럽 및 중동지역의 과격주의자들이 동참하였다. 가자지구와 서안에 자치지구가 설립된 1990년대 말까지 팔레스타인이 주도한 테러는 주로 이스라엘 국내와 점령지의 목표를 표적으로 삼았으며, 독일의 적군파 등 서구 극단주의 동조세력은 1980년대 말에 이르며 지원을 중단했지만 중동지역의 과격주의자들은 여전히 그들의 행동의 대의명분으로 팔레스타인을 앞세웠다.

1980년대에 들어 세계적으로 국제질서가 비교적 안정되자 극좌 서구권 테러단체·PLO 등은 쇠퇴하기 시작하였다(정육상, 2015). 이에 따라 1980년대 후반의 국제테러는 중동지역을 중심으로 하는 이슬람극단주의 테러단체로 기울어지면서 발생건수의 증가와 함께 테러의 규모도 대형화되기 시작하였다.

2) 1990년대~9·11 테러 이전(2001년)

1990년대 초를 기점으로 국제테러는 큰 변화의 양상을 보였다. 공산진영의 몰락으로 인하여 전통적 테러리즘의 주축이었던 극좌조직들은 기반을 상실하였으며, 걸프전 발생으로 인하여 중동의 테러조직 역시 자금유입이 어려워졌다. 1990년대 말에 들어와서는 민족적 테러를 주도한 테러단체들이 그들의 근거지 국가에서 주로 활동했지만 국제적 상징성이 큰 목표를 공격하는 행위가 이슈화되기 시작했다. 발생건수는 점차 줄어드는 양상을 보였지만, 규모와 양상에 있어서 더욱 대형화되었고 무차별적으로 변화하였고, 2000년대 이르게 되면서 불특정 다수를 공격대상으로 삼는 뉴테러리즘이 등장하게 되었다(조성택·김선정, 2014).

20세기 말에 들어 종교적 극단주의자들이 국제테러의 가장 현저한 주도세력으로 등장하였다. 비록 알카에다 같은 이슬람 극단세력이 가장 두드러진 종교적 테러 조직으로 떠올랐지만, 다른 주요 종교에 근거한 극단주의 세력들도 활동하기 시작하였다.

1. 9·11 테러와 뉴테러리즘

뉴테러리즘(New Terrorism)은 2001년 미국의 9·11 테러가 시발점이 되었는데, 전 세계 인류에게 실시간으로 방영되면서 공포와 전율을 느끼게 한 사건으로 기록되고 있다(Hoffman, 2002; 김상범, 2002; 박재풍, 2011).[2] 지금껏 어느 누구가 세계 최강인 미국을 상대로 테러분자들에 의해 심장부가 속수무책으로 공격당하는 것은 상상하지 못하는 것이었다. 알카에다 소속의 테러범들은 미국이 상상하지 못한 목표와 수단 및 방법을 통한 테러공격을 통해 무차별적으로 일반인들을 대량살상하였고, TV 생중계를 통해 국제사회를 공포에 떨게 하였다. 수장이었던 오사마 빈 라덴과 추종자들은 강력한 헤게모니를 쥔 미국에 대항하며, 미국을 "겁쟁이", "종이 호랑이"로 평가하며 스스로 중동지역의 지하드, 즉 성전의 수호자이자 후원자가 되었다(Hoffman, 2002).

기존의 전통적 테러공격과 9·11 테러의 차별성은 무차별적인 대량살상, 계획성, 신념에 의한 자살테러 등으로 평가할 수 있었다. 알카에다 테러범들은 순교자적 자살테러(martyrdom terrorism)를 사회적 지위나 교육수준과 무관하게 성스럽고

---

1 이 부분은 문영기(2019)의 관련 부분을 수정, 보완한 것이다.

2 Hoffman, B. (2002). Rethinking terrorism and counterterrorism since 9/11. Studies in Conflict and Terrorism, 25(5), 303-316.

| 그림 2-1 | 미국 9·11 테러(2001년)

신성한 행위라고 인식하였다. 당시 미국 정부는 테러범들은 단지 대규모 살상에 관심이 있기보다는 유명세를 끄는 데 더 목적이 있다고 평가하고, 9·11 테러의 발생 가능성을 간과하였다. 당시 미국 정부는 상대적으로 저위험의 차량폭탄테러나, 사회 전체를 상대로 하는 고위험의 복잡성 높은 생물·화학·사이버테러라는 양극단적인 가능성만을 상정했으나, 이러한 테러범에 대한 위협분석은 명백한 오판이었다(Hoffman, 2002).

1) 뉴테러리즘의 정의

뉴테러리즘의 개념적 정의는 1999년 미국의 민간연구소인 RAND에서 처음 사용하였다(Lesser et al., 1999). 미국 테러 최고 권위자이자 RAND 연구소장을 역임한 바 있는 Bruce Hoffmann은 "과거 전통적 의미의 테러와 수법이나 피해의 규모 면에서 많은 차이를 나타내는 새롭게 등장한 테러"를 뉴테러리즘이라고 명명하였다.

국내에서 백종순(2019)은 뉴테러리즘의 해석을 통해 테러단체와 지도자가 상징적으로 존재하고 있으나 실질적인 행동대의 조직이나 운영은 분권화 되어있음을 강조하였다. 지역 간·세부조직 간에는 사이버상의 네트워크로 연결되어 있어 대상을 특정하기가 매우 어렵고, 손쉬운 군사적인 대응도 수월하지 않다고 평가하였다. 테러수법도 또한 과거와는 달리 첨단과학무기를 사용하고 있다고 평가했다.

2. 뉴테러리즘의 특징[3]

뉴테러리즘의 특징에 대해 Lesser et al.(1999), Hoffman(2002), 박준석(2009) 등의 연구를 정리해볼 때 10가지의 다양한 특징으로 살펴볼 수 있다. 세부적으로는 무차별적인 대량살상 테러, 비지속적 테러, 치사율 증가, 순교적 테러공격의 증가, 대량살상무기 WMD(Weapons of Mass Destruction) 사용, 보이지 않는 테러공격, 전쟁수준의 테러공격, 언론매체의 발달로 인한 공포확산의 용이, 중산층 주도의 테러, 그물망 조직, 과학기술 및 교통수단의 발달 등을 들 수 있다.

1) 무차별적인 대량살상 테러

과거 전통적인 테러는 항공기 하이재킹이나 주요시설 점거 및 국가 주요 요인 암살 등 보편적으로 상징성을 띤 한정된 대상을 공격하거나 극단적 방법을 택하여 대중의 이목을 끌어 자신들의 목적이나 의도를 선전·선동하고 요구조건을 달성하려는 측면이 강했다(백종순, 2019). 특히 전통적 테러와 관련하여 미국의 젠킨스(Brian Jenkins)는 "테러범은 많은 사람들의 주목을 받는 것을 원하는 것이지, 많은 사람을 죽이는 것은 원하지 않는다."는 사실을 강조한 바 있다(Jenkins, 1974). 결국

3 이 부분은 문영기(2019)의 관련부분을 재정리하였음.

테러범은 궁극적으로 사회 다수의 지지를 확보할 목적으로 행동하므로 무차별적 대량살상을 지양한다는 것이다. 이와 같은 설명은 과거 독일의 적군파, 영국의 바스크 분리자(ETA)나 아일랜드 혁명군(IRA)같은 민족분리주의자들의 테러 행위를 설명하는 데 유용했다. 이들에게는 자신의 목표 달성을 위해 영향력을 획득하고자 하는 지역 주민 다수의 지지를 확보하는 것이 관건이었다.

그러나 1980년대부터 뮌클러(HerFried Mϋnkler)가 주장한 "폭력 전략의 이데올로기적 정당화로부터의 자립화", 즉 폭력의 논리가 정치적·이데올로기적 틀을 벗어나 극단으로 치닫는 현상이 등장하게 되었고, 이러한 경향은 1990년대 들어 더욱 심화되었다. 오늘날 테러는 전쟁 수준의 무차별 공격을 가해 대량 인명살상을 노리고 그 수단으로 화생방 무기, 항공기 폭파, 교통수단 등 WMD에 의한 피해 수준에 이르게 되었다.

그러나 뉴테러리즘은 화생방 공격, 항공기 폭파공격 등 대량살상공격을 통해 거의 전쟁 수준의 대량살상공격을 발생시키고 있다. 한 예로 알카에다의 오사마 빈 라덴은 1990년대 중반에 이미 미국과의 전쟁을 선포했는데, 이는 세계 최강국인 미국을 대상으로 공격하겠다는 것으로, 미국인이 거주하는 전 세계가 공격의 대상이 되었다.

특히 대량살상과 같은 메가테러리즘이[4] 발생하는 빈도가 잦아지고 있는데, 미국 RAND 연구소에 따르면 1994년에는 365건의 테러가 발생하였으나 2000년대에 이르러 테러의 발생 건수와 사망자 수는 현저히 증가하였다(구춘권, 2005). 특히 미국 주도하 아프간·이라크 전쟁 이후 현지 민군작전이 계속되면서 2005년부터는 미군을 포함한 외국군을 대상으로 무차별적인 테러 사건이 발생하였다.

---

4 메가테러리즘은 인명피해를 테러작전의 수행에서 불가피하게 발생하는 부산물로 이해하는 것이 아니라, 최대한의 인명 피해를 의도적으로 전략적 목표로 설정하는 테러의 세계화 현상, 즉 논리가 정치적·이데올로기적 정당화로부터 자립화한 새로운 형태의 테러를 지칭한다.

2) 비지속적 테러(Unsustained Terrorism)

전통적인 테러는 항공기 납치, 주요시설 점거, 요인암살 등 위협이 지속되는 지속적 테러(Sustained Terrorism)였는데, 자신들의 고유의 목적과 요구조건을 전달 및 수용시키려는 것이 테러의 본질적 목적이었다. 그러나 뉴테러는 요구조건이 무엇인지, 테러의 주체가 누구인지를 밝히지 않고 순식간에 대량살상을 자행해 공포를 극대화하고 있다는 것이다(박준석, 2014). 대표적 예로 9·11 테러 시 알카에다는 테러모의 단계에서 미국 미네소타 비행학교에서 비행기 조종기술을 익히는 등 장기간 주도면밀하게 준비하였으나, 결국 여객기를 납치하여 공격을 종료하는 데 소요되는 시간은 겨우 40~50분이었다. 즉, 뉴테러리즘은 일격에 대량살상자를 유발하여 상황을 완수하는 비지속적인 테러(Unsustained Terrorism)라는 것이다(백종순, 2019).

미국 RAND 연구소에서 분석한 1990년대 테러양상 연구에 따르면 1991년 이후 테러의 발생건수가 현격히 줄었지만 사망자 발생률은 증가한 것으로 평가했다. 아래 〈표 2-1〉에서 보듯이 1991년 테러범 발생 건수의 14%의 사망자가 발생했지만, 1992년 17.5%, 1993년 24%, 1994년 27%, 1995년 29% 510명의 사망자 발생비율이 급증하였다.

표 2-1 1990년대 세계 테러 발생건수 및 사망자 발생비율

(단위: %)

구분	1991년	1992년	1993년	1994년	1995년
테러건수	484	343	360	356	278
사망자비율	14%	17.5%	24%	27%	29%

출처: Lesser et al.(1999) 재정리.

이처럼 뉴테러리즘은 단일 사건으로 대량살상자를 유발하고 상황이 종료되는 비지속적 테러(unsustained terrorism)라는 특징이 있다. 테러범들의 입장에서 폭력의 자의적·확산적 사용은 상당부분 의도된 것인데, 이는 테러행위에 대한 대중매체의 관심을 보다 효과적으로 끌어낼 수 있기 때문이다. 폭력의 사용에 있어서 전통적 테러에서는 요인 암살이나 건물 폭파 같이 한정된 공격이 주를 이루었으나 점차 폭력의 자의성과 무차별성은 거의 극단으로 치닫게 되었다. 9·11 테러 이후 2000년대의 대표적 사례로는 2005년 런던지하철 폭탄테러로 750명이 살상된 사건과 2008년 인도의 최대 도시인 뭄바이 도심에서의 동시다발 테러로 500여 명 가량의 살상자가 발생한 사건 등을 들 수 있다.

3) 순교적 테러공격 증가

종교적인 신념을 가진 집단은 테러를 종교적으로 정당화하여 신성한 것이라고 믿음으로써 더욱 극단화하거나 잔인한 행동을 실행하여 죄책감으로부터 벗어나려고 한다. 1980년대 전 세계 11개의 국제테러단체 중에서 2개 단체만이 종교적 성향을 띠었으나, 1992년에 이르러서는 48개 단체 중에서 11개가 종교적 무장하는 등 그 비율이 급격이 증가하였다(백종순, 2019). 이는 종교적 신념이 테러를 정당화 시킬 수 있다고 믿기 때문인데, 테러공격이야말로 신으로부터 허가받은 거룩하고 축복받은 행동으로 신성시 한다면 테러는 더욱 극악해 질 수밖에 없다. 오늘날에도 중동지역이나 북아프리카, 아프가니스탄 등에서 끊임없이 발생하고 있는 테러의 배후에는 종교적인 이유가 대부분이다. 이들의 이유는 오로지 자신들만이 정당하고 다른 종파는 제거되어야할 대상으로 보기 때문에 그러한 이유가 해소되지 않는 한 순교적 테러는 계속될 것이다(윤민우, 2018).

4) 대량살상무기 WMD(Weapons of Mass Destruction) 사용

뉴테러리즘시대에 접어들면서 테러장비와 수단이 불특정하고 WMD라고 불리는 대량살상무기를 사용하는 빈도가 높다. 전통적인 테러 무기는 주로 저격용 소총이나 권총, 폭발물 등을 사용하였기 때문에 공항, 행사장 등에서 보안검색을 강화하면 비교적 쉽게 발견할 수 있었고, 그나마 발견이 어려운 것은 플라스틱 또는 액체폭탄 정도였다. 대표적으로 9·11 테러에서 사용된 테러수단은 박스절단용 칼로서 일상생활에서 사용되는 도구로 여객기를 납치하는 상상을 초월하는 일이 벌어진 것이다(박준석, 2014).

특히 화학무기나 생물무기를 사용하여 화생방 테러를 시도할 경우에는 그 검색과 발견이 더욱 어려워진다. 화학무기는 소량이라도 치명적인 결과를 야기하고 대중들로 하여금 극도의 공포심을 유발하게 한다. 대표적인 예로 50년째 독재 통치를 하고 있는 시리아의 아사드 정권은 2011년부터 시작된 반정부군과의 내전 간 화학무기를 핵심적으로 106회 이상 사용하였다.[5] 국제사회가 나서서 적극적으로 차단하지 않으면 독재자는 상대가 자국민이든 적대국이든 관계없이 정권연장을 위해서는 방법과 수단을 고려하지 않고 화학무기를 사용할 수 있음을 알 수 있다. 한편 생물무기는 특수 기술이나 장비를 요구하지 않고, 조그만 공장에서 아무런 표시도 나지 않게 제조하거나 증식시킬 수 있으며, 제조기법을 인터넷 등을 통해 쉽게 습득할 수 있고 테러공격 시 대량으로 필요한 것도 아니어서 얼마든지 무기화 할 수 있다.

이처럼 국제사회가 힘을 합쳐 화학무기와 생물무기 그리고 핵무기를 없애려고 노력하는 이유는 그 살상력으로 인해 너무 잔인하기 때문이다. 냉전시기에는 군사력 증강만이 이념전쟁에서 이기는 중요한 수단이 되었지만 이제는 인류의 생존을 걱정하는 시기가 되었다. 이러한 치명적인 무기가 테러범에게 흘러 들어간다면 이는 인류에게 엄청난 위협이 될 수 있다. 따라서 국제테러단체들은 화생방무기나 핵무기를 비롯한 치명적인 대량살상 무기를 획득하기 위해 노력하고 있다.

5) 얼굴 없는 테러

실시간 대량살상자를 유발하고 요구조건이 무엇인지, 테러의 주체가 누구인지 알 수가 없는 이른바 '얼굴 없는 테러'는 테러 대응을 더욱 어렵게 하고 있다. 이는 테러예방 및 대응 시 주체를 불분명하게 하여 테러 성향이나 사용된 물질, 습득 및 제조경위 등 테러 수법에 대한 정보를 얻을 수 없게 한다. 이는 또한 추가적 유사 테러를 유발할 수 있는 가능성을 열어두어, 테러단체를 소탕할 수 있는

---

5 황정우, 시리아 내전 5년간 화학무기 공격 최소 106회 … BBC 탐사보도, 『연합뉴스』, 2018년 10월 15일; https://www.yna.co.kr/view/AKR20181015073000009(검색일: 2019년 10월 9일).

가능성을 취약하게 한다. '얼굴 없는 테러'는 협상 가능성이 전혀 없으며, 사전에 발각되지 않는 한 잘 훈련된 특공대 및 경찰의 투입도 효과성이 없고, 테러공격이 매우 빠른 속도로 종료됨에 따라서 골든타임 내 테러 대응을 위한 정치적인 의사결정도 어렵게 만든다.

또한 '얼굴 없는 테러'는 '묻지마 범죄'를 일으키게 하는 요인이 될 수 있다. 사회와 체제에 불만을 갖고 있는 개인이나 조직은 세계 도처에서 발생되고 있는 테러양상에 대해서 일반국민들의 공포와 불안을 보게 된다. 무엇보다 테러의 효과가 매우 크다는 것을 알게 됨으로써 모방을 통해 불특정 다수를 대상으로 아무런 이유도 없이 개인의 분노를 표출하고 있다. 이것은 오늘날 문명국가에서 발생할 수 있는 심각한 사회 문제가 될 수 있다. 결국 '얼굴 없는 테러'는 국가기관의 테러대응을 무력화하게 만들고 사후 수습만 남긴 채 상황이 종료되고 만다.

6) 전쟁 수준의 테러공격

전통적인 테러리즘의 진압방법은 무력진압작전을 위한 대테러 특공대를 육성했다가 테러상황이 발생하면 공격팀과 특공대를 동시에 파견하여 협상에 실패를 할 경우에는 희생을 무릅쓰고라도 테러를 진압하는 것이 일반적인 과정이었다. 그러나 뉴테러리즘은 일격에 수많은 사상자가 발생하고 특히 화생방 테러 시 감염자가 기하급수적으로 늘어나는 등 국가핵심기반이 파괴되는 극도의 공황을 가져올 수 있기 때문에 정규전처럼 장시간 지속되지는 않지만 일거에 전쟁수준의 사상자와 재산피해가 발생하고 상황이 종료된다.

7) 언론매체의 발달로 공포확산 용이

현대사회는 "국민의 알 권리"가 보장된 개방화 시대로 언론매체에 대한 통제가 제한되고 또한 지구촌에 발생되는 사건에 대해 전 세계에 신속히 전파되어 지고 있다. 9·11 테러의 경우 역시 현장상황을 24시간 지속적으로 보도함으로써 테러범들이 생각한 공포의 확산을 용이하게 하였다(이창용, 2007). 대한민국도 테러 등 국가위기상황이 발생한다면 정규방송 이외 다양한 종합편성 채널과 인터넷의 발달로 순식간에 뉴스가 확산되고 반복적으로 보도가 됨으로써 전 국민들이 즉각 인지할 수 있고 극도의 공포심도 느낄 수 있다. 물론 언론의 발달은 테러를 사전에 예방하고 테러위험을 경고함으로써 국민들의 생명과 재산을 지키는 데 기여할 수도 있다.

특히 매스컴은 현대 문명의 핵심 요소라고 할 만큼 현대 사회에서 전 세계 인류 모두가 공유하는 유용한 정보통신 수단이 되었고, 각종 개인 및 집단들이 정치적인 목적을 달성하기 위해 매스컴을 도구적 수단으로 활용하고 있다. 특히 폭력적·자극적 방법을 통해 매스컴의 조명을 받기 위한 끊임없는 노력의 투사를 통해 일반인들에게 실시간 생생하게 체감토록 함으로써 테러발생 지역에 관계없이 테러범이 의도한 목적의 전파가 가능해졌다. 이를 통해 테러행위에 대한 의사전달을 잠재적 테러범에게 제공해 주고 있으며, 테러범 상호간의 각종 테러모의를 위한 테러수단 및 테러대상목표와 관련된 기술 및 방법, 교육훈련 등의 공유를 가능케 함으로써 테러공격을 더욱 용이하게 하고 있다.

매스미디어와 테러[6]

8) 중산층 주도의 테러

1990년대까지 대부분의 테러범이 소외계층으로 교육을 제대로 받지 못하였으나, 뉴테러리즘 이후에는 비교적 풍요로운 중산층 출신이 대부분이었다. 9·11 테러 당시 테러범의 학력은 대학생 이상으로 특히 공학이나 과학 분야의 전공자로 폭탄의 기능, 제조 그리고 비행기를 조종하는 습득 능력이 빨라 테러공격을 성공

6 Jetter, M. (2014). Terrorism and the Media: A handbook for journalists. https://ethicaljournalismnetwork.org/role-media-actors-confronting-terrorism.

적으로 완수할 수 있는 동력이 되었다. 또한, 과거에는 중동의 이슬람권 국가와 후진국인 아프리카 또는 서남아시아 등에서 테러범을 모집하여 활용하였으나, 최근에는 이민 2세들과 같이 다양하게 인원이 변화되고 있다.

2013년 4월 15일 미국의 보스턴 마라톤 테러사건으로 3명이 사망하고 260명이 다쳤다. 범인은 체첸출신 형제들로 이들은 테러단체와는 관계가 없었다. 하지만 그들은 이슬람극단주의에 영향을 받은 평범한 미국의 시민들로서, 개별적으로 급진화되면서 온라인 잡지를 통해서 배우게 된 폭발물 기술로 테러공격을 모의했다. 미국정부는 이들에 대한 과거 테러기록이나 테러단체에 가입한 기록이 없어 사전에 행동을 분석하여 파악하거나 범행을 차단할 수 없었다. 이로 인해 미국의 독립전쟁을 기념하여 만든 보스턴 마라톤은 파행을 겪을 수밖에 없었고 미국의 자존심에 큰 상처를 입게 되었다(백종순·홍성운, 2019).

9) 그물망 조직

뉴테러리즘에서는 테러단체가 그물망 같은 조직을 갖추고 있어서 그 본거지를 무력화하기가 곤란하다. 과거 전통적인 테러단체들은 1인이 지배하는 지도자에 의해 수직적인 체제로 운용되어 지도자를 제거하면 핵심조직은 와해되어 무력화할 수 있었다. 하지만 뉴테러리즘에서는 테러단체가 세계 여러 나라 및 지역에 걸쳐 그물망 조직으로 형성되어 특정 지역 내 조직을 제거해도 유사한 다른 조직이 역할을 대신함으로써 무력화하기가 어렵다. 또한 여러 조직들이 이념 결사체로서 온라인상에서 인터넷·전자 우편·이동통신 등을 이용하여 연락을 긴밀하게 취하고 있다(이창용, 2007).

특히 그물망 형태의 조직은 겉으로 들어나지 않으면서 결속력이 강하기에 완전한 제거를 하기까지 막대한 노력이 소요된다. 최근 발생하고 있는 테러는 아래 〈그림 2-2〉와 같이 테러범이 현장에서 사망하거나 테러범이 본인이 속한 조직이 정확하게 무엇인지 누구로부터 지시를 받은 것인지 알 수 없는 상태에서 테러가 발생되어 범행의 동기를 알기가 어렵다(백종순·홍성운, 2019).

| 그림 2-2 | 그물망 형태의 테러단체의 복잡성: Dynamic network analysis for counter-terrorism

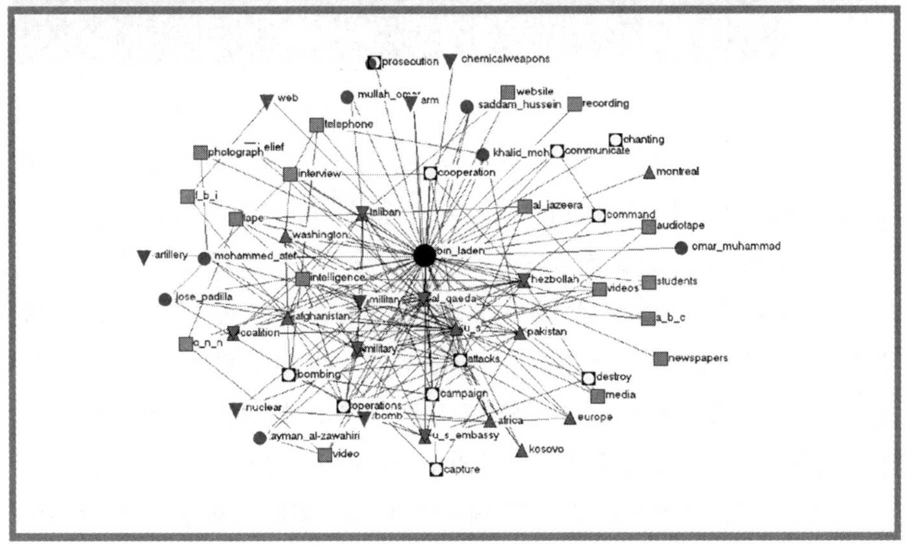

출처: Carley, K. M. (2005). Dynamic network analysis for counter-terrorism.

10) 과학기술 및 교통수단의 발달

과학기술의 발달로 무기 제조기술이 발전했으며 무기체계도 고도로 정밀화됨으로써 살상능력과 정확도가 매우 향상되었다. 또한 교통통신의 발달로 테러공격 기술의 전파가 용이해졌고 테러범들 간의 유대협력도 강화되어 이른바 테러의 국제화가 진전되고 있다. 이러한 무기체계의 정밀화·소형화·고성능화 및 제조기술의 증대로 소형 무기 사용을 통한 테러의 효과성을 극대화시키고 있다. 또한 무기체계의 정밀화는 테러범으로 하여금 테러행위에 대한 안정성을 향상시켜 주고 있다. 즉 테러 목표에 대한 접근, 시행, 탈출 과정에서 테러범에게 생존 가능성을 높여 주었으며, 파괴력의 향상은 테러공격을 더욱 합리적인 의사결정수단으로 선택하게 만드는 요인이 되고 있다.

제3절 전통적인 테러리즘과 뉴테러리즘의 비교분석[7]

전통적인 테러리즘은 이념적 갈등, 정치적 자결권을 확보하기 위한 민족주의적 저항, 종족 간의 갈등, 종교적 주체성 확립 등이 주된 원인이 되었다. 공산권의 붕괴로 인해 이념적 지표를 상실하자 이념을 목적으로 한 테러공격은 감소하기 시작했다. 뉴테러리즘 시대에 접어들면서 테러는 인종·종교 등에 의한 갈등의 요인과 더불어 특정 목적을 달성하기 위한 저항의 요인에 의해 발생되고 있다. 더욱이 테러양상이 보다 공격적이고 잔인해지면서 공포감과 인명피해를 유발시키고 파괴·납치를 수반해 정치적·사회적 혼란을 야기시키고 있다(박준석, 2014).

뉴테러리즘은 전통적인 테러리즘에 비해 다음과 같은 측면에서 명확한 차이를 보인다. 먼저 테러의 주체 면에서 전통적인 테러리즘에서는 명확하게 자신의 소행을 천명하고 있으나 뉴테러리즘에서는 누가 했는지 밝히지 요구조건이나 공격의 주체가 불분명하여 추적이 곤란하다는 것이다. 실제로 2001년 9·11 테러 이후 오사마 빈 라덴을 추격하여 2011년에 제거하기까지는 10년의 세월이 흘렀다. 이처럼 색출과 근절이 어려운 이유는 테러범이 요구 조건을 명확하게 제시하지도 않고, 테러공격의 주체가 불분명하여 언제 어디서 테러가 발생할지 예상할 수 없기 때문이다.

둘째 테러목표 면에서도 전통적인 테러리즘에는 비교적 상징성이 분명한 정부청사나 경찰서, 군부대 등 제한된 하드 타깃을 공격목표로 하여 공포 및 두려움을 조성하였다. 그러나 뉴테러리즘에서는 불특정 다수 및 민간시설 등 소프트 타깃에 대해서 공격이 주를 이루면서 전혀 예측하지 못한 시설을 대상으로 한 극적 연출을 통해 공포혼란을 극대화 하였다. 예를 들면 관광명소의 유명한 호텔이나 대중이 많이 이용하는 지하철역이나 광장, 공연극장, 터미널 등과 같은 다중이용

7 이 부분은 문영기(2019)의 관련 부분을 수정, 보완.

시설로서 매스컴의 주목을 많이 받을 수 있는 장소이다. 특히 상대적으로 국가중요시설이나 군사시설들에 비해서 비교적 방호력이 취약하여 노출성과 접근성이 용이하고 막대한 인적·물적 피해를 가할 수 있다. 이러한 테러양상은 미국의 9·11 테러 이후에 서구권 등을 중심으로 보편화되었다.

이러한 양상에 중요한 영향을 끼친 것이 SNS, 언론 등 대중매체의 영향이다. 우리가 9·11 테러를 접하면서 전율과 공포를 더 느끼는 것은 전쟁과도 같은 엄청난 파괴와 화염을 여과 없이 중계하였던 CNN을 비롯한 매스컴의 영향 때문이었다. 현재의 매스컴은 오히려 테러의 효과를 극대화시키고 심지어는 모방테러를 조장해왔다. 텔레비전, 라디오, 신문, 인터넷, SNS 등 통신수단의 다양성을 통한 테러공격에 대한 실시간 보도는 역설적으로 테러범들로 하염금 대중매체의 유용성을 이용해 테러의 파급효과를 극대화시키게 한다(백종순, 2019).

셋째 테러조직의 구성면에서 테러테러행위를 저지른 테러단체나 조직도 과거에는 비교적 분명한 상·하 지휘체계를 갖고 있었으나, 뉴테러리즘에서는 수평적인 그물망 조직으로 색출하기가 곤란하다(박기쁨·이창한·유효은, 2017). 테러범을 소탕하고 나면 소속된 조직이 와해되는 것은 전통적인 테러리즘에서는 수직적인 조직이기 때문에 가능한 일이었으나 뉴테러리즘 시대에는 최고지도자가 제거되더라도 조직이 와해되지 않고 다음 수장이 조직을 계승하고 세포조직으로 되어 있어 일망타진하기가 곤란하기 때문이다.

넷째 테러대응 측면에서도 과거에는 충분하게 협상할 시간이 있었으나 뉴테러리즘에서는 골든타임 내 대응이 절대적으로 부족하다. 예를 들면 9·11 테러 발생 시 비행기를 요격하거나 공격을 방해할 수 있는 시간이 없었다. 특히 테러범은 상대방에게 치명적인 공격을 가함으로써 전쟁과 같은 형태의 무차별적인 인명살상으로 그 피해의 정도를 가늠할 수 없으며, 테러단체가 그물망 조직으로 연결되어 테러조직을 단번에 무력화 대응하기는 현실적으로 제한되는 상황이다.

다섯째 공격수단(사용무기) 면에서 과거에는 총기나 폭발물 등 비교적 대량살상 보다는 특정한 표적에 대한 피해를 줄 수 있는 무기였다면 오늘날에는 대량살상을 초래할 수 있는 생화학무기나 비행기 자체가 공격용 무기가 되는 등 치명적인 결과를 초래할 수 있는 무기가 사용되고 있다. 이러한 무기들은 인터넷이나 우리의 주변에서 쉽게 획득할 수 있다(백종순, 2019).

여섯째 전통적 테러리즘의 목적이 공포를 통해 정치적 부담을 주게 하는 것이라면 뉴테러리즘 시대에는 매스컴의 발달로 공포의 확산속도와 파장이 매우 빠르고 강력하게 되었다. 예를 들면 테러범들에게 항복을 할 것인가 전쟁을 할 것인가와 같이 국가위기관리의 신속한 결정을 요구하게 하였다.

일곱째 테러에 의한 피해 규모도 전통적인 테러리즘에서는 소규모였으나 뉴테러리즘 시대에는 피해가 크고 복구시간도 많이 소요가 되었다. 이러한 뉴테러리즘이 전통적인 테러리즘과 비교하면 다음의 〈표 2-2〉와 같이 정리할 수 있다.

표 2-2 전통적 테러리즘과 뉴테러리즘의 비교

구분	전통적인 테러리즘	뉴테러리즘
테러주체	테러의 주체 및 이유명확 (중앙통제식)	얼굴없는 테러 (추상적임)
테러목표	공포 및 두려움 유포 (구체적 공격)	극적 연출통한 공포혼란 조성 (대중매체 적극활용)
테러조직	수직적 조직	그물망 조직
대응시간	협상시간 충분	협상시간 부족
사용무기	총기, 폭발물 등	생·화학·방사능, 항공기, 자살폭탄 등
공포확산 정도	보통	매우 빠름
정치적 부담 여부	약함	강함
목표물 범위	테러의 대상자가 곧 희생자, 희생자 규모가 명확히 한정	불특정 다수의 일반대중 무차별 공격(범세계적)
조직와해 가능 여부	최고지도자 부재시	대체인원 가능
피해정도	피해범위가 소규모	피해범위가 대규모

출처: Lesser et al.(1999); 대테러센터(2017); 백종순(2019); 문영기(2019) 재정리.

제4절 현대의 테러리즘

오늘날 테러리즘의 특징은 프랜차이즈 형태의 원격테러, 코로나가 장기화됨으로써 사회적 양극화의 심화로 인한 극단주의 및 증오형 테러 위협, 공권력의 취약으로 인한 사각지역의 증대로 특정지어진다. 국제 테러정세를 살펴보면 첫째로 코로나 방역으로 인한 세계 각국의 군, 경찰 등 테러대응 기관들의 대응역량 피로도가 누적되고 방역현장으로 인력의 집중적 전환으로 테러대응역량이 분산화되고 누수현상이 발생되었다. 이는 국제테러단체들로 하여금 프랜차이즈 형태의 원격테러를 증대시키는 호기를 마련케 하고 있다(US Office of the Director of National Inteligence, 2021). 또한 미국 및 유럽 등 서방 선진국 대상으로 대규모 기획테러의 위협이 증대되는 가운데, 기존 하드웨어 측면의 조직을 대대적으로 감편 및 축소하고 유연한 조직개편을 통한 원격 지부조직의 내실화 등 패러다임이 전환되었다(UN CTED, 2020; Husham, 2020).

앞서 기술한 것처럼 코로나19 이후 각국의 방역정책으로 인한 봉쇄조치는 테러단체들로 하여금 온라인 테러활동에 집중하게 하였고, 최근 이슈화되고 있는 메타버스(Metaverse)로까지 활동영역을 진화하고 있는 추세이다. 미국 네스라스카 대학의 국립 대테러 혁신·기술·교육센터인 NCITE(National Counterterrorism Innovation, Technology, and Education Center)에서는 2022년 2월 메타버스를 활용한 테러위협양상을 분석하였다. NCITE는 ISIS 및 알카에다 등 국제테러단체 및 극우조직들이 온라인 테러 전담조직을 신설하여, 일반인들 누구나 메타버스 플랫폼에서 각종 테러관련 콘텐츠를 체험할 수 있는 온라인 환경을 조성하고 있다고 경고하였다. 또한 3D 기술을 활용한 테러대상목표를 메타버스 공간에서 설정하여 각종 테러계획 수립

메타버스 플랫폼을 활용한 테러

및 모의훈련시에 활용을 통해 테러성공확률을 높이는 테러환경이 현실화되었음을 진단했다.[8]

이러한 위협에 대응하기 위해 최근 미국 및 유럽을 중심으로 온라인상의 조직원 모집, 테러 선동, 극우주의 사상 전파 등에 대한 대응방안을 강화하였다. 미국의 국토안보부는 코로나19로 일반인들의 온라인을 통한 극단주의 노출 가능성 증가를 경고하면서 페이스북에서는 백인우월주의 연계 계정 약 190개를 삭제하였다. 프랑스 및 독일에서는 SNS 사업자 게시물에 대한 관리 의무를 강화하는 방안으로 테러·혐오 콘텐츠 방치 시 최대 16억 원 벌금 부과를 결정하였다. EU는 온라인 플랫폼(페이스북·유튜브 등)에 '테러 선동 콘텐츠'에 대한 조치 의무를 강제하였고, 독일을 중심으로 '네트워크집행법' 개정을 통해 SNS 사업자의 역할과 책임을 강화하기도 하였다.

둘째로 코로나 장기화에 따라 반이민, 여성, 종교, 계층, 사회 갈등 등에 대한 혐오정서 및 불만을 품은 개인들에 의한 극단주의 테러양상이 증대되고 있다. 특히 코로나19 진원지에 대한 보복차원에서 아시아인을 겨냥한 인종 차별성 언론보도를 중심으로 국가적 차원의 혐오감 표출이 증대되고 있다. 실제로 2020년 미국 주요 대도시에서 전체 증오범죄는 6% 감소한 반면, 아시아계를 향한 증오범죄는 오히려 다음 〈그림 2-5〉와 같이 2019년 대비 149% 증가하기도 하였다(Center for the Study of Hate & Extremism, 2021). 미 시카고 대학 CPOST의 극단주의 테러 연구팀의 결과에 의하면 인종혐오에서 비롯된 극단주의 테러공격의 특성은 일반적 테러공격에 비해서 사전 모의과정이 없이 즉흥적인 패턴을 보이나 과격화된 폭력성 및 사상자 발생 빈도 면에서 더욱 위협적인 것으로 분석되었다(Pape & Ruby). 또한 극우주의 테러공격에 전·현직 군인 및 경찰 등 공안기관 요원들이 가담하여 총기 및 폭발물 제작, 운용 등 테러공격기술에 전문성이 확보되는 충격적인 일들이 발생하기도 하였다.

이와 같이 동양인 포비아 현상이 급증되자, 미국의 국가정보국(Office of the Director of National Inteligence: ODNI) 및 UN 대테러위원회, 국토안보부 등을 중심으로

8 https://www.unomaha.edu/news/2022/01/ncite-metaverse-dark-side.php

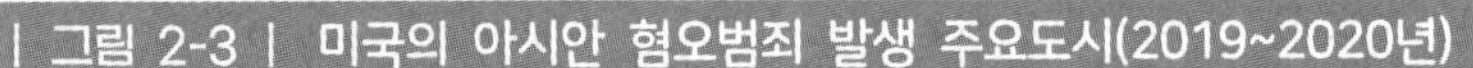
| 그림 2-3 | 미국의 아시안 혐오범죄 발생 주요도시(2019~2020년)

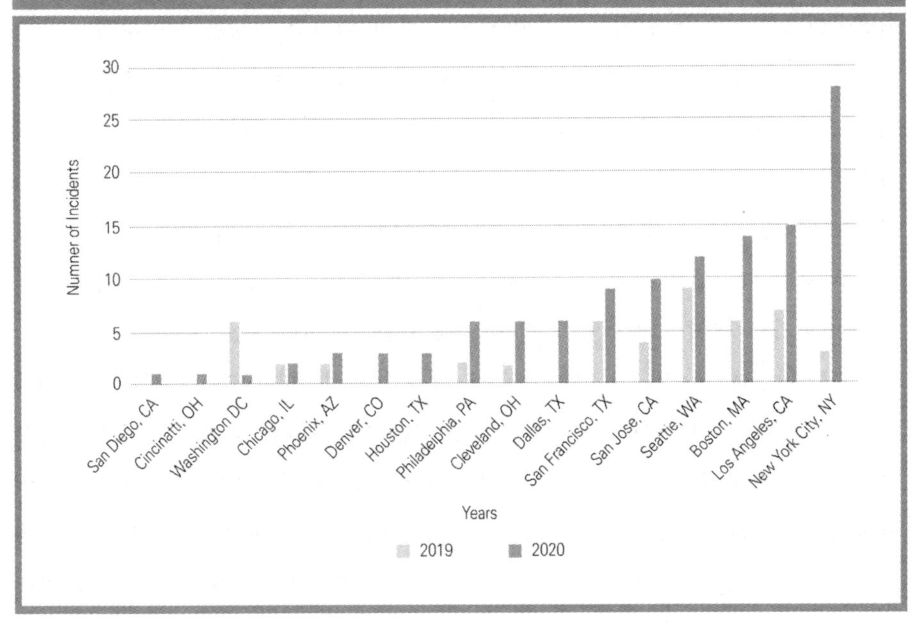

출처: Pape. A & Ruby K(2020) 재정리.

극단주의 테러의 원인을 반이슬람 정서 및 인종혐오주의 확산에 편승한 백인우월주의자에 의한 '이슬람 대 기독교' 간의 사회 및 종교갈등으로 혐오정서를 부추기는 것에 기인한다고 진단하였다(US Homeland Security, 2020; US Office of the Director of National Inteligence, 2021). 이러한 초유의 상황에 대응하고자 미국에서는 극우단체인 '러시아 제국주의 운동(RIM)'을 최초로 국제테러범으로 지정하였고, 뉴욕주에서는 인종에 대한 혐오공격을 테러에 포함시켰다. 또한 독일에서는 극우주의 연루 의혹이 있는 특수부대(KSK) 1개 중대를 해체하는 조치를 취하기도 했다.

셋째로 서구권 주요 국가들을 중심으로 테러대응역량의 취약으로 인한 국정지지율 하락으로 인해 정권이 교체되는 등 국가위기관리 역량의 사각지역이 증대되고 있다. 먼저 미국의 경우 코로나, 탄핵 사태 등 사회불안 요소의 증가로 인해 백인우월주의자 등 극우주의자들의 테러공격이 급증하였는데, 이에 대해 주요 연방수사기관에서는 2020년을 미국 국내 테러의 최악의 해로 평가하였다(FBI, 2021; DNI, 2020). 그리고 이러한 사회갈등 관리의 실패로 인해 지지율은 하락되고 바이든 정부로 정권이 교체되는 상황이 초래되었고 이 와중에 2021년 1월 6일에 발생된 연방국회의사당 무장 난입사태는 미국 극우주의 위협의 양상을 보여주기에 충분하였다. 즉, 대선 결과에 불복한 민병대 복장을 착용한 트럼프 지지세력들이 국회에 불법난입하여 폭력행위를 일삼았다. 이러한 일련의 사태와 관련하여 2021년 6월의 미 상원 국토안보위 조사결과에 의하면 미국 테러대응기관들의 안일한 초동대응 조치 및 미흡한 정보 공유, 관계기관인 법무부, 의회경찰, FBI, 국토안보부, 국방부 등의 위기대응 매뉴얼이 연계성 미흡 및 지연작동 등 통합적 위기관리 역량의 발휘가 완벽히 실패되었던 것으로 평가하였다(United States Senate, 2021).

프랑스 또한 2012년 전임인 올랑드 대통령이 집권한 이래 2차세계대전 이후 프랑스 본토에 최대 살상자를 발생시킨 2015년 파리 테러, 2016년 니스테러 등을 효과적으로 대응하지 못하여 국가위기대응 실패와 경제 장기침체까지 누적되어 역대 정부중 지지율 최저수준인 4%까지 급감하여 최초로 재선을 포기하는 결과를 초래하였다(파이낸셜뉴스, 2016. 12. 2.).[9] 그리고 이후 취임한 마크롱 대통령은 국가비상사태를 6차례 연장하고, 인터넷 검색기록 감시 강화를 포함하는 테러방지법 개정 등 강력한 테러대응정책을 추진하였으나, 사회혼란과 정치갈등은 고조되었다. 다음 〈표 2-3〉과 같이 마크롱 집권 후 대통령에 대한 위해사례가 지속적으로 발생하는 등 테러위협이 급증하고 있는 상태이다. 더구나 최근 2021년 6월 8일 탱레흐미타주에 발생한 대통령 안면가격사건은 2022년 프랑스 대선과 연계해 극단주의 테러위협을 통한 사회갈등의 분열양상을 여실히 보여주는 '극단주의 폭력의 상징적 사건'으로 평가되고 있다(The Times, 2021. 6. 9.). 테러범들이 가택을 수색한 결과 총기 및 흉기, 히틀러 자서전 등이 발견된 것으로 밝혀져 충격을 더하였다(FINANCIAL TIMES, 2021. 6. 9.).[10]

이러한 위협에 대응하고자 해외 주요 국가들은 대테러법 개정, 극우 테러 방지, 온라인상 테러 확산 차단 등 테러 예방을 위해 다각적인 대테러 활동을 전개

9 "청년실업-경제침체-테러 못잡은 올랑드, 결국 대선 불출마", 파이낸셜뉴스, 2016년 12월 2일 https://www.fnnews.com/news/201612021040230941.

10 "Emmanuel Macron slapped in face during walkabout in France," FINANCIAL TIMES, 2021.6.9. https://www.ft.com/content/9f592617-f8f4-49f5-bc0d-b029298ccf8d.

표 2-3 마크롱 대통령 테러위협 사례

날짜	내용
2017년 7월	• 프랑스 혁명 기념일 군 퍼레이드 행사시 극우주의 청년 테러(암살)모의혐의 체포
2018년 11월	• 극우주의 테러단체인 Les Barjois 테러단체원 6명이 베르됭 지역을 방문하는 대통령을 테러공격 모의한 혐의로 체포
2021년 1월	• 극우주의 테러단체인 Les Barjois 테러단체원 2명이 테러공격을 모의한 혐의로 체포
2021년 6월	• 탱레흐미타주 지방행사에서 극우주의 추종세력이 대통령 안면공격 혐의로 체포

출처: 테러정보통합센터(2021) 재정리.

하였다. 특히 각국의 대테러법 개정을 추진을 통해 테러범 조기 식별 및 체포, 테러범 가석방 기준 강화, 석방 후 사후관리 강화 등을 강화하는 추세이다. 대표적 예로 프랑스는 테러범의 신속한 처리 및 처벌강화를 위해 테러범이 석방되더라도 최장 10년간 감시하고, 영국 또한 최소 14년 이상으로 양형 강화 및 가석방 기준 엄정하게 변경하였다. 독일은 극우주의 이념의 군 장병들은 징계절차 없이 해임·파면 가능토록 군사법을 개정하였다. 필리핀 또한 테러 혐의자를 영장 없이 최장 24일 구금 가능토록 법령을 강화했다.

참고문헌

[국내문헌]

1. 단행본

박준석. (2014). 『국가안보 위기관리 대테러론』. 서울: 백산출판사, 70.
윤민우. (2017). 『폭력의 시대 국가안보의 실존적 변화와 테러』. 서울: 박영사, 59.
이창용. (2007). 『뉴테러와 국가위기 관리』. 서울: 대영문화사, 99.

2. 논문

김상범. (2002). 국제테러 대응; 테러의 발전 추세와 미래 양상. 『안보문제연구소』, 45(1), 123-155.
______. (2002). 테러리즘의 발전 추세와 미래 양상. 『국방연구』, 45(1), 136-139.
박기쁨·이창한·유효은. (2017). 최근 북미 및 유럽지역의 테러리즘 동향연구: 2012-2017. 『시큐리티 연구』, 53, 107-133.
박준석. (2009). 뉴테러리즘의 대응방안과 전략에 관한 연구. 『한국공안행정학회보』, 18(1), 91-120.
박재풍. (2011). 뉴테러리즘의 의미재정립과 대응에 관한 연구. 『한국정책학회 춘계학술발표논문집』, 단일호, 469-487.
백종순. (2019). 한국의 테러대응정책에 관한 연구. 『광주대학교 대학원 박사학위논문』. 19.
백종순·홍성운 (2019). 한국의 테러 대응체계 발전방향에 관한 연구. 『인문사회 21』, 10(6), 527-541.
오태곤. (2006), 뉴테러리즘 시대 북한테러에 관한 공법적 검토. 『법학연구』, 21, 378.
이선기. (2017), 뉴테러리즘 위협에 대한 정책적 내응방안. 『한국스포츠리서치』, 18(4), 126.
정육상. (2015). 테러집단 IS의 위협실상과 향후 전개양상 전망. 『유럽헌법연구』, 171-198.

조성택·김선정. (2014). 민족, 분쟁 그리고 테러리즘. 『한국테러학회보』, 7, 203-221.

3. 기타

대테러센터. (2017). 테러방지법 해설. 국무총리실 대테러센터.
테러전보통합센터. (2021). 주간테러동향. 국가정보원.

[해외문헌]

1. 단행본

Hoffman, B. (2002). *Rethinking terrorism and counterterrorism since 9/11. Studies in Conflict and Terrorism*, 25(5), 303-316.

__________. (2017). *THE EVOLVING THREAT OF TERRORISM AND EFFECTIVE COUNTERTERRORISM STRATEGIES.* Hampton Roads International Security Quarterly, 1.

Hoffman, B., & Forest, J. (2017). *Inside Terrorism (Revised Edition).*

Joint Chiefs of Staff DOD. (2008). *Department of Defense Dictionary of Military and Associated Terms.*

Lesser, I., Arquilla, J., Hoffman, B., Ronfeldt, D. F., & Zanini, M. (1999). *Countering the new terrorism.* RAND corporation.

United States SENATE. (2021). *EXAMINING THE U.S. CAPITOL ATTACK.*

2. 기타

Arab Convention for the Suppression of Terrorism. (1998). Arab Convention on Terrorism. Cairo: Council of Arab Ministers of the Interior and the Council of Arab Ministers of Justice. https://www.unodc.org/images/tldb-f/conv_arab_terrorism.en.pdf.

FINANCIAL TIMES. (2021. 6. 9.). Emmanuel Macron slapped in face during walkabout in France. https://www.ft.com/content/9f592617-f8f4-49f5-bc0d-b029298ccf8d

Husham A. H. (2020), ISIS 2020: New Structures and Leaders in Iraq Revealed, Center for Global Policy. https://newlinesinstitute.org/isis/isis-2020-new-structures-and-leaders-in-iraq-revealed.

Pape. A & Ruby K. (2020). *RIGHT WING EXTREMISTS IN THE US*, 2015-2020, The University of Chicago Division of the Social Science. https://d3qi0qp55mx5f5.cloudfront.net/cpost/i/docs/right_wing_extremism_online_2021_01_31.pdf?mtime=1612073812.

UN Counter-Terrorism Committee(CTED). (2020. 4), Member States Concerned By The Growing and Increasingly Transnational Threat of Extreme Right-Wing Terrorism. https://www.un.org/securitycouncil/ctc/sites/www.un.org.securitycouncil.ctc/files/20200401_press_release_trends_alert_extreme_right-wing_terrorism.pdf.

U.S. Department of State. (1996). Patterns of Global Terrorism: 1995. Washington, D.C.: U.S. Department of State. https://irp.fas.org/threat/terror_95/index.html.

______________________. (2020). Country Reports on Terrorism 2019. https://www.state.gov/reports/country-reports-on-terrorism-2019.

Washington, D.C.: DOD. https://www.defense.gov.

제3장 테러조직론

제1절 국제 테러단체

대한민국의 테러방지법 제17조 테러단체 구성죄 등에서 테러단체를 구성하거나 구성원으로 가입한 사람이라고 정의하고 있으며 수괴(首魁), 테러를 기획 및 지휘, 외국인테러전투원으로 가입한 자, 테러자금을 조달·알선·보관한 자에 관한 처벌규정을 두고 있다. 테러방지법 제2조에서는 테러단체란 국제연합(UN)이 지정한 테러단체를 말한다고 규정하고 있다(대테러센터, 2017).

본 장에서는 전 세계 주요 국제 테러단체와 테러위험인물 및 외국인테러전투원의 개념 및 주요 내용에 대해 살펴보겠다.

1. 지역별 테러단체현황

세계 각국은 국가별 내부 기준에 따라 국제 테러단체를 지정하여 제재와 대응을 하고 있는데, 일반적으로는 UN 안보리 결의안 제1267호(1999년)에 의해 UN이 지정한 단체를 적용한다. 한편 테러지원국과 대테러비협조국과 같은 개별 국가 단위는 테러단체가 아니므로 우리나라의 테러방지법의 직접적 적용대상은 아니다.

아래 내용은 미 국무부에서 매년 발간하는 Country Reports on Terrorism 2020 백서 Foreign Terrorist Organizations 현황에 수록된 UN 지정 테러단체(US. Department of State, 2021)와 우리나라 국가정보원 홈페이지에 탑재된 국제테러단체 현황을 중심으로 한 전 세계 주요 테러단체(95개)를 주요사항 위주로 정리하였다.[1]

1) 중동·북아프리카

중동·북아프리카 지역 33개 테러단체 중 29개 단체가 이슬람 성향으로 가장 높은 비중을 차지하고 있는데, ISIS, 하마스, 알 누스라 전선 등과 같은 이슬람극단

표 3-1 중동 북아프리카 테러단체 현황

권역	단체명
중동· 북아프리카 (33개)	리비아 이슬람 전투그룹(LIFG), 무슬림 형제단(MB) 아스바트 알 안사르(AAA), ISIS-대 사하라지부(ISIS-GS) ISIS-리비아 지부(ISIS-LP), ISIS-시나이 지부(ISIS-SP) ISIS-알제리 지부(ISIS-AP), ISIS-예멘 지부(ISIS-YP) 안사르 알딘, 마시나 해방전선(MLF), 안사르 알 샤리아 튀니지(AAS-T), 안사르 알 이슬람(AAI), 알 누스라 전선(ANF) 알 무라비투(Al Mourabitoune), 알 아크사 순교자 여단(AAMB) 압둘라 아잠 여단(AAB), 예멘 알카에다(AQAP) 오크바 이븐 나파 여단(OINB), 이라크시리아 이슬람국가(ISIS) 이말 알 부카리 여단(KIB), 이슬람과 무슬림 지지그룹(JNIM) 자위쉬 알 무하지룬 왈 안사르(JMA), 자이쉬 칼리드 이븐 알 왈리드(JKW), 준드 알 아크사(JAA), 카타이브 헤즈볼라 타우히드 바 지호드 여단(KTJ), 탄짐 후라스 알 딘(HAD) 팔레스타인 이슬람 지하드(PIJ), 팔레스타인 해방인민전선(PFLP) 하마스(Hamas), 하라카트 샴 알 이슬람(HSI), 하라카트 아흐라르 알 샴, 하야트 타흐리르 알 샴(HTS), 헤즈볼라(Hezbollah) 후티 반군(Al houthi Rebel)

출처: US. Department of State(2021). Country Reports on Terrorism 2020 재정리.

1 https://www.nis.go.kr:4016/AF/1_6_2_2_2/list.do

주의, 헤즈볼라, 후티반군 등 이슬람원리주의, 팔레스타인 해방인민전선 등 극좌민족 분리주의 등으로 세분화할 수 있다.

2) 서남·중앙아시아

서남·중앙아시아 지역은 27개 테러단체 중 21개 단체가 이슬람극단주의 성향으로 가장 높은 비중을 차지하고 있다. 대표적으로 아프간의 알카에다, 탈레반, ISIS 호라산과 중국 서부 신장지역의 이슬람 분리주의 세력 중심의 동투르키스탄 이슬람운동 및 동투르키스탄 해방기구, 우즈벡 세속정권을 축출하려는 우즈벡 이슬람운동 등과 같은 이슬람극단주의 단체가 주를 이룬다. 또한 인도 계급주의 타파와 공산주의 국가건설을 목표로 하는 극좌주의 인도 마오이스트 공산당과 인도 북동부지역의 독립국가 목표를 추구하는 아삼해방전선과 같은 민족 분리주의 국가 등으로 세분화할 수 있다.

표 3-2 서남·중앙아시아 테러단체 현황

권역	단체명
서남아시아·중앙아시아(27개)	ISIS-방글라데시지부, 네팔 마오이스트 공산당-바플랍그룹(CPN-Biplav), 동투르키스탄 이슬람운동, 동투르키스탄, 해방기구, 라쉬카르 에 장비(LeJ), 라쉬카르 에 타이바(LeT), 발로치 무장독립 연합군(BRAS), 발로치스탄 해방군(BLA), 아삼해방전선(ULFA), ISIS-호라산지부(ISIS-KP), 알카에다(AQ), 우즈베키스탄 이슬람운동(IMU), 이슬람 지하드 그룹(IJG), 인도마오이스트 공산당(CPI-M) 인도 무자헤딘(IM), 인도 알카에다(AQIS), 자마툴 무자헤딘 방글라데시(JMB), 자마툴 아흐라르(JuA), 자이쉬 에 모하메드(JeM), 준드알라-파키스탄(Jaysh al-Adi), 타리크 기다르 그룹(TGG), 탈레반(Taliban), 파키스탄 탈레반(TTP), 하라카툴 무자헤딘(HUM), 하라쿠툴 지하드 이슬라미(HUJI), 하카니 네트워크, 히즈볼 아흐라르(HuA)

출처: US. Department of State(2021). Country Reports on Terrorism 2020 재정리.

3) 아프리카

아프리카 지역 역시 이슬람극단주의 성향의 단체가 대다수를 이루고 있다. 소말리아와 나이지리아·니제르·카메룬·차드 접경지역에서 샤리아(이슬람 법률)로

표 3-3 아프리카 테러단체 현황

권역	단체명
아프리카 (8개)	니제르델타 해방운동, 보코하람[Boko Haram(BH)], ISIS-서아프리카 지부(ISWAP), ISIS-소말리아 지부(ISS), ISIS-중앙아프리카 지부(ISIS-CAP), 아흘루 순나 왈자마(ASWJ), 안사루(ANSARU), 알샤바브[Al-Shabaab(AS)]

출처: US. Department of State(2021). Country Reports on Terrorism 2020 재정리.

통치되는 보코하람, 알샤바브와 같은 이슬람극단주의단체와 니제르델타 지역의 석유개발 이익 확보를 위해 자치권 획득을 목표로 하는 니제르델타 해방운동 단체 등으로 세분화할 수 있다.

4) 유럽·미국

유럽·미국 지역은 공산주의 영향을 받은 극좌주의나 민족분리주의에 입각한 테러단체 비율이 높다. 유럽의 경우 영국·아일랜드를 거점으로 북아일랜드에서 영국의 축출하고 아일랜드 통일정부를 건설하려는 민족 분리주의 성향의 아일랜드 공화국 연속파와, 극좌주의 성향으로 터키지역에 쿠르드 족 독립국가를 건설하려는 쿠르드노동자당과 인민혁명해방군 전선, 스페인 바스크 지역의 사회주의 국가목표로 하는 바스크 조국해방조직 등을 들 수 있다.

한편 미주 지역의 테러단체는 대다수가 극좌지역 성향으로 콜롬비아 민족해방군 및 콜롬비아 무장혁명군, 빛나는 길과 같은 콜롬비아 및 페루지역의 공산주의 국가를 건설하려는 테러단체 등이 활동하고 있다.

표 3-4 유럽·미주 테러단체 현황

권역	단체명
유럽·미주(9개)	민족해방군(ELN), 바스크 조국해방(FTA), 빛나는 길(SL), ISIS-코카서스 지부, 아일랜드 공화군 연속파(CIRA), 아일랜드 공화군 진정파(RIRA), 인민혁명해방군 전선(DHKP), 콜롬비아 무장혁명군(FARC), 쿠르드 노동자당(PKK)

출처: US. Department of State(2021). Country Reports on Terrorism 2020 재정리.

5) 동남아시아

동남아시아는 이슬람극단주의, 민족분리주의, 극좌주의 단체들이 비교적 균형되게 활동하는 지역이다. 세부적으로 살펴보면 인도네시아 술라웨시 지역 이슬람 신정국가 건설을 추구하는 동인도네시아 무자헤딘과 필리핀 남부 민다나오 지역에 이슬람국가 건설을 목표로 하는 아부사야프 그룹 등과 같은 이슬람극단주의 단체들이 주를 이룬다. 또한 극좌주의 성향으로 필리핀 내 공산정권 수립을 목표로 하는 신인민군, 민족 분리주의 성향으로 미얀마에 카친족 독립국가를 건설하려는 카친독립군 등의 테러단체 등으로 구분된다.

표 3-5 동남아 테러단체 현황

권역	단체명
동남아(15개)	동인도네시아 무자헤딘(MIT), 마우테그룹, 모로 이슬람 해방전선(MILF), 바리산 민족혁명전선, 방사모로 이슬람 자유전사, 신인민군(NPA), 아라칸 로힝야 구원군(ARSA), 아부사야프 그룹(ASG), ISIS-동아시아 지부, 자마 안샤루트 다울라, 자마 안샤루트 타우히드, 제마 이슬라미야, 자유 파푸아 운동, 카친독립군, 파타니 해방기구 연합(PULO)

출처: US. Department of State(2021). Country Reports on Terrorism 2020 재정리.

2. 테러위험인물

테러위험인물은 테러방지법 제2조상에 명시되어 테러를 직접적으로 조직하거나 수행하는 사람은 물론 테러를 준비하는 예비·음모와 테러를 부추기는 선전·선동하였거나 의심할 타당한 이유가 있는 사람을 의미한다. 테러단체의 조직원은 실질적 테러단체의 구성원으로서 테러단체의 수괴와 주요 역할자는 물론 단순가담자도 포함된다(대테러센터, 2017). 또한 테러단체 선전활동가나 테러자금 모금·기부자라 함은 테러단체의 참여 혹은 조직구성원의 여부와 관계없이 테러활동을 지원하는 행위도 포함된다.

2021년 현재 테러위험인물의 규모는 UN 지정 61개 테러단체, 33개 연계단체, 외국인테러전투원 등 149개국 5만여 명으로 집계되어 있다(대테러센터, 2022).

테러위험인물은 국내 입국을 원천적으로 차단하는 것이 중요하다. 이를 위해 국내 대테러 당국에서는 인터폴·UN 등 국제기구와 미국 및 유럽 등 주요 국가들과의 정보·수사기관과의 협조를 통해 외국인테러전투원(FTF) 등 테러위험인물들의 정보를 입수하고 상시 데이터베이스를 운용해야 한다. 사전 입국을 원천적 차단하기 위해 공항에서 탑승자 사전확인시스템 및 바이오 정보검색 등을 활용하고, 입국심사 시에는 외국인 생체정보 확인 시스템(FBIS)을 활용하여 신분세탁을 통한 국내 입국 시도 등을 차단해야 한다. 테러대응기관에서는 해외 대테러 기관들과 협조하여 테러지원국가 및 위험국가, 불법체류가 빈번한 국가 등을 사전 선정하여 입국목적 및 체류예정지에 대한 심사를 강화하고 있다.

이런 측면에서 최근 대한민국 정부차원에서 전 세계 테러위험인물 정보에 손쉽게 접근하게 되는 계기가 마련되고 있다. 경찰청 국가수사본부 안보수사국이 언론에 발표한 '테러 첩보 수집·분석 활성화 계획'에는 2021년 5월 미국 연방수사국(FBI)의 테러 정보망 접속 권한을 획득하게 되었는데, FBI가 정보를 관리하는 전 세계 테러 위험인물은 약 100만 명에 달하는 것으로 알려져 있다. 경찰청은 FBI 테러 정보를 활용해 테러위험인물에 대한 데이터베이스를 구축하고 첩보 분석 역량도 향상하는 계기가 되었다.[2]

마지막으로 국내 거주하는 테러위험인물들의 커뮤니티 구축 및 거점화 방지를 위해 경찰·국정원·법무부 등 관계기관에서는 테러위험인물들의 세력화 및 급진화 차단활동을 수행하고, 국내 체류 테러위험인물들의 테러자금 지원행위 등에 대해 온오프라인에서 색출활동 등 강력한 예방활동을 전개해야 한다.

2 https://www.yna.co.kr/view/AKR20210827092400004?input=1195m

3. 외국인테러전투원(Foreign Terrorist Fighters: FTF)

유엔안전보장이사회 결의안(UNSC Resolution) 2178호(2014년)에 의하면 외국인테러전투원은 국가 또는 국적 거주지 외에서 테러행위에 대한 지속적인 계획·계획·준비·참가를 목적으로, 무장투쟁(armed conﬁct)과 관련된 테러훈련을 받거나 또는 훈련을 제공하기 위해 이동하는 사람을 의미한다.[3]

대한민국 테러방지법 제2조에서는 외국인테러전투원은 테러를 실행·계획·준비하거나 테러에 참가할 목적으로 국적국이 아닌 국가의 테러단체에 가입하거나 가입하기 위해 이동 및 이동을 시도하는 내외국인이거나 국적국이 아닌 국가의 테러단체 활동을 하는 사람으로 규정하고 있다(대테러센터, 2017). 이 경우 테러단체에 가입한 자나 가입을 위한 행동을 실제 행하는 경우, 가입을 예비하는 경우 등도 해당된다.

2014년 이후 증대된 외국인테러전투원들의 전 세계적 이동은 테러전이현상의 확산과 더불어 불특정 민간인 시설 등 이른바 소프트 타깃(Soft-Target) 테러를 확산시키는 결과를 초래했다(이대성·김상원, 2014; 김은영, 2016; START, 2015; Burcu, 2017). 즉 기존의 치안질서 및 안보상황이 불안정한 제3세계 국가들에만 국한되지 않고, 전 세계에 걸쳐 확산되고 있다(신제철 외, 2017; US Department of State, 2018).

일반적으로 외국인테러전투원은 1980년대 아프가니스탄과 소련의 전쟁당시 중동지역에서 오사마 빈라덴 등 이슬람의용군으로 지원하였던 사례를 기원으로 한다(UN CTED, 2018). 최근 통계에 의하면 이라크·시리아 지역 중심의 ISIS나 알카에다 등과 연계된 이슬람극단주의 외국인테러단체원이 대략 120개국에 걸쳐서 약 4.2만 명으로 추산하고 있다.[4]

---

3 UN Security Council Resolution 2178 on Foreign Terrorist Fighter. https://www.un.org/counterterrorism/foreign-terrorist-fighters

4 EU Radicalization Awareness Network. (2017). 2 Responses to returnees: Foreign terrorist fghters and their families,

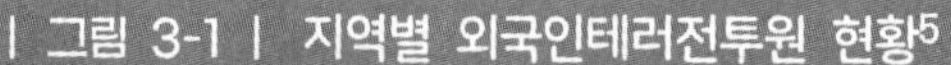
| 그림 3-1 | 지역별 외국인테러전투원 현황[5]

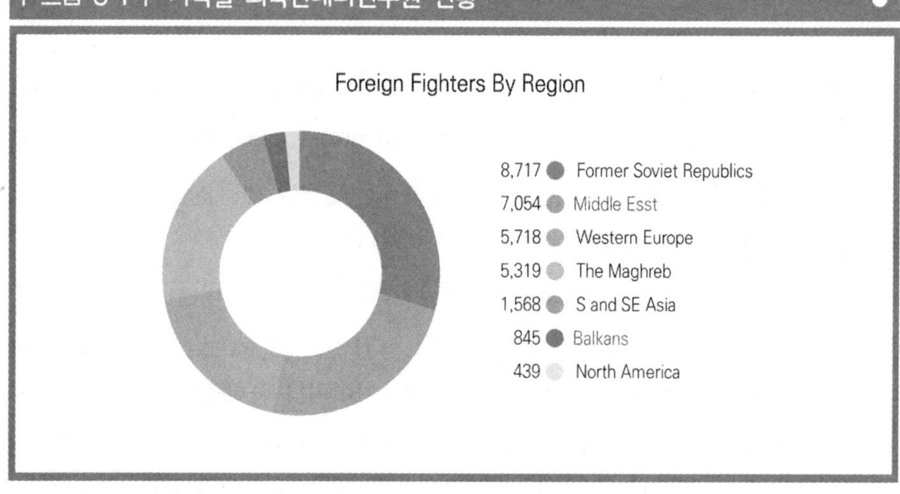

출처: UN CTED Trend Report (2018)

제2절 5대 주요 테러단체

1. 세계 주요 테러단체: 탈레반, ISIS, 알샤바브, 보코하람, 알카에다

미국 START 테러 대응 연구소에서는 〈그림 3-1〉과 같이 2019년 세계 주요 테러단체를 탈레반, 보코하람, ISIL, 알샤바브, 알카에다 순으로 평가하였다. 2012년부터 전 세계적 테러공격이 급증하면서 이 테러단체들이 전체의 31%가 넘는 비중을 차지하기 시작했다. 또한 최근 10년간의 테러공격이 전 세계적으로 급증한 가운데, 서아프리카 지역에서 활동하는 보고하람의 테러공격이 2019년에는 유일하

5 UN CTED Trend Report. (2018). THE CHALLENGE OF RETURNING AND RELOCATING FOREIGN TERRORIST FIGHTERS: RESEARCH PERSPECTIVE.

| 그림 3-2 | 세계 4대 테러단체 테러발생현황(2020)

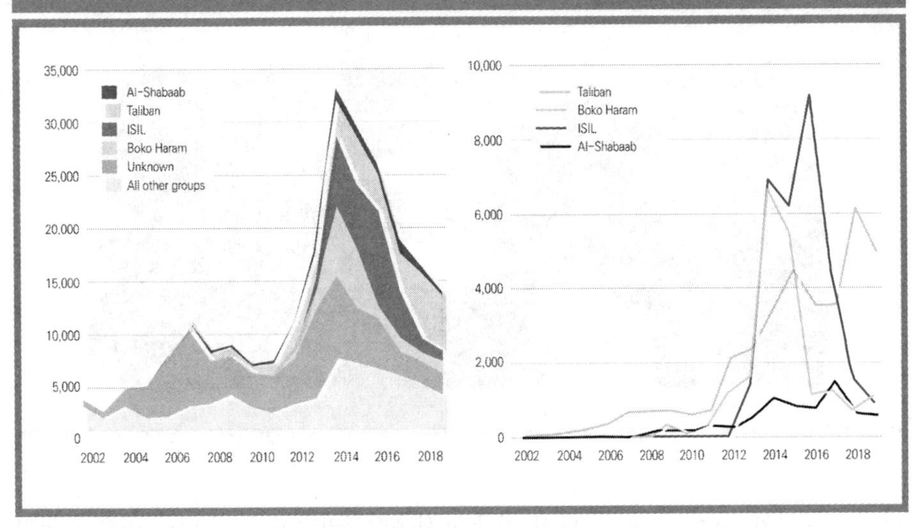

출처: START(2020), GLOBAL TERRORISM INDEX 2020 재정리.

게 증가했다.

전 세계에서 어떤 테러단체가 가장 활동적이고 파괴적인 높은 성향인지 규명하기는 어려운데, 그 주요 원인이 지역별 테러단체 간에 복잡하고 긴밀한 협력관계를 맺고 있었기 때문이다.

본 장에서는 이러한 주요 테러단체에 대해 지휘부, 목표·이념, 주요 연혁, 활동 지역, 자금수단 등의 측면에서 살펴보기로 한다.

1) 탈레반

- **지도자**: 아쿤지다(2016.5 선임)
- **목표/이념**: 아프가니탄 내 외세축적 및 이슬람 선정국가 건설/이슬람극단주의
- **주요 연혁**

탈레반은 1979년 소련의 아프가니스탄 침략 이후 무장투쟁을 수행한 급진조직으로 1992년 나지불라 공산정권이 붕괴된 이후, 물라 오마르가 이슬람 율법학교 학생들을 중심으로 아프간 내 외세축출 및 이슬람 신정국가 수립을 목표로 1994

| 그림 3-3 | 탈레반 아프가니스탄 정권 재창출(2021.8월)

년에 결성하였다(START, 2020). 당시 미국과 사우디아라비아 등 수니파 이슬람 국가들은 파키스탄을 통해 무자헤딘을 지지했는데, 그중에서도 남부 파슈툰족을 주축으로 한 세력인 현재의 탈레반을 집중적으로 지원하였다. 이후 소련이 물러난 뒤인 1990년대 초부터 탈레반은 독자적인 세력으로 성장했는데, 조직의 목표를 파슈툰 족이 거주하는 파키스탄과 아프가니스탄을 샤리아 율법으로 통치하는 신정일치 국가로 만들겠다고 천명하였다. 탈레반은 내전을 통해 1996년 라바니 정권을 붕괴시키고 아프가니스탄을 장악하여 토후국으로 선언한 이후, 2001년까지 지배하였다. 이후 2001년 미군·NATO 군에 의해 정권이 붕괴될 때까지 알카에다 테러단체를 은닉하고 있었고, 그 이후 끊임없이 미국 등 서구권을 대상으로 테러공격을 수행하였다(US. Department of State, 2021).

2021년 8월 탈레반이 아프가니스탄을 재집권한 이후 국제테러의 중심지역으로 급부상하면서 타 이슬람극단주의 테러단체들의 테러사건이 급증하면서 주변지역 내 테러정세에 불안이 야기되고 있다.

- **역량:** 7,000명~9,000명
- **활동지역:** 케냐, 소말리아, 우간다
- **자금 및 외부 원조:** 탈레반은 전 세계 가장 부유한 테러단체로 손꼽히는데

자금조달규모가 2018년 말 연간수입이 15억 달러로 추정되고 있다. 탈레반은 정교한 금융, 납세망을 운영하면서 주요 3가지 수입원으로는 첫째 이란·파키스탄·사우디아라비아·이란·러시아 등 국가들로부터 재정원조, 둘째 세계 최대 아편 주산지로서 마약거래, 셋째 아프가니스탄 내 주요 교역로, 국경검문소 등을 장악하여 수출입품목에 세금부여 등을 수행하고 있다.

2) ISIS(Islamic State of Iraq and the Levant)

- **지도자**: 알쿠라이시(2022년 2월 사망)
- **역량**: 아부 아브라빌 알 하쉐미 말쿠라이이
- **목표/이념**: 시리아, 이라크 등 중동전역을 아우르는 신정국가 건설/이슬람 극단주의
- **주요 연혁**

1990년대 요르단 이슬람 무장단체인 아부 무사브 알자르카위가 테러단체 알-자르카위를 조직한 이후, 2004년 말 자르카위는 알카에다에 가담해 오사마빈라덴에 충성을 맹세하면서 이라크의 알카에다로 서방세계에 알려지게 되었다(U.S. Department of State, 2021).

2000년대 후반 시리아 내전 당시, 이라크의 알카에다로부터 분리된 일종의 프랜차이즈 조직으로 급속히 수천명의 해외 무슬림에게 지하드 전사 집단의 선봉자 역할로 부상했다(Marshall, 2016). 2013년 ISIS이라는 명칭을 채택하여 시리아 내전에까지 세력을 확장하면서, 2014년 이슬람 칼리프 왕국을 선언했던 아부 바크르 알바그다디가 수장으로 활동하다가 조직으로 2019년 사살됐다. 2017년 미군이 ISIS 등 시리아 동맹국들과 교전을 벌이면서 칼리프 왕국의 수도 라카가 해방되면서 2019년 3월 ISIS의 칼리프 왕국은 시리아지역에서 완전히 영토를 상실하였다. 그러나 미국 및 서구권을 대상으로 기획테러를 끊임없이 수행하면서 전 세계를 대상으로 테러 위협을 고조시키고 있다.

| 그림 3-4 | ISIS: "Baghdad's big battle" posted on a Isis Twitter account ●

■ 주요 활동

ISIS는 2015년부터 이라크와 시리아 일대에서 대규모 대량살상테러를 일으켰는데, 주요 테러수단으로는 자살폭탄테러, 로켓공격, 로우테크 테러차원의 진화된 공격을 수행했다. 현재도 미국과 유럽을 포함한 전 세계 각지에서 추종자들로 하여금 프랜차이즈 형태로 테러공격을 기획하고 있다. 대표적으로 2015년 프랑스 파리 테러 시 이슬람 이민자들을 조종하여 바타클란 공연장에서 열린 록콘서트, 축구경기장 총기난사 등 동시다발 공격을 통해 130여 명이 사망, 350여 명 부상하는 테러사건을 들 수 있다. 2016년에 ISIS에 의한 대량살상테러가 집중적으로 발생했는데 대표적으로 벨기에 브뤼셀 자벤템 공항과 지하철역에서 발생한 동시다발테러로 280여 명의 대량살상자가 나온 테러사건이다. 또한 미국 플로리다주 올랜도 나이트클럽에서 ISIS 추종테러범이 100여 명을 살상하는 테러사건도 발생했다. 또한 프랑스 니스에서 바스티유의 날 기념행사에서 테러범이 화물차를 테러수단으로 활용하여, 군중을 공격해 90여 명이 사망하였다. 독일 베를린에서는 크리스마스 마켓에서 트럭 공격이 발생해 12명이 숨지고 48명이 발생했다.

2017년에는 영국 런던 웨스트민스터대교에서 차량돌진테러로 5명 사망, 스웨덴 스톡홀름쇼핑센터로 차량돌진테러로 5명 사망, 영국 맨체스터 생방송 콘서트장에서 자살폭탄테러로 22명 사망하는 사건이 발생했다.

■ ISIS 특징

ISIS는 2016년부터 미국 등 연합군의 반테러 국제공조에 의한 공격으로 시리아 등 중동에서 세력이 약해진 이후, 전략의 수정을 통해 지도부의 거점 분산, ISIS가 훈련시킨 외국인테러전투원(FTFs: Foreign Terrorist Fighters)의 세계 각 지역으로 귀환, 인터넷과 소셜 미디어 환경과 브랜드 파워 증대 등 주요한 특성을 보여왔다(김응수, 2015; 인남식, 2017).

첫째, ISIS는 법집행 등 치안력의 작동이 제한되는 저강도 분쟁 지역인 시리아 등을 목표로 거점화하였다. 수년 전부터 서아프리카, 동남아시아 등지에서 토착 무장 세력 구성원을 흡수하였다. 국가별 치안 부재 및 혼란 상황을 이용하여 현지의 토착 무장 세력과 연대하여 왔다(Ambrozik, 2019). 당시 시리아의 락까와 이라크의 모술 등 ISIS의 주 거점이 대다수 파괴되었지만, 소규모의 프랜차이즈 형태의 지역 본부를 재탄생시켰다.

이를 중심으로 다시 동남아시아 자생적 반정부 무장 집단과 연대하여 프랜차이즈 제휴망을 구축하였다. 이를 통해 기존의 시리아와 이라크를 중심으로 한 동

| 그림 3-5 | ISIS의 세력확장 동심원 역학구조

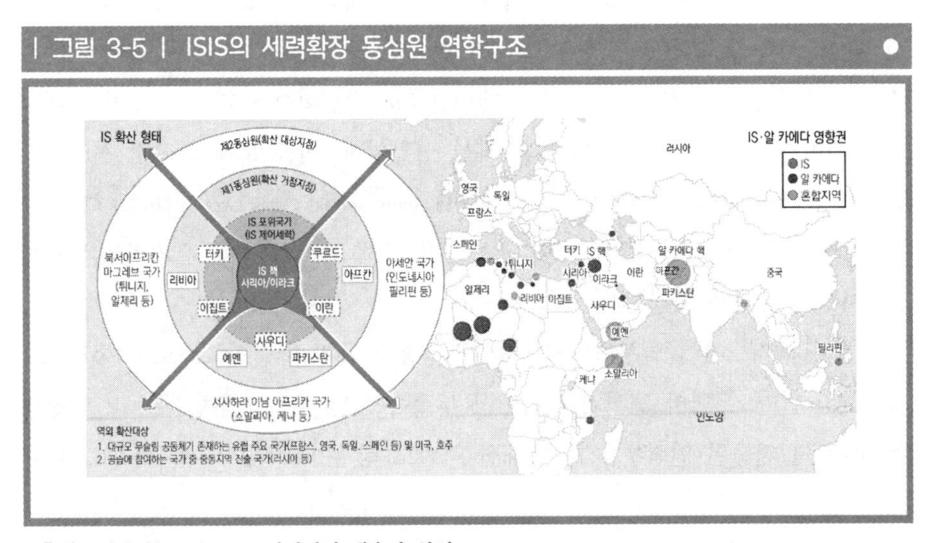

출처: 인남식(2017), ISIS 선전전의 내용과 함의.

심원은 확대되고 있다(인남식, 2017).

둘째, 해외에서 ISIS에 참여했던 외국인테러전투원(FTFs: Foreign Terrorist Fighters)들이 시리아의 거점 붕괴와 함께 아프리카, 유럽 및 동남아시아 등으로 복귀하면서 지역 내 테러위협이 고조되었다. 2017년의 프랑스 니스테러, 영국 런던테러와 같은 무차별 테러위협이 증대되기도 하였다(서다빈 · 엄정식, 2017; 윤민우, 2018).

셋째, ISIS는 인터넷과 Dabiq와 같은 소셜 미디어 콘텐츠 등에서 여전히 브랜드 파워를 유지하면서 상대적 박탈감이 심화된 불만세력을 극단화시켰다(Archetti, 2013; 오세연 · 윤경희, 2016). 기존의 커뮤니티에서 버림받았거나 소외되었다고 느낀 세력에게 ISIS 극단주의 선전 선동 메시지를 보내어 불공정하고 불평등한 현 세상에서 ISIS를 통해 단호한 메시지로 정의를 추구하는 듯한 착시 현상을 주입시켰다(김태영, 2020; Andersen & Sandberg, 2020).

최근 ISIS 위협의 특징은 2019년 10월 26일 알 바그다디 사망 이후 ISIS의 새 수장으로 선출되었던 알쿠라이시를 중심으로 프랜차이즈 개념의 테러단체로 개편하였다. 집행부 격인 대표위원회의 산하 중앙부서를 대폭 축소하고 조직의 유연성 및 기동성 보완을 통해, 원격지 전담조직(Directorate of Remote Provinces)으로 재편하였다(Husham, 2020).[6]

ISIS－호라산(ISIS－K) 및 서부 지부 등 20여 개의 연계조직이 알 쿠라이시에게 충성맹세를 발표하는 등 하부 조지의 결속력도 증대되었다. 최근 들어 기존의 준 국가조직에서 게릴라전술 위주의 테러단체로 슬림화함에 따라 영토방호 개념이 무의미해지면서 재정적 여건은 충분한 상황이며, 이를 토대로 조직 전력증강 강화에 박차를 가하고 있다(Pomerantsev, 2015; International Crisis Group, 2017). 특히 중동을 중심으로 무기, 마약밀매, 인질납치 등을 통해 조직 운영 및 유지비용을 자체 충당하면서 세력을 확장하고 있다(International Crisis Group, 2020).

그러나 지도자인 알쿠라이시에 대한 정통성 논란은 불안요소로 지속적으로 작용하고 있다. 무함마드 직계 쿠라이시 부족이 아닌 투르크멘족 계이고, 작전경험 부족 및 편중된 인력운용 등에 대한 불만도 상존하고 있다. 게다가 2020년에

6 https://cgpolicy.org/articles/isis-2020-new-structures-and-leaders-in-iraq-revealed.

UN 테러분자로 지정된 후, 알쿠라이시의 현상금이 5백만 달러에서 1천만 달러로 증액되기도 하는 등 수세에 몰려 있는 상황이다(Husham, 2020). 이러한 정통성 논란 등 취약한 리더십을 극복하기 위해 2020년 10월 프랑스 교사 참수로 촉발된 프랑스-이슬람 갈등을 틈타 유럽에 대한 보복테러를 지속적으로 선동하였다. 특히 선전매체와 SNS 등을 활용한 온라인 선전전 등을 강화하였다. 일례로 2020년 9월 온라인 선전매체 알나바를 통해 8월 니제르에서 발생한 구호단체 테러[7]의 배후가 ISIS-서아프리카지부(ISWAP)이며, 프랑스의 사헬 지역 대테러전에 대한 보복 조치라고 선언하기도 하였다.

2022년 2월 3일, 알쿠라이시는 시리아 북서부 안가에서 미군의 특수부대에 의한 드론 공격이 강화되자 스스로 자살하였다.

최근인 2021년 8월 아프가니스탄 카불 국제공항에서 자살폭탄 테러사건(200명 사상자), 동년 10월 모스크 테러 등 탈레반을 대상으로 테러를 자행한 ISIS 호라산지부(ISIS-K)에 대해서 주목할 필요가 있다. ISIS-K에서 'K'는 이란 북동쪽 일대의 옛 지명 '호라산(Khorasan)'을 뜻하며, ISIS가 이라크와 시리아에서 강력한 힘을 발휘하고 있던 지난 2015년 1월 아프가니스탄과 파키스탄 일부 지역에 ISIS-K를 만들었다. 현재 ISIS-K는 아프가니스탄에서 가장 극단적이고 폭력적인 무장조직으로 평가되고 있다. 아프가니스탄에 관심이 국한된 탈레반과 달리 ISIS-K는 서방과 국제적 테러공격에 주목하는 ISIS 국제테러단체의 하부조직으로 평가받는다. 특히 극단주의 이슬람 무장조직이란 점은 같지만 ISIS-K와 탈레반은 경쟁·적대관계에 있는데, 탈레반을 이슬람 교리를 따르는 데 충분히 독실하지 않은 미국과 협력한 배신자로 비난하며 적대관계(sworn enemy)로 규정하고 지역 내 세력확장에 주력하고 있다. ISIS-K는 파키스탄과 인접한 아프간 동부 낭가하르주에 기반을 두고 있는데 이는 아프간과 파키스탄 간의 마약밀매 및 인신매매의 통로가 되는 지역이다. 현재 미군 철수로 아프간이 탈레반 수중에 들어가면서 ISIS-K도 새로운 활동 기회를 엿보고 있다. 2021년 8월 신 정부를 수립해 아프간을 통치하려는

7 8월 9일 국제구호단체 「Acted」 소속 프랑스인 6명이 현지 가이드 2명과 함께 니제르 일 쿠레 국립공원 인근에서 무장괴한의 공격으로 피살되었다.

탈레반이 미국과의 직접 협상에 임하는 것과 달리 ISIS－K는 자폭 테러 등을 통해 정세를 불안하게 만들려고 하고 있다.

- **규모**: 이라크와 시리아 일대에 주둔하고 있는 ISIS의 조직원은 수천 명의 외국인 테러전투전을 포함해 현재는 11,000명~18,000명 사이인 것으로 추정된다. 전성기 시기에는 최대 5만 명 규모(외국인테러전투원도 4.2만 명)까지 운용되었다.
- **활동지역**: 이라크 및 시리아를 비롯한 전 세계에 지부와 네트워크를 갖추고 있다.
- **자금과 외부 원조**: 이라크와 시리아를 기반으로 다양한 범죄를 통해 대부분의 자금을 확보하는데, 주요 범죄 활동으로는 민간 경제 강탈, 석유 밀수, 강도 등을 들 수 있다. 현재 ISIS는 2013~2019년 이라크와 시리아 점령 당시 약탈한 수억달러의 자금을 보유하고 있는데, 이라크와 시리아를 중심으로 테러자금을 이동시키기 위해 신뢰성 있는 택배 네트워크와 자금 서비스 사업에 주로 의존하고 있다. 2019년 시리아 영토의 지배권이 상실된 이후 금융자산을 창출할 능력이 현저히 떨어졌으나, 이라크와 시리아에 있는 많은 비밀 네트워크를 통해 범죄 활동으로부터 수익을 창출하고 있으며, 세계 각지의 ISIS 지부를 통해 재정적 지원과 지침을 제공하고 있다.

3) 보코하람(Boko Haram)

- **지도자**: 아부바카르 셰카우
- **목표/이념**: 나이지리아, 니제르, 카메룬, 차드 접경지역에 샤리아로 통치되는 이슬람국가 건설
- **주요 연혁**

나이지리아 북부기반의 2002년 이슬람극단주의자인 모하메드 유수프가 서양식 민주주의와 교육체제 전면폐지를 주장하며 결성된 조직이다. 보코하람은 이슬람극단주의 수니파이며 활동지역은 나이지리아 중북부, 카메룬 북부, 차드호 연안

이며 정부군과 게릴라전 전개 및 일반 마을을 급습하여 주민 학살을 자행한다(US. Department of State, 2021).

■ 주요 활동

2015년 ISIS와 동맹을 맺고 서아프리카 지부(ISIS-WAP, ISWAP)로 불리우게 되었다. 특히 ISIS가 2019년 3월에 중동 패퇴 이후 아프간의 호라산 지부와 함께 12월부터 나이지리아 북동부 지역에서 정부군의 철수를 틈타 정부 및 서구권 대상 테러를 통해 주도권 장악에 주력해 왔다. 2020년 1월에는 미국, 영국, 프랑스 등 외국인 및 나이지리아 정부 주요인사의 납치기도 첩보가 입수되기도 하였다. 6월 26일에는 북동부 보르노주에서 정부군을 목표로 폭탄 및 총격테러를 통해 혼란이 증대되고 있다(START, 2020).

보코하람

알카에다와도 연계된 보코하람은 2020년 1월에 기독교 서양식 교육시설, 시아파 사원 자폭테러 등을 통해 종교 갈등을 조장하였다. 동년 6월에는 보르노 주 기독교도 81명을 대량학살하였고, 9월에도 같은 지역에서 군과 보코하람 간 교전으로 군인 19명과 조직원 25명이 사망한 사건이 발생하면서 긴장감이 고조되고 있다. 교전 이후 9월에 나이지리아 정부는 테러단체 보코하람이 남하하여 수도 아부자 및 인근 지역에 은신처를 마련하자 수도에 대한 직접적인 테러 가능성이 높아지면서 적색경보(Red Alert)를 발령하였다.

- **규모**: 2,000명 추정
- **활동지역**: 카메룬, 차드, 나이지리아, 니제르
- **자금과 외부 원조**: 인질납치, 은행강도, 납치, 강도 등의 범죄를 통해 자체 조달한다.

표 3-6 보코하람의 최근 테러 사례

일시	테러사건	피해규모
2010	독립기념일 행사장 연쇄 차량폭탄테러	사망 8, 부상 다수
2011	UN 나이지리아 본부 및 연방경찰청 자살폭탄테러	사망 20, 부상 다수
2014	쇼핑몰 폭탄테러	사망 21, 부상 17

전문가들은 보코하람의 이러한 행태는 풍부한 재정을 바탕으로 치밀하게 계획된 것이며 다양한 형태의 테러 가능성을 언급하였다. 한 예로 현지 환경단체는 중국에 수출하는 목재자금(10억불 상당)이 보코하람으로 흘러들어 가고 있음을 경고하였다. 또한 2020년 9월 4일에 다국적연합군은 보코하람이 나이지리아·카메룬·니제르·차드 등지에서 '어린이' 조직원을 지속 영입하고 있음을 확인하면서, 아동을 악용한 자폭테러 가능성을 식별하였다.

4) 알샤바브(Al-Shabaab)

- **지도자**: 아르메트 우마르
- **목표/이념**: 소말리아에서 외세축출 및 이슬람 신정국가 건설

소말리아 모가디슈를 점령했다가 에티오피아군에 축출당한 이슬람 법정연대 산하 청년단체로 2006년에 결성하였다. 소말리아 정부에 대항하여 주로 게릴라 전술을 사용한 비정규전을 수행하고 있다(US. Department of State, 2021).

- **주요 활동**

알샤바브는 정치적 대화를 통한 선전 선동 전술을 통해 소말리아 내 분열 및 정부체제를 약화시키며, 새로운 전투원을 모집하고 지역 주민들로부터 자금을 갈취한다. 소말리아 전역에서 아프리카 연합 소말리아 파견군인(AMISOM)[8] 부대와 소말리아 정부관계자들을 목표로 한 여러 건의 폭탄 테러와 총격 사건을 벌여왔으며, 수많은 시민사회 인사, 정부 관료, 언론인, 국제 구호단체 종사자, 비정부

8 아프리카 연합에서 결성해 파병한 다국적군.

기구 구성원을 암살했다.

특히 주요 테러사건으로는 2010년 월드컵기간 중 우간다 캄팔라에서 발생한 자살 폭탄 테러를 통해 76명이 사망했다. 2013년 케냐 나이로비의 웨스트게이트 몰에 대한 테러공격을 통해 65명의 민간인이 사망했고, 2015년에는 케냐 가리사 대학가에서 총기난사테러로 148명이 사망했다.

2016년에도 소말리아에서 AMISOM 부대에 대한 공격을 통해 100명 이상의 군인을 사살했고, 2017년에는 다알로항공 비행기를 추락시키려 했으나 폭발로 자살폭탄 테러범만 사망했다. 2017년에는 모가디슈 교차로에서 트럭 테러를 통해 500명 이상이 숨지고 300명이 부상하는 테러사건이 발생했다.

2019년 알샤바브는 소말리아와 케냐 동부에서 1,000건 이상의 폭력사건에 연루되었는데, 케냐에서 호텔 공격으로 21명 사망, 모가디슈 정부부처시설 테러로 차관 등 15명 사망, 압디라만 오마르 오스만 모가디슈 시장 집무실 자살 폭탄 테러로 8명 사망, 모가디슈 내 UN 및 AMISOM 기지 공격, 모가디슈 폭탄테러로 90명 이상의 사망사건 등이 발생했다(START, 2020).

알샤바브(소말리아 내전 참전)

최근인 2020년에도 소말리아와 케냐 등을 대상으로 테러공격이 지속되었다. 1월 알샤바브 전투기가 만다베이에 있는 미군 캠프 심바를 공격해 3명의 미국 시민이 사망했고, 8월 모가디슈의 엘리트 호텔 정문에 차량 폭탄테러로 16명 사망, 10월 알샤바브는 모가디슈 북서쪽 아프구예 구역에서 소말리아군 24명을 살해하는 사건이 발생했다.

- **규모:** 7,000명~9,000명
- **활동지역:** 케냐, 소말리아, 우간다
- **자금 및 외부 원조:** AMISOM 기지와 다른 민간 목표물을 포함한 소말리아 전역에 공격을 가할 수 있는 충분한 수입을 가지고 있다. 불법적인 숯 생

산과 수출, 현지 인구와 기업에 대한 과세, 소말리아 디아스포라로[9]부터의 송금 및 기타 송금 등의 방법으로 자금을 조달한다.

5) 알카에다(al-Qaeda)

- **지도자:** 아이만 알 자와히리(2019년 9월 유력 후계자 함자 사망 이후 등극)
- **목표 및 이념:** 전 세계 이슬람원리주의 확산 및 신정국가 건설을 표방[10]
- **주요 연혁**

알카에다[11]는 사우디아라비아 출신으로 3억 달러의 갑부였던 오사마 빈 라덴이 1979년 舊 소련이 아프가니스탄을 침공했을 때 당시 이슬람 의용군으로 참가한 무자헤딘 참전자들을 규합하여 1988년 아프가니스탄에 세력의 근간을 두고 결성한 이슬람극단주의 테러단체이다. 소련이 물러간 뒤에는 항전의 방향을 미국으

| 그림 3-6 | 알카에다의 1~2대 수장: 오사마 빈 라덴과 아이만 알자와히리

9 국외로 추방된 정치적 난민이나 이민자 등 공동체집단을 의미한다.

10 역사적 기원은 1979년 오사마 빈 라덴이 구 소련의 침공에 항거하는 아프가니스탄의 지원하기 위해 세운 '이슬람 구제기금'에 두고 있다.

11 알카에다의 의미는 "알"은 아랍어의 관사이고, "카에다"는 아랍어로 앉다의 의미를 가진 동사 "카아다(qáʕada)"에서 파생된 단어로 "기반, 근본"을 의미한다. 다시 말해서 알카에다는 우리말로 "기반"

로 틀었고 1991년 걸프전쟁이 시작되면서 본격적으로 중동의 이슬람극단주의 테러단체의 맹주로 군림하였다. 알카에다는 2001년에 9·11 테러사건과 사우디아라비아 소재 미국 군 기지 폭파 사건, 케냐 및 탄자니아 미국 대사관 폭파 사건, 예멘 근해에서 미국 군함 습격사건 등에 개입하였다.[12]

알카에다 창설 당시의 조직편성은 14개 이슬람 국가에서 독립적으로 활동하는 테러단체들이 상호 협력하면서 구축되었고, 1998년 이슬람 투쟁 전선이 결성되면서 초국가적·비위계적 기업형태의 네트워크적 체계 단위로 구성되었다(구춘권, 2007).[13] 첫 번째 단위는 오사마 빈 라덴을 정점으로 한 지도부로서 아프가니스탄에 위치하면서 전 세계에서 온 테러범들을 훈련시키는 양성소를 운영하다가 2001년 미국의 공격으로 파키스탄으로 잠입하였다. 두 번째는 중간 단위로서 주로 과거의 아프가니스탄 저항군에 참여했던 전사들로 구성된 개별국가들의 테러단체들이 존재하는데 이들은 새로운 동조자를 전 세계로부터 충원하고 있다. 세 번째 단위는 전 세계에서 활동하는 소규모 테러 그룹으로 아프가니스탄에서 훈련받은 요원들이 세계 곳곳에 분산되어 형성되었다. 이들은 독립적으로 목표를 설정하고 활동하며 지도부로부터 기술적·재정적 지원을 받았고, 각 조직 간의 위계적인 의사소통은 가능한 회피하고 대신 특정 접촉인물을 통한 의사소통으로 테러의 세부적 내용은 알지 못하게 통제되어 있다.

알카에다는 2011년 11월 오사마 빈라덴 암살 이후 침체된 조직재건 기회를 확보했고 알카에다 연계 단체들도 '지하드(Jihad, 성전)'의 수행의지를 강화하였다.

현재의 지도자는 아이만 알자와히리로 2019년 9월 유력 후계자였던 함자 및 2020년 8월 압둘라 사망이후 실권을 잡고 있으며, 9·11 테러 20주년이었던 2021년 9월에 본인의 건재함에 대한 동영상을 공개하기도 하였다.

■ 주요 활동

최근 알카에다는 오사마 빈라덴이 2011년 사망 이후 미국의 공습으로 핵심간

이나 "근본" 정도로 해석할 수 있다.

12 https://en.wikipedia.org/wiki/Al-Qaeda

13 구춘권, 『메가테러와 미국의 세계질서전쟁』(서울: 책세상, 2007), p. 59.

부의 대부분이 사망하는 등 쇠락 추세였으나, 새 수장에 오른 알자와히리를 후계자로 내세워 조직 재건 시도를 강화하였다. 특히 각종 선전매체를 활용하여 극단주의를 전파하고 자생테러를 선동하는 등 대서방 지하드에 주력하였다. 2014년 이후 ISIS와 주도권 경쟁 중이며, ISIS가 시리아·이라크 점령지에서 패퇴하자 조직원 확충 등 세력을 확대하고 있다. 최근에는 수장 알자와히리 등 조직원 600여 명이 탈레반 비호 아래 아프가니스탄에서 은밀히 활동 중이며 탈레반의 아프가니스탄 재집권 이후 세력을 확장하려는 징후를 보이고 있다.

알자와히리 공개 영상메시지(2021년 9월)[14]

■ **규모**: 20,000명. 주요 연계세력으로는 탈레반, 예멘 알카에다(AQAP) 등과 연계되어 있다.
■ **활동지역**: 아프가니스탄－파키스탄 접경지역, 레바논, 소말리아, 시리아, 예멘
■ **자금 및 외부 원조**: 인도주의적인 목적을 지지한다고 믿는 사람들로부터 지원받고 있다. 특히 이슬람 자선 단체로부터 자금이 전용되고 있다.

14 테러감시단체 SITE 인텔리젼스 그룹.

참고문헌

[국내문헌]

1. 단행본

구춘권. (2007). 『메가테러리즘과 미국의 세계질서전쟁』. 서울: 책세상, 59.
대테러센터. (2017). 『테러방지법 해설』. 국무총리실 대테러센터.
인남식. (2017). 『ISIS 3년, 현황과 전망: 테러확산의 불안한 전조』, 서울: 국립외교원 외교안보연구소.

2. 논문

김응수. (2010). 테러리즘의 초국가성 확산과 대응전략에 관한 연구. 『한국위기관리논집』, 6(2), 90-91.
_____. (2015). 파리 테러사건 분석을 통한 Islamic State의 급진화와 대응전략. 『한국테러학회보』, 8(4).
김태영. (2020). 코로나19 위기에 따른 테러양상 변화 연구. 『시큐리티연구』, 97-120.
서다빈·엄정식. (2017). 프랑스내 자생적 테러 원인분석을 통한 정책적 제안. 『국방정책연구』. 34(1).

3. 기타

국가정보원. (2021). 『국제테러정보』. https://www.nis.go.kr:4016/AF/1_6_2_2_2/list.do.

해외논문

1. 단행본

Kai Hirschmann. (2003). *Terrorismus (Hamburg: Europäische Verlagsanstalt)*, 43.
U.S Department of State. (2013). *Country Reports on Terrorism 2020.*
Marshall, T. (2016). *Prisoners of geography: ten maps that explain everything about*

the world (Vol. 1). Simon and Schuster.

2. 논문

Ambrozik, C. (2019). *Countering Violent Extremism Globally.* Perspectives on Terrorism, 13(5), 102–111.

Andersen, J. C., & Sandberg, S. (2020). *Islamic State propaganda: Between social movement framing and subcultural provocation.* Terrorism and Political Violence, 32(7), 1506–1526.

Husham A. H. (2020). *ISIS 2020: New Structures and Leaders in Iraq Revealed, Center for Global Policy.* https://newlinesinstitute.org/isis/isis-2020-new-structures-and-leaders-in-iraq-revealed/

Pomerantsev P. (2015). *Fighting While Friending: The Grey War Advantage of ISIS, Russia, and China.* Defense One. https://www.defenseone.com/ideas/2015/12/fighting-while-friending-grey-war-advantage-isis-russia-and-china/124787/

START. (2020). *GLOBAL TERRORISM INDEX 2020.* National Consortium for the Study of Terrorism and Responses.

제4장 테러발생 설명이론

제1절 테러의 원인론

개인과 집단이 왜 테러라는 폭력행위에 가담하게 되는지를 설명하는 요인을 분석하는 것은 테러예방 및 대응 시 최소한 피해규모로 통제하는 데 매우 중요하다. 테러의 원인은 보통 정치, 종교, 문화, 사회심리, 역사적 환경, 이념적 경향, 경제적 흐름, 개인적 특성 등 수많은 원인으로 인해 발생할 수 있을 것이다. 본 장에서는 여러 연구에서 공통적으로 강조하고 있는 문명의 충돌, 강력한 민족주의 출현, 종교적 신념 차이, 현대 사회구조의 변화 등 네 가지로 구별하고자 한다(이창용, 2007).

1. 문명의 충돌

먼저 문명 충돌론은 1993년 헌팅턴(Samuel P. Huntington)이 제기한 명제로 그는 공산주의의 몰락과 더불어 이념의 시대가 끝난 이후의 국제 정치적 갈등은 주로 문명적 단층선을 따라 전개될 것이라고 주장했다. 헌팅턴은 약소국인 제3세계 국가들에서의 민주주의와 근대화의 확산은 보편적인 세계질서 구축이 아닌 문명 간 충돌이라는 역작용을 초래하면서 민족주의 및 극단주의 세력의 집권을 통해 테러 발생 가능성을 증대시켰다고 강조하였다(새뮤얼 헌팅턴, 2016). 특히 이슬람 문명 특유의 불관용적 성향이 융합되면서, 현재 미국 및 유럽 등 서구권이 직면한 최대 위협은 이슬람극단주의 테러단체들로 특정되었다. 실제 미국의 이라크·아프간 침공[1] 이후 이슬람극단주의에 의한 테러는 계속 자행되고 있다.

최근의 대표적인 사례로는 2015년 프랑스 샤를리 에브도 만평 테러사건을 들 수 있다. 프랑스 언론의 자유롭고 높은 수위의 종교 및 풍자 경향에서 기인한 샤를리 에브도 만평은 자유롭게 이슬람 비하 만평을 게재하였다. 이는 프랑스의 다른 일반적인 종교 풍자와 비교해도 수위나 내용 면에서 별반 다를 바 없었으나 이슬람 교도들에게는 치욕으로 느껴졌고 이슬람극단주의 세력들은 잔인한 테러로 저항하는 이른바 문명 충돌의 현장이 전개되었다.

2. 강력한 민족주의 출현

이슬람이 테러와 연관된 배경에는 오스만투르크 제국 말기부터 지속된 중동 지역의 범아랍민족주의의 붕괴가 큰 영향을 끼쳤다. 아랍인들은 오스만 제국 말기에 자의반 타의반으로 민족주의가 고취되면서 터키 기반의 오스만이 아닌 범아랍국가를 건설한다는 목표를 세웠다. 이는 1차 세계대전 기간인 1915년 후세인-맥마흔 서한에서 합의를 이루었으나 2차세계대전 이후 결국 약속은 지켜지지 않았다

강력한 민족주의의 출현은 테러의 강력한 원인이 있다고 볼 수 있는데, 특히

1 미국은 지난 2003년 3월 안보위협인 사담 후세인 정권을 제거하고, 민주국가를 수립하기 위하여 주권국기인 이라크를 침공하였다. 비록 사담 후세인 정권을 전복시키는 데는 성공하였으나, 중동과 서방세계와의 관계악화, 중동의 불안정 등의 부정적 결과를 초래하였다(정종필, 2018, pp. 1-2.).

1960년대부터 확대되기 시작해 인종·지역 내 집단들 간의 민족주의적 동질 의식이 강화되자 이해관계의 불균형을 해결하기 가장 수월한 정치적 폭력인 테러행위가 만연하게 되었다. 특히 인종이나 종족구성이 상이한 문명이나 국가 간에 특히 그 정도가 심각했는데, 대표적으로 아프리카 및 남아시아, 동남아시아 등의 국가들을 들 수 있다(백종순·홍성운, 2019).

3. 종교적 신념의 차이

종교적 신념 차이는 기존의 종교가 부패하거나 타 종교와 융합되지 않는 상황에서 기존의 종교적 질서나 이념을 수호하고자 할 때 발생된다. 특히 새로운 종교의 강요가 아닌 기존 종교 질서의 쇄신에 목적을 둔 것으로 대표적 예로서 최초의 이슬람 신정국가였던 호메이니 주도의 이슬람 혁명, ISIS 및 탈레반 등의 이슬람극단주의 테러단체 등에서 그 뿌리를 찾을 수 있다.

종교 간의 갈등이 원인이 되는 종교적 테러집단의 가장 대표적인 조직인

| 그림 4-1 | 최초의 이슬람 신정국가: 이란 이슬람혁명(1979년)

ISIS는 자신들이 신으로부터 명분을 제공받았다고 여기기 때문에 테러에서 비롯하는 피해 규모나 사상자에 대한 어떠한 정치적 고려도 하지 않는다. 이러한 종교적 근본주의에 기반을 두고 사회혁명을 지향하거나 분리주의적·민족주의적 구호를 내세운 테러단체들의 자신들의 목표 실현에 장애가 되는 요인들을 적으로 간주함으로써 폭력을 사용하게 된다.

특히 종교적 테러의 경우 적은 자신들이 정의한 기준에 의해 항상 악이기 때문에 무차별성은 심화된다. 대표적인 예로 1995년 미국 오클라호마 시의 연방정부 건물에 대한 폭파테러 사건 주동자였던 멕베이(Timothy McVeigh)는 '기독교 애국주의자(Christian Patriot)'라는 단체의 소속이었다(Lesser et al., 1999). 또한 동년 일본의 옴진리교 추종자들이 도쿄 지하철 전동차에 사린가스를 살포하여 12명 사망, 5,500여 명을 중독시키는 사건 등을 들 수 있다.

4. 현대의 사회구조 변화

고도로 집중화된 현대의 도시환경은 테러범에게 있어 테러대상목표인 동시에 테러 모의간 안전한 은신처를 제공하는 최적의 활동공간인데, 접근성이 보장되어 테러공격을 신속하게 수행할 수 있다는 장점을 가지고 있다. 예컨대 핵심 도시기반시설인 상수도원, 공동구, 저유소, 초고층 대형 건물 등과 같은 테러대상목표는 테러대상목표물에 대한 접근이 매우 용이하면서도 테러발생 시 대테러당국과 무고한 시민들로 하여금 강력한 충격을 가할 수 있다.

전술한 바와 같이 최근의 테러양상은 한 순간에 동시다발적으로 대량살상자를 유발하고 상황이 종료되는 비지속성 테러(unsustained terrorism)이라는 특징이 있다. 폭력의 사용에 있어서도 전통적 테러양상은 요인암살이나 상징성 있는 특정 건물을 폭파하는 것이 일반적이었으나 최근들어 서구권에서 발생하는 테러의 무차별성은 극단화되고 있다. 대표적 사례로는 2005년 런던지하철 폭탄테러(750명 살상), 2008년 인도의 최대 도시인 뭄바이 도심에서의 동시다발 테러(500여명 살상), 2015년 프랑스 파리 테러(482명 살상) 등 꼽을 수 있다.

제2절 <<< 국제정치구조 이론

국제정치구조 이론이란 개별적인 주권 국가들의 국가이익을 추구하는 과정에서 국가들간의 인식차이나 이익의 충돌로 폭력적 갈등행위는 테러가 발생한다는 이론이다(이창용, 2007). 주권 국가 간의 정치 목적 달성의 수단으로서 테러는 현실주의가 지배하는 국제 정치의 구조적 속성에 그 근원을 두고 있다. 따라서 국제정치를 국가안보를 중심으로 한 국가 간의 갈등과 경쟁이 반복되는 현상으로 인식하면서 국익이라는 것이 객관적으로 존재한다는 현실주의 국제관계의 관점에서 테러를 설명할 수 있다(백종순·홍성운, 2019).

그러므로 국가들에 의해 정당한 수단으로 테러공격이 받아들여 지는 것은 테러의 발생원인인 제3세계 국가들의 탈식민지 진행과정에서 폭력적 갈등에 기인한다고 하는 인식과 일치하게 된다. 결국 테러는 폭력적 행위에 대한 국가 간의 인식 차이에 근간을 두고 있는 것이라고 평가할 수 있다(한종욱, 2019). 예를 들면 경제적 빈곤으로부터의 저항이나 민주주의 정권을 독재정권으로부터 창출하려는 정치적 자유를 들 수 있다(Piazza, 2004; Krueger & Laitin, 2008).

이창용(2007)은 국제정치구조 이론의 구분에 있어 크게 주권국가 간 인식차이, 대리전 성격, 약소국에 의한 게릴라 등 세 가지로 설명하였다. 먼저 주권국가 간의 인식 차이 면에서는 국제사전에서 테러 발생원인이 행위자인 주권국가가 국가 간 자국 이익 추구를 위한 정치적 목적달성을 위해 폭력행위를 합리화 시키는데 있다는 것이다. 이러한 주권국가 간의 의견 불일치가 국제적인 테러예방을 불가능하게 하고 있는데, 이것이야말로 국제정치 체제가 낳은 테러발생의 근원이라 볼 수 있다.

둘째, 테러란 저강도 분쟁(Low Intensive Conflict)[2]의 대리전 성격을 띠는 것으로,

2 저강도 분쟁은 적대국에게 특정한 정치군사적 조건을 받아들이도록 강요하고 영향력을 행사하기 위해 낮은 수준의 군사개입을 하는 것으로 특수작전이나 비정규전으로 불리는 제4세대 전쟁이라고도 한다.

강대국의 주요한 행동의 결정은 자국의 핵심 이익 추구를 위한 군사적 무력충돌 형태로 나타나게 된다. 미국 RAND 연구소의 브라이언 젠킨스(Brian M. Jenkins)는 "정부가 테러범의 업적을 인정할 것이고, 그들 또한 자신들의 전략을 다른 국가와의 대리전의 수단으로 사용한다"고 지적하였다(백종순·홍성운, 2019). 이러한 국가간의 이익의 충돌은 필연적으로 전쟁을 유발하고 이러한 전쟁의 피해는 국가간에 상상을 초월하기에 저강도 분쟁과 같은 유사테러 방식으로 수행된다(한용섭, 2012).

셋째, 제3세계 국가들이 강대국에 의해 유지되고 있는 기존 질서에 절대적인 영향을 줄 수 있는 방법은 게릴라전 형태 양상의 테러라는 것이다. 예를 들면 중동 산유국의 정치·경제적 지원 현상인 팔레스타인 해방기구의 테러공격이나, 게릴라 전 차원의 중국 마오쩌뚱의 농촌 게릴라, 베트남 호치민의 게릴라전 등을 들 수 있다. 위 사례들의 공통적 특성은 제2차 세계대전을 시작으로 시작된 강대국인 서구 열강 제국주의 세력과 토착 민족세력인 약소국간의 유일한 독립 투쟁수단으로 게릴라전과 유사한 테러라는 폭력의 사용을 수용했다는 것이다. 이러한 투쟁을 통해 독립 쟁취에 성공한 약소국의 지도자가 강대국인 적대 국가의 승인을 받아 주권국가의 지도자로서 변신하게 되었다.

특히 이러한 과정에 참여한 개인 및 집단은 약소국인 제3세계 국가들에서는 독립투사가 되고, 제국주의 세력 및 서구권 국가에서는 테러범으로 인식하는 것처럼 동일한 행위를 갖고도 누구의 입장에서 보느냐에 따라 다르게 나타난다. 이렇게 테러의 정의가 중동과 미국 등 서구권에서는 상이한 인식을 갖고 있는데, 전통적 안보분석의 틀로는 설명하기가 제한되는 이른바 테러의 인식의 비대칭성 또는 이중적 잣대라고 표현하기도 한다.

1. 국제정치구조 이론의 특성

국제정치구조 이론에서 테러가 국가정책 도구로 수용되고 증가된 원인은 크게 2가지로 설명하고 있다. 첫째 제2차 세계대전 후 핵무기의 발명과 함께 핵무기 보유국의 증가로 무장평화 상태, 즉 공포의 균형(Balance of Terror)이 형성되면서 재래식 전쟁으로 인한 확전의 위험성이 증대하고 재래식 무기의 파괴력이 증가함에 따라 저강도 수준의 장기전 형태인 테러가 증가되었다는 것이다. 특히 강대국이 지배하는 세계에서 약소국가가 자신의 의사에 반해 국제적 정치 문제의 해결이 진행될 때 영향을 줄 수 있는 최적화된 방법이 테러인 것이다(이상우, 2005).

둘째 제3세계 국가들이 독립 과정에서 초강대국들의 시장개척, 천연자원이나 군사기지 확보 등의 타국에 대한 자국이익 추구 행위에 불만을 품고 테러를 일으킨다는 것이다. 냉전체제가 붕괴되고 민족주의가 등장함에 따라 종족 간의 갈등도 테러에 주요한 원인이 되었는데 대표적 사례로 이스라엘과 팔레스타인 분쟁, 수니파와 시아파의 분쟁, 예멘내전, 영국과 아일랜드 분쟁 등을 들 수 있다.

이처럼 국제정치구조 이론 측면에서 보는 테러의 원인은 초기에는 신생 독립국들의 독립투쟁과 민주주의 정치체제 미숙에 따른 혼란의 와중에 일어났다고 인식한다. 시기별로 살펴보면 1960~1980년대에는 미국과 구 소련을 중심으로 한 냉전시기로 인한 이념적 갈등에 기인한 테러가 발생하였다면, 1990년대에는 공산권의 붕괴에 따른 탈냉전의 급속한 진행으로 인한 미국의 패권주의에 대한 반발로 중동지역의 이슬람극단주의 테러단체에 의해 테러가 빈발하였다(권순구, 2018).

2. 테러의 정치적 파급효과

정치적 측면에서 테러는 주로 선전효과를 극대화하기 위한 것이다. 1960년대 이후 테러주체들은 혁명투쟁을 국제무대로 확산시키는 것이 효과적이라는 판단 아래 테러를 그 전략으로 택하게 되면서, 테러는 정치적 폭력의 일반적 특징이 되었다. 테러의 규모가 커지면서 혁명운동세력은 그들의 정치적 불만을 성공적으로 국제쟁점으로 부각시켰다. 그렇기에 테러는 오늘날 국제정치를 규정하는 핵심요인 중 하나인 것이다(Kegley, 1990).

테러는 비대칭전(asymmetrical warfare)의 가장 대표적 사례로 비전통적이고 예기치 못한, 거의 예측이 불가능한 정치적 폭력행위가 되었다(Martin, 2018). 이론상 비대칭전을 통해 테러범들은 새로운 고성능 무기로 예상치 못한 목표를 타격하여 대량살상을 야기하거나 독특한 전술을 구사할 수 있게 되었다. 또한 테러범들의 비대칭전 전술을 통해 전통적인 방어나 억지정책을 무력화하여 주도권을 장악케 하고 국제안보환경을 재정의하기도 하였다. 최근 들어서는 즉각적인 미디어의 관심 때문에 상대적으로 지엽적인 사건들도 실시간대에 전 세계적인 주목을 끄는 것이 가능한 시대가 되었다. 항공기 납치, 폭탄테러, 암살, 유괴, 고문, 기타 범죄행위 등이 미디어의 관심을 받을 경우 상당한 주목을 끌기 때문에 목적 달성을 위해 더욱 유리한 여건 조성이 된다고 생각한다.

한편 테러범들이 테러대상목표를 선정할 때 목표의 내재적 가치보다는 자신들의 목표를 공격한 결과가 대중에게 미치는 정치적 파급효과를 우선순위로 하게 된다(이태윤, 2010). 공포의 상황을 조성하기 위하여 계획적인 폭력을 의도하거나 자신들의 정치·종교적 이념 등 상징적 가치를 고려한 목표의 선택은 테러행위의 합리성 측면에서도 중요한 의미를 갖는다. 즉 이러한 측면에서 9·11 테러는 미국 본토의 심장부이자 경제와 안보의 상징인 뉴욕의 세계무역센터와 워싱턴 DC의 펜타곤을 공격의 대상으로 하여 정치적 파급효과의 극대화를 노렸다고 할 수 있다.

특히 2000년 이후 뉴테러리즘의 시대에 이르게 되면서 테러범들은 단순히 테러로 인한 대규모 인명피해뿐만 아니라, 테러대상목표의 정치·문화적 상징성에 착안하여 테러대상목표를 결정하게 된다. 따라서 향후에도 상징성이 높은 테러 목표의 선정 과정에서는 심리적 충격이 극대화 요인으로 고려될 것이라고 추론해 볼 수 있다. 대표적 예로서 9·11 테러의 목표가 지닌 '상징성'은 '심리적 충격효과'를 극대화하는 데 직접적으로 작용했다고 할 수 있다.

제3절 범죄학 이론

1. 일반긴장(General Strain) 이론

일반긴장 이론은 테러범이 테러 공격의 정당성을 설명하는 가장 대표적인 범죄학 이론이다. 일반긴장 이론은 긴장의 복합적 요인들이 개인의 감정적 특성 및 반응과 상호작용하여 범죄성(criminailty)을 만들어 낸다는 이론으로 대표적 학자인 Agnew에 따르면 노여움, 우울, 실망감, 두려움 등 부정적 감정상태(negative affective states)가 범죄성의 직접적 결과라고 설명하였다(Agnew, 1992). 일반긴장 이론은 하류계층의 범죄 발생을 설명하는 Merton의 긴장 이론을 기초로 사회·환경적 요인을 추가하여 범죄 발생을 이론화하였는데, 특히 부정적 감정을 매개로 하여 범죄가 진행되는 과정을 밝혔다(Siegel, 2020).

Agnew는 긴장의 원인이 사회적 또는 물질적 성취에 대한 열망과 이를 성취하기 위해 필요한 수단의 부재라는 Merton의 주장은 현실적으로 검증하는 것이 매우 제한적이라고 평가하였다. 따라서 이를 보완하기 위해 확대된 의미의 긴장 개념이 필요하다고 주장하였다(심희섭·노성훈, 2015). 긴장을 '타인을 그들이 원하지 않는 방법으로 대할 때 발생하는 것'이라는 확대된 개념정의를 통해, 하류계층에 속한 사람뿐만 아니라 중류·상류계층에 속한 사람들 역시 범죄를 저지른다는 긴장 이론의 기존의 한계점을 보완하였다(김인걸, 2012).

이러한 일반긴장 이론의 주요 내용으로는 긍정적 가치를 주는 개인의 목적 달성의 실패, 기대와 성취 간의 괴리, 긍정적 가치를 주는 자극의 제거(계층에 따라 다름)와 부정적 자극의 출현이 긴장의 원인이라고 설명하고 있다. 또한 이와 같은 긴장요인이 노여움, 좌절, 두려움 등 적대적 감정을 야기하고 이러한 적대적 감정(부정적 감정)이 반사회적 행동인 약물남용, 일탈, 폭력으로 이어지게 된다는 것이다(Agnew, 1992).

| 그림 4-2 | 일반긴장 이론[3]

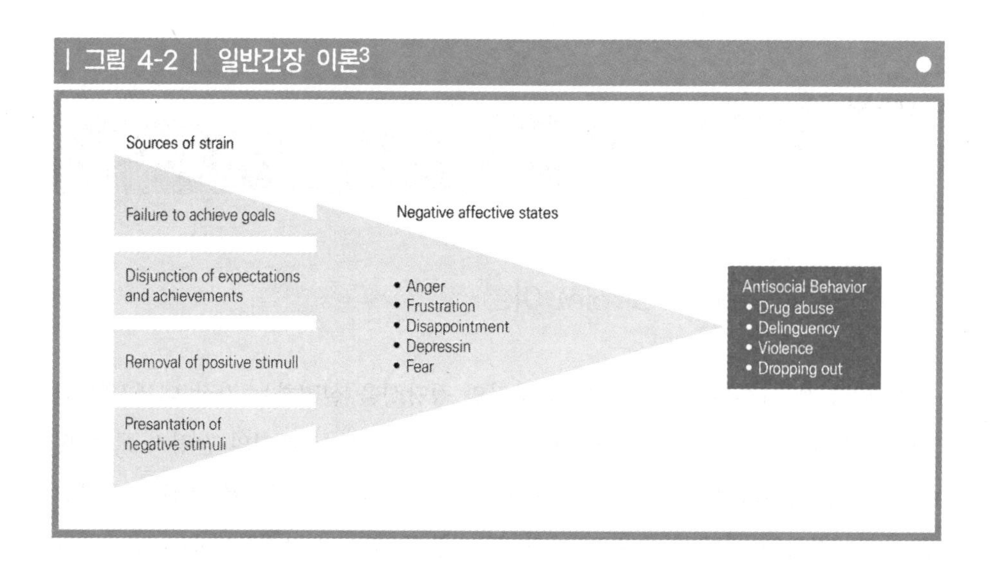

특히 Agnew가 제시한 3가지 유형의 긴장 요인을 구체적으로 살펴보면 첫째, 개인의 목적 달성의 실패는 열망과 기대의 괴리, 기대와 실제 성취 사이의 괴리, 개인이 바라는 정당한 결과와 실제 결과와의 괴리로 인한 긴장이다. 둘째, 긍정적 자극의 소멸은 애인과의 결별, 친구 또는 가족의 사망, 새로운 지역으로의 전학, 부모의 이혼, 학교로부터의 정학, 직장에서의 어려움 등으로 인한 긴장이다. 셋째, 부정적 자극의 출현은 아동학대와 아동을 무시하는 행위, 범죄피해, 물리적인 피해, 부모와의 불화, 또래 집단과의 불화, 학교생활에서의 어려움 등으로 인한 긴장이라고 할 수 있다(Agnew, 1992; Rivera & Widom, 1990).

이러한 긴장의 원인은 범죄에 직접 영향을 미치기보다는 부정적 감정을 매개하는 기능을 하여 범죄에 영향을 미치는 경향을 보인다. 이는 즉, 긴장이 분노와 좌절, 실망감, 우울과 같은 부정적 감정을 유발하고, 개인은 이를 해소하기 위해 범죄를 저지르게 된다(심희섭·노성훈, 2015). 긴장의 종류로는 아동 학대와 경제적·물질적 빈곤 등 일반적으로 대부분의 사람들이 동의할 수 있는 객관적 긴장과, 개인에 따라 긴장으로 인정하는 것이 다를 수 있는 주관적 긴장이 존재한다. Agnew

3 https://jdosanjh.wordpress.com/2015/12/01/analysis-of-straight-outta-compton.

는 객관적 긴장에 비해 주관적 긴장이 범죄와 더 연관이 될 수 있다고 보았다(Froggio & Agnew, 2007). 또한 주관적 긴장은 개인의 성격과 사회적 지위, 생활환경에 따라 달라질 수 있고, 긴장이 무조건 범죄로 이어지는 것이 아니라 분노와 같은 극단적 감정을 자극하는 불공정한 특성이 있는 긴장이 범죄를 유발하게 된다(Averill, 1983).

김인걸(2012)은 일반긴장이론을 적용한 테러의 영향요인 연구에서 주관적 긴장이 테러공격에 영향을 미치는 예시로 기독교인들에게는 코란이나 무함마드에 대한 비난이 특별한 의미가 없더라도 이슬람극단주의를 추종하는 세력들에게는 자살테러라는 순교과정을 통해서 보복해야 하는 극단적 상황이 전개될 수 있음을 강조했다. 이러한 불공정한 긴장이 우울과 분노 같은 적대적 감정을 자극하게 되어 테러로 실행된다고 주장하였다.

한편 Agnew는 일반긴장이론이 테러연구에 중요한 의미를 제시했으나, 세 가지 측면의 한계점을 인정하였다. 먼저 과거 일반긴장이론을 적용한 테러 연구가 주로 물질적 빈곤, 전통적 가치관의 위협 등에 국한되어 연구되었기에 긴장요인의 핵심적 요소를 온전히 설명하지 못하며, 둘째 긴장이 어떤 과정을 거쳐 테러공격으로 발전하는가에 대한 설명이 제한된다는 것이다. 왜냐하면 테러는 긴장을 끝내거나 복수하기 위한 수단이지만, 긴장과 테러의 관계는 다양한 요인에 의해 연결되는 복잡한 관계이므로 추가적인 설명요인이 요구된다는 것이다. 셋째로 제3세계 국가에서 절대적 빈곤, 정치적 내부 갈등으로 고통을 받고 있는 민족 중에서 테러범이나 테러단체는 상대적 소수라는 것인데, 긴장에 노출된 많은 사람들 중 왜 극소수만이 한정되어 테러범이 되는지에 대한 설명이 충분하지 못하다는 것이다.

후속 연구에서 Agnew(2010)는 '집합적 긴장'이라는 개념을 도입하여 높은 수준의 긴장과 불공정한 긴장이 존재하고 강한 권력을 가진 사람들이 유대관계가 약한 계층들에게 고통을 부여해야 테러가 발생한다고 주장하였다. 이러한 '집합적 긴장'은 부정적 감정을 증가시키고 사회유대와 합법적 수단을 통한 대응 수단을 감소시켜 결국 테러공격을 실행하게 되는 것이다(김인걸, 2012).

2. 상대적 박탈감 이론(Relative Deprivation)

테러의 원인을 설명하는 이론 중 거(Ted Robert Gurr)가 체계화한 상대적 박탈감(Relative Deprivation) 이론은 사회·심리학 이론뿐만 아니라 범죄학 이론 관점에서 테러 발생의 원인을 가장 설득력 있게 설명하며, 일명 '좌절공격 이론(Frustration-Aggression Theory)'으로도 지칭된다(Gurr, 2017; 한종욱, 2019). 특히 범죄학에서는 앞서 전술한 일반긴장 이론에서 범죄의 동기와 연계하여 상대적 박탈감을 설명하고 있는데 경제적·사회적으로 굴욕감을 느낀 사람이 그것을 되갚음으로서 기대와 실제 현실 사이의 불일치를 해소한다는 것이다. 즉 부자와 가난한 사람들이 가까운 거리에서 살게 될 때 생기는 현상으로, 상당수 범죄학자들은 범죄율을 상대적 박탈감의 차이 때문으로 인식한다(Blau & Blau, 1982).

일반적으로 상대적 박탈감은 누구나 마땅히 누려야 한다고 생각하는 삶의 조건과의 격차에서 비롯되는 긴장을 의미하는데, 기대와 실제 간의 괴리 혹은 개인 및 집단이 기대했던 가치와 실제 획득 가능한 가치의 괴리로 규정하고 있다(한종욱, 2019; 홍승표, 2020). 결국 개인 혹은 집단이 생각하는 이상적인 삶과 실제 그들 혹은 그 집단이 처한 현실 간의 괴리에서 발생하는 사회·심리적 긴장이라고 할 수 있다(최진태, 2006).

이러한 상대적 박탈감을 느낀 개인은 범죄를 저지를 개연성이 높다는 가정하에 사회적 욕구 형성도가 사회적 욕구 만족도보다 더 큰 경우에, 사회·심리적으로 좌절감의 형성을 통해 결국 폭력적인 테러행위로 표출된다. 한 예로 약소국인 제3세계 국가의 민족들이 세계사의 흐름에 따른 정치적 독립과 경제민주화 과정에서 발생한 상대적 박탈감을 해소하기 위해 자행하는 폭력적인 테러공격이 해당한다고 할 수 있다(홍승표, 2020).

한편 상대적 박탈감의 유형으로는 점감적 박탈감(Decremental Deprivation), 열망적 박탈감(Aspirational Deprivation), 점진적 박탈감(Progressive Deprivation)이 있다(최진태, 2006; 홍승표, 2016). 우선 점감적 박탈감은 개인 또는 집단의 기대수준에는 거의 변동이 없지만, 개인 혹은 집단이 획득 가능한 가치나 잠재적으로 획득이 가능한 가치가 점차 감소하는 상황에서 발생하는 박탈감을 말한다. 이러한 점감적 박탈감을 경험하는 사람이나 집단에게는 현재 향유하고 있는 가치나 미래에 획득 가능하다고 생각하는 가치의 감소로 인해 분노, 갈등을 통한 공격적인 성향을 표출하게 된다(Gurr, 2017).

둘째로 열망적 박탈감은 개인 또는 집단의 기대치는 상승하는 반면에, 기대하는 가치나 잠재적으로 획득이 예상되는 가치가 변하지 않는 상황에서 발생한다. 열망적 박탈감을 경험하는 개인 또는 집단은 그들이 현재 지닌 가치의 감소를 경험하지는 않지만, 새로운 기대치를 획득할 수 있는 수단의 부재를 경험하기 때문에 분노하게 된다. 이와 같은 열망적 박탈감은 산업화 또는 근대화와 같이 급속한 사회적 변화와 발전을 경험하는 상황에서 많이 발생하며, 이로 인해 정치적 불안정성과 같은 사회 문제를 야기하기도 한다(Siegel, 2020).

셋째로 점진적 박탈감은 경제적·사회적으로 지속적인 발전이 진행되었고, 향후에도 발전이 계속될 것이라고 기대하고 있으나, 획득 가능한 가치가 증가하지 않고 일정하거나 혹은 오히려 감소할 때 발생하는 박탈감을 의미한다. 이와 같은 점진적 박탈감을 경험하게 되면 혁명과 같은 사회적 변화 또는 정치적 폭력성에 관심을 갖게 된다(Siegel, 2020).

결국 상대적 박탈감은 시간이 지나면서 사람들의 기대치는 올라가는 것에 비해 주변 환경은 그 기대치를 충족하지 못하게 되는 경우가 많다. 세계사의 흐름에서 소외되어 왔던 제3세계 국가들이 근대화되는 과정에서 야기된 박탈감의 돌파구를 테러행위에서 찾고 있다는 것이다. 결국 사회적·심리적인 좌절감이 폭력 사태로 발전될 가능성이 높으며, 제3세계 국가들의 사회적·경제적 불평등에서 기인한 상대적 박탈감이 테러의 원인으로 작용했다고 주장하는 이론이다.

3. 동일시 이론

'동일시'란 다른 사람과 동일한 상황으로 연관 짓는 사회심리학 용어로서 개인에 의해 다른 사람의 행위에 영향을 미치는 영향력을 설명하는 데 주로 사용되는 개념이다(한종욱, 2019). 동일시 이론은 개인이 테러공격을 선택하게 되는 심리적 측면을 설명하는 이론인데, 테러사건을 통해 개인이 테러범의 입장과 동일하게 생각하거나 인질이나 피해자 입장과 동일하게 생각하게 된다. 이러한 특정 개인은 강력한 힘을 보여주는 테러범과 개인을 동일하게 여겨 본인 스스로도 강력한 힘을 가진 존재로 인식하기도 한다.

테러에 있어 동일시는 테러 피해자와 동일시하는 경우와 공격자인 테러범과 동일시 하는 2가지 유형으로 구분할 수 있다. 먼저 테러 피해자와 동일시 하는 경우 테러공격을 바라보는 대부분의 사람들은 피해자의 비극적인 운명과 본인을 동일시하며, 감정이입에 의해 피해자의 고통을 공감하게 된다. 이와 같이 일반 개인인 테러피해자와 자신을 동일시하게 되면서 존재하는 유사성을 인정하게 된다.

한편 테러범과의 동일시는 테러범들이 일반 대중들을 위해 강력한 권력을 표출한다고 인식하고 테러범과 특정 개인을 동일시하는 것이다. 만약 테러 피해자가 대중으로부터 부정적인 인식을 갖고 있는 국가 권력자이거나 주요 요인이라면, 일반인들의 관점에서 연민이 아닌 적대감의 대상으로 인식될 때 테러 피해자의 충격과 잔인한 고통을 통해 쾌감을 얻게 된다(권순구, 2019).

이러한 동일시 관점에서 테러를 평가해 보면 사회혼란을 야기해 결과적으로 권력 탈취를 목적으로 하는 테러범들의 행동에 대해 설명이 가능하다. 먼저 극도의 사회혼란을 야기하는 테러공격을 통해 의도적으로 공권력의 과잉대응을 야기시킨다. 이후 피해자인 국민의 고통을 가중시킴으로써 동일시 감정을 자극하여, 지지를 획득하려 한다. 결국 테러범들은 자신들의 입장을 대다수 국민들이 동일하게 느낄 수 있도록 상황을 유도하고, 이를 통해서 조직을 더욱 강화하고 있다는 것이다.

4. 합리적 선택이론(Rational Choice Theory)[4]

1) 환경 범죄학 이론

테러범 입장에서 테러대상목표에 대한 테러공격을 의사결정을 설명하는 이론은 일반적으로 생태학적 특성의 범죄학 이론들과 연관 지어 설명하고 있다. 20세기 초 시카고학파에서는 특정 지역에 한정된 높은 범죄율을 범죄자의 사회적 환경과 같은 생태학적 관점에서 바라보았다. 생태학적 관점은 빠른 변화가 진행되고 있는 도시지역의 지리학적 특성이 전통적 사회통제 규범들과의 대립 및 범죄증가로 인해 사회의 불안정을 야기한다고 보았다. 특히 전통적 범죄학은 범죄자와 범죄동기에 대해서만 관심을 집중하였고, 피해자, 범행대상, 범죄환경적 요소에 대해서는 간과해 왔다. 그러나 20세기 후반으로 들어오면서 이러한 생태학적 관점은 기존의 사회구조적 특성에 도시환경, 무질서 등 환경적·물리적·상황적 특성이 더해져 더욱 확대되었다(정진성, 2014).

환경범죄학 이론(Environmental Criminology)은 위와 같이 물리적, 환경적 속성에 중점을 두는 이론으로 범죄 발생에 있어서 범죄자, 목표물, 장소라는 요소에 주목하고 있다. 특히 장소와 같은 공간적 요소가 가장 중요한 요소로 부각되었고 건물 및 특정 장소나 물리적 환경이 지닌 범죄적 유발요인의 분석을 통해 기회요인의 감소에 초점을 맞추어 연구되었다(심명섭, 2017).

환경범죄학 연구자들은 범죄의 기회가 늘어난다면 범죄 역시 늘어난다고 주장하였다. 다른 장소에 비해 목표물에 접근하기 쉽거나 감시가 취약한 특정 장소에서 범죄의 기회가 높아진다고 보고 있기 때문에 환경적 요인을 차단하면 범죄를 감소시킬 수 있다고 보았다(이윤호·성빈, 2015). 이러한 환경범죄학은 '환경설계 통한 범죄예방'(Crime Prevention Evironmental Design: CPTED)으로 이어지는데, 물리적·사회적 환경과 관련된 변수들을 조작함으로써 범죄를 예방하려는 전략이 그 핵심이다. 한 예로, 가로등 조도를 조절해 야간시야를 밝게 하거나, 공동거주지역의 경우 시

4 이 부분은 김태영(2019)의 관련 부분을 수정·보완하였다.

야를 방해하는 장애요소의 제거를 통해 타인의 행동을 손쉽게 관측한다면 범죄의 기회요인은 감소될 수 있다는 것이다. 또한 범죄는 시·공간적으로 선별적으로 집중되어 발생하는 이른바, '핫스팟'(hot spot) 개념으로 설명하였다. 즉, 범죄는 도시 전체에 균등하게 발생하는 것이 아니라 범죄를 유발시키는 특정한 환경요소에 의해 발생된다는 것이다(노성훈, 2015). 이와 같이 환경적 요인을 강조한 환경범죄학 이론은 환경설계를 통한 범죄예방(CPTED)이론, 일상활동이론·합리적 선택이론에 기반을 둔 상황적 범죄예방이론 등으로 발전되어 왔다.

이러한 상황이론들은 개인을 합리적 존재로 가정하고 범죄예방에 관심을 둔다는 점에서 신고전이론이라 불리기도 하는데 연구의 분석단위와 범위를 보면 일상활동이론은 초기에는 지역사회라는 다소 거시적 차원의 연구를 다루었으나, 후속연구를 통해 미시적 차원의 연구가 발전되었고(Clarke 2006; Felson, 2008), 합리적 선택이론과 상황적 범죄예방이론은 잠재적 범죄자 개인이라는 미시적 단위에서 구분되는 특성이 있다(박현호, 2017). 특히 본 장에서는 테러발생을 범죄학적 접근으로 설명하기 위해 공간적 범죄 취약요소와 범죄의 시공간적 특성을 중점으로 갖는 합리적 선택이론, 일상활동이론, 상황적 범죄예방이론에 대해 구체적으로 살펴보고자 한다.

2) 합리적 선택이론

합리적 선택이론은 잠재적인 범죄자들의 의사결정과정을 설명하고자 하였다. 범죄자들이 합리적 인간이라는 기본 가정을 통해, 최소의 위험과 비용을 들여 최대의 이익을 확보한다고 주장한다. 특히 이들은 큰 보상보다 작은 위험을 더 중요시하기 때문에 범행을 결정하는 데 보호자의 존재 여부가 매우 중요한 영향을 미친다(박현호, 2017). 이는 사람들이 이윤이나 보상을 극대화하고 손실을 최소화하기 위해 합리적 결정을 할 것이라는 기대효용원리에서 기인한 것이다. 만약 범죄행위로 인해 얻을 수 있는 이익이 극도로 적다거나 범죄행위에 대한 사법기관의 단속과 적발이 쉽게 이루어질 수 있을 것이라고 여기는 경우에는 범죄행위를 더 이상 진행시키지 않는다.

테러를 합리적 선택이론 측면에서 생각해보자. 여러 주권 국가에 의해 테러가 정치적 목적을 달성하기 위한 매력적인 수단으로 인식되는 이유는 과학기술의 발달에 따라 엄청난 비용이 드는 재래식 전쟁에 비해 투입비용이 저렴하다는 점이다. 특히 핵 및 재래식 전쟁에 비해 결점이 적다는 이유 때문이다. 즉 저렴한 투자에 비해 적대국으로 하여금 상당한 자원을 투입하지 않을 수 없도록 강요할 수 있다는 것이다.

많은 선행연구에서 테러범이 합리적 의사결정자라는 가정에 테러발생을 설명하고 있다(Clarke, 2006; Killot & Chamey, 2006; 윤민우, 2013; Molly, 2016; Burcu, 2017; 윤민우, 2017). 테러대상목표 및 테러공격수단의 결정에 있어 테러범은 비용효과분석을 통해, 테러공격에 들어가는 재정과 물자, 인력, 노력, 공격이후의 예상되는 처벌이나 보복공격 등과 같은 비용과 테러공격을 통해 달성하게 되는 이익이나 긍정적 효과 등과 비교하여 비용이 적고 효과가 클 경우에 테러공격을 결정하고 실행하게 되는 것이다. 이러한 합리적 실행과정은 테러공격에 의해 발생되는 사상자 규모는 테러대상목표, 테러공격수단 등과 인과성을 가짐을 검증하였다.

특히 윤민우(2013), Molly(2016) 등의 연구에서는 테러범이 합리적 행위자이기에 이들의 테러 행위 역시 뚜렷한 경향성을 띠며, 이러한 테러공격의 영향요인들과 테러 사상자 규모 간에는 인과성이 나타날 것이라고 주장했다. 즉, 테러범은 합리적 의사결정을 통해 테러공격 사상자 규모에 영향을 끼칠 수 있는 최적의 요인을 선택한다는 것이다. 예를 들면 테러공격의 목적이 불특정 다수에 대한 무차별적 살상이라면 민간시설에서 복합적 테러공격수단을 활용해 동시다발적으로 공격할 것이다. 하지만 만약 특정 유명인사나 국가 요인만을 암살하는 것이 목적이라면, 제한된 수단과 방법만을 선택한다는 것이다(Bloom, 2005).

만약 테러범이 합리적 의사결정자가 아니라면 각각의 테러대상목표가 테러공격을 받을 가능성은 우연에 의해 결정되므로, 테러발생의 위험성이 상대적으로 더 높거나 낮다고 예측할 수 없게 된다. 따라서 테러발생 위험성의 예측과 평가는 불가능해진다(윤민우, 2017). 이러한 근본적인 이유는 테러범은 합리적 행위자이기에 특정 영향요인을 극대화하여 전략적 사고와 합리적인 의사결정과정을 통해 테러공격을 실행하고, 사상자 규모를 예측할 것이라는 판단을 가능케 한다(Burcu, 2017).

5. 일상활동이론(Routine Activity Theory)[5]

일상활동이론은 합리적 선택이론의 하위이론으로서 기본가정 역시 범죄의 합리성에 기초하고 있다(Fussey, 2011). 일상활동이론이 초기에는 거시적 수준의 연구에 주로 적용되었지만, Felson에 의해 수행된 후속연구들은 미시수준의 탐색을 시도하면서 합리적 선택 및 상황적 범죄예방과 융합을 시도함으로서 개별 범죄사건의 영향요인을 분석하였다(이윤호, 2015). 특히 환경범죄학적 관점의 영향을 받아 범죄행위와 범죄현상에 대한 보다 사회적 수준이 거시적 관점을 보여주고 있는 반면, 합리적 선택이론은 개인적 측면의 미시적 수준의 환경적 특성을 고려하였다. 종전의 범죄학 이론들이 범죄자들이 '범행 동기'나 '범행성'이 주된 관심이었으나, 일상활동이론은 '범행 장소'를 중심으로 한 기회적 요인에 초점을 맞추었다(최영인·염건령, 2005; 이윤호, 2015).

Cohen & Felson(1979)은 일상활동이론을 통해 범죄를 유발하는 세 가지 핵심적 요소는 적절한 범죄대상(Suitable Targets), 동기화된 범죄자(Motivated Offender), 보호능력의 부재(The Absence Of Capable Guardians)이며, 이러한 요소들이 실시간 동시에 존재할 때 최상의 범죄행위를 발생한다고 주장하였다. 세 가지 요소 중 어느 하나라도 부족하다면 범죄행위가 퇴치될 수 있으며, 이 요소들이 존재하는 한 범죄자의 범행동기를 유발한 구조적 조건의 변화 없이도 범죄율의 급증은 얼마든지 가능하게 된다(이윤호, 2007).

특히 이러한 세 가지 요인이 동일한 시공간에서 발생되는지 여부는 개인의 일상적 활동에 따라 달라지며 범죄동기를 야기하는 구조적 조건들에 변화가 없더라도 보호능력이 없는 적절한 범죄대상이 많아진다면 범죄발생도 많아질 수밖에 없다(최응렬·정우일, 2007). 특히 범죄의 대상은 사람과 사물을 구별하지 않았는데, 이는 모두 범죄자의 범죄목적을 충족시킬 수 있는 대상이기 때문이다. 또한 범죄를 예방할 수 있는 보호자는 사람 또는 범죄예방을 위한 안전장치로 정의된다. 이러한 이론이 범죄자, 범죄대상, 위치 또는 장소가 세 변을 형성하는 삼각형을 만들

5 이 부분은 김태영(2019)의 관련 부분을 수정·보완하였다.

어냈다(Clarke & Eck, 2005).

Felson(2010)은 방호성을 의미하는 보호능력을 잠재적 범죄목표를 지속적으로 경계·감시·추적하기 위해 범죄발생을 물리적으로 억제하는 행위라고 정의하였다. 예를 들어 CCTV, 경찰순찰 활동 등을 포함한 경계활동 등을 대표적으로 들 수 있는데, 특히 CCTV를 통한 감시활동이 범죄 및 테러행위를 억제하고 용의자를 체포하는 데 많은 효과를 거두고 있음을 밝혔다(Meghan, 2011). 그중 수동적 녹화방식이 아닌 실시간 모니터링 개념의 능동형 CCTV가 범죄억제에 보다 효과적임을 강조하였다.

이러한 보호능력은 범죄발생요인 중 핵심요소로 동기화된 범죄자와 적합한 범죄목표 간에 직간접적인 상호작용을 방해하는 요소로 볼 수 있는데, 보호능력을 위한 가장 중요요소로 접근 가용성(Availability)을 제시하였다. 적절한 보호능력의 개념은 단순한 법집행 수단에 의해서가 아닌, 범죄 자체를 억제할 수 있는 인원 및 장비를 의미한다. 테러범 또한 단순히 감독자들에 의해 억제되지 않으며 특히, 테러의 관점에서 적절한 보호능력은 일반적 범죄보다 높은 수준을 요구한다(Felson, 2008). 또한 Cohen & Felson(1979), Coupe & Blake(2006), Wilcox 외(2007) 등은 보호능력과 범죄와의 관계를 연구하였는데, 보호능력의 증가와 범죄율의 급감 사이에 유의미한 연관성을 밝혀냈고, 낮과 밤에 따라 조건적으로 범죄율에 영향을 미친다는 것을 검증했다.

Grant & Shaun(2014)은 2007년~2009년 기간 동안 범죄자 사건특성 데이터를 활용한 연구결과에서 범죄자가 체포될 가능성은 일상활동이론의 강한 강도가 매개역할을 하는 것을 확인하였다. 특히 적합한 범죄목표 지표 중에서 희생자 나이와 범행시간이 체포와 유의미한 연관성을 보였고, 동기화된 범죄자 지표 중에서는 범죄자의 흥분정도, 보호능력 지표면에서는 면식관계가 유의미한 관계가 있는 것으로 분석되었다.

Freilich & Parkin(2015)은 1990년~2007년 기간 동안 미국 내 극단적 범죄사건(Extremist Crime Database: ECDB)에 기반한 테러사건특성 데이터를 활용하여 개인적 수준차원에서 일상활동이론을 적용한 실증연구를 진행하였다. 연구결과, 이념적 동기여부에 의한 테러사상자의 발생규모는 범죄경력, 테러범의 극단적 성향, 결혼,

연령, 인종 등 인구통계학적 측면, 지리적 위치, 대량살상, 노출성, 평일·주말 등의 설명요인에 의해 영향을 받는 것으로 확인하였다.

한편, 국내에서는 정병수(2012)의 연구에서 여자 청소년의 성범죄 피해원인에 대한 영향요인을 일반청소년과 비행청소년 대상으로 비교분석을 하였다. 연구결과 일반청소년의 경우 일탈된 생활양식 중 감독되지 않은 활동, 비행친구와의 관계, 일반적인 비행이 유의미한 영향을 미치는 것으로 나타났고, 비행청소년의 경우 비행친구와의 관계, 지위비행, 약물비행, 성비행이 범죄피해에 유의미한 영향을 미치는 것으로 나타났다.

김준호·박현수·박성훈(2010)은 범죄피해에 미치는 영향요인을 찾기 위해 노출(늦은 귀가), 매력성(현금소지), 보호감시능력(호신도구소지)을 바탕으로 실증적 분석을 시도했다. 분석결과 폭력범죄 피해는 주로 노출과 연관이 있고, 보호감시능력과는 연관이 없는 것으로 분석되었다.

박성훈(2011)은 가구범죄피해에 영향을 미치는 요인을 전국범죄피해조사(KCVS) 자료를 활용하여 개별가구 수준, 지역수준의 특성 요인들로 구분하여 분석하였다. 연구결과 개별가구 수준에서는 노출이나 보호능력의 효과가 나타나지 않았고, 대도시 지역에서의 주거형태 효과는 유의미하고 지역수준에서는 근접성(잠재적 범죄자의 출현가능성)이 높은 지역일수록 범죄피해가능성이 높은 것으로 나타났다.

한편 이남은·최재필(2015)은 보호능력(Capable Guardianship Measure)의 개념을 CPTED 기법을 적용하여 범죄활동을 저하하는 제반 환경을 포괄하는 개념으로 정의하고, 범죄취약지역인 단독-다가구 주택지를 대상으로 범죄두려움 유발환경에 민감한 여성거주민들의 일상보행을 분석하였다.

제4절 테러공격 예측 이론[6]

1. 상황적 범죄예방 이론(Situational Crime Prevention Theory)

합리적 선택이론의 영향을 받은 학자들 중 한 명인 Clarke(2006)에 의해 정립된 상황적 범죄예방 이론의 핵심개념은 범죄자는 합리적 행위자라는 가정에 기초하여 물리적·상황적·환경적 기회요인이 범죄실행에 영향을 끼치는데, 범죄예방을 위해 그 기회요건을 제거·변화시키는 것에 중점을 둔다는 것이다. 즉 상황적 범죄예방이론은 범죄자의 개인적 기질보다는 상황적 요인 등 범죄 기회 및 피해정도를 감소시켜 범죄를 효과적으로 예방하려는 전략으로 볼 수 있다(최응렬·정우일, 2007). 특히 범죄예방을 위해 제안한 방책의 비용과 이익을 평가하는 구조적 접근에 기인하며 CPTED와 맥을 같이하고 있고, 상황적 범죄예방 이론에 근거하여 각종 정책평가 연구에서 경험적으로 증명되었다.

Clarke & Newman(2006)은 테러범은 합리적 행위자이며, 특정 상황적 특성에 대한 경향성을 나타낼 것이라고 가정하였다. 예를 들어, 테러대상목표의 노출성, 경찰이나 보안요원, CCTV 등의 경계시설, 테러실행의 가능성 등과 같은 기회요건이 테러공격의 실행여부 및 사상자 규모에 영향을 끼친다고 주장하였다(윤민우, 2013). 따라서 이러한 기회요건의 통제를 통해서 테러실행을 차단 및 억제하거나, 사전에 기회요인들을 식별할 수 있다면 테러발생위험성을 미리 예측하고 피해규모를 최소화 할 수 있다고 강조하였다.

이러한 상황적 범죄예방이론은 미국 등 해외 주요 국가들의 대테러 정책 및 각종 테러사건 분석에 중요하게 활용되었고, 그 타당성은 여러 연구결과들을 통해 실증적으로 검증되었다(Purpura, 2007; Molly, 2016). 주로 국제적 차원에서 아프

6 이 부분은 김태영(2019) 관련 부분을 수정·보완한 것이다.

간 인질납치 및 유괴, 바이오테러, 이라크 대반란전 등의 테러양상에 대해 심층 분석하고 기회요인을 제거하는 방안 등을 제시하거나(Freilich, 2009), 테러공격양상을 분석 및 영향요인을 검증하는 데 유용한 이론적 틀임을 입증하였다(Molly, 2016).

2. EVILDONE

Clarke & Newman(2007) 등 상황적 범죄예방이론 학자들을 중심으로 테러공격발생을 예측·평가하는 모델을 연구하였는데 테러범의 합리적 의사결정에 영향을 미치는 기회조건들을 테러공격선택에 영향을 미치는 주요한 요인들로 인식하였다. 특히 영향요인들이 테러범들의 테러공격의 사상자규모를 예측하고 의사결정하는 과정에도 영향력이 있음을 평가모델 정립을 통해 검증하였다. 예를 들면, 테러범 입장에서 노출성이라는 기회조건을 극대화하면 사상자수 증가에도 영향을 줄 수 있다는 것이다.

테러의 목적인 정치적 목표를 달성하고 공포를 극대화하기 위해서는 매력적인 테러대상목표가 필요하므로, 테러범들은 일반적으로 상황적 차원에서 접근하게 되며, 보호능력이 취약할 경우에 테러를 실행하게 된다. 특정장소 및 시설, 인물 등이 테러공격의 목표물이 될 가능성은 목표물에 내재된 특성에 기인하는 취약요소와 테러성공시 발생할 수 있는 예상손실에 의해 결정된다. 따라서 테러범은 기회조건의 요소들을 종합적으로 고려하여 어떤 목표물을 공격할 것인가에 대한 최적 선택을 하게 된다(Clarke 2006). 이러한 평가지표들은 테러범이 선호하는 테러대상시설의 내재적인 특성, 즉 테러대상시설의 취약성을 측정하는 평가요소를 EVILDONE[7]으로 정립하였다. 〈표 4-1〉은 테러범들이 테러대상목표를 선택하는 의사결정과정에서 대리성공을 위해 고려되는 다양한 평가요소에 관해 설명하고

7 예상 테러 목표물의 취약성을 측정하는 데 있어 중요한 항목들의 첫 글자를 따서 만들어낸 것으로, Exposed(노출됨), Vital(중요함), Iconic(상징성), Legitimate(정당성), Destructible(파괴 가능성), Occupied(사람들로 붐빔), Near(근접성), Easy(쉬움)을 의미한다.

표 4-1 EVILDONE 테러발생 예측모델

평가요소	주요 내용
1. 노출성 (Exposed)	• 노출된 목표물을 의미하며, 관심, 매력성, 노출성에 의해 잘 식별되는 목표물은 그렇지 않은 목표물보다 높은 공격 가능성이 존재함
2. 중요성 (Vital)	• 테러 목표물 중 사회의 일상기능, 사회운영에 치명적으로 중요한 상수도 시설이나 송전 시설, 식료품점, 교통시스템과 같은 것은 도시의 규모에 관계없이 중요한 역할 수행
3. 상징성 (Iconic)	• 높은 상징적 의미를 가지고 있는 목표물들이 테러범의 관심을 끔
4. 정당성 (Legitimate)	• 테러에 대한 공공의 반응을 예측하는 것이 중요 • 테러대상목표물을 공격하기로 의사결정하는 데 있어 다른 테러범들과 조직원들에게 어떻게 보일 것인가?
5. 파괴성 (Destructible)	• 테러공격수단(무기)과 상호관계에 의하여, 목표물이 심각하게 피해를 입을 정도
6. 사람들로 붐빔 (Occupied)	• 테러범들은 가능하면 많은 사람을 죽여서 자신들의 적들에게 가장 큰 위협을 가함. 많은 사람들이 밀집되어 있는 버스, 기차, 비행기, 역과 같은 장소는 매력적인 목표물로 선호됨
7. 근접성 (Near)	• 테러범들의 주거지역이나 출퇴근하는 곳에서 근접된 목표를 선택함
8. 접근용이성 (Easy)	• 목표물에 접근하기 얼마나 용이한가? 티모시 맥베이는 매우 쉽게 머레이 건물에서 불과 8피트 떨어진 곳에 폭탄이 설치된 트럭을 주차할 수 있었음. 세계무역센터에 대한 공격은 지하 주차장의 허술한 경비로 인하여 비교적 쉽게 실시됨

출처: Clarke, R. V. and Newman, G. R, (2006). Outsmarting the terrorists, Westport, CT: Praeger Security International, pp. 101-102 재구성.

있다. 만약, 테러범이 최선의 의사결정과정을 통한 테러대상목표에 대한 성공적인 공격이 어렵다고 판단할 경우, 매력적이지만 실현 가능한 차선의 선택을 통해 대상 목표물은 언제나 바뀔 수 있을 것이다(윤민우, 2017).

한편 Newman(2006), Boba(2009), OZER(2011), Paton(2013)은 상황적 범죄예방이론에서 제시한 EVILDONE의 요인들이 테러범이 테러표적들을 선택할 수 있는 유용한 도구임을 경험적으로 입증하였다. 예를 들어, 테러대상목표가 테러범의 근거지로부터 원거리에 떨어져 있다면 여러 차례의 테러 공격을 실시하는 것이 어려운 반면, 근거리에 위치하고 있다면 유사한 다수의 테러 공격들이 일상적으로 빈번하게 발생할 것이라고 주장하였다. 이러한 기회조건과 관련된 이유 때문에 전세계 많은 테러단체들이 이스라엘과는 달리 미국에서는 폭탄테러가 빈번하지 않다고 설명하였다. 또한 OZER(2011), Paton(2013) 등은 EVILDONE 평가요소를 활용해 테러공격에 취약지역과 사상자 수와의 관계를 실증분석하였는데, 상징성(Iconic)과 노출성(Exposed) 등이 대량살상자 발생에 높은 영향을 미치는 것으로 나타났다.

3. CARVER

한편 EVILDONE이 테러범 관점에서 테러대상목표를 평가했다면 소유자 관점에서 테러대상목표를 평가하는 기준은 CARVER로서, 이는 미국 특수 부대에서 상대방의 군사시설의 물리적 보안수준을 평가하는 데서 출발하였다. CARVER는 테러공격에서의 예상손실을 포함한다는 차원에서 EVILDONE과 차이를 갖고 있다. 예상손실에는 부상 및 경제적 손해, 심리적 충격 등이 포함된다. 예를 들어, 전기시설은 상당히 노출되어 있고 넓은 지역을 차지하고 있지만 가장 중요한 장소는 보호되고 있기에 어느 한 곳에 문제가 생기더라도 지속적으로 작동할 수 있는 보완시스템이 존재할 것이다. 따라서 시설의 취약성이 높다고 하더라도 예상되는 손실은 낮은데 이것은 공격으로부터 발생할 수 있는 피해가 최소화되기 때문이다. 세부평가요소는 Criticality(중요성), Accessibility(보호능력), Recuperability(복구성), Vulnerability(취약성), Effect(효과성), Recongnizability(인지성) 등이다. CARVER를 적용하여 특정한 목표물이 테러공격을 당했을 때 예상되는 손실을 측정해 볼 수 있는데(Clarke, 2006), 다음의 〈표 4-2〉는 CARVER의 테러발생 예측모델의 평가요소를 설명하고 있다.

표 4-2 CARVER 테러발생 예측모델

평가요소	주요 내용
중요성(Criticality)	• 성공적 공격여부가 시설의 작동에 타격을 미치는가? (예상되는 손실)
보호능력(Accessibility)	• 목표물에 대한 접근성과 특정장비나 무기의 필요여부? 건물이 잘 보호되고 있는가? (취약성)
복구성(Recuperability)	• 목표물의 대체 및 우회, 수리 시 소요시간
취약성(Vulnerability)	• 목표물은 공격을 저항토록 설계여부? 가연성 물질의 포함여부
효과성(Effect)	• 지역주민들 및 대중을 혼란 끼치는 영향? 타 중요목표에 파급효과
인지성(Recognizability)	• 목표물에 대한 유명 및 상징성 여부

출처: Clarke, R. V. and Newman, G. R., (2006). Outsmarting the terrorist, Westport, CT: Praeger Security International, p252. 재구성.

4. MURDEROUS

MURDEROUS는 테러 발생 위험성을 예측 평가하는 데 있어 테러공격수단인 공격형태를 평가하는 모델이다. 테러공격수단 역시 테러범의 합리적 계산에 영향을 미치는 중요한 기회조건이다. 특정 테러대상에 피해를 가할 수 있는 테러공격수단을 확정할 수 있으면 테러범은 테러공격을 바로 실행할 수 있으나, 테러공격수단의 접근 및 활용이 제한적이라면 가용 범위 내에서 테러대상목표를 선별해야 한다. 일반적으로 테러범은 테러공격수단의 선택에 있어 특정한 경향성을 보인다. 즉, 일반 테러범들은 모든 테러공격수단을 동일하게 이용하지는 않으며, 선별적으로 어떤 공격수단은 더 자주 이용되고 다른 공격수단은 반대로 거의 이용되지 않는다. 다음 〈표 4-3〉은 MURDEROUS 테러발생 예측모델의 평가요소를 설명하고 있다.

표 4-3 MURDEROUS 테러발생 예측모델

평가요소	주요내용
다목적성 (Multipurpose)	• 대부분의 무기들은 특정한 목적을 위해 디자인되어 있음. 폭발물의 경우에는 좀 더 넓은 사용범위를 보여주는데, 이러한 폭탄은 특정인물을 암살하는 데 사용할 수도 있으며, 폭탄트럭과 공격형태를 이용해서 건물을 붕괴 가능
비탐지성 (Undetectable)	• 항공기나 다른 테러 목표물에서 테러 공격에 대응하는 보안이 강화되면서 테러범들은 은밀히 숨길 수 있고 탐지되지 않는 무기를 사용
휴대성 (Removable)	• 테러에 이용되는 무기는 휴대성이 좋아야 하는데 소규모 인원이 충분히 휴대할 수 있을 정도로 작고 경량화되어야함
파괴성 (Destructive)	• 총은 개인을 살상하기에는 가장 적합한 공격형태. 테러범들은 가능한 한 많은 사람들을 가능하면 빠른 시간에 살상하고 싶어 하기 때문에 폭발물을 사용함. 테러공격의 실행 시 테러범들은 무기의 파괴성 또는 심각성을 고려할 것임.
즐거움 (Enjoyable)	• 테러범들은 자신들의 무기를 즐기며 그것을 사용하면서 많은 쾌감을 느낌
신뢰성 (Reliable)	• 일반적 테러 공격에서는 테러범들이 자신들에게 익숙하고 일반적인 무기를 사용
획득성 (Obtainable)	• 얼마나 무기를 쉽게 손에 넣을 수 있는가? 얼마나 쉽게 무기를 훔치거나 구입할 수 있으며, 무기를 집에서 제조할 수 있는가? 세상에는 경화기들이 넘쳐나고 있고 이러한 것들이 테러범의 무기로 가장 널리 이용
비복잡성 (Uncomplicated)	• 무기가 사용자가 사용하기 쉽고 편하도록 만들어져 있는지의 여부에 따라서 작전의 성공을 위한 훈련의 기간이 결정
안전성(Safe)	• 폭탄은 그 특성상 총보다 더 위험

출처: Clarke, R. V. and Newman, G. R (2006). Outsmarting the terrorists, Westport, CT: Praeger Security International, p. 119. 재구성.

5. NaCTSO

영국의 NaCTSO(National Counter Terrorism Security Office)에서는 테러발생 예측·평가 모델을 제시하였는데,[8] 테러범의 의도와 능력을 이해하는 것이 핵심적 요소이

8 NaCTSO(National Counter Terrorism Security Office), (2017). Crowded Places Guidance, London: Home Office. p. 12.

다. 다음 〈표 4-4〉는 NaCTSO 테러발생 예측모델의 평가요소를 설명하고 있다.

표 4-4 NaCTSO 테러발생 예측모델

평가요소	주요 내용
1. 최근 안보동향	• 최근 테러관련 동향에 대한 정보획득
2. 매력성	• 시설이나 행사 등이 잠재적 테러공격의 매력적인 대상 파악
3. 상징성	• 저명한(high profile) 시설·인물 또는 조직 파악
4. 파괴가능성	• 고위험 대상에 근접한 추가적 피해를 입을 가능성
5. 정보	• 지역 경찰과의 연계성 파악
6. 보호능력	• 방호능력의 포함여부
7. 소통	• 위협과 대응 수준에 대해 관계기관 소통여부
8. 경계력	• 행사에 영향을 미치는 경계근무자를 포함한 관계인원 및 물리적 경계자산(각종 장비)

출처: NaCTSO. (2017). Crowded places guidance. p. 12 재구성.

6. ASIO

호주의 ASIO(Australia Security Intelligence Organization)에서는 2016년 프랑스 니스차량테러 이후 호주의 주요 다중이용시설의 디자인 설계부터 테러공격 예방전략 등 테러발생 위험성 예측·평가 방안을 수립하였다(ASIO, 2017). 이른바 '테러공격으로부터 다중이용시설을 보호하기 위한 전략'(Australia's Strategy for Protecting Crowded Places from Terrorism)을 통해 다중이용시설에 최적화된 위협 평가요소를 제시하고 있다. 다음의 〈표 4-5〉는 ASIO의 테러발생 예측모델의 평가요소를 설명하고 있다.

표 4-5 ASIO 테러발생 예측모델

평가요소	주요 내용
1. 지역적 위치 (Location)	• 상징적 위치(역사적, 종교적, 문화적, 정치적 등) • 다수의 민간인들에게 매력적인 위치 • 예측할 수 있는 기준에 있는 위치 • 높은 인구 밀집지역 • 국가 내에서 사회적·경제적 중요도가 높은 지역 • 물리적·기술적 경계력 억제·통제를 통해 출입이 용이한 지역
2. 보호능력	• 별도의 노력없이 접근이 용이한가

출처: ASIO. (2017). Australia's Strategy for Protecting Crowded Places from Terrorism. p. 2 재구성.

7. 테러대상목표와 테러공격수단과의 관계

1) 테러대상목표(Target)와 대량살상테러와의 관계

선행연구에서는 테러대상목표가 대량살상테러 발생에 영향을 끼치는 중요한 특성으로 보고 세부요인으로 테러대상목표의 노출성, 도시화 수준, 공간적 복합성, 인물 중요도, 보호능력의 등을 제시하였다.

먼저 노출성은 많은 선행연구들에서 대량살상테러의 상관관계가 발견되었다(Libicki, 2007; Patel, 2012; Burcu, 2017). 특히 Burcu(2017)는 1998년부터 2015년까지의 자살테러사건에 대한 실증분석을 통해 노출된 외부보다 비노출된 내부의 테러대상목표에서 테러공격을 실행하는 것이 밀폐성, 피폭효과 등을 극대화 할 수 있어 사상자 수가 증가됨을 입증하였다. 또한 Patel(2012)의 자살폭탄 실증연구에서도 노출된 외부장소에서의 테러공격은 후폭풍을 고려할 때 비효율적이며, 비노출된 내부인 버스, 커피숍 내부 등 피해자들과 직접적으로 근접된 내부 장소가 살상효과를 극대화할 수 있음을 발견하였다. 또한 Libicki(2007)는 알카에다 조직원과의 인터뷰를 통해 테러범은 사상자 수를 극대화하기 위해 불특정 민간인이 밀집된 실내 나이트클럽과 같은 테러대상목표를 선택함을 확인했다.

둘째, 도시화 수준 또한 기존 선행연구들에서 대량살상테러와의 상관관계가 발견되었다(Benmelech, 2007; 윤민우, 2018; Laurence, 2017; Killot & Chamey, 2006; Mccartan, Mssslli & Rusnak, 2008). 먼저 Laurence(2017)의 동남아시아 테러공격양상 분석연구에서, 시골보다 도시화된 지역일수록 민간인 테러공격이 많이 발생하였음을 밝혀냈다. 러시아와 체첸 및 이스라엘의 폭탄테러양상 실증연구에서는, 도시의 규모가 테러공격의 피해자의 규모에 영향을 미치며, 특히 중소도시보다 대도시에서 테러공격이 많이 발생했음을 확인하였다(Killot & Chamey, 2006). 이러한 근본적 이유는 도시의 규모가 클수록 보호능력이 취약하고, 다수의 테러대상시설이 집중 분포하고 있기 때문으로 분석되었다. 국내 김태영·윤민우(2017)의 폭탄테러 연구에서도 도시화 수준이 발달된 대도시에서 폭탄테러 비율이 증가하였는데, 그 이유로 경제규모가 선진국일수록 일반인의 생활공간 위주의 시설에서 테러가 주로 발생한 것으로 분석하였다. 한편, 윤민우(2018)는 유럽지역에서 기존에 주요한 테러대상목표 이외의 국가 수도나, 상징성이 높은 경제중심지가 아닌 중·소도시 등이 테러대상 목표로 확대되어 테러위협의 확산된다는 상반된 연구결과를 제시하기도 했다.

셋째, 최근 들어 강조되고 있는 공간적 복합성을 의미하는 동시다발적인 테러공격과 대량살상테러와의 상관관계가 발견되고 있다. 동시다발적인 테러공격은 학문적으로 명확히 정의된 개념은 없지만 단일한 테러공격에 비해 상대적으로 대규모의 테러공격으로서, 동시다발적인 테러와 유사한 개념이다(김은영, 2016). Deloughery(2013)의 연구에서는 조직화된 테러공격의 효과성을 분석하였는데 이러한 테러공격 양상이 단일유형의 테러사건에 비해 대량살상자가 발생하였다. 이러한 결과는 특히 박기쁨·이창한·유효은(2017)의 북미·유럽지역 테러양상 연구를 통해서도 검증되었는데 총량적인 테러 발생건수는 줄어들고 있으나, 단일 테러사건의 사상자의 수가 지속 증가하는 등 테러가 대규모화됨을 확인했다. 특히 특정 시설 및 공공기관이나 주요인물을 대상으로 한 테러보다 복합적인 테러 성향을 띤 사건들이 최근 급격히 증가하고 있다.

넷째, 테러대상 인물의 중요도 또한 대량살상테러에 영향을 미친다는 기존의 연구결과가 검증되었다(Libicki, 2007; Santifort et al., 2012; Miller, 2016; Block, 2016). 각종 국가적 공식적인 행사 시나 특정 중요인사(VIP)들을 대상으로 한 테러공격에서는 사전에 보호능력 차원의 경계시스템을 제거해야 함을 강조했다. 또한 Burcu(2017)

의 연구에서는 자살테러가 저명한 국가원수나 고위관료, 유명인사를 대상으로 한 테러공격보다 불특정 일반인을 대상으로 한 쇼핑몰, 커피숍 등 누구나 이용하는 민간시설에서 발생했을 때 대량살상자가 증대됨을 실증적으로 분석하였다.

다섯째, 보호능력 또한 많은 선행연구들에서 대량살상테러와의 상관관계가 검증되었다(Clarke & Newman, 2006; Gill, 2018; Freilich, 2009; Taylor, 2017; Burcu, 2017). 먼저 보호능력의 개념을 테러대상목표에 대한 물리적 경계 및 보안시스템으로 정립하였고, 테러범의 접근성이 쉬우면, 보호능력이 낮은 것으로 구분하였다(Newman, 2006; 박성훈, 2011; Santifor et al., 2012; 김은영, 2016; Miller, 2016; 윤민우, 2017; NaCTSO 2017).

윤민우(2017), 전용재·이창배·이승현(2017)은 국내 다중이용시설에 대한 테러양상연구를 통해서 보호능력이 높은 문화 및 각종 집회시설, 도·소매시장, 상점 등을 포함하는 판매시설, 터미널, 철도시설, 공항시설을 포함하는 다중이용시설에 대한 테러공격의 위험성이 매우 높음을 강조하였다.[9] 또한 모든 테러대상목표에 동일한 수준의 안전관리 역량을 투입하는 것은 현실적으로 제한되기에 비용편익을 고려, 위협요인이 높은 목표물에 인원·물자·장비 등 역량을 선택적으로 집중해야 함을 주장했다. 특히 테러대상목표가 복합적으로 변하면서, 일회성 특정시설·인물을 대상으로 하는 단일테러보다는 동시다발적으로 복합적 테러대상목표를 공격하는 사례들이 급격하게 증가하고 있는 것으로 분석했다(이창한·박기쁨·유효은, 2017). 또한, 주로 높은 보호능력이 수준이 요구되는 정부시설과는 달리 민간시설이 상대적으로 낮은 보호능력을 갖추고 있는 등 기회요인의 통제가 용이하다는 면에서 더욱 매력적인 테러대상시설이 될 수 있음을 주장하였다.

또한 김은영(2016)은 경찰이나 보안요원, CCTV 등의 경계력, 테러실행의 가능성 등과 같은 보호능력 여부가 테러 실행여부와 사상자 피해정도에 중요한 영향을 미친다는 연구결과를 확인하였다. 특히 2015년 이후 프랑스 파리와 유럽 등지의 복합테러 분석결과, 소프트 타깃 테러의 주요대상들은 노출성이 높은 오락시설물과 문화시

9 특히 시장, 백화점 등 판매시설이 테러공격의 대상이 될 위험성이 매우 높다고 강조하였다. 이는 국내테러대상 시설의 예상 시나리오가 파리 테러와 같은 복수의 테러 공격 팀을 편성하여 동시 다발적으로 감행하는 복합형 기획테러임을 고려할 때, 더욱 높은 실현가능성을 보이고 있음을 강조했다.

설물, 학교, 대중교통수단 및 시설, 학교, 카페, 식당, 술집 등이며, 이에 비해 극장이나 스포츠시설 테러는 상대적으로 테러공격이 적게 발생했음을 밝혀냈다.

한편 Gill(2018)과 Taylor(2017) 등의 테러범의 테러대상목표 선택요인에 관한 질적연구에서는, 테러범과의 인터뷰를 통해 "테러범은 CCTV 및 과학화 경계시설물, 감시장비 등이 구축된 테러대상목표는 테러 공격계획단계에서부터 회피하는 경향이 있다"라는 사실을 확인하였다. Meghan(2011)은 CCTV를 통한 감시활동이 범죄 및 테러행위를 억제하고 용의자를 체포하는 데 많은 효과를 거두고 있음을 밝혔다. 특히 수동적인 녹화방식이 아닌 실시간 모니터링 개념의 능동형 CCTV가 범죄억제에 보다 효과적임을 강조하였다.

다음의 〈표 4-6〉은 선행연구에 근간을 둔 대량살상테러 발생의 영향요인인 테러대상목표에 대한 선행연구들을 정리한 표이다.

표 4-6 테러대상목표 선행연구 정리

구분		연구내용	연구결과
노출성	Libicki(2007)	알카에다 테러범과의 심층 인터뷰	불특정 민간인이 밀집된 실내 나이트클럽 등 소프트 타깃에서 사상자 규모 증가
	Freilich & William (2015)	1990년~2007년간 미국내 극단적 범죄·테러사건(Extremist Crime Database, ECDB) 실증분석	테러대상 목표의 상황적 특성 및 유형에 따라 내·외부 테러공격여부 결정
	Burcu(2017)	1998년부터 2015년까지의 자살테러사건 443건에 대한 경험적 분석	노출이 최소화된 실내 테러대상목표에서 테러공격을 실행하는 것이 사상자 규모 증가
도시화 수준	Killot & Chamey (2006)	러시아와 체첸 및 이스라엘의 폭탄테러양상 실증연구	도시의 규모가 테러공격의 피해자의 규모에 영향을 미치며, 특히 대도시에서 테러공격이 많이 발생
	Benmelech (2007)	테러범의 규모와 사상자수의 상관관계 분석	도시의 인구규모와 테러공격사망자수와 인과관계 검증
	LISA M. (2008)	러시아·체첸의 테러공격양상 실증분석	대도시일수록 민간대상 테러공격과 사상자가 많이 발생
	Laurence (2017)	동남아시아 도시화에 따른 테러공격양상 실증분석	
공간적 복합성	Deloughery (2013)	조직화된 테러공격의 효과성 분석	동시다발적 테러(조직화된 테러공격)는 단일테러사건보다 사상자 규모 증가

	김은영 (2016)	대량살상테러양상 분석	다수 목표물 대상 조직화된 테러사건이 테러성공가능성과 사상자 규모 증가
	이창한 (2017)	최근 2012년에서 2017년까지의 북미 유럽지역 테러 분석	단일 테러로 인하여 발생하는 사상자 규모 증가 및 대규모화 양상
인물 중요도	Libicki (2007)	알카에다 테러범과의 심층 인터뷰	국가적 공식적인 행사 시, 특정 VIP들에 대한 테러공격에는 높은 수준의 방호력으로 인해 제한발생
	Burcu (2017)	전 세계 1998-2015년 자살테러 실증분석	자살테러가 저명한 국가원수나 고위관료, 유명인사를 대상으로 한 테러공격보다 불특정 일반인을 대상으로 한 민간시설에서 실행되었을 때 사상자 규모 증가
보호 능력	김순석(2011)	각국의 테러예방을 위한 환경설계 가이드라인 구축	미국 연방재난국(FEMA)의 사례처럼 다중이용시설 테러예방 설계가이드라인 구축 중요성 강조
	Santifort et al. (2012), Erin(2016)	1970년부터 2010년/2000년부터 2014년까지 미국의 다중이용시설과 정부시설 테러양상 실증분석	최근에 이르러 다중이용시설에서 테러공격과 사상자 규모가 2배 이상 증대
	Block(2016)	공항과 항공기에 대한 테러공격양상의 실증연구	테러대상목표 유형별로 상황적 특성이 다르므로, 맞춤식으로 기회조건을 예방하고 감소필요
	김은영(2016)	2015년 이후 프랑스 파리와 유럽 등지의 테러사건을 중심으로 GTD 자료를 기반으로 실증 분석	소프트 타깃 테러의 주요대상들은 노출성이 높은 오락시설물과 문화시설물 등에서 사상자 증가
	윤민우(2016)	소프트 타깃 시설에 대한 안전관리 강화방안에 대한 실증적 연구	
	Newman(2006), NaCTSO(2017)	테러대상목표와 테러범의 지리적 보호능력의 실증연구	테러대상목표 상에 별도의 물리적 경계 및 보안시설 등의 경계력이 취약할수록 선호하며, 테러성공 가능성 높음
	김은영(2016)	최근 유럽테러양상 실증연구	소프트 타깃시설 등 보안조치 수준에 따라서 테러공격 가능성 및 심각성의 차이를 가져오게 하는 요인들이라고 분석
	Molly(2016), Taylor(2017)	테러범의 테러대상목표 선택요인 실증연구	낮은 경계력과 분산화된 테러단체일수록 민간시설 목표를 공격할 가능성이 높음
	Gill(2018)	테러대상목표의 방호수준에 관련된 테러범과의 인터뷰	테러범은 CCTV 및 과학화 경계시설물, 감시장비 등이 구축된 테러대상목표는 테러 계획단계에서부터 회피하는 경향

또한 아래의 〈표 4-7〉은 선행연구에 근간을 둔 테러대상목표 차원의 테러발생 예측모델들을 정리한 표이다. Clarke & Newman(2006)의 EVILDONE, CRAVER, 호주의 ASIO(Australia Security Intelligence Organization, 2017), 미국의 국토안보부(DHS)의 테러공격 발생 예측·평가모델 등에서 지리적 위치성, 보호능력, 파괴성 등의 평가요소가 공통적으로 테러공격의 사상자 규모에 영향을 미치는 요인으로 도출되었다.

표 4-7 테러대상목표 예측모델 정리

<table>
<tr><th>구분</th><th>EVIL DONE</th><th>CRA VER</th><th>MURDE ROUS</th><th colspan="2">NaCTSO</th><th>ASIO</th></tr>
<tr><td rowspan="2">범죄학 이론</td><td colspan="3">상황적 범죄예방이론</td><td colspan="3">일상활동이론</td></tr>
<tr><td colspan="6">합리적 선택이론</td></tr>
<tr><td rowspan="2">테러 대상 목표</td><td rowspan="2">1. 지리적 노출성
2. 상징성
3. 밀집성
4. 근접성
5. 접근 용이성</td><td rowspan="2">1. 상징성 (매력성)
2. 보호능력
3. 방호력 (취약성)
4. 인지성</td><td>1. 지리적 획득성</td><td>1. 지리적 위치</td><td>2. 상징성 (매력성)</td><td>1. 지역적 위치</td></tr>
<tr><td>2. 비탐지성
3. 안전성</td><td>3. 접근 용이성
4. 방호성</td><td>5. 보호능력</td><td>2. 보호능력</td></tr>
</table>

2) 테러공격수단과 대량살상테러와의 관계

테러공격수단은 대량살상테러 발생에 영향을 끼치는 중요한 특성으로서 공격형태, 테러범 규모, 국제테러, 자살테러 등이 테러사상자 규모에 끼치는 것으로 나타났다.

먼저 공격형태와 대량살상테러와의 상관관계는 많은 연구결과에서 검증되었다(Libicki, 2007; Molly, 2016; 박기쁨·유효은·이창한, 2107; Gill, 2018). Libicki(2007), Rosoff(2009)의 연구 등에서는 알카에다 조직의 테러범과의 인터뷰를 통해 "테러공격수단이 유형은 테러대상목표의 종류 및 피해예측규모를 고려하여 선택되며, 테러단체들은 계획, 준비, 실행단계에 있어서 공격실행가능성과 테러대상목표의 매력성 등을 고려해서 테러공격수단을 결정한다"고 확인하였다. 또한 Gill(2018)의 연구에서, 테러범과의 인터뷰를 통해 "테러범의 공격의사결정 간에 비용효과분석 차원에서 테러공격수단을 선택하는 것이 가장 효과적이다"라고 확인하였다.

특히 폭탄테러는 테러공격에서 가장 많이 발생된 테러유형으로 검증되었다(윤민우, 2013; 박기쁨·유효은·이창한, 2107; START, 2018). GTD 통계를 보면 폭탄테러, 방화, 무장공격, 차량공격 등의 테러공격수단이 지난 40여 년간 전 세계적으로 가장 빈번하게 발생하였다. 특히 2000~2014년까지 테러이용수단에 대한 분석을 보면, 테러유형의 60%가 폭발물이 사용되었고, 약 30%에서 총기류가 사용되었다(윤민우, 2016; Brent, 2016).

한편 인남식(2017)은 2016년 이후 테러양상이 중화기 및 고도의 기술을 요구되는 정밀 폭발장치가 아닌, 주변에서 손쉽게 이용 가능한 무기들인 급조폭발물(IED, Improvised Explosive Device), 소총 등의 경화기 및 흉기를 사용한 다중밀집지역 대상의 테러에 대한 심각성이 확산됨을 강조했다.

한편, 박기쁨·이창한·유효은(2017)의 연구에서는 차량공격이 2016년 프랑스 니스테러 이후, 최근 지속적으로 증가하고 있는 테러공격 양상임을 분석했는데, 그 주된 이유가 차량 등 기동수단이 공격형태로 확대됨으로써 기존의 제한된 지역에서만 발생되던 테러공격에서 벗어나 확대된 피해지역에서 대규모의 사상자를 발생시키기 때문이라고 주장하였다. 이는 윤민우(2018)의 연구에서도, 차량돌진테러가 중요한 공격형태로 활용되어 유럽과 미국 등지에서 급격히 증가하고 있으며 새로운 테러위협으로 부상하고 있음을 밝혀냈다.[10]

둘째로, 테러범 규모와 테러사상자 규모와의 상관관계는 Burcu(2017), 김은영(2016) 등의 연구를 통해 검증되었다. Burcu(2017)의 연구에서는 단일 테러범과 복수의 테러범에 의한 테러사상자 발생규모가 1.5배 이상 차이가 나는 것으로 분석하였다. 또한 ISIS, 알카에다 등 테러단체들이 중동지역에서 실전경험을 쌓은 후, 유럽으로 이동하여 동시다발적 또는 조직화된 테러공격 시도를 통해 대량살상테러를 발생시키는 것으로 밝혀냈다(김은영, 2016).

---

10 대표적인 차량돌진 테러로는 '16.7 프랑스 니스테러(86명 사망, 434명 부상), '17.3 영국 런던테러(5명 사망, 50여명 부상), '17.8 스페인 바르셀로나테러(13명 사망, 100여 명 부상)가 발생 한바 있다.

셋째로, 국제테러단체와 대량살상테러와의 상관관계를 검증하였다(Deloughery, 2013; START, 2018). 특히, 국내 자생테러단체와 국제 테러단체의 테러양상을 비교분석하면서, 국제 테러단체는 국내 테러단체와 다르게 장기간에 걸쳐 고도로 훈련되고 치밀하게 준비된 역량이 구비되므로 테러실행의 살상력이 극대화됨을 확인하였다(윤민우, 2018). 한편 Martin(2011), 윤봉한·이상진(2015)의 연구에서는 국제테러단체가 사이버 공간에서 미디어와 국제언론의 관심을 끌기 위해 급진화된 네트워크화로 다양한 테러전략을 전수받아 대량살상테러를 자행하는 뚜렷한 경향을 보이고 있음을 밝혀냈다.

넷째로, 자살테러 공격과 대량살상테러와의 상관관계를 검증하였다. 테러대상목표를 공격하기 위해 자살을 결심한다는 것은 특별한 동기와 의지가 요구되는 것으로 볼 수 있는데 상당한 연구를 통해 자살테러가 일반테러보다 8배 이상의 인명피해를 줄 수 있는 매우 공격적이고 치명적인 테러수단임을 발견하였다(강욱·전용태, 2012; Pape, 2003; Burcu, 2017; 조제성, 2018). 따라서 조직화된 테러단체가 자살테러를 효과적인 테러 수단으로 채택하는 동향을 보이고 있음을 공통적으로 제안하였다(홍승표, 이창한, 심명섭, 2017). 게다가 자살테러는 테러 지도부의 전략적, 전술적 결정에 의해 뚜렷한 시간적, 공간적 집중성을 보인다(윤민우, 2013). 일반 테러보다 충동성이 배제되고 장기간의 준비기간에 걸쳐 계획되며, 사전 철저한 준비과정을 통해 훈련시키는 등 높은 수준의 테러준비과정이 요구되고 있음을 밝혔다(김대권, 2011).

Burcu(2017)는 전 세계에서 1998년부터 2015년까지 발생된 자살폭탄테러 실증연구를 통해, 테러대상시설의 노출이 최소화되고 테러대상시설에 쉽게 접근가능하며, 단수보다 복수의 테러범에 의한 자살테러공격일수록 살상력이 극대화됨을 확인하였다. 특히 자살테러는 특정 대상에 피해를 주는 것에 그치는 것이 아니라 테러에 대한 대중의 집합적 불안감(collective public anxiety)을 조성하여 이에 근거한 두려움과 공포를 통해 정치적 목적을 달성하려는 효과적인 전략임을 밝혀냈다(윤민우, 2014).

〈표 4-8〉은 선행연구에 근간을 둔 대량살상테러 발생의 영향요인인 테러공격수단에 대한 선행연구들을 정리한 표이다.

표 4-8 테러공격수단 선행연구 정리

구분		연구내용	연구결과
공격형태	Libicki (2007)	알카에다 조직의 테러범과의 테러공격수단 선택요인 인터뷰	공격형태는 테러대상목표의 종류 및 피해예측규모를 고려하여 선택되며, 대형 빌딩을 폭파하기 위한 차량폭탄 긴요함
	Rosoff (2009)	알카에다 조직리더와의 테러공격 계획·준비·실행에 영향요인 인터뷰	테러단체들은 계획, 준비, 실행단계에 있어서 공격실행가능성과 테러대상목표의 매력성 등을 고려해서 테러공격형태 결정
	Molly (2016)	상황적범죄예방이론을 적용한 항공기테러 영향요인 연구	공격형태(the type of attack)는 인지된 보호능력의 지표로 실행되며, 특정 테러대상목표에 대한 기회요인의 감소는 가장 예측되는 공격형태의 통제를 통해 예방
	Paul Gill (2018)	테러공격수단 관련 테러범과의 인터뷰	테러범의 공격의사결정시 비용효과 분석차원에서 공격형태 결정
	인남식 (2017)	2016년 이후의 유럽의 테러양상분석	주변에서 손쉽게 이용 가능한 무기들인 급조폭발물, 특히 트럭 등을 이용한 무차별 차량폭탄테러가 빈발
	박기쁨·이창한·유효은(2017), 김은영(2016)	최근 북미·유럽지역 테러 동향연구	테러공격형태의 유형 복합적으로 사용시, 대규모의 인명 살상 야기
	Cyber and Infrastructure Analysis (2017)	ISIS의 대변인인 Muhammad al-Adnani 발언	서방 이교도들을 공격위해 가용한 모든 수단을 사용하라고 촉구
	Europol (2017)	유럽의 테러양상 연구	총기, 차량, 무성무기 등 복합적 공격수단이 대량살상테러에 영향을 미치는 것으로 분석
테러범 규모	Rumiyah (2016)	ISIS의 대변인인 Muhammad al-Adnani 발언/루미야(Rumiyah, 온라인 매거진) 2016년 3호	직접적인 인명살상 강조했는데, "적진에 위치했을 경우에는, 무자히딘 전사는 … 적들에게 … 살육을 통해 교훈을 주기 위해 적들을 엄히 처벌하고 폭력적으로 살육하라…, 무지히딘 전사의 공격은 다수의 살인을 수확(harvest)하는 것이다."

	Burcu (2017)	전 세계 1998-2015년 자살테러의 치명성 실증분석	테러범이 대규모 일수록 테러공격 사상자수는 증가함
국제 테러	Deloughery (2013)	자생테러단체와 국제테러단체의 테러 양상 비교분석	국제테러단체는 국내 테러단체와 다르게 장기간에 걸쳐 고도로 훈련되고 치밀하게 준비된 역량을 구비되어 대량 살상테러 실시
	START (2018)	OECD국가들의 국제테러 조직과 자생테러단체 양상분석	OECD국가들의 테러사망자의 3/4 수치가 ISIS조직의 영향에 기인
자살 테러	강욱, 전용태 (2012)	자살테러와 테러사상자수 연구	자살테러는 테러피해 중에서도 8배 이상의 인명피해 야기
	Burcu (2017)	미국 1998-2015 자살폭탄테러 실증분석 연구	노출이 최소화되고 쉽게 접근가능, 복수의 테러범에 의한 자살테러공격일수록 살상력 극대화
	Momayezi & Momayez (2017)	자살테러의 이데올로기적 원인론 연구	종교 및 이념적 원인이 아닌 경제적·심리적 절망에 대한 요소들이 복합작용
	홍승표·이창한·심명섭(2017)	자살테러 의사결정시 영향요인 실증연구	성공적 테러공격을 위해 테러단체가 자살테러를 효과적인 수단으로 채택

한편 다음 〈표 4-9〉는 선행연구에 근간을 두고 정립되어 있는 주요 국가들의 테러공격수단 차원의 테러발생 예측모델들을 정리한 표이다. 선행연구인 Clarke & Newman(2006)의 EVILDONE, CRAVER, 호주의 ASIO(Australia Security

표 4-9 테러공격수단 예측모델 정리

구분	EVIL DONE	CRA VER	MURDER OUS	NACTSO		ASIO
범죄학 이론	상황적 범죄예방이론			일상활동이론		
	합리적 선택이론					
테러 공격 수단	1. 중요성 2. 파괴성	1. 복구성 2. 중요성 (공격피해정도) 3. 공격의 효과성	1. 다목적성 2. 파괴성	-	1. 파괴 가능성	-

Intelligence Organization, 2017), 미국의 국토안보부(DHS)의 테러공격 발생 예측모델 등에서 지리적 위치성, 보호능력, 파괴성 등의 평가요소가 공통적으로 테러공격의 사상자 규모에 영향을 미치는 요인으로 도출되었다.

참고문헌

[국내문헌]

1. 단행본

국방부. (2019). 『유능한 안보 튼튼한 국방 '국방개혁 2.0'』. 서울: 국방개혁실.

권순구. (2018). 『한국 대테러학』. 파주: 법문사.

그로스만 데이브. (2011). 『살인의 심리학』(이동훈 옮김). 서울: 플래닛.

김응수. (2008). 테러리즘의 초국가성 확산과 대응전략에 관한 연구. 『경남대학교대학원 박사학위논문』.

박현호. (2017). 『범죄예방환경설계 CPTED와 범죄과학』. 서울: 박영사.

새뮤얼 헌팅턴. (2016). 『문명의 충돌』(이희재 역). 서울: 김영사.

세종연구소. (2021). 『탈레반 재집권으로 인한 아프간 테러위협평가와 전망』. 세종연구소 정세와 정책, 10월호.

신제철·이창한·이창무·이창배·이병도. (2017). 『대규모 도심복합테러 대응 연구, 동국대학교 산학협력단』. 서울: 국무총리실 대테러센터 정책연구용역.

윤민우. (2016). 『폭력적 극단주의 대응을 위한 다중이용시설 및 테러이용수단 안전관리 강화방안 연구』. 가천대학교 산학협력단. 서울: 국무총리실 대테러센터 정책연구용역.

______. (2017a). 『차량테러 예방 및 대응을 위한 가이드라인』 가천대학교 산학협력단. 서울: 국무총리실 대테러센터 정책연구용역.

______. (2017b). 『폭력의 시대 국가안보의 실존적 변화와 테러리즘』. 서울: 박영사.

윤우석. (2013). 『형사사법 연구방법론』. 서울: 도서출판 그린.

이만종·김강녕·김경순·임유석·박보라. (2018). 외국의 국제행사 테러대비 사례조사 및 정책제언. 호원대학교 산학협력단. 서울: 국무총리실 대테러센터 정책연구용역.

이상우. (2005). 『국제정치학 강의』. 서울: 박영사

이순래. (2012). 『Vold의 이론범죄학』. 서울: 도서출판 그린.

이윤호. (2007). 『피해자학』. 서울: 집문당.

______. (2015). 『범죄학 제2판』. 서울: 박영사.
이창용. (2007). 『뉴테러리즘과 국가위기 관리』. 서울: 대영문화사, 144－165.
이창한·이완희·황성현·이강훈·김상원. (2014). 『STATA를 활용한 사회과학 자료분석』. 고양: 피앤씨미디어.
인남식. (2017). 『ISIS 3년, 현황과 전망: 테러확산의 불안한 전조』. 서울: 국립외교원 외교안보연구소.
최경환. (2010). 『국내 다중이용시설 대테러 대응방안』. 서울: 치안정책연구소.
테러정보통합센터. (2017). 『2016년 테러정세 2017년 전망』. 국가정보원.
한용섭. (2012). 『국방정책론』. 서울: 박영사.
한종욱. (2019). 『범죄이론과 테러리즘』. 서울: 박영사.
합동참모대학. (2007). 『이라크, 아프가니스탄 대테러전』. 대전: 합동참모대학교.
Larry J. Siegel. (2020). 『범죄학: 이론과 유형』. 서울: 교우.
Martin, G. (2011). 『테러리즘 개념과 쟁점』. 서울: 명인문화사.

2. 논문

강욱·전용태. (2012). 자살폭탄 테러자의 동기와 효율적 대처방안. 『한국경호경비학회지』, 33, 7－25.
구춘권. (2005). 메가테러리즘의 등장배경과 원인: 지구화의 충격과 이슬람 근본주의의 부상. 『국제지역연구』, 14.
김대권. (2011). 자살테러리즘에 관한 연구. 『한국범죄심리연구』, 7(2), 3－25.
김대성·이지은. (2018). 터키테러리즘과 쿠르드 문제. 『중동연구』, 37(1), 1－30.
김두현. (2004). 국제테러의 양상과 테러발생시 위기관리체제. 『제13회 한국경호경비학회 학술발표 논문집』, 한국경호경비학회.
김순석. (2011). 테러예방을 위한 환경설계 가이드라인. 『한국경찰연구』, 10(4), 139－166.
김은영. (2013). 테러집단의 범죄집단과의 결합현상에 영향을 미치는 요인들에 대한 탐색적 분석연구. 『한국경호경비학회지』, 37, 63－86.
______. (2016). 대량살상형 테러양태와 변화분석 연구. 『국가정보연구』, 9(1), 240－274.
______. (2018). 차량돌진테러 분석연구: 유럽 및 서국사회에서 발생한 사건을 중심으로. 『한국치안행정논집』, 15(1), 102－124.
김인걸. (2012). The Study on the Transnational Terrorism's Cause With Global Peace Index. 『한국테러학회보』, 5, 44－63.
김준호·박현수·박성훈. (2010). 한국의 범죄피해에 영향을 미치는 요인에 관한 연구. 『형사정책연구』, 21(3), 136－172.

김중관. (2017). 터키·유럽의 테러 사례 분석: 이슬람 지하드 중심의 접근. 『한국경찰학회보』, 64, 3-33.
김태성·김재철. (2016). 테러리즘 확산에 따른 한국의 대비방향: 군의 역할 강화방안을 중심으로. 『한국동북아논총』, 81, 183-201.
김태영·윤민우. (2017). OECD 국가들의 폭탄테러사건의 상황적 특성에 관한 연구. 『한국테러학회보』, 10(2), 5-25.
김태영. (2019). OECD 국가들의 대량살상테러 영향요인 연구, 동국대학교 경찰사법대학원 박사학위 논문.
박성훈. (2011). 범죄기회요인과 지역특성이 가구범죄피해에 미치는 영향. 『형사정책연구』, 22(3), 328-357.
서다빈·엄정식. (2017). 프랑스내 자생적 테러리즘 원인분석을 통한 정책적 제안. 『국방정책연구』, 34(1), 171-200.
심희섭·노성훈. (2015). 경찰관의 조직몰입에 대한 일반긴장이론 검증: 업무적 요인들의 매개 및 조절효과. 『형사정책연구』, 26(2), 215-240.
양철호. (2017). 테러동향 변화에 따른 군·경 테러대응체계 개선방향. 『치안정책연구』, 31(3), 61-90.
오봉욱·양승돈. (2013). Lone-Wolf 테러리즘에 관한 고찰. 『한국테러학회보』, 6(4), 92-111.
오세연·윤경희. (2016). 자국내 IS테러단체에 의한 소프트타깃 테러발생 가능성에 대한 연구. 『한국경호경비학회지』, 47, 88-117
__________. (2018). 자국내 테러발생 요인 및 테러사건 특성분석을 통한 테러발생 위험가능성에 관한 연구. 『한국융합과학회지』, 7(3), 112-120.
윤경희·양문승. (2014). 국내 다중이용시설의 테러위험요소 및 문제점에 대한 분석. 『한국경찰연구』, 13(2), 211-230.
윤민우. (2012). 계량분석을 통한 폭탄테러사건의 패턴분석. 『한국경호경비학회지』, 36, 317-347.
_____. (2013). 폭탄테러의 일반적 경향성과 특성에 관하여. 『대테러 연구』, 35, 423-456.
_____. (2014). 해외 테러빈발 지역에서의 폭탄테러 위협에 대한 신변안전 강화방안. 『한국경찰학회보』, 16(6), 60-75.
_____. (2017a). 해외 테러리즘 최근동향과 국내 테러발생 위험성 예측·평가 방안에 대한 연구. 『한국경찰연구』, 16(1), 123-158.
_____. (2017b). 테러방지법에 따른 테러대상시설 안전관리활동에 대한 이해와 안전관리 강화방안. 『가천법학』, 10(2), 137-164.
_____. (2018). 유럽 각국들에서의 최근 테러리즘 동향과 특성, 그리고 대테러 정책의

변화. 『한국치안행정논집』, 14(4), 191－212.
윤봉한·이상진·임종인. (2015). 소셜미디어를 이용한 '외로운 늑대'의 급진화에 관한 연구. 『치안정책연구』, 15(2), 37－68.
이경훈·김창훈. (2009). 다중이용시설의 테러예방을 위한 건축물 보안통제 디자인의 실태와 지방자치단체의 역할. 『한국위기관리논집』, 5(1), 35－60.
이남은·최재필. (2015). 거주민의 일상보행패턴 분석을 통한 CPTED 기법 적용에 관한 연구. 『대한건축학회지』, 35(2), 9－10.
이도선. (2015). CPTED를 활용한 대테러 적용요소와 기법에 관한 기초연구. 『한국 테러학회보』, 8(4), 117－136.
이대성·김상원. (2014). 대(對)테러리즘 분야 연구경향 분석. 『한국테러학회보』, 7(2), 72－88.
이만종. (2014). 초고층빌딩과 다중이용시설에 대한 테러가능성 및 대비방안. 『한국콘텐츠학회지』, 12(4), 22－25.
이상열. (2015). 뉴테러의 예방을 위한 경찰의 대응방안에 관한 연구. 『한국경찰학회보』, 51, 95－126.
이상희·이주락. (2017). 물리보안의 정의에 관한 연구: 위험평가이론을 중심으로. 『한국산업보안연구』, 7(2), 33－52.
이승근. (2016). 유럽 테러사태와 한반도 안보질서. 『한국유럽학회』, 34(4), 363－392.
이윤호·성빈. (2013). 초고층건축물의 테러 위험도 사전평가에 관한 연구,『한국경호경비학회지』, 36, 293－316.
이창한. (2008). 성범죄의 심각성에 대한 경찰관과 일반대중의 인식차이에 관한 연구. 『한국경찰학회보』, 10(2), 197－221.
이창한·박기쁨·유효은. (2017). 최근 북미 및 유럽지역의 테러리즘 동향연구: 2012－2017. 『한국경호경비학회지』, 53, 107－133.
이창한·홍승표·심명섭. (2017). 자살테러 행위에 영향을 미치는 사회적 환경에 관한 연구. 『한국공안행정학회보』, 66, 257－273.
전용재·이창배·이승현. (2017). 최근 국외 뉴테러리즘의 사례분석과 국내발생가능 유형에 대한 연구. 『한국경호경비학회지』, 53, 11－33.
정병수. (2012). 여자청소년의 일탈적 생활양식과 성범죄피해의 관계, 『한국행정학회 하계학술발표논문집』, 12, 1－31.
정육상. (2014). 최근 테러양상 변화와 대응체계 개선방안 『한국치안행정논집』, 11(1), 137－160.
정진성. (2014). 서울시의 구조적 특성과 살인범죄에 관한 공간 회귀분석. 『서울도시연구』, 15(1), 101－118.
조윤오. (2013). 자살폭탄 테러범의 특성 및 동기에 대한 심리학적 고찰. 『한국경찰학회보』, 15(3), 136-159.
조성택. (2010). 1990년대 이후의 중동 테러리즘에 대한 분석과 대응. 『한국치안행정논집』, 7(3), 89.
조제성. (2018). 자살테러 의사결정과 영향요인에 관한 연구. 『한국치안행정논집』, 15(1), 235-256.
최응렬 · 정우일. (2007). 범죄다발지역 집중경찰활동에 관한 연구. 『형사정책연구』, 69, 351-392.
최진태. (2006). 자살테러에 대한 대책 연구. 『한국재난정보학회논문집』, 2(1), 139-155.
홍승표. (2020). 자살테러 발생 영향요인에 관한 연구-일반긴장요인과 상대적 박탈감 요인을 중심으로. 『한국경찰학회보』, 84, 295-322.

[외국문헌]

1. 단행본

Austin L. W. (2013). *Terrorism, Ideology and Target Selection.* Department of Politics Princeton University, 1(1), 1-30.
Bloom, M. (2005). *Dying to Kill: The Allure of Suicide Terror.* New York: Columbia University Press.
Block, M. M. (2016). *Applying situational crime prevention to terrorism against air-ports and aircrafts, Electronic These and Dissertations.* University of Louisville: 1-124.
Clarke, R. V., & Newman, G. R. (2006). *Outsmarting the terrorists.* Westport, CT: Praeger Security International.
Clarke, R. V., & Eck, J. E. (2005). *Crime Analysis for problem solvers in 60 small steps.* Center for problem oriented Policing: Washington DC: US Department of Justice, Office of Community Oriented Policing Services.
Freilich, J. D., & Newman, G. R. (2009). *Reducing terrorism through situational crime prevention, Monsey.* NY: Criminal Justice Press.

2. 논문

Agnew, R. (1992). Foundation for a general strain theory of crime and delinquency. *Criminology,* 30(1), 47-88.
Agnew, R., & White, H. R. (1992). An empirical test of general strain theory. *Criminology,* 30(4), 475-500.

Agnew, Robert. (2010). A general strain theory of terrorism, *Theoretical Criminology*. 14(2), 131−153

American psychologist, 38(11), 1145.

ASIO. (2017). Crowded Places Self−Assesment Tool, Australia Security Intelligence Organization, Australia: Australia's Strategy for Protecting Crowded Places from Terrorism.

Averill, J. R. (1983). Studies on anger and aggression: Implications for theories of emotion.

Benmelech, E., & Berrebi, C. (2007). Human Capital and the Productivity of Suicide Bombers. *Journal of Economic Perspectives*, 21(3), 223−238.

Blau, J. R., & Blau, P. M. (1982). The cost of inequality: Metropolitan structure and violent crime. *American sociological review*, 114−129.

Boba, R., & Joshua, D. F. & Graeme. R. N. (2009). EVILDONE (f*rom Reducing terrorism through situational crime prevention*), Monsey. New York: Criminal Justice Press.

Burcu A. (2017). When Suicide Kills: An Empirical Analysis of the Lethality of Suicide Terrorism, *International Journal of Conflict and Violence*, 11, 1−15.

Camille, L. (2017). Guardians and Targets: A Routine Activity Approach to Terrorism in Southeast Asia. *Open Journal of Social Sciences*, 5, 140−163.

Clarke, R. V., & Cornish, D. (1987). Understanding Crime Displacement; An Application of Rational Choice Theory. *Criminology*, 25, 933−947.

Cohen, L. E., & Marcus F. (1979). Social chance and patterns of delinquency. *American Journal of Sociology*, 88, 24−42.

Conway, M. (2006). Terrorist use of the Internet and Fighting Back. *Information & Security: An International Journal*, 19, 1−34.

Cordesman, A. H. (2017). Trends in European Terrorism: 1970−2016, Center for Strategic & International Studies.

Coupe, T., & Blake, L. (2006). Daylight and darkness targeting strategies and the risks of being seen at residential burglaries. *Criminology*, 44(2), 431−464.

Crenshaw, M. (2007). Explaining Suicide Terrorism: A Review Essay. *Security Studies*, 16(1), 133-62.

Deloughery, K. (2013). Simultaneous Attacks by Terrorist Organizations. Perspectives on Terrorism, 7(6), 1−11.

Erin, M. (2016), Pattern of Terrorism in the United States, 1970−2014, START National consortium for the Study of Terrorism and Reponses to Terrorism,

University of Maryland, USA.

Erin, M. (2017), Ideological Motivations of Terrorism in the United States, 1970–2016, START National consortium for the Study of Terrorism and Reponses to Terrorism, University of Maryland, USA.

Europol. (2017). EUROPEAN UNION TERRORISM SITUATION AND TREND REPORT 2017, European Union Agency for Law Enforcement Cooperation.

Felson, M. (2008). The routine activity approach. In R. Wortley & L. Mazerolle(eds), *Environmental Criminology and Crime Analysis.* Cullompton, England: Willian Publishing.

Felson, M., & Boba, R. (2010). Crime and everyday life: Insight and implications for society. Thousand Oaks: Pine Forge.

Freilich, J. D., & William, P. (2015). Routine activities and right–wing extremists: An empirical comparison of the victims of ideologically motivated and non–ideo–logically motivated homicides. *Terrorism and Political Violence,* 27(1), 1–38.

Froggio, G., & Agnew, R. (2007). The relationship between crime and "objective" versus "subjective" strains. Journal of Criminal Justice, 35(1), 81–87

Fussey, P. (2011). An economy of choice? Terrorist decision–making and crimino–logical rational choice theories reconsidered. *Security Journal,* 24(1), P86–87.

Gill, P., Marchment, Z., Corner, E., & Bouhana, N. (2018). Terrorist decision making in the context of risk, attack planning, and attack commission. *Studies in Conflict & Terrorism,* 94, 1–16.

Grant, D., & Jeffery, T. W., & Shaun, A. T. (2014). The Likelihood of Arrest: A Routine Activity Theory Approach, *American Journal of Criminal Justice,* 13, 1–30.

Gurr, T. (2017). *Psychological factors in civil violence.* In Revolutionary Guerrilla Warfare Routledge, 75–116.

Hafez, M. M. (2007). *Suicide bombers in Iraq: The strategy and ideology of martyrdom.* US Institute of Peace Press.

Houghton, B. K., & Schachter, J. M. (2005). Coordinated Terrorist Attacks: Implications for Local Responders, FBI law enforcement Bulletin.

Jenkins, B. M. (1974). International terrorism: A new kind of warfare. RAND CORP SANTA MONICA CALIF.

Kegley Jr, C. W. (1990). International Terrorism: Characteristics, Causes, Controls. New York, St.

Killot, N., & Chamey, I. (2006). The geography of Suicide terrorism in Israel. *Geo*

Journal, 1(1), 370–371.

Krueger, A. B., & Laitin, D. D. (2008). Kto kogo?: A cross–country study of the origins and targets of terrorism. *Terrorism, economic development, and political openness*, 5, 148–173.

Lesser, I., Arquilla, J., Hoffman, B., Ronfeldt, D. F., & Zanini, M. (1999). Countering the new terrorism. RAND corporation.

Libicki, M. C., & Martin, C. (2007), *Exploring Terrorist Targeting Preferences*. RAND Corporation.

Lisa, M. M., & Andrea, M., & Michael. R & Danielle, R. (2008). The Logic of Terrorist Target Choice: An Examination of Chechen Rebel Bombings from 1997 –2003, *Studies in Conflict & Terrorism*, 31(1), 60–79.

Liz, C. (2008). Mass Fatality: National Health Security Preparedness Index, USA.

Martin, G. (2018). *Essentials of Terrorism: Concepts and Controversies*, SAGE Publications.

Martin, R. H. (2016). Soft Targets are Easy Terror Targets: Increased Frequency of Attacks, Practical Preparation, and Prevention, *Forensic Research & Criminology International Journal*, 3(2), 1–7.

Meghan, E. (2011). Guardianship for crime prevention: a critical review of the literature. *Crime, law and social change*, 56(1), 53–70.

Molly, M. (2016). Applying situational crime prevention to terrorism against airports and aircrafts., Doctor of Philosophy in Criminal Justice, University of Louisville, 1–124.

Momayezi, N., & Momayezi, M. L. (2017). Suicide Terrorism: Motivations beyond Religion and the Role of Collectivism, The *Journal of Public and Professional Sociology*, 9(1), 1–23.

National Counter Terrorism Security Office. (2017). Crowded Places Guidance, London.

Newman, G. R., & Hsu H. (2012). *Rational Choice and terrorist target selection.* New Delhi: Sage Publications. India.

Newman, G. R., & Clarke, R. V. G. (2010). *Policing terrorism: An executive's guide.* Diane Publishing.

Office of Cyber and Infrastructure Analysis. (2017). Foreign Terrorist Organization–Inspired Vehicle–Ramming Attacks present persistent threats to commercial facilities sector, National Protection and Programs Directorate, Homeland Security. USA.

OZER, M. M., (2011). The Application of Situational Cirme Prevention to terrorism, *Turkish Journal of Police Studies*, 13(2), 179－194.

Pape, R. A. (2003). The strategic logic of suicide terrorism. *American political science review*, 97(3), 343－361.

Patel, H. D. L., Dryden, S., Gupta, A., & Stewart, N. (2012). Human body projectiles implantation in victims of suicide bombings and implications for health and emergency care providers: the 7/7 experience. *The Annals of The Royal College of Surgeons of England*, 94(5), 313－317.

Paton, S. (2013). EVIL DONE *Vulnerability Assessment: Examining Terrorist Targets Through Situational Crime Prevention*, Florida Atlantic University.

Paul, R. (2001). Pillar. Terrorism and US Foreign Policy, 87.

Pillar, P. R. (2004). *Terrorism and US foreign policy.* Brookings Institution Press.

Piazza, J. A. (2004). Rooted in Poverty? Terrorism, Poor Economic Development and Social Cleavꞩages, *Terrorism and Political Violence* (forthcoming).

________. (2012). The opium trade and patterns of terrorism in the provinces of Afghanistan: An empirical analysis. *Terrorism and Political Violence*, 24(2), 213－234.

Purpura, P. (2007). *Terrorism and homeland security: An introduction with applications*, Burlington, MA.

Richard, H. M.(2016). Soft Targets are Easy Terror Targets: Increased Frequency of Attacks, Practical Preparation, and Prevention, *Forensic Research & Criminology International Journal*, 3(2), 1－7.

Rivera, B., & Widom, C. S. (1990). Childhood victimization and violent offending. *Violence and victims*, 5(1), 19.

Rosoff H. & John R. S. (2009). Decision Analysis by Proxy for the Rational Terrorist. Proceedings of the 21st International Joint Conference on Artificial Intelligence (IJCAI－09), Pasadena. California.

Rumiyah. (2016). *Just Terror Tactics*, Rumiyah, Issue.

Saaty, T. L., & Vargas, L. G. (2001). *Model, metohds, concepts & applications of the Analytic Hierarchy Process.* Kluwer Academic Piblishers.

Santifort, C., & Sandler, T. & Brandt, P. T. (2012). Terrorist attack and target diversity: Changepoints and their drivers, *Journal of Peace Research*, 50(1), 75－90.

START. (2015), Mass－fatality, coordinated attacks worldwide, and terrorism, National consortium for the Study of Terrorism and Responses to Terrorism, University of Maryland.

______. (2016). CODEBOOK: INCLUSION CRITERIA AND VARIABLES. National consortium for the Study of Terrorism and Reponses to Terrorism, University of Maryland.

______. (2016). Terrorist Attacks Targeting Critical Infrastructure in the United States, 1970–2015. National consortium for the Study of Terrorism and Reponses to Terrorism, University of Maryland.

______. (2018). Global Terrorism in 2017. National consortium for the Study of Terrorism and Reponses to Terrorism, University of Maryland.

______. (2021). Global Terrorism in 2019. National consortium for the Study of Terrorism and Reponses to Terrorism, University of Maryland.

Taylor, H. (2017). Determinants of Terrorist Target Selection: A Quantitative Analysis, University of Central Florida.

Teahen, P. R. (2016). *Mass fatalities: Managing the community response*, CRC Press.

The Institute for Economics and Peace. (2016). GLOBAL TERRORISM INDEX.

United States Department of Homeland Security. (2006). The National Domestic Preparedness, Homeland Security Comprehensive Assessment Model.

______________________________. (2018). Security of Soft Targets and Crowded Places Resource Guide.

United States Department of State. (2018). Country Reports on Terrorism 2001–2017, United States Department of State Publication Bureau of Counterterrorism.

______________________________. (2018). Country Reports on Terrorism 2017, United States Department of State Publication Bureau of Counterterrorism.

______________________________. (2021). Country Reports on Terrorism 2020. US. Department of State BUREAU OF COUNTERTERRORISM

World Health Organization (2007). Mass Casualty Management Systems Strategies and guidelines for building health sector capacity.

II

Ⅱ

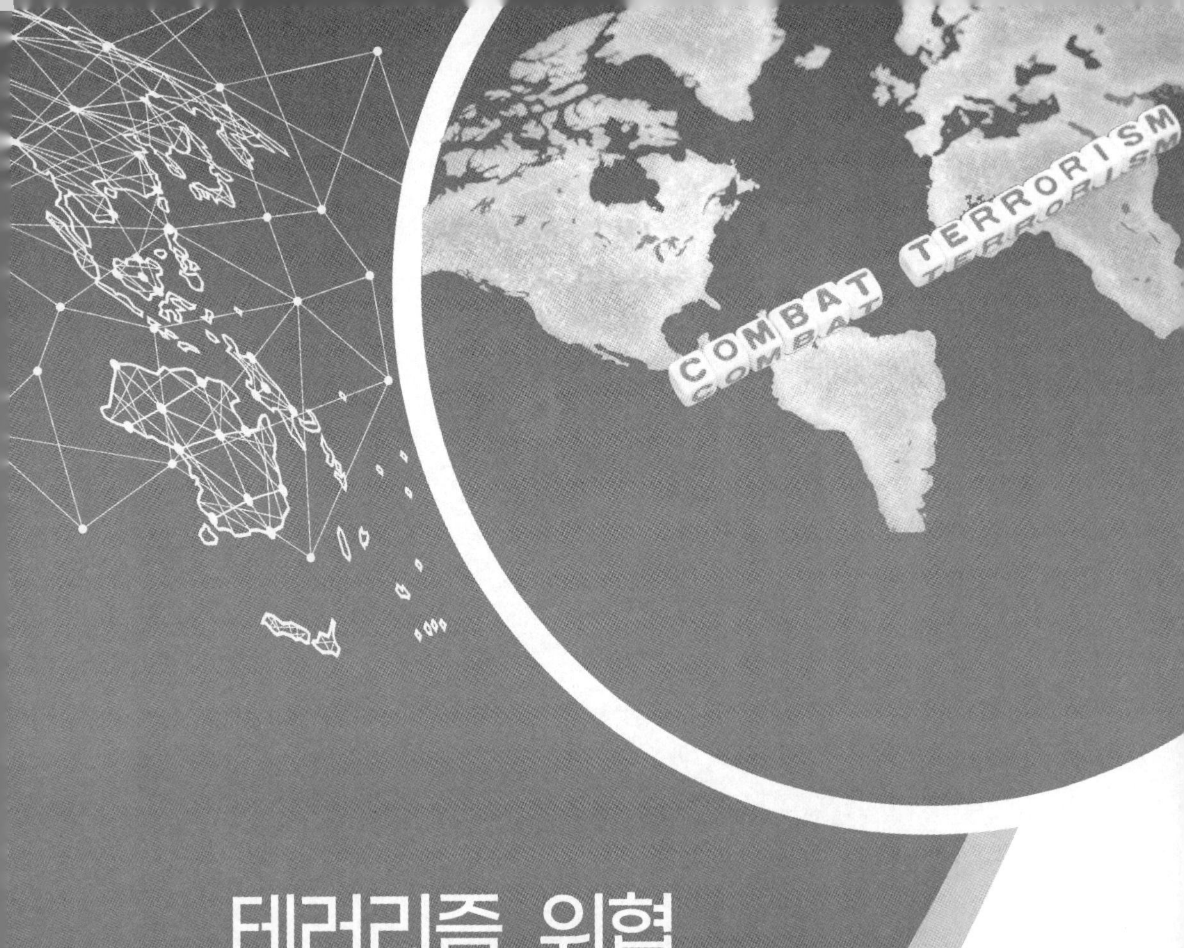

테러리즘 위협

COMBAT TERRORISM

제5장 코로나19 이후 글로벌 테러위협과 정세

제1절 코로나19 이후 글로벌 테러정세[1]

코로나19 사태는 국제사회로 하여금 정치, 경제, 사회, 문화 등 전 영역에서 뉴노멀(New Normal, 변화에 따른 새로운 기준)을 요구하고 있다(Basit, 2020; Pantucci, 2020). 소리 없는 바이러스의 장기간의 영향은 전쟁보다 더한 혼란과 공포감을 확산시켰다. 2020년~2021년 기간 동안 3억 명(국내 81.1만 명)이 감염되었고 사망자 수는 5백 50만 명을 넘어섰다. 서구권 주요국가들인 미국 82만, 영국 14.8만, 프랑스 12.4명, 독일 11만, 러시아 30만 명 등의 사망자가 발생하면서 그 충격적인 위험성을 증대시키고 있다.[2] 코로나[3] 사망자 수가 최초 250만 명이 넘기까지는 1년 이상이 소요가 되었으나, 500만 명의 사망자 수가 이르기까지는 단 8개월 정도밖에 걸리

1 이 부분은 김태영(2020)의 관련 부분을 수정·보완한 것이다.
2 Center for Systems Science and Engineering (CSSE) at Johns Hopkins University (JHU), https://www.arcgis.com/apps/dashboards/bda7594740fd40299423467b48e9ecf6
3 https://covid19.who.int/

지 않았다. 이로 인해 국제사회는 전통적 안보위협보다 테러, 국제범죄, 전염병 등과 개인의 안전에 위해를 끼치는 다양한 유형의 비전통적 안보위협에 대응해야 하는 패러다임의 변화를 요구하고 있다(이창한·박기쁨·유효은, 2017; 박민형·김태현·김혜원, 2020; 박영준, 2020; 류기현, 2020).

특히 테러 분야는 전통적 안보위협과 달리 특정한 국가와 개인에게 국한되기보다 범세계적으로 피해를 야기할 수 있는 이슈로서 효과적인 대응을 위해 국제적 상호연대가 매우 중요하다(이만종, 2019; 김태영, 2019; RSIS, 2021). 코로나 바이러스가 변이를 통해 현재도 진화하고 있는 것처럼 테러수법, 테러대상목표 및 수단 등 이른바 테러양상도 코로나19 사태 이후 다양한 형태로 발현하고 진화하고 있기 때문이다. 코로나19 확산 초기인 2020년 4월 초 NATO(북대서양조약기구) 외무장관 회의가 70년 역사상 처음으로 화상으로 실시되었다. 사무총장인 「스톨텐베르그」는 원격 기자회견에서 "ISIS·알카에다의 테러위협은 여전하며, 보건위기가 안보위기로 번져서는 안 된다고 강조하였다"(연합뉴스, 2020. 4. 3).

2021년 8월 아프카니스탄에서 탈레반의 재집권에 고무된 ISIS·알카에다 등 이슬람극단주의자들의 활동반경이 확산됨에 따라 테러정세의 불안이 지속되고 있다. 이처럼 최근 범세계적으로 코로나19 사태 해결을 위해 전 방위적으로 총역량을 집중하고 있는 가운데, 국제테러 및 자생테러단체들은 안보공백을 이용해 테러단체의 정예화 및 테러공격의 결정적 작전의 호기로 삼고 있는 실정이다(Bloom, 2020). 일각에서는 코로나19사태로 세계 각국의 테러단체들도 타격을 입어 테러활동 감소로 이어질 것이라는 전망도 있다. 그러나 정량적인 위협보다 심각한 것은 테러양상이 진화하고 있다는 것인데, 먼저 국제 테러단체 ISIS의 경우 온라인 홍보미디어, SNS 등을 통해 테러공격 지시와 테러범 모집활동을 적극적으로 전개하고 있다.

코로나19 장기화로 인한 전 세계적인 사회·경제적 불평등 및 양극화의 심화로 인종, 여성 등 다양한 혐오정서와 결부된 극우들의 위협이 우려되고 있다. 유럽을 중심으로 백인우월·신나치주의 등 극우주의 테러 및 아시아인을 대상으로 한 혐오범죄가 증대하고 있다. 2021년 초 미국에서는 극우세력의 국회의사당 폭등난입 등 초유의 사태가 발생하는 등 테러정세가 요동친 한 해였다. 코로나 관련 병원 및 선별검사소를 대상으로 테러를 계획하고, 감염된 조직원에게 경찰 및 아시아인 등 유색인·유대인들에게 전염시킬 것을 선동하였다. 경찰에게는 분무기를 이용해 분사하여 전염시킬 것과, 유대인·유색인이 밀집되는 마켓·기업·예배소 등을 방문하여 전파시킬 것을 독려하기도 하였다(Brennan, 2020).

이에 따라 본 장에서는 현재 진행형인 코로나19로 인한 테러양상 변화를 분석하고자 국내외 언론기사를 질적 연구방법인 내용분석기법(Contents Analysis)[4]을 통해 주요 테러양상에 대한 분석 범주를 도출하는 자료 분석 방식을 시도하였다. 연구단위를 학술논문이 아닌, 언론기사로 선택한 이유는 코로나19가 비교적 단기간에 발생한 위기사태이므로 테러 양상에 관한 국내외의 학술적 연구는 희소한 반면, 상대적으로 국내외 언론기사는 비교적 풍부하다는 것에 기인하였다. 따라서 코로나 발생초기였던 2019년 12월부터 2020년 6월 30일까지의 국내외 언론 기사를 바탕으로 코로나19와 관련된 테러 양상을 분석하여, 포스트 코로나19 이후 대응해야 할 테러전망에 대한효과적인 대응방안을 제시하고자 한다.

1. 국제 테러정세 평가

코로나19의 개념적 정의는 코로나바이러스감염증-19(COVID-19)로서, 2019년 12월 중국 우한 시에서 발생한 바이러스성 호흡기 질환을 의미한다. '우한폐렴', 신종코로나19 감염증이라고도 하며, 2021년 12월 세계보건기구(WHO)에서는 COVID-19 (Corona Virus Disease 2019)로 명명하기로 정하였다(WHO, 2020a). 코로나19 발생 국가의 주요 경과를 살펴보면 2019년 12월인 발생 초창기에는 원인불상의 호흡기 전염병 유형으로 인식되어 '우한폐렴' 등으로 통용되다가 신종 코로나19로 2020년 1월 7일 밝혀졌다. 이후 WHO에서는 전 세계로 확산되자 급기야 1월 30일 '국제 공중보건 비상사태(Public Health Emergency of International Concern: PHEIC)'를 선

4 내용분석기법은 언론기사 등 메시지 특성들의 조직적, 객관적, 양적 분석을 의미하는 것으로 일차적 자료의 표본 추출을 통해 언론기사로부터 추론하는 연구방법이다. 연구단계는 모집단확인, 연구단위 결정, 표본 선택, 부호화, 통계분석의 과정 등을 거친다(Bachman. R & Schutt, R. 2013).

포하였다. 2월 중순을 넘어서면서 동아시아뿐 아니라 이란, 이탈리아 등에서 감염자가 급증하면서 중동과 유럽 대륙으로까지 감염자가 확산하는 경향을 보여, 각국에서 방역에 대한 긴장이 고조되었다. 3월에는 이탈리아 및 유럽 및 중동지역에서 확진환자가 급증하면서 3월 10일에는 110여개 발생국으로 급증하게 되었고 이에 따라 WHO는 3월 11일 팬데믹(감염병 세계 유행)을 선언했다. 코로나19로 2020~2021년 동안 약 550만 명이 사망했으나 이 감염병의 발병원인 등 실체적 진실은 여전히 베일에 가려져 있는데, 주된 이유는 첫 확진자 발생지인 중국과 서구권 국가들의 국제정치적 이해관계가 복잡하게 얽히면서 투명하고 실체적 역학조사가 수행되지 못하기 때문으로 평가하고 있다.

코로나19 확진자 국가별 분포 현황[5]

2021년 기준으로 전 세계에서는 54개국에서 1,357건(14,478명 사상)의 테러가 2020년 1,951건, 코로나 이전인 2019년 1,663건에 비해 감소한 것으로 나타났다(테러정보통합센터, 2022).

코로나19 상황이 지난 2년 간의 국제 테러정세를 살펴보면 기본적으로는 이슬람극단주의가 여전히 전 세계 테러위협을 주도하고 있다. ISIS 및 알카에다 등 국제테러단체들이 포스트 코로나 확산에 따른 치안의 취약성 등을 틈타 테러공격을 강화한 것으로 분석할 수 있다(RSIS, 2022). 코로나19 초기에는 ISIS, 알카에다 등 국제테러단체의 위협을 제약하는 요인으로 작용할 것으로 평가하였으나, 전 세계적인 펜데믹 상황으로 확산되면서 각국이 코로나19 방역대응이 최우선적으로 집중하면서 국제사회가 대테러역량의 우선순위 및 재정적 지원규모가 축소되었다. 역설적으로 중동·아프리카 지역의 국제테러단체들이 영향력을 증대시키는 딜레마적인 현상으로 귀결되었다(국립외교원, 2020). 우선 각국의 코로나 방역으로 인한

5 Center for Systems Science and Engineering (CSSE) at Johns Hopkins University (JHU). (2021. 12. 29). COVID-19 Dashboard

미 국무부 2020년 세계 국가별 테러정세 백서[6]

테러대응 역량 분산과 '비대면 일상화'를 틈타 국제테러단체들이 자생적 테러범들을 대상으로 선전선동 전술을 강화하고 있다(US Office of the Director of National Inteligence, 2021). 특히 정부의 통제력이 취약한 이라크·시리아, 남수단, 소말리아 등의 중동 및 아프리카의 핵심거점이 방역활동의 사각지역에 속하면서 외국인·정부인사 등을 겨냥한 테러 공격을 통해 건재를 과시하고 있는 가운데, 미군 철수라는 호기까지 겹치면서 테러공세를 강화하고 활동영역을 지속적으로 확대하고 있다. 한 예로 미국 국무부 Country Reports on Terrorism 백서에 의하면, 2017년 서부 아프리카지역에서 ISIS 테러단체와 연계된 사망자수는 2,700명 규모였으나 2020년에는 5,000명으로 2배 가량 급증하였다(US. Department of State, 2021).

둘째로 미국 및 유럽 등 서방 선진국 대상으로 대규모 기획테러의 위협이 증가되고 있다. 2019년부터 강화된 국제사회의 소탕작전으로 ISIS의 수장인 알 바그다디가 제거됨에 따라, UN 등에서는 유럽 및 미국 등을 대상으로 대형테러를 기획할 것으로 예상하고 있다(UN CTED, 2020). 이러한 주요 원인으로 신임 ISIS 조직의 수장인 알쿠라이시 등을 중심으로 존재감 과시하고 조직의 구심력 복원을 위한 것으로 분석하였다. 이를 위해 조직을 대폭 축소하고 유연성 및 기동성 보완을 통해, 원격 지부조직 운영을 통한 프랜차이즈 형태의 개념으로 패러다임을 전환하였다(Husham, 2020).

셋째로 코로나 장기화에 따라 종교, 계층, 사회 갈등 등으로 불특정 다수에 불만을 품은 개인들이 증가하였고 학습된 외로운 늑대형 테러양상이 증대되고 있다. 미국의 국토안보부에서는 2020년 테러위협 평가를 통해 2018년 이후 〈그림

6 US. Reportment of State (2021). Country Reports on Terrorism 2020.

| 그림 5-1 | 미국의 테러유형분석(2018~2019년)

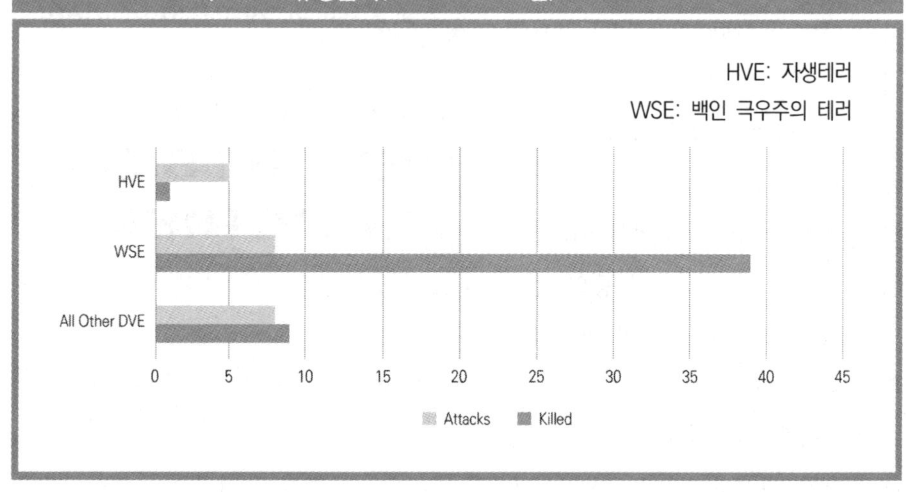

출처: US Homeland Security(2020). Homeland Threat Assessment 2020.

5−1〉에서와 같이 반이슬람 정서 및 인종혐오주의 확산에 편승한 극우세력의 테러 위협 가중이 증대되고 있는데, 백인우월주의자를 주축으로 한 극우세력들은 현 상황을 '이슬람 대 기독교' 간의 종교갈등으로 인식하고, 무슬림 이민자·난민, 아시아계를 대상으로 혐오 정서를 부추겨 증오범죄나 테러범죄가 증대되고 있다고 평가하였다(US Homeland Security, 2020). 미국 정보공동체가 2021년 4월에 작성한 「2021 테러위협평가」 보고서에도 인종적 우월주의에 기반을 둔 극단주의가 미국·유럽에 가장 큰 위협으로 부상했다고 평가했다.

코로나19 동안 국제테러정세는 그 이전인 2019년에 비해 테러발생이 749건(5,708명 사상자)이 발생하여, 2019년 전반기 기간인 676건 대비하여 테러사건이 11% 증가하였다. 지역별로는 코로나19의 영향이 상대적으로 컸던 아시아 지역은 테러사건이 전년도 전반기에 비해 감소하였는데, 대표적 국가로는 파키스탄이 63건에서 25건으로 60% 감소하였고, 인도는 47건에서 34건으로 28% 감소하였다. 이와 반면에 아프리카 및 중동은 치안이 불안정한 국가를 중심으로 테러사건이 급증하였다. 나이지리아는 48건에서 143건으로 무려 290%가 증가하였고, 시리아는 57건에서 79건으로 30% 증가하였다. 한편, 불특정 다수를 목표로 하는 민간시설 위주의 소프트 타깃 테러가 증가하였다.

또한 UN에서는 코로나19 확산에 따른 각국의 출입국 통제강화와 국내외 테러단체들의 자체 감염방지를 위한 축소된 활동으로 모든 지역에서 테러사건이 감소할 것으로 예상했으나 아프리카 및 중동지역은 급증하였다. 이는 국제사회가 코로나19 대응에 전념하느라 대테러활동이 다소 취약해진 상황을 이용해 국제테러단체들이 공세적으로 활동했기 때문인 것으로 전문가들은 평가하고 있다(The Telegraph, 2020. 3. 19; Magid, 2020).

미국 및 유럽을 중심으로 백인우월·인종차별주의자 등의 극우테러위협이 증대되고 있다. 서구권 극우테러단체들은 코로나19 불인정 운동을 주도하며 정부 봉쇄조치 및 백신접종의무화 등 폭력적 저항을 조장하였다. 이는 2015년 이후 자국중심주의 및 반이민 정서가 심화되면서 극우테러가 증대되었고, EU가 출범한 26년 만에 유럽의 경기 침체 장기화와 난민과 테러문제로 유럽 각지에서 반EU 정서가 확산되는 사태까지 이르게 되었다. 서구권 각국의 극우테러단체들은 선전선동을 통해 난민·이민자를 대상으로 적대감 고조와 폭력갈등행위를 부추기고 있다. 이는 결국 유럽 내 중동출신 난민의 급증현상은 극우세력에게는 좋은 명분이 되고 있는 셈이다. 최근 5년간 전 세계 극우테러 발생현황은 다음 〈그림 5-2〉와 같이 2014년보다 2018년이 320% 급증하였다. 극우테러와 관련해 체포된 사람은 2015년에는 11명에서 2018년에는 44명으로 지속 증가 중이다(UN Counter-Terrorism Committee, 2020). 특히 동양인 포비아 현상이 급증되자, 미국의 국가정보국(Office of the Director of National Inteligence: ODNI) 및 UN 대테러위원회(UN Counter- Terrorism Committee: CTED) 등을 중심으로 전 세계적 극우테러 위협의 확산을 경고하였다(UN CTED Trend Alert, 2020. 4). 이는 대규모 실업사태 및 경제악화에서 비롯되는 긴장과 좌절요인이 테러 및 폭력범죄로 발현된 것으로 분석하였다(US Office of the Director of National Inteligence, 2021).

이처럼 코로나19 발원지라고 의심했던 중국뿐만 아니라 아시아 전체에 대한 혐오 정서가 확산되면서 아시아인을 겨냥한 인종혐오 및 증오범죄의 증가가 현실화되고 있다. 코로나 발생 초기 서방의 언론들은 중국인에 대한 인종 차별성 보도를 하면서 노골적인 혐오감 표출 및 증오범죄가 급증했다. 테러단체들이 가공되지

| 그림 5-2 | 최근 EU 극우테러 발생동향(2015~2019)

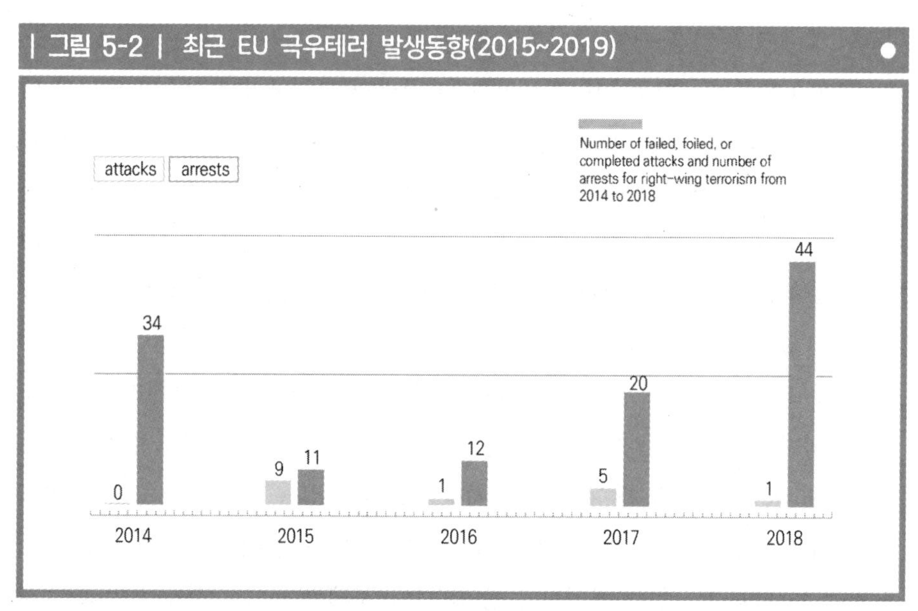

출처: UN Counter-Terrorism Committee(2020). CTED Trends Alert 4월호.

않은 단계의 바이러스를 활용하여 무기화할 가능성이 있음을 시사하고 있다.

2. 코로나19로 인한 테러양상 분석 결과

1) 코로나19 테러양상 분석

코로나 발생 초기인 2019년 12월부터 2020년 6월까지의 보도된 국내외 125개의 언론기사를 분석한 결과, 주요 주제는 3가지로 극우테러 위협, 바이오테러 위협, 국제 테러단체의 정예화로 나타났다. 이를 토대로 각 언론기사의 세부 내용을 분석하여 8개의 하위요소로 분류하였다.

표 5-1 코로나19 테러 언론보도 빈도분석

구분	내용	횟수
극우테러 위협 고조 (65)	아시아인 혐오범죄/테러	17
	백인우월 혐오범죄/테러	28
	국가별 극우주의 테러 대응정책 마련	10
	극우주의 테러 위협분석	10
바이오테러 위협 고조 (27)	생물테러 음모론	10
	바이러스 유포	17
국제 테러단체의 복원 및 정예화 (33)	온라인 기반 국제테러 테러위협 세력복원	20
	연합국 군사력 철수에 따른 테러단체원 수용소 탈출	13

2) 극우테러 위협 고조

코로나19로 인한 테러양상과 관련된 국내외 언론기사들의 가장 큰 특징은 극우 테러의 강화로 나타났고, 주요 주제는 아시아인 및 유대인을 대상으로 한 혐오범죄·테러, 백인우월·인종차별 혐오범죄, 국가별 극우주의 테러 대응책 마련 등으로 나타났다. 〈표 5-2〉는 극우테러 양상 관련 주요 언론기사 내용들을 분석한 것이다.

표 5-2 극우테러 관련 주요 언론기사 현황

구분	언론사	발행 시기 (2020년)	주요내용
아시아인 혐오 범죄 (테러)	슈피겔(독일) 르쿠리에 피가즈(프랑스) 중앙일보 율란츠포스텐 (덴마크)	3.2 3.4 3.6 3.10 4.8	• '코로나19'를 메이드 인 차이나로 비하 표현, 중국 여성 사진을 '황색 조심'이라고 표현('차이나 바이러스 대재앙' 문구 삽입) • 이탈리아 현지인이 중국인 폭행, 네덜란드 현지인이 한국계 여성을 중국인으로 오인 폭행, 영국 현지인이 싱가포르 유학생 집단폭행, 미국인(흑인)이 한국인 유학생 집단폭행,

	헤럴드선(호주)		흑인 남성이 아시아계 승객 탈취제 분사
	BBC(영국)	6.4	• 코로나 사망자 급증에 다른 동양인 혐오분위기 급증
	연합뉴스		(총격테러 암시글, 인종차별 동영상 게시)
	조선일보		
백인우월 (인종차별) 혐오 범죄(테러)	연합뉴스	2.24	• 독일, 하나우시 총기난사 인종차별테러 규정
	Politico	3.9	• 미국, 백인우월주의 단체를 외국테러단체로 지정 추진
	Guardian	3.18	• 미국, 백인민족주의 단체 급증(55%) 분석
	ABC NEWS	3.22	• 미국 인종차별극우단체, 유대인과 경찰에게 감염 시도
	The New York Times	3.26	• 미국 백인우월주의자 '티머시 윌슨'이 병원 대상 폭탄테러 모의 중, FBI와 총격전 끝에 사망
	BBC News 연합뉴스	4.6	• 신나치주의 단체 지원혐의로 SNS상에 테러 및 인종혐오 메시지 게재한 16세 소년 테러범죄 기소
	The New York	4.17	• FBI국장 미국 내 백인우월주의테러 위협 증가 언급
	Times	5.3	• 백인우월주의자들이 코로나 계기로 세력 확산
	경향신문	5.12	• 코로나 불안감 틈타 극단세력 활개(선동메시지 넘침)
	The Berlin Spectator	6.1	• 독일, 반유대주의 범죄 증가로 테러위협 증대 (코로나 불안감 틈타 극단세력 활개)
	CNN The New York	6.2	• 미국 백인우월주의자, 유대인 전문 요양원 테러 기도(유대인 학살의 날 정함)
	Times	6.4	• 미국 조지플로이드 흑인사망 항의시위를 테러로 규정
극우주의 테러 대응책 마련	중앙일보	2.28	• 미국, 혐오범죄 근절을 위한 자생테러방지법 최초추진
	Washington	3.5	
	Free Beacon	3.9	
	NBC	4.7	• 러시아, 백인우월주의단체를 국제테러단체최초 지정
	NL TIMES	5.17	
	CPHPOST	3.23	• 덴마크, 극우테러 발생가능성 우려 테러경보 격상

유럽 각국에서는 극우주의 테러 대응책 마련에 진력하였다. 먼저, 전담조직 확충과 관련하여 미국 FBI는 2020년 2월 극우테러와 같은 증오범죄와 국내테러 담당 부서를 통합하였고, 뉴욕 주는 증오범죄를 국내테러로 규정하였다. 유럽 내 극우테러가 가장 빈번한 독일에서는 2019년 10월에 증오범죄 및 극우테러 관련 종합대책을 마련하고 600명의 담당인력을 확충하였다. 영국에서는 신나치주의 극우단체들을 불법단체로 지정하는 강화된 노력을 추진하였다(대테러센터 테러동향, 2020).

둘째로, 뉴욕 주에서는 극우주의 테러의 예방 차원에서 '자생테러방지법' 제정을 통해, 인종·종교 등과 관련된 폭력·총기·폭발 등의 혐의로 체포되면 이를 테러로 규정해 최고 가석방이 없는 무기징역까지 선고받도록 추진 중에 있다. 또한, 테러예방 측면에서 '뉴욕 주에는 혐오란 없다'는 캠페인을 통해 반혐오범죄 교육프로그램을 지원하고, 극우테러 예방 TF에 예산지원을 증액하는 등 전 방위적인 정책적 노력을 하고 있다.

셋째로, 미국 국무부는 최초로 폭력적인 백인 우월주의 단체를 외국테러단체(FTO: Foreign Terrorist Organization)으로 지정하는 방안을 추진 중이다. 이러한 전례 없는 강력한 미국의 노력은 국내 관련법령이 없는 상태에서 극단주의 집단의 추적과 기소를 용이하게 할 것이라고 전망된다(Politico, 20. 3. 9).

마지막으로, 뉴질랜드는 2019년 3월 발생한 뉴질랜드 모스크 테러사건(51명 사망, 49명 부상) 이후, 반자동 및 자동소총 개조장치·대용량 탄창 소유 전면금지 등을 골자로 한 총기규제 강화법안 마련 등 테러 대응의 강화를 위한 제도적 장치를 마련하기도 했다.

3) 아시아인 혐오범죄 및 유사테러 위협 증대

코로나19로 인해 미국 및 유럽에서 아시아계 대상 혐오, 즉 동양인 포비아 현상이 급증되자, UN 대테러위원회(UN Counter-Terrorism Committee: CTED)에서는 전 세계적인 극우테러 위협의 확산을 경고하였다(UN CTED Trend Alert, 2020. 4). 특히 코로나19의 발원지인 중국뿐만 아니라 아시아 전체에 대한 혐오정서가 확산되면서 아시아인을 겨냥한 인종혐오 및 증오범죄의 증가가 현실화되고 있다. 서방의 일부 언론들은 중국인에 대한 인종차별성 보도를 하면서 노골적인 혐오감을 조성한 바 있다. 인도네시아 내 테러전문가인 소프얀 차우리는 자국 내 이슬람 테러단체들이 중국인 테러공격 징후가 증가하고 있다고 언급하면서, 코로나19 발원지에 대한 혐오와 중국의 이슬람 소수민족 차별정책에 대한 지하드 차원의 평가라고 전망하였다(연합뉴스, 2020. 6. 4).

2020년 3월에는 영국에서 싱가포르 출신 유학생이 코로나19 관련 인종차별 욕설을 듣고 무차별적인 폭행으로 당한 사건이 발생하는 등 아시아계를 향한 폭행 사건이 반복되는 극우테러가 확산되었다. 또한 미국 뉴욕에서는 3월에 맨해튼 한인 타운에서 한국인 유학생이 흑인들에게 둘러싸여 인종차별적 욕설과 폭행을 당했다. 4월에는 한국인 포함 동양인을 대상으로 SNS에 총격테러를 암시하는 글이 작성되고 인종차별 동영상이 게시되는 등 혐오 분위기가 극에 도달하였다. 아시아인 혐오범죄에 대한 처벌을 강화하는 등 정부의 노력에도 불구하고, 아시아인 대상 인종차별 및 혐오범죄 문제가 확산되자 구테헤스 UN사무총장은 "낙인찍기를 막아야 하며 국제사회의 강력한 관심을 촉구한다."고 강조하였다.

4) 백인 우월주의자 혐오범죄 및 테러 위협

코로나19 이후 백인우월주의자와 극우단체들이 폭력을 조장하고, 테러 및 인종혐오 범죄를 자행하는 사례가 증가하고 있다. 이와 같이 극우테러의 근본적 원인은 음모론적 주장인 대전환(Great Replacement)에 기인한다. 즉, 미국 정부가 소수 민족 및 이민자와 공모하여 백인종의 종말을 초래하고 있으며, 미국 내 주류위치에서 밀려나고 있다고 생각하는 것이다(국가정보원 테러정보통합센터, 2020). 이러한 주장은 미국 남부빈곤법률센터(Southern Poverty Law Center)의 2019년 증오 및 극단주의 테러공격 보고서에서 나타난 바와 같이 트럼프 대통령의 등장이 백인민족주의 단체가 155개로 55% 급격한 증가의 핵심 동인으로 작용하였다(Guardian, 2020. 3. 19).

코로나19 이후 대표적인 사건으로는 2020년 2월 발생된 독일의 허센주 하나우 물 담배 카페 총기 난사사건(9명 사망, 5명 부상)과 5월 발생된 미국 백인 경찰관에 의한 흑인 남성인 조지 플로이드 사망 사건과 관련한 흑인 인종차별 혐오범죄 등을 들 수 있다. 트럼프 대통령은 이 사건에 대한 과격 시위를 국내 테러로 규정하고, 워싱턴에 주방위군을 배치하고 야간통행금지 발령, 수정헌법 2조를 포함한 초강경 대응정책을 추진하기도 하였다(The New York Times, 2020. 6. 4).

특히, 백인우월주의 및 신나치주의자들은 코로나19에 감염된 회원들에게 마켓이나 예배 장소 등 사람이 밀집된 장소를 방문하여 대화를 통해 유대인과 경찰들에게 바이러스를 퍼뜨리도록 선동하고 있다(ABC News, 2020. 4. 22).

이러한 현상은 유럽 및 EU국가에서도 마찬가지로, 최근 들어 극우 민족주의 정당들이 빠른 속도로 급진화되고 있다. 특히 시리아 내전이 초래한 2015년 유럽

난민사태 이후 유럽 내 극우정당의 지지율이 급증하였는데, 독일의 우익정당은 13%, 프랑스의 국민전선당은 14%, 오스트리아의 자유당은 35.1%의 지지율을 보이고 있다(대테러센터, 2020). 이런 맥락에서 덴마크의 경우 이러한 극우주의자들의 외로운 늑대형 테러위협의 증대로 정보기관인 PET는 테러경보를 격상시키기도 하였다(CPH POST, 2020. 3. 23). 이처럼 2015년부터 지속적으로 증대된 극우테러 위협은 코로나19사태 이후에는 반이민 정서와 맞물려 미국 및 유럽에서 급격하게 확산되고 있다.

5) 바이오테러 위협 고조: 바이러스의 생물테러수단 무기화

적대국가 및 국제테러단체 등에서 바이러스를 악용하여 테러수단으로 무기화하는 이른바 바이오테러 위협이 증대되고 있다. 이와 관련된 주요 주제는 중국 등에 의한 생물테러 음모론, 테러단체에 의한 바이러스 유포 등으로 나타났다. 〈표 5-3〉은 바이오테러 관련 주요 언론기사 내용들을 분석한 것이다.

(1) 바이오테러 음모론

코로나19 바이러스는 핵, 방사성물질, 화학무기에 비하여 테러이용수단 차원의 효과성이 낮다고 평가되고 있다. 잠복기가 길어 즉시 효과를 내기가 어렵고, 백신을 갖추지 않은 상태에서는 주체세력도 쉽게 감염될 수 있다는 면에 있어 코로나 바이러스를 생물학적 테러수단으로 이용할 가능성은 크지 않은 것으로 전문가들은 분석하고 있다(Silke, 2020).

그럼에도 불구하고 코로나19 바이러스를 의도적으로 생물테러 이용수단으로 활용한다는 음모론이 SNS 및 온라인상에서 활발히 이슈화되었다(Guardian 2020. 3. 19; Newsweek, 2020. 3. 27; Wasington Post, 2020. 4. 11). 먼저 미국은 국방부·정보당국을 통해 중국 및 적성 국가들에 의한 코로나19의 생물학적 무기화 가능성을 언론을 통해 강도 높게 주장해 왔다(Silke, 2020). 당시 미국 항공모함 시어도어 루스벨트호의 승무원들이 코로나19 감염사례 이후에 국방부 대변인은 적대 세력의 코로나19 무기화 가능성을 제기하기도 하였다(SBS, 2020. 4.24). 영국에서도 5G 통신기술이 코

표 5-3 바이오테러 관련 주요 언론기사 현황

구분	언론사	발행 시기	주요내용
바이오테러 음모론	Washington Post	1.29	• 코로나19 바이러스 관련, 중국 국립 생물안전성 연구소에서 생물학무기 유출 음모설 부인
		1.29	• 코로나19 선별진료소 건물 폭파위협, 「페드로첑」 테러위협 혐의로 체포
	Guardian	3.19	• 미국 항공모함 루스벨트호 승조원 4,800 명중 850명 감염
		3.20	• 미국 구축함 키드호 승조원 350 명중 33명 감염
	Newsweek 한국일보	3.27	• 중국 및 적대국 대상 코로나19 생물무기 가능성 조사
	연합뉴스 YTN	4.5	• 미국 화학민간방위위원회, 코로나 바이러스 통한 대량살상무기 이용 가능성은 낮은 것으로 평가
		4.27	• 영국, 코로나19 가짜뉴스로 인한 5G 통신기지국 방화발생
테러단체에 의한 바이러스 유포	조선일보	3.6	• 미국 법무부장관, 고의로 코로나19 바이러스 유포 시 테러범 간주
	New York Post	3.19 3.24	• 미국 연방검사에게 기침하고 협박한 50대 남성, 테러위협 혐의 기소
		3.25	• 미국 검찰, 코로나19 위협하며 경찰에게 침을 뱉은 남성 '생물테러' 혐의 기소
	WashingtonPost	4.11	• 미국 플로리다 주 경찰관에게 고의로 침 뱉은 30대 남성, 생물테러혐의 기소

로나19를 확산시키며, 주파수가 인간의 면역체계를 무력화하고 바이러스를 전파시킨다는 가짜뉴스를 음모론자들이 퍼뜨렸다. 버밍엄·리버풀·멜링 지역의 5G 기지국에서는 방화가 발생하기도 하였고, 이 사건을 영국 정부는 테러혐의로 엄중히 인식하고 수사하기도 하였다(YTN, 2020. 4. 5; Silke, 2020).

미국의 국토안보부(DHS)에서는 코로나19로 인한 테러대상목표의 변화를 경고하였는데 테러범들이 코로나19검사장, 선별진료소 및 병원으로 테러목표를 전환하는 추세라는 것이다. 한 예로 미국에서 2020년 3월에는 웨체스터 카운티에 위치한 보건국 및 코로나19 선별진료소 건물에 대한 폭파협박을 한 남성이 테러 위협 혐의로 체포되어 카운티 내 뉴로셸 시는 유대인 밀집지역으로 미국 내 최초로 봉쇄구역으로 지정되기도 하였다.

(2) 테러단체에 의한 바이러스 유포

2020년 3월 27일 미국 플로리다 주의 제임스 커리가 경찰을 향해 두 차례 침을 뱉고 자신이 코로나19 바이러스를 퍼뜨리고 있다고 소리를 지르며 협박하였다. 이에 따라 제프리 로즌 미 법무부 장관은 코로나19 바이러스는 생물학적 무기의 법률적 정의에 해당되므로, 고의로 바이러스를 유포 및 협박한 사람들은 대테러 법령을 위반한 것으로 간주하여 기소하도록 지시했다. 또한 4월 7일 텍사스 주에 거주하는 로레인 마라디아가 SNS에 자신이 코로나19 바이러스 감염자이며 다른 사람에게 전파하겠다고 위협하고, 대형마트 등을 방문하는 영상을 게재하였다. 이 사건 역시 미국 경찰은 대테러 법령을 위반한 것으로 기소하였다.

한편 미국 정치전문매체 폴리티코에 따르면 앤디 웨버 전 미 국방부 핵 및 생화학방어 프로그램 차관보의 말을 인용하며 일부 테러단체들이 가공하지 않은 단계의 바이러스를 이용하여 무기화할 가능성이 있음을 시사함으로써 바이러스를 테러수단으로 악용될 수 있음을 제기하기도 하였다.

6) 온라인 기반의 국제 테러단체 위협 증대

코로나19로 인한 테러양상과 관련된 중요한 특징은 온라인 기반 국제테러단체의 테러 기회, 테러 모색 등으로 나타났다. 〈표 5-4〉는 주요 언론기사 내용들을 분석한 것이다.

UN은 코로나19를 계기로 온라인상을 통한 테러확산 가능성을 경고하였다. UN CTED(유엔 대테러사무국)은 코로나19가 세계 테러정세에 악영향을 줄 것으로 예측하였는데, 특히 방치된 미등교 학생들이 온라인을 통해 과격화될 가능성이 높다고 경고하였다.[7] 최근 테러집단들은 코로나19 팬데믹 상황에서 각국의 국경통제로 직접 테러공격이 어려워지자 각 체류지 내에서 증오범죄를 부추기고, 특히 온라인

7 The Impact of the COVID-19 pandemic on Terrorism, Counter-terrorism and Countering violent Extremism 題下.

표 5-4 국제테러단체 테러위협 관련 주요 언론기사 현황

구분	언론사	발행 시기	발생국가	주요내용
온라인 기반 테러단체 세력규합	Toronto Sun ABC News Financial Times(영(英) AP 통신	3.24 4.3 6.5 6.10 6.15	ISIS 연합국 소말리아	• ISIS 지도부, 코로나19 관련 테러지시 메시지 시달(바이러스는 신의 군사, 테러 공격시 코로나 바이러스 면역가능) • 포스트 코로나19, 중동 테러단체들의 재공세 확대 가능성 경고 • 알샤바스, 소말리아에 코로나19 격리진료소 설치 및 테러위협 증대

에서 포섭한 추종자에게 공격활동을 독려하고 있다. 향후 테러집단이 온라인상 과격사상 전파 강화하고 코로나19를 특정 집단의 탓으로 돌리며 사회분열 조장하며 의료 등 사회 서비스를 제공하며 소외계층을 포섭할 것으로 전망하였다.

둘째로, 각국이 코로나19 대처에 치중하면서 대테러 예산을 축소하거나 대테러전에 참여한 연합군 전력을 철군시킴으로써 ISIS·알카에다 등 테러단체의 재건 또는 세력 확대 가능성이 크다고 우려하고 있다.

셋째로 코로나19로 등교일이 줄어든 전 세계 10억명 이상의 학생들이 인터넷 상에서 테러단체의 공세적 온라인 포섭 목표가 될 것으로 예상하며 강한 우려감을 표시하였다. 전문가들은 코로나19 이전보다 학생들의 인터넷 사용량이 증가한 점을 지적하였다.

코로나19 발생 초기에는 전문가들은 테러단체의 인력 및 물자 수급이 곤란하여 ISIS등 테러단체 활동이 다소 둔화될 것으로 전망하였다. 그러나 오히려 코로나19 확산으로 인해 미국 등 서구권 각국의 군사력을 중동지역에서 철수하여 자국의 치안유지지원 임무에 동원시키는 상황을 테러단체들의 복원 및 세력 확산의 기회로 활용하는 실정이다(The Telegraph, 2020. 3. 19; Magid, 2020). 대표적 예로 ISIS는 자체 홍보매체를 통해 코로나19는 '서방에 대한 신의 징벌이니, 최선을 다해 적을 공격하라'며 추종자들에게 테러를 촉구하는 내용의 음성메시지를 공개하였다(ABC News, 2020. 4. 2; Joscelyn, 2020). 둘째로, SNS 등을 통해 "테러 행위를 반복하면 바이러스에 면역된다. 코로나19는 하나님이 내린 신의 군사로서 십자군 국가들을 퇴각

시킬 것이며, 서방 국가들이 코로나19 위기에 몰두할 때 테러를 자행할 것"을 촉구한바 있다(Burke, 2020; Mazzoni, 2020). 알카에다의 사헬 지부 테러단체 또한 코로나19 확산을 이용, 말리에 있는 수십 명의 연합국 군인을 살해할 것을 독려하기도 하였다. 이와 연계해서 국제위기그룹(ICG)에서는 ISIS 등 테러단체들이 '코로나19 확산이 비무슬림 세력에 대한 처벌'이라고 주장하면서 테러 공격을 선동하고 있다고 평가하였다.

한편 미국은 국제테러단체의 자국 내 세력규합을 예방하기 위해 모든 외국군 유학생들을 잠재적 위협대상으로 인식하고 이들을 근원적으로 통제하는 신원검색 강화 법안을 추진하였다.[8] 주요 내용 교육생들이 미국에 입국하기 전, 미국정부가 직접 지원자의 소셜미디어 게시물을 검토하는 등 정교한 조사를 실시하고 미국 내 총기·탄약 구입을 금지하는 등 일정 부분 활동의 제한을 통해 새로운 비자를 적용하는 법안을 마련할 예정이다.

7) 연합군의 감축·철수에 따른 안보공백

약 20년간 중동 및 아프가니스탄 지역과 '테러와의 전쟁'에 투입되었던 미국 주도의 연합군의 감축은 치안불안지역을 중심으로 심각한 안보공백을 초래하고 있다. 이라크 및 시리아 지역 내에서 정부 및 연합군의 느슨해진 치안유지 기능으로 인한 취약한 포로수용소의 내부 상황을 기회로 삼아 조직원을 충원하는 등 세력 복원의 호기 및 결집의 시기로 삼고 있다. 미국·유럽 연합군이 중동지역에서 철수함에 따른 치안공백으로 지역 내 포로수용소에 수용된 테러조직원들의 탈옥 사례가 증가하고 있다. ISIS는 미국 등 연합군에 의해 시리아 및 이라크의 영토를 모두 상실한 상태에서 연합군의 철군 및 군사훈련 중지와 미국과 이란 간의 긴장 고조, 이라크의 정치적 혼란 등 대내외적인 복합적인 상황이 겹쳐져 이 지역에서 세력복원에 대한 결정적인 호기를 맞이하며 테러단체를 정예하하고 있다. ISIS는 자체적으로 마스크·장갑 등을 지원하거나, 원스톱 진료소를 운영, 전염병 예방지

8 현재 미국 내 군 기지에는 중동국가 등 153개국에서 온 5,000여명의 외국인 유학생이 교육 중이다.

표 5-5 연합군 철수에 따른 안보공백

구분	언론사	발행 시기	발생국가	주요내용
연합군 중동지역 철수/ 테러단체원 수용소 탈출	BBC News The Telegraph La Point	3.16 3.19 4.20 4.27	프랑스 시리아	• 미군, 이라크에서 각종 군사작전 및 훈련 중지 • ISIS, 미군·영국·프랑스 군대의 코로나19로 인한 철수를 틈타 중동서 활동 강화 • 코로나19 여파로 지하디스트 130명 조기석방 • ISIS 선전매체 알나바, 코로나19 확산 활용, 수감자들의 탈출을 통한 미국 및 서방 공격 촉구 • 시리아 수용소 내 코로나19 확산을 활용, 교도관들이 ISIS 전투원들의 탈출 조력

침 제공, 야전병원 신축 등을 추진하고 있다. 결국 ISIS 지지세력 확장으로 이슬람 극단주의 테러단체들을 격퇴하는 범세계적의 글로벌 반테러연대를 위협하고 있는 것이다.

제2절 국내 테러정세

최근 국내에서 테러사건은 발생하지 않았으나, 코로나19 장기화로 인한 극단주의 추종세력들의 폭력사태, 해외진출기업 및 재외국민에 대한 유사테러 발생가능성은 배제할 수 없는 상황이다.

코로나19 사태로 인한 국제테러정세는 우리나라에도 유사하게 현재 진행형으로 진화 중이다. 국내테러정세를 6가지 측면으로 분석해 보면 테러양상의 극단화, 장기적 방역지원에 따른 안보공백 사각지역 증대, 북한의 주체 불분명한 테러위협, 테러위험인물 등 인적 취약요인의 증가, 테러모방범죄 진화, 해적 등 재외 국민 테러위협 증대 등이다.

1. 테러양상의 극단화

코로나19 사태의 장기적 확산과 부의 집중심화 등 사회·경제적 양극화 현상은 사회 구성원 간의 갈등과 증오를 극대화시켜 극단 및 증오형테러 가능성을 증대시키고 있다. 실제로 2021년 서울연구원의 우리사회의 갈등 심각성의 인식도를 묻는 설문조사 결과 10명 중 9명이 현재 우리사회의 갈등이 심각하다고 인식하였고 코로나19사태로 우리사회의 갈등이 더욱 격화되었다고 응답하는 등 전반적인 갈등체감도가 매우 높은 실정으로 나타났다(조권중, 2021). 사회적 갈등 중에서는 진보와 보수의 이념과 소통의 한계에 비롯된 갈등이 한국사회에서 가장 심각한 요인으로 밝혀졌다. 그 외에는 부동산 등 빈부격차에 따른 갈등, 갑을관계 등 주류계층과 비주류 계층, 문화와 배경이 다른 다문화 가족 및 이민자들을 겨냥한 불신 불만의 팽배 등 계층관계에 의한 갈등, 젠더 갈등으로 나타났다. 그중 신뢰와 불신이 공존하는 지역사회의 양면성이 두드러지게 나타나고 있는데 대표적으로 경기도 안산이나 서울 구로구와 같이 서로 다양한 문화와 국적을 가진 사람들이 동일 공간에서 살면서 발생한 일상적 수준의 갈등에서 과격화되고 있다. 최근의 갈등사례로는 2021년 8월 탈레반의 아프가니스탄 재집권으로 인한 특별기여자(388명)의 국내 수용과 관련하여 일부 반난민 극단주의 유투버를 중심으로 한 무슬림 공동체 반대활동 등 지역주민과의 마찰이 이슬람모포비아(Islamophobia, 이슬람 공포 및 증오증) 문제로 비화되기도 했다.

미국 NSC(National Security Council)의 2021 국내테러 위협 분석(National Strategy for Countering Domestic Terrorism)에 따르면 미국 및 서구권에서는 심각한 위협으로 인종차별과 인종혐오 갈등 및 편견에 따른 혐오범죄로 표출되고 있으며 이러한 원인으로는 코로나19로 인해 대규모 실업사태 및 경제악회에서 비롯되는 긴장과 좌절요인이 테러 및 폭력범죄로 발현되는 것으로 평가하고 있다(US. National Security Council, 2021).

이와 더불어 코로나19 이후 우리사회의 신뢰도에 대해서 정부의 방역대응, 정보공개의 투명성, 타인에 대한 신뢰 등 정부와 시민 간의 총체적인 거버넌스에 대한 신뢰 또한 낮아진 것으로 나타났으며, 현재와 비교해 볼 때 미래에도 유사할 것으로 예상되어 국가적 차원의 효과적인 갈등관리에 대한 정책적 보완이 강력하게 요구되고 있는 실정이다(조권중, 2021).

한편 바이오테러 측면의 유사테러범죄들에 대한 위협이 증대되고 있는데 세균·바이러스 등과 관련된 국내 테러는 아직 이슈화되고 있지는 않으나 2020년 4월 인천지검에서 술집 주취자가 소란을 피우다가 신고한 사건이 발생했다. 당시 출동한 경찰관은 주취자가 코로나에 감염되었다고 말하면서 침을 뱉은 행위에 대하여 공무집행방해죄로 현행범 체포 후 불구속 기소하였다. 당시 미국 등 외국 유사사례를 고려하여 테러혐의 적용 여부를 검토해야 한다는 여론이 형성되기도 했다.

2. 코로나19 방역지원에 따른 취약성 증대

남북관계 교착상태와 코로나 상황으로 인한 안보 및 범죄양상의 변화로 군사력 및 치안역량 등 테러대응역량이 날로 취약해지고 있다. 군과 경찰력의 방역지원의 장기화로 인해 전투력의 피로도가 누적되고 있고, 부대별 교육훈련 미실시로 인해 현장대응역량이 날로 취약해지고 있는 실정이다. 범죄양상 또한 온라인 마약거래, 가상화폐 등 대면기반의 범죄는 감소하고, 사이버상의 국제조직의 지능범죄가 증대되는 가운데 국제테러단체에 의한 테러자금 활용이 매우 용이해지고 있다(박형민·장광호·임운식, 2021). 이런 상황에서 언택트 수사 및 정보활동으로 인해 외국인 단속역량이 취약해지고 국제 공조수사의 작동이 제한되는 점이 치안 사각지대화 되는 위협으로 작용하고 있다(치안정책연구소, 2021).

특히 2021~2022년 기간 동안 일본, 중국 등 주변 국가들의 올림픽 등 대규모 국제행사를 앞두고 외국인테러전투원(FTF)이나 위장난민들이 대한민국을 경유지 또는 은신처로 악용할 가능성도 우려하였다.

3. 북한의 주체불분명 위협

주체불분명한 북한의 도발위협은 지속되고 있는데, 최근 남북관계는 가장 심각한 테러위협세력인 북한과 2019년 이후 외교관계가 교착상태되면서 위협의 수준은 증대되고 있다. 이러한 상황에서 지난 2017년 말레이시아 쿠알라룸프르 국제공항에서 북한 김정남이 북한 공작원으로 추정되는 세력들이 기획한 VX 신경작용제(화학무기) 테러수단에 의해 암살되는 사건이 있었다. 김정남은 북한 김정일 국방위원장의 장남이자 현재 북한의 국가 최고 권력자인 김정은의 이복형으로 북한 최고의 국가요인에 해당한다. 이 사건은 최근의 전 세계적 요인 테러사건 중 가장 진화된 테러양상을 보였다. 이를 세부적으로 살펴보면 먼저 북한의 공작원들이 연예기획사 PD로 위장하여 베트남·인도네시아 여성 2명을 사전 섭외 및 아웃소싱 형태로 김정남을 암살하였다는 점을 들 수 있다. 둘째, 암살 실행 즉시 북한 공작원 4명은 말레이시아를 출국하였고 동원된 여성 2명에 대해 살인 혐의로 기소하였으나, 결국 상해 혐의로 선고받은 뒤 2019년에 석방되어 암살범이 없는 미스테리 사건이 되었다. 셋째, 이들은 진술과정에서 살인의도를 적극 부인하면서 공작원들에 의해 향수 및 크림 등을 활용하여 장난성 '몰래카메라' 영상을 찍는 것을 제안받았다고 주장했다.

결국 김정남 암살사건은 북한의 요인테러로만 추정할 뿐 구체적인 암살 배후 및 동기, 수법에 대해서는 밝혀지지 못한 배후도 없고 암살범도 없는 영구 미제사건이 되었다. 이를 테러사건 측면에서 평가해 보면 테러주체의 모호성과 사건 발생국가의 사법시스템의 취약지점을 교묘히 혼란케 하여 미제사건화 하는 패턴을 보였다. 결국 이러한 제2의 김정남 암살사건이 국내에서 주요 요인을 상대로 발생한다면 자칫 정부당국에서는 테러혐의 규명과 테러범 검거조차 제한되어 미스테리 사건으로 변질될 우려가 높다.

4. 인적 취약요인 증대

이슬람권 국가인 무슬림 2세 등 인적 취약요인이 증가하고 있는 가운데 테러단체 가담 및 지지하거나 테러 선전선동 등 위험인물의 활동들이 우려되고 있다. 대표적 사례로 2015년 11월 알 누스라 전선을 추종하는 불법체류 인도네시아인 검거사건이나 ISIS에 가담한 인도네시아 산업연수생 검거사건을 들 수 있다. 2016년 테러방지법 제정 이후 테러단체 자금지원 등 사법처리, 테러단체 선전으로 인한 강제퇴거 조치자가 급증하고 있다. 이와 더불어 테러단체 연계 인물과 과격사상전파 자금 모집 동향도 포착되고 있는 상황이다. 특히 ISIS를 비롯한 국제테러단체가 우리나라를 '십자군 동맹국', '악마의 연합군'에 포함시키고 우리 국민을 살해하라고 위협하기도 하였다. 최근 들어 체류외국인, 다문화가족, 난민 유입, 이슬람 종교 커뮤니티 등 증가추세를 보이고 있는데, 2020년 현재 불법체류자 40만 명을 포함한 203만 명의 체류외국인과 더불어 다문화가족 3.2만여 가구, 난민신청자 및 인정자 1.7만 명 등을 보이고 있어 테러예방 측면에서 잠재적 취약요인이 되고 있다(대테러센터, 2021). 최근 중동 및 동남아 출신 체류자가 증가하면서 테러단체 동조 등의 이유로 관련 법에 의거 사법처리되는 외국인이 증가하고 있다. 이와 관련하여 앞서 언급한 388명의 아프간 특별기여자의 수용 문제를 두고 사회적 논점이 격화되었으며, 수용반대의견이 60%에 이르렀다(파이낸셜뉴스, 2021. 8. 27.).

5. 테러모방범죄 진화

온라인상 폭력적 극단주의 성향의 테러 선전선동 영상 및 사제 폭발물 제조수법의 유통이 증가와 테러협박 및 모방범죄가 확산되고 있다. 대표적인 예로 2015년 3월의 주한 미대사(마크 리퍼트)피습사건, 2016년 10월의 오패산 터널 총격사건, 2017년 6월의 연세대 텀블러 폭탄사건, 2018년 6월의 서울 응암동 주택 화학약품 폭발 사건 등을 들 수 있다. 최근인 2020년 10월 전주에서 한 남성이 스토킹 대상인 여성의 아파트에서 유투브 등 온라인에서 습득한 폭발물 제조법을 이용하여 쇠구슬 및 화학약품 등으로 사제폭발물을 만들어 터뜨린 유사테러사건이 발생하였다(연합뉴스, 2020. 12. 4).[9] 이 사건은 여성의 교제 거부에 대한 증오 등 개인적 동기에 의한 것이었으나, 목표 설정 및 공격수법 등이 테러범죄와 유사하며 특히 온라인 폭발물 제조법을 학습한 점은 향후 모방범죄로 발전할 가능성도 충분한 것으로 평가되었다. 이러한 이유는 개인의 사회 주류집단에서 일탈되는 경제적 양극화·증오·혐오·인종차별 등에 따른 상대적 박탈감에 기인한 일탈행동으로 해석된다. 또한 반이민 여성 등 다양한 혐오정서와 결부된 유투버들이 온라인 플랫폼을 활용하여 세력화하고 있다.

6. 재외국민 테러위협

국내 테러위협뿐만 아니라 해외에 있는 대한민국 국민과 기업을 대상으로 한 테러, 해적, 증오범죄 등이 빈번하게 발생하는 실정이다. 특히 우리나라는 서구권 국제사회의 대테러작전에 직접적으로 참여하고 있지는 않으나, 우리 국민이나 기업들이 테러공격을 당할 가능성은 배제할 수 없다. 예를 들어 헤즈볼라 등 친 이슬람극단주의 테러단체들이 우리 정부에서 2020년 1월에 결정한 '호르무즈 해협' 지역에 대한 청해부대 파견 결정 등의 군사적 조치를 미국의 테러와의 전쟁을 지원하는 것으로 인식하여, 해외 우리교민 및 시설 등을 테러대상목표로 선정할 가능성은 여전히 높다. 최근에는 서아프리카 기니만 일대에서 해적들이 코로나19로 인한 경제난 심화로 수익성이 높은 우리나라 선원 납치사건이 증대되고 있다. 특히 테러정세가 불안한 중동·동남아·서아프리카 지역에서 테러공격을 받을 공격 가능성이 고조되고 있는데, 주된 원인으로는 ISIS 추종 세력의 분권화로 인해 역외 거점 확대를 통해 테러 정세 불안이 심화되고 있기 때문이다.

뿐만 아니라, 서구권에서 코로나 확산을 빌미로 아시안계 인종에 대한 증오

9 '왜 안만나줘!' … 여성 아파트 계단서 사제 폭발물 터트려, 연합뉴스, 2020년 12월 4일 https://www.yna.co.kr/view/AKR20201204167000055.

범죄로 인해 재외국민들의 피해가 우려되는 상황이다. 최근 해외에서의 우리 국민 테러피해 사례는 2000~2021년까지 총 174건이 발생하였는데, 대표적 사례로 2006년 3월 팔레스타인인민해방전선(PFLF)에 의한 KBS 기자 억류, 2007년 나이지리아 대우건설 직원 납치사건 및 아프간 탈레반에 의한 샘물교회 피랍사건, 2009년 예멘 자살폭탄테러로 한국인 관광객 사망, 2014년 이집트 시나이반도 자살폭탄테러로 기독교 신도 3명 사망 등을 들 수 있다(대테러센터, 2021). 또한 아프리카 일대의 우리 국민의 해적피해 및 납치범죄 사례도 빈발하고 있는데, 2006년부터 2016년 동안 해적공격이 27회가 발생하였다. 대표적 사례로는 2011년 삼호주얼리호 선원이 소말리아 해적에게 피랍되어 아덴만 여명작전을 통해 구출된 사건을 들 수 있다.

제3절 일본·중국·동남아시아·오세아니아 테러정세

1. 일본의 테러정세

일본의 경우에는, 동남아시아 국가 중에서 최근 수년간 테러사건이 발생하지 않으며 안정적인 테러정세를 유지하는 국가이다. 특히 ISIS, 알카에다 등과 같은 이슬람극단주의의 테러단체에 의한 테러 위협은 상대적으로 낮은 것으로 평가되고 있다. 왜냐하면 일본의 이슬람 교도는 약 10만 명 규모(인구 대비 0.1%)로 서구권에 비해서는 매우 적은 수준이며 특히 무슬림에 대한 구조적 차별이 존재하지 않는 것으로 평가되기 때문이다(Wada, 2021).

일본을 대표하는 가장 대표적인 테러사건으로는 옴진리교에서 주도한 도쿄지하철 화학테러 사건을 들 수 있는데, 1995년 3월 도쿄 지하철에서 사린가스를 살포해 6,013명의 사상자가 발생하였다.[10] 이후에도 옴진리교는 2000년 러시아에서 수감된 옴진리교 조직원을 탈출시키기 위한 폭탄테러 모의사건과 2012년 교주 아사하라의 석방을 요구하며 미국행 일본 항공 비행기에 폭탄테러를 기도하는 등 지속적으로 일본 국내테러 위협에 주요 세력으로 작용해 왔다(Okumura, 2009; United States Department of State, 2019).

2010년대에 접어들어 뉴테러 차원의 해외 테러사건에 일본인이 연루되는 사건이 증가하였다. 먼저 2013년 1월에 알제리 남동부의 이나메나스에서 이슬람 무장 세력에 의해 천연가스 시설을 테러사건으로 10명이 사망하였다. 이 사건으로 일본의 국외테러의 취약성이 이슈화되는 계기가 되었다. 이후 2014년 8월에는 시리아에서 일본인이 납치되어 2명이 사망하였고, 2015년에는 테러사건이 급증하였는데, 1월과 3월에 시리아와 튀니지에서 발생한 인질참수 및 총기테러사건이 발생했고, 8월에는 태국 방콕에서 폭탄테러, 10월에는 방글라데시 롱풀에서 총기테러로 사망하는 사건이 연이어 발생하였다(Pietrzyk, 2016).

한편 일본 국내에서도 유사 테러사건이 발생했는데, 2015년 4월 일본 최고 국가중요시설인 총리 관저 옥상에 세슘 성분인 방사성 물질이 담긴 불법드론 침입 사건이 발생하였고, 이로 인해 드론테러 위협이 일본 국내에서도 이슈화되었다.[11]

2016년 7월에는 방글라데시 다카에서 ISIS에 의한 일본인 테러사건이 발생했고 최근인 2019년에는 4월과 12월에 각각 스리랑카와 아프간의 낭가하르 주에서 일본인 테러사건이 사건이 발생했다. 이와 같이 〈표 5-6〉에서 제시한 일본인을 대상으로 발생한 일련의 테러 사건은 일본이 글로벌 테러 위협과 밀접히 연관되어 있음을 보여주는 것이라 할 수 있다.

최근 일본에서는 2020 도쿄올림픽(2021년 개최)에 대비한 테러위협의 양상을 분석하였는데, 주로 올림픽 행사간 치러지는 다자간 정상회의, 주요경기 진행간

---

10 1987년 아사하라 쇼코(麻原彰晃)에 의해 창설된 옴진리교(AUM)는 2018년 현재 일본과 러시아를 중심으로 1,500명의 규모의 조직원이 활동하고 있고 미국과 러시아에서 국제테러단체로 지정되어 있는 상태이다. 현재도 일본과 러시아를 중심으로 단체명을 감추고 20~30대를 대상으로 포교활동을 통해 신규 신도들을 지속적으로 충원하는 것으로 분석되고 있다.

11 「ドローン官邸落下から5年 進んだ法整備､広がる活用 安全管理にはなお課題」, 『毎日新聞』 2020년 5월 23일 https://mainichi.jp/articles/20200523/k00/00m/040/006000c.

표 5-6 일본의 주요 테러 사례

테러사건	주요 내용
필리핀 항공 비행기 폭탄테러 (1994년 12월)	• 보잉747기가 세부에서 도쿄로 비행 중 폭발하여 일본 승객 사망(이슬람 테러단체원 Ramzī Yūsuf)
옴진리교 사린가스 화학테러 (1995년 3월)	• 일본 도쿄 지하철에서 사린가스 살포로 6013명 사상자 발생(옴진리교 아사하라 쇼코)
9·11 테러(2001년 9월)	• 9·11 테러로 일본인 24명 사망
발리 나이트클럽 테러사건(2002년 10월)	• 인도네시아 발리 나이트클럽에서 2명의 일본인 테러공격 사망 (이스람 테러단체원 Jemaah Islamiyah)
이라크 폭탄테러 (2003년 11월)	• 이라크 키르쿠크에서 폭탄테러로 일본인 외교관 2명 사망
알카에다 일본테러 위협 발표 (2003·2004·2008)	• 알카에다 지도부가 스페인 마드리드 열차 폭탄테러 이후, 일본이 테러 대상목표라고 발표
이라크 인질납치 테러 (2004년 12월)	• 이라크에서 일본인 남성 참수사건
인도 뭄바이 테러 (2008년 11월)	• 일본인 노동자 사망
알제리 가스공장 테러 (2013년 1월)	• 알제리 아메나스 주 가스공장 공격으로 일본 근로자 10명 사망
시리아 일본인 참수테러 (2015년 1월)	• 시리아에서 ISIS 테러단체 의한 일본인 여행객 2명 참수
튀니지 일본인 참수테러 (2015년 3월)	• 튀니지 바르도 박물관에서 ISIS 테러단체에 의한 일본인 여행객 3명 참수
방글라데시 일본인 테러 (2016년 7월)	• 방글라데시 다카에서 JICA 소속 일본인 근로자가 이슬람 국가와 연계된 네오 JMB(Neo Jamaat-Ul-Mujaheden Banglash)의해 7명 사망
스리랑카 동시다발 폭탄테러 (2019년 4월)	• 스리랑카 동시다발 폭탄테러(259명 사망, 500명 부상)로 일본인 관광객 1명 사망, 4명 부상
아프간 일본인 의사 암살테러 (2019년 12월)	• 아프간 낭가하르州에서 일본인 의사가 괴한들의 총격으로 암살

출처: Pietrzyk(2016), Wada(2021), GTD(2016~2020),[12] 테러정보통합센터(2016~2020) 재정리.

12 National Consortium for the Study of Terrorism and Response to Terrorism (START) https://www.start.umd.edu.

국제사회의 이목을 집중시키기 위한 국제테러단체는 연계된 일본 내 추종세력, 극단주의 성향의 올림픽 반대단체 및 반원전단체 등의 위협이 도출되었다(Wada, 2021). 또한 올림픽기간 중 예상되는 주요 테러양상으로는 과거 옴진리교를 중심으로 한 대규모 화학테러, 드론 테러, 코로나19의 확산과 연계된 바이오·사이버 테러 등이 제기되었다(테러정보통합센터, 2020). 특히 코로나19 확산에 따른 혼란과 정부통제조치에 따른 불만이 급증하였는데, 2020년 8월 도쿄 시부야역에서의 마스크 착용을 반대하는 '노 마스크 집회'를 통해 시위대가 맨얼굴로 도심을 순환하며 집회를 개최하는 등 시민들에게 생물테러와 유사한 공포감을 확산시키기도 했다.

2. 중국의 테러정세

중국에 대한 테러위협요인은 경제침탈에 기인한 해외 중국표적 테러, 이슬람 극단주의 국제테러단체, 위구르족 분리주의 테러위협으로 살펴볼 수 있다.

최근 파키스탄 등 서남아시아 및 아프리카 지역의 이슬람극단주의 테러단체에 의한 중국의 테러위협이 증대되고 있다. 이러한 주요 원인은 중국의 일대일로 정책을 통한 국제사회에서 정치·경제적 영향력의 확대에 따른 지역내 경제적 침탈과 위구르족 탄압에 대한 반중 정서가 심화된 것으로 평가되고 있다(테러정보통합센터, 2021).

1) 해외에서의 중국인 대상 테러위협

파키스탄에서는 발로치스탄 해방군(BLA), 파키스탄 탈레반(TTP) 등 분리주의 테러단체에 의한 중국인 대상 표적 테러가 급증하고 있는데 2021년 4월 21일에 발생한 중국대사 투숙호텔에 대한 차량 폭탄테러 사건(Reuters, 2021. 4. 21)과 중국 근로자가 탑승한 버스폭탄테러(13명 사망) 사건이 대표적이다. 또한 아프리카 지역에서도 테러단체들이 중국 기업의 현지 진출에 반발하여 건설현장을 공격하거나 인질납치하는 사건이 빈번하게 발생하고 있다. 2021년 7월 말리에서 중국인이 피랍되고, 11월에는 민주콩고공화국에서 중국인이 10여명 피랍 및 피살되는 사건이 발생하였다(Global Times, 2021. 11. 2).

2) 이슬람극단주의 테러단체 위협

미국 Foreign Policy저널에서는 2021년 11월 22일 '중국의 이슬람극단주의 지하디스트들의 새로운 표적'이라는 주제로 중국에 대한 이슬람극단주의 테러위협 분석 연구를 수행하였다. 주요 내용을 살펴보면 그동안 알카에다 및 ISIS 등 이슬람극단주의 테러단체들이 주로 서구권을 주요 테러대상목표로 삼았으며 상대적으로 중국에 대해서는 부차적인 목표(secondary target)로서 적대적 입장을 지양하였다(Pantucci, 2021). 탈레반은 자신들이 아프간을 처음 장악했던 1990년대 초반 중국의 아프간 내 위구르족 단속 요청을 받아들이며 파키스탄을 포함한 제한된 경제투자 등 상호 협력관계를 유지하기도 하였다. 알카에다도 9·11 테러 이전 중국을 미국과 대립하는 세력으로 인식하여 잠재적 동반관계를 형성하였다.

알카에다는 2020년 9·11 테러 15주년 기념성명에서 중국을 '이스람의 적'으로 새롭게 규정하면서 대중국 테러를 독려하였다.

그러나 최근 2021년 8월 탈레반 세력의 아프가니스탄 재집권 이후 중국과의 급격한 관계의 지각변동이 진행되기 시작했고, 2021년 10월 ISIS－K(호라산 지부)에 의한 아프가니스탄 쿤두즈주 모스크 자폭테러로 180여명이 살상되는 사건이 발생되면서 명백한 테러대상목표(Clear Target)으로 이슈화되었다. ISIS－K는 테러 직후 위구르족과 같은 억압받는 이슬람교도들을 보호할 수 있는 존재가 자신들이라고 선전하였고, 테러의 배후가 위구르족이 테러를 일으켰기에, 위구르족을 탄압하는 중국을 공격할 것을 천명하였다.[13]

탈레반의 아프간 장악에 따른 중국에 대한 테러위협은 더욱 증대될 것이다. 중국은 재집권한 탈레반을 합법적인 국가정부로 승인하겠다고 표명하는 등 외교

13 How China Became Jihadis' New Target https://foreignpolicy.com/2021/11/22/china-jihadi-islamist-terrorism-taliban-uyghurs-afghanistan-militant-groups/

적 접촉을 진행하고 있지만, 한편으로는 아프가니스탄과 접경지역인 '신장위구르 자치구'로 이슬람극단주의자들의 유입을 차단하기 위한 방책을 모색하는 등 선제적으로 대응하고 있다(Pantucci, 2021).

3) 위구르족[14] 분리주의 테러단체 위협

중국 신장지역의 위구르족은 종교·민족적 이질성으로 지속적으로 분리 독립을 추진해오다 1997년 ETIM(Eastern Turkistan Islamic Movement: 동투르키스탄 이슬람운동)을 결성하며 대중 무장투쟁을 적극적으로 수행하는 상황이다. 동투르키스탄은 중국 내 신장위구르 지역의 이슬람 국가 건설을 목표로 현재 아프간·시리아 등지에 활동거점을 두고 있다. ETIM은 과거부터 알카에다·탈레반과 조직원 교류 등 긴밀한 협력관계를 유지 중으로 알카에다 등과 연계, 아프간 내에서 세력을 확장할 것으로 예상됨에 따라 향후 중국 안보 위협요인으로 부상할 전망이다(세종연구소, 2021).

향후에도 탈레반이 중국과의 협력을 강화하며 동투르키스탄 이슬람 운동(ETIM)단체 등 위구르족 단체의 아프간내 활동을 통제하고 있기에 향후 ETIM들이 친중성향의 탈레반과 관계를 끊고 ISIS-K와 연대하여 중국에 대한 강력한 테러 위협이 될 것으로 예상된다. 특히 2022년 2월 계획되어 있는 베이징 동계올림픽을 전후하여 테러단체들의 선전효과를 극대화하기 위한 실제 테러공격 가능성도 제기되는 실정이다.

3. 동남아시아 테러정세

동남아시아는 테러위협이 높은 지역으로 태국, 필리핀, 인도네시아 등을 중심

14 위구르족은 이슬람교(수니파)를 신봉하는 투르크 계통 민족으로 전 세계 1,200만 명으로 추산된다. 역사·민족·종교적으로 중국 본토와 이질적인 탓에 1949년 합병 이후 중국 정부와의 중국화 정책으로 50년간 신장지역 내 한족은 급속히 증가하였으나 위구르족은 급감하는 등 갈등관계가 지속되고 있다.

으로 다양한 초국가적 형태의 이슬람극단주의 테러단체의 지부들이 형성되어 있다(START 2021). 특히 2017년 이후 ISIS가 연합국의 공격에 패퇴하여 시리아 지역에서의 패권이 약화된 이후, 동남아시아 지역을 주요 거점화하여 원격 기획테러를 시도하고 있는 실정이다(Singh, 2017).

2021년 싱가포르 난양공대 소속 테러 연구센터인 RSIS는 2014년 이후 동남아시아 테러사건 발생현황 DB(Southeast Asis Militant Atlas)를 분석하여 테러정세를 평가한 바 있다. 대부분 필리핀 남부 및 인도네시아에서 발생한 것으로 코로나19 유행과 함께 2019년 327건에서 2020년에는 213건으로 감소된 것으로 나타났다(RSIS, 2021). 이러한 이유는 코로나19 사태에 따른 통행 제한 등의 테러단체들의 활동 둔화에 기인한 것으로 평가되었으나, 기존부터 지속되었던 해상납치 및 호주 등지의 극우테러 발생 가능성이 상존하고 있다(국가정보원, 2020). 납치사건의 대다수는 필리핀 남부 민다나오 말레이시아 사바주 해상에서 발생했다.

한편, 동남아시아에서의 주요 테러단체 활동으로는 ISIS 동아시아지부(ISIS-EAP)와 방사모로 이슬람자유전자(BIFF), 자마 안샤루트 다울라(JAD)가 가장 활동이 활발하다. 이 중 ISIS 동아시아지부는 2017년 필리핀 마라위 테러 사건[15] 등을 주도했으나 필리핀의 강력한 테러대응정책과 코로나19로 인해 2019년 140건에서 2020년 74건으로 테러활동이 위축되었다. 또한 JAD는 인도네시아 전역에서 활동하고 있는데 주로 사제폭발물 테러와 자살폭탄테러 등을 벌이는 것으로 분석되었다. 한편 인도네시아와 싱가포르에서는 타 동남아시아 국가에 비해 외로운 늑대에 의한 자생테러 사례가 다수 발생한 것으로 확인되었는데, 2021년 3월 인도네시아에서 ISIS 추종 여성이 무장한 채 경찰청 본부 진입을 시도한 사건이 있었다.

최근 동남아시아 테러정세의 특징을 살펴보면 첫째로 2017년 이후 ISIS가 중동 지역에서 벗어나 신규거점 구축 차원에서 동남아시아 권역으로 지속적으로 역외테러를 확대하고 있다. 글로벌 테러양상을 보더라도 동남아시아 지역도 중동 및 아프리카 다음으로 동남아의 무슬림을 중심으로 동진 추세를 보이고 있고(START, 2020), 특히 ISIS를 매개로 동남아와 이슬람극단주의자들이 국제 연대를 구축하는

15 2017년 5월부터 10월 동안 필리핀 내 ISIS 추종세력들이 마라위시를 무력 점거한 사건.

양상을 보이고 있다(US Department of State, 2019). 이에 따라 특히 우리국민이 다수 거주하는 동남아 지역에서의 경각심 제고가 필요한 상황이다.

둘째, 코로나19 확산과 함께 해외여행 및 이동통제 제한 등 정부의 방역정책 강화로 인해 테러단체들의 활동이 전반적으로 감소하였으나, 향후 백신접종 확대 등으로 코로나19 이동 제한조치가 완화될 경우 테러단체의 활동은 다시 급증할 것으로 평가하고 있다(pantucci, 2020).

셋째, 상대적으로 동남아 지역에서 치안·정세가 불안한 필리핀, 인도네시아 등을 중심으로 테러단체원 모집과 테러선전선동 전술 등에 대한 역량을 집중하고 있다(박영준, 2020). 미국 국무부에 따르면(US Department of State, 2020), 필리핀이 인접 국가인 인도네시아·말레이시아 등과 함께 중동·유럽출신 외국인테러전투원(FTF)의 종착지가 되고 있다고 경고하였고, UN 또한 ISIS가 프랜차이즈를 앞세워 조직 건재를 과시하기 위해, 인도네시아·필리핀 등에서 테러 및 조직가담을 선동하고 있다고 분석하였다(UN CTED, 2020). 특히 세계 최대 이슬람국인 인도네시아에서 ISIS의 조직원 모집이 활발한데, 지하디스트가 되기 위해 시리아로 입국한 해당 국적자만도 2020년 500명 이상으로 추정하고 있다.

넷째, ISIS는 정부에 대한 불만이 많은 '외로운 늑대'들을 자극해 자생테러를 선동함은 물론, 프랜차이즈 조직도 활용해 테러활동을 동시에 전개하고 있다(Gunaratna & Taufiqurrohman, 2016). 대표적 예로 2020년 6월 인도네시아 칼리만탄주 모차마드 리파이 경찰서에서 ISIS 연계 테러범의 흉기 공격으로 경찰관 1명 사망 등 2명이 피해를 입은 테러사건이 발생했다. 또한 동년 8월에는 필리핀 남부 술루주에서 ISIS 연계 테러단체인 아부사야프의 소행으로 추정되는 연쇄 폭탄테러로 사망 15명 등 90여 명이 살상되는 사건이 발생했다. 따라서 ISIS가 필리핀 및 인도네시아 등에서 공세적인 테러활동 중으로 관련 동향 모니터링 강화와 동남아에 체류하는 우리 국민의 안전유의 대책이 필요한 실정이다.

향후 동남아시아·오세아니아 지역의 테러정세 전망 역시 불안한 상황으로 평가된다. 주요 변수가 될 요인으로는 시라아와 이라크에서 물러난 ISIS의 동진화 전략이 지속되어 필리핀, 인도네시아 등 거점화와 2022년 예정된 필리핀 내 이슬람 자치정부가 출범 등으로 인해 테러위협의 고조 및 초국경적 확산이 우려된다. 또한 호주, 뉴질랜드에서는 주류 사회에서 소외받으며 자생적으로 극단화된 이민자들의 테러위협이 산발적으로 지속될 것으로 보이며, 반이민, 인종주의, 극단주의 테러 발생 가능성이 증대될 것으로 전망된다.

그러나 무엇보다 주목해야 할 것은 2021년 탈레반의 아프간 장악 여파로 우리와 지리적으로 가까운 동남아 지역의 테러단체 조직 재건과 자생테러 위협일 것이다. 최근 싱가포르 보안당국은 알카에다 등 테러단체들이 아프간을 '지하드의 성지'로 선전하며 동남아 등지에서 암약하고 있는 외국인테러전투원(FTF)을 끌어들일 것으로 전망했다.

또한 동남아시아 내 이슬람극단주의자 뿐만 아니라 중동 및 북아프리카 등지에서 활동하고 있는 동남아시아 출신 외국인테러전투원들이 귀국 대신 아프가니스탄으로 이동할 가능성도 잠복하고 있다. 과거 아프가니스탄의 소련에 대한 항쟁(1979~1989년)에 참전한 후 귀국하여 알카에다 연계 테러단체인 인도네시아의 제마 이슬라미야(JI: Jemaah lslamiyah) 등 테러단체에 가담하여 활동한 전례가 있기 때문이다. 또한 2014년 이후 ISIS에 가담하고자 시리아 등지로 출국했던 동남아시아 출신 외국인테러전투원(FTF) 잔당 수백 명이 귀국 대신 아프가니스탄 잠입을 택할 가능성도 잠재하고 있다(세종연구소, 2021).

1) 필리핀

필리핀은 인도네시아·말레이시아 등의 외국인테러전투원들이 필리핀으로 지속유입되고 있으며, ISIS 연계 테러단체인 '아부사야프'(ASG) 등이 이들을 조직원으로 흡수하고 있어 필리핀 내 테러위협이 증가하고 있다(US Department of State, 2020). 필리핀은 2017년 5월부터 2019년 12월까지 지속된 남부 민다나오 섬에 대한 계엄령 및 군사작전의 장기화 속에서 코로나 사태까지 겹치면서 주요 테러 조직의 세력위축 및 테러사건 감소 등 외형적으로 테러가 불안한 정세는 감소되었다. 2020년 1월~2월에는 미국과 필리피 특수부대간 합동 대테러훈련이 실시되는 등 대테러 대응역량을 강화하기도 하였다. 특히 ISIS의 동아시아 지부는 필리핀 정부의 소탕작전 및 코로나 이동제한령 등으로 테러단체원 충원 및 대정부 테러의 차질이 발생하였다.

인도네시아 및 말레이시아 등지로 외국인테러전투원(FTF)의 유입이 잇따르면서 ISIS 추종 테러단체의 민다나오 섬 소재 성당 폭탄테러가 발생해서 테러위협은 심각해졌다. 2019년 6월 29일 필리핀 남부 군 부대에 폭탄테러가 발생하여 20여 명의 사상자가 발생하였다. ISIS는 테러 직후 자체 선전매체인 아마크 통신을 통해 배후를 자처하면서 군인 100명을 살상했다고 주장하였다. 그러면서 폭발물을 착용한 자살수트의 테러범 두 명이 ISIS 깃발 옆에 서있는 모습을 공개하였다. 필리핀 군 당국은 이 테러가 ISIS에 충성을 맹세한 국제테러단체 아부사야프의 소행으로 판단하였다.

2020년 3월에는 ISIS 연계세력인 ISIS 동아시아지부(ISIS-EAP)가 코로나19 혼란 국면에 편승하여 지하드를 선동하였고, 아부사야프 그룹(ASG)은 남부 해역에서 테러자금 확보를 목적으로 납치활동을 지속하였다. 또한 4월에도 최남단 술루제도에서 정부군 등을 대상으로 25명을 살상하는 테러공격을 자행하였다. 이후 7월에는 ISIS 동아시아의 수장제거에 대한 보복테러 및 각국의 코로나19 대응조치에 반발하는 테러사건이 발생하였다. 이후 ISIS 동아시아지부 수장인 하티브 사와드잔이 정부군과 교전 중에 사망한데 이어, 8월에는 아부 사야브 그룹(ASG)의 지도자인 이당 수수칸도 경찰에 체포되었다. ISIS 동아시아 지부는 수장 사와드잔 사살에 대한 보복으로 8월에 홀로섬에서 연쇄 자폭테러를 자행하여 90명을 사상시키는 등 정부군 대상 공세를 강화하였다.

이러한 공격양상은 기존 활동근거지인 남부 민다나오 지역을 벗어나 수도 마닐라가 위치한 루손 섬등 북부지역으로 활동반경을 넓히려는 시도가 지속된 것으로 분석된다.

2) 인도네시아·태국

인도네시아는 ISIS가 동남아시아에서 가장 적극적으로 신규 전투원 모집 등 선제적 활동을 재개하고 있는 국가이다. ISIS는 코로나19 혼란을 틈타 사회에 불만이 가득한 외로운 늑대를 모집하고 전투원을 양성하는 등 활동을 재개하고 있는

데, 현재 인도네시아는 동남아 국가 중 코로나19 누적 확진자 약 16만 명과 사망자가 약 7천 명 규모로 가장 많은 국가로 국민들의 정부에 대한 불만이 심화되고 있다(Burke, 2020; Moonshot, 2020).

최근 테러동향의 주요 특징으로는 2020년 2월 터키와 시리아 중심으로 쿠르드 민병대 관할지역에 수감 중인 외국인테러전투원(FTF)와 가족 690명의 송환불허를 결정함에 따라 테러단체의 연계세력에 의한 보복테러 위협이 증대되었다. 실제 3월에는 교도소 내 ISIS 재소자 12명이 탈옥하는 등 치안력의 불안이 심화하였다. 또한 JAD(자마 안샤룻 다울라) 테러단체가 UN 테러단체로 3월에 지정된 이후, 서 파푸아에서 분리주의 세력의 광산기업 현장사무소 총격테러로 뉴질랜드인이 사망하였다. 4월에는 JAD의 일원인 동인도네시아 무자헤딘(MIT)의 신임 수장인 아흐메드가 술아웨시 포소에서 경찰을 무장공격하고, 민간인을 납치하였다. 8월에는 인도네시아 보건청 차량 공격 및 민간인 납치 시도 등 테러행위가 지속되고 있고 코로나19 장기화에 따른 사회불만세력을 타깃으로 자생테러 선동 등 온라인 활동에 주력하였다. 이는 인도네시아가 코로나19 누적 사망자 12,000여명으로 동남아시아 중에서 1위인 현실과 관련이 깊은 것으로 분석된다. 이에 따라 군과 경찰은 자카르타 및 발리 등 8개 지역에서 소탕작전을 전개하여, ISIS 자금지원 혐의로 JAD 조직원 등 72명을 체포하는 등 강도 높은 대테러활동을 전개하고 있다.

한편 태국도 남부 이슬람 지역 내 분리주의 반군활동 강화로 테러정세가 악화되면서 이슬람 분리주의 무장세력에 의한 민간시설 대상테러가 증가추세를 보여왔다. 코로나19에 따른 테러단체들의 활동자제에 따라 비교적 테러정세가 안정적이었는데 2020년에는 2월에는 북동부 나콘랏차시마시에서 탈영군인의 총기난사로 29명이 사망하고 57명이 부상하는 총기범죄가 발생하였다. 3월 남부 이슬람 반군이 코로나19 대책회의 중이던 얄라주 행정센터에 폭탄테러를 자행하여 언론인 포함 20명이 부상하는 등 분리주의 테러가 발생하였다. 이후 지난 4월 이슬람 분리주의 단체인 '바리산 민족해방전선(BRN)이 코로나19 대응을 위한 활동중단을 선언한 이후 테러공세가 자제되고 있는 상태이다.

3) 오세아니아

최근 호주와 뉴질랜드 등의 테러정세 특징으로 테러사건은 발생하지 않았으나, 코로나19 여파로 반아시아 정서 확대 및 인종차별 증오범죄가 증가하고 있는 것으로 평가된다(UN CTED, 2020). 2019년 3월에 발생한 뉴질랜드 모스크 총기사건 이후 테러 불안이 증가한 가운데 호주 보안정보부(ASIO) 부장은 2020년 2월에 "극우세력의 정기 모임 및 사격훈련 사례가 급증하고 있다"며 이례적으로 극우테러 위험을 경고하였다. 또한 호주는 코로나19악화국면에 편승한 극우단체나 이슬람 극단주의 테러가능성을 우려해 테러경보를 총 6단계 중 3단계(Probable)로 상향조정하였고 뉴질랜드도 테러행위로 최초 기소된 '크라이스트처치 모스크 총격' 테러사건의 테러범 테런트에 가석방없는 종신형을 선고하여 테러에 대한 경각심을 제고시켰다. 특이할 점은 서구권 아시아계 혐오범죄 증대현상과 유사하게 2020년 3월 한국인이 현지인에 인종차별과 폭행을 당한데 이어, 4월 싱가포르 여자 유학생 2명이 인종혐오 발언과 함께 폭행을 당하는 피해 등이 발생하였다.

제4절 미국·유럽의 테러정세

코로나19 이후 미국 및 유럽의 테러위협을 관통하는 주요 이슈는 그간 온라인을 중심으로 은밀히 활동하던 극우주의자들의 테러위협이 현실화되었다는 점이다. 미국의 더 베이스(The Base) 등 인종주의적 혐오정서를 가진 극우세력들이 코로나 위기를 기회로 가짜뉴스와 음모론을 유포시키면 세력을 확장하고 있다. 이러한 세력확장은 프랑스, 독일 등 유럽 다수의 국가들에서 급진적인 극우정당들이 국가별 의회의 다수당으로 등장하면서 두각을 나타내며 유럽의회에 존재감을 나타내

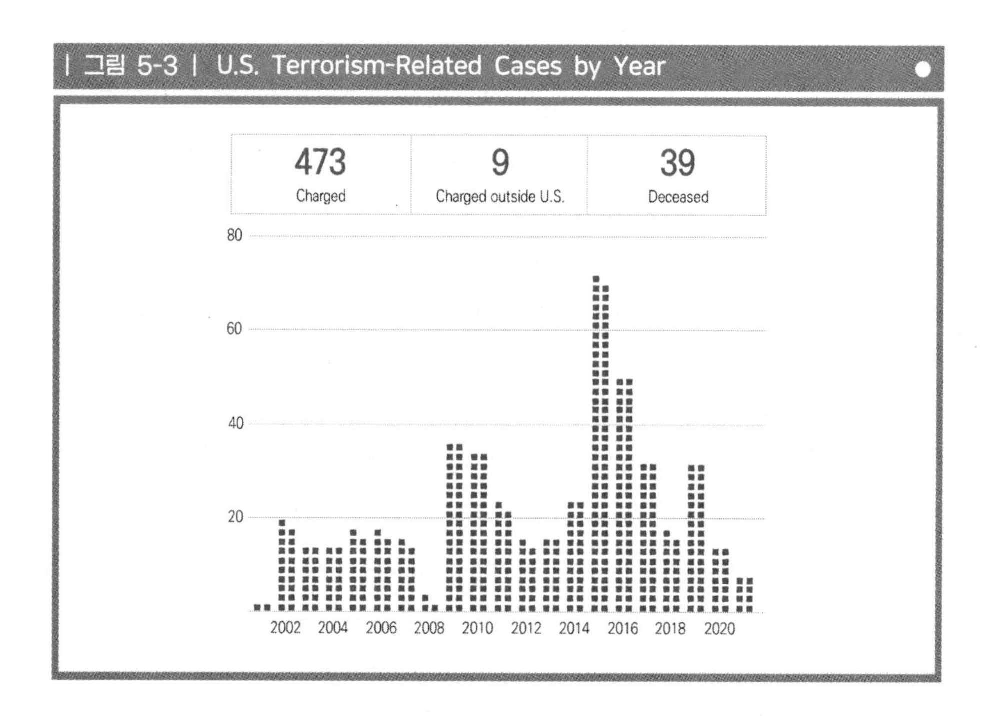

| 그림 5-3 | U.S. Terrorism-Related Cases by Year

고 있다는 사실이다. 이들 극우정당들의 주요 주장들은 반이민, 반난민, 유럽의 문화적 순수성 또는 정체성의 수호, 단일 인종 문화로의 회귀, 반글로벌리즘, 제노포비아, 이슬람포비아 등으로 대표된다(윤민우·김은영, 2020).

둘째로 프랜차이즈 조직이나 추종자들을 배후에서 조종을 통해 테러공격 사례 등 이슬람극단주의 테러세력들의 다분화도 심각한 위협으로 대두되고 있다. 특히 유럽의 경우 이슬람 이민자들을 중심으로 하는 소외계층의 누족된 불만이 표출되어 이른바 외로운 늑대 형태의 개인 테러범에 의해 실행되고 있다. 이러한 원인은 코로나19로 인한 이민자에 대한 차별심화가 사회경제적 불만과 소외감을 증폭시키면서, ISIS·알카에다 등 국제테러단체의 선전선동에 빠져들게 하는 상황이다.

1. 미국 테러정세

2020년에는 미국 본토에서의 테러공격은 발생하지 않았으나 테러위협은 지속되고 있다. ISIS 및 헤즈볼라 등은 2020년 1월 솔레이마니 이란 쿠드스 군 사령관 암살, 미국의 친 이스라엘 행보 중심의 중동평화구상 발표 등에 대한 보복을 천명하는 등 테러위협을 지속하였으나 2020년 3월 튀니지 미국 대사관 자살폭탄 테러 이외에는 주목할 만한 테러공격은 발생하지 않았다(테러정보통합센터, 2021).

2021년 8월 말 미군의 아프가니스탄 철군 완료를 통해 전 세계를 충격에 빠트린 9·11 테러 이후 부시 대통령이 시작한 20년간의 테러와의 전쟁이 일단락되었으나, 9·11 테러 이후 수백 명의 미국인과 미국 내에 거주하는 사람들이 이슬람극단주의 테러 또는 유사테러범죄로 기소되거나 범죄활동간 사망된 것으로 보고되고 있다. 9·11 테러 이후 ISIS의 전례없는 부상으로 매년 테러가 급증했고 ISIS 영향력이 절정에 달한 2017년 이후 테러 발생 건수는 감소하고 있는 추세이다(Bergen & Sterman, 2021).

연도별 미국의 테러 관련 사례로서 미국 내에서 이슬람극단주의 테러에 관여한 혐의로 기소되거나 사망한 사람, 해외에서의 관련 활동으로 기소된 미국인 등이 해당한다. 연도는 개인이 기소된 해 또는 사망한 해를 나타낸다.

그러나 전문가는 이번 종전이 포스트 9·11 시대의 끝이 아니라 미국은 오히려 20년 전보다 훨씬 복잡해진 테러위협에 직면해 있다고 평가하고 있다(한국일보, 2021. 9. 11).

1) 이슬람극단주의 테러위협의 다분화

9·11 테러가 20년이 흘렀지만, 미국내 이슬람극단주의 테러 위협은 사라지긴커녕 오히려 다분화했는데, 특히 테러수장인 오사마 빈라덴 및 관련자들이 10년 전 대부분 미군에 의해 제거되었으나, 본질적 테러단체인 알카에다는 아직도 재건하며 새로운 유사 테러집단도 계속 등장했다. 2015년 프랑스 파리 테러를 자행한 ISIS 단체가 대표적이다. ISIS는 미국의 테러와의 전쟁의 명목으로 2003년 이라크 침공에 따라 이라크 정권의 붕괴 및 내전을 통해 급성장했다. 현재 무려 83개국 연합이 5년에 걸쳐 ISIS에 맞선 결과 그 세력이 약화하긴 했지만, 여전히 국제 대테러위협에는 커다란 영향을 미치고 있다.

9·11 테러 이후 미국의 주요 테러위협은 외부의 이슬람극단주의 위협이 보편적이라는 것이 통념으로 인식되었는데, 그도 그럴 수밖에 없는 것이 9·11 테러도 미국에 잠입한 중동 출신의 19명의 테러범들이었다. 그러나 최근의 알카에다의 수장이 된 미국태생의 성직자 안와르 알울라키는 2010년 게시물에 "지하드(성전)은 애플파이처럼 미국인이 되고 있다"고 주장했다. 이 의미는 〈그림 5-4〉에서도 보는 바와 같이 미국에서 이슬람극단주의 테러로 기소된 대부분의 사람들은 외국인 출신 테러범이 아닌 미국 시민권자나 합법적인 거주자들이라는 의미이다(Bergen & Sterman, 2021).

최근들어 국제테러단체들이 프랜차이즈 단체들을 활용한 대리전 형태의 테러공격 가능성은 여전히 심각하다. 2020년 12월에 미국 항공기를 납치해 건물과 충돌시키는 9·11식 테러모의를 기도한 알샤바브 소속 케냐 테러범을 항공기 납치음모 혐의로 검거하였다. 이 테러범은 필리핀에서 조종사 훈련을 이수했으며 항공기 침투방법 등을 수집한 것으로 확인되기도 하였다.

| 그림 5-4 | 미국내 테러범 기소현황[16]

Citizenship Status at Time of Charge or Death

Hover over a square for more detail on an individual case.

83%	Citizens and Permanent Residents	47% U.S. Born Citizen 21% Naturalized Citizen 3% Citizen of Unknown Status 11% Permanent Resident
7%	Unknown	7% Unknown
10%	Others	3% Nonimmingrant Visa 2% Visa-Free Travel Eligible Individual 4% Refugee or Asylum Seeker 1% Undocumentted/Entered Without Legal Documentation

16 https://www.newamerica.org/international-security/reports/terrorism-in-america/ who-are-the-terrorists.

2) 극우주의(far right-wing extremism) 테러

폭력적 극우주의 테러는 최근 미국의 핵심 이슈가 되고 있는데, 이러한 원인은 지난 트럼프 정부시절의 경찰 등 인종차별적 공권력 행사, 코로나19 확산, 2020년 대통령 선거와 융합되면서 미국을 뒤흔드는 대형 안보위협으로 진화되었다.

미국의 2019년 증오 및 극단주의 테러분석에서 트럼프 대통령의 등장으로 백인 극우주의 조직이 155개로 55% 급격한 증가한 것이 결정적 원인으로 작용하였다(Guardian, 2020. 3.18). 이러한 인종차별적 혐오범죄의 급증의 원인은 트럼프 대통령 재임시절부터 극우주의 단체들을 중심으로 인종차별 등 사회문제가 초점사건화 되어 테러로 연계되고 있고 음모론적 주장인 대전환(Great Replacement)에 기인한 것으로 평가하고 있다.

미국의 극우주의 테러는 오랜 역사를 가지고 있으며 살상력에 있어서 매우 파괴적이다(START, 2017; Freilich et al., 2018). START 센터의 GTD 데이터를 분석한 결과를 살펴보면, 1970년부터 2016년까지 미국 영토 내에서 2,794건의 테러공격이 발생하였고, 그 결과 3,659명의 사망자가 발생하였는데, 특히 2010년 이후 극

| 그림 5-5 | Terrorist Attacks in the United States by Ideology

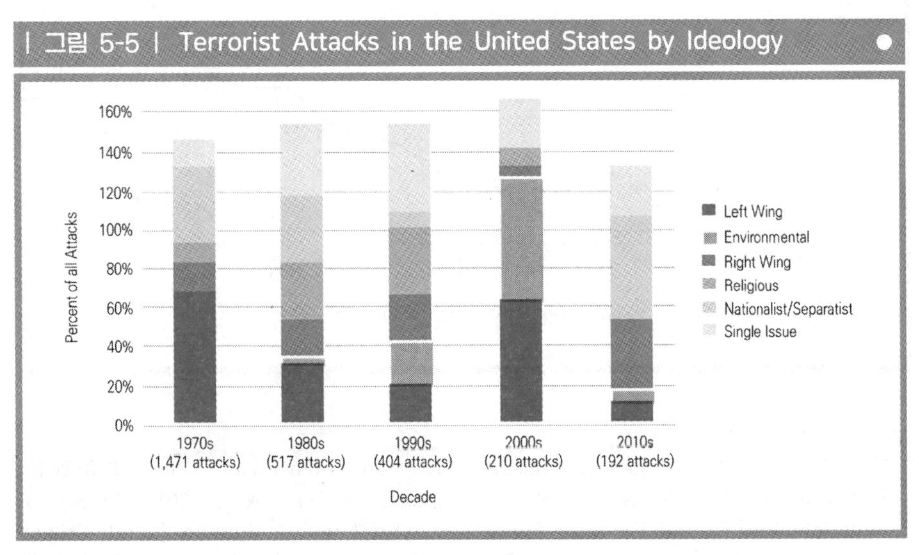

출처: START(2017). Ideological Motivations of Terrorism in the United States, 1970–2016.

우주의 테러로 인한 테러사건의 비율이 높은 것을 확인할 수 있다(START, 2017).[17]

또한 단일 사건 중 2001년 9·11 테러 사건을 제외하고 미국 최대의 대량살상테러 사건은 1995년 미국 오클라호마주 연방정부청사를 폭파한 극우테러 사건으로, 극단적 정치이념 성향을 갖고 있던 걸프전 참전용사(예비역 군인) 출신인 티머시 멕베이라는 극우주의자에 의해 168명이 사망하고 680명이 부상당하는 대량살상테러였다.

이러한 실증분석 결과는 실제로 미국 본토에서 전통적으로 지속적이면서 치명적인 테러위협이 바로 극우주의 테러라는 점을 실제 데이터로 보여주고 있으며, 빈도면에서도 극우주의자들이 미국 내에서 발생하는 대부분의 테러공격을 일으키는 것으로 해석할 수 있다(Parkin, et al., 2017).[18] 그러나 지난 20여 년 동안 극우테러의 위협과 문제는 이슬람극단주의 테러에 비해 상대적으로 적은 학문적 관심이나

| 그림 5-6 | Since 9/11, the cumulative people killed byright-wing extremists is greater than those killed by Islamist extremists[19]

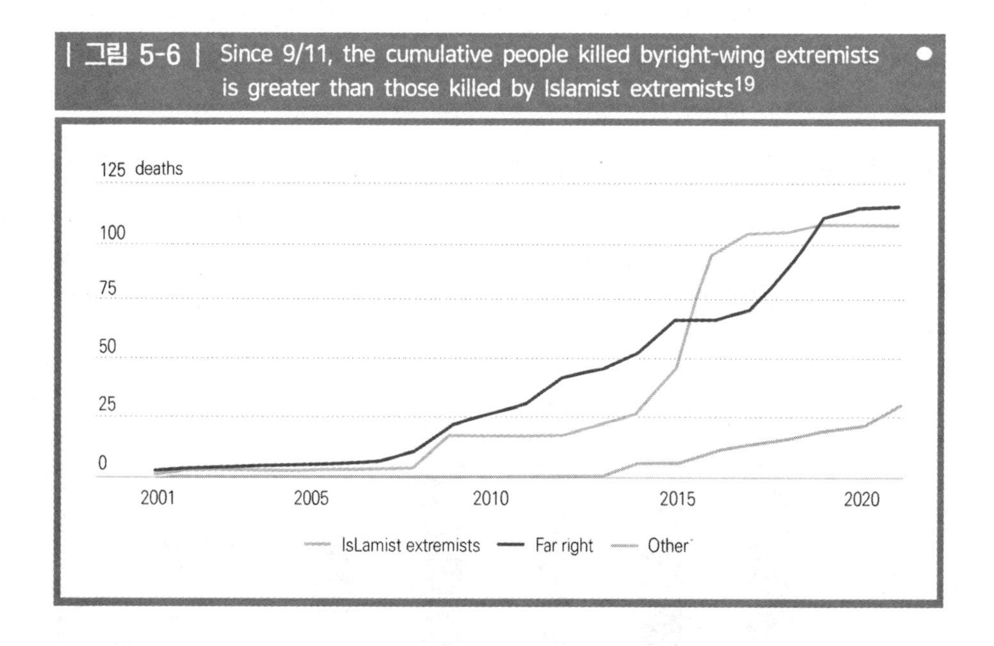

17 START. (2017). Ideological Motivations of Terrorism in the United States, 1970-2016.
18 Parkin, W., Klein, B., Gruenewald, J., Freilich, J., & Chermak, S. (2017). Threats of Violent Islamist and Far-Right Extremism: What Does the Research Say?. College Park: National Consortium for the Study of Terrorism and Responses to Terrorism.
19 https://www.theguardian.com/us-news/2021/sep/08/post-911-domestic-terror

| 그림 5-7 | 2021년 미국 국회의사당 점검 폭동(United States Capitol Riot)

매스컴의 보도대상이 되어왔다(윤민우 · 김은영, 2019).[20]

이처럼 9 · 11 테러 이후 서구권의 테러와의 전쟁 결과로 유럽 및 미국으로 급동 난민이 급증하자, 이슬람 혐오 현상(이슬람포비아)이 힘입은 극우세력은 폭력으로 증오의 에너지를 분출하기 시작하였으나, 미 정부나 연방수사국(FBI)은 대테러 역량의 80%를 해외에 이슬람극단주의 위협에만 방점을 둔 대테러전략을 수립하고 있어, 이로 인해 국내 '극우 사각지대'가 생성되어 사실상 극우주의 테러공격에 취약해졌다. 미국 최대 유대인단체인 '반명예훼손연맹'(ADL)에 따르면, 2019년~2020년 미국 내 극단주의 살인 사건 59건 중 2건을 제외하고는 모두 극우세력의 소행이었다.

미국 극우주의 테러 양상과 관련된 최근의 가장 대표적인 사례가 2021년 1월 6일에 발생된 연방국회의사당 무장 폭동사건이었다. 이 사건의 본질적 원인은 트럼프-바이든 대선 결과가 부정선거 개입했다며 불복한 트럼프 극렬 지지세력들에게 있었는데 상당수가 민병대 복장을 착용하고 국회에 총기휴대하고 난입하여

20 윤민우 · 김은영. (2019). 서구 국가의 극우극단주의: 미국의 사례연구. 한국치안행정논집, 16(3), 241-266.

| 그림 5-8 | 미 국회의사단 무장 폭동 사건 조사보고서(EXAMINING THE U.S. CAPITOL ATTACK)

Examining the U.S. Capitol Attack

A Review of the Security, Planning, and
Response Failures on January 6

:ommittee on Homeland Security and Governmental Affairs
U.S. Senator Gary Peters, Chair
I.S. Senator Rob Portman, Ranking Member

Committee on Rules and Administration
U.S. Senator Amy Klobuchar, Chair
U.S. Senator Roy Blunt, Ranking Member

Staff Report

폭발물 설치, 시설파괴 등 폭력행위를 일삼았다. 이 사태로 인해 워싱턴 DC에서는 비상사태가 선포되면서 의회경찰(USCP), 연방수사국(FBI) SWAT, 주 방위군, 국토안보부 등의 관계기관이 투입되어 진압임무를 수행하였다. 당시 국회에 있던 펜스 부통령 및 의회 주요 요인들이 인근 군 기지로 긴급 대피하고 미국 상·하원 회의가 임시 중단되었으며, 체포 및 기소된 인원이 무려 557명가량 되었다. 특히 충격적이었던 것은 전 현직 군인 23명과 경찰 다수가 사건에 가담하여 폭발물 제작 및 운용 등 공격계획수립 및 선두에서 난입역할을 수행하는 등 충격적 행태를 보였다(United States Senate, 2021).

이후 2021년 6월 미 상원 국토안보위 조사결과에 의하면 〈표 5-7〉과 같이 테러대응기관들의 안일한 초동대응 등 현장 대응 역량 미흡, 사전위협 감지에도 미흡한 정보공유, 통합지휘체계붕괴가 주된 원인으로 드러났다. 특히 주요 관계기관인 법무부, 연방의회경찰, FBI, 국토안보부, 국방부 등의 위기대응 매뉴얼이 연계성 미흡 및 지연작동 등 이른바 통합적 위기관리 역량의 발휘가 완벽히 실패되

었던 것으로 분석하였다(United States Senate, 2021).[21]

표 5-7 미 국회의사당 무장 난입사태 실패원인 분석

관계기관	주요 실패요인
법무부(의회경찰)	통합방호계획미수립(주무 기관)
연방의회 경찰(USCP)	지휘통제실패, 정보판단, 현장대응역량 부족(사전위협감지)
FBI · 국토안보부(DHS)	국회 침투위협 정보 미 공유(사전위협감지), 정보판단 실패
국방부	병력지원 요청 후, 현장투입 승인 지연(3시간)

출처: United States SENATE(2021). EXAMINING THE U.S. CAPITOL ATTACK 재정리.

이러한 위협에 강력히 대응하고자 바이든 대통령은 취임 이후, 2021년 7월 9일 국내 테러 대응전략을 발표하면서 백인우월주의 등 인종적 증오갈등을 기반으로 한 극우주의 테러가 코로나 이후 미국의 최대의 국내안보 위협이라고 선언하고 강력한 극우주의 테러대응 정책을 추진하고 있다.[22]

3) 아시아계 대상 증오범죄 증대

앞서 수차례 언급한 바와 같이 극우주의 관점에서 아시아계 대상 증오범죄가 급증하고 있다(Tessler & Choi & Kao, 2020). 미 연방수사국(FBI)에서 2021년 8월 발표한 2020년 미국 내 증오범죄 통계를 살펴보면,[23] 2020년 아시아계 대상 증오범죄는 279건으로 평균 137건 대비 2배 이상 급증한 가운데 2016년 이후 지속 증가하고 있는 추세로 분석되었다(FBI National Press Office, 2021. 10. 25).[24] 특히 2020년 미국 대도시에서 아시아계를 향한 증오범죄는 〈그림 5-9〉에서와 같이 전년 대비

---

21 https://www.rules.senate.gov/imo/media/doc/Jan%206%20HSGAC%20Rules%20Report.pdf.

22 https://www.aclu.org/news/national-security/bidens-domestic-terrorism-strategy-entrenches-bias-and-harmful-law-enforcement-power.

23 https://crime-data-explorer.fr.cloud.gov/pages/explorer/crime/hate-crime.

24 https://www.fbi.gov/news/pressrel/press-releases/fbi-releases-updated-2020-hate-crime-statistics.

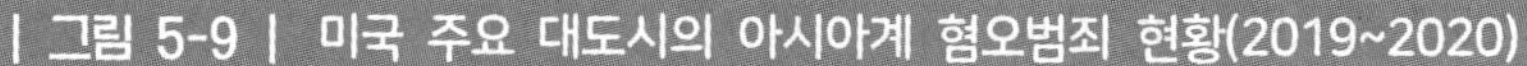

| 그림 5-9 | 미국 주요 대도시의 아시아계 혐오범죄 현황(2019~2020)

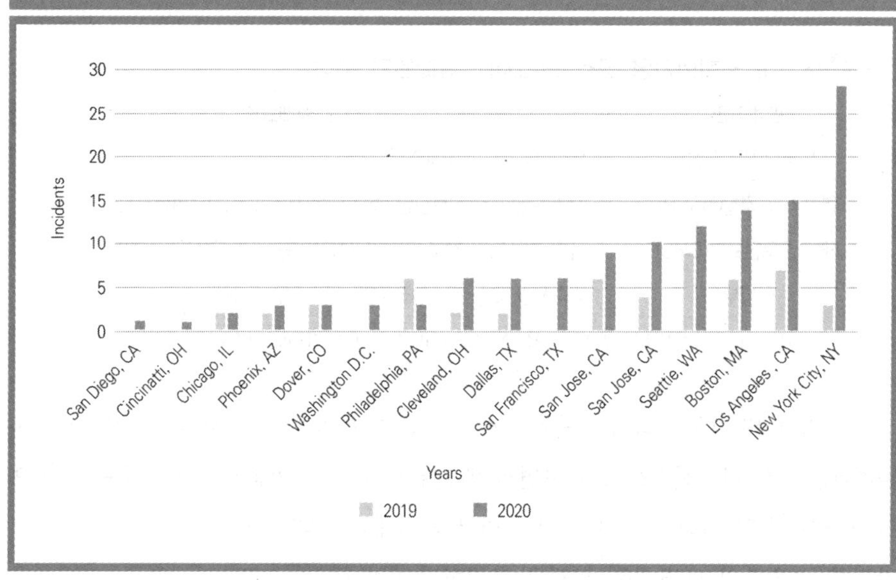

출처: UN Counter-Terrorism Committee(2020). CTED Trends Alert 4월호.

149% 증가했다(Center for the Study of Hate & Extremism, 2021).

최근 사례로는 2021년 4월 6일과 11일에는 미국 뉴욕에서 귀가하던 아시아계 여대생에게 괴한이 염산을 뿌리는 사건과 '바이러스를 가져온 원숭이들'이라는 인종비하 발언사건이 발생하기도 하였다(JTBC, 2021. 4. 20). 이로 인해 미국 및 유럽에서 아시아인 혐오범죄에 대한 처벌을 강화하는 등 노력에도 불구하고, 아시아인 대상 인종차별 및 혐오범죄 문제가 확산되고 있다.

이렇게 미국 내 아시아계 혐오범죄가 확산하고 있는 이유는 1980년대 이후 아시아인이 미국 내 모범적인 소수민족으로 부각되면서 흑인 및 비주류 백인 등의 반발로 증오범죄가 확산되고 있으며, 특히 2018년부터 지속되고 있는 미국과 중국의 무역분쟁과 2019년 말부터 시작된 중국 우한 코로나 현상 등 반중 정서에서 기인한 것으로 평가되고 있다(Margolin, 2020).[25]

25 Margolin, J. (2020). FBI warns of potential surge in hate crimes against Asian Americans amid coronavirus. ABC News. https://abcnews.go.com/US/fbi-warns-potential-surge-hate-crimes-asianamericans/story?id=69831920. Accessed 26 April 2020.

미국 정부는 이러한 아시아계 증오범죄에 강력하게 대응하기 위해 2021년 5월에 코로나19 증오범죄법(Covid19 Hate crimes Act)을 제정하였는데, 그레이스 맹 미국 뉴욕주 하원의원 등 아시아계 의원 주도로 상하원 통과 후 대통령 서명하여 발효되었다. 이 법령은 2021년 3월 애틀란타 총격사건을 계기로 반아시아 증오범죄 대처의 일환으로 시행되었으며, 주요 법안내용은 코로나19 증오범죄 대처를 위해 법무부내 관련직위 신설, 법무부-경찰 간 증오범죄 핫라인 구축, 합동훈련 명시 등이 규정되어 있다.

4) 코로나 바이오테러 위협 증대

미국에서는 바이러스를 테러이용수단으로 활용한 바이오 테러 위협이 증대되고 있는데, 특히 백인우월주의 테러단체들이 선봉에 서서 활동하고 있다. 대표적으로 미 연방정부 전복과 백인국가 건설을 주장하는 더 베이스(The base) 테러단체는 코로나19 확산을 아시아인 혐오와 마스크 착용 등에 대한 정부정책에 대한 대립이 증대된 상황에서 현 상황을 호기로 판단하고 각종 음모론을 확산시키면서 언론인 살해, 유대교회당 폭탄테러 모의 등 세력을 키워나가고 있다. 이러한 상황에서 2020년 3월 미주리주에서 30대 남성이 백인우월주의를 확산시키려는 의도로 코로나19 방역병원에 자폭테러를 시도하려는 사건이 발생하기도 했다(테러정보통합센터, 2021).

또한 2020년 3월 27일 미국 플로리다 주의 '제임스 커리'가 경찰을 향해 두 차례 침을 뱉고 자신이 코로나19 바이러스를 퍼뜨리고 있다며 소리를 지르고 협박하였다. 이에 따라 제프리 로즌 미 법무부 장관은 코로나19 바이러스는 생물학적 무기의 법률적 정의에 해당하므로, 고의로 바이러스를 유포 및 협박한 사람들은 대테러 법령을 위반한 것으로 간주하여 기소하도록 지시했다. 또한 미국 텍사스 주에 거주하는 '로레인 마라디아'가 SNS에 자신이 코로나19 바이러스 감염자이며 다른 사람에게 전파하겠다고 위협하고, 대형마트 등을 방문하는 영상을 게재하여 미국 경찰은 대테러 법령을 위반한 것으로 기소하기도 하였다.

2. 유럽 주요 국가

1) 영국

영국은 2020년 브렉시트(Brexit)를 둘러싼 정치사회적 갈등이 약화되고 북아일랜드 분리주의자들의 폭력활동, 이슬람극단주의 테러단체에 의한 대형테러 발생이 없는 등 테러위협이 감소하고 있다. 2019년 11월 테러경보 총 5단계에서 4단계(Severe)에서 3단계(Substanitial)로 하향한 이후 계속 유지되고 있는 상황이었으나, 인접국인 프랑스에서 이슬람극단주의 테러가 연속해서 발생하자 4단계로 상향 조치하였다.

2021 Europol 대테러백서

영국의 테러위협은 크게 3가지인데, 가장 심각한 위협인 이슬람극단주의로서 ISIS 등 국제테러단체의 세력은 약화되었으나, 이를 추종하는 개인 주도하의 자생테러 공격은 위협적인 것으로 분석되었다. 둘째 극우주의 위협으로 음모론, 국론분열, 반유대, 이슬람 혐오 등에 주력하고 있는데, 최근 거짓뉴스 확산에 효과적인 플랫폼을 제공하고 있고, 코로나19 확산세로 더욱 가속화되고 있다. 대표적 사례로 5G 통신기술이 코로나19를 확산시키며 주파수가 인간의 면역체계를 무력화하고 바이러스를 전파시킨다는 가짜뉴스를 음모론자들이 퍼뜨리면서 버밍엄·리버풀·멜링 지역의 5G 기지국에서 방화가 발생하기도 하였다(Silke, 2020). 셋째 북아일랜드 분리주의자 위협으로 이들은 정치적 혼란을 틈타 상시 테러공격을 수행할 수 있는 것으로 평가하고 있다.

특히 2019~2020년의 경우, 테러혐의로 복역중이거나 출소한 자에 의한 테러가 급증했다. 대표적 사건으로 2019년 11월 런던브리지에서 테러혐의로 가석방된 파키스탄계 영국인의 흉기테러사건(2명 사망), 2020년 1월에는 화이트무어(Whitemoor) 교도소에서 이슬람극단주의 추종 테러범이 교도관들을 향해 흉기 공격한 사건,

2월에는 테러선동 영상 유포 혐의로 복역하다 가석방된 스리랑카계 이민자가 무차별 흉기 테러사건 등이 발생했다. 이로 인해 영국사회에서는 이슬람극단주의 테러범에 대한 교정이나 재사회화에 한계점 등 회의론이 부각되었고, 영국의 외국인 테러전투원(FTF) 출소가 증가되고 있는 시점에서 유사한 사건이 반복될 수 있다는 위기감이 고조되었다.

한편 영국도 미국과 유사하게 코로나19 확산으로 인해 아시아인을 목표로 한 혐오범죄가 증가하였다. 2020년 3월 3일에는 영국 버밍엄에서 싱가포르 출신 유학생이 코로나19 관련 인종차별 욕설을 듣고 무차별적인 폭행으로 당한 사건이 발생하는 등 극우범죄가 확산되었다. 이러한 이민자에 대한 혐오는 이들의 소외와 불만을 낳고, 이는 이슬람 테러단체의 선전선동에 취약하게 만드는 구조를 형성케 하는 이른바 극우세력의 확산에 상호증식(feeding off)하는 현상이 증대될 것으로 우려하고 있다.

2) 프랑스

프랑스는 유럽에서 테러가 가장 빈번한 국가에 속하는데, 주된 이유로 20세기 초반 아프리카와 중동식민지를 지배하면서 이슬람국가 주민들로 하여금 적대감을 갖게 했기 때문이다. 이는 프랑스에서 발생한 다수의 테러가 이슬람극단주의 세력에 의한 것이라는 것을 보면 알 수 있다.

유로폴(Europol)에서 해마다 발행하는 Union Terrorism Situation and Trend Report(TE-SAT)는 2018년 극단주의 테러범의 현황이 가장 많은 국가를 프랑스(32명)로 분석하였다. 이는 2014년에 극단주의에 의한 테러활동이 전혀 발생하지 않았던 것에 비해 급격한 증가라고 해석하였다(TE-SAT, 2019: 62).

다음 〈그림 5-10〉의 자료는 TE-SAT의 2018년 한 해 동안의 분석결과로서 극우극단주의 관련 폭력범죄와 테러사건 관련 체포된 용의자 현황에 대한 것인데, 가장 많은 국가는 프랑스로 32명의 용의자가 체포되었고, 독일이 8명, 네덜란드 등이 그 뒤를 잇는 것으로 나타났다.

유럽 내에서 프랑스의 독특한 테러위협의 특성을 살펴보면 먼저 내부적으로

| 그림 5-10 | 2018년 극우주의 테러범 체포현황

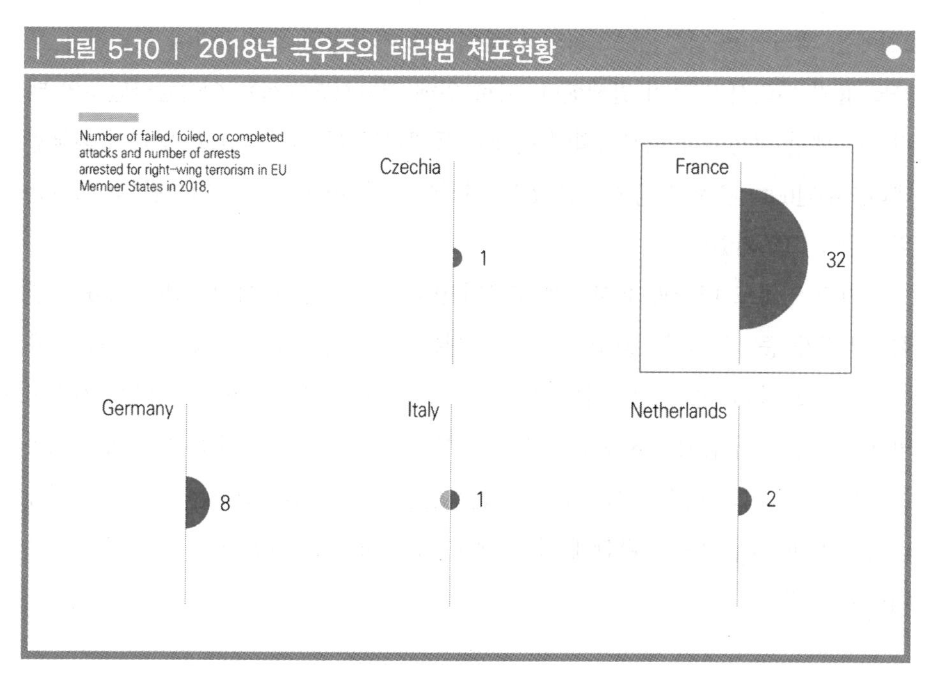

출처: TE－SAT(2019): 62.[26]

일상화된 테러에 노출된 구조적 문제점이 상존하고 있는 국가라는 것이다. 2019년 EU 통계에 따르면 프랑스 인구의 8.8%인 약 600만 명이 이슬람으로 유럽에서 가장 많은 규모인데, 문제는 시리아 내전 등 중동 정세 악화로 인해 최근 10년간 강경원리주의인 와하비즘(wahhabism)을 추종하는 중동지역 이민자들이 급증했다는 것에 있다. 2020년 7월 프랑스 의회에서는 프랑스 내 이슬람극단주의자가 9만명에 달하고, 이는 프랑스 전국이 이들의 영향권에 있는 것으로 분석하였다(테러정보통합센터, 2021).

둘째로 이슬람 이민자들을 중심으로 하는 소외계층의 누적된 불만을 들 수 있다. 프랑스의 싱크탱크인 몽테뉴 연구소의 분석에 의하면 코로나19로 인한 경제위기와 상대적 차별심화 등 이른바 주류 사회에서 소외된 이슬람 이민자의 대다수가 프랑스 사회에서 겉돌고 있는데, 약 54%가 프랑스에서 적응하지 못하고 28%

26 https://www.europol.europa.eu/cms/sites/default/files/documents/tesat_2019_final.pdf.

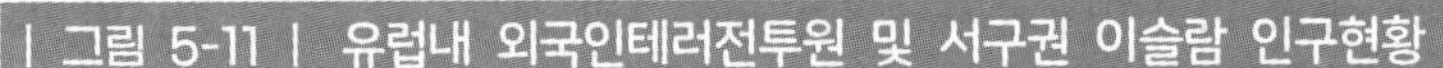
| 그림 5-11 | 유럽내 외국인테러전투원 및 서구권 이슬람 인구현황

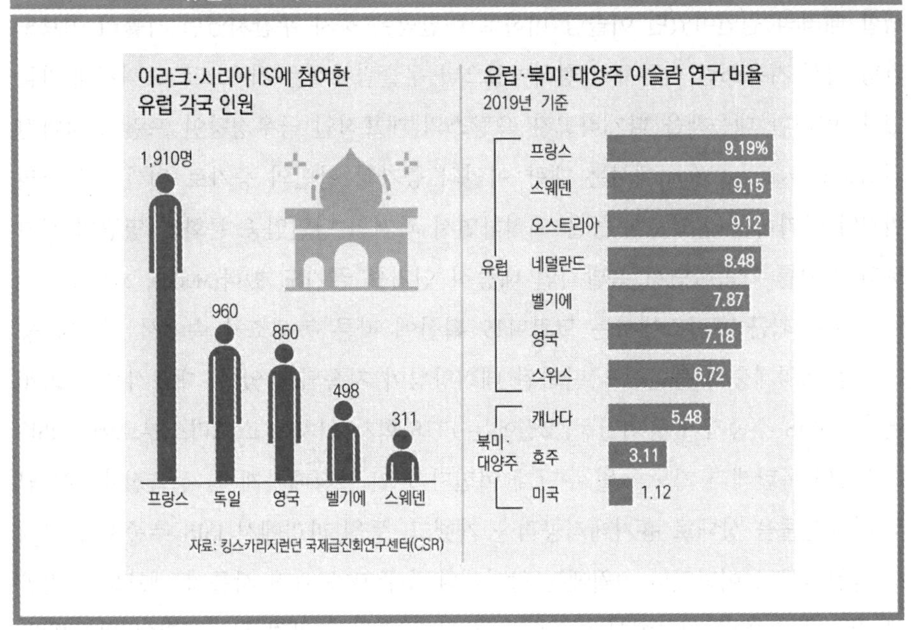

출처: 조선일보(2020. 11. 16).[27]

는 프랑스 가치관과 대척점에 있다고 응답하는 등 충격적인 상황에 직면해 있다. 즉 이민자들은 언제든 급진화 과정을 거쳐 테러범으로 변모할 수 있다는 것이다(윤민우·김은영, 2020).[28]

셋째로 똘레랑스(tolerence)로 표현되는 프랑스만의 관용적 대응이나 프랑스 언론의 자유로운 종교 풍자 전통도 지적되고 있다. 2019년 10월 발생한 파리 경찰청 흉기테러 용의자의 경우, 10년 전 이슬람으로 개종한 후 이성과의 스킨십을 거부하였고, 2015년 샤를리 에브도 테러사건의 경우도 2006년 이후 이슬람과 무함마드에 대한 잇따른 풍자로 논란의 중심에 있는 등 이미 테러 위협적인 특이징후를 보였으나 프랑스 당국에서는 미온적으로 일관하였고 효과적인 대응책을 내놓지 못했다.

27 https://www.chosun.com/opinion/specialist_column/2020/11/16/YUUCJMTVLNGJFDENQRM22ATHIE.

28 윤민우·김은영. (2020). 유럽지역의 최근 극우극단주의 동향과 사회정치적 요인들. 한국치안행정논집, 17(2), 173-191.

프랑스 언론의 종교 비판이나 풍자수위는 세속주의 전통으로 인해 2015년 발생한 테러의 원인이었던 이슬람 비하로 비판받은 풍자 주간지였던 샤를리 에브도 만평 역시 자유스런 언론사의 형식이었으나 무슬림에게는 치욕으로 느껴지게 만들었다. 이러한 대응책을 타개하고자 프랑스의 대표적인 극우정당인 프랑스 국가전선(France's National Front)에서는 대량 이민의 증가와 난민의 증가로 인한 프랑스의 위기와 증가하는 실업문제 등을 지적하면서 과거의 단일인종 문화의 영광의 시기로의 회귀를 약속하면서 폭발적인 대중적 인기를 끌기도 했다(Mudde, 2016: 26).[29]

한편 최근 프랑스에서는 코로나19 확산에 따른 봉쇄조치 속에서 이민자 등 이슬람 소외계층의 불만이 극단화된 테러양상이 지속되고 있다. 대표적으로 2020년 1월 ISIS 추종자가 흉기난동, 2월에는 EU의회가 위치한 스트라스부르에서 ISIS 추종자의 폭탄테러 기도, 4월 수단계 이민자가 인근 담배가게 및 정육점에에서 업무자 행인들을 상대로 흉기테러공격을 가했고, 동월 파리에서 ISIS 추종자가 고의로 경찰차를 들이받았다. 9월에는 알카에다 추종자가 과거 샤를리 에브도 테러발생 장소로 쓰였던 건물에서 언론인을 무차별 흉기로 공격하는 사건이 발생했다. 10월에는 파리 역사교사의 샤를리 에브도의 무함마드 만평 소개에 불만을 품은 학부형이 교사를 SNS에 실명을 공개하자, 체첸 출신 10대 난민이 교사를 쫓아가 대로변에서 참수하고 잘린 목이 찍힌 사진을 SNS에 게시하는 충격적인 사건도 발생했다(테러정보통합센터, 2021).

이러한 테러위협이 지속되자 마크롱 대통령은 사회통합과 이슬람극단주의 차단 등을 내세워 2020년 10월에 이슬람 풍자 관련 표현의 자유 옹호 및 이슬람 정교분리 강화정책 방침을 천명하였다. 이에 터키 에르도안 대통령은 '정신과 치료가 필요하다'고 비난하고, 쿠웨이트 등 중동국가 일부에서는 프랑스 제품 불매운동 및 시위가 확산되는 이른바 유럽 대 이슬람 갈등으로 확산되었다. 이런 상황에서 10월 29일 튀니지계 이민자에 의한 니스 노트르담 성당에서의 참수테러, 사우디 프랑스 영사관 피습 등 테러공격이 연속적으로 발생했다.

---

29 Mudde, C. (2016).Europe's populist surge: A long time in the making. Foreign Affairs. 25-30.

한편 프랑스는 미국과 함께 아프리카와 중동지역을 중심으로 대테러작전을 적극수행하고 있기에 해외에서의 자국민에 대한 테러공격이 지속적으로 발생되어 왔다. 특히 2014년부터 사헬지역에서 바르칸(Barkhan)작전을 수행하고 있는데, 연평균 60여 건의 자국민 피랍사건이 발생하고 있다. 2020년 8월에는 니제르에서 구호활동을 하던 NGO 소속 프랑스인 6명이 ISIS 연계세력의 테러공격을 받아 사망하는 사건이 발생했는데, 이 사건은 해외 테러로는 최다 사망자로 기록되었다.

3) 독일

최근 독일의 최대 테러위협은 반이민 정서에 기반하여 영향력을 넓히고 있는 극우극단주의 세력이다. 독일 헌법보호청(BfV)는 독일의 극우주의 세력 팽창에 따른 테러위협을 핵심 안보이슈로 평가하였다. 이러한 경향을 반영하듯 독일내 극우주의 테러범 체포현황도 2019년에는 발생하지 않았으나 2020년에는 유럽에서 가장 많은 규모인 14명으로 증가했다.

2016년 12월 이슬람극단주의 테러범에 의한 베를린 크리스마켓 차량돌진 테러로 60여명이 살상된 사건 이후, 2020년에 극우주의 테러의 파괴력과 충격성을 일깨우는 사건이 발생했다. 2월 19일 프랑크푸르트 하나우시 소재 물담배 까페에서 외국인을 노린 무차별 총격테러가 발생하여 14명이 살상되었는데, 극우성향의 여성에 대한 왜곡된 인식을 갖고 있는 테러범에 의해 자행되었다. 테러범은 범행직전 공개한 성명서와 동영상을 통해, 터키·쿠르드·북아프리카 출신 인종들에 대한 적개심이 주된 범행동기로 나타났다. 또한 여성의 외모를 중시하는 성격 때문에 지금껏 여자와 사귀어 본적이 없지만 최고를 갖지 못한다면 차라리 없는 것이 좋다고 언급하기도 하였다. 이 사건을 통해 극우주의 테러범은 인종혐오에 특정되지 않고 여성·성소수자 등 다양한 요인들과 상호결합되고 있음이 증명되었다.

독일 내무부는 이렇게 심각해지고 있는 극우세력의 영향력을 차단하기 위해 연방 내무부가 폭풍여단 44(Sturmbrigade 44), 북 독수리(Nordadler) 등의 극우주의 테러단체들을 나치 이데올리기 추종 등을 이유로 해산시켰다. 또한 국방부는 500여명의 독일군이 극우주의 연계 혐의로 조사를 받는 등 군 내부에 극우주의 확산이

| 그림 5-12 | 2018~2020년 극우주의 테러범 검검현황[30]

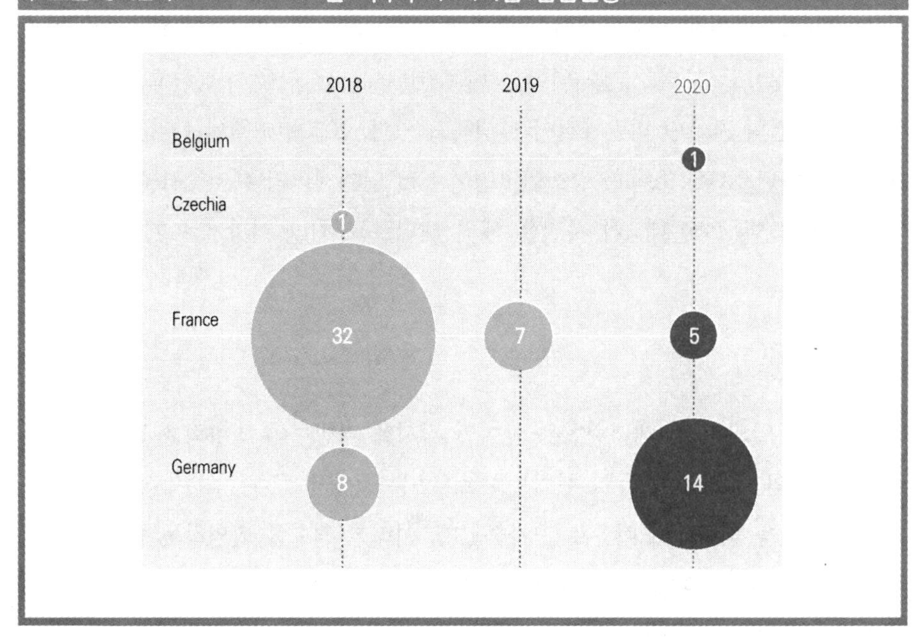

출처: TE-SAT(2019)[31]

심각한 수준이라고 분석하고, 2017년부터 특전사령부(KSK) 군인들이 각종 파티 등에서 나치 경례를 하거나 극우음악을 청취하는 등에 대한 비위를 조사 중이라고 발표하였다.

또한 이슬람극단주의 위협도 계속되었다. 2020년 4월에는 독일 내 지하조직 구축과 미국 공군기지 테러 등을 계획한 타지키스탄 출신 ISIS 조직원 4명이 수사당국에 체포되었고, 8월 18일에는 베를린 도심 고속도로에서 이라크 출신 난민이 차량돌진테러를 일으키는 사건이 발생하기도 했다. 10월 4일에는 드레스덴에서 시리아 출신 20대 테러범이 50대 관광객 2명을 흉기 테러하는 사건도 발생하였다.

---

30 https://www.europol.europa.eu/cms/sites/default/files/documents/tesat_2021_0.pdf.
31 https://www.europol.europa.eu/cms/sites/default/files/documents/tesat_2019_final.pdf.

제5절 ‹‹‹ 중동·아프리카 테러정세

1. 중동 테러정세

국내외 전문가들은 9·11 테러 이후 중동을 중심으로 한 이슬람극단주의 테러가 미래 전쟁의 가장 강력한 적이라고 평가하였다. 이슬람극우주의 테러 관련 논문의 80%가 2000년대 이후에 연구되었다는 사실은 중동의 이슬람극단주의에 대한 관심이 뜨겁다는 것을 반증하는 것이다(Freedman, 2017).

중동 지역은 2019년에 칼리프국가를 칭하며 글로벌 테러를 주도해 왔던 ISIS가 근거지에서 패퇴하여 점령지가 소멸한 후 10월 수장 알 바그다디 사망 등으로 정량적 측면 테러 건수는 현저히 감소하였다(국가정보원, 2020). 그러나 2020년 이후 최근 테러 사건이 급증하는 등 정세 불안이 매우 심화되었는데, 이러한 주된 원인으로는 첫째 시리아, 리비아 등 분쟁지역 내 미군 철수 및 감축으로 인한 국가 간 종파분열 및 강대국 개입(great power interation) 등 불안정상황이 약해져 증대되고 있다. 이는 최근 이란과 이스라엘의 긴장국면이 중국과 러시아의 경쟁관계에 집중하기 위해 중동개입에서 발을 빼려는 미국이 외교안보 정책을 복잡하게 하고 있다(ASIS. 2022). 둘째로 후계작업을 완료한 ISIS가 본격적인 세력재건을 모색하며 중동에서 테러활동을 강화하면서(Ackerman & Peterson, 2020), 전 세계적으로 총력전 차원의 코로나19 방역으로 대테러 역량의 분산과 경기침체 등을 틈타 ISIS 등 테러단체들이 저강도 분쟁으로 인해 테러 위협이 심화되었기 때문으로 평가된다(Basit, 2020).

2020년 8월에 발생한 레바논 베이루트항 폭발사고를 계기로, 중동 지역에서의 폭탄테러의 급증과 더불어 공포와 위협이 크게 부각되고 있다. 중동 지역은 전통적으로 다른 권역 대비 폭탄대리가 빈번하게 발생하며 2019년 유럽 및 미국 대비 7배 이상 많은 차이를 보였다(START, 2020).[32] 이러한 이유로는 첫째 폭발물의

---

32 전세계 발생된 최근 5개년 발생한 테러 중 폭발물이 이용된 사례는 전체의 60%로 폭발물이 테러범

은닉 용이성·휴대성 등으로 인해 테러단체가 '비용과 편익효과'를 고려하기 때문에 폭발물 테러를 선호하며, 둘째로 물리환경적 측면에서 인구밀도가 낮은 곳보다 높은 곳에서, 추운 날씨보다 따뜻한 날씨의 양상을 보이는 중동지역에서 주로 발생하는 것으로 분석된다(윤민우, 2017).

한편 향후 중동 지역의 테러 정세 전망은 불안한 상황으로 평가된다. 첫째 중동 국가들이 미국의 중재로 이스라엘과 국교를 정상화함에 따라 이란을 중심으로 테러공격을 천명하는 등 중동지역대 지역 내 위협이 고조되고 있다. 최근 수단이 이스라엘과 외교관계 정상화에 합의하자 아미르 하타미 이란 국방장관은 '시오니즘 정권이 페르시안만에서 발생하는 위협에 대해서 적극적이고 선제적인 공격으로 대응할 것'이라고 강력하게 경고하였다.[33] 둘째로 미국이 2021년 철군했는데, 이것은 2020년부터 지속되어온 중동지역에서의 미군 철수 계획의 일환으로 평가되고 있다(CNN, 2020. 12. 4). 셋째로 2020년 11월 이란의 핵 개발을 주도했던 모센 파크리자세 암살의 배후세력으로 추정되는 이스라엘 및 미국에 대한 긴장감이 고조되었다. 위와 같은 중동지역의 정세 불안을 틈타 향후에도 ISIS 및 알카에다의 세력과시성 반정부 및 새로운 저강도 분쟁 및 테러공격의 자행이 우려되는 실정이다.

한편 중동 테러의 대표적 국가인 이라크는 2020년 5월 신 정부 출범에도 불구하고, 종파 및 부족 간의 갈등과 공권력의 취약성에 따른 시아파 민병대 및 ISIS에 의한 테러사건이 증가하는 등 정세불안이 악화되고 있다. 우선 1월 3일 미국정부의 솔레이마니 사령관 제거로 촉발된 미국과 이란의 갈등 속에서 친이란 성향의 인민동원군(PMF) 등 시아파 민병대가 이라크 소재 미 대사관 군 기지를 겨냥한 로켓포 공격 등 사회혼란이 증가되었다. 또한 ISIS는 새로운 수장인 알쿠라이시를 중심으로 조직을 재정비하고, 세력과시를 위해 북서부 사막지대에서 군과 민간인을 겨냥한 테러 공세를 강화하고 있다.

최근 이라크 테러 정세 상의 주요한 특징으로 ISIS 퇴치를 위해 창설된 미군기지가 이라크군에 2020년 이양 및 철수 계획(9월 9일, 5,200명 ⇒ 3,000명) 추진과 종

의 주요 공격수단으로 확인되었다.

33 수단이 이스라엘과 국교 정상화에 합의함으로써 아랍국 중 이스라엘과 수교국은 이집트(1979년), 요르단(1994년), UAE, 바레인에 이어 수단이 다섯 번째 국가가 되었음.

파와 부족간 갈등에 따른 치안력 부재에 따라 정세 불안이 증가되고 있다(BBC, 2020. 11. 27). 더군다나 코로나19 확산으로 10월 현재 43만명이 확진되었고 경기침체와 민생고로 사회불만이 누적되면서 반정부 시위가 계속되는 등 정국혼란이 가중되고 있는 실정이다.

미국과의 관계도 갈등 국면으로 냉각되어 2020년 6월 친이란 시아파 민병대가 미 대사관에 대한 로켓공격 이후, 미국 정부는 시아파 민병대가 미군 기지 등에 로켓 공격을 지속할 경우, 바그다드 주재 미국 대사관을 폐쇄할 것이라고 그간 수동적 자세를 취해왔던 이라크 정부에 강력한 경고를 취하기도 하였다. 전문가들은 이라크 주둔 미군의 감축으로 인한 ISIS에 대한 견제력 약화를 우려하면서 ISIS의 세력 확장 및 위협증대에 대한 전략적인 대응 필요성을 제기하고 있다.

이러한 상황에 대응하고자 이라크 정부는 ISIS 조직 제거를 위한 군사작전을 대규모로 전개하였다. 이라크 보안군의 합동 특별작전사령부가 북동부 다이얄라주 6개 마을에서 ISIS 조직 제거를 위한 군사작전을 전개하였고 4개의 관련 세포조직 및 거점 6곳을 파괴하기도 하였다. 또한 2020년 11월에는 테러 혐의로 수감중이던 ISIS 조직원 21명을 교수형을 집행했는데, 이 조치는 2017년 ISIS 테러단체를 축출한 이후 대규모로 시행된 사형집행 조치이기도 하였다(ISRAEL HAYOM, 2020. 11. 17.).

2. 아프리카 테러정세

최근 아프리카는 지역 내 주요 테러단체인 알카에다 알샤바브와 ISIS의 세력 확장에 따른 경쟁이 격화되고 있는 추세에 따라 테러위협이 증대되고 있다. 특히 코로나로 인해 경제위기와 정치불안을 겪고 있는 아프리카를 재건의 발판으로 삼기 위해 더욱 공세적 활동을 전개할 것으로 예측된다(RSIS, 2022). 이러한 원인으로 부르킹스 연구소의 Alexandre Marc는 9·11 테러 후 20년이 지난 2021년 아프리카의 이슬람극단주의 테러 경향연구를 통해 아프가니스탄 정권을 탈레반이 접수한 이후, 아프리카의 국제 테러단체들도 동기부여가 되어 조직을 재정비하여 테러

역량을 증대하고 있는 것으로 평가하였다(Marc, 2021).[34] 또한 아프리카 주요 국가들이 코로나19 방역을 위해 대테러 역량이 분산되어 취약해진 틈을 타고 지역 내 테러세력의 활동이 확대되었고, 국가별 대선 등 정치적 주요 아젠다에 따른 계파·종족간 갈등이 증폭된 것에 기인한다.

먼저 소말리아 알샤바브의 세력확장, 에티오피아 내전 등의 영향으로 케냐, 민주콩고 등 동아프리카 주변국가의 테러정세가 지속 악화되고 있다(테러정보통합센터, 2021). 또한 ISIS도 아프리카 서부 사헬지역과 남부 모잠비크, 치안이 특히 불안정한 동부 우간다·수단까지 세력확장을 시도하고 있다.

1) 소말리아·케냐

최근 알샤바브는 코로나19 대응을 위한 UN의 정전 요청에 대해 외국군이 전염병 전파의 원인이라고 거부하고, 반서방테러를 지속할 것이라고 주장하였다. 미군과 정부군이 2020년 2월에 드론공습 등으로 알샤바브의 핵심 고위간부인 바시르 모하메드를 제거하자 3월 정부시설을 목표로 무차별 테러를 자행하였다. 또한 6월 중순에는 지역주민들이 정부군과의 협조를 이유로 잇따라 공개처형하는 등 공포심 조장을 통해 영향력 확대를 도모했다. 케냐와 소말리아 접경지역에서는 목탄 밀매 단속을 강화하는데 반발하여 테러를 자행하였다.

또한 2021년 소말리아 총선 및 대선 방해를 위해 6월에 검문소 및 정보기관 하드 타깃 공격을 강화하였다. 테러수법의 고도화 차원에서도 알카에다 출신 테러교관을 초청해 조직원 대상 드론운용 교육을 실시하여 에티오피아 군 대상 드론공격을 시도하였다. 최근 주요 테러사건으로는 수도 모가디슈 등에서 3월에 교도소 테러사건으로 400명이 탈옥하였고, 6월 육군기지 자폭테러사건으로 70명 사망, 11월에는 UN 호송단 목표로 한 폭탄테러로 25명이 사망하는 등 월 2~3건 이상 테러공격이 지속되고 있는 실정이다.

---

34 Marc. A. (2021). 20 years after 9/11, jihadi terrorism rises in Africa. BROOKINGS INSTITUTION PRESS. https://www.brookings.edu/blog/order-from-chaos/2021/08/ 30/20-years-after-9-11-jihadi-terrorism-rises-in-africa.

최근 소말리아는 정세불안을 틈탄 알샤바브의 세력확장이 심각해지고 있는데, 파르마조 대통령이 임기만료에도 대선을 연기하며 정권을 연장하자, 야당과의 갈등이 고조되고 있고 치안임무를 담당해 온 미군인 2021년 1월 철수하고 아프리카 연합군(AMISON)의 파병기간 만료로 인해 테러대응 공백의 우려가 증가되고 있다. 이를 틈타 알샤바브가 중남부 지역에서 테러공세를 강화하여 인접국가로 세력을 확장하는 추세이다.

한편 케냐는 아프리카 국가중 비교적 테러위협이 안정적인 국가였으나 소말리아 접경지역에서 알샤바브 테러위협 증대로 긴장감이 고조되고 있다. 케냐의 최근 대표적 테러사건으로는 2013년 알샤바브의 웨스트게이트 쇼핑몰 테러로 우리 국민 1명 등 72명이 사망하였고, 2019년 1월 두짓호텔 테러로 21명이 사망한 사건이 있었다. 최근 2021년 8월에는 남부 뭄바사지역에서 대형테러 모의사건이 포착되고, 11월 나이로비 교도소에서 알샤바브 연계 테러범이 탈옥하는 사건이 발생하였다.

2) 민주콩고·우간다·수단

최근 민주콩고와 우간다는 ADF(민주연합군) 주도의 테러 및 중국인 대상 공격이 급증하고 있는데, ISIS 연계한 ADF가 우간다 수도 캄팔라에서 경찰서, 국회의사당 인근 연쇄 자폭테러로 40여 명이 살상되는 사건이 발생하였다. 또한 민주콩고내 반군(CODECO) 등은 중국 자본의 광산개발을 자원약탈로 비난하며 지역 내 중국인들을 집중 테러공격을 자행하고 있는데, 2021년 11월에는 15명이 중국인을 납치 및 살해하는 사건이 발생했다. 이에 따라 우간다군과 민주콩고군은 합동작전으로 ADF 근거를 공격하기도 하였다(테러정보통합센터, 2021).

한편 수단은 2021년 10월 군부 쿠데타로 인한 정국혼란과 ISIS 세력의 테러위협이 지속되고 있는데, 특히 반군부 시위가 확산되면서 정국혼란이 심각한 상황에서 ISIS 연계세력이 수도 카르툼에서 정부군을 연쇄 공격하는 테러사건이 지속되고 있다.

3) 차드 유역국(Lake Chad)[35]: 차드, 니제르, 카메룬, 나이지리아

국제위기그룹(International Crisis Group, ICG)은 서아프리카 차드 유역국 일대에서 주요 테러단체인 보코하람(Boko Haram)과 ISIS 서아지부(ISWAP)가 세력 확장 경쟁을 하면서 테러가 증가하고 있다고 분석하였다(International Crisis Group, 2020).

이러한 이유로는 먼저 나이지리아군을 중심으로 차드·니제르·카메룬 등 4개국이 연합하여 조직한 다국적 합동기동대(MNJTF)에 대한 UN과 EU의 자금지원 부족과 2019년 12월부터 시행된 차드의 나이지리아 주둔 자국군 철군 등 유역국 간의 대테러 공조 약화를 꼽을 수 있다. 둘째, 합동기동대의 운영자금 부족으로 인한 내부 부패행위 및 약탈행위 증가와 테러단체와 내통 등을 이유로 자행한 대규모 양민 학살 등이 다국적군에 대한 지역민들의 불신이 증대되고 있다. 셋째, 보코하

| 그림 5-13 | 다국적 합동기동대(MNJTF, Multinational Joint Task Force) 책임지역

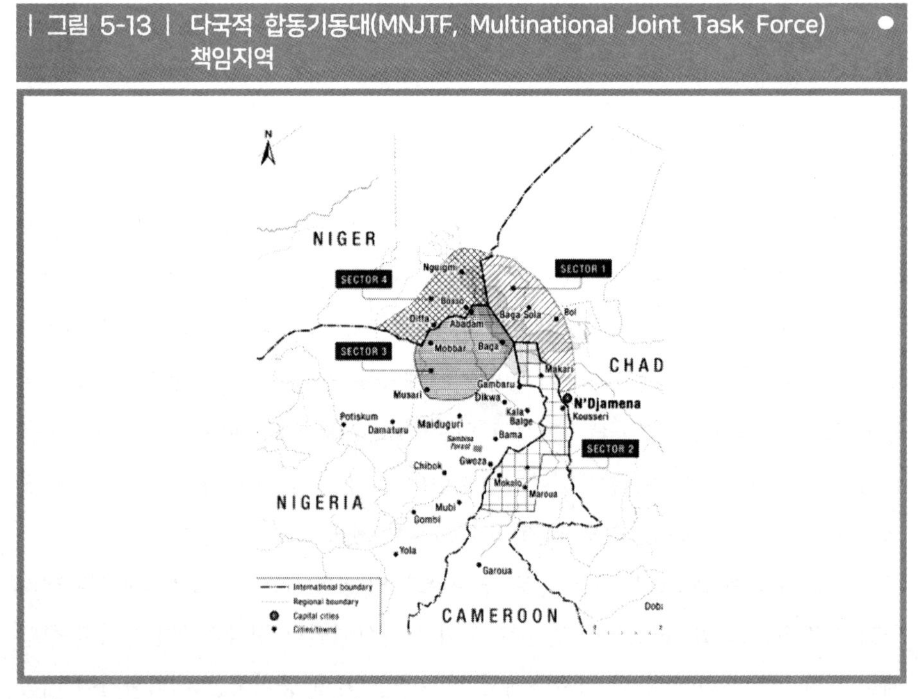

출처: International Crisis Group(2020), p. 29.

35 차드·니제르·카메룬·나이지리아 4개국에 걸쳐 있는 면적 1만6,000㎢의 호수.

람의 세력강화인데 칼리프 체제 도입 후 이슬람신학교들과의 종교적 유대를 강화하고 국경을 초월하여 조직원과 가족들에게 경제적 지원 등을 통해 지지세력을 넓혀가고 있는 것으로 분석되었다. 이와 관련, 차드호수 유역 위원회(Lake Chad Basin Commission: LCBC)는 테러진압을 위한 군사작전도 중요하지만 피해지역 주민들의 지지를 얻기 위한 정치·사회·경제적 전략도 포함되어야 한다고 조언하였다.

참고문헌

[국내문헌]

1. 단행본

국가정보원. (2019). 『2018년 테러정세 및 2019년 전망』. 서울: 국가정보원.

_________. (2020). 『2019년 테러정세 및 2020년 전망』. 서울: 국가정보원.

국가정보원 테러정보통합센터. (2020). 『미 FBI 작성 외로운 늑대형 테러범』. 서울: 국가정보원

국립외교원. (2020). 『코로나19 이후 국제정세』. 국립외교원 외교안보연구소.

국무총리실 대테러센터. (2021). 『주간테러동향』.

윤민우. (2017). 『폭력의 시대 국가안보의 실존적 변화와 테러리즘』. 서울: 박영사.

세종연구소. (2021). 『탈레반 재집권으로 인한 아프간 테러위협평가와 전망(이만종)』. 세종연구소 정세와 정책 10월호.

조권중. (2021). 『서울시 사회갈등 이슈 진단과 정책 시사점』. 서울연구원.

치안정책연구소. (2021). 『치안전망 2021』. 경찰대학교.

테러정보통합센터. (2021). 『테러정세 및 전망(2015~2021)』. 서울: 국가정보원.

Bachman. R., & Schutt, R. (2013). 『형사사법연구방법론』(윤우석 · 류준혁 · 박현호 · 이완희 · 이창배 · 정진성 · 조윤오 옮김). 서울: 도서출판 그린.

2. 논문

김상배. (2020). 코로나19와 신흥안보의 복합지정학: 팬데믹의 창발과 세계정치의 변환. 『한국정치학회보』, 54(4), 53－81.

김응수. (2015). 파리 테러사건 분석을 통한 Islamic State의 급진화와 대응전략. 『한국테러학회보』, 8(4), 2015.

김태영. (2019). 『대량살상테러영향요인 연구』. 동국대학교 경찰행정학과 박사학위 논문.

_____. (2020a). 코로나19 위기에 따른 테러양상 변화 연구－언론기사 분석을 중심으로. 『시큐리티 연구』, 97－120.

_____. (2020b). 포스트 코로나 시대의 중동 지역의 테러리즘 정세전망 연구. 『시큐리티

연구』, 65, 477－497.
김태영·김호. (2020). 테러양상 변화에 따른 테러방지법 개정에 관한 연구. 『한국경호경비학회지』, (63), 219－238.
김태영·이상학. (2021). 재외국민보호 위기관리체계 발전방안에 대한 탐색적 연구. 『한국테러학회보』, 14(2), 1－27.
김현우. (2019). 일본의 국제테러대책에 대한 검토. 『한국테러학회보』, 12, 150－166.
류기현. (2020). 코로나 바이러스에 대한 미 국방의 대응을 보며. 『국방논단』, (1795).
문영기·김태영. (2017). 정책흐름 모형을 적용한 한·미 테러대응 입법과정 비교분석 연구. 『가천법학』, 10(3), 167－202.
박민형·김태현·김혜원(2020). 대규모 감염병과 국방의 역할. 『국방대학교 안보문제연구소 현안정책과제』.
박석정. (2015). 일본의 테러특별조치법에 대한 검토. 『한국테러학회보』, 8(4).
_____. (2017). 일본과 국제사회의 국제테러 대책에 대한 검토. 『한국테러학회보』, 10, 49－65.
박영준. (2020). 코로나19 확산 사태와 국가안보의 과제. 안보현안분석 165. 『국방대학교 국가안전보장문제연구소』.
박형민·장광호·임운식.(2021). 코로나19 대유행 이후 범죄양상의 변화. 『한국 형사정책연구원』.
방준영·김태영. (2021). 일본 국가중요행사 테러대응체계 사례연구: 2021 도쿄올림픽 대테러안전대책을 중심으로. 『경찰대학 치안정책연구』, 97－120.
서다빈·엄정식. (2017). 프랑스내 자생적 테러리즘 원인분석을 통한 정책적 제안. 『국방정책연구』, 34(1).
오세연·윤경희. (2016). 자국내 IS테러단체에 의한 소프트타깃 테러발생 가능성에 대한 연구. 『한국경호경비학회지』, (47).
윤민우. (2018). 유럽 각국들에서의 최근 테러리즘 동향과 특성, 그리고 대테러 정책의 변화. 『한국치안행정논집』. 제14권 4호, 2018.
윤민우·김은영. (2019). 서구 국가의 극우극단주의: 미국의 사례연구. 『한국치안행정논집』, 16(3), 241－266.
__________. (2020). 유럽지역의 최근 극우극단주의 동향과 사회정치적 요인들. 『한국치안행정논집』, 17(2), 173－191.
이만종. (2019). 테러정세변화에 따른 대테러 법령 및 관련규정 개선방안 연구. 『대테러센터 정책용역연구』.
이창한·박기쁨·유효은. (2017). 최근 북미 및 유럽지역의 테러리즘 동향연구: 2012－2017. 『한국경호경비학회지』, 53, 107－133.
전용재·이창배·이승현. (2017). 최근 국외 뉴테러리즘의 사례분석과 국내 발생가능 유형에 대한 연구. 『한국경호경비학회』.

3. 기타

국민일보 (2020. 2. 5.). 동양인 혐오로 번진 신종 코로나 공포.
http://m.kmib.co.kr/ view.asp?arcid=0014205195.
서울신문 (2020. 4. 8). 뉴욕시 코로나 사망자 9·11테러 희생자 넘어서.
https://www.seoul.co.kr/news/newsView.php?id=20200408500002&wlog_tag3=daum.
세계일보 (2020. 4. 10). 미국선 '테러' 규정 … "나 코로나 걸렸다"며 경찰에 침뱉은 20대 불구소.
https://news.v.daum.net/v/20200410140504122.
연합뉴스 (2019. 11. 28). 알바그다디 사망 후 IS 근거지 동남아 이동? … 각국 우려 커져
https://n.news.naver.com/mnews/article/001/0011243138?sid=104.
연합뉴스 (2019. 12.1). 英 존슨 총리 "심각한 테러범죄 연루자, 최소 14년 복역해야
https://www.yna.co.kr/view/AKR20191201032600009?input=1195m.
연합뉴스 (2020. 4. 3). 나토 "코로나19 대응 위한 지원 강화.
https://www.yna.co.kr/ view/AKR20200403006400098?input=1179m.
연합뉴스 (2020. 6. 4). 인도네시아내 중국인 노동자들, 지하디스틀의 테러목표 가능성.
https://www.yna.co.kr/view/AKR20200604131000009?input=1195m.
연합뉴스 (2020. 11. 11). 트럼프·바이든, 인수인계 놓고 충돌 … 안보공백 우려도
https://www.yna.co.kr/view/AKR20201111072100009?input=1195m.
중앙일보 (2020. 3. 4). "뭘 보냐"며 주먹 날렸다 … 코로나가 부른 유럽 내 동양 혐오.
https://news.joins.com/article/23721822.
한겨레 (2020. 3. 3). 미 재무부, '북한 연루' 라자루스 비트코인 주소 20개 제재,
https://www.coindeskkorea.com/news/articleView.html?idxno=70400.
한국경제 (2020. 1. 30). EU, 출범 26년 만에 최대 위기 … 제2, 제3의 브렉시트 나올 수도.
https://www.hankyung.com/international/article/202001305406i.
한국일보 (2020. 9. 18). 독일 공권력에까지 침투한 극우망령
https://www.hankookilbo.com/News/Read/A2020091711260002474.
한국일보. (2021. 9. 11). 집으로 돌아온 테러와의 전쟁(9·11테러 20년, 그 후)
https://www.hankookilbo.com/News/Read/A2021090515130004188.
KBS. (2020. 4. 7). 미, 러시아 백인우월주의 집단 테러단체 첫 지정
http://news.kbs.co.kr/news/view.do?ncd=4418991&ref=A.
SBS. (2017. 12. 5). 가상화폐 규제 갑론을박 … 익명성 악용 우려 vs 잘 알지도 못하고 규제만.

https://n.news.naver.com/mnews/article/374/0000146178?sid=004.
SBS. (2020. 1. 11). 이라크 "미군 철수하라" 재차 압박.
https://news.sbs.co.kr/news/ endPage.do?news_id=N1005599851&plink=ORI&cooper=DAUM.
SBS. (2020. 4. 9). 코로나19 "퍼뜨리겠다" 협박한 미국인, 테러 혐의로 기소.
https://news.sbs.co.kr/news/endPage.do?news_id=N1005739655&plink=ORI&cooper=DAUM.
SBS. (2020. 4. 24). 미군·정보기관, 적국의 코로나19 생물 무기화 가능성 조사.
https://news.v.daum.net/v/20200424113000242.
다음백과. (2020). https://100.daum.net/encyclopedia/view/47XXXXXb1134.

[국외문헌]

1. 단행본

Center for the Study of Hate & Extremism. (2021). FACT SHEET: Anti-Asian Prejudice March 2020, *Center for the Study of Hate & Extremism.*
Dion-Schwarz, C., Manheim, D., & Johnston, P. B. (2019). *Terrorist Use of Cryptocurrencies: Technical and Organizational Barriers and Future Threats.* Rand Corporation.
European Union. (2019.) *EU Terrorism Situation and Trend Report 2019*(TE-SAT)
Freedman, L. (2017). *The future of war: a history.* PublicAffairs.
Lewis, B. (2002). *What went wrong?: Western impact and Middle Eastern response.* Oxford University Press.
Marshall, T. (2016). *Prisoners of geography: ten maps that explain everything about the world (Vol. 1).* Simon and Schuster.
Ministry of AFFAIRS FOREIGN OF Japan. (2014). JAPAN TERRORISM-COUNTER MEASURES. Ministry of AFFAIRS FOREIGN OF Japan.
Rassler, D. (2018). *The Islamic State and Drones: Supply, Scale and Future Threats,* CombatingTerrorism Centre.
RSIS. (2022). *Counter Terrorist Trends and Analyses.* A PUBLICATION OF THE INTERNATIONAL CENTRE FOR POLITICAL VIOLENCE AND TERRORISM RESEARCH (ICPVTR).
UN CTED. (2020). *The Impact of the COVID-19 pandemic on Terrorism,* Counter-terrorism and Countering violent Extremism.
US Department of State. (2020). *Country Reports on Terrorism 2019.*

__________________. (2021). *Country Reports on Terrorism 2020.* US. Department of State BUREAU OF COUNTERTERRORISM.

US Homeland Security. (2020). *Homeland Threat Assessment 2020.*

US NSC. (2021). N*ational Strategy for Countering Domestic Terrorism.* US National Security Council.

United States SENATE. (2021). *EXAMINING THE U.S. CAPITOL ATTACK.*

WHO. (2020a). Q&A on coronaviruses, COVID－19.

_____. (2020b). Coronavirus disease 2019 (COVID－19) Situation Report 154.

北村 滋. (2021).『情報と国家－憲政史上最長の政権を支えたインテリジェンスの原点』, 中央公論新社, まえがき.

2. 논문

Ackerman, G., & Peterson, H. (2020). Terrorism and COVID－19. *Perspectives on Terrorism,* 14(3), 59－73.

Ambrozik, C. (2019). Countering Violent Extremism Globally. *Perspectives on Terrorism,* 13(5), 102－111.

Andersen, J. C., & Sandberg, S. (2020). Islamic State propaganda: Between social movement framing and subcultural provocation. *Terrorism and Political Violence*, 32(7), 1506－1526.

Archetti, C. (2013). Terrorism, Communication, and the Media. In Understanding Terrorism in the Age of Global Media. Palgrave Macmillan, London, 32－59.

Archambault, E., & Veilleux－Lepage, Y. (2020). Drone imagery in Islamic State propaganda: flying like a state. *International Affairs*, 96(4), 955－973

Basit, A. (2020). COVID－19: a challenge or opportunity for terrorist groups?. *Journal of Policing, Intelligence and Counter Terrorism*, 15(3), 263－275.

Bergen. P. & Sterman, D. (2021) Terrorism in America After 9/11(A detailed look at jihadist terrorist activity in the United States and by Americans overseas since 9/11). https://www.newamerica.org/international－security/reports/terrorism－in－america/

Bloom, M. (2020). How Terrorist Groups Will Try to Capitalize on the Coronavirus Crisis, *Just Security.*

Burke, J. (2020). Opportunity or threat? How Islamic extremists are reacting to coronavirus. *The Guardian.*

Brennan. (2020). How Neo－Nazis Are Exploiting Coronavirus to Push Their Radical Agenda, *Newsweek.*

Colin P. (2020). Yesterday's Terrorists Are Today's Public-Health Providers, *Foreign Policy.*

Force, F. A. T. (2020). COVID-19-Related Money Laundering and Terrorist Financing: Risks and Policy Responses. www.fatf-gafi.org/publications/meth-odandtrends/documents/covid-19-ML-TF.html

Gunaratna, R., & Taufiqurrohman, M. (2016). Insurgency and Terrorism in East Asia: Threat and Response. *In Non-Traditional Security in East Asia: A Regime Approach*, 23-48.

Hoffman, B. (2002). Rethinking terrorism and counterterrorism since 9/11. *Studies in Conflict and Terrorism*, 25(5), 303-316.

Holtmeier M., & Sandner. P. (2019). The impact of crypto currencies on developing countries, FSBC Working Paper.

Husham A. H. (2020). ISIS 2020: New Structures and Leaders in Iraq Revealed. *Center for Global Policy.*

International Crisis Group. (2017). Counter-terrorism Pitfalls:What the U.S. Fight against ISIS and al-Qaeda Should Avoid, Special Report N°3, *Brussels, Shaping Peace.*

______________________. (2020). What Role for the Multinational Joint Task Force in Fighting Boko Haram?, *Africa Report, Brussels, Shaping Peace*

Japan White Paper. (2016). Special Feature: Countermeasures against International Terrorism. Japan Police

Joscelyn, T. (2020). How Jihadists Are Reacting to the Coronavirus Pandemic, *Foundation for Defence of Democracies.*

Lee. K., Fitt. J., & Goldberg C. (2020). Renew, Elevate, Modernize A Blueprint for a 21st-Century U.S.-ROK Alliance Strategy. *America Competes.*

Magid, P. (2020). Islamic State Aims for Comeback Amid Virus-Expedited U.S. Withdrawal, Foreign Policy.

Marc. A. (2021). 20 years after 9/11, jihadi terrorism rises in Africa. *BROOKINGS INSTITUTION PRESS.* https://www.brookings.edu/blog/order-from-chaos/2021/08/30/20-years-after-9-11-jihadi-terrorism-rises-in-africa.

Margolin, J. (2020). FBI warns of potential surge in hate crimes against Asian Americans amid coronavirus. *ABC News.*

Matina S., & Georgi K. (2018), Bitcoin Is a Hit in Countries Where Locals Face Currency Troubles https://www.wsj.com/articles/bitcoin-is-a-hit-in-countries-where-locals-face-currency-troubles-1515067201.

Mazzoni, V. (2020). Coronavirus: How Islamist Militants Are Reacting to the Outbreak, *European Eye on Radicaization*

Moonshot. (2020). Covid-19: Conspiracy Theories, Hate Speech and Incitements to Violence on Twitter, *Moonshot CVE* (April 2020).

Mudde, C. (2016). Europe's populist surge: A long time in the making. *Foreign Affairs*. 25-30.

Okumura, T. (2009). Fifteen Years since the Tokyo Subway Attack and Development of Chemical, Biological, Radiological, Nuclear, or Explosive Terrorist Countermeasures in Japan. *Prehospital and Disaster Medicine*, 24(S1).

Pantucci. R. (2020). Key Questiojns for Counter-Terrorism Post-COVID-19). RSIS *Counter Terrorist Trends and Analyses*, 12(3).

__________. (2021). How China Became Jihadis' New Target. *US foreignpolicy*.

Parkin, W., Klein, B., Gruenewald, J., Freilich, J., & Chermak, S. (2017). Threats of Violent Islamist and Far-Right Extremism: What Does the Research Say?. College Park: *National Consortium for the Study of Terrorism and Responses to Terrorism*.

Pomerantsev P. (2015). Fighting While Friending: The Grey War Advantage of ISIS, Russia, and China, *Defense One*.

Pietrzyk. O. (2016). THE TERRORISM THREAT TO JAPAN: REAL DANGER OR COSTLY OVERESTIMATION, *Teka Kom. Politol. Stos. Międzynar*.

Ronald O'Rourke (2020). Renewed Great Power Competition: Implications for Defense-Issues for Congress. *CRS Report*.

Silke, A. H. (2020). COVID-19 and terrorism: assessing the short-and long-term impacts, *Pool Re SOLUTIONS*.

Stalinsky, S., & Sosnow, R. (2017). A Decade Of Jihadi Organizations' Use Of Drones-From Early Experiments By Hizbullah, Hamas, And Al-Qaeda To Emerging National Security Crisis For The West As ISIS Launches First Attack Drones, *MiddleMonitoring Research Media Research Institute*.

START. (2017). Ideological Motivations of Terrorism in the United States, 1970-2016.

_____. (2020). Global Terrorism Overview: Terrorism in 2019, *START Background Report University of Maryland*.

_____. (2021). Global Terrorism in 2020. National consortium for the Study of Terrorism and Reponses to Terrorism, *University of Maryland*.

Singh, B. (2017). The jihadist threat in Southeast Asia: An Al Qaeda and IS-centric architecture. *RSIS Commentary*, (025), 1－3.

Tessler, H., Choi, M., & Kao, G. (2020). The anxiety of being Asian American: Hate crimes and negative biases during the COVID－19 pandemic. *American Journal of Criminal Justice*, 45(4), 636－646.

UN Counter－Terrorism Committee(CTED). (2020a), Member States Concerned By The Growing and Increasingly Transnational Threat of Extreme Right－Wing Terrorism. https://www.un.org/securitycouncil/ctc/news/2020－year－review.

________________________________. (2020b). Member States Concerned By The Growing and Increasingly Transnational Threat of Extreme Right－Wing Terrorism, UN *Counter－Terrorism Committee.*

United States Department of State. (2019). Country Reports on Terrorism 2019, *United States Department of State Publication Bureau of Counterterrorism.*

Wada, D. (2021). Terror Threat at Tokyo Olympics 2021. Japanese Society and Culture, 3(1), 3.

3. 기타

ABC News. (2020. 4. 2). "Terrorist groups spin COVID－19 as God's smallest soldier attacking West.
https://abcnews.go.com/International/terroristgroups－spin－covid－19－gods－smallestsoldier/story?id=69930563.

BBC (2020. 11. 17), Trump 'to order further troop withdrawal' from Afghanistan and Iraq. https://www.bbc.com/news/world－us－canada－54968200

BBC (2020. 11. 27). Trump 'to order further troop withdrawal' from Afghanistan and Iraq.
https://www.bbc.com/news/world－us－canada－54968200

CNN. (2020. 12. 4). Trump orders a near total withdrawal of US troops from Somalia.
https://edition.cnn.com/2020/12/04/politics/trump－somalia－troop－with－drawal/index.html

CPH POST. (2020. 3. 23). Right－wing extremist terror attack threat growing－PET. http://cphpost.dk/?p=112254.

Global Times. (2021. 11. 2). Chinese nationals kidnapped in Mali rescued: Chinese FM. https://www.globaltimes.cn/page/202111/1237960.shtml

Guardian. (2020. 3. 19). Disinformation and blame: how America's far right is capi－talizing on coronavirus.

https://www.theguardian.com/world/2020/mar/19/america-far-right-coro-navirus-outbreak-trump-alexjones.
ISRAEL HAYOM. (2020. 11. 17). Iraq hangs 21 on charges of terrorism. https://www.israelhayom.com/2020/11/17/iraq-hangs-21-on-charges-of-terrorism
Newsweek. (2020. 3. 27). How Neo-Nazis are Exploiting Coronavirus to Push their Radical Agenda. https://www.newsweek.com/how-neo-nazisexploiting-coronavirus-push-radical-agenda-1494729.
Politico Magazine. (2020. 3. 19). Coronavirus Will Change the World Permanently. Here's How. https://www.politico.com/news/magazine/2020/03/19/coronavirus-effect-economy-life-society-analysis-covid-135579.
Reuters. (2021. 4. 21). Car bombing at hotel in southwest Pakistan kills 4, wounds 11. https://www.reuters.com/world/asia-pacific/explosion-luxury-hotel-southwest-pakistan-kills-three-wounds-11-police-2021-04-21.
The NewYork Times. (2020. 6. 4). Trump Tests a Role He's Long Admired: A Strongman Imposing Order. https://www.nytimes.com/2020/06/04/world/americas/trump-george-floyd.html
The Jerusalem Post. (2020. 6. 11). How will the 'end' of the global war on terror affect Israel?. https://www.jpost.com/arab-israeli-conflict/how-will-the-end-of-the-global-war-on-terror-affect-israel-631156.
The Telegraph. (2020. 3 19). Army redeploys troops home from Iraq as Coronavirus forces end to training mission. https://www.telegraph.co.uk/news/2020/ 03/19/armyredeploys-troops-home-iraq-coronavirus-forces-endtraining/.
Washington Post. (2020. 4. 11). Souad Mekhennet, "Far right-wing and radical Islamist groups are exploiting coronavirus turmoil. https://www. washingtonpost.com/nationalsecurity/far-right-wing-and-radical-islamist-groupsare-exploiting-coronavirusturmoil/2020/04/10/0ae0494e-79c7-11ea-9beec5bf9d2e3288_story.html.

COMBAT TERRORISM

제6장 주요 테러 양상별 위협

제1절 대량살상테러 양상[1]

전 세계 테러 통계자료 중 가장 공신력있는 자료로 평가받고 있는 미국 National Consortium for the Study of Terrorism and Responses to Terrorism(START) 연구소에서 분석한 2019년의 Global Terrorism Database(GTD) 자료에 의하면 전 세계에서 테러공격으로 인한 사망자는 13,826명(103개국)으로 나타났고 이는 2018년보다 15.5% 감소한 수치였다(START, 2021).

이는 2014년 4.5만 명으로 전 세계 테러 사망자 수가 정점을 기록한 이후 5년 연속 감소추세를 나타냈는데, 2019년의 주된 감소요인으로는 세계 최고 테러사망자 발생국가인 아프가니스탄이 2018년 7,379명에서 2019년 5,725명으로 22.4% 감소했고, 2위인 나이지리아가 2018년 2043명에서 2019년 1,245명으로 39.1%가 급격히 감소되었기 때문으로 분석되었다(START, 2021).

1 이 부분은 김태영(2019)의 관련 부분을 수정·보완한 것이다.

| 그림 6-1 | 전 세계 주요국가별 테러사망자 현황(2018~2019년)

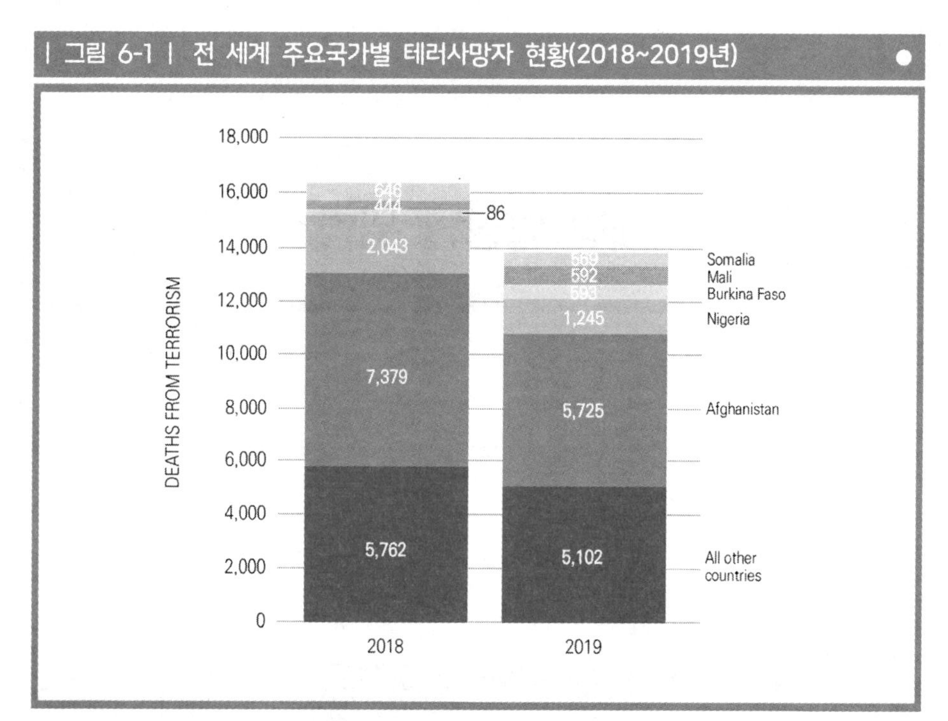

출처: START(2021).[2]

그러나 위에서 언급한 중동 및 아프리카 지역 이외에도 전 세계적으로 테러의 위협은 지속적으로 팽창하고 있는 실정이다. 특히 앞서 전술한 코로나 방역대응의 집중에 따른 각국의 대테러 관련 재정지원 등 역량대응 미흡으로 인한 ISIS 등과 관련된 이슬람극단주의 테러단체의 재건기도와 ICT신기술 등의 악용가능성으로 인한 전 세계적인 테러위협 및 불확실성은 지속되고 있다.

한편 유럽이나 북미지역은 전 세계에서 차지하는 테러 사망자 수의 비중은 매우 낮은 실정으로 유럽의 경우, 2015년 340명으로 정점을 이룬 후, 2019년에는 58명으로 정량적인 측면에서는 5년 연속 감속하고 있다 그러나 인종혐오 및 반 난민정서에 편승한 극우테러가 최근 5년간(2015~2019년) 11명에서 89명으로 709% 급증하였고, 하드 타깃보다 민간인 등 소프트 타깃 테러공격이 증가하였다(START, 2021).

2 https://reliefweb.int/sites/reliefweb.int/files/resources/GTI-2020-web-2.pdf.

| 그림 6-2 | 주요 국가 테러사망자 추세현황(2002~2019년)

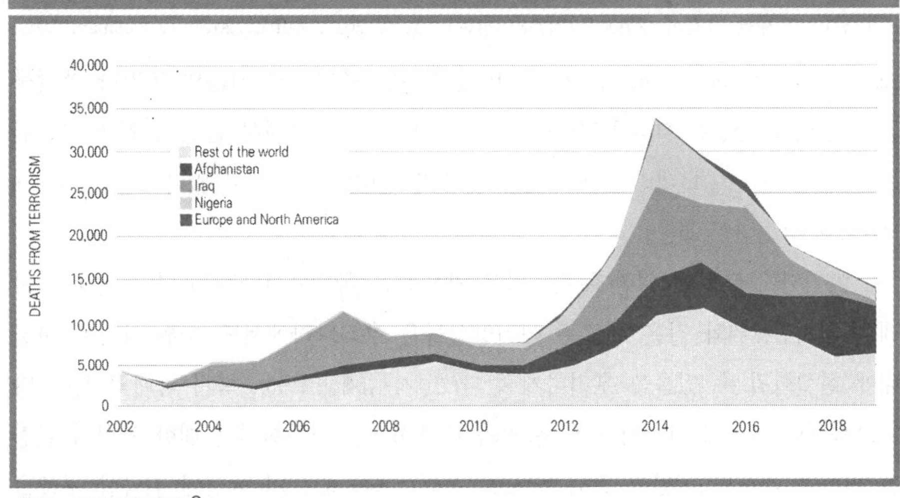

출처: START(2021).[3]

위와 같은 변화는 테러양상의 관점에서 볼 때 오히려 더욱 위협적인 추세로 분석된다. 왜냐하면 ISIS 등 이슬람극단주의 테러단체의 글로벌 네트워크화 및 자생적인 극우테러 등을 통해 테러공격의 거점지역이 기존처럼 중동 및 아프리카 지역만이 아니라 서구권 등으로 확산되고 있기 때문이다(인남식, 2017).

이러한 서구권을 포함하는 OECD[4] 국가들의 테러양상은 테러원인·테러대상목표·테러공격수단 등 3가지 관점에서 공통적인 경향성을 갖는다(Austin, 2013; 박기쁨·이창한·유효은, 2017; Cordesman, 2017; Burcu, 2017; Europol, 2017; Gill et al., 2018). 첫 번째 테러원인 측면에서 과거의 종교적·정치적·이념적 갈등과 같이 뚜렷한 목표와 이념의 원인에서 탈피하여 개인적 원인에 의한 자생테러 및 외로운 늑대 등 목표나 원인도 규명할 수 없는 다양한 테러양상이 확산되고 있다(Austin, 2013; Freilich & William, 2015; 윤민우, 2017). 두 번째 테러대상목표 측면에서 기존 국가중요시설 및 국가주요인사 등 중요도 및 상징성이 높은 하드 타깃에서 불특정 일반인 및 민간

3 https://reliefweb.int/sites/reliefweb.int/files/resources/GTI-2020-web-2.pdf

4 본 장에서는 OECD 회원국가(34개국) 중에서 실제 테러사건이 발생한 21개국들인 오스트리아, 벨기에, 칠레, 슬로바키아, 크로아티아, 핀란드, 프랑스, 독일, 그리스, 헝가리, 아일랜드, 이탈리아, 네덜란드, 노르웨이, 폴란드, 스페인, 스웨덴, 영국, 미국, 멕시코, 호주를 연구대상으로 선정하였다.

다중이용시설인 소프트 타깃 형태의 대량 인명살상이 증대되고 있다(Newman & Hsu 2012; 오세연·윤경희, 2018; 박기쁨·이창한·유효은, 2017; Burcu, 2017; Cordesman, 2017; Europol, 2017; Martin, 2016). 세 번째 테러공격수단 측면에서 기존의 총기나 폭발물 등 한정되고 단일한 테러공격수단에서 벗어나 생활주변에서 손쉽게 획득하기 쉬운 로테크(Low-Tech)테러가 가미된 복합테러 형태로 진화되고 있다(국무총리실 대테러센터, 2017; 윤민우, 2018).

아직까지 북한에 의한 무력도발을 제외하곤 국내에서 테러공격이 발생한 사례는 없지만, 위와 같은 새로운 테러양상들은 우리나라에서도 향후 가까운 시일 내에 현실화될 수 있음을 우려하게 한다(김태성·김재철, 2016). 특히 국내의 경우 다문화사회로 빠르게 나아가고 있는 것과 대조적으로 다문화가정 대한 사회적 편견은 더디게 개선되고 있어 소위 '외로운 늑대(자생적 테러)'의 발생에 취약한 구조를 지니고 있으며, 더욱이 상대적으로 좁은 지역에 인구가 크게 밀집되어 있는 형태의 거주 및 생활환경을 갖고 있기 때문에 국제테러단체 주도형에서 자생적 테러로, 하드 타깃에서 소프트 타깃으로 이전되고 있는 기류에서 테러공격이 발생한다면 대량살상테러로 번질 가능성이 높다. 따라서 우리나라에서도 테러위협 환경에 미치는 요인들을 심도 있게 평가하여 테러예방 및 대응방안을 마련해야 할 필요성이 제기된다.

그러나 이에 대한 국내의 선행연구는 미흡한 실정으로, 해외 테러양상에 대한 연구는 몇 차례 시도된 바 있으나 우리나라와 정치·경제·사회적 특징 및 수준이 비교적 유사한 주요 유럽 및 북미 국가들에서 발생한 대량살상테러에 관한 실증적 연구는 미흡했다는 공통적 한계가 발견된다. 즉, 테러연구에 있어 주요 연구대상이 되는 국가들이 중동·아프리카 등의 제3세계 국가로 설정되어 있는 탓에 해당 연구결과를 우리나라 테러대응방안 수립에 적용하는 데 있어 타당도가 떨어질 수 있다는 것이다. 또한 최근 테러양상 연구는 소수의 학자들을 중심으로 실증분석보다는 주로 사례위주의 대안 제시나 각국의 대테러 조직 및 법·제도에 초점을 맞추어 연구되어 온 경향이 있기도 하다(신제철 외, 2017).

이러한 문제의식을 바탕으로 하여 본 장에서는 최근 확산되고 있는 대량살상테러의 영향요인을 OECD 국가들을 중심으로 살펴봄으로써 국가유형별로 공통적 영향요인과 차별화된 영향요인을 분석하였다. 이를 통해 우리나라의 실정에 부합된 대량살상테러 영향요인을 검토하여 국가 대테러역량 제고를 위한 적실성 있는 정책개발에 기여할 것을 기대한다.

1. 대량살상테러의 이해

대량살상테러라는 용어를 이해하기 위해서는 '대량살상'이라는 개념을 먼저 살펴볼 필요가 있을 것이다. 대량살상(Mass Casualty)이란 국제협약에서 개발을 금지하고 있는 대량살상무기(Weapons of mass destruction, WMD)에서 비롯된 용어로, 최근에는 군사뿐만 아니라 테러·재해·재난관리 분야까지 확장되어 사용되고 있다. 이를테면 세계보건기구(World Health Organization) 및 미국 내 연방재난·테러 대응기관에서는 대량살상에 대한 개념적 정의를 다수의 사상자가 발생한 여러 재난 및 테러사건들로 포괄하여 적용되고 있다. 즉, 토네이도, 홍수, 지진과 같은 자연재해와 대중교통사고, 유해물질의 방출로 인한 다수 사망자 발생사건과 더불어 테러사건과 같이 인적 요인에 의해 발생한 사건까지를 모두 포괄적으로 '대량살상'이라고 보는 것이다(World Health Organization, 2007; 김은영, 2016; Teahen, 2016).

이러한 관점에서, '대량살상테러란' 말 그대로 다수의 사망자가 발생한 테러사건을 의미한다고 볼 수 있다. 즉, 범죄피해의 심각성(Lethality)을 특정 범죄가 피해자에게 실제로 미치는 피해의 정도로 보는 것처럼(이창한, 2008), 동일한 맥락에서 테러공격의 효과성을 측정하는 중요한 요인인 테러공격의 심각성(Lethality of Terror Attack)이나 테러공격의 산출물인 폭력성의 강도(magnitude of violence)를 사상자 규모로 정의함으로써 측정 가능하다는 것이다(Burcu, 2017).

그러나 일반테러사건과 대량살상테러사건을 구분하는 기준으로 정확한 인명피해나 사상자 규모가 정립되어 있는 것은 아니다. 다만 미국의 연방재난관청 등에서는 대량살상사건(Mass Casualty Incidents, MCI)의 개념을 '상황관리가 어려울 정도로 많은 사상자를 초래하는 사건'으로 규정하며 보통 재해재난·테러 등을 이에 포함시키고 있는데(WHO, 2007; Liz, 2008; Teahen, 2016), 여기서는 특정 사건을 대량살상사건으로 파악할 수 있는 최소의 판단기준을 '10명 이상의 사상자'로 설정하고 있음을 알 수 있다.[5] 이러한 기준은 우리나라 재난응급의료 비상대비매뉴얼(복건복지부, 2016)의 '다수 사상자사고'의 개념과도 일치하는데, '다수 사상자사고'를 사건 발생 후 의료대응단계에서 10명 이상의 다수사상자 발생한 상황으로 정의하고 있다.

한편, 대량살상테러의 규모를 100명 기준으로 한정한 연구들도 존재한다(START, 2015; 김은영, 2016). 하지만 이러한 연구들을 살펴보면 1970년부터 2014년까지 100명이상의 사망자가 발생한 테러사건이 총 176건으로 분석하여, 대량살상테러 사건이 과도하게 적게 발생한 것으로 파악하고 있다. 그리고 그로 인해 대량살상테러의 빈도가 충분하지 않아 경향성이나 추세분석, 영향요인 분석 등 대부분의 실증연구가 크게 제한된다는 추가적인 문제점을 나타났다. 따라서 본 장에서는 대량살상테러의 개념적 정의 및 기준을 국내외 대량살상사건 분류기준에 의거, 10명 이상의 사상자가 발생한 테러사건으로 설정하였다(신제철 외, 2017).

2. 대량살상테러의 기존연구

그동안 대량살상테러에 관한 연구는 주로 미국과 유럽을 중심으로 한 소프트 타깃 테러 연구 위주로 활발히 진행되어 왔다. 일반적으로, 소프트 타깃 테러라고 하면 정부기관이나 공공기관을 대상으로 하는 하드 타깃 테러의 반대적 개념으로, 일반적으로 테러공격에 취약한 대중들이 모여 있는 대중교통수단이나 다중이용시설 등 민간시설로 정의한다(Newman and Hsu 2012; 오세연, 2016; Martin, 2016). 대표적인 미국 내 소프트 타깃 테러사건으로는 2009년 텍사스 주 포트 후드 총기난사 사건, 2010년 맨해튼 타임 스퀘어 폭탄테러 기도사건, 2013년 미국 보스턴마라톤 폭탄테러사건, 로스앤젤레스 국제공항 총기사건, 위치타 폭탄테러 기도사건, 2014년 라스베가스 총기사건, 뉴욕시 도끼공격사건, 2015년 찰스턴 교회 총기사건, 차타

5 MCI Level 1-Incident will require local resources and responding agencies. Incident may require additional resources within the region, Size-5 to 10 patients (Lousiana Emergency Response Network).

누가 총기사건, 2016년 올랜도 나이트클럽 총기사건, 뉴욕 폭탄테러 사건 등이다. 특히 대부분의 소프트 타깃 테러사건이 2014－2017년 사이에 집중적으로 발생하였는데, 그 이유로 국제테러단체인 ISIS 등의 대규모화, 외국인테러전투원의 본국귀환과 연계, 이슬람극단주의를 추종하는 외로운 늑대와 같은 자생테러범들의 증가 등에 기인하고 있다.

먼저 해외의 대량살상테러 연구는 주로 실증연구 위주로 진행되어 왔다. 먼저 Santifort et al.(2012) 연구에서는 GTD 자료를 활용하여 1970년부터 2010년까지 발생된 미국의 테러공격 양상을 연구하였는데, 2000년 이후로 미국 내 민간시설이 정부시설보다 사상자수가 증가한다는 결과를 이끌어 냈다. 특히 다중이용시설의 테러공격이 2010년 이르러서는 50%를 넘어서는 것으로 확인하였다. 한편 McCartan et al.(2008), Wrigh(2013), Martin(2016) 등은 이념적 측면의 동기부여, 공격발생지역, 도시규모, 공격자타입, 테러대상목표 유형, 계절유형 등이 사상자 규모에 영향을 미치는 것을 제시하였다. 특히 일상생활의 테러대상목표들을 선택되는 경향을 띄는 것으로 나타났는데(Europol, 2017), 그 예로 2016년 프랑스 니스테러 이후 일상에서 획득하기 쉬운 트럭 및 차량 등을 이용한 테러양상이 대표적이다.

한편 국내학자인 윤민우(2013)는 아프간 폭탄테러사건의 연구를 통해 도시규모, 계절기후, 군·경찰·정부 시설과 민간시설 유형 등의 요인에 따라 사상자 규모를 예측할 수 있다고 분석하였다. 특히 인구밀도가 높은 공항, 대중교통시설, 시청, 식당 등의 지역 또는 상업성을 대표할 만한 소프트 타깃 시설에서 사상자가 증가하는 것으로 나타났다(오세연·윤경희, 2015; 이상열, 2015). 이처럼 테러범들이 소프트 타깃을 매력적인 표적으로 선택하는 이유는 테러집단이 적은 자금으로 간단한 훈련을 받은 상태에서, 선정된 테러대상목표에 빠르게 배치하여 보다 수월하게 테러공격을 감행할 수 있고, 극대화된 사상자와 공포심과 충격력을 확대시킬 수 있기 때문이다.

최근의 연구에서는 단일테러로 인하여 발생하는 사상자의 규모가 지속적으로 증가하면서, 테러양상이 대규모화 되고 테러대상목표가 소프트 타깃화 되는 뉴테러의 양상을 보이며, 주요특징으로 기획테러와 자생테러가 통합되어 나타남을 강조하고 있다(윤민우, 2018). 특히 기획테러는 ISIS와 같은 국제테러단체의 본부에서 전투경험 및 전문적 대테러훈련이 숙달된 테러범들이 동시 다발적인 테러공격을 통해 살상력을 극대화하고 있다. 이창한·박기쁨·유효은(2017) 또한 미국·유럽지역의 테러양상을 분석하였는데, 연구결과 테러공격유형 및 무기유형 등을 복합적으로 활용하고, 특히 차량과 같은 기동수단이 공격수단으로 활용되어 피해지역이 광범위하게 확산됨을 제시하였다. 김태영·윤민우(2017) 역시 최근 OECD의 다중이용시설 폭탄테러의 사상자 수에 영향을 미치는 주요 영향요인으로 기후, 유형별 테러대상시설, 노출수준, 도시수준 등을 확인하였다. 또한 테러공격수단을 사상자 규모에 영향을 미치는 중요한 요인으로 분석하였는데(인남식, 2017), 특히 최근 손쉽게 이용 가능한 급조폭발물(Improvised Explosive Device, IED), 소총, 흉기 등과 트럭 등 무차별 차량 돌진테러가 다중밀집지역을 대상으로 테러의 공포를 확산시키고 있음을 강조했다.

대량살상테러를 통해 효과적이고 상징적 가치를 얻을 수 있기 때문에 테러공격을 실행한다는 새로운 연구결과도 등장했다(Martin, 2016). 이러한 배경에는 테러범이 인터넷 및 미디어 사용을 통해 테러단체원 충원, 극단적 과격주의 교육 및 선전활동, 재정확충 등에 사이버 공간 및 미디어를 적극 활용하고 있다(윤봉한, 2015; Conway, 2006). 또한 매스컴을 통한 대량살상 테러 전달을 통해 테러집단의 목표를 대중들에게 공포감을 실어 전달하는 데 효과적이라고 주장했다(Benmelech & Berrebi, 2007).

둘째로, 우리나라의 대량살상테러의 연구는 주로 사례위주 차원의 다중이용시설 테러양상 위주로 연구되어 왔다. 왜냐하면 우리나라에서는 소프트 타깃을 특별한 안전시설이나 대응조치가 취해지지 않은 장소에 많은 수의 대중들이 모여 있는 다중이용시설 개념으로 정의하고 있기 때문이다(윤경희·양문승, 2014; 김은영, 2016). 특히 테러방지법 시행령(제25조 제1항 제2호)에서는 "많은 사람이 이용하는 시설 및 장비"로 정의하면서, 서울 및 수도권 등의 다중이용시설에 대한 예방 및 대응활동 강화의 필요성을 다수의 선행연구를 통해 제안하였다(최경환, 2010; 성민·이윤호, 2013; 이만종, 2014). 또한 2차 피해 및 많은 사상자를 야기시키는 도심소재 고층건물 및 다중이용시설물에 대한 테러예방설계와 유관기관 및 지방자치단체 등의 공조체제를 통한 다중이용시설 테러 취약성 평가를 위한 안전관리활동을 주된 정책적 대응방안으로 제시하였다(이창한 외, 2017; 전용재·이창배·이승현, 2017).

성민·이윤호(2013)의 연구에서는 국내에서 대량살상 테러위협을 예방하기 위해 초고층건축물의 테러 위험도 사전측정과 미국 연방재난관리청(FEMA)에서 운용하는 피해예방 가이드라인과 평가기법 도입을 강조하였다. 일례로, 현행 국토교통부의 건축물 테러예방 설계가이드라인과 서울특별시의 초고층 건축물 가이드라인 상에 이러한 테러 위험도 평가기법을 구체적으로 담을 수 있는 방향으로 수정·보완되어야 함을 대안으로 제시하였다.

또한 2016년 10월에 발생한 오패산 터널 사제총기공격사건이나 2017년 6월에 발생한 연세대 사제 폭발물공격 사건을 통해 국내의 대량살상테러양상을 진단하였다(윤민우, 2017). 연구결과, 유럽의 이슬람 이민자 공동체를 기반으로 과격 극단주의가 확산되었던 양상과 매우 유사하며,[6] 국내에서도 동시다발적 그리고 조직화된 형태로 다수의 테러단체에 의한 대량살상테러로 이어질 가능성은 매우 높다고 제안하였다.

전용재·이창배·이승현(2017) 역시 국외 주요테러 사례분석과 AHP분석을 통해 국내 발생가능 유형을 분석한 결과, 북한 및 사회불만세력에 의한 사제 폭발물, 차량, 드론을 통해 다중이용시설 대상으로 하여 대량살상테러발생가능성이 높은 것으로 발견하였다.

국가정보원(2017)의 국내 대량살상테러 위협분석에 따르면 ISIS 해커조직이 우리 국민들의 개인정보 공개하거나, 세계 미군 및 나토 공군기지 좌표상에 우리나라의 공군기지를 포함하여 공개하였다. 또한 서방국가에서 '외로운 늑대형(Lone Wolves)' 자생테러가 최대위협으로 부상하고 있는 가운데 우리나라도 자생적 테러범이 양상 될 수 있는 환경이 점차 조성되고 있음을 강조했다. 2016년 국내 체류 이슬람권 국가 출신자들이 17만 명을 넘어섰고 소규모 무슬림 밀집지역들도 증가하였다. 또한 해외 자생테러범들의 다수를 차지하고 있는 무슬림 2세의 경우 우리

6 이러한 이유로 먼저, 가해자가 스스로를 전사(Warrior)로 상정하여, 공권력이나 지도층을 하나의 적으로 간주하며 자신의 행위를 이러한 적에 대한 전투 또는 혁명행위로 규정하였다. 둘째로, 테러공격수단 측면에서 총기와 폭발물 등을 스스로 제작·사용함으로서 기존의 우리사회의 상식과는 달리 총기 등이 쉽게 공격에 사용되었기 때문이다.

나라에서는 대부분 미성년자(6,000명 추정)로 추정되는데, 이민자·귀화자·난민 등의 유입으로 인해 계속 증가할 것이며 향후 성장과정에서 사회적 차별과 적응실패 등에 불만을 품고 테러공격을 감행할 가능성이 우려된다고 분석하고 있다.

위에서 살펴본 바와 같이 유럽 및 미국 등 주요 선진국가 들에서는 비교적 대량살상테러에 관련한 연구들이 활발히 이루어지고 있는 반면, 국내에서는 소수의 학자들을 중심으로 한정되게 연구되고 있는 실정이다. 실증분석보다는 주로 사례연구 및 이론적 검토를 통한 대안 제시에 그치고 있다. 게다가 실증적 분석이 이뤄지더라도, 질적 연구방법과 병행해 수행하고자 하는 시도는 이뤄지지 않아 연구결과에 대한 함의가 형식적으로 이뤄지고 있는 실정임을 확인하였다.

3. OECD 국가들의 대량살상테러 양상

OECD 국가들의 대표적인 대량살상테러로는 2013년 미국 보스턴마라톤 폭탄테러, 2015년 이후 프랑스 파리 테러, 2016년 벨기에의 브뤼셀·미국의 올랜도·프랑스 니스테러, 2017년 영국 맨체스터 공연장 테러 및 런던 차량돌진 테러, 미국 라스베가스·뉴욕의 테러, 2019년 3월의 뉴질랜드 크라이스트처치시 총기난사 테러 등을 들 수 있다(United States Department of State, 2018).

OECD 국가들의 테러양상은 다음과 같은 측면에서 우리나라와 유사한 특성을 보인다. 먼저 이슬람 지역으로부터 문화적·지리적으로 이격되어 있고, 민주주의·시장경제주의·치안서비스 등이 발전된 국가들이며, 총기나 폭발물 등 테러공격수단에 대한 규제가 엄격하여 획득과 이용이 쉽지 않다(윤민우, 2018). 이러한 이유에서 우리나라와 유사한 OECD 국가들의 테러위협을 분석하고 대량살상테러의 영향요인을 살펴보는 것은 우리나라의 테러위협과 테러대응노력의 방향을 예측하는 중요한 가이드라인이 될 수 있다.

먼저 2011년부터 2017년까지 OECD 국가들에서 발생한 테러사건은 총 1,217건으로 나타났다. 〈표 6-1〉의 테러 사상자 규모를 살펴보면 10명 이상 사상자가 발생된 대량살상테러는 190건(15.6%)의 빈도를 차지하였고, 10명 미만 사상자가

표 6-1 OECD국가 테러 사상자 규모 유형분석(2001년-2017년)

테러 사상자 규모		테러공격 발생건수(1217건)	비율(%)
대량살상테러(10명 이상)		190건	15.6%
소량살상 테러	1-9명	544건	44.7%
	0명	483건	39.7%

출처: START. (2017). Global Terrorism Database. 테러사건 DB 재구성.

1027건(84.4%)로 높은 빈도를 나타냈다. 특히 사상자가 발생하지 않은 비살상테러는 483건으로 전체의 39.7%의 빈도를 차지하여, 종합적으로 OECD 국가들의 테러사상자 규모는 주로 비살상·소량살상테러 위주임을 알 수 있다.

표 6-2 OECD국가별 테러발생건수 분석(2001년-2017년)

테러발생국가		테러발생건수(1217건)	비율(%)
북미/유럽권 (787건, 67%)	미국	242건	20%
	영국	152건	13%
	프랑스	80건	6%
	그리스	64건	5%
	독일	54건	4.5%
	스페인	34건	3%
	이탈리아	24건	2%
	멕시코	22건	2%
	캐나다	17건	8%
	아일랜드·호주	13건	
	칠레	12건	
	벨기에·네델란드	9건	
	핀란드	6건	
	덴마크	8건	
	폴란드	4건	
	오스트리아	2건	
	헝가리·슬로바키아	1건	
중동권 (430건, 33%)	이스라엘	231건	18%
	터키	199건	17%

출처: START. (2017). Global Terrorism Database. 테러사건 DB 재구성.

〈표 6-2〉는 국가별 발생현황을 나타낸 표로서, 북미·유럽권에서의 미국 242건(20%)과 영국 152건(13%), 프랑스 80건(6%) 순으로 나타났고, 중동권의 터키 199건(18%)와 이스라엘 215건(17%) 순으로 나타났다.

〈표 6-3〉은 주요 국가별 2017년 세계테러지수(Global Terrorism Index, GTI) 및 세계평화지수(Global Peace Index, GPI) 순위를 나타낸 표이다(START 2018). 먼저 전 세계 130개국 가운데 터키가 9위(7.51), 프랑스는 23위(5.60), 미국은 32위(5.42), 영국은 35위(5.08), 이스라엘은 36위(5.06), 독일은 38위(4.91), 벨기에는 40위(4.65)를 나타냈다. 특히 터키는 2014년 27위에서 9위로 테러위협이 심각히 증대되었는데, 1970년부터 2016년까지 총 4,106건의 전체 테러사건 중에서, 2011년부터 2016년까지의 6년간의 테러사건이 1,337건으로 전체 테러빈도수의 33%를 차지하여 심각한 상황임을 확인하였다(Cordesman, 2017).

표 6-3 **OECD 주요국가 테러발생 분석(2017년)**

국가	세계테러지수(순위)	세계평화지수(순위)
터키	7.519(9위)	2.777(146위)
프랑스	5.964(23위)	1.839(51위)
영국	5.102(35위)	1.786(41위)
미국	5.429(32위)	2.232(114위)
이스라엘	5.062(36위)	2.707(144위)
독일	4.917(38위)	1.5(16위)
벨기에	4.656(40위)	1.525(19위)

출처: START. (2017). Global Terrorism Database; Global Peace INDEX(2017). 재구성.

〈표 6-3〉을 통해 테러위협은 아프간, 이라크 등과 같은 특정한 제3세계 국가에서만 증대되는 것이 아니라 전 세계에서 빈번히 발생하는 일상의 보편적 현상으로 고착화 되어가고 있음을 알 수 있다. 특히 2007년부터 2016년 사이에서는 전 세계 테러공격으로 인해 사망자수가 270% 증가했는데, 특히 OECD 국가는 터키·프랑스·미국·벨기에 등의 사망자수의 폭발적인 급증으로 인해 900% 증가하는 추세를 보였다. 이는 유럽 및 북미 등 서방 선진국이 비교적 테러위협이 상당히

높은 국가로 간주되어 테러위협이 상당히 심각해진 현실을 반영하고 있다(윤민우, 2017; Europol, 2017; START, 2018).

OECD 국가들 중에서도 전통적으로 테러발생이 많은 지역은 터키, 이스라엘 국가들이 위치한 중동권 지역이다(김대성·이지은, 2108; Global Terrorism Index 2017, 2018). 먼저 역사적 근원은 1948년 이스라엘의 독립과 함께 민족분쟁으로 시작되었으며, 2차 세계대전 이후 화약고로 불릴 만큼 종족 간 분쟁 및 정치적 테러가 현재까지 끊이지 않고 있다(조성택, 2010). 또한 이라크·아프가니스탄 등지에서는 2001년 9·11 테러에 대한 반사적 대응으로 미국 및 연합군 대 탈레반 사이의 전면전 이후 지속적으로 테러공격이 발생하고 있다(윤민우, 2013). 특히 중동권 지역에서 발생하는 테러양상은 북미 및 유럽권 지역과 테러원인, 사상자 규모, 테러대상목표, 테러공격수단 등 네 가지 차원에서 구분이 가능하다.

첫째로, 테러원인 면에서 볼 때 중동권 국가들은 주로 역사적 문제로 인하여 복합적으로 얽혀있는데, 대표적 원인으로 ISIS 및 팔레스타인 인종갈등, 석유 자원을 둘러싼 강대국의 개입, 이슬람교 시아파 및 수니파간의 종교적 갈등, 마약생산, 중앙정부의 치안능력 부재 등이다(윤민우, 2013; 김중관, 2017; 김대성·이지은, 2018; START, 2018).

그러나 북미 및 유럽권 국가들의 발생원인은 다소 상이한 양상을 보이고 있는데, 인명살상 자체가 직접적인 테러범의 목적이 되고 그에 따른 파생결과로 위협의 확산, 세력과시, 정당성의 주장, 동조자들의 증대 등이 뒤따른다는 것이다(Office of Cyber and Infrastructure Analysis, 2017; 윤민우, 2018). 이를 위해 유럽의 무슬림 이민 2세나 3세들은 서구사회에서 소수집단으로 살아가며 느끼는 종교적 유발요인과 사회불만 등 정체성의 혼란으로 자생적 테러공격을 실행하고 있다(정육상, 2014; 이승근, 2016; 서다빈·엄정식; 2018).

둘째로, 사상자 규모 면에서 살펴보면 중동권에서 발생하는 테러의 사상자 규모가 유럽 및 북미권보다 훨씬 큰 것으로 분석되고 있다. 이러한 이유는 정치·경제적으로 상대적으로 안정된 유럽·북미권 국가들이 경찰력·방호력(CCTV) 등 집중 투입하여 테러정보·대테러 작전부대 차원의 역량을 강화하는 등 테러예방 및 대응역량이 높아 사상자가 적게 발생되는 것으로 해석된다(Global Terrorism Index

2017, START 2018).

한편 북미 및 유럽지역에서는 사상자면에서 대량살상 테러사건이 중동지역보다 상대적으로 낮게 발생되어 왔으나, 인명살상 자체가 직접적인 목적이 되면서, 불특정 민간인을 직접 목표로 삼기 위한 조직화된 테러형태가 증대되고 있다(Austin L. Wrigh, 2013; Deloughery, 2013; Rumiyah, 2016; 윤민우 2018). 이와 같은 양상은 치안이 상대적으로 안정되고 형사사법기관에 의해 효과적인 대테러 정책이 시행되고 있는 유럽 등지에서도 ISIS와 같이 테러범의 훈련과 무기의 공급 또는 폭탄제조의 기법 및 테러를 수행하기 위한 자금 등을 제공할 수 있는 집단과 자생적 테러범과의 결합 등을 통해서 테러공격이 발생하기 때문이다(오봉욱·양승돈, 2013; 김은영 2017).

셋째로, 테러대상목표 차원에서는 중동권 국가들이 전반적으로 북미·유럽권 국가들보다 상징성 있는 국가중요시설 및 공공시설 위주로 특정되고 있다(김중관, 2017). 9·11 테러 발생 이전에는 아프리카 및 중동지역에 상주하는 서방 연합군 군사기지에 대한 공격이 주를 이뤘지만 9·11 테러 이후, 북미·유럽본토 자체를 공격대상으로 확대되었다(조성택, 2010). 이러한 이유는 중동지역이나 이슬람지역에서 발생한 테러공격의 경우 민족주의 및 종교의 문제와 같이 극단적으로 국가나 민족과 공동체의 입장을 지지하는 경향을 보여, 테러공격을 실행할 때 정치적 입장과 테러대상이 명확히 한정되어지기 때문이다(박기쁨·이창한·유효은, 2017). 일례로, 이집트·아프가니스탄·파키스탄 등 중동 및 이슬람이 국교인 지역에서는 국가 치안력에는 저항하는 의미인 경찰 및 경찰시설관련 테러대상목표가 가장 높은 비율을 차지하였다(Cordesman, 2017).

그러나 북미 및 유럽권의 경우에는 기본적으로 테러대상목표를 예측하기가 제한되는데, 군·경찰·정부기관의 상징적인 국가중요시설로 대표되는 이른바 하드 타깃이 아닌 소프트 타깃에 주목하고 있다(윤민우, 2018).

김은영(2016)은 최근 미국의 테러양상을 실증적으로 분석하였는데, 다중이용시설에서 테러공격과 사상자수가 증대되고 있으며, 상업시설을 포함한 민간인 시설 등의 소프트 타깃 테러가 국가중요시설보다 2배 이상 발생하였다. 또한 테러대상시설 유형별 분석결과, 상업시설(25%), 정부시설(23%), 공공체육시설(14%), 금융시설(11%) 순으로 발생되어 보호능력이 취약한 다중이용시설의 테러위협이 증대되고 있음을 확인하였다.

특히 기존의 대도시 위주의 테러대상목표에서 중소도시의 일반적인 민간시설이 공격대상에 포함되고 있다는 점에서 테러위협이 확산되고 있음이 강조되고 있다(Europol, 2017). 이러한 근본적 이유는 북미·유럽의 테러의 발생원인이 정치·경제·문화적 이유 등 복합적으로 작용하기에 그 테러원인을 정확히 분석하기가 제한되며, 불특정 민간인을 대상으로 한 테러공격이 주를 이루고 있어 테러대상목표도 명확히 예측하기 어렵다는 특성이 있다(김중관, 2017).

마지막으로 테러공격수단 측면에서, 중동권 국가들에서는 전통적으로 폭탄테러, 총기, 방화 등 무장공격 위주의 전통적인 테러공격양상을 보여 왔다. 그러나 최근 북미·유럽권 국가들의 특징은 로테크(low-tech) 테러와 테러공격수단의 복합성이 융합되어 활용되고 있다(Cordesman, 2017). 여기서 의미하는 로테크 테러는 일반적인 테러공격수단인 총기 및 폭발물 등 무장공격 대신에 일상에서 쉽게 확보할 수 있는 차량, 칼 등 무성무기 등의 생활용품을 선택하는 것을 의미한다. 특히, 차량돌진테러가 최근 이슬람극단주의 국제테러단체가 자생적 테러범들이 활용할 수 있는 중요한 테러공격수단으로 유럽과 미국 등지에서 급격히 증가하고 있는데, 주로 인명살상을 목적으로 다수의 대중들을 향해 무차별하게 돌진을 감행하는 특성을 보이고 있다(윤민우, 2018). 이러한 차량테러위협은 총기 등 일반 테러에 버금가는 다수의 인명피해를 야기할 수 있고, 도구 반입·제조과정이 없어 적발우려가 없으며, 테러 후 신속히 도주하여 추가적인 2차 테러를 통한 테러피해지역을 확산시킨다는 특징이 있다.

4. 대량살상테러 실증분석

1) 기술통계 분석

〈표 6-4〉는 테러사상자 규모에 대한 기술통계 분석이다. 분석결과 소량살상

표 6-4 사상자 규모별 기술통계

소량살상	비율(%)	대량살상	비율(%)	전체	
				빈도	비율(%)
727	92.3	60	7.7	787	100

테러(0~9명)의 비율이 92.3%로 대량살상테러(10명 이상)의 7.7%에 비해 11.4배 이상 높았으며, 특히 소량살상테러 중에서도 1~9명의 사상자의 비율이 52.3%로 가장 높은 비율을 차지하였다. 이를 해석하면 OECD 국가들의 국가차원의 테러예방 및 대응역량이 보편적으로 높다는 것을 알 수 있다.

독립변수 중 테러대상목표의 기술통계는 〈표 6-5〉와 같다. 먼저 '도시화 수준'의 경우 상대적으로 대도시에서 높은 것으로 나타났으나(47.8%), 중도시보다 소도시에서 테러사건 발생이 빈번한 것으로 나타났다.

'노출성'의 경우 53.2%로 외부시설보다 내부시설에서 테러발생이 상대적으로 높게 나타났다. 한편, '공간적 복합성'의 경우 82.8%로 대다수의 테러사건이 일회성 단일테러 형태로 압도적으로 발생하였다. 복합테러 양상은 OECD 국가들의 전

표 6-5 테러대상목표 독립변수 기술통계

구분		빈도	비율(%)
도시화수준	소도시	226	28.8
	중도시	184	23.4
	대도시	376	47.8
노출성	실외	368	46.8
	실내	419	53.2
공간적 복합성	단일테러	651	82.8
	복합테러	135	17.2
인물중요도	국가저명인사	97	12.3
	불특정민간인	690	87.7
보호능력	국가중요시설	279	35.5
	민간시설	508	64.5

형적인 특성인 것으로 나타났다.

'테러대상인물의 중요도'의 경우 87.7%로 불특정 민간인을 대상으로 한 테러공격이 높은 것으로 나타났다.

'보호능력'의 경우 민간다중이용 시설 등 소프트 타깃 테러가 OECD 국가들에서 64.5%로 상대적으로 높게 발생한 것으로 나타났다.

〈표 6-6〉은 테러공격수단요인의 하위요인인 '공격형태', '테러범규모', '국제테러', '자살테러'에 대한 기술통계이다. 먼저 '공격형태'의 경우 특히 최근 부각되고 있는 차량테러(88.5%)와 칼·흉기 등 무성무기(62.1%)를 포함한 로테크 테러가 압도적으로 높게 나타났다. 이는 OECD 국가들을 중심으로 기존 일회성 단일테러에서 탈피하여 생활주변에서 손쉽게 획득하기 쉬운 로테크 테러 및 복합테러공격을 통해 테러공격의 진행속도나 준비과정이 슬림화되는 동시에 피해범위와 살상력이 급증되고 있음을 알 수 있다.

'테러범 규모'는 최소 1명에서 최대 150명까지 분포되어 있는데, 이는 개별 사건당 개입한 테러범 수를 뜻한다. 테러범 규모의 최빈값은 1명인 것으로 나타났는데, 이는 OECD 국가들의 국가적 차원의 테러예방 및 테러대응역량이 높기에, 이에 대한 테러모의 준비단계 및 실행단계에 투입되는 테러범 수가 증가된 것으로

표 6-6 테러공격수단 독립변수 기술통계

구분		빈도	비율(%)
공격형태	폭탄	200	27
	방화	203	92.7
	무장공격	203	65.3
	차량	23	88.5
	무성무기	126	62.1
테러범규모		-	
국제테러	국내테러	56	15.6
	국제테러	304	84.4
자살테러	비자살테러	752	95.6
	자살테러	35	4.4

유추할 수 있다.

'국제테러'의 경우 결측값 417건을 제외한 360건 중에서 84.4% 이상 높게 국제테러단체와 대다수 연계한 것으로 나타났다. 특히 대량살상테러(28건)는 모두 국제테러단체와 연계된 것으로 나타났다. 한편 '자살테러'의 빈도는 비교적 낮게 나타났다(35건, 4.4%).

2) 로지스틱 회귀분석결과

〈표 6-7〉은 로지스틱 회귀분석을 통해 대량살상테러에 미치는 요인을 분석한 결과이다. 먼저 회귀모형 I 에서는 테러대상목표가 대량살상테러에 미치는 독립적인 영향을 확인하고자 통제변수만을 투입하여 분석에 활용하였다. 우선 '테러대상목표' 변인만 투입시킨 회귀모형의 -2Log Likelihood(-2LL: 우도)값과 Chi-square의 검정결과, -2LL 값이 379.303이고, Chi-square값은 44.550(유의확률 p=.467)로 나타나 통계적으로 유의미하지 않은 것으로 나타났다. 즉 해당모형에 투입된 테러대상목표 변수가 종속변수인 대량살상테러를 설명하기에는 부적합하다는 것을 의미한다.

한편 모형 II 에서는 테러공격수단이 대량살상테러에 미치는 독립적 영향력을 확인하고자 통제변수를 투입한 모형 I 에 추가하여 테러공격수단 하위변수들을 투입하였다. '테러공격수단' 변수가 투입된 회귀모형의 -2Log Likelihood(-2LL:우도)와 Chi-square의 검정 결과, -2LL 값은 73.523이고, Chi-square값은 123.096(유의확률 p=.001)으로 나타나 통계적으로 유의미한 것으로 나타났으며, 종속변수에 대한 해당 회귀모형의 적합도가 확인되었다. 모형의 분류 설명력은 92.2%이며, 모형 설명력을 의미하는 Negelkerke R^2 값이 0.688로 확인되었는데, 이것은 회귀모형에 투입된 독립변수가 종속변수인 대량살상테러에 대하여 68.8%의 설명력을 가지고 있음을 의미한다.

아울러 모형 I 과 모형 II 의 Negelkerke R^2을 비교한 결과 0.556의 차이가 발생하였다. 이는 모형 III 에 비하여 모형 IV 의 종속변수에 대한 설명력이 0.556만큼 크다는 것을 의미하며, 모형 III 에 추가로 투입된 변인이 테러공격수단이라는 점을

표 6-7 로지스틱 회귀분석 결과

구분		모형 I			모형 II		
		B	Wals	Exp(B)	B	Wals	Exp(B)
테러 대상 목표	도시화수준	.490	7.496	1.633*	.794	2.615	2.213
	공간적복합성	1.036	11.485	2.818***	.842	1.008	2.320
	노출성	1.469	17.668	4.346***	1.863	4.659	6.445*
	보호능력	.608	2.724	1.836	.953	1.003	2.594
	인물중요도	.088	.021	1.092	-.777	.327	.460
테러 공격 수단	폭탄				-1.017	.592	0.362
	무장공격				-.656	.269	.519
	방화				-5.778	1.541	0.003
	차량				2.971	3.391	19.513*
	무성무기				-1.457	.948	.233
	테러범규모				.015	2.403	1.015
	국제테러				18.085	.000	7147.97
	자살테러				4.615	18.831	101.014***
통제 변수	계절	.212	.522	1.236	.609	.832	1.838
	발생기간	.402	.901	1.494	.760	.406	2.138
	테러동기	-.303	.399	.739	1.307	.930	3.695
-2로그우도		379.303			73.523		
카이제곱		44.550			123.096		
Cox and Snell		0.055			0.290		
Nagelkerke		0.132			0.688		
N=787							

* p〈.05, ** p〈.01, *** p〈.001

간주할 때 이는 테러공격수단 변수의 독립효과로 판단된다.

분석결과, 테러대상목표에서는 노출성이, 테러공격수단에서는 차량 공격형태와 자살테러 변수만이 대량살상테러에 통계적으로 유의미한 것으로 나타났다. 이를 구체적으로 살펴보면, 노출성은 대량살상테러에 대하여 유의미한 정(+)적 영향을 미치는 것으로 발견되었다. Exp(B)계수는 6.445($p<.05$)로서, 노출된 실외목표보다 비노출된 실내목표에서 대량살상테러가 발생할 승산비가 6.445배가 되는 것으로 확인되었다. 이를 해석하면, OECD 국가들 역시 실내의 비노출된 테러대상목표에서 대량살상테러 발생가능성이 높다는 것으로 분석할 수 있다.

둘째로 테러공격수단 요인 중 차량 공격형태 역시 대량살상테러에 정(+)적 영향을 미치는 것으로 확인되었는데, Exp(B)계수는 19.513($p<.05$)로 차량공격형태일 경우 대량살상테러가 발생할 승산비가 19.513배 증가하는 것을 의미하며, 이는 차량돌진 및 차량폭탄 테러 등 차량을 이용한 공격형태에서 대량살상테러 발생 가능성이 매우 높은 것으로 해석할 수 있다.

자살테러 역시 대량살상테러에 정(+)적 영향을 미친 것으로 나타났는데, Exp(B)계수는 101.014($p<.001$)로서, 비자살테러보다 자살테러일 경우 대량살상테러가 발생할 승산비가 101.014배 증가하는 것을 의미한다. 이를 해석하면 비자살테러보다 자살테러일 경우 대량살상테러 발생 가능성이 높은 것으로 확인되었다.

3) AHP 분석결과

본 장에서는 우리나라 대테러 전문가집단의 설문을 통해 국내에서 발생 가능한 대량살상테러의 상위 영향요인인 테러대상목표와 테러공격수단에 대한 우선순위를 도출하였다. 또한 각 하위요인들인 '도시화 수준', '공간적 복합성', '노출성', '보호능력' '인물의 중요도', '공격형태', '테러범 규모', '국제테러', '자살테러' 등을 테러공격수단을 바탕으로 종합적 우선순위를 도출하고 결과를 제시하였다.

(1) 상위 영향요인 우선순위 비교

대한민국 대테러 전문가들이 생각하는 대량살상테러 상위 영향요인인 테러대상목표와 테러공격수딘 요인간의 우선순위를 살펴보면 〈표 6-8〉과 같다. 전문가들은 '테러대상목표'가 '테러공격수단'보다 상대적으로 높은 영향요인으로 인지하고 있으며, 제시된 요인들을 전체 100.0%로 설정하였을 때 약 59.6%의 중요도를 갖는 것으로 나타났다. 따라서 국내 대테러 전문가들은 대량살상테러의 영향요인이라고 우선적으로 생각하는 것은 테러대상목표 측면의 요인이라고 평가되었다. 그러나 테러공격수단 요인이 다소 낮은 수치이긴 하지만, 40.4%의 중요도를 갖는 것으로 나타나 국내 대량살상테러의 주요한 영향요인으로 분류되었다.

표 6-8 상위 영향요인의 우선순위

평가항목		구분		
		중요도(가중치)	우선순위	CR
상위 영향요인	테러대상 목표	0.596	1	0.088
	테러공격 수단	0.404	2	

(2) 하위 영향요인 우선순위 비교

상위 영향요인별 포함된 하위 영향요인 중 테러대상목표들 간의 우선순위는 〈표 6-9〉와 같다. 먼저 테러대상목표의 세부 영향요인에 대해 전문가들은 공간적 복합성을 가장 주된 영향요인으로 인지하고 있었으며, 약 50.8%의 높은 중요도를 갖는 것으로 분석되었다.

표 6-9 하위 영향요인의 우선순위(테러대상목표)

평가항목		구분		
		중요도(가중치)	순위	CR
테러대상 목표 (0.596)	도시화	0.128	3	0.079
	공간적 복합성	0.508	1	
	노출성	0.266	2	
	보호능력	0.066	4	
	인물 중요도	0.030	5	

다음으로 '노출성'과 '도시화'도 각각 26.6%, 12.8%의 중요도를 갖는 것으로 나타나 대량살상테러의 주요한 영향요인으로 평가하였다. 보호능력과 인물 중요도는 반드시 고려할 요인이나 핵심요인이 아닌 것으로 확인되었다. 종합적인 세부 우선순위로는 '공간적 복합성>노출성>도시화>보호능력>인물 중요도'로 나타났다. 상위 영향요인별 포함된 하위 영향요인 중 테러공격수단의 우선순위는 〈표

표 6-10 하위 영향요인의 우선순위(테러공격수단)

평가항목		구분		
		중요도(가중치)	순위	CR
테러공격수단 (0.404)	공격형태	0.567	1	0.044
	테러범규모	0.053	4	
	국제테러	0.115	3	
	자살테러	0.265	2	

6－10〉과 같다. 먼저 공격 형태를 가장 주된 요인으로 인지하고 있었으며, 제시된 요인들 중에서 56.7%의 높은 중요도를 갖는 것으로 분석되었다. '자살테러'와 '국제테러'도 각각 26.5%, 11.4%의 중요도를 갖는 것으로 타나다 대량살상테러의 주요한 영향요인으로 분석되었다.

세부 영향요인별 우선순위는 '공격형태>자살테러>국제테러>테러범규모'로 나타났으며, CR값은 0.044로 일관성을 확보하고 있다.

(3) 종합적 우선순위

하위영향요인들의 분석이 진행되면 상위 영향요인별 포함된 하위요인들의 우선순위를 분석할 수 있으며, 전체 가중치를 종합하여 9개의 하위요인들간의 우선순위를 파악하였다. 상위요인과 하위요인을 모두 종합한 우선순위 결과는 〈표 6－11〉과 같다.

상위요인의 가중치와 하위요인의 개별 가중치를 순차적으로 종합한 결과 하위요인 가운데 공간적 복합성이 1순위(0.305), 공격형태(2순위, 0.226), 노출성(3순위, 0.159), 자살테러(4순위, 0.10), 도시화(5순위, 0.07) 순으로 나타났다.

주요 우선순위에 대한 전문가들이 인식한 주된 이유는 다음과 같다. 먼저 공간적 복합성에 대해 국내 전문가들은 우리나라의 대량살상테러양상이 기존의 국가중요시설 위주의 일회성 단일테러에서 탈피하여, 유럽 및 선진국처럼 불특정 민간시설에서의 다중복합테러로 테러양상이 변화되고 있음을 심각하게 인식하고 있는 것으로 해석된다. 특히 문화집회시설, 지하철 등 다중복합시설에서 동시다발테

표 6-11 종합적 영향요인 우선순위

상위요인 (가중치)	구분					
	하위요인			상·하위 요인 종합		
	중요도(가중치)	순위	CR	중요도(가중치)	순위	CR
테러대상 목표 (0.596)	도시화	0.128	0.079	0.077	5	0.044
	공간적 복합성	0.509		0.305	1	
	노출성	0.266		0.160	3	
	보호능력	0.066		0.040	7	
	인물 중요도	0.031		0.019	9	
테러공격 수단 (0.404)	공격형태	0.567	0.044	0.227	2	
	테러범 규모	0.053		0.021	8	
	국제테러	0.115		0.046	6	
	자살테러	0.265		0.11	4	

러 형태로 발생될 것으로 인식하고 있었고, 이는 기존연구와 일치하였다(신제철 외, 2017).

둘째, 공격형태 중에서 특히 사제폭발물 및 드론 등 로테크 테러위협에 대해 심각하게 인식하고 있었다. 먼저 사제폭발물은 2017년 연세대 사제폭발물 사건처럼 누구나 접근성이 용이하게 재료를 획득 및 제조할 수 있고, 드론 역시 국내에서 대중화되면서 원거리에서 테러범이 보호능력이 보장된 가운데 복합테러 발생 가능성을 증대시킬 수 있음을 우려하였다. 차량, 무성무기 또한 일상에서 손쉽게 획득할 수 있어 종합적으로 최근 선행연구 결과에서도 강조되고 있는 이른바 '테러 일상화' 공포의 확산을 우려하고 있었다(이만종 외, 2018).

셋째, 노출성은 기존 대규모 건물뿐만 아니라 대중교통시설 및 대중교통수단 등의 내부시설을 주된 목표로 할 것이라고 인식하고 있었다.

넷째, 자살테러는 기존연구와 같이(신제철 외, 2017) 북한의 지원을 받은 다문화 가정이나 사회불만세력에 의한 자생테러 형태로 발현될 것으로 인식하였다. 이는 북한의 보편적인 침투 및 국지도발 작전위주의 군사적 위협에서 탈피한 새로운 비군사적 위협양상임을 고려하면 타당한 것으로 평가된다.

한편 국제테러는 비교적 낮은 인식을 보였는데, 이는 위에서도 언급한 바와 같이 우리나라의 예측할 수 있는 주된 테러양상이 북한의 직간접 지원을 통한 주체불분명 테러 및 도발이 주를 이루고 있기 때문으로 분석되었다(부형욱·이현지·설인효, 2016).

위와 같은 AHP 상위 우선순위를 바탕으로 종합분석한 결과, 우리나라의 대량살상테러의 영향요인은 실내시설 위주의 동시다발적 테러대상목표를 기반으로 다양한 복합적 공격목표에서 자살테러를 공격수단을 활용할 것이라는 점을 발견하였다. 특히 상위 4개의 영향요인이 전체 비중의 84%를 차지하는 것으로 나타나 국내 대테러 전문가들과의 인터뷰에서 위 네 가지 요인의 중요성이 상대적으로 높은 것으로 확인되었다. 반면 국제테러(0.045), 보호능력(0.039), 테러범 규모(0.021)와 테러대상목표의 중요도(0.018)는 상대적으로 낮은 것으로 나타났다.

제2절 드론테러 양상[7]

드론테러[8]는 최근 글로벌 테러 경향 가운데 가장 위협적인 신종 테러수단으로 평가되고 있다. 미국 국제정치학자인 Grossman은 2018년 그의 저서 『Drones and

---

7 이 부분은 김태영·최연균(2020)과 김태영·최창규·이준화(2021)의 관련 부분을 수정·보완하였다.

8 드론이란 무인항공기(UAV: Unmanned Aerial Vehicle)의 일종으로, 2020년 5월 1일부로 제정된 드론 활용의 촉진 및 기반조성에 관한 법률 제2조 제1호에 따르면 "드론이란 조종자가 탑승하지 아니한 상태로 항행할 수 있는 초경량 비행체나 사람이 탑승하지 않고 원격조종 등의 방법으로 비행하는 무인항공기를 말한다."고 규정하고 있다(빅동균·백승민, 2020). 또한 드론테러의 개념적 정의는 학술적이나 우리 정부의 테러방지법에 정립되지는 않았으나, 홍태현·이세환(2018) 등 국내 학자들은 국내 테러방지법을 적용하여 "국가 및 지방자치단체 또는 외국정부의 권한행사를 방해하거나 의무없는 일을 하게 할 목적 또는 공중을 협박할 목적으로 사람이 탑승하지 않은 상태의 자동 또는 원격조종을 통한 무인항공기를 활용하여 사람, 항공기, 선박, 시설 등의 공격, 방해, 파괴, 조작, 폭파, 운반 등으로 피해를 야기하는 행위라고 정의하였다.

terrorism』에서 드론은 '스마트 폭탄의 민주화(democratizing smart bombs)'로서 서구 강대국의 정규군에 대응하여 제3세계 비국가행위자인 테러단체나 비정규군이 최적화된 공격을 수행할 수 있는 가성비 높은 전력임을 강조하였다(Grossman, 2018). 전문가들은 드론 공격시 300만불의 패트리어트 미사일로도 드론의 효과적 방어가 제한된다고 평가하였는데, 일례로 2019년 9월의 예멘 반군 주도의 사우디 석유시설 테러사건에서 패트리어트 미사일 기반의 대공방어 시스템이 드론에 취약하다는 사실이 검증되기도 하였다.

4차산업혁명 과학기술의 집약체인 드론은 2000년대 말부터 미국, 러시아를 중심으로 원거리 순항미사일이나 무인기 형태의 군사적 공격 형태로 활용되기 시작했다(정정영, 2021). 대표적인 예로 AK 소총 개발사인 러시아 칼라슈니코프사(社)의 폭탄 자살 드론인 쿠프(KUB-UAV)나 이란의 솔레이마니 사령관(2020년 1월), 아프가니스탄 카불공항에서 ISIS 호라산(IS-K) 테러 조직 수장 암살(2021년 9월)시 활용되었던 미국 제너럴아토믹스(社)의 드론인 MQ-9 리퍼를 들 수 있다(Washington Post, 2019. 2. 23).

그러나 2016년 이후 ISIS 등 국제 테러 조직을 중심으로 드론의 자살폭탄 활용성에 주목하면서 이라크, 시리아 등지에서 중국 중심의 상용 드론에 폭발물을 탑재하여 테러이용수단으로 활용하기 시작했다. 일례로 ISIS 경우 2017년 이라크 모술 점령지를 상실 직전까지 드론 공장을 설립하여 민간용 드론을 개조하여 기체에 폭발물을 부착하는 형태의 공격용 드론이나 3D 프린터로 IED를 제작하여 소형드론에 탑재하는 고도의 개조기술 등을 지속 개발하고 있는 것으로 추정하고 있다.

이러한 드론테러 위협은 중동을 기점으로 전 세계적으로 증대되고 있는데, 특히 2020년 4월 유럽 안보 전문지(European Eye on Radicalization: EER)는 최근 ISIS의 중동발 드론 공격 능력이 높은 수준에 이르러 미국 및 유럽 등을 대상으로 한 테러에도 급격히 확산되고 있음을 경고하였다(EER, 2020. 4. 10). 일례로 2018년 이후 중동 지역의 미군기지를 중심으로 소형드론에 3D 프린터로 제작된 폭발물을 탑재하여 인명을 살상하는 테러사건이 지속적으로 발생하였고, 영국에서는 2018년 개트윅 공항 활주로 불법드론 출현으로 공항 내 14만 명의 비행 스케줄이 마비되고 공항시설이 48시간 동안 폐쇄되기도 하였다. 이렇듯 드론 기술이 상용화되고 대중적으로 널리 보급되고 손쉽게 획득할 수 있는 여건에서 드론이 치명적인 테러이용 수단으로 전환되고 있다.

한편 우리나라도 2019년 사우디 드론테러 이후 공항, 원전 등 국가중요시설 및 초고층 복합빌딩과 주요 요인이 참석하는 대규모 국가행사 및 집회시위 간에 드론테러의 위협이 증대되고 있다. 특히 일반인들에 의한 레저 목적의 상용드론 사용이 증가함에 따라 비행금지·제한구역에 불법드론 침입, 테러 유사범죄 발생 가능성에 따라 드론테러 대응책이 강화해야 한다는 의견이 지속적으로 제기되고 있는 상황이나 실질적인 대응책마련은 미흡하다는 것이 전문가들의 평가이다(이데일리, 2020. 10. 4).

이러한 이유는 아직까지 우리나라에서 직접적인 드론테러가 발생하지 않았기에 대테러센터 등 관계기관 등을 중심으로 대응대책 마련은 수립하고 있으나 산·학·연과 연계한 심층 깊은 연구는 미흡한 실정이며 특히 국내의 드론테러 연구의 경향성은 실증분석보다는 주로 관련 사례분석에서 각국의 드론 대응 관련 제도적 관점에 초점을 맞추어 연구해 왔기 때문이다. 따라서 해외에서 발생된 드론테러의 양상과 경향성을 실증적으로 분석하고, 우리나라 특성에 부합된 효과적 대응 방안을 수립하는 것은 매우 중요하다.

이러한 배경하에 본 장에서는 드론테러의 경향성과 테러성공에 미치는 요인들을 실증적으로 분석하여 우리나라의 특성에 부합된 효과적인 대응 방안을 제시하고자 한다. 이를 위해 미국의 GTD(Global Terrorism Database)통계자료 및 국내외 드론테러 선행연구를 기초로 최근 2016년부터 2019년까지의 전 세계에서 발생한 드론테러 126건의 경향성 등 주요 패턴을 도출하는 데 의의를 둔다.

1. 드론을 이용한 테러 및 군사적 공격

1) 주요 드론테러 사례분석

드론테러 사례를 분석한 국내외 주요 연구로는 주로 2016년을 기점으로 진행되었는데, 국내에서는 홍태현·이세환(2018), 정병수(2019), 윤민우(2019), 김태영·최연준(2020), 박동균·백승민(2020), 정정영(2021) 등이 있으며, 국외에서는 Chamayou(2015), Abbott et al.(2016), Almohammad, & Speckhard(2017) 등을 중심으로 국가중요시설 및 요인테러와 관련된 주제가 주를 이루었다.

첫째, 하드 타깃 측면의 국가중요시설 위주의 테러유형 중 최초의 사례는 2011년 미국에서 알카에다에 의해 펜타곤과 국회의사당을 대상으로 한 드론폭탄 테러사건이다(TheWashingtonPost, 2011. 9. 28). 이후 2015년 미국 백악관 인근, 상용 불법드론이 추락하여 비밀경호국(Secret Service)이 수사에 나서기도 했으며(TheNewyor kTimes, 2015. 1. 27), 2016년에는 불법 드론이 미국 Savannah 핵무기 시설(WJBF, 2016. 7. 7), 남아공 원전시설(NEWSDECK, 2016. 8. 10), 영국 런던 히드로 공항 등 국가중요시설에 불법 침입하여 시설 기능 유지에 심각한 마비를 불러오는 피해가 발생하였다(BBC, 2016. 8. 17).

그리고 2019년 예멘 반군이 폭탄이 장착된 10대의 군집 드론을 활용하여 사우디아라비아의 국영 석유시설을 타격하여 심각한 석유생산의 마비와 세계 경제에도 큰 타격을 입히기도 했다(세계일보, 2019. 9, 15). 최근에는 2021년 9월 이슬람 무장단체가 이라크 아르빌 국제공항을 겨냥한 드론 폭탄테러가 발생하였다.

한편 국내에서는 드론에 의한 직접적인 타격은 없었으나, 불법 드론에 의한 국가중요시설의 무단 침입과 같은 유사 테러 범죄 발생이 심각한 위협으로 대두되고 있다. 2019년 국가 보안시설 '가'급인 부산 고리 원전 일대에 드론 추정 미상의 비행체가 잇따라 출몰하여 보안관리에 비상이 걸렸다(연합뉴스, 2019. 9. 7). 또한 2020년 국정감사에서 밝힌 국방부 자료에 의하면 청와대 주변 비행금지구역인 'P－73A' 공역과 휴전선 인근 지역에 비행이 승인되지 않은 드론 적발 현황은 2018년 15건, 2019년 28건, 2020년 9월 기준 43건으로, 3년 사이 3배 정도 급증하는 등 심각한 위협으로 이슈화되고 있다(경향신문, 2020. 10. 9). 이 외에도 인천국제공항 인근 불법 드론 출현으로 항공기가 무더기로 회항하는 일이 발생하는 등 2016년부터 2020년 7월까지 항공 안전법상 위반 건수는 총 185건으로 집계된 만큼 국내에서도 국가중요시설을 대상으로 한 드론의 위협이 증가하고 있는 실정이다(연합뉴스, 2020. 9. 28; 대테러센터, 2021).

둘째로 요인암살 및 국가 중요행사간 활용 사례이다. 먼저 2013년 총선 유세 중이던 독일의 메르켈 총리를 대상으로 불법 드론이 위협을 가하였고(arstechnica, 2013. 9. 19), 2015년에는 일본의 수상관저 옥상에서 방사선 물질이 검출된 드론이 발견되었다(CNN, 2015. 4. 22). 2018년에는 니콜라스 마두로 베네수엘라 대통령이 주관한 국가방위군 창설기념식에 대통령을 암살할 목적으로 드론폭탄 테러가 발생하여 7명의 사상자가 발생했다(TheWashingtonPost, 2018. 8. 10). 이 사례는 드론에 폭탄을 탑재하여 국가원수를 암살을 시도한 첫 테러 사례로 평가된다. 이후 2019년에는 예멘의 후티 반군이 임시 수도인 아덴항 인근 군사 퍼레이드 행사장에 폭탄이 장착된 드론으로 정부군과 아랍 동맹군 등 최소 6명이 사망하였다(뉴스한국, 2019. 3. 21). 최근에는 2021년 11월 이라크 총리암살을 목표로 수도 바그다드내 최고 수준의 방공시스템을 갖춘 총리관저에서 드론테러가 발생하여 7명의 경호원이 살상되기도 하였다(CNN, 2021. 11. 8).

이처럼 〈표 6-12〉와 같이 드론테러의 주요 사례를 분석해 보면, 소프트 타깃 중심의 민간인이나 다중이용시설에 대한 동시다발적인 테러가 아닌 국가중요시설이나 주요 요인을 테러대상목표로 하는 이른바 하드 타깃 테러를 시도했다는 것을 알 수 있다. 이러한 이유로는 무엇보다 테러범 입장에서 합리적 선택 차원에서 오히려 하드 타깃과 같은 테러대상목표가 매력적으로 작용했을 것으로 평가된다. 즉, 비대칭 전술 차원에서 평가할 때 국가중요시설 등 하드 타깃은 지상 위주의 방호 시스템과 고고도 미사일 위주의 대공방어 시스템이 발달된 것과 달리 저고도의 미세한 드론의 침입에는 탐지 및 식별할 수 있는 레이다 등 방호 시스템이 취약하다는 점을 활용했다는 것이다. 결국 지상 위주의 테러 공격으로 하드 타깃을 대상으로 한 테러 공격의 성공확률은 낮지만, 드론 공격으로는 충분히 살상 효과 등 테러가 성공할 경우 심각한 충격력을 발생시켰다. 또한 비록 테러가 성공하지 못할지라도 드론테러를 시도했다는 그 자체만으로도 대중들에게 충분한 공포감을 인식시켜 주기에는 충분하다고 분석할 수 있기 때문이다.

표 6-12 주요 드론테러 사례

시기	드론테러 사례
2011년	알카에다 추종 자국민이 폭탄을 탑재한 드론으로 미국 펜타곤과 국회의사당 공격 시도
2013년	신원미상의 인원이 불법 드론으로 총선 유세 중인 독일 메르켈 총리 위협
2015년	백악관 직원이 실수로 작동시킨 드론이 백악관 외벽에 드론 충돌, 추락
	40대 남성이 세슘(후쿠시마산 모래) 탑재된 드론으로 일본 총리 관저 위협
2016년	ISIS가 자폭용 드론을 활용한 테러 감행으로 4명의 특수부대원과 민간인 사망
	신원미상 인원이 불법 드론으로 미국 Savannah 핵무기 시설 출현하여 테러 위협
	신원미상 인원이 남아공 Koeberg 원전 외부에서 불법 드론을 날려 건물 내부로 추락
	미상의 불법 드론이 런던 히드로 공항 출현으로 항공기 1시간 이륙 중지 등 피해
2018년	콜롬비아(추정) 세력이 베네수엘라 대통령 연설 암살 시도를 위한 드론 폭탄 테러로 군인 7명 사상자 발생
2019년	영국·독일·프랑스 등 유럽국가 공항에 미상 불법 드론 출현으로 비행 차질
	예멘 후티 반군이 사우디 석유 시설 대상 드론 공격을 통한 시설 가동 정지로 원유 생산량 절반 감량
2020년	탈레반의 드론 폭탄테러로 아프가니스탄 알람가이 시장의 전초기지를 공격하여 직원 2명 부상[9]
2021년	파키스탄 국경 무장세력(추정)이 인도 잠무 공군기지 대상 드론 폭탄테러로 공군기지 내 건물 피해[10]
	이라크 바그다드 총리관저 드론테러로 경호관 7명 부상

출처: 김태영·최연준(2020), 김현호·박홍성·채규칠(2020). 재구성.

2) 주요 드론을 활용한 군사적 공격사례 분석

(1) 전면전 시 드론 공격사례

드론은 전면전 시 심리적, 정치적 차원에서도 광범위한 영향력을 발휘하며, 특히 최소한의 무력수단을 투입하거나 병력을 투입하지 않고도 전쟁을 수행하는 이른바 '하이브리드 전쟁'의 효과성이 이미 세계 곳곳에서 입증되고 있다(Chamayou,

9 https://thediplomat.com/2020/12/fire-from-the-sky-the-afghan-talibans-drones/.

10 https://www.indiatoday.in/india-today-insight/story/why-the-jammu-air-base-attack-is- worrying-1820069-2021-06-27.

2015). 특히 드론은 전면전 시 무력사용을 최소화거나 공격의 주체세력이나 공격의도 등 노출성을 최소화하여 상대국에 강력한 타격을 미치는 가장 최적화된 수단이다.

전면전 시 드론을 활용한 대표적인 사례로는 2020년 발생된 아제르바이잔-아르메니아 전쟁을 들 수 있고 '드론전쟁'으로 특징 지어진다. 이미 2016년에 있었던 1차 전쟁의 전훈 분석을 통해 다량의 드론을 도입하여 아르메니아의 전차와 장갑차들을 쉽게 파괴하며, 아제르바이잔은 승리를 달성했다. 이번 전쟁을 통해 드론은 테러나 정찰감시 등의 역할을 넘어 최고의 공격무기라는 것이 입증되었다(CSIS, 2020. 12. 8). 특히 군사전문가들은 민간 드론 기술의 발달과 자폭형 드론이 빠르게 확산하면서 재래식 전장의 판도가 달라지고 있다는 점에 주목하며, 드론을 활용한 군사적 공격이 미국 및 유럽 등 강대국뿐만 아니라 중동 및 아프리카 등 제3세계 국가들도 충분한 역량을 보유한 것으로 분석했다.[11]

두 번째 사례로는 2018년 1월 시리아 내전 개입 초기 당시 러시아군의 흐메이밈 공군기지(Hmeimim Air Base)를 대상으로 한 시리아 현지 반군이 운용하는 13대의 소형폭탄이 탑재된 군집 드론을 활용한 사례를 들 수 있는데, 2차례의 드론 공격으로 2명이 사망, 7대의 전투기가 파괴되는 큰 피해를 입었다(연합뉴스, 2018. 1. 8).

세 번째 사례로는 2019년 6월부터 시작되어 현재 진행형인 리비아 내전으로 리비아 정부군과 반군간에 1,000여 회 이상의 드론 공습이 이어지고 있는 상황이다. 전문가들은 이 전쟁을 "세계에서 가장 거대한 드론 전쟁"이라고 표현하기도 하였다(한국국방연구원, 2020). 세계 주요 국가들이 코로나19 방역에 힘을 쏟는 동안 내전의 양상은 리비아 정부군의 러시아 단거리 대공방어 시스템(Russian Pantsir short-range air defense systems, SHORADS)이 드론공격으로부터 효과적으로 방어할 수 있는지에 대한 전투실험장이 되고 있는 실정이다(Parachini & Wilson, 2020).

이렇듯 전면전 시 4차산업혁명기술의 집약체인 드론을 활용하여 대규모 군대를 투입한 것과 같은 군사적 효과의 달성을 통해 저비용·고효율의 전술적 이득과 동시에 대공 방어체계가 구축되어 있는 주요 목표를 대상으로도 위력적인 공격자

11 https://en.wikipedia.org/wiki/2020_Nagorno-Karabakh_war.

산으로 활용될 수 있음이 검증되었다(정정영, 2021).

(2) 국지전 및 비정규전 시 드론 공격사례

드론을 활용한 군사적 공격은 국가 간의 정규전에만 국한되지 않고 비정규전이나 국지전, 서구권의 이슬람극단주의 테러단체를 대상으로 한 군사작전 시에도 활용되고 있다. 드론의 강점은 비대칭전 차원에서 대형드론보다 소형드론의 격추가 더 제한되는데, 휴대용 미사일이나 전자 교란 장치도 지형 여건에 따라 드론 공격에 효과적으로 대응하지 못해 무용지물이 될 수 있기 때문이다.

대표적인 주요 사례로는 먼저 미군 주도로 2020년 1월 3일 바그다드 공항에서 이란 군부의 권력자인 솔레이마니 사령관을 암살한 사례를 들 수 있다(연합뉴스, 2020. 1. 4). 이 작전은 2019년 12월 31일 카타이브 헤즈볼라의 바그다드 주재 미국대사관 난입에 대한 보복 조치의 일환으로 실시된 작전으로, 미군 드론 MQ−9(리퍼)를 활용하여 솔레이마니가 바그다드 공항에 도착한 지 불과 11분만에 탑승자 10명 전원을 살상하였다.

표 6-13 드론을 활용한 군사적 공격사례

시기	드론의 군사적 공격 사례
2018년	러시아 대상 시리아 반군의 13대 군집드론에 의한 2차례의 공격으로 2명 사망, 7대의 전투기 파괴
2019년	리비아내전 간 정부군(터키제 드론)과 반군(중국제 드론)의 전투에 약 1000여회 이상의 드론 공습
2020년	미군은 헬파이어 미사일을 장착한 드론(RQ-1 Predeto)으로 이란 군부 솔레이마니 사령관 등 10명을 민간인 사상자 없이 암살
2020년	아제르바이잔-아르메니아 전쟁 간 아제르바이잔의 전술적 드론 공격개념을 활용한 전투로 전쟁 압승
2020년	터키와 시리아 분쟁 간 터키제 공격드론(Bayraktar TB2, ANKA-S)을 활용, 시리아의 전투기 2대, 전차 135대 전투원 2,500여 명을 무력화
2020년	중국과 인도의 국경분쟁 간 병력이 접근하기 어려운 히말라야 산맥에 Wing Loong을 효과적으로 운용하여 인도군의 이동 및 배치사항 확인, 보급품 및 위험물질 투하용으로 운용
2021년	미군 중부사령부에서 시리아 북서부 이들립지역 드론공습을 통해 알카에다 고위급 간부 암살

출처: 정정영(2021) 재구성.

둘째로 2021년 8월 28일 미군이 아프가니스탄 카불 국제공항에서 IS－K(이슬람 국가 호라산) 테러 조직의 주요 직위자를 드론 폭탄투하로 암살하였다(매일경제, 2021. 8. 28). 셋째로 최근에는 미군 중부사령부 주도로 2021년 10월 시리아 북서부에서 드론을 활용한 공습을 통해 알카에다 고위급 간부를 사살하였다(연합뉴스, 2021. 10. 3).

미국의 경우 기존에는 드론을 정찰용으로만 사용하였으나 최근 들어서는 군사적 공격수단으로 적극 활용하고 있는데(정정영, 2021), 특히 2020년 솔레이마니 제거 작전 당시에도 정찰 드론으로 활용하던 RQ－1 Predator에 헬파이어 미사일을 장착하여 활용하였다. 당시 CNN은 이 작전을 "임기표적(Target of Opportunity)" 방식의 작전 간 공격형 드론이 최적화된 전술임을 검증된 실사례가 되었다고 평가하였다(연합뉴스, 2020. 1. 4).

2. 드론을 활용한 테러 및 군사적 공격의 특징

1) 저비용·고효율 테러 가능성(Low-Tech)

Grossman(2018)은 상용 드론을 활용한 테러공격이 급격히 증대될 것이라고 전망하면서 군사적 공격이나 테러 공격시 정찰 및 정보수집에 널리 사용되며, 가성비 높게 사용될 수 있는 최적의 테러 수단임을 강조하였다. 특히, 특화된 군사용 드론이 아니더라도 일반 상업적 드론을 구매하여 단순 개조만으로도 효과적인 테러 수단이 될 수 있기에, 결국 드론은 테러 목표의 전략적 이익을 극대화하는 효율적이고 매력적인 도구로 활용될 수 있음이 검증되고 있다(정병수, 2019; Pledger, 2021).

일례로 ISIS는 상업용 드론에 값싸고 쉽게 획득 가능한 부가물을 추가해 창의적으로 개량하여 다수의 드론을 활용한 테러 공격을 활발히 진행 중인데, 직접 드론테러 플랫폼을 개발하여 비교적 낮은 비용의 상업적인 쿼드콥터 드론을 배치하여 치명적인 폭발물을 하늘에서 떨어뜨리는 장치로 변화시켰다(Almohammad & Speckhard, 2017; 임창호·이윤용, 2019). 또한 대테러 센터(2020)자료에 따르면 드론테러

위협과 관련하여 ISIS가 최근 몇 년간 배드민턴 셔틀콕이 부착된 소형폭탄을 투하하도록 드론을 개조 후 여러 차례 시연했다고 소개하였다.

이처럼 테러범이 드론에 폭발물을 실어 테러 공격을 실시할 경우 검문검색을 피해서 목표물에 쉽게 접근해 목표물을 타격할 수 있는데, 이러한 이유로는 저렴한 비용으로 안전한 환경에서 원격조작을 통해 공격목표에 대한 성과를 달성할 수 있기 때문이다(홍태현·이세환, 2018).

2) 테러 공격의 동시다발성

드론테러는 연속적이고 지속 가능한 테러 유형 중 하나로서, 기존에 폭탄을 활용한 자살테러는 여러 사람을 동시에 활용한 다발적이고 연속적인 테러가 제한되지만, 드론은 다발성의 연속적인 테러 공격이 가능한 특성을 갖고 있다. 기존의 테러공격 양상이 테러범의 희생을 담보하는 단발성의 테러 유형에서 진화되어, 테러범이 전면에 나서지 않고도 수회에 걸쳐 다수의 테러를 지속적으로 발생할 수 있는 최적의 테러 환경이 구축되었다. 또한 드론은 테러 현장과 원거리의 안정적인 외부환경에서 원격조종이나 자동 운영방식이므로 테러범이 직접 테러 현장에 위치할 필요가 없어 비용-효과면에서 최적화된 테러수단이다(김태영·최연준, 2020). 이와 더불어 기존 테러범이 직접 주체가 된 자살형 폭탄테러보다 드론테러가 목표를 더욱 정밀하고 효과적으로 타격할 수 있으며, 비인간적인 행위에 대한 도덕적 비난 우려가 적어 테러 목적 달성에 효과적이다(김선택·이상원, 2015).

게다가 최근 과학기술 발전으로 드론이 더욱 소형화·대중화되고, 1:1개념(드론 1, 조종자 1)에서 1 : 다수의 드론을 운용하는 개념변화에 따라 수십대의 군집드론을 동시에 테러수단으로 활용하는 위협이 제기되었다(임강수·이상복, 2019). 이러한 군집드론을 활용하여 테러단체는 군사적 도발에 가까운 테러를 발생시킴으로서 다수 및 동시 공격으로 테러의 성공률을 증대시킬 수 있다. 실제 군집드론을 활용한 공격시 사용되는 전체 폭탄의 양을 드론 20대로 나누어 약 300kg정도로 공격한다는 가정을 한다면 미군의 대표적인 미사일 토마호크 1발 수준의 효과를 낸다. 하지만 토마호크 1발은 약 14억 달러의 비용을 지불하는 반면 드론 20대를 운용하는 비용은 약 4억 달러에 불과한 실정이다(김일곤, 2020; 송준영, 2021, 교육사).

3) 4차 산업혁명 최신 ICT기술을 활용한 신종테러 공격방식

Abbott & Clarke(2016)은 『Hostile drones』 저서에서 2010년 중반 이후로 테러 조직, 반군, 범죄, 기업 및 기타 활동 영역의 그룹들이 정부를 상대로 이미 공격 및 정보수집을 위한 민간 드론을 사용할 수 있는 능력을 충분히 갖추고 있음을 경고한 바 있다. 예를 들어 드론에 해상도 카메라가 장착하여 테러 대상 지역에 대한 정찰을 시도하거나 경찰의 이동 동선을 감시하며, 가장 적합한 테러 지점 식별에 활용하며, 경량 스마트 전파 교란기를 탑재한 드론이 공격대상 지역의 감시 통신망 주파수를 마비시키거나 악성코드를 유입시켜 공격대상 정보 통신체계에 접근한 뒤 감시·추적시스템을 해킹하거나 드론 자체를 무기화해 테러 대상지역으로 비행 후 공격하는 형태로 구현될 수 있다는 것이다(엄정호, 2021).

이처럼 기존의 드론에 4차 산업혁명기술을 추가적으로 적용하면 이전보다 쉽고 정교한 형태로 테러를 감행할 수 있게 되었다. 이와 더불어 인공지능(AI)과 빅데이터 분야가 드론과 결합하여 인간의 직접적인 개입 없이도 프로그램에 따라서 스스로 공격도 가능한 실정이다.

특히 공격대상을 적으로 판단하거나, 공격 대상지역까지 이동로를 스스로 학습하고 판단함으로써 감시망을 피해 안전하게 도달하여 정확하게 표적을 공격할 수 있게 되었다. 이렇듯 최첨단 정보통신기술 발달로 모든 사물이 하나로 연결되는 초연결성·초지능형 사회에서 가까운 시일 내에 4차산업혁명 기술을 도입한 드론의 테러수단 활용은 테러의 성공 가능성을 높여 준다. 특히 테러범이 드론을 목표지점으로 비행시키거나 실시간 테러대상목표를 방호하는 CCTV나 감시정찰 및 위치추적시스템을 해킹하는 등 테러수행 간 테러범의 실체나 배후를 색출하는 것이 더욱 제한될 수 있다(임정호, 2021). 이와 같은 최신 드론과 ICT 기술의 융합은 기존의 자살폭탄테러보다 정교한 테러 공격이 가능하므로 방호 시스템이 구축되어 있는 국가중요시설과 같은 하드 타깃을 대상으로도 충분히 파괴력을 극대화할 수 있다는 특성을 갖는다.

3. 드론테러 실증분석 결과

1) 기술통계 분석

먼저 2016년부터 2019년까지 전 세계에서 발생한 드론테러 사건은 총 126건으로 나타났다. 첫째로 드론을 활용한 테러 공격이 사전 준비단계에서 적발되지 않고 인명 살상이나 시설파괴 등 테러 대상 목표에 유·무형적 피해로 이어지는 테러 성공 건수는 78건(61.9%)로 나타났고, 사전 적발되거나 피해가 발생하지 않을 확률은 48건(38.1%)로 나타났다.

표 6-14 드론테러 성공 여부(2016~2019)

테러성공여부	빈도	비율
실패	48	38.1
성공	78	61.9

드론테러로 인한 사상자를 규모별로 살펴보면 비살상 테러 사건은 85건, 소량 살상 테러 사건은 36건, 대량살상 테러 사건은 5건이며, 드론테러의 단일사건별 사상자의 평균은 1.74명으로 사상자의 분포는 0명에서 31명으로 조사되었다. 가장 많은 사상자인 31명(경찰관 사망 10명, 부상 21명) 발생한 사건은 2016년 10월 3일에 아프가니스탄 Nawa-i-Barakzayi 지역에서 탈레반 테러 조직에 의한 경찰청, 학교, 버스 정류장 등을 대상으로 자살폭탄 드론과 차량 돌진 폭탄테러 융합된 복합테러 형태로 발생했다(Pakistan Today, 2016. 10. 23).

표 6-15 드론테러 사망자 규모(2016 ~ 2019)

구분	변수	빈도	비율
사상자규모	비살상(사상자 0명)	85	67.5
	소량살상(사상자1~9명)	36	28.6
	대량살상(사상자10명이상)	5	4

둘째로 지리적 특성에 따른 드론테러 발생 현황 중에서 먼저 권역별로는 중동·아프리카 지역이 118건(93.7%)으로 압도적으로 높았고, 아프간 등이 위치한 남아시아가 4건(3.2%)으로 전체 테러 사건 중 98%의 압도적 비율을 차지했으며, 베네수엘라 2건(1.6%), 동남아·동유럽 각각 1건(1.6%)로 매우 미미한 것으로 나타났다. 이러한 분석 결과는 EER(2020)의 연구결과처럼 최근 시리아 등 중동 지역의 ISIS, 후티 반군, 알카에다 등이 중동·북아프리카 권역을 중심으로 IED와 결합된 형태의 자폭형 공격 드론 형태가 급증하는 것으로 확인되었다. 한편 통계자료 상에는 드론테러로 시설 및 인명 파괴 사건 위주로 분석되어 서구권 중심에서 발생된 불법 드론 침입 사건 현황은 포함되지 않은 한계점이 존재했다.

한편 〈표 6-16〉은 10건 이상 발생한 주요한 16개의 국가현황을 나타낸 표로서 이라크(50건, 39.7%)로 가장 높았고, 사우디아라비아 33건(26.2%), 예멘(20건, 15.9%), 시리아(11건, 8.7%) 순으로 나타났다. 특히 특히 예멘과 사우디아라비아는 최근 들어 드론테러가 매우 활발한 국가로 확인되었는데, 특히 사우디아라비아는 33건 중에서 2018년 이후에만 전부 발생하는 등 드론테러 공격이 급증하는 것으로 확인되었다.

표 6-16 주요 드론테러 발생 국가(2016~2019)

국가명	빈도	비율
이라크	50	39.7
사우디아라비아	33	26.2
예멘	20	15.9
시리아	11	8.7
아프가니스탄	4	3.2
이스라엘, 베네수엘라	2	3.2
말리, 미얀마, 터키, 우크라이나	1	3.2

셋째로 발생 시기의 경우 2016년부터 2019년 12월까지 전 세계에서 발생한 드론테러사건은 가장 최근인 2019년에 59건(46.8%)으로 가장 많았으며, 2017년에는 44건(34.9%)이 발생하여 두 번째로 높은 비율을 차지하였다.

또한 계절의 경우 동계보다 하계기후에 주로 드론테러가 발생하는 것으로 나타났다. 중동·아프리카·남아시아 등 연중 고온인 지역에서 3월~10월 중 80건(63.5%)으로 발생비율이 높은 것으로 나타났다.

표 6-17 시기/계절별 발생현황(2016 ~ 2019)

발생시기/계절	빈도	비율
2016	9	7.1
2017	44	34.9
2018	14	11.1
2019	59	46.8
동계(11월~2월)	46	36.5
하계(3월~10월)	80	63.5

넷째로 드론을 활용한 공격형태로는 폭발물을 탑재 및 투하한 공격방식이 116건(92.1%)로 압도적 비율을 보였고, 무장공격 8건(6.3%), 암살 2건(1.6%) 등의 순으로 나타났다. 암살공격의 세부내용으로는 앞서 언급한 2018년 8월의 베네수엘라 마두로 대통령 주관 군 창설식 행사간 전 경찰청장 등이 개입된 반국가단체(National Movement of Soldiers in T-shirts) 주도의 테러공격과 2019년 1월 예멘 알아나드 공항에서 후티반군 소행의 국방장관 주관 군사퍼레이드간 드론암살공격으로 19명의 주요 요인들이 살상을 당했다.

표 6-18 드론 공격 형태(2016 ~ 2019)

드론테러 유형	빈도	비율
암살[12]	2	1.6
무장공격	8	6.3
폭발물(탑재/투하)	116	92.1

12 ASSASSINATION: An act whose primary objective is to kill one or more specific, prominent individuals. Usually carried out on persons of some note, such as high-ranking military officers, government officials, celebrities, etc. Not to include attacks

표 6-19 테러 목표유형(시설/인물, 2016~2019)

시설/인물 유형	빈도	비율
하드 타깃(국가시설/주요요인)	79	62.7
소프트 타깃(일반시설/일반인)	47	37.3

다섯째로 테러대상목표 유형 중 먼저 국가중요시설 및 주요 요인(대통령, 국왕, 군·경·정부관리·종교 지도자) 등 하드 타깃이 79건(62.2%)로 일반 다중이용시설 및 불특정 다수의 일반인을 대상으로 한 소프트 타깃(47건, 37.3%)보다 상대적으로 높은 것으로 나타났다.

여섯째로 복합테러 측면에서 살펴보면 공간적으로 동시다발적으로 발생한 복합테러가 62건(23.3%)으로 비교적 낮은 빈도수로 나타났다. 그러나 복합테러 형태로 성공한 드론테러는 50건(80%), 사상자가 발생한 사건은 37건(60%)으로 나타났다.

표 6-20 복합테러 여부(2016~2019)

복합테러 여부	빈도	비율
단일	77	61.1
복합	49	38.9

2) 드론테러 성공 여부와 주요 변수와의 교차분석 결과

먼저 계절에 따른 드론테러의 성공 여부와의 차이를 살펴보면 모든 계절에서 성공확률이 높은 가운데 하계보다 동계기후에 테러 성공 확률이 상대적으로 높은 것으로 분석되었는데, 동계에는 테러성공 사건이 35건(76.1%), 실패사건이 11건(23.9%)로 나타났고, 하계에는 각각 37건(46.3%), 43건(53.8%)로 나타났다.

on non-specific members of a targeted group. The killing of a police officer would be an armed assault unless there is reason to believe the attackers singled out a particularly prominent officer for assassination.

또한 계절에 따른 드론테러 성공여부의 차이를 통계적 유의성 여부를 통해 살펴보기 위해 카이제곱 검정을 실시하였는데, 유의한 차이를 보이는 것으로 나타났다.

표 6-21 드론테러 성공과 계절과의 교차분석 결과

계절	테러성공여부		합계	chi-square
	실패	성공		
동계	11(23.9)	35(76.1)	46(100)	6.179**
하계	37(46.3)	43(53.8)	80(100)	

p*〈 0.05

공격 형태에 따른 드론테러의 성공 여부의 차이를 살펴보면 폭탄투척 유형은 성공 69건(59.5%), 실패 47건(40.5%)로 나타났고, 무장공격 유형은 모두 성공한 것으로 나타났다(8건, 100%). 한편 암살유형은 성공과 실패 각 1건(50%)으로 나타났다.

또한 공격 형태에 따른 성공과의 차이의 통계적 유의성 여부를 판단하기 위해 카이제곱 검정을 실시한 결과, 이는 유의한 차이를 보이는 것으로 나타났다.

표 6-22 드론테러 성공과 공격 형태와의 교차분석 결과

공격형태	테러성공여부		합계	chi-square
	실패	성공		
암살	1(50)	1(50)	2(100)	5.332*
무장공격	0(0)	8(100)	8(100)	
폭탄	47(40.5)	69(59.5)	116(100)	

p*〈 0.05

테러대상목표 유형별 드론테러의 성공과의 차이의 통계적 유의성 여부를 판단하기 위해 카이제곱 검정을 실시한 결과, 유의한 차이를 보이는 것으로 나타났다. 다음 표에서와 같이 하드 타깃과 소프트 타깃 목표 모두 성공확률이 높은 가운데, 소프트 타깃 목표(37건, 78.7%)가 하드 타깃(41건, 51.9%)보다 상대적으로 성공확률이 높은 것으로 나타났다.

표 6-23 드론테러 성공과 테러대상목표와의 교차분석 결과

테러대상목표	테러성공여부		합계	chi-square
	실패	성공		
소프트 타깃	10(21.3)	37(78.7)	47(100)	8.991***
하드 타깃	38(48.1)	41(51.9)	79(100)	

p*〈 0.05

복합테러 여부에 따른 드론테러의 성공과의 차이의 통계적 유의성 여부를 판단하기 위해 카이제곱 검정을 실시한 결과, 유의한 차이를 보이는 것으로 나타났다. 〈표 6-24〉에서와 같이, 복합테러(37건, 75.5%)가 단일테러(41건, 53.2%)보다 성공 확률이 상대적으로 높은 것으로 나타났다.

표 6-24 드론테러 성공과 복합테러와의 교차분석 결과

복합테러 여부	테러성공여부		합계	chi-square
	실패	성공		
단일	36(46.8)	41(53.2)	77(100	6.294**
복합	12(24.5)	37(75.5)	49(100)	

4. 국가중요시설 드론 테러 대응체계 분석

1) 드론 DBT를 고려한 통합된 물리적 방호체계에 의한 대응 제한

현재 드론 테러에 대비한 국가중요시설 물리적 방호체계(Physical Protection System: PPS)[13]의 가장 큰 문제점은 드론 테러공격 양상 및 위협요인을 포함하는 설

13 물리적 방호체계(PPS)는 절도, 파괴(Sabotage), 또는 악의적인 인원의 공격에 대항하여 자산과 시설의 보호를 위한 인력(People), 절차(Procedures), 장비(Equipment)를 통합한다. PPS의 목적은 적대(Adversary) 시설에 대한 악의적인 행동의 성공적 완료를 예방하는 것이며 주기능은 탐지(Detection), 지연(Delay) 및 대응(Response)이다(Garcia, 2007).

계기준위협(Design Basis Threat: DBT)[14] 정립이 취약하다는 것이다. 즉 단일한 주도기관 중심의 통합된 방호체계의 구축이 미흡함을 의미하는데, 이는 현재의 방호체계가 상황 발생 시 주도기관 중심의 통합된 방호체계 아닌 시설장, 국방부, 경찰 등 관계기관별 개별 방호절차 및 매뉴얼에 의해 작동되고 있기 때문이다. 이러한 근본적인 이유는 우리나라의 남북 분단의 안보 특수성으로 인해 주요 안보 관계기관인 국방부·경찰청·국정원 등 각각의 관계기관별로 적용되는 보안규제사항에 기인한다(나석종 외, 2019). 물리적 방호체계의 절차는 지연(Delay), 탐지(Detection), 대응(Response) 3개의 순차적 영역을 포함하는데(Doss, 2020), 미국 등 주요 선진국들은 DBT를 고려하여 방호체계의 설계 및 구축단계까지 통합적으로 수행하고 있다(NRC Part 73, 2018). 우리나라도 기본적으로 〈표 6-25〉와 같이 3단계의 심층방호(Protection In-depth) 개념[15]을 적용하고 있다. 그러나 원전시설을 예로 들면 미국의 경우, 물리적 방호체계 관련 법령(NRC Part 73)을 근간으로 10개 이상의 기준과 규격이 구체적으로 제정되어 있는 것에 비하여, 국내의 경우 각각의 3개 영역인 원자력안전위원회 「방사능방재법」, 국방부 「통합방위법」, 국가정보원 「국가보안목표시설 관리지침」이 각기 일원화되지 못한 채 적용되어, 시설장의 입장에서는 각

표 6-25 국가중요시설 방호개념

구분	개념	작전요소	방호책임
본부 울타리밖 (1지대)	외곽울타리 밖 주요접근로 및 길목	군부대, 경찰, 해양경찰	국방부, 경찰청, 해양경찰청
등급Ⅲ 방호구역 (2지대)	본부 외곽울타리	청원경찰, 특수경비, 군경 지원	시설장
등급Ⅱ 방호구역 (3지대)	발전소 울타리	청원경찰	시설장

출처: 국가중요시설 지정 및 방호훈령 제10조 재구성.

14 설계기준위협(Design Basis Threat: DBT)은 테러범의 공격전술, 이용수단, 대상목표, 공격경로 등을 분석한 물리적 방호체계의 핵심개념이다(ASIS, 2015).

15 심층방호(Protection In-depth) 개념은 공격자가 여러 단계의 방호선을 통과하면서 탐지확률이 증가되는 반면, 공격자가 점진적으로 약화·차단(Deter)되고 최종에는 무력화(Neutralization)되는 체계이며, PPS의 3대 설계요건은 이를 지원할 수 있게 연속적인 통합성능을 발휘해야 한다(ASIS, 2015).

각의 기관들의 보안규격을 충족해야 하는 부담감과 보안 취약성을 갖고 있는 실정이다(나석종 외, 2019).

둘째, 국가중요시설 내 핵심시설별 안전관리체계의 담당기관이 분산 운용되는 것도 핵심 취약성이라 볼 수 있다. 한 예로, 석유저장시설의 경우, 송유관은 「송유관 안전관리법」을 근거로 산업부에서 담당하고, 석유저장시설 탱크는 「위험물안전관리법」을 근거로 소방청에서 각각 안전관리하며, 가스저장시설은 「가스안전법률」에 따라 산업부와 지자체에서 위탁받은 가스안전공사에서 수행하는 실정이다.

셋째, 드론 테러 발생 시에도 각각의 국가중요시설에서 지대별로 방호책임을 포함한 대응 임무를 수행해야 할 군, 지방항공청, 경찰청, 해경, 지자체 등의 통합적 대응체계의 구축이 미흡하다는 것이다. 통합되지 않은 물리적 방호체계의 운용은 국가중요시설에 대한 드론위협 발생 시 통합된 방호체계의 작동이 제한되고, 지대별 작전요소가 상이한 방호인력 및 시스템의 작동으로 골든타임 내 효과적인 초동대응이 어렵다는 한계점이 존재한다. 이러한 근본 원인으로 현재의 테러방지법상에는 국가중요시설의 관리자에 대한 테러 대상 시설 예방체계가 구축되어야 한다고 명시하고 있으나, 실제로는 국가중요시설 유형의 관리자와 방호담당자마다 각기 개별적인 방호계획을 운용하고 있기 때문이다.

2) 드론탐지 및 대응수단 구축 미흡

현재 정부에서는 국방부 등을 중심으로 드론탐지를 위해 해외에서 수입한 드론 테러 방어용 탐지 레이더와 레이저 대공 무기를 국내기술로 개발하여 전력화하는 중이다. 특히, 드론을 무력화하는 '안티드론(Anti-drone)' 체계의 전력화를 강력히 추진 중인데, 이러한 안티드론은 주로 드론 본체에 직접 공격하는 하드킬(Hard-Kill) 방식과 드론 운용체계에 전파 교란을 활용해 드론 운용을 중지시키는 소프트킬(Soft-Kill) 방식으로 분류할 수 있다(국회사무처 경호기획관실, 2019).

하드킬 방식은 근거리 감시레이더와 TOD 감시장비 및 국지 방공레이더 등을 통한 드론탐지를 통해 테러 위협 및 발생 시 드론에 대한 방공무기인 발칸 및 대

공포에 의한 직접적인 공격 등을 통한 무력화를 의미한다. 한편, 소프트킬 방식은 전파 교란 장비 및 소형 무인기대응체계를 바탕으로 드론 운용체계에 대한 공격을 의미한다. 그러나 드론대응의 핵심은 효과적 '탐지'라는 것이 전문가들의 공통된 의견이다. 그러나 현재 국내의 기술력 수준으로는 드론탐지가 제한되는 실정이다(서울신문, 2020. 1. 8). 또한, 드론 방어체계 구축과 관련하여 관련된 장비들의 능력에 대한 실증 데이터가 부족하고, 탐지－식별－무력화 자산들을 개별적으로 확보할 것인지, 복합센서를 갖춘 통합방어체계로 구축할 것인지에 대한 의견이 분분한 실정이다(김성근 외, 2019).

그리고 현재 국내 국가중요시설의 대부분에서 드론탐지 및 무력화를 위해 도입을 고려하는 전파 교란기 등의 외국산 장비는 고가일 뿐만 아니라 검증이 되지 않아 도입이 거의 없는 상태이다. 특히, 공항·원전 등 피해 규모가 큰 국가중요시설을 중심으로 주파수 탐지기·열상 감지기 등 안티드론 장비 도입이 미흡한 실정이라고 한다. 이에 원전 및 공항 등 국가중요시설에서는 고성능카메라, 야간 투시경, 대형 서치라이트 및 망루 초소 경비원 등 육안감시로 대응하는 실정이다. 한 예로 인천공항에서는 조류퇴치팀을 편성하고, 산탄총·그물총으로 100m 이내 드론을 격추하는 체계를 운용하고 있다(국회사무처 경호기획관실, 2019; 머니투데이, 2019. 9. 22).

3) 국가중요시설 공역통제의 제한

드론과 같은 공중공간에서의 테러 위협의 대응에 있어서 비행금지구역과 같은 공역통제는 지상에서의 장벽, 철조망, 볼라드 등과 같은 핵심적인 구조적 접근통제 방안이라고 할 수 있다. 현재 우리나라는 항공안전법에 근거한, 비행 통제 공역 제도를 운용하면서 극소수의 원전 등 핵심 국가보안 및 중요시설에 대해서만 제한적으로 금지 공역으로 지정하고 있어 불법 드론 비행 및 드론위협 발생 시 적시적인 대응이나 통제조치가 실현되고 있지 않은 실정이다.

또한, 국내 군사시설의 대다수도 금지 공역으로 지정되어 있지 않아, 군사시설 내 드론위협 발생 시 강제적인 대응조치가 제한될 수 있다(경향신문, 2019. 10. 3). 더욱이 폭탄 공격 등 직접적인 위해행위를 수반할 때만 제한적으로 자위권 차원에서 타격할 수 있는 상황이다. 따라서 폭발적으로 불법 드론의 비행량이 늘어나는 현재 상황을 고려하여 공역통제를 확대하지 않고는 드론위협을 차단하거나 대응하기에는 근본적인 한계점이 있다.

4) 법적·제도적 통제대책 제한

첫째, 재머(Jammer)를 활용한 안티드론 기술이 개발 및 배치되고 있음에도 불구하고 지금까지 공항 등에서 재머를 통한 불법 드론 저지조치는 기존의 「전파법」상 위반되는 사항이다. 특히 테러 예방 및 대응, 항공안전, 원전 방호, 국가원수급 경호, 군사작전 등 공공안전을 위해 불가피한 경우 전파차단을 허용하는 예외근거가 부재하였다(김선규·문보승, 2019; 임강수·이상복, 2019).

둘째, 현재 국가중요시설 내 불법 드론 저지를 위한 대테러예방 활동 측면의 근거가 취약한 상태이다. 공항시설의 경우 「공항시설법」을 개정하여 단서조항을 마련했고, 이를 통해 불법 비행 중인 초경량비행장치 저지를 추진했으나, 나머지 국가중요시설은 저지할 수 있는 법적 수단이 제한된다(국토교통부, 2017).

셋째, 국가중요시설 등 불법 드론에 대한 법적 처벌근거가 미약한 실정이다. 국내 실정법상 처벌할 수 있는 행위는 비행금지구역 불법 비행, 무단촬영, 직접 충돌, 폭발물 자폭·투하 등으로 분류할 수 있는데, 우리나라에서는 대부분이 불법 비행과 무단촬영이 주로 발생하고, 이러한 행위 발생 시 과태료 처분에 그치고 있다. 또한, 불법 드론 격추 시에도 개인이나 시설이 민사상 책임의 문제가 있어 적극적인 대응이 제한되며, 현 법령상 국가중요시설에 침입한 불법 드론과 조종자 등에 대한 대응의 면책범위 및 한계가 불명확하다.

넷째, 공역별 관할 기관이 국토교통부나 군, 항공청 등으로 나뉘어 있어, 상황 발생 시 불법 드론 신고접수 및 초기대응을 기관별로 대응하는 실정이라 골든타임 내 초기대응 제한된다(김선규·문보승, 2019). 현재 경찰을 제외하고는 불법 행위 신고에 대한 일반 국민의 접근성(112), 현장출동 체계, 수사권 등 강제력 집행 권한이 취약하다. 드론에 대한 주무부서인 국토부 지방항공청과 항공철도사고조사위원회는 수사권 및 강제집행 권한을 가지고 있지 못하다.

제3절 <<< 폭탄테러 양상[16]

본 장에서는 OECD 국가에서 발생한 폭탄테러 사건과 이에 영향을 미치는 요인 간의 인과성을 실증적으로 검증하고자 한다. 이를 위해 OECD 35개 국가 중 폭탄 테러발생국가(19개국)[17]에서 발생한 테러사건(888건)을 대상으로 최근 10년인 2006년부터 2015년까지 발생한 폭탄테러 사건을 분석하였다. 공간적 연구대상으로 선정한 OECD 국가들은 다음과 같은 차원에서 연구대상으로서의 의미가 있다. OECD 국가들은 주로 유럽, 미국 등과 같이 상대적으로 민주주의, 시장경제주의, 치안서비스 등이 안정된 선진국 국가들로 구성되어 있다. 따라서 이들 국가들은 중동 및 아프리카 등 제3세계 테러빈발국가들과 달리 우리나라와 국가발전단계나 사회의 성숙도가 상대적으로 유사하기 때문에, 이 국가들의 테러양상을 분석하는 것이 우리나라 대테러 정책수립에 시사하는 바가 상대적으로 크다.

OECD 국가들의 최근 테러사건의 양상을 살펴보면 과거 정부나 국가중요시설들과 같은 대상을 타격하는 '하드 타깃(Hard Target)'테러에서 불특정 다수 및 일반인들을 대상으로 하는 '소프트 타깃(Soft Target)'에 대한 테러로 변화하는 것을 알 수 있다. 이러한 테러양상의 변화 때문에 테러 발생 시 예상되는 수많은 인명피해의 가능성이 국가적 차원의 테러예방활동에서 매우 중요한 위치를 차지한다. 따라서 OECD 국가들의 테러양상의 변화는 테러 위협의 가능성이 증대되고 있는 우리나라의 대테러 정책에도 중요한 의미를 가진다. 이런 맥락에서 폭탄테러에 대한 인과성 분석은 국가적 대테러 정책 수립에 대한 지식축적의 측면에서 중요한 의미가 있다.

폭탄테러 공격유형은 세계 테러사건에서 가장 많이 발생된 테러유형이다. 이

16 이 부분은 김태영·윤민우(2017)의 관련 부분을 수정, 보완한 것이다.

17 미국, 캐나다, 멕시코, 영국, 프랑스, 독일, 스웨덴, 스위스, 이탈리아, 스페인, 아이슬란드, 일본, 헝가리, 그리스, 체코, 헝가리, 아이슬란드, 벨기에, 칠레

| 그림 6-3 | 테러공격 유형에 따른 테러사건 현황(2000-2015)

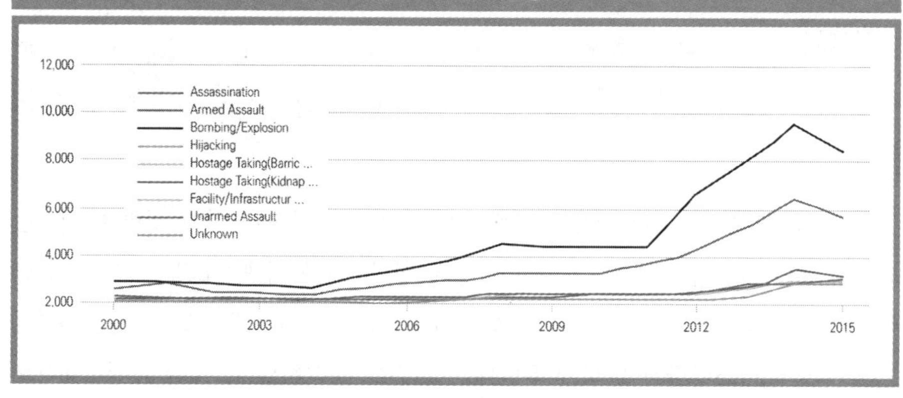

출처: Globla Terrorism Database.

점은 폭탄 테러를 분석하는 이 연구의 중요성을 부각한다. 〈그림 6-3〉은 START 연구소에서 수집한 GTD(Global Terrorism Database)의 2000년부터 2015년까지 전 세계에서 발생한 테러공격 유형을 빈 도수로 나타낸 그래프이다. 〈그림 6-3〉에서 알 수 있듯이 폭탄테러가 가장 높은 빈도수를 나타내는 주요한 테러공격 유형이며, 무장공격, 암살, 인질납치 순으로 테러공격이 많이 발생 한 것을 알 수 있다.[18]

특히 ISIS가 대규모 조직화된 2012년 이후 폭탄테러가 급격히 증가하는 추세를 보이고 있는데, 2013년 보스턴 마라톤 폭탄테러, 2015년 이후 프랑스 파리 테러, 2016년 벨기에 브뤼셀, 미국의 올랜도, 프랑스 니스테러, 최근 발생된 2017년 5월에 영국 맨체스터 폭탄테러가 대표적 사례이다(윤민우, 2017).

이처럼 폭탄테러는 다양한 테러공격 유형 중 가장 보편적이고 효과적인 유형으로 테러연구에서 중요하게 다루어야 할 연구대상이다. 물론 아직까지 이러한 유형의 테러가 국내에서 발생한 적은 없었지만, 대규모 다중이용시설에서 폭탄테러 첩보는 지속적으로 있어 왔다. 더욱이 비록 테러사건은 아니지만 최근 연세대에서 사제폭탄공격이 실제로 발생했다. 이러한 상황전개는 우리나라에서도 향후 근시일

18 http://www.strat.umd.edu/gtd/search.

내에 폭탄테러공격이 현실적으로 나타날 수도 있음을 시사하고 있다. 이러한 맥락에서 OECD 국가들에서 발생한 폭탄테러사건에 영향을 미치는 상황적 요인을 살펴보는 것은 주요한 의미가 있다.

1. 폭탄테러의 기존 연구

일반적으로 폭탄테러에 대한 연구 경향들은 개개인의 테러리스트 특성에 중점을 두거나 테러사건의 특성 및 패턴을 분석, 주요 폭탄테러 사건 사례연구 위주로 진행되어 왔다. 특히, 폭탄테러의 연구는 국내에서는 거의 이루어지지 않아왔고, 주로 중동 및 이스라엘, 러시아를 중심으로 제한적으로 진행되어 왔다. 먼저 Newman(2006)은 테러대상목표가 테러범으로부터 원거리에 떨어져 있다면 여러 차례의 폭탄테러 공격을 실시하는 것이 어려운 반면, 근거리에 위치한다면 유사한 다수의 폭탄테러 공격들이 일상적으로 빈번하게 발생 할 것이라고 주장하였다. 이러한 기회조건과 관련된 이유 때문에 전 세계 많은 테러단체들이 이스라엘과는 달리 미국에서는 폭탄테러가 빈번하지 않은 이유라고 분석하였다. Hafez(2007)는 이라크의 자살테러양상을 계량분석하였는데, 4월에서 9월 사이의 따뜻한 계절에 테러공격이 성공할 확률이 더욱 높고, 추운 계절은 조직적 테러공격계획수립에 장애 및 테러리스트들의 테러기도를 노출시킬 수 있기에 취약함을 증명하였다. Killot & Chamey(2006)와 Mccartan & Mssslli, & Rusnak(2008)의 연구에서는 러시아와 체첸 및 이스라엘의 폭탄테러양상을 실증적으로 분석하였는데, 계절적 요인이 테러발생의 중요한 요인으로 작용하고, 도시의 규모가 테러공격의 피해자의 규모에 영향을 미치며, 특히 대도시일수록 테러공격이 증가됨을 확인하였다. 이러한 이유로, 대도시가 접근성이 양호하고 테러대상목표가 상대적으로 풍부하다는 차원에서 위협의 가능성이 높다고 제시하였고, 특히 접근성은 테리리스트들에게 중요한 요소이며, 테러공격 시간은 일과시간이나 평일에 집중적으로 발생함을 증명하였다. 국내에서는 윤민우(2012)의 아프간 지역의 2002년부터 2011년까지의 폭탄테러사건을 계량분석한 연구가 유일하다. 연구결과 따뜻한 계절에 테러사건이 많이 발생하고, 마약생산수준이 높은 지역과, 정부 및 군경시설과 같은 적대적인 목표물에서 사상자가 더 높게 나타나는 것으로 분석되었다.

2. 연구방법

1) 가설

- HA: 폭탄테러 사건은 어떤 일정한 상황적 특성을 보일 것이다. 이와 관련된 세부 가설은 다음과 같다.
- H1: 추운계절보다 따뜻한 계절에서 폭탄테러 사건이 많이 발생할 것이다.
  H2: 정부시설보다는 민간시설에서 폭탄테러 사건이 많이 발생할 것이다.
- H2: 민간 다중이용시설 유형 중 노출성이 높은 테러대상 목표물에서 폭탄테러 사건이 많이 발생할 것이다.
- H3: 도시화가 발달된 지역에서 폭탄테러 사건이 많이 발생할 것이다.

2) 데이터

이 연구에 사용된 데이터는 START 연구소에서 수집한 GTD의 전 세계 폭탄테러사건 중 OECD 국가에서 발생한 폭탄테러 사건을 사용하였다.

먼저 GTD 데이터 가운데 OECD 국가 중 폭탄테러 발생국가 19개국에서 2006년 1월 1일에서 2015년 12월 31일 사이에 발생한 888건의 폭탄테러 사건으로 한정하였다. 특히 OECD 폭탄테러 발생국가들 중 터키를 제외한 국가들을 분석대상으로 하였는데, 이 연구에서 주요하게 분석하려는 OECD 국가와 터키의 테러양상 및 특성은 다음 측면에서 주요한 차이점이 있기 때문이다. 우선, 테러사건의 양적인 차이 때문이다. 터키에서 발생된 테러 사건 및 사상자 수의 비중이 매우 높은데, 최근 10년간 550건(전체 1,416건)으로 전체 테러사건의 38.8%를 차지하며, 사상자수는 1,874명(전체 3,090명)으로 전체 사상자수의 60.6%를 차지하고 있는 것을 감안하면 OECD 국가의 보편적인 테러양상 및 특성을 왜곡시킬 수 있다. 둘째로, 테러사건의 원인적 측면에서 볼 때 터키는 다른 OECD 국가들과 차별화된 특수성을 갖고 있는데, 터키는 바로 중동 테러 위협요인의 기저로 일컫는 쿠르드 문제의 근원적 지역이기 때문이고, 테러의 주요 원인이 쿠르드 무장세력을 포함한 극좌 분리주의 및 이슬람극단주의에 의한 터키정부와의 대립이 주요 원인이 되어왔다. 한편, 나머지 OECD 국가들은 터키 및 중동 등 테러대상국가나 테러단체로부터 재정적, 정치적 지원을 받아 귀환한 외국인전투원(FTF)이나 외로운 늑대형의 자생적 이슬람극단주의에 의한 간헐적 테러가 대다수이거나 민족 분리주의에 의한 테러 양상을 보이므로 보편적인 OECD 국가의 테러 양상과는 차이가 있다고 할 수 있다(김은영, 2016). 이러한 이유로 터키는 본 연구의 분석대상에서 제외하였다.

3) 변수

폭탄테러에 영향을 미치는 상황범죄예방이론, 다중이용시설 테러 및 폭탄테러 연구 등의 선행연구에서 주요한 변수로 도출되었던 사항들을 바탕으로 가능한 4가지 변수인 계절(기후), 테러대상시설 유형(정부, 민간시설), 다중이용시설 유형 노출성, 도시화 정도 등을 선별하였다.

- **종속변수**: OECD 국가(19개국) 폭탄테러 사건수를 사용하였다(888건).
- **독립변수**: 계절, 테러대상시설 유형, 다중이용시설 노출성, 도시화 정도

❶ 계절: 폭탄테러가 발생한 시기를 독립변수로 사용하였다. 이 변수는 연중 발생한 폭탄테러 사건을, 따뜻한 계절을 4월부터 9월까지로, 추운계절은 10월부터 3월까지로 정의하였다. 이러한 방식은 McCARTAN(2008)의 연구방법을 적용했고, 추운계절은 0으로 따뜻한 계절은 1로 표시하였다.

❷ 테러대상시설 유형: 해당 테러사건이 발생한 시설의 유형을 독립변수로 사용하였다. Smith(2016), 김은영(2016), 윤민우(2016) 등의 연구결과를 적용하여, 정부시설(군인·경찰) 시설을 1로, 그 외 민간 다중이용시설을 0으로 표시하였고, START

연구소의 GTD 코드북의 테러대상목표 유형분류방식을 적용하였다.

❸ 다중이용시설 유형: 김은영(2016), 윤민우(2016) 연구에서 각각 제시한 다중이용시설 유형별 테러발생분석 결과를 고려하여, 문화집회시설, 도소매 시장, 상점 등 각종 판매시설, 터미널, 철도시설, 공항시설 등 여객시설이 노출성이 큰 시설유형을 1로, 그 이외의 시설유형을 0으로 표시하였고, GTD CODEBOOK에 분류된 Target Type을 적용하였다.

❹ 도시화: OECD국가별 지리적 연구를 통해 국가별 수도 및 인구 100만 명 이상의 도시를 2로, 주 수도나 10만 명 이상, 상징성 있는 도시를 1로, 그 이외의 도시는 0으로 표시하였다.

4) 분석방법

분석의 전반적 과정은 크게 2가지 단계로 구분된다. 첫째, 지난 10년간 발생한 폭탄 테러의 상황적 특성을 확인하기 위하여 각 변수들에 대한 기술적 통계분석을 실시하였다. 둘째, 이슬람극단주의 테러단체 출현, 외국인테러전투원의 유럽·미국으로의 귀환, 외로운 늑대형의 자생적 이슬람극단주의자 증가 등으로 테러가 급증했던 시기(2012년~2015년)와 그렇지 않았던 시기(2006년~2011년)로 구분하여 각각의 변수와의 교차분석을 통해 집단 간 차이여부를 검증하였다. 95% 신뢰수준에서 차이를 검증하였고 교차분석에서 도출된 chi-square 값을 각 분석결과표에 제시하였고, 상세하게 교차분석결과 내용을 설명하였다.

3. 실증분석 결과

1) 개별 변수들의 기술적 통계분석 결과

표 6-26 변수들의 기술적 통계분석 결과

구분		빈도	비율
계절	동계	477	53.72
	하계	411	46.28
도시화수준	낮음	252	28.38
	중간	412	46.40
	높음	224	25.23
테러대상시설유형	민간시설	604	68.02
	정부시설	284	31.98
다중이용시설 노출성	노출성 작음	329	37.05
	노출성 큼	559	62.95

2006년부터 2015년까지 발생한 폭탄테러사건의 기술적 통계분석결과는 〈표 6-26〉과 같다. 이를 구체적으로 살펴보면, 계절의 경우 동계와 하계 계절 발생빈도가 유사한 결과를 보이고 있으나, 추운계절이 따뜻한 계절에 비해서 다소 폭탄테러가 많이 발생하는 것으로 나타나 기존의 선행연구의 결과와 차이를 보이는 것을 알 수 있다(Hafez, 2007; McCartan 2008).

둘째로, 도시화수준의 경우 국가별 수도 및 100만 이상의 대도시 보다는 10만이상의 중 소도시에서 폭탄테러가 많이 발생하는 것으로 나타나, 일정수준 도시화가 발달된 지역에서 폭탄테러가 집중됨을 확인하였다(46.4%). 특히 프랑스, 그리스 등 국가별로 특정 도시에서 집중적으로 테러가 발생하였는데, 예를 들어 프랑스 코르시카 지역(인구 28만 명)의 폭탄테러 사건 빈도가 전체 프랑스의 테러사건의 79.7%(114건) 수준으로 집중적으로 발생되었음을 알 수 있었다. 그 이유로 코르시카지역 자체가 정치적·문화적·역사적 특성에 기인한, 극단적 민족주의자들의 분리 독립 운동이 지속되어 왔던 지역이기 때문으로 분석되었다. 또한 그리스의 수도인 아테네(인구 370만 명)에서만 전체 그리스 테러사건의 52.9%(80건) 수준의 폭탄테러가 집중적으로 발생하였는데, 그 이유로 2009년 이후 경제위기, 집권세력의 부패, 빈부 격차에 따른 '불의 음모단' 등 무정부주의 단체들에 의한 반정부테러가 지속적으로 증가했기 때문으로 분석되었다.

셋째로, 테러대상시설 유형의 경우 민간시설(68%)이 정부시설(31.2%)에 비해 폭탄테러 사건이 두 배 이상 높게 발생한 것을 알 수 있다. 윤민우(2013)의 연구에서의 연구대상이었던 후진국인 아프가니스탄의 경우 민간시설보다 군·경·정부시설에서 테러가 많이 발생하였던 것에 비해, 유럽 및 미국 등 주요 선진국으로 구성된 OECD 국가들의 테러양상은 김은영(2016)의 연구결과와 같이 '하드 타깃'이 아닌 '소프트 타깃'과 같은 민간시설에서 테러사건이 집중됨을 확인하였다.

마지막으로 다중시설 노출성에 따른 폭탄테러 발생의 경우 다중이용시설 유형 중 노출성이 높은 유형시설일수록(62.95%) 테러사건이 빈번하게 발생하는 것으로 나타나 기존의 연구들과 가설들을 지지하는 것으로 나타났다(윤민우, 2016; Killot & Chamey, 2006).

2) 테러발생 시기와 지역적 특성 교차분석 결과

표 6-27 테러발생 시기(기간)와 계절간의 교차분석 결과

시기	계절		합계	chi-square
	추운계절(%)	따뜻한계절(%)		
2006년~2011년	219(52.39)	199(47.61)	418(100)	0.56
2012년~2015년	258(54.89)	212(45.11)	470(100)	

p*<0.05

모든 기간에서 추운계절이 따뜻한 계절에 비하여 테러가 다소 많이 발생하는 것으로 나타났다. 기간의 따른 테러발생의 차이를 살펴보면 2006년~2011년에 비하여 2012년~2015년의 경우 테러발생의 비율이 증가한 것으로 나타났다. 이러한 이유는 2012년부터 이슬람극단주의자들에 의한 테러공격이 급증하였고, 특히 서

표 6-28 테러발생 시기(기간)와 도시화 수준간의 교차분석 결과

시기	도시화 수준			chi-square
	낮음	중간	높은	
2006년~2011년	122 (29.19)	178 (42.58)	118 (28.23)	5.48
2012년~2015년	130 (27.66)	234 (49.79)	106 (22.55)	

$p^* < 0.05$

유럽에서 2014년~2015년에 이르러 시리아 등지에서 IS 무장활동에 참가하고 돌아온 귀환 외국인테러전투원(FTF)과 급격히 유입된 이슬람 난민, 외로운 늑대형 무슬림의 증가 등으로 이슬람 테러위협이 본격화되었기 때문으로 분석된다. 그러나 계절과 기간에 따른 테러발생과의 차이는 통계적로 유의하지 않는 것으로 나타났다.

기간과 도시화 정도에 따른 테러공격의 차이는 통계적으로 유의하지 않는 것으로 나타났다. 전 기간에서 도시화수준이 중간인 10만 이상인 도시에서 테러가 많이 발생하는 하는 것으로 나타났다. 특히 ISIS 등 이슬람극단주의 테러단체의 테러공격이 급증하던 2012년~2015년의 기간에는 도시화 수준이 중간규모에서 50%까지 테러공격이 발생한 것으로 나타났다. 이는 테러범의 매력적인 테러대상목표가 대도시보다 중소도시에 주로 위치하는 것을 의미한다고 해석할 수 있다. 왜냐하면, OECD 국가 중 특히 서유럽이나 미국 등 선진국들의 도시들은 지역별 경제력규모나 지방정부의 치안력의 차이가 비교적 큰 차이가 없고, 민간 다중이용시설들이 대도시에 집중되어 있다기보다 중소규모 이상의 도시에 광범위하게 분포되어 있기 때문으로 분석할 수 있다. 또한 2006년~2011년에 비하여 2012년~2015년의 경우 낮은 도시화 수준의 지역의 테러발생은 변화는 크게 나타나지 않았고, 오히려 대도시의 경우, 2012년~2105년 기간에 6%정도 낮아진 것으로 나타났다.

기간과 테러대상시설 유형에 따른 테러공격의 차이는 통계적으로 유의한 것으로 나타났다. 표에서 나타내듯이, 전 기간에서 정부시설보다 민간시설에서 테러가 많이 발생하는 것으로 나타나, OECD 국가에서는 앞으로도 지속적으로 민간시

표 6-29 테러발생 시기(기간)와 테러대상시설 유형 간의 교차분석 결과

시기	테러대상시설 유형		chi-square
	민간시설	정부시설	
2006년~2011년	261(62.44)	157(37.56)	11.30***
2012년~2015년	343(72.98)	127(27.02)	

p* <0.05

설에서 테러가 발생할 것으로 예측된다. 이러한 이유로는 먼저, 경제규모가 일정 수준이상으로 구성된 OECD 국가의 테러양상이 일반인의 생활공간위주의 시설에서 테러가 주로 발생하는 것으로 알 수 있다. 즉 OECD 국가에서는 테러가 평범한 일반인들의 일상에서 발생하는 현실적 위험이 된 것으로 해석할 수 있다. 둘째로, 2006년~2011년에 비하여 2012년~2015년의 경우 민간시설에서 테러발생의 비율이 10% 이상 높은 폭으로 증가한 것으로 나타났는데, 이러한 이유는 2014~2015년 기간 중동 등지에서 귀환한 외국인테러전투원(FTF)에 의한 테러공격이 급증했기 때문으로 판단할 수 있다. OECD 국가의 테러발생 원인이 국가 내에서 중앙정부와의 대립에서 기인하는 정부 및 공공시설 테러가 주요 원인이 아니라 다수의 민간인 살상을 통해 테러의 피해와 공포 확산을 극대화할 수 있기 때문이다.

모든 기간에서 다중이용시설 유형 중 노출성이 많은 시설유형인 문화집회시설, 도소매시장, 상점 등 각종 판매시설, 터미널, 철도시설, 공항시설 등 여객시설에서 폭탄테러가 많이 발생하는 것으로 나타났다. 특히, 2006년~2011년에 비하여 2012년~2015년의 경우 테러발생의 비율이 18% 이상 높은 폭으로 증가한 것으로 나타났다. 이러한 이유 역시 다중이용시설 유형중 안전관리 활동 및 방호수단, 경

표 6-30 테러발생 시기(기간)와 다중이용시설 노출성 간의 교차분석 결과

시기	다중이용시설 노출성		chi-square
	노출성 낮음	노출성 높음	
2006년~2011년	195(46.65)	223(53.35)	31.21***
2012년~2015년	134(28.51)	336(71.49)	

p* <0.05

계력이 취약한 테러대상목표에서 민간인 살상력을 극대화하고, 충격성을 극대화기 위함으로 해석할 수 있다.

4. 소결론

본 장에서는 최근 유럽 및 미국 등 OECD 국가에서 발생해 왔던 폭탄테러 공격양상에 대한 상황적 특성에 관련된 논의들을 제시하였다. 이러한 연구의 배경은 최근의 테러양상이 기존의 테러공격발생의 지역거점이었던 중동 및 아프리카를 벗어나 서구권으로 확대되고 있고, 테러대상시설이 '하드 타깃'에서 일반시민들의 일상생활에서 테러가 발생하는 '소프트 타깃'으로 변화되고 있기 때문이다.

특히, 최근 2017년 5월 영국 맨체스터 공연장에서 발생된 테러는 심각한 위협으로 대두되고 있는 폭탄테러 공격의 양상을 잘 보여주고 있다. 이러한 테러 양상의 변화를 단지 우연이거나 일시적 현상으로 판단해서는 안 된다. 알카에다나 ISIS와 같은 테러단체의 지휘부는 구체적 전략·작전적 목표를 수립하여, 구체적으로 실행할 테러전술을 심층 깊게 연구하고 있기 때문이다.

분석결과인 OECD 국가들의 폭탄테러의 상황적 특성은 다음과 같다. 먼저 폭탄테러 사건빈도는 ISIS 등 테러단체 출현, 외국인테러전투원의 유럽·미국으로의 귀환, 외로운 늑대형의 자생적 이슬람극단주의자 증가 등으로 테러가 급증했던 2012년~2015년 시기가 2006년~2011년보다 증가하였다. 이러한 테러사건의 증가는 10만 이상의 도시규모에 확산되고 있고, 프랑스, 그리스 등 국가별로 테러위협에 취약한 특정 도시지역에서 상대적으로 집중되는 특성을 보이고 있었다. 이는 최근 들어 이들 OECD 국가들에서 테러의 양상이 무슬림 난민이나 극단주의 지지층의 지역적 확산에 따른 결과인 것으로 보여진다. 즉, IS 지도부와 같은 해외 전문 테러세력의 대도시 핵심타깃을 목표로한 기획 테러는 ISIS 세력의 약화와 각국 정부들의 대테러역량의 강화로 점차 감소한 반면, 도처에 산재한 자생적 극단주의 추종자들에 의한 테러가 점차 확대되고 있는 것을 알 수 있다. 이는 흥미로운 결과로서 실제 테러의 피해의 위험성은 완화되는 반면 테러에 대한 공포나 두려움의 위협은 증가되는 경향으로 이어지고 있는 것으로 보인다.

한편 계절이라는 변수는 기존 아프가니스탄, 이라크 등의 선행연구에서 제시했던 유의미한 영향을 미치지 못하는 것으로 분석되었다. 이는 아프가니스탄과 같은 제3세계 국가들에서의 테러행위는 시골지역이나 오지와 같은 계절의 영향에 민감한 지역에서 주로 발생하는데 반해, OECD 국가의 대도시 지역은 계절에 별로 영향을 받지 않는 도심지역에서 주로 발생하기 때문인 것으로 판단된다. 또한 다중이용시설 중 노출성이 높은 문화집회시설 및 판매시설 등에서 테러가 증가되고 있었는데, 이것은 중동 등지에서 귀환한 외국인테러전투원(FTF) 및 이슬람극단주의 세력의 영향으로, 투입된 비용효과 면에서 충격성 및 살상효과를 극대화할 수 있기 때문으로 분석되었다.

제4절 요인테러 양상[19]

2017년 말레이시아 쿠알라룸프르 국제공항에서 북한 김정남이 북한 공작원으로 추정되는 세력들이 기획한 VX 신경작용제(화학무기) 테러수단에 의해 암살되었다. 김정남은 북한 김정일 국방위원장의 장남이자 현재 북한의 국가 최고 권력자인 김정은의 이복형으로 북한 최고의 국가요인에 해당한다(CNN, 2019. 3. 3). 이 사건은 최근의 전 세계적 요인 테러사건 중 가장 진화된 수준의 테러양상을 보였는데, 이를 세부적으로 살펴보면 먼저 북한의 공작원들이 연예기획사 PD로 위장하여 베트남·인도네시아 여성 2명을 사전 섭외 및 아웃소싱 형대로 김정남을 암살하였다. 암살 실행 즉시 북한 공작원 4명은 말레이시아를 출국하였고 외국인 여

19 이 부분은 김태영·이기태(2021)의 관련 부분을 수정·보완하였다.

성 2명에 대해 살인 혐의로 기소하였으나, 결국 상해 혐의로 선고받은 뒤 2019년 에 석방되었다. 특히 외국인 여성들은 진술과정에서 암살의도를 적극 부인하면서 공작원들에 의해 향수 및 크림 등을 활용하여 장난성 '몰래카메라' 영상을 찍는 것을 제안받았다고 주장했다. 결국 김정남 암살사건은 북한의 요인테러로만 추정할 뿐 구체적인 암살 배후 및 동기, 수법에 대해서는 밝혀지지 못한 배후도 없고 암살범도 없는 영구 미제사건이 되었다.

이와 유사한 형태의 사건으로 최근 2021년 7월 7일 발생한 아이티 대통령인 조브넬 모이즈 대통령 암살사건을 들 수 있다. 테러사건의 배경으로 아이티의 만연한 부패와 빈곤, 범죄 증가에 분노한 시위대의 대통령 퇴진시위 등 정부정책에 극단적으로 반대하는 이념적 요인 등이 복합적으로 작용하였다. 특히 충격적이었던 사실은 테러 주체를 모호하게 하기 위해 민간보안업체를 아웃소싱 형태로 고용하였고, 실제 테러실행과정에서 DEA(마약단속국) 요원으로 행세하기도 하였다. 또한 아이티 사법시스템의 취약성을 이용하여 담당판사 위협 및 관계자들이 증언 조작 등으로 인해 암살범에 대한 수사는 현재까지도 답보상태이다(CNN, 2021. 7. 27). 위에서 사례로 예를 든 암살 사건들의 공통점은 테러 측면에서 테러주체의 모호성과 사건 발생국가의 사법시스템의 취약지점을 교묘히 혼란케 하여 미제사건화 하는 패턴을 보였다.

한편 국내에서 대표적으로 요인테러의 심각성에 대한 인식은 과거 육영수 여사 저격사건(1974년), 박정희 대통령 암살사건(1980년), 버마 아웅산 폭탄테러 사건(1983년) 등을 들 수 있다. 비록 우리나라는 국제 테러단체들에 의한 요인테러를 직접적으로 당할 개연성은 낮으나, 현존하는 우리나라의 가장 심각한 테러위협세력인 북한과 2019년 이후 외교관계가 교착상태에 이르면서 위협의 수준은 지속되고 있다. 또한 국제 테러위협 측면에서도 2020년 1월부터 전개된 호르무즈 해엽의 청해부대 파병 등으로 인해 ISIS나 알카에다가 우리나라도 미국의 대테러전의 일원으로 인식하고 있다. 이로 인해 외국 정상들이 참석하는 다자간 국제행사나 국내 주요 국가중요행사시 주요 요인들을 테러대상목표로 삼을 가능성이 상존하고 있으며, 특히 북한에 의한 제2의 김정남 요인테러사건이 발생할 개연성은 늘 상존하고 있다고 평가할 수 있다(테러정보통합센터, 2021).

이렇듯 국내외적으로 요인테러의 위협이 지속적임에도 불구하고 요인테러 실증분석을 통한 경향성분석에 관한 선행연구는 여전히 부족한 실정이다. 대부분의 요인테러 관련 선행연구는 주로 우리와 인접한 서구권 위주의 요인암살 사건과 관련된 대표적인 개별 사례연구를 통한 단편적 사례분석에 그치고 있다. 따라서 글로벌 차원의 요인 테러 양상의 추세를 분석하는 것은 의미가 있다. 이러한 문제의식하에 본 장은 전 세계에서 발생한 지난 50년간의 요인테러 양상의 동향과 특성을 도출하고자 한다. 주요 연구방법으로는 빈도분석을 통해 전 세계 1970년부터 2019년까지 98개국에서 발생한 453건의 요인테러 사건의 경향성을 분석하였는데, 미국의 GTD(Global Terrorism Database) 데이터 및 국내외 대테러기관에서 발간한 요인테러 자료 및 논문 등을 수집하였다.

1. 요인테러의 개념

요인테러는 주로 국내에서는 공안기관이나 경호안전분야에서 사용하는 요인과 테러의 합성어로서 아직까지 국내에서 학문적으로 개념정의가 정립되지 않은 상태이므로, 연구대상인 요인에 대한 정확한 개념 정의가 선행되어야 할 것이다. 먼저 우리나라에서 사용하는 사전적 차원의 요인(要人)의 개념은 '중요한 자리에 있는 사람 또는 윗자리에 있는 사람'을 뜻하는 용어를 의미한다.[20] 서상열(2007), 이영래(2010), 강경수·송상욱(2012) 등의 연구에서 요인이라 함은 국가차원에서 국가작용에 중요한 역할을 수행하는 정치지도자로 한정하였고 구체적으로 정치·경제·종교문화 등 그 자신이 소속된 사회 각 분야에서 세인의 주목을 받고 주어진 영향력을 행사할 수 있는 인원으로 개념 정의를 하였다.

우리 정부기관에서 공식적으로 정의하고 있는 요인의 개념은 대통령 등의 경호에 관한 법률(이하 대통령경호법) 경호대상(제4조)과 일반적으로 개념을 같이 한다. 즉 ① 대통령과 그 가족, ② 대통령 당선인과 그 가족, ③ 전직 대통령과 그 배우

20 https://ko.dict.naver.com/#/search?query=%EC%9A%94%EC%9D%B8.

자, ④ 대통령권한대행과 그 배우자, ⑤ 대한민국을 방문하는 외국의 국가 원수 또는 행정수반(行政首班)과 그 배우자, ⑥ 그 밖에 대통령경호처장이 정하는 국내외 주요 요인(要人)으로 한정하고 있다(대통령경호법 제4조, 2017).

한편 우리나라와 국가경호시스템이 유사한 미국의 경호기관인 Secret Service에서 규정하고 있는 요인의 개념정의로는 Title 18 of the United States Code Section 3056 연방법률에 근거를 두고 있다. 대체로 우리나라 대통령경호법과 그 내용이 유사하지만 차별화되는 점은 부통령(가족 포함), 국가중요행사(National Special Security Events)시의 주요 요인까지 포함되어 우리나라보다 확장된 개념으로 해석할 수 있다는 것이다.[21]

또한 미국의 대표적 대테러연구기관인 START 연구소에서는 요인의 개념을 Head of State로 한정하고 있는데, '특정 국가의 통일성과 정당성에 기반으로 공식적으로 국가를 상징하는 공적인 인물'을 의미한다(START, 2016). 예를 들어 국가의 형태 및 통치구조에 따라 영국 국왕과 같이 의례적인 지도자(ceremonial figurehead)의 형태이거나, 미국 대통령과 같이 실질적으로 군 통수권을 행사하는 국가수반 등의 유형으로 정의하고 있다.[22] 따라서 본 장에서는 요인의 범위를 국가 최고지도자인 대통령, 국왕, 수상, 총리 등을 포괄하는 이른바 Head of State의 개념으로 한정하고자 한다.

한편 이러한 요인을 대상으로 하는 요인테러는 인류의 역사 이래 전 세계를 걸쳐 대다수 국가에서 발생된 고전적 테러유형이며, 국가별로 처한 국내외 정치·치안·안보 상황에 따라 테러대상목표, 테러수단 및 수법, 원인·동기 등이 그 양상이 다양하게 실행되어 왔다(Sclimid &, Jongman, & Stohl, 1988). 특히 미국 등 서구권을 중심으로는 정치적 암살(political assassinations)의 용어가 요인테러와 유사한 개념으로 적용되어 왔다. Dutta(2003), Scholes(2011)과 Perliger(2015) 등의 연구에서는 정치적 암살의 개념정의를 '단순 위협이나 재산상의 피해가 아닌 중요한 인물의 생명을 빼앗는 테러행위'를 뜻하며, 특히 불특정 다수가 아닌 사전 예측되고 특

21 https://www.secretservice.gov/protection/leaders.
22 미국 위키피이아 https://en.wikipedia.org/wiki/Head_of_state.

정된 인물을 죽이는 테러의 행위로 정의하였다(Scholes, 2011; Perliger, 2015). 아래 〈표 6-31〉은 요인테러 정의에 관한 국내외 주요 학자들의 개념정의를 정리한 것이다.

표 6-31 요인테러의 국내외 정의

저자	정의
Ben-Yehuda(2005)	선별적으로 식별된 특정한 영향력 있는 인물을 암살하는 것
Pape(2003), Dutta(2003)	정치적 목적을 위해 폭력적인 행동을 수반한 계획적이고 의도적인 살인형태의 테러
Zengel(1991)	특정한 공적 인물이나 지도자에 대한 불법적인 살인
Khatchadourian (1974)	피해자에 대한 단순 악의보다 정치적 권력에 대한 목표와 의도를 가지고 사람을 죽이는 것
이영래(2010)	요인에 대하여 개인 또는 테러단체가 목적을 달성하기 위하여 국내외에서 폭력행위를 자행하는 것

요인테러 중에서 암살(Assasination)은 가장 대표적인 전통적인 테러유형으로 구분할 수 있으나, 일반적인 테러공격은 보편적이고 불특정한 대상을 목표로 하는 반면, 요인암살은 보다 특정 분야의 영향력있는 정치적 희생자를 목표로 하는 점을 차별화하고 있다(Scholes, 2011).

2. 요인테러의 기존연구

국내와 국외의 요인테러 연구의 방향은 다소 차별화된 특성을 보이는 것으로 나타났다. 먼저 국외 연구들의 연구경향은 Appleton(2000), Mickolus & Simmons (2002), Wilson & Scholes & Brocklehurst(2010), Scholes(2011) 등 테러 분야의 학자들을 중심으로 한 연구가 수행되었는데, 주로 국가적 차원의 지도자를 대상으로 한 이른바 정치적 암살(political assassinations)과 관련된 정량적 연구가 주를 이루었다. 대표적인 연구로서 Willosn(2000)은 Content Analysis 연구방법을 적용하여 요인테러의 주요 특성을 언론기사 분석을 통해 수행하였는데, 분석결과 피해자 및 테러범의 유형(identity), 암살동기, 정치적 정당성 등이 주된 특성으로 나타났다.

또한 Appleton(2000)는 미국에서 1800~1900년대 발생한 대통령 암살사건인 링컨(1865년), 가필드(1881년), 멕킨리(1901년), 케네디(1963년)를 포함한 100건의 역사적으로 유명한 요인테러 사건의 경향성 분석을 통해 요인테러는 정량적으로 예측이 불가능할 정도로 국가의 엄청난 파급효과를 끼친다는 것을 밝혀냈다.

Mickolus & Simmons(2002)의 연구에서도 전 세계에서 발생된 400건의 요인테러 실증분석을 통해 테러사건 영향요인을 살펴보았다. 연구에서 제시한 요인의 범주로는 특정 정치적 요인 이외에 군, 기업가, 종교가, 정부 관료 등 주요 분야별 요인을 대상으로 한 암살 피해자를 그 연구대상으로 확대하였고 국가별 특성을 초월한 초국가적 차원에서의 영향요인을 분석하고자 하였다.

Wilson & Scholes & Brocklehurst(2010)의 연구에서는 요인테러와 폭탄테러를 구별하는 심리적 차원의 영향요인을 규명하기 위해 1980년에서 2007년까지 발생한 테러사건에 대한 실증분석을 통해 테러 유형별 테러대상목표(피해자)의 특성이 차별화됨을 밝혀냈는데, 요인테러는 근접성(proximity)과 특정성(specificity)이 폭탄테러는 살상의도(intent to harm)와 살상규모가 주요한 특성인 것으로 분석하였다.

Scholes(2011)은 정치적 암살의 영향요인에 관한 실증분석연구를 통해 주요한 특성을 범죄학의 주요 이론인 상황적 범죄예방기법, 합리적선택이론을 통해 규명하고자 하였다. 데이터는 1990년에서 2008년 발생한 400건의 전 세계 정치적 암살사건을 통계분석하여 테러범 요인인 이념적 특성, 무기유형, 규모, 테러 피해자 요인인 나이, 사망한 지리적 위치, 시간 특성, 이전 암살위협 경험, 경호요원 존재 여부 등을 도출하였다.

한편 정성적 연구로는 Melanson(2005)가 미국 Secret Service 경호조직의 사례를 들면서 요인테러의 핵심적이고 직접적인 대응개념의 핵심인 경호조치의 중요성과 국가경호체계의 발전방안에 대해 강조하였다. 분석결과 요인테러로 인해 경호대상자가 암살되면 국가적으로 엄청난 혼란에 직면하며 더 이상 경호조직의 존재가치가 무의미하게 된다는 점을 강조하였다.

이슬람극단주의 테러단체인 ISIS는 2019년 선전매체인 '쿠라이시 미디어'[23]를 통해 미국 등 서구권의 주요 국가지도자를 대상으로 한 요인테러 선동 및 구체적인 방법(Ways to Assasinate Leaders)이라는 선전물을 SNS상에서 선전 선동하였다. 주요 내용으로는 먼저 대통령, 수상 등 전 세계 주요 지도자, 정부관리, 군 고위장성 등을 제거를 통해 전 세계 이슬람의 적을 쉽게 붕괴시킬 수 있다고 SNS 상에서 선전선동하였다. 제시한 대표적인 테러방법으로는 고지대에서 저격, 차량 승하차 장소에서의 총기 난사 및 화염병 투척, 언론기자로 위장한 폭탄 테러 등 기술적 암살 수법까지 기술하였다. 이러한 ISIS의 요인테러에 대한 양상은 기존 테러방식이었던 선전선동 전술차원에서 국가 요인들의 참수, 서구권 주요 도시의 주요시설 테러 등의 포스터 유포가 주를 이루었으나, 최근인 2019년 이후부터는 국가 요인, 군 장성, 사회 문화 분야의 유명인 등으로 테러대상목표를 확대하고 있는 추세를 보이고 있다는 점에서 의의가 있다. 특히 비용－효과 측면에서 최적화된 Low－tech 테러 차원에서 언론기자 보안요원으로 위장하거나 화염병, 드론, 차량 등 주변 일상용품을 테러수단으로 제시하고 있다는 점이 주된 특징이라고 할 수 있다(테러정보통합센터, 2021).

한편, 국내 연구로는 서상열(2007), 유형창(2009), 이영래(2010), 강경수·송상욱(2012), 김상진(2018), 조성구(2018) 등 비교적 소수의 연구자들을 중심으로 국외연구와 다르게 주로 정성적 연구가 수행되었는데, 특히 대통령을 경호대상자로 한 요인테러에 대한 연구가 다수를 이루었다. 먼저 대표적 연구자인 이영래(2010)는 1960년~2009년 기간 동안 발생된 199건의 요인테러 사건을 실증분석 후 추가적으로 5건의 대표적인 미국의 케네디 대통령, 이집트의 사다트 대통령, 스페인의 블랑코 수상, 이스라엘의 라빈 총리, 파키스탄의 부토 총리의 경호실패사례 연구를 통해 요인테러 간 경호실패에 미치는 영향요인들로 테러범의 동기, 국내외 정세, 테러범의 범인성(위해성), 경호조직의 역량과 경호대상자의 성향 등을 도출하였다.

둘째로 서상열(2007)의 연구에서는 국가위기관리 관점에서 Petac(1985)의 단계

23 2019년 4월에 처음 등장해 2020년 11월 쿠라이시가 ISIS 지도자로 선정된 후 본격적으로 활동 중임. https://themedialine.org/tag/abu-ibrahim-al-hashimi-al-qurashi/.

론적 위기관리 모형을 적용하여 박근혜 전 대통령, 이스라엘 라빈 수상 등 5건의 국내외 주요 요인테러 사례 분석을 수행하였다. 연구결과 주요 정책적 제안으로 국가위기관리와 경호안전활동과의 긴밀한 상관관계 구축, 경호대상자 확대 등 국가경호체계 일원화, 예방경호 측면에서 기본원칙에 의한 정보·보안·안전대책 등 경호안전활동 강화, 다양한 경호기법 개발 등을 도출하였다.

셋째로 강경수·송상욱(2012) 연구에서는 정치지도자를 대상으로 한 국내 요인테러양상 분석 및 대응방안 연구를 진행하였다. 요인테러 발생의 주요 원인은 이념 및 사회적 갈등이 극단화간에 사회적 소외계층의 주도로 상대적 박탈감을 지닌 반사회적인 부적응자들의 폭력적인 행위에 의해 발생된다고 분석하였다.

넷째로 유형창(2009), 조성구(2018), 김상진(2018)의 경호실패 사례 분석연구 및 대테러 활동측면에서의 요인암살 사례 등의 연구에서는 국내 대표적 요인테러 사건이었던 박정희 대통령·육영수 여사 암살사건, 버마 아웅산 묘소 폭발사건 등의 사례연구를 통해 정형화된 요인테러 실패의 패턴 및 특성을 분석하였다. 분석결과 경호정보 공유실패, 경호조직의 비체계성, 사명의식 결여 등 주요한 테러위협요인 및 경호운용방안을 도출하였다.

위에서 살펴본 바와 같이 국외 연구는 정량적 측면의 실증분석이 포함된 심층연구가 활발한 반면, 국내 연구는 주로 정성적 측면의 소수의 국외 대통령 경호위해 사례 및 경호조치 위주의 발전방안에 대한 단편적 시사점 도출에 그치고 있는 실정이다. 따라서 국가위기 유형 중 가장 중대한 위협인 요인테러와 관련된 글로벌 차원의 양상 및 추세를 실증분석하기 위한 연구 진행이 필요한 시점이라고 할 수 있다.

3. 요인테러 실증분석

1) 국가유형별 요인테러 발생 현황

먼저 1970년부터 2019년까지 전 세계에서 발생한 요인 테러사건은 98개국, 총 453건으로 나타났다. 〈표 6-32〉의 주요 권역별 테러발생현황을 살펴보면, 중

표 6-32 권역별(국가 유형) 요인테러 발생현황(1970~2019)

	전체		비고
	빈도	비율(%)	
중동·아프리카·남아시아(중동권)	305	67.3	
유럽·아메리카·동아시아(서구권)	148	32.7	동아시아(한국 2건, 일본 4건, 대만 3건)
총계	453	100	

동, 아프리카, 남아시아 권역이 305건(67.3%)으로 유럽·아메리카·동아시아의 148건(32.7%)보다 상대적으로 많이 발생한 것을 알 수 있다. 이는 일반적으로 테러사건이 가장 많이 발생하는 중동 및 아프리카 지역이라는 기존 연구결과와 대체로 일치하고 있다(조성택, 2010; 윤민우·김은영, 2013; 김중관 2017). 중동 및 아프리카 지역은 1차대전 때부터 강대국의 식민지 수탈의 주 무대가 되면서 민족분쟁이 시작되었고, 2차 세계대전 이후 1948년 이스라엘의 독립과 함께 거대한 화약고로 불릴 만큼 국가 및 이슬람 부족 간의 내전 및 테러가 현재까지 빈번한 실정이다. 특히 2001년 9·11 테러 이후에는 알카에다, 탈레반, ISIS 등 이슬람극단주의 테러단체가 주체가 되어 지역 내 국가들의 지도급 인사들을 종교적·사회적·정치적 원인 등의 원인으로 복합적으로 작용하여 요인테러 공격이 지속되고 있는데, 이는 중앙정부의 치안 및 안보능력의 부재와 밀접히 연계되어 있다.

한편 서구권의 국가들은 9·11 테러 발생 이전에는 국내 극단화된 테러단체에 의해 요인테러 공격이 주로 발생되어 왔으나, 9·11 테러 이후에는 서구권 내 무슬림 이민자 및 2세들이 소수자로 살아가면서 상대적 박탈감의 증대 및 정체성 혼란을 이용하여 요인테러가 발생하고 있는 추세이다(이영래, 2012). 특히 대한민국이 속해 있는 동아시아 지역에서는 발생한 대표적인 요인테러로는 2000년 6월 일본 Yoshiro Mori 수상관저를 대상으로 한 우편물 방사능 테러,[24] 2004년 3월 대만

24 Jonathan Watts, "Letter Leads to Nuclear Stash: Earlier Edition (3 star)," The Guardian, June 14, 2000.

총통 천수이벤 총격테러(암살)[25] 및 2014년 11월 대만총통 관저 차량테러 사건[26] 등을 들 수 있다.

〈표 6-33〉의 권역별로 요인테러가 빈번하게 발생한 주요 국가들의 현황을 살펴보면, 중동권에서는 소말리아(70건, 23%), 서구권은 미국(15건, 10.1%)로 각각 가장 높은 비율을 차지한 가운데 특히 소말리아, 예멘, 아프가니스탄, 이라크, 파키스탄 등 세계적으로 테러발생이 가장 높은 비율인 국가들이 요인테러사건도 유사한 수준임이 확인되었다. 이러한 원인은 1차세계대전 이후 식민지 수탈 정책 차원의 석유 자원을 둘러싼 영국, 프랑스, 미국 등 지역 내 강대국의 개입, 이슬람교 주요 종파인 시아파와 수니파 간의 갈등 등이 복합적으로 작용해 불안한 정세에 기인한 것으로 해석할 수 있다(조성택, 2010; 김중관, 2017; 이창한 2019). 특히 중동 테러에 관한 선행연구에서는 민족적 갈등, 불법적 마약생산 문제, 중소도시까지 미치지 못하는 정부의 치안행정 능력의 부재현상 때문이라고 공통적으로 강조하고 있다(윤민우·김은영, 2013).

표 6-33 주요 요인테러 발생국가 현황(1970~2019)

	중동권			서구권		
	국가	빈도	비율(%)	국가	빈도	비율(%)
1	소말리아	70	23	미국	15	10.1
2	예멘	26	8.5	콜롬비아	16	10.8
3	아프가니스탄	19	6.2	러시아	13	8.8
4	이라크	18	5.9	페루	12	8.1
5	파키스탄	15	4.9	과테말라	10	6.8
6	레바논	11	3.6	엘살바도르	10	6.8
7	리비아	11	3.6	베네수엘라	7	4.7
8	이란	8	2.6	칠레	6	4.1
9	방글라데시	8	2.6	영국	5	3.4
10	인도	7	2.3	아르헨티나	5	3.4

25 "Chen Back in Taipei after Shooting." CNN, May 6, 2004, World Section.
26 "Presidential guard cut in sword attack," Taipei Times Online, August 19, 2017.

이러한 요인테러 사건은 2021년에도 지속되고 있는데, 소말리아에서는 알샤바브·ISIS가 정부군 및 다중이용시설을 목표로 하여 전방위 공격을 확대하고 있으며, 아프카니스탄의 경우 2018년 이후로 탈레반이 Ashraf Ghani 대통령을 상대로 경호공백 및 치안불안을 틈타 5차례나 요인테러공격을 자행하는 등 고강도 테러공격을 통해 결국 국가 전체를 장악하였다(START, 2021; 국가정보원, 2021).

한편 서구권은 미국, 콜롬비아, 러시아, 페루 순으로 나타나 일반적인 해당국가들의 수준과는 다소 차이가 나는 것으로 분석되었는데, 특히 전통적 안보 측면의 냉전 시대의 대표국가이자 현재에도 전 세계 국제질서에 상당한 영향력을 행사하는 미국과 러시아가 요인테러 발생비율이 매우 높은 것으로 나타났다. 세부적으로 살펴보면 러시아는 1990년대~2000년대에 13건이 집중적으로 발생한 반면, 미국은 1970년대 7건, 1990년대 4건, 2000년대 2건, 2010년대 3건으로 나타났다. 대표적 사건으로는 1970년 3월 21일 닉슨 대통령 우편테러 사건(실패), 1976년 12월 6일 카터 대통령 폭탄테러사건, 1980년 레이건 대통령 흉기테러사건, 2003년 11월 12과 2013년 5월 20일에 발생한 백악관 우편물 테러사건,[27] 2017년 9월 6일 미국 노스다코다 주에서 반정부주의자에 의해 트럼프 대통령을 암살하기 위해 시도했다가 실패로 끝난 차량(지게차) 테러사건,[28] 2018년 10월 24일에는 오바마 전 대통령을 겨냥한 우편물 폭탄테러사건 등을 들 수 있다. 특히 2018년 10월 22일부터 11월 1일까지 트럼프 대통령을 추종하는 세력들이 오바마 추종세력 등 반대진영을 겨냥한 무려 16건의 우편물 폭탄 공격을 실시하였다.[29] 이는 최고 수준의 강력한 테러대응체계가 구축된 선진국임에도 불구하고 지속적으로 요인테러의 위협이 지속되는 것으로 분석되었다.

월별 요인테러 발생 현황은 〈표 6－34〉를 통해 확인이 가능하다. 중동권역과 서구권역이 대체적으로 발생빈도가 유사한 결과를 보이고 있으나 중동권은 2월과

---

27 "Texas woman in ricin case sentenced to 18 years in prison," CBS News, July 16, 2014.

28 "Inside one man's failed plan to use a stolen forklift to assassinate Trump," The Washington Post, December 3, 2018.

29 "Bombs sent to Obama, Clinton; explosives scare at CNN," New York Post, October 24, 2018.

표 6-34 월별 요인테러 발생 현황(1970~2019)

	전체		중동권		서구권	
	빈도	비율	빈도	비율	빈도	비율
1	30	6.6	21	6.9	9	6.1
2	48	10.6	38	12.5	10	6.8
3	52	11.5	30	9.8	22	14.9
4	28	6.2	22	7.2	6	4.1
5	40	8.8	31	10.2	9	6.1
6	40	8.8	26	8.5	14	9.5
7	30	6.6	22	7.2	8	5.4
8	44	9.7	26	8.5	18	12.2
9	31	6.8	18	5.9	13	8.8
10	35	7.7	24	7.9	11	7.4
11	40	8.8	23	7.5	17	11.5
12	35	7.7	24	7.9	11	7.4

5월, 서구권은 3월과 8월, 11월이 상대적으로 많이 발생하는 것으로 나타났다. 특히 우리나라, 일본, 대만 등 동아시아 지역의 경우에는 10월에서 12월 기간 중에 주로 발생된 것으로 나타났는데 이는 하계 계절에 테러가 많이 발생한다는 기존의 선행연구 결과와는 일정부분 차이점이 발생하였다(Hafez, 2007; McCartan 2008).

요인테러의 성공 및 실패 현황은 〈표 6-35〉에서 확인이 가능하다. 453건의 요인테러 발생사건 중 269건(59.4%)이 성공한 것으로 나타났고, 권역별로는 중동권역이 193건(63.3%)로 서구권 76건(51.4%)에 비해 상대적으로 성공 비율이 높은 것으로 나타났다. 이는 서구권의 테러대응체계 및 군사력·경찰력 등 전반적 테러대응역량이 상대적으로 높기에 사전 테러예방·대비 및 대응단계에서 억제되는 것으로 해석이 가능하다.

표 6-35 요인테러 성공 및 실패 현황(1970~2019)

	전체		중동권		서구권	
	빈도	비율(%)	빈도	비율(%)	빈도	비율(%)
실패	184	40.6	112	36.7	72	48.6
성공	269	59.4	193	63.3	76	51.4

2) 국가유형별 요인테러 추세변화

〈표 6-36〉은 시대별 요인테러 발생 추세를 나타내고 있는데, 1970~1980년대까지는 서구권의 비율이 상대적으로 높았으나 1990년대 이르면서 점차 격차가 줄어들다가, 2000년대 이후에는 중동권이 급격하게 증가하는 것을 확인할 수 있다. 먼저 중동권은 최근에 이를수록 요인테러 발생이 증가하는 것으로 나타났는데, 특히 2010년대에만 124건(40.7%)이 발생하였다. 이러한 결과는 최근 들어 서구권과 달리 중동권의 정치적·종교적 이념갈등·빈부격차에서 비롯된 계층간 상대적 박탈감 증대, 치안역량 부재에서 기인한 치안·안보역량의 취약성으로 인해 요인테러가 폭발적으로 증가하는 것으로 해석할 수 있다.

이에 반해 서구권은 1970년대~1990년대에 주로 집중되는 가운데(117건, 80.1%) 특히 1990년대에는 52건으로(35%) 정점을 이른 뒤, 최근인 2000년대~2010년대에 이르면서 31건(20.9%)의 낮은 비율을 차지하는 것으로 나타났다. 이러한 이유는 탈냉전 시기가 도래하면서 다양한 이념적 갈등에 의한 반정부 테러단체에 의

표 6-36 시대별 요인테러 발생 추세(1970~2019)

	전체		중동권		서구권	
	빈도	비율	빈도	비율	빈도	비율
1970-1980	40	8.8	14	4.6	26	17.6
1981-1990	69	15.2	30	9.8	39	26.4
1991-2000	113	24.9	61	20	52	35.1
2001-2010	91	20.1	76	24.9	15	10.1
2011-2019	140	30.9	124	40.7	16	10.8

한 요인테러가 급증한 것으로 볼 수 있는데 대표적인 사례로는 1991년 2월 아이리쉬 반정부주의자에 의한 영국 수상인 John Major 폭탄테러 사건,[30] 1999년 3월 26일 극우성향의 반정부주의자에 의한 클린턴 대통령 우편물 폭탄테러사건[31] 등을 들 수 있다.

〈표 6-37〉은 요인테러의 주체 유형별 추세를 나타낸 표로서, 국내테러단체 및 극우주의 이념 성향의 개인 및 단체가 주체가 되어 발생한 요인테러가 각각 98건(21.6%)와 93건(20%)로 가장 많았으며, 극좌주의 및 사회주의(72건, 15.8%), 국제테러단체(41건, 9%), 정적 및 쿠데타세력(30건, 6.6%) 순으로 나타났다.

이를 시대별로 세부적으로 살펴보면 먼저 1970년~1980년대에는 중동권과 서구권은 공통적으로 극좌주의, 사회주의를 추종하는 테러범 및 조직에 의해서 주로 요인테러가 발생하였다.

표 6-37 요인테러 주체 유형별 추세(1970~2019)

	1970년대		1980년대		1990년대		2000년대		2010년대		합계
	중동권	서구권	중동권	서구권	중동권	서구권	중동권	서구권	중동권	서구권	
국제테러 조직	2 (14.3)	2 (7.7)	2 (6.7)	-	3 (5)		9 (11.8)	3 (20)	17 (13.7)	3 (6.3)	41 (9)
극우주의	2 (14.3)	4 (15.4)	2 (6.7)	6 (15.4)	11 (18)	2 (3.8)	16 (21.1)	-	31 (25)	9 (56.3)	93 (20)
쿠데타 (정적)	1 (7)		2 (6.7)	1 (2.6)	4 (6.,6)	12 (23)	6 (7.9)	-	12 (9.7)	-	30 (6.6)
극좌주의 (사회주의)	8 (57)	18 (69.2)	23 (76.7)	12 (30.8)	-	4 (7.7)	-	-	1 (0.8)	-	72 (15.8)
국내테러 조직	-	-	-	-	-	10 (19.2)	30 (39.5)	12 (80)	51 (41.1)	5 (31.3)	98 (21.6)
결측치	1(7.1)	2(7.7)	1(3.3)	20 (51)	43 (70.5)	24 (46.2)	15 (19.7)	-	12 (9.7)	1(6.3)	119 (26.2)

30 Whitney, Craig R. "IRA Bomb Set Off in Central London." The New York Times, January 11, 1992, New York Edition.

31 Robert Macy, "Former Morgan City Resident Admits Sending Bombs to Clinton, Texas Evangelist," Associated Press, September 18, 1999.

1990년대에는 냉전시대에서 탈냉전시대로 전환되면서 러시아, 폴란드, 미국, 브라질, 페루, 베네수엘라, 콜롬비아 등 동유럽 및 아메리카 지역을 중심으로 정치적 성향을 달리하는 정적에 의한 쿠데타 형태의 요인테러가 급증하였는데(12건, 23%). 대표적으로 1991년 4월과 11월 페루 반정부 조직인 MRTA[32]의 대통령궁 및 대통령1호기 폭탄테러사건, 1992년 10월 베네수엘라 Rebel Military Unit 반정부 조직에 의한 Carlos Andres Perez 대통령 암살사건, 1998년 6월 러시아 체첸공화국 Chechen Rebels 조직에 의한 Maskhadov 대통령 차량폭탄 테러,[33] 1999년 3월 미국 극우주의자 Frank Darwin Alexander에 의한 클린턴 대통령을 대상으로 한 백악관 우편폭탄 테러사건[34] 등을 들 수 있다.

2000년대에는 2001년 9·11 테러 기점으로, 중동권에서 급격히 세력화된 알카에다 등 이슬람극단주의 국제테러단체에 의한 요인테러가 급증한 반면, 서구권에서는 2004년~2005년 어간 러시아 및 동유럽을 중심으로 체첸반군(Chechen Rebels)에 의한 요인테러 등 토착 국내테러단체에 의한 비율이 상대적으로 높은 경향을 보였다.

2010년대 이르게 되면서 중동권은 지역 내 불안한 정세의 악화 및 국가별 치안부재로 인한 요인테러발생이 급증하였다. 특히 일반적인 테러 위협 측면에서 상당한 영향을 끼친 ISIS, 알카에다 등 국제테러단체에 의한 비율은 상대적으로 낮은 반면, 토착 국내 테러단체인 소말리아의 알샤바브, 아프간의 탈레반, 예멘의 후티반군 등에 의한 비율이 86.3%로 상대적으로 높은 것으로 나타났다. 한편 서구권은 비율은 낮으나 베네수엘라, 온드라스 등 중남미 국가들을 중심으로 국내 반정부 성향의 테러단체나 계층 및 인종 혐오, 종교적 차원의 극우주의 테러가 발생하는 것으로 나타났다. 대표적으로 2018년 8월 베네수엘라 마두로(Nicolas Maduro) 대통령을 대상으로 한 드론테러 사건을 들 수 있다. 특이한 것은 미국 및 유럽의 테러의 대

32 Tupac Amaru Revolutionary Movement.

33 "Chechens search for bombers who tried to kill president," Associated Press Worldstream, July 24, 1998.

34 Robert Macy, "Former Morgan City Resident Admits Sending Bombs to Clinton, Texas Evangelist," Associated Press, September 18, 1999.

표 6-38 요인테러 공격유형 추세(1970~2019)

	1970년대		1980년대		1990년대		2000년대		2010년대	
	중동권	서구권	중동권	서구권	중동권	서구권	중동권	서구권	중동권	서구권
암살[35]	12 (85.7)	16 (61.5)	16 (53.3)	12 (30.8)	29 (47.5)	19 (36.5)	18 (23.7)	11 (73.3)	33 (26.6)	5 (31.3)
무장 공격	-	1 (3.8)	1 (3.3)	2 (5.1)	10 (16.4)	4 (7.7)	7 (9.2)	3 (20)	18 (14.5)	1 (6.3)
폭파	1 (7)	5 (19.2)	9 (30)	18 (46.2)	14 (23)	20 (38.5)	46 (60.5)	-	62 (50)	6 (37.5)
납치	-	2 (7.7)	3 (10)	6 (15.4)	2 (3.3)	3 (5.8)	1 (1.3)	-	6 (4.8)	
시설 파괴	-	2 (7.7)	-	1 (2.6)	1 (1.6)	-	-	-		2 (12.5)
비무장 (화생방, 차량)	-	-	-	-	-	3 (5.8)	-	1 (6.7)		2 (12.5)

표적인 경향인 ISIS 등 이슬람 국제테러단체에 의한 기획테러 및 급진적 사상에 영향을 받은 테러사건은 발생하지 않은 것으로 나타났다.

표 6-39 요인테러 사상자 규모 추세(1970~2019)

	1970년대		1980년대		1990년대		2000년대		2010년대		총계	
	중동권	서구권	중동권	서구권	중동권	서구권	중동권	서구권	중동권	서구권	중동권	서구권
사상자 규모	비살상	9 (64.3)	13 (50)	15 (50)	28 (71.8)	33 (54.1)	39 (75)	35 (46.1)	7 (46.7)	61 (49.2)	14 (87.5)	153 (50.2)
소량	5 (35.7)	12 (46.2)	10 (33.3)	8 (20.5)	20 (32.8)	12 (23.1)	23 (30.3)	6 (40)	42 (33.9)	2 (12.5)	100 (32.8)	40 (27)
대량	-	1 (3.8)	5 (16.7)	3 (7.7)	8 (13.1)	1 (2)	18 (23.7)	2 (13)	21 (17)	-	52 (17)	7 (4.7)

35 암살의 주된 목적은 한 명 이상의 특정 주요 유명인을 살해하는 것으로, 주로 고위직 차원의 장교, 공무원, 유명인사 등을 포함한다. 단, 암살은 불특정 구성원에 대한 공격은 포함하지 않기에, 테러범들이 주요 유명인을 살해한 것이 아닌 형태의 공격유형은 무장공격으로 분류한다. 암살범들이 특별히 유명한 장교를 지목했다고 믿을 만한 이유가 없다면 무장 공격일 것이다(START CODEBOOK, 2018).

한편 〈표 6-38〉의 공격유형의 추세 변화는 특정 개인을 살해하는 전통적인 암살공격이 중동권과 서구권 모두 19070~1990년대까지만 하더라도 압도적으로 많이 발생한 것으로 나타났다. 그러나 2000년대 이후 중동권을 중심으로 폭탄공격이 급증하면서 2000년대는 46건(60.5%), 2010년대는 62건(50%) 등 높은 비율을 차지하면서 대량살상 피해가 발생하였다. 반면, 발생건수가 낮은 서구권은 암살유형이 주요한 특성을 보이는 것으로 나타났는데, 특히 화생방, 차량돌진 공격 등 로우테크(Low-Tech) 테러의 경우 서구권에서만 1990년대 이후 6건이 발생하는 것으로 나타났으나 중동권에서는 발생하지 않은 것으로 나타났다.

〈표 6-39〉의 요인테러의 사상자 규모의 변화추세를 보면 먼저 전체적으로 비살상테러가 254건(56.1%), 소량살상테러(1~10명)의 140건(30.9%)로 대량살상테러(10명 이상)이 59건(13%) 순으로 경향성을 보이는 가운데, 중동권이 대량살상테러가 52건으로 서구권이 7건인 것에 비해서 7.4배가량 압도적으로 높은 비율을 보인 것으로 나타났다. 대표적인 사건으로는 2008년 2월 차드 대통령(toppling President Deby) 무장공격 테러(1161명),[36] 2005년 2월 레바논 전임수상인 Rafik Hariri 폭탄테러(260명),[37] 2007년 4월 알제리아 수상 관저 자살폭탄 테러(190명)[38] 등 대량살상테러가 발생하는 사건이 발생했다.

한편 2000년대 뉴테러리즘 시대 이후 중동권역의 경우에는 10명 이상의 대량사상자 규모가 39건 발생한 것에 비해서 서구권은 단 2건으로 나타나 압도적 차이를 보이는 것으로 나타났는데, 대표적 사건으로는 2004년 5월 러시아 체첸 공화국 대통령 Akhmad Kadyrovechen 폭탄테러(57명 사상),[39] 2003년 2월 콜롬비아 대통령 Alvaro Uribe 폭탄테러(55명 사상) 등을 들 수 있다.[40] 이러한 현상은 중동의 요

36 Tom Maliti, "Hundreds of Civilians Killed in Chad," Associated Press, February 5, 2008.

37 Hassan Fattah, "Beirut Car Bomb Kills Ex-Premier; Stability at Risk," New York Times, February 15, 2005.

38 Staff, "Islamist Bloodshed Returns to Algeria as Suicide Bombings Leave 30 Dead," The Independent (London), April 12, 2007.

39 Osborn, Andrew "Chechen President Killed in Bomb Attack on Stadium," The Independent 5/9/2004.

40 Isabel Sanchez, "Rebel bomb kills 18 in southwestern Colombia ahead of president's visit," AFP, February 15, 2003.

표 6-40 복합 & 자살테러 추세(1970~2019)

	1970년대		1980년대		1990년대		2000년대		2010년대	
	중동권	서구권	중동권	서구권	중동권	서구권	중동권	서구권	중동권	서구권
복합테러	-	1(3.8)	3(10)	-	2(3.3)	3(5.8)	6(7.9)	2(13)	25 (20.2)	4(25)
자살테러	-	-	-	-	2(3.3)	-	8(10.5)	3(20)	12(9.7)	-

인테러 경향이 폭탄테러와 연계되다 보니 요인 이외에도 불특정 다수의 무차별적 사상자가 발생하고 대규모화 되는 것으로 분석되었다. 한편 비살상테러는 2010년대 이후 서구권에서 14건(87.52%)을 보이는 것을 볼 때 대테러 역량의 강화로 인해 대응단계에서의 효과성이 입증되고 있는 것으로 분석할 수 있다.

마지막으로 요인테러 시 복합공격 및 자살테러 유형은 미미하였다. 먼저 복합테러의 경우 전체 요인 테러사건의 10%인 43건에 불과하였고, 주로 중동·아프리카·남아시아 권역에서 시공간적으로 복합성을 띄거나 복수의 테러대상시설에 대한 테러가 발생한 것으로 나타났다. 한편, 자살테러는 서구권에서는 한번도 발생하지 않은 가운데, 중동권 위주로 2000년대 이후 전체 발생건수 대비 8~12건(10%) 빈도수를 유지하는 것으로 나타났다. 이러한 현상은 주로 이슬람극단주의 테러단체가 집중된 중동권역에서 요인테러가 발생하기 때문으로 분석할 수 있다.

제5절 <<<

국가중요시설 및 다중이용시설 테러양상[41]

1. 국가중요시설의 테러위협

2020년 12월에 인터넷방송 진행자가 국가중요시설인 청송교도소에 무단 침입한 사건이 발생하여 문제가 된 바 있다.[42] 또한 2020년 3월에는 군사시설인 제주 해군기지에 시위를 목적으로 민간인이 울타리를 훼손하고 침입하여 군의 경계태세에 대한 사회적 우려를 낳기도 하였다.[43] 이 사건은 테러혐의점까지 조사하였으나 단순 침입으로 결론이 나왔지만 어떻게 민간인이 아무 제지 없이 군사시설에 침입할 수 있냐는 비판이 언론 등을 통해 제기되었다. 최근인 2021년 3월에는 12세 청소년이 ISIS 테러단체를 자처하며 인터넷 블로그에 인천공항 테러협박 글을 수차례 게시하고 협상조건으로 비트코인 송금을 요구하는 사건과(연합뉴스, 2021. 3.19), 40대 남성이 공중전화로 청와대에 폭탄을 설치했다고 112에 협박전화를 하다 긴급체포되는 사건들이 발생했다(연합뉴스, 2021.3.5.).[44] 이러한 국가중요시설에 대한 테러협박사건들은 통상 실제 피해로 이어지는 경우는 거의 없다. 그러나 협박내용이 구체적이기에 일반인들의 공포심과 심리적 충격을 조장하고 외국의 가상사설망(Virtual Private Network: VPN)을 이용하는 등 추적회피수법이 매우 치밀하기에 유사테러사건으로 모방이 가능하다. 또한 유사테러에 기반한 공안당국의 대규

---

41 이 부분은 김태영(2020)과 김명일·김태영(2021)의 관련 부문을 수정·보완하였다.

42 "인터넷 방송 진행자 거짓말에 뚫린 청송교도소 … 보안시설서 40여분간 생방송," DongA.com, https://www.donga.com/news/Society/article/all/20201210/104387930/1(2020년 12월 26일 접속).

43 "민간인 4명 제주해군기지 철조망 끊고 침입 … 내부에서 1시간 시위했는데 해군은 몰랐다," 조선일보, https://www.chosun.com/site/data/html_dir/2020/03/09/2020030902127.html(2020년 12월 26일 접속).

44 "공중전화로 청와대 폭파 협박 … 수색 끝에 검거. 연합뉴스. https://www.yonhapnewstv.co.kr/news/MYH20210305019800641?did=1825m

모 인적·물적 대테러 역량이 투입되고 공항 운용에 심각한 차질을 초래하는 등 국가 행정력 및 시민들의 상당한 불편을 초래하게 되기도 한다.

이러한 국가중요시설들은 다양한 위협으로부터 항상 안전하게 유지되어야 하지만 많은 민원인 및 관련자들이 방문하거나 상주하고 있어 과거부터 침입범죄 등이 지속적으로 발생해 왔으며, 이에 대한 문제인식 및 해결방안에 대한 논의도 꾸준히 진행되어왔다.

학술적으로도 국가중요시설이나 군사시설의 방호에 대한 많은 논의가 있었지만 이러한 시설에 대한 침입범죄를 실증적으로 다룬 연구는 거의 없었다. 관련 논의가 부족한 이유는 자료 확보의 어려움 때문이기도 하다. 이러한 시설에서 발생하는 침입범죄의 경우, 언론에 노출되지 않는 이상 외부에서 알기가 어렵고, 해당 기관에서도 굳이 이를 알리거나 공유하고 싶어 하지 않기 때문이다. 본 장은 국가중요시설 및 군사시설에 대한 보안사고 중에서도 침입범죄에 초점을 맞추어, 이러한 시설을 대상으로 한 침입범죄 특성분석을 통해 이를 예방할 수 있는 대책을 강구하고자 한다.

국가중요시설은 비상상황뿐만 아니라 평시에도 그 기능의 유지가 필수적이기 때문에 보안을 기초로 한 안전확보가 중요하다(이민형·이정훈, 2015). 이러한 시설이 특정한 세력 또는 의도되지 않은 침입자로 인해 피해를 입는다면 엄청난 사회적 혼란 및 경제적 손실을 초래하고 나아가 국가안보에도 심대한 영향을 미칠 수 있다(이민형, 2012; 임현욱, 2017). 이런 측면에서 국가중요시설 침입은 소홀히 다루어질 문제가 아니라 심층적으로 분석되고 근원적인 예방대책이 강구되어야 할 범죄행위이다. 특히 테러나 적에 의한 공격이 아닌 이상 국가중요시설에서 발생하는 대다수 침입범죄는 상황적 개연성에 기인한 경우가 많다. 이는 국가중요시설을 침입범죄로부터 예방하는 데 있어 상황적 범죄예방전략(Situational Crime Prevention Strategy)을 고려해 볼 수 있음을 의미하는데, 범죄행위의 비용 증대와 동시에 이익 감소를 통하여 범죄예방에 기여할 수 있다고 평가할 수 있다.

이러한 상황적 범죄예방전략에 입각한 체계적 대응을 위해 국가중요시설 침입범죄에 대한 구체적 이해가 필요했지만 지금까지 이러한 연구는 매우 부족하였다. 또한 국가중요시설에서 발생하는 침입범죄의 경우 공식적으로 집계되거나 노출되지 않기 때문에 실증적 분석이 매우 제한되었다. 따라서 본 장은 최근의 언론 기사를 활용하여, 그동안 논의가 미진했던 국가중요시설에 대한 침입범죄의 영향 요인을 탐색적으로 분석하고, 상황적 범죄예방이론에 입각하여 이에 대한 대책을 제시하고자 한다. 이러한 연구결과는 민·관·군·경 국가중요시설 침입범죄에 대한 실질적 방호정책 수립 및 침입범죄 예방 및 대응에 대한 학술적 관심을 높이고 향후 연구의 기초자료로서 활용될 수 있을 것이다.

국가중요시설과 군사시설의 개념은 통합방위법과 군사기지 및 군사시설 보호법상 구분되어 있다. 그러나 본 장에서는 군사시설도 국가중요시설의 한 유형으로 간주하고 논의를 진행하고자 한다. 방호인력의 차이가 있을 뿐 군사시설도 국가적으로 보호되어야 하는 중요시설이고 침입범죄의 양상과 대책을 논하는데 있어 차이를 둘 이유가 없기 때문이다. 또한 최근 군사시설에서 발생하는 침입범죄가 국가중요시설에서 발생하는 양상과 유사하기 때문에 전체적인 범죄의 특성을 파악하는데 용이하다고 보았다.

국가중요시설이란 공공기관, 공항 및 항만, 주요 산업시설 등 적에 의하여 점령 또는 파괴되거나 기능이 마비될 경우 국가안보 및 국민생활에 심대한 영향을 미치는 시설을 의미하며(통합방위법 제2조), 공항·항만, 원자력발전소 등의 시설 중 국가정보원장이 지정하는 국가 보안목표시설과 「통합방위법」 제21조 제4항에 국방부장관이 정하는 국가중요시설로 구분된다(경비업법 시행령 제2조). 한편 군사시설이란 전투진지, 군사목적을 위한 장애물, 폭발물 관련 시설, 사격장, 훈련장, 군용 전기통신설비, 군사목적을 위한 연구시설 및 시험시설·시험장, 그 밖에 군사목적에 직접 공용되는 시설을 의미한다(군사기지 및 군사시설 보호법 제2조). 국가중요시설은 국방부장관이 관계 행정기관의 장 및 국가정보원장과 협의하여 지정하며, 국가중요시설은 시설의 기능·역할의 중요성과 가치의 정도에 따라 분류된다.[45]

한편 국가중요시설의 방호는 물리적 보안에 기반하여 이루어진다. 물리적

45 국가중요시설의 분류는 주요 국가 및 공공기관시설, 철강, 조선 등 주요 산업시설, 원자력 발전소 등 주요 전력시설, 주요 방송시설, 주요 정보통신시설, 교통시설, 국제·국내선 공항, 출·입항이 가능한 항만, 주요 수원시설, 국가 안보상 중요한 과학연구시설, 교정시설, 지하공동구 시설, 기타 국가안보 및 국민생활에 심대한 영향을 미치는 시설 등으로 구분된다(국방부훈령 제1628호, 국가중요시설 지정 및 방호훈령).

보안이란 인적·물적 위협으로부터 중요자산을 보호하기 위해 사람, 장비 등 물리적 수단을 활용하는 보안관리를 의미하며, 일반적으로 생각하는 경비업무가 물리적 보안의 대표적인 방법이라 할 수 있다. 시설 및 장비에 대한 무단접근을 거부하고, 침입 혹은 테러 공격과 같은 위협으로부터 사람과 자산을 보호하기 위한 보안대책 및 수단으로 정의하고 있다. 영상감시, 방호요원, 방호벽, 잠금장치, 출입통제 등 많은 수단들이 다층적으로 연결된 시스템으로 설명한다(Patterson, 2007; Garcia, 2007).

한편 기존의 국가중요시설 방호에 관한 연구는 크게 방호인력의 전문성 강화, 물리적 방호시스템 개선, 중요시설별 특성에 맞는 방호대책에 관한 논의로 구분할 수 있었다. 방호인력의 전문성 강화와 관련해서는, 현 국가중요시설 경비인력의 두 축인 청원경찰과 특수경비원간의 이원화된 임무관계에 대한 문제점 및 이에 대한 개선방안을 다루거나(이민형, 2012; 박창규, 2013; 김오은, 2017), 국가중요시설 경비인력의 전문성 강화를 위한 제도, 교육훈련, 운영과정상의 개선을 제안하였다(김홍규, 2014; 정태황, 2015; 이민형·이정훈, 2015). 또한 방호의 인적 측면뿐만 아니라 물리적 방호시스템 개선을 논의한 연구도 이루어졌는데, 각종 위협으로부터 국가중요시설을 안전하게 보호하기 위해서는 구역별 출입 인가절차 및 통제인력 배치 등의 접근통제, 정기순찰 및 보안 설비 운용 등의 시설방호·경보시스템 구축을 강조하거나(최연준·이주락, 2018), 환경설계를 통한 범죄예방기법(CPTED)의 적용하여 CCTV 통합관제 및 장치성능의 향상·무인화 장비를 통한 방호시스템 개선을 제시하기도 하였다(이상훈·이상열, 2017). 또한 국회, 원자력 발전소, 항만, 공항 등 개별적 국가중요시설 특성에 맞는 방호대책 개선을 연구하여 정책적 제안을 제시하기도 하였다(전용태·이주락·김태연, 2013; 우태호, 2013; 이강봉, 2014; 이상훈·이상열, 2017).

최근에는 2019년 9월 사우디 드론 테러 이후 원전 등 국가중요시설 대상으로 증가되고 있는 신종 테러이용수단 및 테러 양상 위협에 대비한 4차산업혁명의 ICT 기술을 활용한 물리보안 측면의 방호대책을 논의한 연구도 이어지고 있다(김태영, 2020; 김태영·최연준, 2020).

한편 침입범죄와 관련된 국내 연구경향을 살펴보면, 주로 범행대상에 대한 의사결정 방법, 범죄자 행동특징 등 침입범죄의 범죄수법에 대한 연구가 다수를 이루었다. 공식통계자료를 바탕으로 침입절도 범죄의 발생장소, 침입구와 침입방법 등을 분석하거나(신재헌, 2010; 주일엽·조광래, 2009; 이상호, 2007) 공식통계 분석에 추가하여 수감 중인 침입절도범을 대상으로 범행선택의 위험성, 범행의 시간적·계절적 요인, 장소 및 지역적 특성, 음주·공범여부 등 범죄관련 특성을 조사하여 분석한 연구(김대권, 2010)가 있다. 이러한 분석을 통해 침입절도 범죄를 효과적으로 예방하기 위해서 침입구 주변에 비상벨이나 경보장치, 잠금장치 등을 설치하거나(이상호, 2007) 디지털 도어록 설치, 가스배관 주변 감지센서, 창문열림 경보기 설치(신재헌, 2010) 등과 같은 물리적 환경의 개선이 필요하다는 제언을 하고 있다.

2. 국가중요시설 테러 양상 분석

1) 국가중요시설 유사테러(침입범죄) 실증분석

10년간 언론에서 확인된 국가중요시설 및 군사시설 침입범죄는 총 48건이었다. 대다수의 침입범죄는 침입사실을 객관적으로 서술하면서도 중요시설에 침입범죄가 발생했다는 것에 대해 경계 및 방호시스템에 취약성 분석을 하는 경향을 보였다.

언론에 보도된 침입범죄의 시설유형을 나타낸 〈표 6-42〉를 살펴보면 군사시설에 대한 침입범죄가 21건, 정부청사, 국회, 대법원 등 공공기관 시설이 13건,

표 6-41 국가중요시설 및 군사시설 침입범죄(2011~2020, 언론보도 기준)

No.	발생연도	시설명	No.	발생연도	시설명	No.	발생연도	시설명
1	'11	OO교도소	17	'15	OO원전	33	'19	OO원전
2	'11	OO조선소	18	'15	OO부대	34	'19	OO정부청사
3	'11	OO정부청사	19	'16	OO정부청사	35	'19	OO부대
4	'12	OO경찰청	20	'16	OO공항	36	'20	OO부대
5	'12	OO정부청사	21	'17	OO(연구시설)	37	'20	OO정부청사
6	'13	OO항	22	'17	OO원전	38	'20	OO부대

7	'13	가스공사 OO본부	23	'17	OO부대	39	'20	OO부대
8	'14	OO정부청사	24	'17	OO부대	40	'20	OO부대
9	'14	OO부대	25	'18	OO부대	41	'20	OO부대
10	'14	OO정부청사	26	'18	OO부대	42	'20	OO부대
11	'14	OO정부청사	27	'19	OO(국가기관)	43	'20	OO부대
12	'14	OO항	28	'19	OO부대	44	'20	OO정부청사
13	'15	OO부대	29	'19	OO(국가기관)	45	'20	OO(방송국)
14	'15	OO항	30	'19	OO(국가기관)	46	'20	OO제철소
15	'15	OO부대	31	'19	OO부대	47	'20	OO부대
16	'15	OO항	32	'19	OO부대	48	'20	OO교도소

출처: 2011년부터 2020년까지 언론에 보도된 내용을 연구자가 정리하여 작성.

공항/항만, 원자력 발전소 등 전력시설이 각 4건, 포항제철 등 국가산업시설, 교도소 등 교정시설이 각 2건, 방송사 등 방송시설, 한국과학기술연구원(KIST) 등 연구시설에서 각 1건 이었다. 군사시설의 경우 무단침입자가 있다는 것이 군의 대비태세에도 문제가 있다는 것으로 비춰질 수 있어 상대적으로 언론보도가 많이 된 것으로 보여진다. 또한 공공기관시설의 경우 해당기관 업무에 대한 시위성 침입으로 인해 해당 이슈와 함께 침입사실이 함께 보도된 경우가 많았다.

침입범죄가 발생한 시간대를 분석해보면 주로 휴일이나 일과 후에 상당수 발생하였다(〈표 6-43〉). 언론보도된 침입범죄 중 66.6%가 경비인력의 경계력 밀도가

표 6-42 시설별 발생현황(언론보도 기준)

구분	소분류	발생건수	비율
국가중요시설	공공기관시설	13	27%
	산업시설	2	4.2%
	전력시설	4	8.4%
	방송시설	1	2.1%
	정보통신시설	-	-
	교통시설	-	-
	공항/항만	4	8.4%

	수원시설	-	-
	과학연구시설	1	2.1%
	교정시설	2	4.2%
	지하공동구시설	-	-
군사시설		21	43.6%
합계		48	100%

출처: US. Department of State(2021). Country Reports on Terrorism 2020 재정리.

상대적으로 취약한 일과 후 및 휴무일에 발생했다는 것을 알 수 있다. 대부분 중요시설의 경우 많은 인원이 일과 중에 상주하고 있다. 따라서 일과 시간 중에 침입을 시도하는 경우는 시위의 목적이거나 정신이상 등 침입자체를 의도적으로 숨길 필요가 없는 경우가 많았다. 상대적으로 몰래 침입하고자 하는 범죄자는 휴무일이나 일과시간 후 상대적으로 경비가 취약한 시간대를 선택한 것으로 볼 수 있다.

국가중요시설이나 군사시설이 수행하는 중요기능을 고려할 때 침입범죄는 의도여부나 피해여부를 가지고 문제의 심각성을 다루기보다는 침입자체를 봐야한다. 이런 측면에서 침입동기를 살펴보면(〈표 6-44〉), 의도적 침입이 22건, 의도되지 않은 침입이 15건, 원인미상이거나 기타 침입이 11건 이었다. 의도적 침입의 경우 시위를 목적으로 한 경우가 많았다. 범죄를 목적으로 한 경우는 공무원시험 조작('16년 3월) 등 해당 중요시설에서 수행하는 업무를 이용하여 범죄를 저지르거나 해당시설의 물건을 절도할 목적으로 침입한 경우였다. 또한 불법적 행위의 목적이 아닌 비의도적 침입행위도 많았다. 많은 경우 정신이상이나 만취 상태에서 침입을

표 6-43 평일/공휴일 및 시간대별 발생현황

발생일		발생건수	비율
평일	근무시간내(0900~1800)	13	27.1%
	근무시간외	13	27.1%
	시간미상	3	6.3%
공휴일		19	39.5%
합계		48	100%

표 6-44 침입동기

침입 동기	의도적		비의도적		원인 미상	기타	합계
	시위	범죄	정신이상/주취	착오/실수			
발생건수 (비율)	11 (22.9%)	11 (22.9%)	9 (18.7%)	6 (12.5%)	6 (12.5%)	5 (10.5%)	48 (100%)

한 경우였고, 중요시설을 미인지하여 실수나 착오로 침입한 경우도 6건이 있었다.

침입방법은 대부분 단순하게 이루어졌다(〈표 6-45〉). 경비인력이 보이지 않는 울타리를 넘어 침입한 것이 10건, 경계시설을 절단/파손하여 침입하는 경우가 7건 있었다. 그리고 정상적 경비인력이 배치된 출입로를 통해 출입증을 도용하거나(3건) 범죄자 또는 그가 이용하는 차량이 그대로 진입하는 무단진입도 21건이나 되었다. 국가중요시설 및 군사시설을 대상으로 한 대부분의 침입범죄가 치밀하게 계획된 범죄라기보다는 범죄자들이 처한 상황에서 침입할 수 있었던 조건이 부합하여 발생한 우발적 사고가 많았음을 보여준다. 이와 더불어 드론을 이용한 침입사례(2건)가 최근 들어 새롭게 나타나는 것을 알 수 있었다.[46]

침입 범죄자에 대한 사법처리가 이루어진 경우는 소수에 불과했다(〈표 6-46〉).[47] 언론에 도보된 것을 감안하면 사회적 이슈가 되었음에도 불구하고 처벌이 거의 이

표 6-45 침입방법

침입 방법	월담	경계시 설훼손	출입증 도용	무단진입 (인원)	무단진입 (차량)	드론	미상	기타	합계
발생 건수 (비율)	10	7	3	14	7	2	2	3	48

46 드론에 의한 침입은 여타의 침입범죄 유형과 달리 볼 여지가 많다. 항공안전법에 명시된 비행금지구역이 모든 국가중요시설 및 군사시설에 적용되지 않기 때문이다. 이법이 적용되지 않는 국가중요시설 및 군사시설 상공으로의 드론침입이 건조물(주거)침입인지에 대한 논쟁이 있다.

47 본 장에서 수집된 자료에 의하면 전체 48건 중 3건의 범죄에 대해서 실형이 선고되었다. 2011년 영도조선소 무단침입(벌금 150만 원), 2016년 정부서울청사 무단침입(징역 2년), 2018년 수원공군기지 무단침입(징역 1년).

루어지지 않았다고 볼 수 있다. 대부분의 경우 시설물에 대한 직접적 피해가 없는 경우가 많아 시설주나 경찰, 검찰, 법원이 범죄자에 대한 처분에 관대한 측면이 많았던 것으로 보인다.

표 6-46 사고자 사법처리 현황

사법처리	불기소/무혐의	신원미확보(사고자 사망 포함)	선고/집행유예	실형(징역, 벌금)	진행중	합계
건수(비율)	21	8	8	3	8	48

이상의 분석내용을 종합해 보면 국가중요시설 및 군사시설 침입범죄의 특성을 다음과 같이 정리할 수 있다. 중요시설에 대한 침입범죄는 명백한 목적 및 의도여부에 따라 의도적 침입과 비(非)의도적 침입으로 구분할 수 있다. 의도적 침입은 범죄나 시위를 목적으로 한 경우였고, 비의도적 침입은 정신이상이나 만취 등의 심신미약 상태에서 특별한 목적 없이 해당시설에 침입하는 경우였다. 범죄를 목적으로 한 경우 일반 주거침입 범죄와 유사하게 최대한 노출되지 않는 방법으로 침입하였으나, 시위 등 의사표현의 목적으로 중요시설을 침입한 경우에는 경비인력이나 경비시설/장비 등 방호시스템을 쉽게 극복하는 양상을 보였다. 비의도적 침입의 경우에는 침입행위의 노출여부보다는 특정한 상황에서 침입행위가 경비요소에 의해 저지되지 못해 범죄로 이어지는 경우가 다수였다. 침입방법은 차량이나 인원을 통한 무단진입, 월담, 경계시설/장비 훼손 등 단순한 침입방법이 대부분을 차지했다. 침입시간은 시위를 목적으로 한 경우 평일 일과 중 발생하는 경우가 많았고, 범죄를 목적으로 한 침입이나 비의도적 침입의 경우 상대적으로 경계가 느슨해지는 휴무일이나 일과 후에 많이 발생하였다. 이러한 침입범죄에 대한 사법처리 결과는 낮은 편이었다.

2) 국가중요시설의 테러 취약성 분석

국가중요시설이나 군사시설의 침입범죄는 치밀한 계획을 바탕으로 이루어지기 보다는 상황적 개연성에 의해 발생하는 경우가 많은 것을 알 수 있었다. 앞선 실증적 분석결과를 근거로 국가중요시설 및 군사시설 침입범죄 발생 취약요인을 상황적 범죄예방 측면에서 다음과 같이 평가할 수 있겠다.

첫째, 범죄행위로 인한 비용이 낮다. 범죄자자 행위로 인해 기대하는 이익보다 이로 인해 받을 수 있는 불이익이 클 경우에 범죄자의 범죄욕구를 낮출 수 있다. 그런 측면에서 국가중요시설 및 군사시설 침입범죄는 이러한 범죄욕구에 부담을 주는 요인이 다른 범죄에 비해 상대적으로 약하다. 국가중요시설 침입에 대한 별도 처벌조항이 없고, 군사기지 및 군사시설 보호법의 처벌수위는 일반 주거침입보다 낮다.[48] 더구나 본 장에서도 확인되었듯이 처벌조항이 있더라도 실제 처벌로 이어지는 사건은 소수에 불과하다. 이는 범죄자들이 이러한 침입행위를 가볍게 여길 여지를 주는 것이 될 수도 있다. 이러한 인식의 영향은 시위목적의 불법침입자가 경비인력이나 시설·장비가 있음에도 불구하고 국가중요시설이나 군사시설 침입 행위를 감행하는 것에서 명확히 나타난다.

둘째, 중요시설 경비인력의 전문성이 부족하다. 이러한 문제는 군사시설보다는 국가중요시설에 있어 더욱 두드러진다. 경비인력의 전문성 부족과 근무소홀은 범죄발생 시 가장 우선적으로 제기되는 문제이기도 하다. 범죄자가 범행대상을 선택할 경우 접근의 용이성이 우선적으로 고려된다. 접근의 용이성은 경비인력의 감시감독활동에 영향을 받을 수밖에 없다. 즉 범죄자는 취약한 범죄대상이 있더라도 이 대상이 적절하게 보호되고 있다고 판단되면 쉽사리 행위에 옮기지 못한다. 그러나 분석결과에서 나타났듯이 많은 중요시설에 대한 침입사고가 경비인력이 정상적으로 근무하고 있는 장소에서 발생하였다. 휴무일이나 일과시간 이후에 발생한 침입범죄 역시 방호태세가 24시간 유지되어야 하는 중요시설 특성을 고려할 때 경비인력들이 중요시설의 특성을 고려하지 않고 근무하고 있음을 반증한다고 볼 수 있다.

---

48 군사기지 및 군사시설 보호법에는 관할부대장 허가 없이 울타리 또는 출입통제표찰이 설치된 군사기지 및 군사시설에 출입한 경우 1년 이하의 징역 또는 1천만 원 이하의 벌금에 처하게 되어 있다(군사기지 및 군사시설 보호법 제24조). 그리고 국가중요시설에 대한 침입한 경우에는 형법상의 주거침입죄를 적용하여 3년 이하의 징역 또는 500만 원 이하의 벌금에 처하게 되어 있다(형법 제319조).

특히 군사시설이나 軍 책임의 국가중요시설은 경비 병력의 배치로 방호직무가 독자적으로 수행되고 있는 반면, 경찰책임의 국가중요시설 방호직무수행은 일반근로자의 지위를 가지는 특수경비원과 청원경찰이 단독 또는 합동형태로 방호직무가 수행되고 있다(최병권, 2009). 이러한 경비인력의 이원화는 경비인력간의 갈등 및 국가중요시설의 경비효율화에 있어 많은 문제점을 가져다주고 있다(조민상·신승균, 2015).

셋째, 표적물의 견고화(target hardening)가 미흡하다. 표적물의 견고화란 범죄의 대상이 될 수 있는 것에 대한 물리적 방호를 강화하는 것으로 이는 범죄자가 범죄대상에 접근하지 못하도록 차단하고, 범행 이후에는 수사기관이 단서를 탐지할 수 있게 해주며, 행위종료 전에 범인이 검거되도록 범행시간을 지연시킬 수 있어 범죄자의 범행의지를 억제한다(이윤호, 2016). 범죄자가 의도를 가지고 있고, 적절한 관리인이 역할하지 못한다 하더라도, 목표물 자체의 보호조치가 충분히 되어 있다면 범죄자는 기회를 잡을 수 없다. 그러나 분석결과에서 알 수 있듯이 우리의 국가중요시설 및 군사시설은 충분한 물리적 방호능력을 갖추었다고 보기 어렵다. 전문적 침투훈련을 받지 않은 민간인이 이러한 시설에 침입할 수 있다는 것은 기본적인 방호시설 및 장비가 취약하다는 것을 의미한다. 분석된 상당수의 사례들도 이러한 경계시설이나 장비의 취약성을 보여주고 있다. 이는 중요시설별 위협수준에 적합한 방호설계 기준이 마련되어 있지 않기 때문이다. 이로 인해 방호능력을 진단·평가하고 이를 보완하는 대책을 수립하는 것이 현실적으로 어려운 실정이다. 또한 많은 군사시설은 인력경비에만 의존하는 기존의 경비방식에서 탈피하여 과학화 경계시스템 도입 등을 추진하고 있지만 대다수의 국가중요시설에서는 여전히 인력 위주의 경비활동을 하고 있는 실정이다. 오늘날 기계의 발달로 인해 인력경비보다 기계경비의 중요성이 대두되고 있지만 기계시스템의 설치비용 부담, 유지보수의 비용, 전문인력의 채용 부담 등이 시설주에게 기계경비를 꺼려하는 요인이 되고 있다.

3. 다중이용시설의 테러위협

서구권[49] 국가들의 최근 테러사건의 양상을 살펴보면 과거 정부나 국가중요 시설들과 같은 대상을 타격하는 '하드 타깃(Hard Target)'테러에서 불특정 다수 및 일반인들을 대상으로 하는 '소프트 타깃(Soft Target)'에 대한 테러로 변화하는 것을 알 수 있다. 이러한 테러양상의 변화 때문에 테러 발생 시 예상되는 수많은 인명 피해의 가능성이 국가적 차원의 테러예방활동에서 매우 중요한 위치를 차지한다. 따라서 소프트 타깃이 테러양상의 변화는 테러 위협의 가능성이 증대되고 있는 우리나라의 대테러 정책에도 중요한 의미를 가진다. 이런 맥락에서 본 장에서의 다중이용시설 테러양상분석은 국가대테러역량 강화측면에 있어 중요한 의미가 있다.

일반적으로, 다중이용시설은 보통 소프트 타깃(soft target)으로 일반적으로 테러공격에 취약한 시설로서, 불특정 다수에 대한 무차별 공격에 취약한 많은 수의 대중들이 모여 있는 장소 및 그 시설물로 정의한다. 또한 특별한 안전시설이나 대응조치가 취해지지 않은 장소에 있는 시설물을 의미하기도 한다(김은영, 2016). 최근 들어 테러범들은 많은 인원의 살상을 통해 상당히 효과적이고 상징적 가치를 얻을 수 있기 때문에 이러한 소프트 타깃 시설을 대상으로 한 테러공격이 증대되어 왔다(Martin, 2016). 대표적 예로 2008년 뭄바이 테러 공격, 2015년 파리 테러 공격, 2016년 브뤼셀 테러공격, 독일 뷔르츠부르크 테러, 미국 올랜도 총기난사 테러 등이 이에 해당하는 사례들이다. 이처럼 테러단체가 소프트 타깃과 같은 다중이용시설을 중요한 표적으로 삼는 이유는 테러의 피해와 공포의 확산을 극대화할 수 있고, 다중이용시설 특성상 경계력이 취약하여 테러성공 가능성이 높기 때문이다.

다중이용시설의 개념적 정의는 간단하게 정리하기는 어렵지만 관련 법령을 통해 다중이용 시설로 고려될 수 있는 대상과 범위를 한정하고 있다. 먼저 테러방

---

49 경제협력개발기구(Organization for Economic Cooperation and Development)로, 개방된 시장경제와 다원적 민주주의라는 가치관을 공유하는 국가 간 경제사회 정책협의체로, 서방세계의 경제성장과 세계경제발전을 목적으로 하고 있으며, 유럽 이외의 미국, 캐나다 등 서방 선진국 모두를 회원국으로 한다. 정치제도의 투명성, 정당성, 사회보장제도 유무, 경제발전 잠재력 등 가입심사조건이 높다(네이버 시사상식 사전, http://terms.naver.com/entry.nhn?docId=74711&cid=43667&categoryId=43667).

지법 시행령(제25조 제1항 제2호)에서는 "많은 사람이 이용하는 시설 및 장비"라 하고 동법 소정의 시설과 장비 중 관계기관의 장이 소관업무와 관련하여 대테러센터장과 협의하여 지정하는 것임을 밝히고 있다. 또한, 윤경희·양문승(2014)은 다중이용건축물의 정의를 건축법 시행령 제2조 제17호에 의거 ① 문화 및 집회시설(동물원 및 식물원은 제외), ② 종교시설, ③ 판매시설, ④ 운수시설 중 여객용 시설, ⑤ 의료시설 중 종합병원, ⑥ 숙박시설 중 관광숙박시설 어느 하나에 해당하는 용도로 쓰는 바닥면적의 합계가 5천 제곱미터 이상인 건축물을 다중이용건축물이라 제시하고 있다.

그동안 국외의 다중이용시설 테러의 연구는 소프트 타깃 테러를 중심으로 많은 논의가 있어왔고, 특히 실증적 연구가 국내보다 활발히 진행되어 왔다. Santifort & Sandler & Brandt(2012)의 연구에서는 GTD(Global Terrorism Database)자료를 활용하여 1970년부터 2010년까지 발생된 미국과 초국가적 테러를 구분하여 실증적으로 분석하였다. 연구결과, 최근에 이를수록 미국 내 소프트 타깃 시설에서 상대적으로 정부시설과 비교해서 테러공격이 심화되고 있는 것으로 분석되었다.[50] 최근 연구로는 Smith(2016)의 연구에서, 2000년부터 2014년까지 발생된 미국의 테러사건 289건 중 상업시설을 포함한 민간인 시설 등 소프트 타깃 테러가 48%로, 정부 및 군경시설인 23%보다 2배 이상 높은 결과를 보이며, 지난 45년간 발생된 미국 중요시설(Critical Infrastructure Sectors)테러사건 1,854개를 16개 유형[51]으로 구분하여 분석한 결과, 상업시설(22%), 정부시설(21%), 공공체육시설(14%), 금융시설(11%)순으로 테러사건이 발생되었다.[52]

---

50 특히 다중이용시설의 테러공격이 70년대에 미국 내에서는 27%, 세계 테러 사건수에는 32%를 차지했으나, 2010년 이르러서는 모두 50%를 넘어서는 수준까지 이르고 있다.

51 화학시설(Chemical Sector), 상업시설(Commercial Facilities sector), 통신시설(Communication Sector), 제조업시설(Manufacturing Sector), 댐 시설(Dams Sector), 국방건설기지 분야(Defense Industrial Base Sector), 응급서비스 시설(Emergency Services Sector), 에너지 시설(Energy Sector), 금융시설(Financial Services Sector), 농입관련시설(Food and Agriculture Sector), 정부 시설(Government Facilities Sector), 공공체육건강시설(Healthcare and Public Health Sector), 정보기술시설(Information Technology Sector), 핵재처리 시설(Nuclear Reactors, Materials, and Waste Sector), 교통시설(Transportation Systems Sector), 정수시설(Water and Wastewater Systems Sector).

52 특히 상업시설 중에서는 소매업 시설(36%), 건설시설 및 공장(12%), 문화·연예·체육시설(10%),

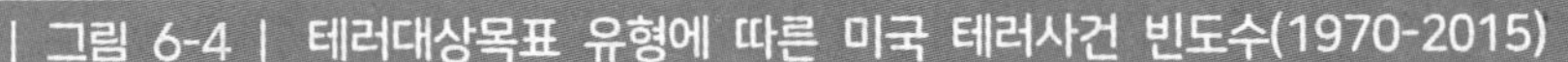
| 그림 6-4 | 테러대상목표 유형에 따른 미국 테러사건 빈도수(1970-2015)

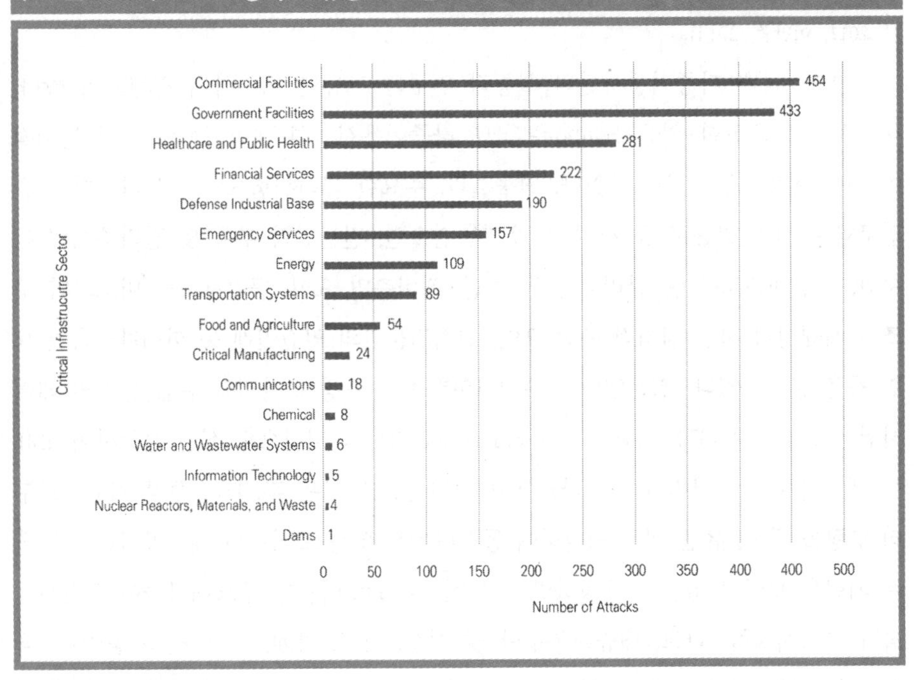

출처: Global Terrorism Database.

반면에 국내 다중이용시설 테러예방·대응에 관한 연구는 주로 사례 위주 차원에서 테러 예방을 위한 보안통제 디자인, 설계기준 및 설계기법 개발 등 시설물 안전관리나 각 다중이용시설별 테러유형별 대응 관점에서 연구되어 왔다. 최근의 연구들에서는 테러에 취약한 서울 및 수도권 등의 다중이용시설에 대한 대테러 활동역량 강화의 중요성을 강조하였다. 또한 정책적 제안으로 많은 사상자를 야기하는 도심소재 고층건물 및 다중이용시설물에 대한 테러 예방 설계와, 경찰을 비롯한 유관부처와 지방자치단체 등의 공조체제 구축을 통한 다중이용시설 테러 취약성 평가 및 체크리스트 개발을 주된 대응방안으로 제시하였다. 이와 더불어 테러 예방을 위한 도심소재건물에 대한 환경설계 가이드라인의 수립과, 대테러법 제정을 통한 법적 근거 마련, 대중이 이용하는 연성 테러 목표물에 대한 대테러전략

호텔리 조트(5%) 순으로 테러가 발생되었다.

수립과 민간분야 중심의 위기관리 대응체계의 강화를 제시하였다(최경환, 2010; 이순석, 2011; 이만종, 2014).

한편, 국내 다중이용시설의 실증적 연구는 그동안 미흡하게 진행되어 왔다. 대표적으로 윤경희·양문승(2014)은 국내 다중이용시설의 테러위험요소 및 문제점에 대한 실증연구를 실시하였다. 연구결과, 주요한 테러위험요인으로 다양한 진출입로와 수직 연결통로 등 시설 및 운영측면요인, 전문인력 부족 및 관리주체의 복수화, 안전대책교육 및 관리미흡 등 보안·경비측면 요인, 공간구조의 미로화와 구조의 폐쇄성이 지닌 심리적 측면 요인, 인접건물과의 밀접연계 등 피해파급측면 요인 등을 분석하였다. 김은영(2016)은 2015년 이후 프랑스 파리와 유럽 등지의 테러사건을 중심으로 GTD(Global Terrorism Database)자료를 기반으로 실증 분석하여, ISIL 등 테러단체들이 시리아나 이라크에서 실전경험을 쌓은 후, ISIL 중앙 지휘부로부터 명령을 받아, 유럽 내로 귀환하여 동시다발적 또는 조직화된 테러공격을 시도하는 패턴을 보이고 있음을 증명하였다. 또한, 소프트 타깃의 주요대상들이 오락시설물과 문화시설물, 학교, 대중교통수단 및 시설, 학교, 카페, 식당, 술집 등이며, 극장이나 스포츠시설 대상 테러는 이에 비해 상대적으로 테러가 적게 발생하였던 것으로 나타났다.

윤민우(2016) 역시 최근 국내 테러공격 시나리오를 상정한 다중이용시설에 대한 안전관리 강화방안에 대한 실증적 연구를 통해, 문화 및 각종 집회시설, 도·소매시장, 상점 등을 포함하는 판매시설, 터미널, 철도시설, 공항시설을 포함하는 여객시설이 다중이용시설 중에서도 테러공격의 위험성이 매우 높음을 분석하였다. 또한 테러대응을 위해 구체적으로 역량을 집중하여 보안조치를 취해야 할 테러공격대상시설에 모든 역량을 집중하여 테러대응을 위한 보안 조치를 취하는 것은 역량과 자원투입이 제한적이므로, 가장 공격받을 가능성이 높은 시설에 역량을 선택적으로 집중하여야 하며 국내 주요 다중이용시설을 대상으로 현장에서 효과적으로 테러공격대상 가능성을 평가할 수 있는 방안을 제시하였다(윤민우, 2017).

제6절 <<< 군사시설 테러양상[53]

최근의 테러사건은 주로 군사시설이나 정부기관 등 '하드 타깃'이 대상이었던 과거와는 다른 양상을 보이며 지하철, 백화점 등의 다중이용시설을 목표로 하는 테러 즉, '소프트 타깃'을 대상으로 한다는 점에서 위험성이 증대되었다고 할 수 있다. 이는 비단 외국의 상황만은 아니다. 대한민국 역시 ISIS에 의해 테러대상국으로 지정되어 있고, 국내 체류하는 외국인 상당수가 ISIS에 가담한 사실이 밝혀지는 등 테러위협이 가중되고 있는 상황이다. 이슬람극단주의 테러위협에 노출된 외국인테러전투원(Foreign Terrorist Fighters, FTF)의 유입 가능성이 증가하면서 테러 가능성이 증가하고 있는 것이다(국가정보원, 2015). 뿐만 아니라 ISIS이 주한 미군기지 2곳의 위치와 대한민국 국민의 개인 신상을 공개하면서 테러대상목표로 지목하였고, 외국인 테러범 잠입과 사회적 차별에 불만을 품은 이슬람권 출신 체류 외국인에 의한 테러 가능성도 가중되고 있는 상황이다.[54]

또한 남북한이 여전히 대치 중인 상황에서 북한이 전면전보다 테러를 통한 대남도발을 할 가능성이 높고, 해외에서 우리국민에 대한 납치 또는 살해와 같은 테러의 발생 가능성이 존재한다. 실제로 김정은 정권은 해외 체류 한국인을 대상으로 테러를 지시하였으며, 북한공작 부서들이 경쟁적으로 테러요원들을 중국·동남아로 보내고 있는 등 위협이 증가되고 있다. 또한 국내 대다수 연구에서 국내에서 발생한 테러 중 90%이상이 북한에 의한 테러였다는 결과와 북한과 연계된 국내 북한 추종 세력들에 의해 자행되고 있는 자생테러위협은 북한에 의한 테러 위험성을 잘 보여준다.[55]

53 이 부분은 김태영·이칭환(2017)의 관련 부분을 수정·보완한 것이다.

54 국내 이슬람국가인들 중 인도네시아(4.3만명), 말레이시아(1만명) 등 동남아인의 비중이 높아 동남아 현지 교민·방문자 등 대상 테러대비 위협이 증대되고 있는 실정이다.

55 본 장에서는, 북한이 정규전 차원에서 전개하는 군사작전이나 무력도발은 테러 범주에서 제외하고, 비정규전 차원에서 전개하는 국지도발 중 테러방지법에서의 테러 정의에 해당하는 사안만을 테러범주로 포함하고 있다(유동열, 2016: 108 재인용).

따라서 국가차원에서 테러대응체계를 마련하고 테러대응체계의 중추라 할 수 있는 군의 대테러 활동을 강화할 필요가 있다고 할 수 있다. 이를 위해 본 장에서는 국가 대테러 기본법인 테러방지법이 제정된 상황에서 군의 대테러 활동 강화 필요성에 대해서 논의하고자 한다. 지금까지의 테러대응 관련 대부분의 연구는 민간분야의 경찰학·범죄학 중심의 일반 테러 대응 연구위주로 진행되었으며, 군사학 측면의 연구도 존재하지만 군의 테러 대응체계에 관한 연구는 전무하다고 할 수 있다. 따라서 증가하는 테러위협에 대응하기 위해 국가 테러대응체계에서 중심이라 할 수 있는 군의 대테러 활동에 대한 심층적인 연구는 반드시 이루어져야 한다.

이를 위해 본 장에서는 대한민국 군 대테러 활동의 현상진단을 통해 정책적 차원의 개선방안을 제시하였다.

1. 군의 테러대응체계 현황

1) 법적 근거

대통령훈령인 '국가대테러활동지침'에 의해 유지되었던 국가 테러대응체계는 2016년 3월 제정된 국민보호와 공공안전을 위한 테러방지법(이하 테러방지법)의 시행으로 테러 대응 체계 및 제도에 관한 법률적 토대 위에서 시행되게 되었다. 테러방지법에는 테러의 예방 및 대응 활동 등에 관하여 필요한 사항 등이 규정되어 있으며, 대테러활동에 관한 정의가 명시되어 있다.

테러방지법에서 정의한 대테러활동이란, 테러 관련 정보의 수집, 테러위험인물의 관리, 테러에 이용될 수 있는 위험물질 등 테러수단의 안전관리, 인원·시설·장비의 보호, 국제행사의 안전확보, 테러위협에의 대응 및 무력진압 등 테러 예방과 대응에 관한 제반 활동을 의미하며, 이와 같은 제반활동에는 군의 대테러활동 또한 포함되어 있다.

이를 구체적으로 살펴보면 테러방지법 제2조 제7항에는 대테러활동을 수행하는 국가기관, 지방자치단체, 그 밖에 대통령령으로 정하는 기관을 "관계기관"으로 지정하여 군의 대테러활동의 법률적 근거를 제시하고 있다. 또한 테러방지법 시행령 제3조(국가테러대책위원회 구성)에서 국방부장관을 국가테러대책위원회의 위원으로 명시하여 군의 대테러활동을 보장하고 있다. 뿐만 아니라 테러방지법 시행령 제12조(지역테러대책협의회)에는 지역 관할 군부대 및 군사안보지원 부대의 장을 지역 테러대책협의회의 위원으로 명시하고 있다. 테러방지법 시행령 제13조(공항·항만 테러대책협의회)에도 해당 공항 또는 항만에 상주하는 국군안보지원사령부 소속기관의 장이 위원으로 포함되어 있다. 이와 더불어 테러방지법 시행령 제14조(테러사건대책본부)는 군사시설에 대한 테러사건이 발생할 시 국방부장관에게 군사시설테러사건대책본부를 설치·운영하도록 명시하고 있다. 테러방지법 시행령 제16조(화생방테러대응 지원본부 등) 제3항에는 화생방테러 발생 시 화생방테러 대응을 지원하기 위하여 대책위원회의 심의·의결을 거친 후 국방부장관이 오염 확산 방지 및 제독 임무 등을 수행하는 대화생방테러 특수임무대를 설치하거나 지정할 수 있다고 명시되어 있다.

다음으로 국방부의 대테러활동에 관한 기본지침을 의미하는 국방부 대테러활동 훈령에도 군의 대테러활동 및 테러대응 체계에 관한 내용이 존재한다. 국방부 대테러활동 훈령은 대테러활동을 수행하는 국방부(합동참모본부) 및 국방부 소속기관, 육·해·공군·해병대 및 각급부대에 적용되는 것으로, 군과 관련된 모든 기관의 테러 대응체계 및 활동 내용을 자세하게 명시하고 있다. 특히 테러사건 발생 시 국방부를 비롯하여 합동참모본부, 각 군 본부 등 군 관련 기관의 테러대응 활동 및 테러사건대책본부와 현장지휘본부 등의 설치와 운영에 관한 내용으로 국내외 테러사건 발생 또는 테러 예방 및 대비활동에 관한 기본적인 지침을 제공하고 있다. 또한 테러사건 발생 시 대테러작전을 수행하는 '대테러작전부대'의 운영이 명시되어 있으며 이를 국가지정부대(대테러특공대, 대화생방테러 특수임무대)와 합참지정부대(신속대응부대, 대테러초동조치부대, EOD반, 화생반신속대응팀)으로 구분하여 테러사건에 대한 대응조치를 전담하게 하고 있다.

2) 군의 테러대응체계

테러발생시 군의 대응체계는 다음과 같다. 먼저 테러방지법에 따르면 군사시설 대한 테러가 발생하거나 발생할 우려가 현저한 경우 합동참모본부에서 군사시설테러대책본부를 설치·운영하여 현장지휘본부의 설치 통제 및 관련 상황을 종합적으로 처리한다. 또한 군사시설 이외의 테러사건 발생 시에는 군 테러사건 지원본부를 설치하고 연락관을 파견 및 운영하도록 되어있다. 이를 세부적으로 살펴보면, 테러대응의 총괄·조정을 위해 군사시설에 대한 테러발생 시 합참 테러사건대책본부(본부장: 합참의장), 테러사건 발생지역의 대응활동을 현장지휘하기 위한 현장지휘본부(본부장: 지·해·공역 책임부대장 및 시설책임 부대장), 군사시설 이외의 테러발생 시 설치되는 현장지원본부, 테러사건 진압을 위해 설치되는 대테러 작전부대인 대테러특공대, 군대테러특수임무대, 대화생방테러 특수임무대, 합참지정 대테러작전부대(군사경찰특수임무대, EHCT, EOD), 테러에 의한 인질사건 발생 시 사건을 비폭력적 해결을 위한 협상팀, 테러사건 예방조치 사건분석 및 사후처리방안을 위한 대테러 합동조사팀 등을 편성·운영한다.

또한 국방부 대테러활동 훈령에 따르면 국방부, 합동참모본부 등 국방부 소속의 9개[56] 조직을 구분하여 대테러 활동을 분류하고, 테러 발생 시 관련 정부 기관과의 협력 및 협조체계를 구축하여 관계기관에 지원과 협조를 하도록 되어 있다.

군 대테러 전력의 투입은 2016년 테러방지법 시행령을 논의하는 과정에서 주된 쟁점이었다. 국방부 소속 대테러특공대의 출동 및 진압작전은 군사시설을 목표로 하는 테러사건이 발생한 경우에 대해 수행한다. 또한 대테러활동에 있어 경찰력만으로 이를 해결하는 것에 한계가 있는 경우 긴급한 지원이 필요하여 관계기관 대책본부장이 요청 시에만 군사시설 밖에서도 경찰의 대테러 작전을 지원할 수 있도록 명문화하였다.

---

56 테러사건대책본부, 테러사건지원본부, 현장지휘본부, 현장지원본부 대테러 작전부대, 대테러 정보협의회, 대테러 합동조사팀, 협상 팀, 테러사건 수사본부.

3) 군의 테러 대응체계의 현상진단

(1) 테러 대상에 따른 군 전력 투입 제한

테러방지법상에는 군사시설 이외에 대한 테러 발생 시 경찰 주도의 테러대응 활동이 명시되어 있으며, 이에 따라 테러사건대책본부의 설치 및 대테러작전부대 투입 등 경찰 전담조직을 통해서만 테러대응을 하도록 되어 있다.[57] 반면에 군은 군사시설에 대한 테러가 발생했을 경우 또는 군사시설 이외의 대상에 대한 테러 발생 시 테러 대응기관의 역량 및 활동에 한계가 있을 경우 요청에 의해 대테러작전부대를 투입하도록 한정되어 있다. 이는 경찰 등 관계기관의 테러 대응 역량을 넘어서는 초국가적 테러가 발생할 가능성이 높다고 보기 때문이다.

그러나 이와 같은 상황에도 불구하고 테러 대상에 따라 군 전력의 투입 결정이 모호하거나 불가능한 상황이 발생할 수 있는 문제가 존재한다. 발생 가능성이 가장 높은 주체가 불분명한 테러가 발생했을 경우 군의 주도하에 테러 대응을 해야 하는지 또는 군 이외의 관계기 관이 대응을 주도해야 하는지에 관한 많은 혼란이 발생할 수 있다. 테러와 단순 강력사건, 북한에 의한 국지도발 사건 등 테러 발생 초기에 상황평가를 통해 테러유형을 확인하고, 이에 대한 대응 체계를 주도하는 관계기관을 결정하는 상황에서 현실적으로 혼란이 발생할 가능성이 높은 것이다. 예를 들어 북한에 의한 군사 도발을 군사행위 또는 전쟁으로 간주해야 하는지 아니면 테러로 간주해야 하는지와 같이 전쟁과 테러에 대한 구별이 어려워질 가능성이 발생할 수 있다. 이 경우 전쟁과 테러, 군사시설에 대한 테러와 군사시설 이외의 테러를 구분하는 것이 어려워져 테러 발생 초기 이에 대응하는 것을 불가능하게 하는 문제가 발생할 수도 있다.

또한 현재 군사시설에서 테러가 발생하였을 경우, 테러대응체계는 국방부(합참)를 중심으로 테러대응체계가 잘 정비되어 있다. 그러나 논란이 되는 경우는 군사시설 이외의 테러에 있어 군의 역량 활용에 대한 관련 근거가 모호하다는 것이

---

57 테러방지법 시행령(2016. 5. 31 제정) 제14조(테러사건 대책본부), 제18조(대테러특공대), 제24조(테러사건 대응) 등에 테러사건 발생 시 대응체계에 대해 기술되어 있다.

다. 현행 법체계상에서는 상황발생 시 북한에 의한 대공용의점 여부에 따라 테러방지법에 의한 경찰 주도 작전과 통합방위법에 의한 군 주도작전으로 구분된다. 문제는 대공용의점이 규명되기 이전 단계부터 군 전력 투입에 대한 관련 법률적 근거가 모호하다는 것이다.

더구나, 대테러 관계기관별로 정보공유 및 대테러 작전부대별 합동훈련 및 표준 작전수행 절차(SOP) 공조가 제한되는 현 실태를 감안해 볼 때, 대공용의점을 규명하기 곤란한 상황에서는 테러 대응을 주도하는 관계기관 지정에 혼란이 발생할 가능성이 높고, 이러한 문제점은 결국 골든타임 내 군 전력의 투입제한에 따른 초동대응조치 차원에서 심각한 문제가 될 수 있다.

(2) 관계기관별 유사중복·분산된 업무수행

세계 주요 각국의 대테러 활동의 특징은 테러대응에 있어 조정·통제 기능을 수행하는 컨트롤 타워가 존재하며, 이를 통해 통합 시스템에 기반을 둔 테러대응 체계를 보유하고 있다는 것이다(이재은, 2015). 통합 시스템이란 테러 대응에 관한 정책을 수립하고 테러를 예방하기 위해 관련 정보를 수집하며 테러 대응 및 수습, 사후 복구 및 수사 등 모든 테러 관련 단일 조직이 컨트롤 타워의 조정과 통제를 통해 유지되는 제도라고 할 수 있다(권정훈, 2016). 우리나라 군 대테러 활동 체계의 가장 큰 특징은 '국방부 대테러 활동훈령'상에서 명시된 9개 관계조직 및 부대에 의한 분산된 유사중복적인 대테러 활동업무를 수행한다는 것이다.[58] 예를 들어 대테러 정책의 수립·조정업무를 수행하는 국방부 정책기획관실, 테러사건대책본부 편성·운영업무를 수행하는 합동참모본부(작전본부), 테러 정보활동을 수행하는 국군안보지원사령부 및 국방정보본부, 테러사건 수사를 담당하는 국방부 조

58 국방부 훈령(제2장 임무 및 기능)상에 보면, 국방부내 대테러 활동을 하는 관계기관 및 부서로는 국방부 정책기획관실(정책수립 조정), 국제정책관실(해외테러), 인사기획관실(구호업무지원), 군수관리관실(물자 및 상비지원), 군사시설기획관실(긴설장비지원), 보건복지관실(의무지원), 대변인실(보도지원), 합동참모본부(대테러활동후생계획 수립 및 발전, 테러예방황동 지도점검, 테러사건대책본부 설치, 전담조직 지정), 육·해·공군 본부(조직편성·편제반영, 교육훈련), 국군 안보지원사령부(테러예방, 대비활동, 대테 러합동조사팀 운영, 협상팀 운영), 국방정보본부(테러 정·첩보분석), 국방부 조사본부(대테러합동조사 팀 참여 및 수사활동, 협상팀 운영, 예방활동), 국군의무사령부(의무지원), 국군 화생방방호사령부(대화 생방테러특수임무대 지원, 대테러합동조사팀 참여)로 명시되어 있다.

사본부 등이 존재하는데 이와 같은 기관들의 업무 영역이 유사중복되는 문제점이 존재한다.

본질적으로 대테러 업무는 모든 테러단계를 통합적으로 수행할 수 있는 전담부서의 조정과 통제와 같이 업무수행의 일원화를 통한 종합적 관리활동이 보다 적절하다고 할 수 있다. 그러나 현재의 군 대테러 체계는 국방부(정책기획관실)·합참(작전본부 특수전과)을 주무부서로 간주하고 있지만, 통합적 업무수행을 하는 컨트롤타워가 부재한 상황이다. 따라서 이로 인해 테러 대응 관계기관별 또는 부서별로 업무가 중복 혹은 분산되어 대테러 업무의 효율적 조정통제가 제한될 수 있다.

다시 말해, 테러대응활동에 있어 국방부·합참·관계기관별로 '칸막이' 효과와 같은 문제가 발생할 수 있다는 것이다. 이 점은 대테러 관계기관별로 독립적인 정보기능과 집행(진압 및 수사)기능을 가지고 있기 때문에 기관 간 협력적 대응이 쉽지 않다는 측면에서 심각한 문제점을 지니고 있다(황문규, 2016: 8). 즉, 정보수집과 예방(안전)활동·대응(무력진압) 및 수사기능이 통합적으로 적용되는 것이 아니라 독립적으로 적용되기 때문에 테러발생 시 골든타임 내 통합대응 차원의 심각한 문제가 발생할 수 있다.

또한 현재와 같은 군 대테러업무 체계에서는 총괄하는 전담부서가 존재하지 않기 때문에 관계 기관 간 또는 부처 간의 무관심과 성과를 위한 무분별한 경쟁으로 테러정책의 일관성·효율성 측면에서 문제가 발생할 수 있다. 이러한 상황은 군사시설 내 테러범 또는 테러단체의 활동을 첩보로 입수했을 경우에도 통합적 전담부서의 부재와 관계기관 및 부처별 기능분리로 인해 정보공유 속도의 지연을 초래할 수 있다. 또한 대응·진압 및 사후처리기능이 독립적으로 작용하기 때문에 통합적 차원의 대테러활동의 조정통제가 제한될 것이다.

(3) 대테러작전부대 역량 부족

북한에 의한 테러위협의 증가와 ISIL의 테러위협 강화, 그리고 2016년 프랑스 니스 테러와 같은 외로운 늑대에 의한 테러와 같이 테러의 주체가 불분명하고 동시다발적으로 발생하는 고강도 복합테러를 고려할 때, 현재의 군·경 대테러 특공대 및 대테러 특수임무대 규모로는 골든타임 내 효과적으로 대응하는 것이 제한되는 상황이다.[59] 특히 서울을 비롯하여 중요 국가기반시설과 다중이용시설 등이 밀집한 지역에서 동시다발적인 고강도 복합테러가 발생하는 경우 경찰청 사건대책본부 중심의 지휘통제 및 경찰특공대 중심의 대테러 작전부대로는 효율적 작전수행이 제한될 것이다. 이는 대테러 작전 특성상 작전준비시간이 제한되고 지휘 체계의 일원화, 초기단계의 효과적 전력운용 등이 절대적으로 중요한 작전의 특성 및 작전준칙 면에서도 문제가 있다고 할 수 있다(육군본부, 2015).

(4) 관계기관별 테러정보의 공유체계 미흡

현실적으로 '테러정보 공유 및 데이터베이스'를 구축하는 것은 국외 테러정보를 포함해 공식 데이터를 제공하는 국가들이 많지 않기 때문에 어려운 측면이 있다고 할 수 있다. 또한 테러정보의 수집 및 분석의 제한 등으로 테러데이터 구축 및 접근이 매우 한정되는 업무인 것 역시 분명하다(김은영, 2013). 그러나 현재 군 관계기관별로 수집하거나 분석한 테러정보는 다음과 같이 기관별로 분산되어 있어 효율성을 저하시키며, 향후 테러 예방 및 대응에 있어 더 큰 문제를 초래할 수 있다.

이를 세부적으로 살펴보면, 합참의 작전 차원의 정보수집기능, 국방부(국제정책관실, 정보 본부)의 해외파병부대 및 우방국 군과의 해외 정보수집기능, 국방부 조사본부(헌병)의 범죄 정보 수집기능, 안보지원사의 군사시설·방위산업시설·군 관련 테러위험인물에 대한 정보수집 기능으로 분산되어 정보활동이 수행되고 있음을 알 수 있다.

이는 곧 테러 정보의 수집 및 분석과 공유와 관련하여 종합적인 대테러 정보 공유체계가 구축되지 않았다는 것을 의미한다. 현재 개정된 '국방부 대테러활동 훈령'상에는 테러정보를 입수한 부대 및 기관은 즉각 합참으로 보고하여 종합·분석 및 처리가 되도록 명시되어 있으나, 작전 차원의 정보관리를 수행하는 합참에서 국제범죄인 테러정보를 통합적으로 분석하고 관리하는 것은 사실상 어려울 것

59 대테러 특수임무대는 테러방지법 시행령 제18조에 의거 대테러특공대의 신속한 대응이 제한되는 상황에 투입되는 국가급 대테러 작전부대로 패키지화하여 편성·운영되고 있다.

으로 예상된다. 최근 안보지원사를 중심으로 군 대테러정보협의회가 정보관계기관을 대상으로 운영되고 있는데, 그 실효성에 대한 평가는 지켜볼 필요가 있다. 권정훈(2016)에 따르면, 미국은 9·11 테러 이후 미국의 9·11 위원회 보고서에서 결정적 테러발생의 이유가 예측, 정책, 실행, 관리능력에서 국가적인 결함이 있었기에 발생한 것이라 진단했음을 알 수 있다. CIA·FBI·국무부·군, 국토안보 관련 부처 등 관련 정보기관들의 정보공유 시스템이 분산형 구조로 이루어져 결국 9·11 테러를 막지 못한 가장 결정적인 요인이라고 분석하였다.

이런 문제점을 제도적으로 보완하기 위해 미국은 2004년 美 대테러 센터(NCTC)를 창설하여 30여 개의 대테러 관계기관에서 수집된 출처 정보(all source in-telligence)를 종합하여 분석하는 것을 주요 임무로 지정했다는 점은 테러대응에 있어 정보의 공유가 매우 중요함을 의미한다고 할 수 있다(윤태영, 2012).

(5) 테러범죄 수사역량 미흡

세계 주요 국가들의 대테러 수사역량 강화노력은 9·11 테러 이후 감청 확대, 비밀 수색 허용, 구속기간 연장 등을 대표적으로 법제화하고 있는 추세이다. 미국은 애국법 제정을 통해 포괄적 감청을 허용하였고, 특히 최근에는 테러 수사와 정보의 통합을 위해 FBI에 '테러 대책국'을 신설하여 테러사건의 조사 및 정보수집·분석 역량을 강화하고 있고, '범죄절차에 관한 연방 규칙'을 개정하여 기관 간 테러정보를 공유하고 있다.

영국은 제한 없는 거동수상자 검문 및 9시간 내 체포를 가능하게 하는 대테러법을 제정하였고, 수사권 강화법을 발의하여 2016년 6월 영국 하원이 법안을 통과시켰다. 이 법안은 정보기관 및 수사기관이 영장 없이 개인 스마트폰(컴퓨터)과 개인 인터넷 및 애플리케이션(앱) 사용기록을 IT업체에 요청할 수 있는 권한이 포함하고 있어 테러와 관련된 정보를 수집하는데 도움이 되고 있다.

프랑스는 테러사건과 관련하여 경찰의 잠입수사를 허가하였고 통신감청 요건을 완화하였으며, 독일은 수사기관과 정보기관이 공동으로 테러 정보를 공유하기 위해 대테러 데이터베이스법을 제정한 바 있다. 이렇듯 세계 각국의 대테러 분야의 법제화는 테러 예방을 위한 감시와 초기 수사 권한강화에 초점을 맞추면서 수

표 6-47 국군 안보지원사령부·국방부조사본부 임무

	주요내용
국방부 조사본부 (군사경찰)	• 군 대테러 합동조사팀 참여, 군사경찰 수사활동 시행 • 테러사건 수사 및 필요시 군 테러사건 수사본부 운영 • 군 초기협상팀 운영 및 전문협상팀 참여 • 군사시설 테러방지위한 예방활동 시행 - 테러위협이 높은 군사시설에 대한 지도 및 점검 - 테러로 활용 가능한 위험물품 지도 및 점검 - 테러위험인물 범죄정보 수집 - 파병부대 테러방지를 위한 예방활동 및 유관기관 협조 • 국무총리실 대테러센터 연락관 파견 운영
국군 안보지원 사령부	• 테러대책기구 참여 및 테러사건 대응조직 지원 • 테러 예방 및 대비활동 전개 - 국내·외 군사시설 및 방산시설에 대한 첩보수집 및 분석·처리 - 군 대테러정보협의회 구성 및 운영 - 군사시설 대테러 컨설팅 및 예방활동 - 장병 테러 예방교육 및 전문화 교육, 행사 간 대테러 안전활동 • 군사시설 대상 자체 군 대테러 합동조사팀 편성 및 운영 • 국내·외 정보기관과 협력체계 유지 • 합동조사 결과에 따른 대상사건에 대한 수사 • 대테러센터 및 테러정보 통합센터에 연락관 파견운영 • 국외 테러 발생 시 대응

출처: 국방부 대테러활동 훈령(개정안 2020. 9. 23) 제2장 임무 및 기능.

사기관과 정보기관의 유기적 통합 및 정보 공유 체계를 강화하는 방향으로 추진되고 있다. 그러나 우리나라의 경우 군내 대표적 정보 및 수사기관이라 할 수 있는 국군안보지원사령부와 국방부 조사본부의 대테러 정보수집 및 수사역량에 대한 통합적 연계성은 아직도 미진하다.

그동안 테러정보와 관련하여 군 정보기관과 수사기관 간의 협업관계는 국정원과 경찰의 관계와 마찬가지로 실질적인 통합 및 융합적 업무수행이 제한되었다. 이는 기관별 조직 특성상 정보기관의 정보수집과정은 수사적 차원의 조사활동이 동반되는 반면, 수사기관은 수사에 필요한 정보수집활동을 하면서 양 기관의 활동이 중복될 여지가 있기 때문에 주로 경쟁적 차원에서 대테러업무 융합에 부정적 요인으로 작용했기 때문이다(정육상, 2014).

이처럼 최근 테러방지법 제정 이후 '테러단체 구성죄'와 관련하여 수사(군사경찰) 및 첩보수집(안보지원)에 있어서도 양 기관간의 이해관계의 상충이 예상된다. 또한 향후 테러자금 지원 등 테러방지법상 처벌항목에 대한 양 기관 간 테러 조사(수사와 구분되는 첩보활동) 및 수사(군사법원법상 범죄수사) 권한 사이에 존재하는 협조 문제에 대한 논쟁도 잠재적으로 예상되고 있는 실정이다. 즉, 안보지원사령부에서 테러사건에 관한 조사를 수행하는 도중 테러단체구성죄와 같은 범죄혐의를 인지할 경우, 수사기관인 국방부조사본부에서는 수사의뢰를 하거나 고발조치하는 것이 법적으로 타당하지만 첩보공유가 제대로 이루어지지 않거나 첩보활동을 넘어 수사관할 범위를 넘게 될 소지가 있는 등 향후 잠재적 갈등소지가 존재한다고 할 수 있다.

제7절 재외국민 대상 국외테러 양상[60]

해외 여행객 2,900만 명, 재외동포 750만 명 등의 규모가 급증하는 시대에 걸맞게 재외국민[61]에 대한 테러 등 위기대응관리에 대한 국민적 눈높이가 높아지고 있는 추세이나 2020년 외교백서에 따르면 우리 국민이 해외에서 겪게 되는 사건사고 피해는 하루 평균 50여 건을 상회하면서 체감하는 신변의 위협은 증가하고 있는 실정이다(외교부, 2020). 최근 포스트 코로나 이후에는 미국·유럽 등지에서의 아시아계 인종에 대한 혐오범죄, 바이오 테러 등으로 인한 각종 위기상황이 고조

60 이 부분은 김태영·이상학(2021)이 관련 부분을 수정·보완한 것이다.

61 재외동포의 출입국과 법적 지위에 관한 법률(약칭: 재외동포법)상에서 규정된 재외국민(재외동포)의 정의는 대한민국의 국민으로서 외국의 영주권을 취득한 자 또는 영주할 목적으로 외국에 거주하고 있는 자로서 외국에 90일 이상 거주하거나 체류할 의사를 가지고 그 지역에 체류하고 있는 사람을 의미한다(재외동포의 출입국과 법적 지위에 관한 법률, 2020).

되고 있는 추세이다. 코로나 상황으로 국내에서는 해외출장이나 여행 등이 2020년부터 급감했으나, 조만간 방역상황이 호전되면 해외 출국을 통한 재외국민의 규모는 급증할 것으로 평가된다. 이런 상황에서 외국 현지의 기후, 문화, 사회구조 및 법집행시스템, 응급 의료 시스템 등의 사정을 잘 모르는 재외국민들에게는 재난이나, 테러 등 사건·사고 발생시 대량살상 및 피해 정도가 증대할 가능성이 매우 높다(김상겸·문재태, 2014).

외교부 '재외국민 사건·사고 통계'에 따르면 2014년 5,925건이던 재외국민 사건·사고는 매년 증가해('15년－8,298건, '16년－9,290건, '17년－1만2,529건) 2018년에는 1만 3,235건으로 지속적인 증가세를 보이고 있고(머니투데이, 2019. 9. 22.), 특히 납치 등 강력범죄의 경우 동 기간 335건에서 766건으로 급증세를 나타냈다. 또한 우리나라 테러사건의 경우, 2000년 이후 2020년(10월 기준)까지 174건, 82명 사상(사망 19, 부상 63)으로 매년 기관, 민간기업, 민간인, 파병군인 등 지속적인 피해사례가 발생하고 있는 추세이다(테러정보통합센터, 2021).

이러한 대표적인 사례였던 2018년 미국 애리조나주 그랜드캐년 추락사고, 2019년 헝가리 선박 침몰사고,[62] 2020년 코로나19사태와 2020년 10월 LA 초대형 산불 등 해외의 각종 사건·사고로 인해 정부의 위기대응 능력이 시험대에 오르면서 재외국민 위기대응 역량에 대한 관심이 집중되고 있다. 최근 2021년 2월 미얀마 군부 쿠데타 발생에 따른 재외국민 보호를 위해 중앙재난안전대책본부가 구성되기도 하였다(SBS, 2021. 4. 3). 이렇듯 외교부를 중심으로 관계기관별 재외국민보호대책본부 및 중앙재난안전대책본부 설치, 현지 공관과 공조를 통해 대응 태스크포스(TF)를 구성 등 재외국민의 안전 확보에 총력을 기울여 왔지만, 우리 국민이 바라보는 해외에서의 위기대응 역량은 미흡한 것으로 평가되고 있다. 실제 2018년 이석현 의원실 주도로 해외 78개 재외공관의 위기대응 매뉴얼을 분석한 결과, 단 6개 공관에서만 테러인질, 내전, 자연재해, 감염병 등 주요한 위기 상황별 대응매

---

62 2019년 5월 29일 헝가리 부다페스트의 다뉴브강에서 소형 유람선 허블레아니호를 대형 크루즈선 바이킹 시긴호가 추돌하여 침몰한 참사이다. 유람선에는 한국인 33명(단체 여행객 30명, 인솔자 1명, 현지가이드 2명)과 헝가리 국적 승무원 2명 등 모두 35명이 탑승해 있었다. 사고 당시 7명이 구조되었고 7명 사망, 19명이 실종되었다.

뉴얼을 갖추어져 있는 것으로 확인되었고, 우리 국민이 주로 방문하는 국가인 미국, 중국, 일본의 공관 29곳 중, 6가지 위기상황에 대한 대응매뉴얼을 갖춘 곳은 단 2곳에 불과한 것으로 나타났다(연합뉴스, 2018. 9. 30).

정부에서는 이러한 문제 인식의 중요성을 인식하고 2020년 외교부에서는 재외국민보호 위기관리표준매뉴얼을 5년 만에 개정하는 등 강도 높은 재외국민보호 정책을 추진하고 있음에도 불구하고 코로나 이후 글로벌 테러 위협양상 등을 고려한 위기관리 역량이 확보되지 못하고 있다. 이러한 상황인식하에서, 본 장에서는 국가위기관리 측면에서 재외국민보호를 위한 현 대응체계의 현상진단과 해외 주요국가들의 재외국민 보호시스템 등의 사례분석을 통해 재외국민보호 위기관리대응체계의 개선방안을 도출하고자 한다. 연구방법은 정성적 연구방법인 문헌자료 분석을 통해 재외국민보호와 관련된 국내외 연구논문 및 국가위기관리 대응메뉴얼 등 관련 매뉴얼을 바탕으로 향후 보완해야 할 사항에 대한 탐색적 연구를 진행하였다.

특히 포커스그룹 인터뷰(Focus Group Interview, FGI)를 통해 국무총리실 대테러센터, 외교부, 국방부, 경찰청 등 전 현직 전문가 10명을 대상으로 실시하여 실제 재외국민보호를 위해 실효성 있는 정책적 제언을 제시하고자 하였다.

1. 재외국민에 대한 테러위협 증대

2021년 국제테러정세를 고려하여 재외국민 대상으로 한 테러위협을 평가할 때 그 강도가 매우 높다고 판단된다. 지역별로 살펴보면 ISIS 추종세력의 분권화와 포스트 코로나 이후 온라인 기반 자생테러 위협 증대와 맞물려 미국 및 서유럽에서의 아시아계 혐오범죄와 중동 및 동남아시아를 중심으로 우리 민간기업과 근로자들을 대상으로 한 인질 테러위협이 증대될 것으로 전망된다.

먼저 포스트 코로나 이후 미국 및 유럽 등을 중심으로 아시아계 혐오정서가 확산됨에 따라 우리 국민의 폭행 피해가 지속적으로 발생하는 등 재외국민 보호 취약성이 증가되고 있다. 몇 가지 예로, 2020년 3월 10일에 미국 내 코로나 최대

감염지역인 뉴욕 맨해튼 한인 타운에서 한국인 유학생이 흑인들에게 둘러싸여 인종차별적 욕설과 폭행을 당했고, 4월 8일에는 한국인 포함 동양인을 대상으로 SNS에 총격 테러 암시글이 작성되고 인종차별 동영상이 게시되는 등 혐오 분위기가 극에 도달하였다. 최근에는 2021년 3월 13일에는 미국 뉴욕의 83세 한인 여성이 충격적인 묻지마 폭행사건이 발생하면서(머니투데이, 2021. 3. 14), 조 바이든 미국 대통령은 코로나 대유행 이후 동양계 미국인을 노린 증오범죄를 경고하면서 즉각 중단돼야 한다고 강력히 촉구하기도 하였다.

이러한 인종차별적 혐오범죄의 급증의 원인은 첫째, 극우단체들을 중심으로 인종차별 등 사회문제가 초점사건화 되어 테러로 연계되는데, 특히 음모론적 주장인 대전환(Great Replacement)에 기인한다(테러정보통합센터, 2021). 미국의 2019년 증오 및 극단주의 테러분석에서 트럼프 대통령의 등장으로 백인 극우주의 조직이 155개로 55% 급격한 증가한 것이 결정적 원인으로 작용하였다(Guardian, 2020. 3.18).

둘째로 중동, 서아프리카, 동남아시아 등을 중심으로 위험해역에서 해적피해 재발 위협이 높아지고 있다. 해적 근거지로서 해상 치안 역량이 미흡한 나이지리아 인근 서아프리카 기니만 해상에서 우리 선원들의 납치 피해가 수차례 발생하였다. 해적들은 고성능 보트 등 최신장비로 무장하고 자체 정보원 활용하는 등 지능화되고 있고, 테러 대상 목표도 유조선에서 상선·어선으로 확대되면서 해적피해에 의한 테러 위협이 증대되고 있다. 특히 중동 및 아프리카 등지에 테러단체들이 코로나 방역으로 인한 사회불안 현상 및 치안력의 취약성으로 인해, 재외국민을 대상으로 한 국제테러단체의 직간접적인 기획테러 차원의 피해 발생 가능성이 우려되고 있다.

2. 재외국민보호 위기관리체계의 현상진단

그동안 해외에 체류하거나 방문 중인 재외국민들을 보호조치는 외교부의 훈령 및 예규 등 지침에 근거하다 보니 체계적인 법률에 의한 강화된 영사조력이 제한된다는 문제점이 지속되어 왔다. 이를 개선하고자 2019년 재외국민보호를 위한 영사조력법이 공표된 이후 2년간의 준비과정을 거쳐 2021년 1월 16일부로 시행되었다. 이를 토대로 재외국민보호에 대한 기본 및 집행계획 수립 등 체계적인 재외국민보호를 위한 제도적 여건이 확보되었다는 평가를 받고 있다. 그러나 아직까지 각 주재국과 관계기관과 긴밀히 연계된 형태의 재외국민 보호를 위한 적시적인 위기관리체계의 구축은 미흡한 실정이다. 이러한 우리나라의 재외국민보호 실태를 국내외 문헌조사 및 전문가 인터뷰를 대상으로 분석한 결과, 다음과 같은 문제점을 가지는 것으로 나타났다.

1) 위기 유형별 영사조력 체계의 구체적 입법화 미흡

먼저 주재국과의 긴밀한 협업을 위한 영사조력 체계의 취약성을 들 수 있다. 기본적으로 영사조력의 개념적 정의는 2021년 1월 16일부로 시행된 재외국민보호를 위한 영사조력법(이하 "영사조력법")에서 규정되어 있는데, 제2조 상에서 재외국민이 거주, 체류 및 방문하는 국가에서 재외국민의 생명과 신체에 위해행위, 재산상의 손해행위가 발생된 사건·사고에서 재외국민을 보호하기 위해 우리 정부가 재외국민에게 제공하는 제반 보호조치를 의미한다(재외국민보호를 위한 영사조력법, 2021).

주재국과의 영사조력 사항은 우리나라의 주권이 미치지 않는 외국에서 위험에 처한 국민에 대하여 얼마나 효율적으로 보호하느냐에 대한 핵심 사안이므로 관련 법령에서 정하고 있는 주재국과의 영사조력의 구체화되고 실효적인 내용을 통해 해외 기업과 개인에 대한 신속한 지원이 가장 중요하다(정인섭, 2019; 김예경, 2019).

그러나 외교부를 중심으로 개별 법률인 '여권법', '재외동포법', '테러방지법', '재난 및 안전관리기본법' 등 주재국과의 영사조력 업무의 추진을 위한 직·간접 법령들이 입법화가 되지 않거나 정합성 확보 측면에서 미흡한 실정이다(문현철, 2018). 대표적인 예로 미국, 프랑스, 독일 등 해외 주요 국가들은 자연재해, 국제테러, 무력분쟁 발생 등 재외국민보호활동을 위한 군 파견조항의 법적 근거를 마련하고 있으나 우리나라는 이러한 군 파견조항이나, 긴급상황 발생시 긴급자금 및 경비지원 등과 같은 세부적 영사조력 사항이 입법화되지 않고 외교부 내부 업무처리지침(훈령 및 지침 등)에 근거하여 수행되어 재외국민보호를 위한 영사조력에 대한 근거 및 구체적으로 조치사항이 미흡한 실정이다(문재태, 2021).

이로 인해 실제 해외 위기상황이 발생한 경우 아직도 서울 소재 외교부에서 '신속대응팀'을 수천 km 등의 원거리에 파견하고 있어, 아프리카, 유럽, 중동, 남

표 6-48 영사조력의 범위

구분	조치사항	제한사항
재외국민접촉	• 재외국민 체포·구금·수감 시 접촉(영사접견) • 수감된 재외국민에 대한 정기적인 방문·면담을 통한 접촉 등	• 수감된 재외국민의 연고자 면회에 소요되는 비용 지원 등
연고자 파악·고지	• 재외국민 사망·실종 및 미성년자·환자인 재외국민의 사건·사고 발생 시 연고자 파악·고지 등	• 재외국민 본인 의사에 반하는 연고자 파악 및 고지 등
정보제공	• 우리 재외국민이 체포·구금·수감시 변호사·통역인 명단 제공 및 형사재판절차 안내 등 • 재외국민 범죄피해 시 구제를 위한 주재국 제도·절차 안내 등 • 재외국민 환재 발생 또는 범죄피해 시 의료기관에 관한 정보 제공	• 통·번역 또는 법률자문 직접 제공 • 통·번역비, 소송비, 의료비 등의 지불·보전·보증 • 사적 민사 분쟁의 해결 및 이에 대한 지원 또는 개입 등
관계기관 협조요청	• 우리 재외국민이 체포·구금·수감시 국제법과 주재국 국내 법령에 따라 인도적 대우 및 공정하고 신속한 수사·재판을 받을 수 있도록 주재국 관계기관에 협조요청 등	• 주재국 수사 또는 사법절차에 해당하는 업무 수행 • 주재국의 수사·사법절차에 대한 부당한 개입 또는 압력행사 등 • 범죄수사, 범인체포, 직접적인 신변보호 등
긴급조치 노력	• 시급한 환자 발생 시 연고자 및 관계기관과의 협의 후 치료를 받을 수 있도록 노력 • 긴급구조 요청 접수 시 주재국 관계기관에 구조요청 등 가능한 모든 조치 • 해외위난상황 및 긴급한 상황의 경우 관계 행정기관 협의하에 항공기, 선박 및 차량 등 지원 가능	• 각종 신고서 발급, 제출 대행 • 사건·사고 관련 상대측과의 보상 교섭 등

출처: 재외국민보호를 위한 영사조력법 제11조–제16조 재정리.

미 등에서 해외 위난 발생 시 신속한 대응이 매우 제한적이며 2019년 11월 미국 캘리포니아 산불 발생 시, 최초 사건 신고를 접한 외교부와 현지 영사관 간 의사소통 문제로 긴급구조조치가 실시되지 않는 등 문제점이 발생하였다. 또한, 미국처럼 해외 자국민 보호활동(Non-combatant Evacuation Operation: NEO)의 구출·이송활동 등 관련한 법적 근거가 부재하여, 상황 발생 시 실효적 대응이 제한될 수 있다(도중진, 2016). 2011년 일본 후쿠시마 원전사고 시 미국, 영국, 중국 등은 자국민 소개령을 조치하였으나, 당시 우리나라는 소개령도 마련되지 못한 한계점이 노출되기도 하였다(JNC TV, 2019.1.22.).[63]

이러한 문제점을 개선하고자 외교부를 중심으로 2년간의 준비과정 끝에 영사조력법 시행에 따라 재외국민의 생명, 신체와 재산을 보호하기 위한 국가의 영사조력과 관련한 제반사항을 법률에 근거하여 보다 체계적이고 강화된 영사조력 시스템 운영이 구축되었다. 이를 통해 재외국민이 사건·사고 유형별로 우리 정부가 제공하는 영사조력의 내용이 규정화되어 국민이 예측 가능한 영사조력을 제공받게 되었다. 그러나 영사조력의 유형이 주로 체포·구금·수감된 재외국민에 대한 영사조력 내용 위주로 국한되어 재외국민 접촉, 연고자 파악 및 고지, 정보제공, 관계기관 협조요청, 긴급조치 노력의 범위로 한정하고 있고, 실제 위기 유형별로 주재국과의 구체적 공조사항이나 영사조력 범위는 제시되지 못한 실정이다(영사조력법 제11조-제16조).

또한, 주재국 소방, 경찰 등 법집행기관, 출입국관리소, 응급의료시스템 등 유형별 공조체계 강화를 위한 입법적 보완이 다소 미흡하다. 이로 인해 주재국과 위기 상황유형별 예방, 대응, 구조 등의 단계별 시스템의 신속한 대응 활동을 기대하기 어려운 실정이다.

63 박병석 더불어민주당 의원실이 재난발생 시 재외국민 보호 매뉴얼 관련 외교부 답변 자료임. http://homepy.korean.net/~jnctv/www/news/news/read.htm?board_no=923.

2) 관계기관과의 위기관리매뉴얼 정합성 보완

재외국민보호와 관련된 국내 관계기관으로는 기획재정부, 외교부, 법무부, 국방부, 행정안전부, 문화체육관광부, 보건복지부, 국토교통부, 해양수산부, 국가정보원, 경찰청, 소방청, 해양경찰청 등 13개 기관을 들 수 있다(영사조력법 시행령 제2조, 2021). 현 정부에서는 통합적 재외국민보호 체계구축 역량 강화를 위해 외교부 등 재외국민보호 주관기관을 중심으로 '국가위기관리기본지침'에 근간을 두고 재외국민보호 위기관리 표준매뉴얼(2020. 1월 개정)을 개정하여 국가 총역량 차원의 재외국민보호 대응체계를 강화하고 있다. 특히, 국가 위기발생 시 각종 상황보고 및 위기경보 발령사항은 국가안보실(국가위기관리센터)에 반드시 보고하도록 의무화하여 매뉴얼을 통한 현장에서의 재외국민 보호 대응업무의 효율성 향상을 추진하고 있다(김정곤 외, 2018).

그러나 국내 관계기관별 위기관리 매뉴얼인 국가위기관리지침~관계기관별 실무매뉴얼상의 연계성 있는 대응은 다소 취약한 실정인데, 위기상황 발생 시 단계별 세부 대응절차의 정합성 및 구체적 조치사항이 미흡하다, 이것은 개별 기관별 독자적으로 매뉴얼을 기획, 작성하여 운용하고 있고, 관계기관 합동 토의를 통해 매뉴얼 기본방향상의 기관의 책임과 역할, 기능에 부합되게 반영되지 못하는 것으로 평가된다.

일례로 국외 테러 및 인질납치가 발생하였을 경우 외교부에서는 초동대응 시 부처 내 유관 실·국, 관계기관과의 상황전파 및 위기상황 확인 통한 공동대응 체

표 6-49 위기유형별 관계기관 현황

위기유형	관계기관
해외재난	외교부·행정안전부
국외 테러(인질파랍)	국방부·국가정보원
감염병 및 응급의료	보건복지부(질본)
항공기 사고	국토교통부
해양사고	해양수산부
출입국문제	법부무

제 가동, 재외국민보호대책반 구성에 따른 세부 초동대응팀의 조치사항이 우선 작동이 전제되어야 한다. 둘째로 주요 관계기관인 국가정보원~국방부(합동참모본부)－경찰청－해수부(해경청) 매뉴얼 간 주요 조치 및 공조사항인 인질구출 및 무력진압 작전 검토 시 무력진압작전, 인질협상을 위한 주재국 공안기관 협력, 인터폴 협조 등 세부적인 대응절차가 미흡한 실정이다.

또한 포스트 코로나 이후 감염병 발생시 재외국민 보호 역량의 강화가 우선적으로 필요한 시점이나 현재의 재외국민보호 매뉴얼은 보호 대상의 범주를 사건·사고, 전쟁, 재난, 테러 등 해외 위난 중심으로 국한하고 있어 매뉴얼 보완이 필요한 실정이다. 특히 보완해야 할 분야로는 코로나 사태와 같은 감염병 발생 시 재외국민에 대한 국내 후송방안(전세기 운용지침), 긴급구난활동비 사용지침, 신속 해외송금 지원제도 운용지침, 국내 격리시설로 연계 수용 등을 들 수 있다(이준서, 2018; 문현철, 2020).

그 외에도, 해외 위기상황 유형별 재외국민보호의 상황 발생을 예방하는 여러 조치들이라 할 수 있는 여행경보, 여행금지 제도, 대응 매뉴얼(행동요령) 등에 대하여 국민에 대한 예방 및 홍보대책도 보완이 필요하다(외교부, 2019). 해외 출국 시 여행지에 대한 충분한 사전 학습과 교육이 매우 미흡한 상태에서 현지에 도착하게 되는 경우가 대부분으로 교육·홍보 등 방법을 통해 위험상황에 대한 대비, 조치방안을 숙지시켜야 한다.

3) 민간기관과의 위기관리 거버넌스 미흡

먼저 주재국 내 파견되어 있는 우리 민간단체 및 기업 등의 네트워크를 활용한 위기관리 거버넌스(governance)[64]의 취약성 문제를 들 수 있다. 우리나라는 재외국민보호를 위한 위기관리 활동의 주체가 외교부 주도의 국가기관이 전부이며, 민간기업이나 단체 등은 보안이라는 이유로 위기관리 대응체계에 배제하여 왔다. 진

64 상호의존성을 특성으로 하여, 정부보다 더 넓은 행위자들이 포함되어 네트워크 참여자들 간에 자율성을 통한 지속적인 상호작용을 수행하는 협력적 네트워크 활동을 의미한다.

| 그림 6-5 | 미국 국무부 해외안전자문위원회(OSAC[65]) 프로그램[66]

통적 안보시대에는 국가 공권력에 의한 재외국민보호가 가능했으나, 다양한 위기 유형이 동시다발적으로 발생하는 현재의 비전통적 안보시대에는 국가 공권력만 가지고는 적시적인 재외국민보호가 제한될 것이다. 오히려 주재국의 치안 및 안보 관련 실시간 정세를 파악 및 분석하는 역량은 주재국내 오랜 기간 활동했던 민간 기업들이 그 역량이 상대적으로 높을 것이다.

미국의 경우에는 이러한 문제점을 개선하고자 국무부(Department of State)의 지원을 받는 해외안전자문위원회(Overseas Security Advisory Council: OSAC) 제도를 운영하고 있다. 해외공관을 중심으로 주재국 내 활동하는 다양한 민간 기업, 단체들과 연계된 재외국민 보호를 위한 정례적이고 상설화된 분과활동(Working Group)을 구성하여 위기관리활동을 수행하고 있다. 이를 통해 미국의 해외안전 관련 대외정책이나 각종 테러 위협정세 등 유용한 정보들을 공유하고 필요한 적시적인 지원을 수행하고 있다. OSAC은 정부의 산하기관은 아니며, 특별히 정보당국과 관련성을 맺지 않는 독립적이며 자율적인 안전 및 위기관리 활동그룹이라고 할 수 있다.

주요 편성으로는 연구개발팀(Research & Analysis), 대외협력팀(Partnerships), 지부인증팀(Country Chapter Accreditation), 세계위기분석팀(Global Threat Warning) 등으로 구

65 https://www.osac.gov/.

66 http://www.nypdshield.org/public/.

성되며, 주요 임무로는 전 세계의 미국인 재외국민보호를 위해 주재국의 인적 요인, 소셜미디어, 언론보도, 비디오, 인터넷 등 전방위적 네트워크를 운용하여 주재국 공안기관과 파트너십을 통해 각종 위기유형별 경보 및 분석임무를 수행하고 있다. 특히 전 세계의 권역을 아프리카, 아메리카, 아시아, 유럽, 중동 및 북아프리카로 구분하여 자국민을 보호하기 위해 민간 기업, 비영리 단체, 학교기관 등 5,400개의 조직(1만 8천 명)을 활용하고 있다.[67]

둘째로 KOICA 해외안전담당관 제도의 재외국민보호 시스템 활용 미흡을 들 수 있다. 정부의 공적개발원조(ODA)를 개발도상국을 중심으로 인도적 견지에서 국제협력사업을 추진하는 KOICA(한국국제협력단)는 매년 2000명 규모의 국내 인력을 해외로 파견하고 있으나 재외국민보호를 담보할 전담부서 및 인력의 확충은 지속적으로 미흡한 것으로 지적되어 왔다. 특히 KOICA가 파견하는 국가들이 지진 등 재난, 테러 등 치안불안 국가들이 상당히 많고 48개의 해외사무소 중 외교부의 '철수권고' 이상의 여행경보 단계로 지정된 국가에 파견된 사무소는 25개나 되는 실정이다.

이러한 이유로 KOICA에서는 2020년 최초로 해외안전담당관 32명을 채용하는 제도를 시행하였는데, 주요 임무는 주재국 해외사무소에서 국가별 안전사고 예방 및 사고 대응 전담업무수행이었다. 채용시 경력 요건으로는 주요 민관군경 분야에서 종사한 국가안보 및 안전업무 수행자로서, ① 재외공관에서 영사(영사, 부영사, 경찰영사 등)로 근무 경력, ② 재외공관에서 군무관 업무 수행 경력, ③ 민간 보안업체 팀장급 이상 경력, ④ 각 군, 국가정보원, 전국 경찰관서에서 5급 공무원 상당 계급 등으로 명시되어 있다. 그러나 해외안전담당관 제도 신설 이후에도 취약성 대책은 의문시되고 있는데, 재외국민보호 업무에 특화된 전문인력의 부족 등 체계적인 안전 담보 시스템이 취약하다는 점이 문제점이 지속 지적되고 있다(윤민우, 2014). 특히 해외안전담당관들이 외교부의 위기관리 대응 조직도 및 해외 공관의 현장지휘본부 편성 등에 배제되어 있는 실정이다.

67 https://www.osac.gov/About/WhoWeAre.

4) 재외국민보호 전담조직의 부족

현재 재외국민보호 관련 사건조치를 위한 영사인력은 영사가 아닌 행정원을 중심으로 인원이 편성되어 있어 취약한 실정인데, 영사가 아닌 행정원을 중심으로 인원을 충원하고 있어 관련 업무 수행에 어려움이 따른다. 재외공관 비상연락대책이 최신화(해외안전여행 스마트폰 앱)되지 않고 있다는 점과 재외국민보호를 위한 영사업무 처리지침 근거하여 긴급연락처(24시간) 운용하고 있으나, 전 세계 173개소 재외공관 중 85개 공관의 연결제한(콜백)이 나타난다는 점은 담당 인력 부족에 의한 미흡한 조직 관리로 원활한 운영이 제한됨을 보여준다(이인영 의원실, 2018. 10. 10.).

둘째로 KOICA의 재외국민보호 전담조직 및 인력도 취약한 실정이다. 2019년 기준으로 보면 1인당 300명이 넘는 해외 파견인력을 담당하고 있다 보니 파견국 정세가 급변하거나 불안해질 때 체계적으로 파견인력에 대한 위기대응업무를 수행하는데 한계점이 도출되었다. 2018년 민주콩고공화국 대선 정국 당시 불안한 치안상황이 증대되자 KOICA에서는 파견인력을 주변국가인 에티오피아로 긴급 대피시켰는데, 안전관리 전문인력 부재로 주재국 내 치안상황의 예측, 공안기관과의 정보공유가 절대적으로 제한되는 문제점이 식별되었다. 당시 전문성 있는 전담인력이 있었다면 주재국과의 정보획득 및 노하우를 기반으로 체계적으로 재외국민보호 위기대응 차원에서 실시했을 것이라는 평가가 도출되기도 하였다. 2018년 기존 해외운영안전실에서 안전 기능만을 분리해 글로벌안전센터로 개편하였고 안전관리 전문인력을 늘려 조직을 확충했으나 통합적인 정보획득·분석, 상황관리, 교육훈련 등이 포함된 전문화 조직을 구성하기에는 미흡한 실정이다.

제8절 <<< 가상자산 사이버 테러양상[68]

최근 들어 물리적 측면의 테러공격 이외에도 사이버 공간에서 테러범을 모집하기 위한 다양한 선전 선동 활동과 이를 위한 테러수단으로서 가상화폐를 활용한 자금모금 수법 범죄 등이 고도화되고 있다(테러정보통합센터, 2021). 전 세계적인 관심이 집중되고 있는 가상자산은 그동안 다루어지지 않았던 생소한 거래수단이라는 측면에서 국가별 규제나 정책, 법률적 지위 등이 상이하여 이와 관련된 혼란이 적지 않게 발생하고 있다. 특히, 우리나라를 비롯한 해외 주요 국가들이 가상자산을 공식적인 화폐로 규정하지 않아 각종 강력범죄 및 테러 등에 가상자산은 감시와 규제를 피하기 위한 유용한 거래수단으로 악용되고 있다. 가상자산 불법행위 검거 건수 및 인원은 매년 증가하고 있으며 가상자산 불법행위로 인한 피해액 역시 2021년 급격히 증가하였다(경찰청, 2021).

이와 관련하여 국내에서는 2017년 2월경 마약류 거래 과정에서 가상자산의 일종인 비트코인을 주고받는 등 가상자산이 범죄수단이자 매개체로 이용되고 있음이 수사기관에 의해 밝혀진 사례가 있으며, 2015년에는 팔레스타인 가자지구의 테러단체에서 소셜미디어를 활용하여 테러자금을 비트코인으로 모금한 사례가 있다(Simone D. Casadei Bernardi, 2019).

물론 대법원에서는 가상자산인 비트코인에 대하여 몰수를 확정함으로써 가상자산에 대한 금전적 가치를 부여하고 이를 형사적으로 제재할 수 있는 대상으로 판단하고 있음을 보여줌으로써 수사기관 입장에서 향후 가상자산을 이용한 범죄 수사에 있어 지표로 활용할 수 있게 되는 등의 긍정적인 측면도 있지만[69] 가상자산의 변이성, 보안성 등 일반 화폐와 다른 특징들로 인해 가상자산을 이용한 테러 범죄의 경우 다른 일반적인 범죄보다 수사를 함에 있어 상대적으로 더 많은 제한

68 이 부분은 지무현·김태영·김호(2021)의 관련 부분을 수정·보완하였다.

69 대법원 2018. 5. 30. 선고 2018도3619 판결.

사항이 발생할 수 있다는 점을 고려했을 때 가상자산 관련 테러범죄수사에 있어 여전히 개선 소요가 많은 것이 현실이다(이주일, 2018; 선종수, 2019; 김용필, 2020).

주요 개선 소요로는 먼저 가상자산이 기존의 압수가 가능한 법적인 의미의 물건 또는 전자정보인지에 대해 명확한 판단 근거가 정립되지 않아 압수 가능성에 대한 의견이 분분한 실정이다. 둘째로, 가상자산의 특성상 거래 전과 후의 동일성을 입증하기가 어렵고, 가상자산을 압수할 때 이미 가상자산이 악성코드에 감염되거나 블록체인이 바이러스 등에 의해 오염되었을 위험이 있음에도 현재까지는 이를 확인하고 검증할 수 있는 제도 및 기술이 미흡한 상황이다. 셋째로, 가상자산을 테러 등의 범죄에 이용하는 경우 그 추적을 어렵게 하기 위해 다수의 국가에 있는 거래소로 옮겨가며 거래하는 사례가 증가하고 있어 수사에 난항이 발생하고 있다. 그러나 기존의 가상자산 관련 연구들은 주로 범죄예방 및 수사를 위한 법령과 제도 개선 등 거시적 측면에서의 정책제언 위주로 연구가 수행되어 왔다. 또한 테러범죄의 수단 또는 목적으로 사용된 가상자산에 대해 디지털 증거로서 압수 및 보관, 분석하는 디지털포렌식의 관점에서 무결성 보존을 위한 구체적인 절차, 법령 및 제도 개선 등의 연구들은 심층적으로 논의되지 않은 측면이 있다(정재원, 2016).

이에 본 장에서는 점차 증가하고 있는 가상자산 관련 테러에 가상자산 활용 가능성 등을 고려하여 가상자산의 특징을 분석하고 수사 과정에서 가상자산에 대한 기존 디지털포렌식 적용의 한계점을 도출한 후, 이를 바탕으로 향후 가상자산 관련 디지털포렌식 분야의 주요 개선소요의 검토 및 정책적 시사점을 제시하고자 한다.

1. 테러수단으로서 가상자산의 특징

1) 가상자산의 정의 및 원리

현재까지 국제사회에서 가상자산에 대한 공식적인 용어 및 정의의 통일은 이루어지지 않고 있으며, 〈표 6-50〉과 같이 가상자산에 대한 국가별·기관별 사용

표 6-50 가상자산 테러 사건 현황

조직명	기간	수단	종류	모금액	활동
MSC(Mujahideen Shura Council)	'15~	텔레그램 등 소셜미디어	비트코인	USD 540	이스라엘에 대한 무장공격
Malhama Tactical	'15~	텔레그램 등 소셜미디어	비트코인 등	USD 100	시리아 반군 무장단체 훈련
ISIS	'17~	다크넷	비트코인	USD 4백만불	전 세계적 광범위한 테러 활동
Al-sadaqah	'18~	텔레그램 등 소셜미디어	비트코인	USD 1,000	시리아 이슬람 테러집단 대변
Hamas	'19~	텔레그램 등 소셜미디어	비트코인	USD 5,500	이스라엘에 대한 무장공격
Al-Qassam Brigades	'19~	소셜미디어, 웹사이트	비트코인	미상	이스라엘에 대한 무장공격

출처: 강태호·차장현·김건인. (2020), Schwarz &, Manheim, & Johnston(2019). Simone & Bernardi. (2019) 재구성.

용어 및 정의가 상이한 측면이 있으나, 대부분의 국가가 가상자산의 경제적 가치는 인정하면서 화폐로서의 법적 지위는 보장하지 않고 있다는 측면에서는 유사성을 보인다. 우리나라는 "가상자산"을 경제적 가치를 지닌 것으로서 전자적으로 거래 또는 이전될 수 있는 전자적 증표(그에 관한 일체의 권리를 포함한다)라고 법률에 명시하고 있는데.[70] 특정금융정보법의 제·개정 이유를 보면 가상자산이 기존 가상자산, 암호화폐의 개념을 통용하고 있음을 알 수 있으며, 본 장에서는 특히 암호화 기술을 적용한 가상자산을 지칭한다(이관형, 2019).

현재까지 가상자산은 해시함수(hash function)[71] 및 블록체인(Block Chain)[72] 등

---

70 특정 금융거래정보의 보고 및 이용 등에 관한 법률(법률 제17113호, 2021. 3. 25. 시행).

71 하나의 문자열을 보다 빨리 찾을 수 있도록 주소에 직접 접근할 수 있는 짧은 길이의 값이나 키로 변환하는 알고리즘을 수식으로 표현한 것. 즉 어떤 키에 대한 테이블 주소(table address)를 계산하기 위한 방법으로 주어진 키 값으로부터 레코드가 저장되어 있는 주소를 산출해 낼 수 있는 수식을 의미한다(IT용어사전, 한국정보통신기술협회).

72 '블록(Block)'을 잇따라 '연결(Chain)'한 모음을 말하며, 블록체인 기술이 쓰인 가장 유명한 사례는 가상화폐인 '비트코인(Bitcoin)'이다. 비트코인은 블록체인 기반 기술이다. 일정 시간 동안 확정된 거래 내역이 담기며, 온라인에서 거래 내용이 담긴 블록이 형성되는데, 시스템으로 네트워크를 구성, 제3자가 거래를 보증하지 않고도 거래 당사자끼리 가치를 교환할 수 있다는 것이 핵심개념이다(ICT 시사상식 2017).

특정 기술수단에 의해 통용되며 기존의 중앙관리 체계에 의한 거래방식이 아니라 각 개인들이 거래정보를 블록체인 구조로 공유함으로써 상호 인증이 가능하도록 한 방식의 화폐라고 알려져 있다(김용필, 2020).

즉, 가상자산을 소유한 각 개인이 개별 주소와 암호키를 이용하여 거래하고 자신의 소유 및 거래내역들을 전부 암호화한 상태로 공유하되 표면적인 거래상태를 거의 실시간에 준하여 모두가 확인할 수 있게 함으로써 공정성과 신뢰성을 보장하는 시스템이라고 할 수 있는 것이다(최훈제, 2019).

그리고 위와 같은 특징을 가진 가상자산 거래 시에는 해당 화폐의 사이버 공간상의 주소 및 서명을 위한 개인키(비밀키)가 요구되며, 이러한 항목들을 만들어내기 위해 임의 수치를 생성하는 특정 시스템을 통해 숫자를 도출한 후 해시함수로 개인키를 만들고, 이후 해당 개인키를 또 다른 해시함수로 연산하여 공개키를 도출함으로써 무결성을 보장할 수 있는 특정 알고리즘을 거치게 함으로써 최종 거래에 사용할 가상자산 주소를 정한다.

가상자산의 거래는 거래정보를 생성하여 보내는 사람이 자신의 개인키로 서명한 후 블록체인 P2P 네트워크의 일원으로서 블록체인 기록을 받는 노드에 전파함으로써 성사되는데, 이때 생성되는 거래정보에는 보내는 사람과 받는 사람의 주소 및 보내고자 하는 금액 등의 거래에 필요한 정보가 담겨있다.

이때, 보내는 사람이 생성한 거래정보는 먼저 하나의 노드에 전달되고, 이 노드는 비트코인 네트워크에 있는 모든 노드에게 거래정보를 전파한다. 그리고 노드들이 거래정보의 무결성을 검증하게 되면 해당 거래정보가 영구적으로 블록에 기록되고, 최종적으로 거래가 완료된다.

2. 가상자산을 활용한 테러 양상

미국의 대표적인 싱크탱크 중 하나인 랜드연구소는 가상자산의 특징 분석을 통해 테러단체의 가상자산 활용 가능성을 판단하였다. 랜드연구소가 제시한 테러수단으로서의 가상자산의 특징은 크게 6가지로 나뉘는데, 익명성과 가용성, 보안,

수용성, 신뢰성, 거래량이 그것이다(Schwarz & Manheim & Johnston., 2019).

첫째로 익명성과 관련하여 테러단체가 추적을 피해 가상자산을 테러 수단으로 활용하기 위해서는 익명성이 보장되어야 하지만, 가상자산은 그 특성상 모금을 위해서는 공개키를 공개할 수밖에 없으며 공개키가 공개되면 개인키 소유자의 신원이 노출되므로 익명성을 보장받을 수 없다. 또한 키의 재사용은 트랜잭션의 연결에 해당 인원의 연속적인 거래내역 추적이 가능토록하며, 재사용 없이 다수의 계좌를 사용하더라도 그 출력이 단일 구매를 위해 함께 사용되므로 사용자를 찾을 수 있게 된다.

둘째로 가용성으로서 테러 자금으로서 거래와 보관의 용이성을 의미하는데, 다른 새로운 기술들과 마찬가지로 가상자산 역시 새로운 사용자들이 쉽게 이용하기 힘들다는 특징이 있다. 온라인 거래소를 이용한 보다 쉬운 접근방법이 있지만 이는 익명성을 보장해 줄 수 없고, 다양한 규제로 인해 쉽게 자금이 동결될 수 있는 등의 문제가 있다. 날이 갈수록 가상자산 개발자들은 그 가용성과 보안성을 강화하고 있으며, 익명성을 보장해 주는 개별 사용은 점점 더 어려워지고 있다. 익명성과 가용성의 반비례 관계는 테러 조직이 이들 중 무언가를 쉽게 선택하지 못하도록 만들 수 있다.

셋째로 보안은 가용성과 매우 밀접한 연관이 있는데 보안과 가용성은 상충관계에 있을 수 있다. 예를 들면 초기의 가상자산 거래소들은 지갑을 쉽게 만들 수 있게 했다가 해킹 등으로 인해 큰 피해를 본 사례가 있다. 개인이 하드웨어 지갑 등을 이용하여 보안을 유지하도록 하는 방법도 있지만 이러한 방법 역시 도난을 비롯한 다양한 공격에 취약한 것은 마찬가지다. 해킹을 비롯한 개별 공격뿐만 아니라 프로토콜 수준의 취약성도 존재하는데, 소프트웨어에 결함이 있거나 시스템 작동 원리에 문제가 있을 경우 공격받을 수 있다.

넷째로 수용성은 사용자가 속한 사회에서 사용자의 수에 비례하여 가상자산을 수용할 수 있는 정도를 의미하는데, 보통의 테러단체들이 속한 지역에서는 매우 제한되어 있다. 예를 들어 중동에는 매우 적은 수의 비트코인 ATM이 존재하는데, 이스라엘 외부에서 ATM이 있는 곳은 사우디아라비아의 유바일 지역뿐이며 그나마 500~600달러의 입금 제한을 두고 있다.

표 6-51 연도별 가상자산 불법행위 검거건수/인원

구분	'17년	'18년	'19년	'20년
검거건수	41	62	103	333
검거인원	126	139	289	560

자료: 경찰청(2021).

다섯째로 신뢰성은 테러범 관점에서 가상자산 트랜잭션의 속도와 사용성을 의미한다. 비트코인을 비롯한 많은 가상자산들은 지금까지 매우 불안정한 모습을 보였다. 특히 대부분의 가상자산들은 재정 지원을 받지 못하거나 범죄 또는 테러에 연루되는 등의 이유로 사라져갔다. 이러한 문제들은 단기적인 사용자인 테러범에게는 심각하지 않을 수 있지만 중·장기적인 사용자들에게는 매우 심각한 영향을 미칠 수 있다.

마지막으로 거래량은 안정적인 전송을 위한 중요한 제한요소이다. 거래량이 적을 경우 트랜잭션에 대한 가격 민감도가 커지고 트랜잭션 비용이 비싸질 수 있다. 또한 거래량이 적으면 많은 거래가 발생했을 때 대중들의 눈에 띄기 쉽고 추적이 용이하므로 특정 가상자산을 이용하고자 하는 테러단체에게는 특히 큰 용량이 요구된다.

가상자산의 이러한 특성들을 고려했을 때 현재까지 테러단체가 모금이나 밀매와 같은 활동 간 가상자산을 사용하기 위해 요구되는 높은 익명성과 보안성, 신뢰성 등을 모두 만족하는 종류의 가상자산은 존재하지 않으며, 실제로도 현재까지 테러 조직들이 가상자산을 광범위하고 조직적으로 사용하고 있다는 징후는 찾아보기 힘들다. 하지만 가상자산을 사용하려고 시도하거나 이미 시도한 외로운 늑대형 테러범과 일부 조직들이 있다.

국제 테러단체의 첫 테러수단으로서의 가상자산을 활용사례는 2012년 가자지구의 MSC(Mujahideen Shura Council)와 연관된 것이었다. 해당 조직은 이스라엘에 대해 급조폭발물과 로켓 공격, 소셜미디어를 활용한 활동 홍보 등을 수행했다. 특히 선전조직인 ITMC(Ibn Taymiyyah Media Center)가 이러한 홍보와 모금 활동을 담당했다. 그들은 2015년 소셜미디어를 통해 'Jahezona'라는 이름의 모금 캠페인을 벌

표 6-52 연도별 가상자산 불법행위 피해액

(단위: 억 원)

'17년	'18년	'19년	'20년	'21년 5월
4,674억 원	1,693	7,638	2,136	41,615

자료: 경찰청(2021).

였다. '우리를 무장시켜 달라'라는 의미의 이 캠페인은 조직원들 개인마다 2,500달러의 모금을 하는 것이 목적이었다.

그들의 광고에는 비트코인을 쉽게 기부할 수 있도록 QR코드가 포함되어 있었다. 비록 모금액은 540달러 수준의 비트코인이 전부였지만, 테러단체가 활동 자금으로 가상자산을 모금할 수 있다는 가능성과 중요성을 보여 준 첫 사례라는 것에 의미가 있다(Simone & Bernardi., 2019).

이후에도 테러단체의 가상자산과 소셜미디어를 활용한 이러한 방식의 모금활동은 지속되었으며 그 규모는 점차 커져 2020년에는 미국 법무부에서 하마스 무장단체인 알카삼 여단과 알카에다, ISIS가 참여하고 있는 테러자금지원 활동을 해체했음을 발표하였다. 테러 자금 압수 규모는 수백만 달러에 달하였으며 300여 개의 가상자산 계좌와 소셜미디어 등을 통해 압수했음을 밝혔다. 알카삼 여단은 소셜미디어, 웹사이트를 이용하여 모금활동을 벌이면서 비트코인 기부가 추적할 수 없다고 자랑하며 익명으로 기부하는 방법에 대한 동영상 지침을 제공하였으나, FBI, IRS 요원들은 알카삼 여단의 계좌로 자금을 세탁한 150개의 가상자산 계좌를 모두 추적하고 압수하였다(U.S. Department of Justice, 2020).

우리나라의 경우 현재까지 가상자산을 활용한 테러 사례는 발견되지 않았지만 경찰청 통계에 의하면 최근 5년간 가상자산과 관련된 각종 범죄의 검거 건수 및 그 피해액이 빠르게 증가하고 있으며, 테러범죄를 위해 가상자산을 이용하는 경우 통상 자금세탁 등을 목적으로 여러 국가의 많은 거래소를 거칠 수 있다는 점을 고려했을 때 우리나라 역시 가상자산을 활용한 테러범죄의 안전지대에 있다고 보기 어려운 실정이다.

테러단체의 가상자산 사용을 제한할 수 있는 가상자산의 기술적 특성은 보다 다양한 방식으로 변할 가능성이 있다. 그리고 이러한 변화는 테러단체의 가상자산 사용을 더 쉽게 만들거나 더 어렵게 만들 수 있다. 또한 테러단체가 이러한 시스템을 사용할지에 대한 문제는 이용 가능한 기술뿐 아니라 조직의 필요와 능력 등 다양한 요소에 의해 영향을 받을 것이다.

3. 테러범죄수사활동 간 가상자산 디지털포렌식 실태분석

그렇다면 과연 테러범죄에 사용된 가상자산에 대한 압수, 디지털포렌식 등 수사 절차는 어떤 방식으로 이루어지고 있을까? 판례[73]에 따르면 수사기관이 범죄 수단으로 사용된 가상자산에 대한 압수 등 절차 진행 시 해당 화폐가 보관된 소유자의 계정정보를 임의제출 받고 그 정보를 이용하여 가상자산 서비스 계정에 접속 후 수사기관이 별도로 생성한 주소로 압수대상 계정의 가상자산을 이체시켜 압수하는 방식으로 진행된다(선종수, 2020).

그런데 문제는 이와 같은 방식으로 가상자산을 압수하여 세부 거래내역을 확인하고 범죄혐의와 관련된 부분들에 한하여 발췌하여 분석하는 디지털포렌식 과정에서 한계점이 발생할 수 있다.

1) 디지털포렌식 과정에서 무결성 보장 미흡

먼저, 채증 단계부터 살펴보면 가상자산에 대한 적절한 규제 및 체계화가 되지 않은 상황에서 정부나 기관의 개입이 쉽지 않아 해당 가상자산이 통용되는 거래소 등에 많은 해킹시도가 발생하는 현실을 고려해야 한다. 특히, 개별 가상자산 거래의 경우에는 전체 블록체인 해킹이 이루어져야 하므로 이러한 우려가 적지만 최근에는 대부분의 사람들이 거래소를 통해 가상자산을 거래하기 때문에 거래소 해킹에 의한 오염 가능성이 더욱 커지고 있다. 이처럼 이미 압수대상에 해당하는

73 수원지법 2018. 1. 30. 선고 2017노7120 판결.

가상자산이 악성코드에 감염되었거나 해당 가상자산과 연결된 블록체인이 바이러스 등에 의해 오염되었을 경우, 최초에 이러한 사실을 인지하지 못한 수사기관에서 압수물을 세부적으로 분석하기 위해 디지털포렌식을 진행하는 과정에서 오염 사실을 인지하게 된 경우 압수한 증거물인 가상자산의 무결성을 보장하기 위해서는 오염 시점을 특정하고 증거물 상태 변화가 있다면 그 인과관계를 명확하게 입증해야 한다.

대표적인 국내외 거래소 해킹 사례를 살펴보면 다음과 같다. 슬로베니아에 본사를 둔 거래소 비트스템프는 2015년 현재까지도 그 정확한 수법이 확인되지 않은 해킹 공격으로 인해 당시 한화로 약 55억 원 상당의 피해를 입은 바 있으며, 국내에서는 2017년 야피존 거래소가 2차례에 걸친 해킹으로 인해 약 225억 원 상당의 피해를 입은 바 있다. 또한 우리나라에서 가장 규모가 큰 거래소 중 하나인 빗썸 역시 2017년 사용자 계정 266개가 해킹되어 가상자산이 출금되는 피해를 입은 바 있다. 이처럼 만약 가상자산의 압수 과정에서 이러한 해킹 등에 의한 침해사고가 발생한다면 오염 발생시기에 따라 채증, 분석해야 할 증거물의 범위 등이 달라질 수 있다(연성진 외, 2017).

그럼에도 불구하고 아직까지 가상자산에 대한 압수 단계부터 디지털포렌식을 통한 분석 종료 시까지 해당 가상자산의 오염 여부를 사전 진단하거나 전 과정 진행 간 이를 점검하기 위한 장치나 매뉴얼이 부재한 상태이다(이원상, 2017).

둘째로 본격적인 디지털포렌식 분석작업 과정에서 해시값 인증 등 무결성 유지의 어려움을 들 수 있다. 가상자산은 그 특성상 고정된 형태가 아니다. 즉 주소 자체가 화폐를 치환하는 상태라고 볼 수 있기 때문에 기존 디지털 증거물의 무결성 판단 기준인 해시값의 동일성을 기준으로 가상자산의 무결성을 판단한다면 거래가 이루어지는 순간 가상자산의 가치의 동일성 여부와는 별개로 디지털 증거로서의 가상자산의 무결성이 보장되지 않는다고 볼 수 있다.

따라서 엄밀히 따졌을 때 수사기관에서 가상자산을 압수하기 위한 기존의 방식인 자체 계정으로의 이체는 기존 디지털 증거의 무결성 판단 기준에 비추어 보았을 때 문제가 될 수 있다. 최초 이체 전 주소의 해시값을 확인하여 인증한 후 이체된 상태의 해시값을 도출한다고 해도 이체되기 전의 기존 가상자산 주소는 지속적으로 거래가 이루어지는 블록체인 상태에 있기 때문에 변동 가능성이 높아 차후 수사기관에서 법정에 제출한 해시값과 상이할 수 있기 때문이다.

셋째로 가상자산 거래 실무상 이체 버튼을 누른다고 해도 실시간으로 이체되는 것이 아니라 수 분 이상 소요되는 등 시간이 지체되는 문제가 있으며 거래소를 이용한 가상자산의 경우 거래 마감시간에 임박하여 이체가 이루어진 경우 거래승인이 안 된 상태로 블록체인에 기록될 수도 있어서 수사기관에서 이렇듯 애매한 시점에 압수한 가상자산을 범죄에 이용된 가상자산라고 특정하기 어려울 수 있다.

다만, 가상자산의 특성상 거래가 발생하면 트랜잭션이 기록되어 거래내역을 확인할 수 있으므로, 가상자산의 경우 기존 디지털 증거물의 무결성 검증 방법과는 달리 이를 활용한 무결성 검증에 대한 연구가 필요하다.

2) 가상자산 압수 관련 문제

가상자산 압수 시 발생할 수 있는 제한사항은 크게 법적 제한사항과 기술적 제한사항으로 나눌 수 있다. 먼저 법적 제한사항으로는 압수에 대한 법적인 근거가 미흡하다는 점이다. 가상자산의 압수 가능성 및 근거를 따져보기 위해서는 가상자산이 법적으로 어떠한 성격을 지니고 있는지 알아야 하는데 그 이유는 현행법상 압수는 민법상 물건에 해당하는 실체가 있는 물건 또는 전자정보 등에 한하여 가능한 행위이기 때문이다.[74]

앞서 살펴본 판례에서는 가상자산의 몰수를 인정한 바 있으며, 이후 가상자산에 대한 몰수는 위에 명시한 방법으로 가능하다는 것을 전제로 수사 및 재판이 진행되고 있는 것으로 보인다. 하지만 가상자산의 압수와 관련된 깊이 있는 논의는 이루어지지 않고 있는데, 이와 관련하여 기존 연구에서는 위 판례를 근거로 가상자산에 대한 압수 및 몰수가 가능하다는 의견과 가상자산이 기존의 법률에 근거한 압수 대상물의 범주에 속하지 않는다는 의견이 대립한다.

최훈제(2019)는 앞서 살펴본 수원지방법원의 판결에서 압수된 비트코인의 동

74 형사소송법 제106, 107, 108조.

일성을 인정하는 취지의 내용이 포함된 것을 근거로 가상자산 압수를 가능한 것으로 가정하고 압수수색 절차 및 압수물 관리방안에 대해 논하고 있으며, 최지현(2018)은 가상자산이 형법상 물건이 아니므로 몰수의 대상이 될 수 없지만 가상자산의 재산적인 가치가 인정되고, 범죄와 연관된 부분의 특정이 가능하다면 몰수가 가능하다고 보았다(최지현, 2018; 최훈제, 2019).

한편, 김용필(2020)은 가상자산은 법적인 의미의 물건이 아니라 블록체인 네트워크상의 정보를 본인만이 소유한 개인키를 이용하여 변경할 수 있는 권한이라고 주장하였다. 또한 해당 데이터 역시 모두가 소유할 수 있으며, 이를 비롯한 가상자산의 여러 특징들이 기존 전자정보의 개념과는 다르기 때문에 기존의 판례의 입장 및 법률적 해석에서 벗어나 압수가 가능한 물건의 개념을 확장하거나 관련 법령의 개정이 필요하다고 하였다(김용필, 2020).

기존 연구 중 가상자산의 압수가 가능하다고 주장하는 연구에서는 판례를 그 근거로 하거나 가상자산이 재산적 가치를 지닌다는 이유로 몰수 및 압수가 가능하다고 주장하고 있다. 현행법상 압수는 증거물 또는 몰수할 물건에 한해서 가능하므로 두 가지 경우에 대해 판단할 필요가 있다. 가상자산이 범죄에 사용되거나 범죄의 대상이 되었을 경우 충분히 그 증거물로서 압수의 필요성을 주장할 수 있다. 다음으로 가상자산은 형법상 몰수 대상인 물건의 범주에 속한다고 보기 애매한 측면이 있어 테러범죄를 비롯한 모든 범죄에 대해 가상자산을 몰수하기 위해서는 형법상 물건의 정의를 확장하거나 가상자산을 별도의 몰수 대상물로 반영을 검토할 필요가 있다.

가상자산은 본질적으로 기존의 압수가 가능한 압수 대상물과는 확연히 다른 성격을 지니고 있다. 가상자산의 경우 수사기관 자체 생성 주소로 이체하는 순간 그 정보가 변경되므로 그 기존 전자정보의 압수 시 증거능력 여부를 판단하기 위한 중요한 기준인 무결성을 입증할 수 없게 되는 문제가 발생한다. 따라서 법률에 근거한 가상자산 압수를 위해서는 법률 개정 등을 통해 가상자산에 대한 보다 명확한 압수 절차 및 방법 등을 명시할 필요가 있다. 둘째로 기술적인 제한사항으로서 가상자산의 경우 현재 기술적인 한계로 인하여 기존 소유자가 가상자산의 주소와 개인키를 분실한 경우 이를 복구하는 것은 거의 불가능에 가까운 실정이다.

실제로 가상자산 종류별로 차이는 있지만 대부분의 주소는 30여 개의 문자와 숫자로, 개인키는 52개 가량의 문자와 숫자가 배합되어 있어서 이를 현재의 기술로 제한된 시간 내에 분석하여 해제하는 것은 사실상 불가능에 가까울 뿐만 아니라 이러한 과정에서 거래는 계속하여 이루어지고 있으며 시간이 지체될수록 해킹 등 외부 개입요소에 의한 또 다른 문제가 불거지게 될 소지가 있어 수사의 실효성이 낮다고 볼 수 있다.

3) 추적 회피 및 가치변동 문제

먼저 추적 회피를 위한 해외 거래소 이용과 관련된 문제를 살펴보면, 대부분의 사람들이 거래소를 통해 가상자산을 거래하고 있는 실정이다. 만약 현실적으로 가상자산을 압수하기 위해서는 당사자의 협조가 반드시 필요하다는 점을 고려했을 때, 만일 압수가 필요한 가상자산에 대한 소유권을 가진 사람이 수사기관에 협조하지 않는다면 수사기관의 입장에서는 반드시 거래소를 통하여 해당 인원의 정보를 확인하거나 해당 계정의 가상자산 거래를 동결하는 등의 추가 조치를 취해야 한다. 특히 테러범죄에 가상자산을 수단으로 이용하는 경우 한 국가의 거래소만을 이용하지 않고 자금세탁을 통해 추적과 수사를 어렵게 하기 위해 많은 국가의 거래소로 옮겨가며 거래하는 사례가 많이 발생하고 있다. 이런 상황에서 국내에서 운영 중인 거래소의 경우 상대적으로 협조요청이 수월하며 대부분 수사에 협조적인 반면, 해외 거래소의 경우 시차 등의 문제를 비롯한 다양한 이유로 즉각적인 협조요청이 어려운 경우가 많고 그나마 협조요청을 하더라도 법적인 정보제공의 의무가 없는 이상 자신들의 이익을 위하여 고객의 정보보호를 우선시하는 경우가 많은 실정이다.

특히 가상자산은 아직 많은 국가에서 정식 화폐에 비해 규제가 상대적으로 약하므로 상대적으로 국경을 넘나드는 거래가 용이하고, 전 세계적으로 수많은 거래소들의 난립으로 인해 신속한 추적 및 확보가 어렵다는 특징이 있다. 이는 곧 디지털포렌식을 통한 증거수집 및 분석을 위한 최초 단계에서부터 제한사항으로 작용하게 되는데, 따라서 이를 극복하기 위한 국가 간의 공조수사가 그 어느 분야

보다도 절실하다고 할 수 있다.

둘째로 가상자산의 가치변동 문제인데, 대검찰청에 의하면 2018년 5월 대법원에 의해 최종 확정 판결된 사건에서 검찰이 몰수한 '191.32333418' 비트코인의 처분과정에서 문제가 발생했다. 당시 1비트코인 시세가 830만 원으로 191비트코인은 총 16억 원 상당의 가치가 있었는데 시세변동으로 본래 2,500만 원 대였던 1비트코인의 시세가 830만 원 대로 변동되어 이를 처분하기 위한 시점을 결정하기 위한 현실적인 한계에 부딪힌 것이다. 이와 같이 가상자산은 정부 규제를 일반화폐에 비하여 적게 받기 때문에 시세조종이나 조작이 적지 않게 이루어지고 있어 시세변동의 폭이 큰 편이다(김동현, 2018).

그런데 만약 수사기관에서 디지털포렌식을 하는 과정에서 이처럼 실시간으로 가치변동의 폭이 크다면 현금화하기 전인 가상자산에 대해 구체적인 공시가격이 부여되지 않는 현실을 감안할 때 수사기관이 압수하여 특정 계정을 통해 이체할 당시의 시세뿐만 아니라 디지털포렌식을 하는 시점마다 각각의 화폐단위의 시세가 변동됨으로써 범죄혐의에 해당하는 수준의 금액인지 그 여부를 판단하기가 어렵게 된다.

물론, 행위 당시의 금전 거래 가격을 기준으로 정하는 것이 원칙이지만 거래소를 이용하지 않는 블록체인을 통해 이루어지는 가상자산의 경우 심지어 동일한 가상자산의 같은 시점에서의 시세가 거래소마다 상이하여 시기별로 해당 화폐를 현금화한 실적이 존재하지 않는 이상 가치를 매길만한 기준이 부재하여 어떤 범죄혐의에 대한 증거로 분석되어야 하는지 혼란스러울 수 있다.

참고문헌

[국내문헌]

1. 단행본

경기문화재단. (2021). 『한국 재외동포 정책과 법제화 정책토론회 발표자료』. 경기: 경기문화재단.

경찰청. (2021). 『가상자산 집중단속 결과』. 서울: 경찰청.

국가정보원. (2015). 『테러정세 2016년 전망』. 서울: 국가정보원 테러정보통합센터.

________. (2019). 『2018년 테러정세 및 2019년 전망』. 서울: 국가정보원 테러정보통합센터.

________. (2020). 『2019년 테러정세 및 2020년 전망』. 서울: 국가정보원 테러정보통합센터.

________. (2021). 『2020년 테러정세 및 2021 테러정세전망』. 서울: 국가정보원 테러정보통합센터.

국무총리실 대테러센터. (2016). 『1차 국가테러대책위원회 보도자료』. 서울: 국무조정실.

________________. (2017). 『4 · 5차 국가테러대책위원회 보도자료』. 서울: 국무조정실.

________________. (2018). 『6 · 7차 국가테러대책위원회 보도자료』. 서울: 국무조정실.

________________. (2019). 『8 · 9차 국가테러대책위원회 보도자료』. 서울: 국무조정실.

________________. (2020). 『10 · 11차 국가테러대책위원회 보도자료』. 서울: 국무조정실.

________________. (2021). 『12 · 13차 국가테러대책위원회 보도자료』. 서울: 국무조정실.

________________. (2021). 『주간테러동향(2017~2021). 서울: 국무조정실.

국방부. (2016). 『국방부 대테러활동 훈령』. 서울: 국방부 정책기획관실.

국토교통부. (2017). 『드론산업발전 기본계획』. 서울: 국토교통부.

외교부. (2020). 『외교백서』, 서울: 외교부.

육군본부. (2015). 『야전교범 참고 5-1 대테러작전』. 계룡: 육군본부.

이윤호. (2016). 『현대사회와 범죄』. 서울: 박영사.

정인섭. (2019). 『신국제법강의』. 서울: 박영사.
한국산업보안연구학회. (2019). 『산업보안학』. 서울: 박영사.
Gus Martin(2011). 『테러리즘 개념과 쟁점』(김계동 · 김석우 · 이상현 · 장노순 · 전봉근 옮김). 서울: 명인문화사, 327.
KOICA. (2020). 『2020년 KOICA 해외사무소 안전담당관 채용공고』. 서울: KOICA.

2. 논문

강경수 · 송상욱. (2012). 정치지도자 요인테러 성향 분석과 대응방안. 『한국재난정보학회논문집』, 8(3), 287-296.
강태호 · 차장현 · 김건인. (2020). 가상통화를 활용한 테러자금조달 위협 분석과 국내 대응방안에 관한 연구. 『한국경호경비학회지』, (62), 9-34.
권정훈. (2016). 테러 사례 분석을 통한 경찰의 효율적 테러대응에 관한 연구-통합 시스템 관점을 중심으로. 『치안정책연구』, 30(1), 217-242.
김대권. (2010). 침입절도 특성에 관한 조사연구: 민간경비 활용방안을 중심으로. 『한국경호경비학회지』, (22), 15-35.
김대성 · 이지은. (2018). 터키 테러리즘과 쿠르드 문제: 시대별 특징과 글로벌 & 로컬 요인을 중심으로. 『중동연구』, 37(1), 1-29.
김명일 · 김태영. (2021). 국가중요시설 침입범죄의 영향요인에 관한 연구. 『시큐리티 연구』, 66, 205-227.
김상겸 · 문재태. (2014). 재외국민보호에 관한 법적 연구. 『토지공법연구』, 64, 365-395.
김상진. (2018). 경호실패귀인과 실패사례 분석을 통한 효율적인 경호운용방안 모색: 경호환경의 실패요인과 위해패턴 성향 도출. 『융합보안논문지』, 18(1), 143-155.
김선규 · 문보승. (2019). 한국 내 드론테러 발생 개연성에 관한 정책적 제안. 『한국군사학논집』, 75(2), 167-191.
김선택 · 이상원. (2015). 드론테러에 대비한 국가중요시설 민간경비 개선방안 연구. 『한국민간경비학회보』, 14, 1-28.
김성근 · 이종건 · 문성철 · 정종수. (2019). 드론의 위협과 국가중요시설 드론방어체계 구축에 관한 연구. 『한국재난정보학회 학술발표대회』, 2019(9), 311-312.
김순석. (2011). 테러예방을 위한 환경설계 가이드라인에 관한 연구-미국의 사례를 중심으로. 『한국경찰연구』, 10(4), 139-166.
김열수 · 박계호 · 박민형. (2016). 안보위기를 중심으로 한 국가위기관리체계 개선방안 연구. 『국민안전처 연구용역과제』.
김예경. (2019). 재외국민보호를 위한 영사조력법 제정의 의의와 향후과제. 『국회입법조사처』.

김오은. (2017). 국가중요시설 특수경비제도의 개선방안에 관한 연구. 『동국대학교 대학원 석사학위논문』.

김용필. (2020). 암호화폐의 개념과 수사 절차에 관한 연구. 『서울대학교 대학원 박사학위 논문』.

김은영. (2013). 국제테러리즘데이터베이스구축: 미국 START 센터의 모범사례 구축. 『한국경호경비학회지, 35, 7-36.

_____. (2013). 테러집단의 범죄 집단과의 결합현상(Crime-Terror Nexus)에 영향을 미치는 요인들에 대한 탐색적 분석연구. 『한국경호경비학회지』, (37), 83-108.

_____. (2016a). 대량살상형 테러양태와 변화분석 연구. 『국가정보연구』, 9(1), 240-274.

_____. (2016b). 변화하는 테러리즘에 대한 경험적 분석연구: 최근 발생한 파리와 유럽 등지의 테러사건 해석을 중심으로. 『대테러 연구』, (39), 25-56

김일곤. (2020). 국가중요시설 및 다중이용시설에 대한 드론테러 대응방안. 『융합과 통섭』, 3(1), 17-32.

김정곤 · 정종수 · 김태환 · 김희철. (2018). 국가위기관리기본지침 개정과 국가위기관리 매뉴얼 개선. 『한국재난정보학회 학술발표대회』, 133-135.

김중관. (2017). 터키 · 유럽의 테러리즘 사례 분석: 이슬람 지하드 중심의 접근. 『한국경찰학회보』, 64, 3-33.

김충호. (2017). 한국군의 뉴테러리즘 위협에 관한 대응방안 연구: 수도서울 테러를 중심으로. 『한성대학교 석사학위논문』.

김태성 · 김재철. (2016). 테러리즘 확산에 따른 한국의 대비방향: 군의 역할 강화방안을 중심으로. 『한국동북아논총』, (81), 183-206.

김태영. (2019). 대량살상테러의 영향요인 연구. 『동국대학교 경찰사법대학원 박사학위논문』.

_____. (2020a), 코로나 19 위기에 따른 테러양상 변화 연구. 『시큐리티연구』, 97-120.

_____. (2020b). 국가중요시설 방호역량 개선을 위한 스마트 물리보안 시스템 구축방안 연구. 『시큐리티연구』, 225-244.

김태영 · 윤민우. (2017). OECD 국가들의 폭탄테러사건의 상황적 특성에 관한 연구. 『한국테러학회보』, 10(2), 5-25.

김태영 · 최연준. (2020). 드론 테러 위협에 대비한 국가중요시설 방호체계 개선방안 연구: 물리보안 위험평가모형을 중심으로. 『한국치안행정논집』, 17(4), 107-125.

김태영 · 최창규 · 이준화. (2021). 드론테러의 실증적 패턴분석 연구. 『한국치안행정논집』, 18(4), 55-79.

김현호 · 박홍성 · 채규칠. (2020). 군집드론테러의 양상과 효과적인 대응방안. 『시큐리티연구』, 65, 397-423.

김홍규. (2014). 국내 특수경비원의 문제점과 그 발전방안에 관한 연구. 『용인대학교 대학원 석사학위논문』.
나석종 · 성하얀 · 최선희. (2019). 국가기반시설 물리적 방호체계 운영개념 및 설계방법 개선방안 연구: 원자력발전소를 중심으로. 『시큐리티연구』, 61, 9-38.
도중진. (2016). 주요국의 재외국민보호에 대한 실효적 대응동향-특히 군의 역할과 관련법제를 중심으로, 『아주법학』, 10(1), 165-191.
문현철. (2018). 해외 테러 대응 시스템의 개선에 관한 연구. 『한국테러학회보』, 11: 108-133.
박기쁨 · 이창한 · 유효은. (2017). 최근 북미 및 유럽지역의 테러리즘 동향연구: 2012-2017. 『시큐리티 연구』, 53, 107-133.
박동균 · 백승민. (2020). 드론을 이용한 테러사례 분석과 시사점. 『한국민간경비학회보』, 19, 99-122.
박보라. (2019). 제4차 산업혁명의 신안보적 함의와 대응방향. 『국가안보전략연구원』.
박창규. (2013). 국가중요시설 방호제도의 문제점 및 개선방안: 방호직 공무원을 중심으로. 『동국대학교 대학원 석사학위논문』.
부형욱 · 이현지 · 설인효. (2016). 한국 사회에서 발생 가능한 테러시나리오와 군의 대테러 능력발전 방향. 『국방연구(안보문제연구소)』, 59(4), 27-52.
서다빈 · 엄정식. (2018). 프랑스 내 자생적 테러리즘 원인 분석을 통한 정책적 제안. 『국방정책연구』, 34(1), 171-200.
서상열. (2007). 要人테러의 위기관리 사례분석 및 발전방향에 관한 고찰. 『한국경호경비학회지』, (14), 235-260.
선종수. (2019). 가상화폐의 몰수 · 추징에 관한 형사법적 검토-대법원 2018.5. 30. 선고 2018도3619 판결. 『IT와 법 연구』, 18, 225-251.
성빈 · 이윤호. (2013). 초고층건축물의 테러 위험도 사전평가에 관한 연구. 『한국경호경비학회지』, (36), 293-316.
송석윤. (2018). 인권보호 강화를 위한 테러방지법 개정방향 연구용역 과제. 『대검찰청』.
송준영.(2021). 드론과의 전쟁(비정규전 위협에서의 드론 대응방안). 『육군 교육사 전투발전』, 162, 135-158.
신재헌. (2010). 침입절도에 대한 CPTED 전략 적용방안. 『한국경찰학회보』, 12(2), 167-192.
신제철 · 이창한 · 이창무 · 이창배 、이병도. (2017). 『대규모 도심복합테러 대응 연구』, 동국대학교 산학협력단, 『국무총리실 대테러센터 정책연구용역』.
양철호 · 박효선. (2013). 해외재난 위기시 구호지원활동의 성공요인에 관한 연구-한국군 아이티재건지원단 파병사례를 중심으로. 『Crisisonomy』, 9(9), 153-174.
연성진 · 전현욱 · 김기범 · 신지호 · 최선희 · 송영진. (2017). 암호화폐(Cryptocurrency) 관련 범죄 및 형사정책 연구. 『형사정책연구원연구총서』, 1-401.

오봉욱 · 양승돈. (2013). Lone-Wolf 테러리즘에 관한 고찰. 『한국테러학회보』, 6(4), 92-111.
오세연 · 윤경희. (2016). 자국내 IS테러단체에 의한 소프트타깃 테러발생 가능성에 대한 연구. 『한국경호경비학회지』, 47, 88-117.
__________. (2018). 자국내 테러발생 요인 및 테러사건 특성분석을 통한 테러발생 위험가능성에 관한 연구. 『한국융합과학회지』, 7(3), 112-120.
우태호. (2013). 원자력 발전소의 물리적 방호에 관한 연구. 『서울대학교 박사학위논문』.
유태규 · 이화정 · 김은나. (2019). 해외 우리국민 환자 국내 이송에 관한 정책 연구. 『외교부』.
유형창. (2009). 사례분석을 통한 경호 전문성 제고. 『한국경호경비학회지』, (18), 73-99.
윤경희 · 양문승. (2014). 국내 다중이용시설의 테러위험요소 및 문제점에 대한 분석. 『한국경찰연구』, 13(2), 211-230.
윤민우. (2012). 계량분석을 통한 폭탄테러사건의 패턴분석. 『한국경호경비학회지』, 36: 317-347.
_____. (2013). 폭탄테러의 일반적 경향성과 특성에 관하여. 『대테러 연구』, 35, 423-456.
_____. (2014). 해외 테러빈발 지역에서의 폭탄테러 위협에 대한 신변안전 강화방안. 『한국경찰학회보』, 16(6), 60-75.
_____. (2016). 폭력적 극단주의 대응을 위한 다중이용시설 및 테러이용수단 안전관리 강화방안 연구. 『가천대학교 산합협력단』.
_____. (2017). 해외 테러리즘 최근동향과 국내 테러발생 위험성 예측· 평가 방안에 대한 연구. 『한국경찰연구』, 16(1), 123-158.
_____. (2017a). 테러방지법에 따른 테러대상시설 안전관리활동에 대한 이해와 안전관리 강화방안. 『가천법학』, 10(2), 137-164.
_____. (2018). 유럽 각국들에서의 최근 테러리즘 동향과 특성, 그리고 대테러 정책의 변화. 『한국치안행정논집』, 14(4), 191-212.
_____. (2019). 드론테러의 전략적 의미에 대한 고찰과 정책적· 법률적 대응 방안에 대한 제안. 『가천법학』, 12(4), 243-264.
윤민우 · 김은영. (2013). 폭탄테러의 경향성분석: 아프가니스탄 사례를 통한 폭탄테러 사건의 사상자 수에 영향을 미치는 요인분석. 『한국경찰연구』. 12(4), 279-310.
윤봉한 · 이상진 · 임종인. (2015). 국내에서의 '외로운 늑대'(Lone Wolf) 테러리스트 발생 가능성에 관한 연구: IS 가담 '김 모'군의 사이버공간에서의 행적을 중심으로. 『한국전자거래학회지』, 20(4), 127-150.
윤태영. (2012). 미국 국토안보부의 대테러리즘 활동: 임무, 조직 운영체계 및 전략. 『한국치안행정논집』, 9(3), 163-182.

이강봉. (2014). 국회경호의 이론정립 및 개선방안에 관한 연구. 『한양대학교 박사학위 논문』.
이관형. (2019). 암호화폐 관련 범죄의 예방과 수사에 관한 형사정책적 고찰－최근 국회 입법 논의를 중심으로. 『경찰학연구』, 19(4), 63－96.
이대성 · 김상원. (2014). 대(對)테러리즘 분야 연구경향 분석, 『한국테러학회보』, 7(2), 72－88.
이만종. (2014). 초고층빌딩과 다중이용시설에 대한 테러 가능성 및 대비방안.『 한국콘텐츠학회지』, 12(4), 22－25.
_____. (2018). 국제테러의 환경변화 예측과 대테러 미래전략. 『한국테러학회보』, 11(1), 52－76.
이민형. (2012). 국가중요시설경비의 제도적 정립을 위한 청원경찰법 개정방안. 『Crisisonomy』, 8(4), 231－248.
이민형 · 이정훈. (2015). 국가중요시설의 물리적 보안 요인 분석－항만보안을 중심으로. 『융합보안논문지』, 15(6), 45－53.
이상열. (2015). 뉴테러리즘의 예방을 위한 경찰의 대응방안에 관한 연구, 『한국경찰학회보』, 51: 95－126.
이상호. (2007). 강도범죄의 실태 및 대구지역 침입강도 범죄분석, 『경북대학교 수사과학 석사학위논문』.
이상훈 · 이상열. (2017). 국가중요시설의 주차장 보안의 문제점과 개선방안: 국회둔치주차장을 중심으로. 『시큐리티 연구』, 50, 59－88.
이상희 · 이주락. (2017). 물리보안의 정의에 관한 연구－위험평가이론을 중심으로. 『한국산업보안연구』, 7(2), 33－52.
이승근. (2016). 유럽 테러사태와 한반도 안보질서. 『유럽연구』, 34(4), 363－392.
이영래. (2010). 요인테러 발생원인과 경호실패 연구. 『광운대학교 대학원 박사학위논문』.
이윤호 · 성빈. (2013). 초고층건축물의 테러 위험도 사전평가에 관한 연구. 『한국경호경비학회지』, 36, 293－316.
이재은. (2015). 국가 대테러 위기관리정책 혁신방안. 『한국대테러정책학회보』, 47－68.
이주락 · 이상학. (2020). 지하철 불법촬영 범죄와 상황적 범죄예방. 『한국경찰연구』, 19(2), 93－114.
이주일. (2018). 가상화폐와 몰수. 『한국컴퓨터 정보학회논문지』, 23(5), 41－46.
이준서. (2018). 감염병 예방 및 대응체계에 관한 법제개선방안 연구.
이진영. (2017), 재외국민보호법 제정과 쟁점. 『통일시대』, 131, 14－17.
이창한. (2008). 성범죄의 심각성에 대한 경찰관과 일반대중의 인식차이에 관한 연구. 『한국경찰학회보』, 10(2), 197－221.
인남식. (2017). ISIS 3년, 현황과 전망: 테러확산의 불안한 전조. 『국립외교원 외교안보연구소』.
임강수 · 이상복. (2019). 드론공격 대비 원점 추적용 안티드론 시스템 개발. 『과학수사학회지』, 13(4), 245－254.
임창호 · 이윤용. (2019). 제4차 산업혁명 시대의 드론 이용 테러리즘의 실태분석 및 대응방안. 『한국범죄심리연구』, 15, 191－202.
임헌욱. (2017). 국제표준화기구 (ISO)의 인증기준에 준하는 [국가중요시설]의 요구사항 개발. 『융합보안논문지』, 17(3), 65－71.
전병율. (2015), 신종 감염병 감염관리 현황과 대처방안, 『2015 IHRA정책동향』, 9(5), 7－26.
전용재 · 이창배 · 이승현. (2017). 최근 국외 뉴테러리즘의 사례분석과 국내발생가능 유형에 대한 연구, 『한국경호경비학회지』 53, 11－33.
전용태 · 이주락 · 김태연. (2013). 국회 시설물의 경호· 경비 적합성에 관한 연구. 『한국경찰연구』, 12(2), 237－260.
정병수. (2019a). 드론 테러에 관한 신문기사 언어 네트워크 분석과 시사점. 『한국융합과학회지』, 8(4), 231－240.
_____. (2019b). 드론테러의 사례 분석 및 효율적 대응방안. 『경찰학논총』, 14(2), 149－176.
정육상. (2014). 최근 테러양상의 변화에 따른 대응체제 개선방안. 『한국치안행정논집』, 11(1), 220－249.
정재원. (2016). 비트코인 악용 범죄 수사에 대한 제도 및 기술적 문제점과 해결방안에 대한 연구. 『서울대학교 융합과학기술대학원 박사학위 논문』.
정정영. (2021). 2020년 세계 분쟁지역 사례분석을 통한 드론 공격절차 발전방안. 『육군교육사 전투발전』, 162, 159－196.
정태황. (2015). 국가중요시설 방호향상을 위한 제언. 『한국방재학회지』, 15, 13－17.
조민상 · 신승균 (2015). 무인항공기 발전에 따른 국가중요시설 보호방안. 『융합보안논문지』, 15(3), 3－9.
조성구. (2018). 한국의 국가안보와 대테러 전략－요인암살 사례와 경호활동의 방향. 『한국경찰연구』, 17(2), 251－268.
조성택. (2010). 1990년대 이후의 중동 테러리즘에 대한 분석과 대응. 『한국치안행정논집』, 7(3).
주일엽 · 조광래. (2009). 환경설계를 통한 범죄예방(CPTED)과 시큐리티시스템(Security System) 간 연계방안. 『한국경호경비학회지』, (19), 165－185.
최경환. (2010). 국내 다중이용시설 대테러 대응방안. 『치안정책연구소』.
최병권. (2009). 국가중요시설 대테러 업무수행에 관한 발전방안. 『한국테러학회보』, 2, 142－168.

최연준 · 이주락. (2018). 국가중요시설의 물리보안 수준과 보안정책 준수의지가 보안성과에 미치는 영향. 『한국산업보안연구』, 8(1), 33-60.
최오호. (2019). 국회 외곽 경호 · 경비시스템 발전방향에 관한 연구. 『시큐리티연구』, 60, 113-136.
최지현. (2018). 가상통화의 특징에 따른 범죄 관련성 및 형사법적 대응방안에 관한 연구. 『서울대학교 대학원 박사학위 논문』.
최훈제. (2019). 가상화폐 압수수색 표준절차 및 정족수다중서명을 이용한 압수물관리 방안 제안. 『서울대학교 대학원 박사학위 논문』.
한국국방연구원. (2021). KIDA 세계분쟁 데이터베이스-리비아 내전, https://www.kida.re.kr. 『국방연구원』.
한형서. (2018). 중앙정부와 지방정부의 위기관리시스템구축과 대응전략에 관한 연구. 『비앤엠북스』.
홍태현 · 이세환. (2018). 국가중요시설의 드론 테러위협 대응방안 연구. 『한국국가안보국민안전학회지』, 7, 90-115.
황문규. (2016). 테러방지법상 정보활동의 범위와 한계. 『경찰법연구』, 14(1), 3-63.
황석진. (2018). 가상화폐의 악용사례와 법적 대응방안에 관한 고찰. 『한국산학기술학회논문지』, 19(2), 585-594.

3. 기타

경향신문. (2019. 10. 3). 드론에 뚫린 안보 … 원전, 휴전선 등 비행금지구역 드론 비행 급증. https://news.khan.co.kr/kh_news/khan_art_view.html?art_id=201910030600011&code=910100.
경향신문. (2020. 10. 9), "휴전선에 드론이? … 군사보안 지역 드론 출몰 3년 간 3배 증가".
국민일보. (2020. 12. 13), "아르메니아-아제르 전쟁 승패가른 드론" 중 군사잡지 주목. http://www.kmib.co.kr/view_amp.asp?arcid=0015318051.
국방일보. (2020. 11. 4), "[강왕구 병영칼럼] 중동의 드론전쟁".
https://kookbang. dema.mil.kr/newsWeb/m/20201105/3/BBSMSTR_000000010050/view.do
뉴스원. (2021. 10. 8), "[국감브리핑]드론 위협 커지는데 … 2작전사 대응훈련 1년새 95% 감소".
https://news.v.daum.net/v/20211008091911165
뉴스한국. (2019. 3. 21), "예멘 반군, 정부군에 드론 폭발 공격 … 최소 6명 사망"
https://www.newshankuk.com/news/content.asp?news_idx=201901110931280107
동아일보. (2019. 9. 19). "두 시간이면 드론이 무기로 재탄생" … '드론 테러', 한국도 무풍지대 아니다.

https://www.donga.com/news/Economy/article/all/20190919/ 97486265/1.
매일경제. (2021. 8. 28), "미국, 아프간 '드론'보복 … 美 공습에 카불공항 테러 설계자 사망"
https://www.mk.co.kr/news/world/view/2021/08/832243/
머니투데이. (2019. 9. 22). "5년간 공항 인근 드론 불법비행 수 십여 건 … 대응책은 엽총이 전부".
https://news.mtn.co.kr/v/2019092123041531153.
머니투데이. (2021. 3. 14). 도 넘는 亞혐오 … 뉴욕서 83세 한인 할머니 '묻지마 폭행'에 기절.
https://news.mt.co.kr/mtview.php?no=2021031416245777645
서울신문. (2020. 1. 8). 세계는 '드론전쟁'시대 … 우리 軍 '안티드론' 능력의 현 주소는?.
https://www.seoul.co.kr/news/newsView.php?id=20200108500105.
세계일보. (2019. 9. 15), 사우디 석유시설 '드론테러' … "산유량 절반 생산 차질"
http://www.segye.com/view/20190915506879
연합뉴스. (2018. 1. 8), "러시아군 '시리아내 러시아 공군기지 또 드론 공격받아'",
https://www.yna.co.kr/view/AKR20180108001000080
연합뉴스. (2018. 9. 30). "재외공관 재외국민보호 대응매뉴얼 수립 부실"
https:// www.yna.co.kr/view/AKR20180930019500001?input=1195m.
연합뉴스. (2019. 9. 7), "잇단 드론 출몰에 국가보안시설 상공 관리 '진땀'",
https://www.yna.co.kr/view/AKR20190905152700051
연합뉴스. (2019. 10. 11). 행안위, 한·아세안 정상회의 드론 테러 취약 질타.
https://www.yna.co.kr/view/AKR20191011143700051
연합뉴스. (2020. 1. 4), "미, 공항서 솔레이마니 기다렸다 드론공습 … 임기표적 방식 작전", https://www.yna.co.kr/view/AKR20200104023251071
연합뉴스. (2020. 9. 28), "미승인 비행 등 드론 불법운용 작년 74건 적발 … 164% 급증",
https://www.yna.co.kr/view/AKR20200928121200530
연합뉴스. (2021. 3. 5). 공중전화로 청와대 폭파 협박 … 수색 끝에 검거.
https://www.yonhapnewstv.co.kr/news/MYH20210305019800641?did=1825m
연합뉴스. (2021. 3. 19). "인천공항 테러하겠다" 블로그에 협박 글 올린 13살 붙잡혀
https://www.yna.co.kr/view/AKR20210319114500065?input=1195m
연합뉴스. (2021. 10. 3), "미군 시리아서 드론공격으로 알카에다 지휘관 사살",
https://www.yonhapnewstv.co.kr/news/MYH20211003007000038
이데일리. (2020. 10. 4), "김상희 "국가중요시설 원전 인근 '불법 드론' 막을방법 없어",
https://news.nate.com/view/20201009n07823?mid=n0201
일간투데이. (2020. 5. 8). 이제는 드론시대 … 신성장동력 걸림돌은 이것.
http://www.dtoday.co.kr/news/articleView.html?idxno=362246.

JTBC. (2021. 4. 20).“또 증오범죄 … 뉴욕서 아시아계 여대생 염산테러 당해”.
https://news.jtbc.joins.com/article/article.aspx?news_id=NB12001009
SBS. (2021. 4. 3.) “외교부, 미얀마 관련 중대본 구성 … 여행경보 3단계로 격상
https://news.sbs.co.kr/news/endPage.do?news_id=N1006267082&plink=ORI&cooper=NAVER

법률 제17894호 경비업법
법률 제16030호 군사기지 및 군사시설 보호법
법률 제14839호 대통령 등의 경호에 관한 법률
법률 제16221호 재외국민보호를 위한 영사조력법
법률 제16917호 재외동포의 출입국과 법적 지위에 관한 법률
법률 제5264호 통합방위법
법률 제16924호 형사소송법
대통령령 제31299호 재외국민보호를 위한 영사조력법 시행령

[해외문헌]

1. 단행본

ASIS. (2015). *Physical Security Principles, Alexandria*: ASIS International.
Chamayou, G. (2015). Drone theory. Penguin UK.
Cordesman, A. H. (2017a). *Trends in European Terrorism: 1970–2016, Center for Strategic & International Studies.*
______________. (2017b). *The Patterns in Global Terrorism: 1970–2016, Center for Strategic & International Studies.*
Dion–Schwarz, C., Manheim, D., & Johnston, P. B. (2019). *Terrorist Use of Cryptocurrencies: Technical and Organizational Barriers and Future Threats.* Rand Corporation.
Doss. (2020). *The ASIS Physical Security Professional Study Guide, 3rd Edition,. Alexandria*: ASIS International.
Dutta, S. (2004). *Political assassinations–The state of the art.* University of St. Andrews (United Kingdom).
Garcia, M, L. (2007). *The Design and Evaluation of Physical Protection System, Butterworth*. Heimann, Massachusetts, US.
Grossman, N. (2018). *Drones and terrorism: Asymmetric warfare and the threat to global security.* Bloomsbury Publishing.

Homeland Security. (2014). *Office of Cyber and Infrastructure Analysis.*

________________. (2020). *Homeland Threat Assessment 2020.*

ISC2 (2015). *Official Guide to the CISSP CBK, 4th Edition*, ISC2.

Martin, G. (2018). *Essentials of Terrorism: Concepts and Controversies*, SAGE Publications.

Melanson, P. H. (2005). *The Secret Service: the hidden history of an enimatic agency.* New York: Carroll & Graf Publishers.

NRC 10 CFR Part 73. (2018). *Physical Protection of Plants and Materials.*

Patterson, D. G. (2013). *Physical Protection Systems: A Practical Guide, 2nd Edition. Alexandria*: ASIS International.

Santifort, C., Sandler, T., and Brandt, P. (2012). *Terrorist attack and target diversity*:

Scholes, A. (2011). *Understanding political assassinations: A behavioural analysis.* University of Surrey (United Kingdom).

Sclimid, A. P., Jongman, A.J., & Stohl, M. (1988). *Political terrorism: a new guide to actors, authors, concepts, databases, theories, and literature.* New Brunswick: Transaction Books.

Simone D. Casadei Bernardi. (2019). *Terrorist Use of Cryptocurrencies.* Blockchain ConsultUs Ltd.

U.S. Department of State. (2021). *Foreign Affairs Manual (FAM) and associated Handbooks.* (n.d.). Defence Policy Guidelines.

US Office of the Director of National Intelligence. (2021). *Annual Threat Assessment of the US Intelligence Community.*

____. (2021). *Domestic Violent Extremism Poses Heightened Threat in 2021.*

World Health Organization. (2007). *Mass Casualty Management Systems Strategies and guidelines for building health sector capacity.*

2. 논문

Abbott, C., Clarke, M., Hathorn, S., & Hickie, S. (2016). Hostile drones: the hostile use of drones by non–state actors against British targets. *Open Briefing Report, January.*

Almohammad, A., & Speckhard, A. (2017). Isis drones: evolution, leadership, bases, operations and logistics. *The International Center for the Study of Violent Extremism, 5.*

Appleton, S. (2000). Trends: Assassinations. *The Public Opinion Quarterly*, 64(4),

495−522.

Austin L. W. (2013). Terrorism, Ideology and Target Selection, *Department of Politics Princeton University*, 1(1), 1−30.

Benmelech, E., & Berrebi, C. (2007). Human Capital and the Productivity of Suicide Bombers, *Journal of Economic Perspectives*, 21(3), 223−238.

Ben−Yehuda, N. (2005). Terror, Media, and Moral Boundaries. *International Journal of Comparative Sociology*, 46, 33−5. doi: 10.1177/0020715205054469.

Burcu A. (2017). When Suicide Kills: An Empirical Analysis of the Lethality of Suicide Terrorism, *International Journal of Conflict and Violence*, 11, 1−15.

Center for the Study of Hate & Extremism. (2021). FACT SHEET: Anti-Asian Prejudice March 2020: *Center for the Study of Hate & Extremism.*

Conway, M. (2006). Terrorist use of the Internet and Fighting Back, I*nformation & Security: An International Journal*, 19, 1−34.

Deloughery, K. (2013). Simultaneous Attacks by Terrorist Organizations. *Perspectives on Terrorism*, 7(6), 1−11.

Europol. (2017). EUROPEAN UNION TERRORISM SITUATION AND TREND REPORT 2017, *European Union Agency for Law Enforcement Cooperation.*

Freilich, J. D. & William, P. (2015). Routine activities and right−wing extremists: An empirical comparison of the victims of ideologically motivated and non−ideo−logically motivated homicides, *Terrorism and Political Violence*, 27(1): 1−38.

Freilich, J. D., & Newman, G. R. (2009). Reducing terrorism through situational crime prevention, Monsey, *NY: Criminal Justice Press.*

Hafez, M. M. (2007). Suicide bombers in Iraq: *The strategy and ideology of martyrdom.* US Institute of Peace Press.

Iqbal, Z., & Zorn, C. (2008). The political consequences of assassination. *Journal of Conflict Resolution*, 52(3), 385−400.

Khatchadourian, H. (1974). Is political assassination ever morally Justified. *Assassination. Cambridge MA: Schenkman*, 41−56.

Kim, T., Jeong, S., & Lee, J. (2020). Factors of Mass Casualty Terrorism. S*ecurity Journal*, 1−21.

Martin, R. H., (2016). Soft Targets are Easy Terror Targets: Increased Frequency of Attacks, Practical Preparation, and Prevention, *Forensic Research & Criminology International Journal*, 3(2), 1−7.

McCartan, L. M., Masselli, A., Rey, M., & Rusnak, D. (2008). The logic of terrorist target choice: An examination of Chechen rebel bombings from 1997-2003.

Studies in Conflict & Terrorism, 31(1), 60–79.

Mickolus, E. F., & Simmons, S. L. (2002). *Terrorism, 1996–2001: a chronology (Vol. 1)*. Greenwood Press.

Newman, G. R., & Clarke, R. V. (2006). Outsmarting the terrorists.

Newman, G. R., & Hsu, H. Y. (2012). Rational choice and terrorist target selection. *Countering terrorism: Psychosocial strategies*, 227–249.

Pape, R. A. (2003). The strategic logic of suicide terrorism. *American political sci–ence review*, 97(3), 343–361.

Parachini, J. V., & Wilson, P. A. (2020). Drone–Era Warfare Shows the Operational Limits of Air Defense Systems. *The RAND Blog, RAND Corporation, Santa Monica, CA, July, 2.*

Perliger, A. (2015). The Causes and Impact of Political Assassinations. *CTC Sentinel*, 8(1), 11–13.

Pledger, T. (2021). The role of drones in future terrorist attacks. *Associsation of the United States Army.*

Rassler, D. (2018). The Islamic State and Drones: Supply, scale, and future threats. *Combating Terrorism Center at West Point.*

Salas–Wrigh, C. P., Olate, R., Vaughn, M. G., & Tran, T. V. (2013). Direct and mediated associations between religious coping, spirituality, and youth violence in El Salvador. *Revista panamericana de salud publica*, 34, 183–189.

Santifort, C., & Sandler, T. & Brandt, P. T. (2012). Terrorist attack and target diversity: Changepoints and their drivers, *Journal of Peace Research*, 50(1), 75–90.

START. (2015), Mass–fatality, coordinated attacks worldwide, and terrorism, National consortium for the Study of Terrorism and Reponses to Terrorism, *University of Maryland*.

_____. (2016a). CODEBOOK: INCLUSION CRITERIA AND VARIABLES. National consortium for the Study of Terrorism and Reponses to Terrorism, University of Maryland.

_____. (2016b). Terrorist Attacks Targeting Critical Infrastructure in the United States, 1970–2015. National consortium for the Study of Terrorism and Reponses to Terrorism, *University of Maryland.*

_____. (2018a). CODEBOOK: INCLUSION CRITERIA AND VARIABLES. National consortium for the Study of Terrorism and Reponses to Terrorism, *University of Maryland.*

_____. (2018b). Global Terrorism in 2017. National consortium for the Study of

Terrorism and Reponses to Terrorism, *University of Maryland.*
_____. (2020a). Global Terrorism Index 2020. *University of Maryland.*
_____. (2020b). Global Terrorism Overview: Terrorism in 2019, START Background Report. *University of Maryland.*
_____. (2021). Global Terrorism in 2019. National consortium for the Study of Terrorism and Reponses to Terrorism, *University of Maryland.*
Teahen, P. R. (2016). Mass fatalities: Managing the community response, CRC Press.
UN CTED. (2020). The Impact of the COVID-19 pandemic on Terrorism, *Counter-terrorism and Countering violent Extremism.*
United States Department of Justice. (2020). St. Petersburg Man Who Threatened To Spread Covid-19 Virus By Spitting And Coughing On Police Officers Charged With Biological Weapons Hoax. *The United States Attorney's Office.*
Wilson, M. A., Scholes, A., & Brocklehurst, E. (2010). A behavioural analysis of terrorist action: the assassination and bombing campaigns of ETA between 1980 and 2007. *The British Journal of Criminology*, 50(4), 690-707.
Wilson, M. A. (2000). Toward a Model of Terrorist Behavior in Hostage-Taking Incidents. *The Journal of Conflict Resolution*, 44, 403-424.
Zengel, P. (1991). Assassination and tire law of armed conflict. *Militaty Law Review*, 134, 123-165

3. 기타

AFP. (2003. 2. 15). "Rebel bomb kills 18 in southwestern Colombia ahead of presi-dent's visit."
arstechnica. (2013. 9. 19), "German chancellor's drone "attack" shows the threat of weaponized UAVs".
https://arstechnica.com/information-technology/2013/09/ german-chancellors-drone-attack-shows-the-threat-of-weaponized-uavs
Associated Press. (1999. 9. 18). Robert Macy, "Former Morgan City Resident Admits Sending Bombs to Clinton, Texas Evangelist."
Associated Press. (2008. 2. 5). "Hundreds of Civilians Killed in Chad."
BBC. (2016. 8. 17), "'Drone' hits British Airways plane approaching Heathrow Airport", https://www.bbc.com/news/uk-36067591
CBS News. (2014. 7. 16). "Texas woman in ricin case sentenced to 18 years in prison."
CNN. (2015. 4. 22), "Drone with radioactive material found on Japanese Prime

Minister's roof".

https://edition.cnn.com/2015/04/22/asia/japan–prime–minister–roof–top–drone/index.html

CNN. (2019. 3. 3). As last jailed Kim Jong Nam killing suspect freed, a gripping murder mystery ends with a whimper.

https://edition.cnn.com/2019/05/02/asia/kim–jong–nam–trial–intl/index.html

CNN. (2021. 11. 8). "Iraqi Prime Minister survives exploding drone assassination at–tempt"

https://edition.cnn.com/2021/11/06/middleeast/iraq–prime–minister–drone–attack–intl–hnk/index.html

CNN. (2021. 7. 27). Exclusive: Leaked documents reveal death threats and road–blocks in Haiti assassination investigation.

https://edition.cnn.com/2021/07/26/americas/haiti–moise–assassination–in–vestigation–death–threats–intl–latam/index.html

CSIS. (2020. 12. 8), "The Air and Missile War in Nagorno–Karabakh: Lessons for the Future of Strike and Defense".

https://www.csis.org/analysis/air–and–missile–war–nagorno–kar–abakh–lessons–future–strike–and–defense

European Eye on Radicalization. (2020. 4. 20). Experts: Radicals May Soon Be Able to Use Drones for Terrorist Attacks on the West.

https://eeradicalization.com/experts–radicals–may–soon–be–able–to–use–drones–for–terrorist–attacks–on–the–west/

Guardian. (2020. 3. 19). Disinformation and blame: how America's far right is capi–talizing oncoronavirus.

https://www.theguardian.com/world/2020/mar/19/america–far–right–coronavirus–outbreak–trump–alexjones.

New York Post. (2019. 11. 14). ISIS urges lone wolves to pose as journalists to assassinat e world leaders.

https://nypost.com/2019/11/14/isis–urges–lone–wolves–to– pose–as–jour nalists–to–assassinate–world–leaders/

New York Post. (2018. 10. 24). "Bombs sent to Obama, Clinton; explosives scare at CNN."

NEWSDECK. 2016. 8. 10), "Cape Town–Electricity provider Eskom says a police inv estigation is underway into a drone crash at its Koeberg nuclear power facility jus t outside Cape Town.".

https://www.dailymaverick.co.za/article/2016-08-10-police-investigating-koeberg-drone-crash-eskom/
Pakistan Today. (2016. 10. 23). “Afghan Taliban release drone footage of suicide attack.”
The Independent. (2004. 5. 9). “Chechen President Killed in Bomb Attack on Stadium.”
The Guardian. (2000.6. 14). Jonathan Watts, “Letter Leads to Nuclear Stash: Earlier Edition (3 star).”
The Independent London. (2007. 4. 12). “Islamist Bloodshed Returns to Algeria as Suicide Bombings Leave 30 Dead.”
The New York Times. (2020. 6. 4). Trump Tests a Role He's Long Admired: A StrongmanImposing Order.
https://www.nytimes.com/2020/06/04/world/americas/trump-george-floyd.html
The New York Times. (1992. 1. 11). “IRA Bomb Set Off in Central London.”
The New York Times. (2005. 2. 15). “Hassan Fattah, "Beirut Car Bomb Kills Ex-Premier; Stability at Risk.”
The New York Times. (2015. 1. 27). “White House Drone Crash Described as a U.S. Worker's Drunken Lark”.
https://www.nytimes.com/2015/01/28/us/white- house-drone.html
The Washington Post(2018. 8. 10). “Are drones the new terrorist weapon? Someone tried to kill Venezuela's president with one.”.
https://www. washingtonpost. com/news/monkey-cage/wp/2018/08/10/are-drones-the-new-terrorist-weapon-someone-just-tried-to-kill-venezuelas-president-with- a-drone
The WhasingtonPost. (2011. 9. 28). “Mass. man accused of plotting to hit Pentagon and Capitol with drone aircraft”.
https://www.washingtonpost.com/national/national- security/mass-man-accused-of-plotting-to-hit-pentagon-and-capitol- with-drone-aircraft/2011/09/28/gIQAWdpk5K_story.html
Washington Post. (2019. 2. 23). “The Kalashnikov assault rifle changed the world. Now there's a Kalashnikov kamikaze drone”.
https://www. washingtonpost.com/ world/2019/02/23/kalashnikov-assault-rifle-changed-world-now- theres-kalashnikov-kamikaze-drone/
WJBF. (2016. 7. 7). “More reports of drones over Savannah River Site”
https:// www.wjbf.com/news/crime-news/more-reports-of-drones-over-savannah-river-site.

제7장 테러와 전쟁*

근세 역사 대부분의 시기에 전쟁은 개별 주권 국가뿐만 아니라 다양한 비국가 행위자들에 의해서도 수행되어 왔다. 21세기에 들어 세계화의 심화와 뉴 테러리즘의 등장으로 테러는 하나의 전쟁양식으로 자리잡게 되었다.

테러의 영향은 미국 및 서구권 강대국이 포함된 모든 국가들에게 중대한 사안이 되고 있고, 이러한 위협에 대응하기 위해 최근 들어 전쟁과 같은 군사개입이 이뤄지고 있다. 특히 미국의 경우 냉전시대에는 공산주의 확산 방지, 민주주의 수호의 명분으로 국가이익과 관련된 지역에서 직·간접적으로 군사개입을 하였으나, 탈냉전 이후에는 테러에 대한 대응으로 서구권과 연합하여 알카에다, 탈레반, ISIS 등 이슬람극단주의 테러단체를 격퇴하기 위한 전쟁을 수행하고 있다.

본 장에서는 테러의 영향의 최종상태라 할 수 있는 전쟁으로 확산된 두 가지 사례인 2001년 9·11 테러 이후의 미국을 중심으로 한 연합국과 아프가니스탄 및 이라크 전쟁과 2015년 프랑스 파리 테러 이후의 시리아 군사개입 사례를 중심으로 살펴보고자 한다. 특히 어떤 요인들이 테러사건에 있어 군사개입의 결정과정에 영향을 미쳤는지 분석해 보겠다.

---

* 이 부분은 문영기(2019)와 문영기·김태영(2020)의 관련 부분을 수정·보완한 것이다.

제1절 테러와 전쟁: 군사개입

2001년 미국의 9·11 테러 이전까지 국가 간의 전쟁은 그 결과의 치명성으로 인해 억제되어 냉전 및 탈냉전시기에 비해 발생빈도가 줄어드는 경향이 지속되어 왔다. 핵전쟁은 군비통제나 위기관리 같은 통제 제도와 자제에 의해서 예방되었고, 재래전(전면전)은 냉전 이후 지역적으로 발생되고 있으나, 그 빈도가 대폭 감소되고 있다. 반면에 국가의 통제 영역 외부에 있는 정치적 폭력현상인 테러는 상대적으로 국제적인 안보문제로 부상하였다(신용욱, 2016). 또한, 이러한 테러가 국제정치에 미치는 파급효과는 날이 갈수록 그 정도가 커지고 있다.

20세기 이후 테러사건이 '군사개입' 즉, 전쟁을 직접적으로 촉발시킨 대표적인 사건으로 1914년에 발생한 1차 세계대전의 원인이 되었던 보스니아의 사라예보 총격사건, 아프가니스탄 전쟁의 원인이 된 2001년의 미국의 9·11 테러사건, ISIS와의 전쟁의 원인이 된 프랑스의 2015년 '파리' 테러사건을 들 수 있다(김웅수, 2015). 특히 9·11 테러사건은 테러발생 이후 미국은 27일 만에, 파리 테러사건은 30일 만에 군사공격이 개시되었다.

국제사회의 상호 의존성이 심화된 현대에도 테러사건이 국가 간의 무력분쟁을 일으키게 하는 특정한 영향요인은 무엇일까? 특히 국내정치적으로 상호 견제와 균형이 잘 이루어진 정치체제를 갖고 있는 선진국들이 어떠한 의사결정과정에 의해 군사개입이라는 정책적 선택을 하였는가를 면밀히 살펴보지 않을 수 없다. 특히 미국과 프랑스는 공통적으로 상호 핵심 동맹국으로서 각각 1개월 이내의 단기간에 전면전이라는 의사결정이 이루어진 반면 군사개입의 수준은 서로 달랐다는 점에 주목할 필요가 있다.

이러한 맥락에서 2001년 미국의 9·11 테러와 2015년 프랑스의 파리 테러 사건의 파급효과와 군사개입의 결정요인을 살펴봄으로써 실제 군사개입에 각각 어떻게 영향을 미쳤는지를 살펴보고, 군사개입의 수준의 차이를 가져온 요인을 분석하는 것은 주요한 의미가 있다.

1. 군사개입의 개념

군사개입(military intervention)의 개념은 국제정치학 차원에서의 개념정립이 선행되어야 한다. Nye(2009)는 개입을 "다른 주권국가의 국내적 사건에 영향을 미치는 외부적 행위"라고 정의하고, 개입의 형태를 구체적으로 범주화하였다. "하나 또는 그 이상의 국가들이 하나 또는 그 이상의 다른 국가들의 영토나 속령에 군사적으로 개입하는 행위"라 규정하였는데, 이는 군사개입이 한 국가 또는 다수의 국가에 의해 행해지며, 타국의 영토나 속령에서 발생됨을 의미한다. 먼저 '군사개입'은 군사적 침략, 제한된 군사적 행동, 봉쇄로 범주화하고, '비군사개입'에는 반대파 지원, 군사자문, 경제적 원조 등으로 범주화하였다. 이를 정리하면 〈표 7－1〉에서 보는 것과 같다.

Nye의 분류에 의하면 미국의 아프가니스탄전과 프랑스의 ISIS·시리아에 대한 개입은 '군사개입'에 속한다. 강제의 수준 측면에서 미국은 연합군 지상전력 2만여 명과 대규모의 해·공군 전력을 투입한 '군사적 침략'이고, 프랑스는 '제한적 군사행동'을 선택하였다.

또한 Haass(1994)는 군사개입을 "국가이익을 지원하지 위한 일상적인 훈련이나 계획된 행동을 능가하는 특별한 목적을 위해, 한 지역에 새로운 전투력 또는 추가적인 전투력을 전개시키는 것"이라 정의하였고, Otte & Dorman(1995)는 "한

표 7-1 군사개입의 분류

<table>
<tr><th>연설</th><th>방송</th><th>경제적
원조</th><th>군사
자문</th><th>반대파
지원</th><th>봉쇄</th><th>제한적
군사행동</th><th>군사적
침략</th></tr>
<tr><td colspan="2">비강제적 개입</td><td colspan="3">비군사개입</td><td colspan="3">군사개입</td></tr>
<tr><td colspan="4">← 낮은 강제</td><td colspan="4">높은 강제 →</td></tr>
</table>

출처: Joseph S. Nye (2019).

국가 또는 국가군의 특정 정치목적을 달성하기 위해 다른 국가에 행하는 여러 형태의 개입 중에서 가장 융통성이 적은 군사력의 사용"이라 정의했다.

계용호(2006)는 군사개입을 "주권국가의 정치구조 변경 및 보존과 관련된 대내문제 또는 주권국가의 독립 및 영토와 관련된 대외문제에 대해, 현재 상황의 유지 또는 변경을 통해 타 국가가 자국의 국익추구를 위해 그 지역으로 새로운 군사력 또는 추가적인 군사력을 전개해 군사적 영향력을 행사하는 것"이라고 정의함으로써, 군사개입의 대상을 대외문제로까지 범위를 확장시키고, 구체적인 방식을 제시하였다.

군사개입의 본질은 전쟁이라 할 수 있으며, 이를 아래 도식화하면 〈그림 7-1〉과 같다.

군사개입의 유형에 대한 분류는 하스(Dichard N. Haass)와 밀러(Benjamin Miller)에 의한 분류가 대표적인데, 군사개입은 다양한 동기의 가능성을 포함시킬 수 있는 포괄적 개념이어야 하며, 동시에 개입의 목적은 명확한 것이어야 한다고 밝혔다. 개입의 목적에 따라서 군사개입의 유형을 ① 억지, ② 예방공격, ③ 강제, ④ 응징공격, ⑤ 평화유지, ⑥ 전쟁수행, ⑦ 평화조성, ⑧ 국가건설, ⑨ 인도주의적 지원 등으로 분류하였다.

또한 군사개입의 유형을 규모에 따라서 ① 대규모 군사개입, ② 중간규모 군사개입, ③ 제한된 군사개입, ④ 군사 불개입의 4가지로 분류하고 있다. 이러한 분류에 따르면 아프가니스탄 전은 '군사개입'에 해당하는데, 그 원인은 9·11 테러를

| 그림 7-1 | 군사개입의 개념

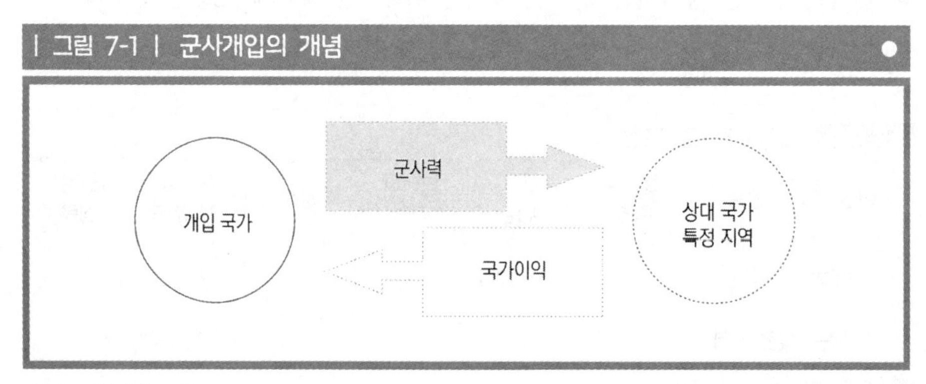

출처: 계용호(2016).

주도한 오사마 빈 라덴을 처벌하기 위해 미국이 탈레반에게 그의 신병을 인도할 것을 요구하였으나 이를 거부함으로써 발발하였다.

이러한 면에서 위 분류에 의하면 아프가니스탄전은 '예방전쟁'과 '응징공격' 즉, 보복의 성격을 지닌다. 또한 연합군 지상전력 2만여 명과 대규모의 해·공군 전력이 투입되었기에, 대규모 군사개입에 속한다. 한편 프랑스가 파리 테러 이후 ISIS·시리아에 대해 수행한 군사개입은 '응징공격'과 '제한된 군사개입'으로 분류될 수 있다.

2. 군사개입의 결정요인

군사개입의 결정요인에 대한 학계 및 전문가들의 공통적이고 포괄적인 논의를 종합하면, ① 국가이익, ② 국민의 지지, ③ 국제적 지지, ④ 군사적 목표와 실현 가능성으로 제시할 수 있다.

1) 국가이익

먼저 군사개입 측면에서 최우선적인 고려요소로는 개입할 국가에 대해서 사활적 국가이익을 가지고 있는가의 여부인데, 즉 미국이나 동맹국의 사활적인 국가이익에 관련되는 것이었다. 따라서, 본 장에서는 미국과 프랑스의 국가이익을 사활적 이익, 핵심적 이익과 중대한 이익으로 구분하여, 군사개입 사례를 분석하고자 한다.

2) 국민의 지지

국민과 의회의 지시 여부는 해외에 군사력 투입을 결정하기 위한 중요한 요인이 된다. 특히 군사개입을 위한 군사력의 투사는 전쟁에 직접적으로 참여하는 군인의 생명과 관련되므로 전쟁수행의 국민의 지지는 전쟁승패와 직결될 수 있다. 미국은 의회의 지지가 없었던 베트남전 사례 이후 의사결정과정 시 의회 및 국민

표 7-2 9·11 테러 이후 미국의 국가이익과 안보위협

중요도	국가이익	주요 위협
사활적 이익	본토 방어	테러공격, WMD 확산
핵심적 이익	안정적 에너지원 확보	에너지와 원자재의 부족현상
	유라시안 강대국들 간 평화	공격적 강대국 혹은 패권국 등장
중대한 이익	국제적 시장경제체제 유지	경제민족주의 대두
	민주주의 인권 옹호/전파	독재자 출현, 내란 심화, 경제적 피폐화 등
	기후변화 완화	무절제한 이산화탄소 배출

출처: 이범준(2009).

의 지지를 중요한 고려요소로 인식하고 있다. 또한 군사개입은 국민과 의회의 지지를 받아야 하며, 그렇지 못할 경우 최소한의 저항과 일부 희생을 겪고 난 후 와해될 수 있음을 강조하기도 하였다(손규석, 2007).

3) 국제적지지

국제사회의 지지를 포함한 외교적 노력은 군사개입 결정요인에 매우 주요한 영향을 끼친다. 대규모 군사개입 시 국제적지지 여부는 매우 중요한 요소이나, 그것을 판단하는 기준을 선정하고 평가하는 것은 매우 어렵다. 결국 UN의 공식적인 군사력 사용에 대한 승인여부로 판단할 수 있을 것이다. UN의 합법적인 무력사용에 대한 대표적인 예는 한국전쟁 당시 UN군의 파병이다. 탈냉전 이후, 국제적 지지여부의 주요 고려요소를 UN의 승인여부에 의해 평가하는 것은 일부 한계가 있더라도 중요한 판단 기준이 될 수 있다. 미국의 아프가니스탄에서의 군사행동은 NATO 동맹국과 UN의 결의라는 지지 없이 이루어졌지만 대다수의 국가들이 적극적 지지를 표명하였다. NATO회원국이 미국을 군사적으로 지원하겠다고 하였으나 미국은 전통적인 동맹 대신 '의지의 연합'(Coalition of Willings)을 선택하였다(계용호, 2009). 이런 면에서 다자주의적 시각에서는 국제적 지지를 군사개입 결정의 중요한 요인으로 채택한다.

4) 군사적 목표와 실현가능성

군사개입은 국가이익을 달성하기 위한 수단이 되며, 이 특정한 목표가 바로 군사개입의 정치적 목표가 되는 것이다. 군사개입의 목적이 국가지도자에 의한 정치적 결정이라면, 군사목표는 군사지휘자에 의한 군사적 결정이 된다. 따라서 군사목표는 정치목적 달성을 위한 가장 중요한 목표이며, 군사목표의 달성은 성공적인 군사력 운용에 의해 달성될 수 있다.

군사목표의 실현 가능성은 군사력이 목적을 달성할 수 있느냐를 고려해야 한다(Haass, 1994). 즉, 미국이 군사력을 사용하기 전에 군사력 사용이 개입에 대한 군사적 목표를 달성할 수 있다는 확신이 있을 때 군사력을 사용해야 한다는 것이다. 이러한 예로 미국의 베트남전 개입 시 사상자수의 증가는 반전여론을 악화시킴으로써 목표달성을 위한 군사개입이 지속될 수 없게 만들었다(조영갑, 2009).

따라서 군사개입의 정치적 목표는 국가이익을 추구하기 위해 설정되며, 이러한 정치적 목표를 달성하기 위한 군사적 목표는 적군을 격멸시켜, 그들의 전투력과 전투의지를 제거시키는 방향으로 명확히 설정되어야 한다. 특히, 군사개입은 확전과 전면전을 의미하는 것은 아니므로 아군의 피해를 최소화하고, 군사적 목표를 신속하게 달성할 수 있는 명확한 군사 목표는 미국의 군사개입을 고려함에 있어 결정적 요소라고 할 수 있다.

9·11 테러와 '파리' 테러사건의 심리적 충격의 강도를 포함한 테러사건의 파급효과는 양국의 군사개입인 아프가니스탄 전쟁과 시리아 및 ISIS 공습의 결정요인에 상당한 영향을 미쳤다. 다음에서는 선행연구에서 제시한 군사개입 결정요인인 국가이익, 국민의지지, 국제적지지, 군사목표의 실현가능성이 과연 영향을 미쳤는지를 살펴보고자 한다.

제2절 9·11 테러사건과 미국의 군사개입 결정요인 분석

1. 미국 9·11 테러사건 분석

9·11 테러사건은 알카에다 테러범들이 2001년 9월 11일 09:00부터 17:20 사이에 일어난 민간 항공기 4대를 납치하여 동시다발 자살테러를 감행함으로써 미국 뉴욕의 110층짜리 세계무역센터(WTC: World Trade Center) 쌍둥이 빌딩이 무너져 내리고, 워싱턴D.C.의 국방부 청사(펜타곤)가 공격을 받아 3,547명이 사망하거나 실종된 사건이다. 세계 초강대국 미국은 순식간에 아수라장이 되었고, 서구문화의 중심부이자 미국 경제와 서구자본주의 상징도시인 뉴욕은 하루아침에 공포의 도가니로 변하고 말았다(국가정보원, 2004). 미국 군사력의 상징인 국방부 펜타곤이 불타오르는 모습은 미국의 자존심마저 유린했다.

9·11 테러는 미국 국민뿐만 아니라 국제사회에 큰 충격을 안겨다 주었고, 부시(George W. Bush) 행정부를 당혹하게 했으나, 테러 발생 후 27일 만에 군사공격을 개시했다. 2001년 9월에 작성된 QDR(Quadrennial Defense Review: 4개년 국방정책 보고서)에서는 미국의 국가 전략목표가 달성될 때까지 적대국의 체제를 바꾸고 영토를 점령할 수 있다고 밝히고 있다.[1] 테러사건이 초강대국 미국의 국가안보전략의 대변환을 초래하였다.

1) 9·11 테러사건의 배경

미국은 이미 1993년 알카에다가 세계무역센터를 폭파시키려는 테러를 겪은 바 있었으나 대부분의 대형 테러는 자국 내 인종차별주의자나 반정부성향자들이

1 2008년 미국 국방비는 607억 달러였고, 전 세계 국방비의 41.5%에 해당한다.

자행한 경우가 많았다. 9·11 테러의 배경에 대한 기존의 분석들은 다음의 세 가지로 분류할 수 있다. 첫째는 미국의 이스라엘에 대한 지원이 이슬람극단주의 세력들의 저항과 분노를 초래했다는 주장이다. 이는 우선 1998년 2월 23일 오사마 빈 라덴이 발표한 '세계 이슬람 전선의 선언문(유대인과 십자군에 대한 성전)'에서 출발한다. 이 선언문에 의하면 이슬람의 분노는 7년 이상 지속된 미군의 사우디 주둔, 이라크에 대한 지속적인 경제 제재와 공습, 이스라엘의 유지를 위한 지원과 이슬람국가의 분열이라는 세 가지 요인에 원인을 두고 있다. 이 문서는 이슬람국가를 파괴하려는 미국 또는 동맹국에 대하여 지하드는 개인의 의무라고 주장하고 있다(최운도, 2001).

둘째는 세계화의 급속한 진행 때문인데, 세계화는 국가별로 경제적 불평등을 초래하였고, 특히 아랍지역에서는 소수 부유층에 대비되는 다수의 빈곤층이 정치적 억압과 빈곤으로 인한 분노가 쌓였고 정치적 민주주의가 없는 상황에서 과격한 원리주의가 자리 잡게 되었다. 이로써 세계화의 경향은 문화적 동일성보다는 오히려 문화적 단절을 초래했으며 합의보다는 대립을 가져왔다. 이런 측면에서 테러의 원인을 세계화에 뒤쳐진 이슬람세계 내부의 문제를 외부 표적으로 돌렸다는 것이다(이태윤, 2010).

셋째는 문화적 차이로 인한 갈등을 들 수 있다. 미국의 역사학자 루이스(Bernard Lewis)에 따르면 이스라엘에 대한 미국의 지원과 기독교문명의 차별주의, 인종차별, 노예제도와 전제군주 등의 잔재는 이슬람에 대한 적대감에 대한 타당한 설명이 되지 못하며 이슬람 입장에서 본 제국주의의 일부가 될 수 있음을 지적하였는데, 9·11 테러의 직접적 배경은 테러의 주체인 알카에다의 반 서구권 테러의 원인이 내재되어 있었다(이태윤, 2010). 또한 이슬람의 폐쇄적이며 중세기적 제정일치의 신정체제의 지향 때문이었다. 많은 아랍인들의 서구에 대한 뿌리 깊은 원한은 이슬람과 기독교, 또는 이슬람 정통파와 서구 계몽주의 사이의 적대감에 기인하는 것이 아니라, 이슬람 세계가 근대 서구와 만나면서 오랜 기간에 걸쳐 겪은 고통과 치욕의 경험에 따른 역사적 결과일 뿐이다(Samuel Huntington, 1997).

특히 중동지역에서 이스라엘 독립 이후 거의 60년간 쌓인 이슬람 민족들의 반미 감정과 미국의 이스라엘 지원이 9·11 테러를 도발케 한 근본적인 뿌리라는 것이므로, 9·11 테러는 결국 미국의 '이스라엘 지원에 대한 대가'라는 것이 이슬람 과격 테러범들의 공통된 인식으로 귀결되었다. 특히 미국의 이스라엘에 대한 편파적 지지의 이유는 근원적으로 유사한 종교적·문명권적 측면에서 친이스라엘 정서 측면도 기인하고 있었다.[2]

2) 9·11 테러사건의 전개과정

9·11 테러사건은 2001년 9월 11일 오전 09:00부터 17:20 사이에 4대의 민간 여객사 항공기를 납치한 테러단체 알－카에다 조직원에 의해 동시다발적으로 이루어졌다. 세계 초강대국 미국은 순식간에 아수라장이 되었고, 서구 문화의 중심부이자 미국과 세계 경제와 서구문화의 상징도시 뉴욕은 하루아침에 경악과 공포의 도가니로 변하고 말았다. 테러사건이 발생하자마자 CNN 방송을 통해 실시간 테러사건 실황이 전 세계로 생중계되면서 국제사회 역시 경악을 금하지 못하였다.

테러사건의 전개과정을 살펴보면, 먼저 9월 11일 08:00시 경 미국 보스턴 국제공항에서 이륙한 LA행 아메리칸항공 소속 보잉 767 여객기에서 아랍계 테러범에 의해 납치되었다. 조종실을 장악한 테러범들은 조종사로 하여금 즉시 뉴욕으로 이동하도록 협박했고, 08:40시 경 뉴욕에 다다르자 조종사를 살해하고 조종간을 잡았다.

08:45경 승무원 및 승객 92명을 태운 여객기는 세계무역센터의 북쪽 건물의 96~193층 사이를 들이받고 폭발했다.

아메리칸 항공 소속 여객기가 테러범들에 의해 장악됐을 어간인, 08:14시경 보스턴 국제공항에서 두번째 보잉 767여객기가 LA를 향해 이륙했다. 잠시후 09:05경 승객과 승무원 등 65명을 태운 유나이티드항공(UA)소속의 이 여객기는 테러범들에 의해 장악돼 빠른 속도로 세계무역센터 남쪽 건물이 오전 09:50시와 10:29시경 차례로 붕괴되었다.

---

2 미국 내 아랍인들은 800만 명이고 유대인들은 기껏해야 500만 명으로 추산되고 있다. 이는 유대인들도 인구대비 아랍계보다 압도적이다. 미국 내 유대인들 로비가 미국의 대 팔레스타인 정책을 강력히 유도해 온 측면을 무시할 수 없다.

세 번째 비행기는 동일 09:00시경 워싱턴 DC의 델레스 국제공항에서 승객 64명과 함께 이륙한 로스앤젤레스 행 아메리칸 항공 소속의 보잉 757 여객기로 공중 납치되었다. 조종실을 장악한 테러범들은 여객기를 몰아 09:40시경 국방부 청사 서쪽을 들이받고 폭발했다.

마지막으로 뉴저지주 뉴어크 국제공항에서 오전 08:00시경 45명의 승객과 함께 샌프란시스코로 출발했다가 실종된 또 다른 유나이티드항공 소속 보잉 767여객기가 납치되어 피츠버그시 남동쪽 130Km에 있는 서머싯 카운티 공항 북쪽에 추락해 폭발했다. 표적으로 추측되었던 워싱턴의 백악관까지는 약 400Km 떨어진 지점이었다.

9·11 테러 조사결과 백서[3]

2. 9·11 테러사건 이후 미국의 군사개입 과정

9·11 테러는 비록 국가주도의 전쟁은 아니었지만 테러 사건의 엄청난 신뢰적 충격 효과를 통해 국제정치를 탈탈냉전(post post cold war) 시대로 변화시켰다. 이후 미국은 국가 안보적 차원에서 전통적 군사위협보다 테러리즘, 즉 예측 불가능한 초국가적 위협이 더욱 중요함을 인식하게 되었다.

1) 국가이익

먼저 9·11 테러사건은 최강의 군사강국 미국의 영토를 속절없이 유린당했다는 자괴감을 안겨 주면서, 미국 정부와 국민에게 제 2의 진주만 공격으로 인식되었다. 약 3천명의 사망자를 초래한 9·11 테러에 대한 응징을 위해 2배 이상의 미

3 Final Report of the National Commission on Terrorist Attacks Upon the United States, 2004.

군들이 희생되었다. 미국이 감행한 '테러와의 전쟁'은 테러 당시보다 더 큰 자국민들의 생명과 경제적 손실을 감수하고라도 미국의 자존심을 되찾기 위한 명분을 우선시하였다. 미국은 자존심을 지키는 것, 즉 무형적 차원의 국가이익을 지키고 국가의 사활적 이익인 테러로부터 본토를 방어하며, 초강대국으로서의 자존심을 회복하는 것을 강력히 지향하였다.

또한, 미국은 대중동정책의 핵심이라 할 수 있는 이스라엘에 대한 안보적 보호와 석유 등 경제자원의 안정적인 확보가 절실하였다. 미국은 이스라엘에 대한 보호를 위해 표면적으로는 중동평화협정을 추진하면서, 미국에 우호적인 정부 수립 및 미군에 의한 강력한 군사력 개입을 지향하였다. 이외에도 아프가니스탄에 대한 미국의 또 다른 이익은 석유자원의 안정적 확보였다.

결론적으로 미국은 국민 보호와 영토 보전, 초강대국의 자존심 회복이라는 '사활적 국가이익'을 수호하였다. 또한 미국의 경제적 이익과 장기적인 번영이라는 '핵심적 국가이익'과 민주주의적 인권 옹호와 국제적 시장경제체제 유지 등 '중대한 국가이익'을 군사개입의 결정적 요인으로 고려하였다.

2) 국민의 지지

9·11 테러 직후 정치적 흐름의 주요 참여자인 부시 대통령은 미국 내 의회와 여론, 그리고 행정부 내 강·온파 등의 이견을 조정, 통합하고자 노력하였다(기세찬, 2005). 대통령은 사건 당일부터 2일 동안 4차에 걸친 담화와 연설로 직접 애국심을 고취시켰다. 국민적 분위기를 감지하고 민감하게 반응하여 정치적으로 전폭적인 지지를 확보할 수 있었다. 아프가니스탄 전쟁에서 부시 행정부에 대한 미 의회의 지지여부를 살펴보면, 미국 의회는 테러발생 2일 만에 행정부가 군사적, 비군사적 외교정책을 실행하기 위한 세출의 규모를 전반적으로 설정하고 예산액을 총 400억불로 가결하였다(조성권, 2006).

부시 대통령은 국민의 애국심을 고취시킴으로써, 여론의 전쟁지지를 얻기 위해서도 힘썼다. 2001년 9월 14일 부시 대통령은 국립대성당에서의 대국민 연설을 통해 "국가를 단합시키는 진정한 용기가 슬픔에 찬 동족애와 우리의 적을 이겨낼 수 있는 확고부동한 결심을 가져올 수 있다"고 역설하였다. 이 연설은 미 국민 8,000만 명이 시청했고, 국가 위기상황 속에서 대통령의 직설적이고 정곡을 찌르는 수사적 표현은 미국 국민들을 감동시켜 테러와의 전쟁에서 승리할 수 있는 단결심을 고취시켰다(조영갑, 2009).

이러한 상황이 유지되고 있던, 9·11 테러 사건 와중에 실시된 ABC방송과 워싱턴포스트지의 여론조사는 〈표 7-3〉에서와 같이 나타났다.

표 7-3 미국 부시 대통령의 지지도

일자	내용		
부정적	• 강력하게 반대한다.	33(5.6%)	71(12.1%)
	• 조금 반대한다	38(6.5%)	
긍정적	• 조금 지지한다.	136(23.1%)	517(87.9%)
	• 강력하게 지지한다.	381(64.8%)	
총계		588(100%)	

출처: "미국 전국여론조사 데이터(2001.9·11.~13)," 『ABC 방송·워싱턴포스트』.

결론적으로 9·11 테러의 심리적 충격을 정책선도자 부시 대통령은 시기를 놓치지 낳고 여론의 흐름으로 가져갔다. 군사개입 결정요인 중 정책대안으로 떠오르는 군사개입에 대한 '의회와 국민의 지지'에 의하여 정치 흐름이 움직이게 되었다. 부시 대통령의 역할이 역동성을 강화하였다. 부시 대통령은 ① 언론과 직접 소통하고, ② 테러사건 현장에서 국민과 직접 접촉했다. ③ 여론의 동향을 간파하여 더욱 강한 메시지를 보내면서 여론의 추동력을 활용하여 그 흐름을 가져갔다. 이렇듯 절대적 국민적 지지의 토대 위에서 미국은 아프가니스탄전을 수행하였다.

3) 국제적 지지

미국은 테러집단과 배후세력에 대한 증거를 확보함으로써, 전쟁수행의 정당성과 국제적 지지를 얻기 위해 총력을 기울였다(기세찬, 2005). 먼저 군사개입전 국제적 차원의 협력을 확보하기 위해 전방위적인 노력을 선행하였다. 이를 위해 미국의 핵심 인사들이 이슬람 국가들과 접촉을 통해 군사개입의 정당성을 강조하였다.

부시 대통령은 아프가니스탄 전쟁의 목표를 단순히 9·11 테러의 보복이나 탈레반 정권 격퇴가 아닌 "테러와의 전쟁이자 문명의 전쟁"으로 강조하며, 국제사회의 동참을 호소했다(국가정보원, 2002). UN 안보리도 9·11 테러공격을 국제평화 및 안보위협으로 정의하고, 미국에 의해 자위권을 행사할 수 있다는 결의안(1368호)을 만장일치로 채택하였다(기세찬, 2005). 영국의 블레어 총리, 프랑스 시라크 대통령, 독일의 슈뢰더 총리, 일본의 고이즈미 총리 등 세계 주요국가 지도자들과 직접 연락하여 국제적 공동대응을 호소하였다. 그 결과 NATO 동맹국들은 52년간의 NATO 역사상 처음으로 "회원국이 공격당했을 경우 공동 대응한다"는 NATO 조약 제5조를 발동하기로 결정했다. 테러와의 전쟁에 뜻을 같이하는 동맹국들 사이에 강력한 연합이 형성된 것이다(Bush, 2011).

9·11 테러 직후 부시 대통령의 주요 외국 정상들에게 직접 전화통화를 함으로써 정치의 흐름을 움직이게 하고, 흐름의 역동성을 강화하였다.

4) 군사적 목표와 실현 가능성

미국은 지상군 투입을 통해 군사적 목표의 실현가능성을 확신하였다. 이는 아프가니스탄 지역에서 절대적인 군사적 우위보장을 근간으로, 북부동맹군을 활용한 미군 인명손실은 최소화할 수 있다는 확신이 있었기에 가능하였다. 이에 따라 국제사회와 국민지지를 위한 외교적 노력과 명분확보를 위한 각종 대안을 거쳐 지상군 투입이 최후의 수단임을 보여주기 위해 노력하였으나, 초기단계부터 지상군 투입이라는 군사개입 방안에 대한 대안이 가장 강력하게 거론되었다.

미국은 군사목표를 달성하기 위한 구체적인 작전계획을 수립하였다(국가정보원, 2002; 기세찬 2005). 세부적으로 예비군을 동원하고 추가 항모전투단 전개, 특수부대작전 및 심리전 수행, 공중폭격 위주 항공작전, 탈레반 지도자 및 빈 라덴 체포 등 구체적이고 강력한 군사개입을 위한 계획수립을 완료하였다. 군사작전 이후에는 특수부대와 제한된 지상군으로, 아프간 과도정부를 지원하는 계획까지 수립하였다. 이와 같이 미국은 9·11 테러 이후 전시내각회의에서 외교적 수단보다는 군사적 수단을 강구함으로써 소수의 대안으로 한정하였다.

5) 테러사건의 파급효과 분석

9·11 테러사건의 상징성은 미국 국민뿐만 아니라 세계인들에게 엄청난 심리적 충격을 가져왔다(공현준, 2008). 먼저 테러의 방법 면에서 항공기 4대를 납치하여 가미가제식 자폭공격을 감행했다는 점은 상상력을 초월한 극적인 효과를 주었다. 테러를 감행한 시간과 공간, 테러의 방법 면에서 기습효과까지 더해졌다. 둘째, 테러의 대상도시의 상징성도 매우 컸다. 자유민주주의와 서구문화의 상징도시인 뉴욕과 미국의 수도로서 미국 정치의 상징도시인 워싱턴 DC가 공격당한 것은 미국 국민과 정치 지도자들, 세계인들에게도 '제2의 진주만 공격'을 연상시키면서 엄청난 충격을 주었다(박동균·박기범, 2012). 셋째, 미국 경제와 자유시장경제의 상징인 뉴욕의 무역센터빌딩이 항공기가 충돌하는 모습과 무너져 내리는 모습은 모든 사람의 눈을 의심케 할 정도였으며, 미국 군사력의 상징인 국방부 건물 펜타곤이 불타는 모습은 초강대국의 자존심마저 짓뭉개버렸다. 무형적·심리적 충격은 인명피해와 경제적 손실이라는 유형적 충격보다 더 큰 파급효과를 만들어 내었다(정육상, 2014). 결국 당연히 테러의 유형적 피해도 역사상 그 어느 테러의 피해규모보다 컸다.

제3절 파리 테러 사건과 프랑스의 군사개입 결정요인 분석

9·11 테러를 통한 미국의 국제사회에 대한 강력한 결속력과 명확한 군사적 목표에 의한 아프가니스탄으로의 군사개입에 비해, 파리 테러 이후 프랑스의 군사

개입은 다양한 제한요소로 인해 효과적인 작동이 어려웠다(최인숙, 2016). 먼저 시리아 및 ISIS에 대한 지상군 투입에 대해서는 주요 국가들의 다양한 이해관계와 이견이 충돌하였다. 올랑드 대통령은 파리 동시다발 테러 직후 ISIS에 대한 '전쟁'을 선포했지만, 오바마 당시 미국 대통령은 이전과 마찬가지로 공중 전력과 특수전 병력에 의존하는 제한적 ISIS 격퇴 작전을 진행하겠다고 밝혀 다소 상반되는 입장을 밝혔다(국가정보원, 2016).

보다 결정적인 이유는 미국이 테러와의 전쟁 10년 결과, 지상군 투입에 단호하게 부정적이었기 때문이다. 결국 프랑스는 전시내각회의에서 제한적인 군사개입 수단인 공중공습 및 군사지원 역할수단을 아래와 같이 강구하였다.

1. 프랑스 파리 테러사건 분석

2015년 11월 발생한 '파리' 테러는 제2차 세계대전 이후 프랑스 본토에서 발생한 가장 잔혹한 무력 공격사건 이었다. 프랑스는 이미 1960년대 이후부터 수많은 테러를 경험해 오고 있었다.[4] 프랑스 올랑드 대통령은 '파리'테러가 발생한 바로 직후, 미국의 부시 대통령이 2001년 9·11 테러를 "전쟁 행위(an act of war)"라고 했던 것처럼, 프랑스 정부도 결국 "전쟁 행위"로 명명하고 국가비상상태를 선포하였다(조성권, 2016).

파리 테러사건은 2015년 1월 프랑스의 주간지 '샤를리 에브도' 만평이 이슬람 선지자 무함마드를 모욕했다는 이유로 사무실에 ISIS 테러단체와 연계된 테러범들이 난입하여 총기를 난사해 12명이 숨진 사건 이후에 발생하였다(국가정보원, 2016).

프랑스는 파리 테러 이후 이슬람극단주의 테러단체의 궤멸을 목표로 시리아에 군사개입을 추구하였다. 이미 프랑스는 2014년 9월부터 참여한 시리아와 이라크의 군사개입 작선에서 미국 등 국제 동맹군 및 러시아와 연계하여 더욱 전력을

4 20세기 프랑스 내 최악의 테러는 1961년 6월 18일에 발생한 스트라스부르그-파리(Strasbourg-Paris) 간 기차에서 발생한 폭탄테러로 28명의 사망자와 100명이 훨씬 넘는 부상자가 발생하였다.

| 그림 7-2 | 파리 테러(좌: 생드니 경기장, 우: 바타클랑 극장) 

증강하여 군사작전을 수행하였다. 기존의 공중폭격 등 공습의 강도를 증가시키기 위해 전투기 출격횟수를 3배로 증가시켰고, 해군 항공대 및 항공모함을 추가 배치하였다(국가정보원, 2016).

프랑스의 군사적 개입 이후 ISIS는 파리 테러가 "폭풍의 서곡(the first of the storm)"이라고 하면서 다음 테러는 워싱턴, 뉴욕, 런던, 로마가 될 수 있다고 국제사회를 위협하였다. 파리 테러 이후 2016년 유럽연합 본부 도시 브뤼셀에서 공항과 지하철역을 공격하는 동시다발성 자살테러로 유럽을 공포로 몰아넣었다. 이 테러는 2015년 1월과 11월 프랑스 파리에서 발생한 테러사건의 연장선상에 놓인 테러사건이었다.

2019년 당시 서방국가들은 ISIS가 이라크와 시리아에서 패퇴하였다고 선언하였고, ISIS의 수괴인 알 바그다디가 제거되었다. 그러나 아직도 세계는 ISIS라는 사상 초유의 테러단체가 직·간접적으로 저지르는 테러 때문에 긴장을 늦추지 못하고 있다. 특히 최근에는 시리아·이라크에서 조직력이 와해된 이후 유럽과 동남아시아, 아프리카를 가리지 않고 공격 대상으로 삼고 있다는 점에 확산의 우려가 있었다.

1) 프랑스 파리 테러사건 배경

파리 테러사건의 주요한 원인은 역사적 테러의 빈발, 종교적 갈등과 사회·문화적 갈등이 복합적으로 표출되었다(전용재 외 2017). 프랑스 등 유럽에서 무슬림 이민 2세가 소수집단으로 살아가면서 느끼는 종교적 유발요인과 정체성의 혼란, 사회불만 등이 테러공격을 발생케 한 것이다(이장한 외, 2017).

(1) 역사적 테러의 빈발

1970년대부터 중동 테러단체에 의한 프랑스를 대상으로 다양한 테러사건이 빈발하여 왔는데, 특히 1978년 5월에는 팔레스타인 테러범이 오를리 국제공항에서 이스라엘 텔아비브행 항공기 탑승객들에게 총기를 난사하여 8명이 사망하였으며, 이런 상황은 1980년대에도 지속되었다.

1980년대에는 레바논계 테러단체에 의한 프랑스 내에서의 대형 테러사건의 발생 빈도가 높았으며 1990년대에는 무장이슬람그룹(GIA)[5]의 테러활동이 급증했다. 사실상 프랑스는 2015년 테러 이전에도 이미 영토 내에서의 테러에 빈번하게 노출되어 있었다. 이는 미국인들이 9·11 테러 당시 느꼈던 충격과 공포심 수준은 아니지만, 프랑스 국민은 이미 수차례 국내 테러사건에 노출되어 테러에 대한 불안감을 갖고 있었다는 점을 추측해 볼 수 있다.

다음에 제시된 〈표 7-4〉는 1961년 '스트라스부르그-파리 간 기차 폭탄테러 이후 2015년 '파리' 테러 직전까지 사상자 20명 이상을 초래한 프랑스 내 테러사건 목록이다. 테러사건을 보면 이슬람극단주의자와 극우단체의 테러가 반복되어 종교적 갈등과 사회·문화적 갈등에 의한 테러가 지속되어 왔다는 것을 알 수 있다. 2015년 발생한 파리 테러는 이렇게 테러가 빈발하는 상황의 연속선상에 있는 테러사건이면서 9·11 테러사건 이후의 사건이었고, 무차별적 동시다발 복합테러

5 GLA(Global Liberation Army)는 HTS(Hayat Tahrir al-Sham)의 영어 명칭으로 시리아 내전에서 활동하는 이슬람극단주의 무장조직이다. 2017년 초까지 알카에다 계열의 조직이었다. 총사령관은 과거 아부바크르 알 바그다디와 협력관계였다가 노선차이와 기득권 싸움으로 갈라진 인물인 아부 무함마드 알 줄라니이다. 알카에다와 결별하고 다른 이슬람 무장조지과 합병하여 이름을 개칭하였지만 알누스라 전선과의 기본 이념은 거의 달라지지 않고 그대로 존속되었다.

표 7-4 1960~1990년대 프랑스 주요 테러사건

일시	사건	테러 주체	테러유형	사망	부상
'61.6.18	스트라스부르그-파리 간 기차 폭탄테러	비밀무장조직(OAS, 극우단체)	폭발물	28	100
'62.3.9	이세레몰리노차량폭탄테러		폭발물	3	47
'73.12.1	駐마르세유 알제리영사관 폭탄테러	찰스 마르텔 그룹(Charls Martel Group, 극우단체)	폭발물	4	20
'74.9.15	파리 셍제르맹데프레 성당 약국 수류탄투척테러	카를로스 더 자칼 (Carlos the Jackal) 소행 추정	폭발물	2	
'75.1.13	오를리 공항 공격	카를로스 더 자칼 및 검은 9월단(팔레스타인 극좌단체)	RPG	0	24
'79.3.27	파리 식당 폭탄 공격 (유대인 학생 기숙사 공격)	반유대주의 단체	폭발물	0	32
'80.10.3	파리 폭탄테러 (유대교 종교시설)	민족유럽행동연합 (FANA, 극우단체)	폭발물	4	46
'82.3.29	캐피톨레 열차폭파 테러	카를로스 더 자칼	폭발물	5	29
'82.4.22	파리 차량 폭탄테러		폭발물	1	60
'82.8.9	파리 골든버그 식당 테러	아부니달(ANO, 팔레스타인단체)	총격	6	22
'82.9.17	파리차량 폭탄테러 (이스라엘 외교관 공격)	레바논무장혁명당(FARL, 극좌) 및 무장그룹(Action Directe, 극좌)	폭발물	7	55
'83.7.15	오를리 공항 폭탄테러	아르메니아해방군(ASALA, 反터키 아르메니아계 무장조직)	폭발물	8	56
'83.9.30	마르세이유 전시장 폭탄테러	무장그룹(Action Directe), 레바논 무장혁명당(FARL), 코만도 델타(OAS암살조직) 등 주장	폭발물	1	26
'85.12.7	파리 백화점 폭탄테러	헤즈볼라	폭발물	0	43
'86.1.3.	파리 연쇄 폭탄테러(3차)		폭발물	1	35
'86.3.20	샹젤리제 폭탄테러		폭발물	2	29
'86.9.5.	연쇄 폭탄테러(4차)	헤즈볼라	폭발물	5	131
'86.9.17	파리 폭탄테러		폭발물	7	55
'94.12.21	에어프랑스 8969기 납치	무장이슬람그룹 (GIA,알제리 반군단체)	납치	4	25
'95.7.8	파리 연쇄 폭탄테러(8차)		폭발물	8	140
'96.12.3	파리 지하철 폭탄테러		폭발물	4	170

라는 또 다른 양상의 테러, 즉 뉴테러로 인식되어졌다.

(2) 종교적 갈등

먼저 종교적 갈등 차원에서 살펴보면 가해자들은 ISIS 및 그들에게서 영향을 받아 폭력적이고 급진화되어 테러 공격을 감행한 '외로운 늑대(lone wolf)'형[6]의 테러범들인 것으로 밝혀졌다(United States Department of State, 2018). 파리 테러사건 다음날 ISIS는 자신들의 소행임을 주장하며 테러리스트들의 사진과 함께 조직 내 이름을 공개하였다. 테러범은 총 9명으로 이슬람극단주의자인 것으로 밝혀졌다. 특히 스타드 드 프랑스에서 자살 폭탄테러를 감행한 빌랄 하드피(Bilal Hadfi)는 이슬람극단주의에 심취한 이민 2세이며, 학창시절부터 ISIS와 보코하람을 옹호하는 태도를 보였다. 다른 테러범들 역시 이슬람극단주의에 매료된 상태였다(대테러센터, 2017).

(3) 사회문화적 갈등

사회·문화적 갈등차원에서 살펴보면 프랑스 국내에서 만연했던 이슬람 종교 차별 또는 무슬림에 대한 차별에서 기인한 측면이 높았다(이창한 외, 2017). 예를 들어, 2015년 1월에 발생했던 샤를리 에브도 테러는 프랑스 사회에 존재하는 반 무슬림 정서를 대표적으로 보여주는 것이었고, 이슬람에 이와 함께, 가해자들은 대부분이 이민 2세이거나 난민 출신들이었다. 그들은 지역사회에서 오랜 기간 속해 있었음에도 불구하고 주류사회에 편입되지 못하고, 주변에서 소외되었던 것으로 나타났다(윤민우, 2018). 그들은 지역주민들과 종교 및 인종 등이 달라 적극적으로 융화되지 못하여 종교적 혹은 사회적 차별로 인해 평소 갈등을 겪어온 것으로 밝혀졌다(박창욱, 2015). 이처럼 유럽 각지의 난민들과 이주자들로 이루어진 지역 공동체에 이슬람극단주의 침투로 인한 테러공격 인프라 구축으로 테러발생 확률이 매

---

6 '외로운 늑대(lone wolf)'형의 테러란 '자생적 테러리스트'를 의미한다. 특정 조직이나 이념이 아니라 정부에 대한 개인적 반감을 이유로 스스로 행동에 나선다는 게 특징이다. 외로운 늑대에 의한 테러는 테러 감행 시점이나 방식에 대한 정보 수집이 쉽지 않아 예방이 거의 불가능하다는 점에서 테러 조직에 의한 테러보다 큰 위협으로 받아들여지고 있다. 독일의 주간지 『슈피겔』은 외로운 늑대 유형의 테러는 사건이 발생하기 전까지는 추적하기 어렵다는 점에서 정보기관들에는 '최악의 악몽'이라고 표현했다(김환표, 2013).

우 높아지게 된 것이다(서다빈, 2017). 또한 과거의 종교적·정치적·이념적 갈등과 같이 뚜렷한 목표와 이념의 원인에서 탈피하여 개인적 원인에 의한 자생테러 및 외로운 늑대 등 목표나 원인도 규명할 수 없는 다양한 테러양상이 확산된 것도 중요한 원인이 되었다(W. Austin, 2013).

2015년 1월 7일 ISIS가 자행한 샤를리 에브도 테러[7]는 프랑스를 분노와 공포로 전율하게 만들었다. 올랑드(François Hollande) 대통령은 프랑스의 안전을 위해 테러와의 전쟁을 선포했고, 민심의 동요를 막고 국민 대통합을 이루기 위해 아프리카를 비롯한 전 세계 지도자를 파리로 초청하여 대행진을 벌였다. 이 공화국 대행진은 프랑스 전역으로 확대되어 400여만 명의 시민이 참여함으로써 굳건한 결집력을 보여주었다. 프랑스 사회의 질서를 깨트리고 강박관념과 의혹을 유발해 정부에 대한 반감여론을 조성하려던 ISIS의 계획은 성공하지 못하고 수포로 돌아갔다. 프랑스 여론조사 기관 오독사(Odoxa)의 조사에 의하면 프랑스인 81%가 이번 테러를 두려워하지 않았고, "샤를리 에브도의 죽음"을 애도하는 집회에 나갈 준비가 되어 있다고 응답했다(최인숙, 2016).

2) 파리 테러사건 전개과정

파리 테러사건은 일련의 극단주의 이슬람 과격단체 ISIS에 의한 테러사건 발생과 이에 대응하는 프랑스 정부의 조치, 그리고 국제사회의 대처 노력은 뉴테러의 실상을 압축하여 표출된 사례였다(조성권, 2016).

2015년 11월 13일, 3명으로 구성된 테러범들이 생드니 축구 경기장으로부터 식당, 술집과 극장으로 이어지는 3개 조의 테러범들로 구성된 21:00~09:00까지의

---

7 2015년 1월 7일 프랑스 파리 도심에 위치한 풍자주간지 샤를리 에브도(Charlie Hebdo) 사무실에 이슬람극단주의자 테러리스트들이 침입, 총기를 난사해 편집장인 스테판 샤르보니에르를 포함한 직원 10명과 경찰 2명 등 총 12명이 사망하는 사건이 발생했다. 테러를 당한 《샤를리 에브도》는 그동안 각종 성역에 대한 비판을 해온 주간지로, 특히 2006년부터 무함마드 만평 등을 게재하면서 이슬람권의 큰 저항을 받아왔다. 따라서 이번 테러는 무함마드 만평에 대한 보복 테러인 것으로 분석됐다(pmg 지식엔진연구소, 2015); https://terms.naver.com/entry.nhn?docId=2724009&cid=43667&categoryId=43667(2019년 8월 9일 검색).

발생한 동시다발 테러는 불과 3시간도 채 안 걸린 시간 동안에 130여 명의 사망자와 250여 명의 부상자가 발생하였고, 이 상황은 전 세계로 동시에 생중계되었다. 특히 독일의 친선 축구경기가 펼쳐지던 생드니의 경기장에서 시작된 테러공격은 자정을 넘겨서까지 이어져 파리 제10구, 제11구 등 총 여섯 곳에서 발생하였다. 특히 금요일 밤 사람들이 운집해 있는 다중이용시설을 중점적으로 한 동시 다발적 테러공격이 수행되면서 일반적인 군사력으로 보호하기 힘든 불특정 다수의 연성표적인 무고한 일반인들의 피해와 공포감을 극대화하여 국가를 불안과 혼란에 빠뜨렸다(대테러센터, 2017).

먼저 21:19시경 파리 외곽 축구경기장 '스타드 드 프랑스' 주변에서 자살폭탄테러로 인해 테러범 3명과 시민 1명이 사망했다. 09:20시경에는 테러범들이 파리 시내 레퓌블리크 광장의 동쪽 제10구의 술집 '카리용'과 레스토랑 '프랑티 캉보주'에서 AK소총을 난사해서 시민 14명이 사망했다.

이어서 테러범들은 09:30시경 남쪽 제11구 샤론가의 주점 '벨 에퀴프'를 포함한 그 일대에서 20명 이상의 사상자가 발생했다. 10:00시경 파리 제11구 볼테르가에 위치한 공연장 바타클랑 공연장에서 테러범 들은 공연 도중에 2시간 30분가량의 인질극에 이어 무차별로 총기를 난사하여 87명이 숨지게 하고, 테러범 4명은 폭탄벨트로 자폭하거나 경찰에 의해 사살 되었다. 바타클랑 공연장은 가장 유명한 콘서트 장소의 하나이며 유대인 형제들이 소유하고 있어서 과거에도 여러 차례 테러공격의 목표물이 된 적이 있는 장소이기도 했다.

특히 생드니 경기장에서 축구경기를 관람하던 올랑드 대통령은 사건이 발생하자 8만명이 넘는 관중들을 남겨둔 채 경호당국의 통제에 의해 경기장을 빠져나왔으나, 이 과정에서 경호당국의 안일한 상황판단으로 관중들에게 실시간 테러공격 상황을 공유하지 않아 여론의 집단포화를 맞기도 하였다. 이로 인해 경기장의 8만 관중들은 알수 없는 불상의 불안과 공포 속에서 경기를 관람했고, 경기가 끝난 후에도 30여 분 동안 경기장 안에 머물러야 했다.

프랑스 당국의 테러범 수사결과에 의하면 테러 배후로 ISIS가 해외 조직망을 총 가동하여 획책하고 실행한 것으로 밝혀졌다. 테러범 8명은 시리아인을 포함하여 다양한 국적자들이며, 이들을 배후에서 조종한 주동자는 벨기에 출신 압델하미드 아바우드(Abdelhamid Abaaud)였다(국가정보원, 2016).

3) 파리 테러사건의 특징

'파리' 테러사건은 최근 유럽 및 북미형의 뉴테러의 전형적인 특성을 보여준 대표적인 테러유형이라 할 수 있다. 이는 테러 원인과 성격, 자생테러의 측면과 국제 테러단체와의 융합 측면, 테러공격수단의 다양성, 테러대상 목표의 복합성 측면에서 요약할 수 있다.

(1) 자생테러와 국제테러단체와의 융합

파리 테러사건은 국제테러와 자생테러 측면에서 융합적인 양상을 띠고 있다. 먼저 〈표 7-5〉에서 보는 바와 같이 테러사건 용의자 9명 중 5명이 프랑스인이며 1명이 벨기에인, 나머지 3명은 시리아 난민으로 추정되어 자생적 테러범에 의해서만 수행된 것은 아니었고, 특히 5명의 프랑스인 중 3명은 벨기에 등 국외에서 거

표 7-5 '파리' 테러사건 테러범 현황

테러범 이름	국적	검거 여부
압델하미드 아바우드(27) (파리 테러 기획자)	벨기에 국적 (모로코계 무슬림)	15.11.18 파리북부 생드니의 아파트에서 프랑스 군·경 검거작전으로 사망
이스마일 모스테파이(29)	프랑스 국적 (알제리계 무슬림)	바타클랑극장에서 자폭사망
사미 아미무르(28)	프랑스 국적 (알제리계 무슬림)	바타클랑극장에서 자폭사망
이브라힘 압데슬람(31)	프랑스 국적, 벨기에 거주 (모로코계 무슬림)	볼테르거리 식당에서 자폭사망
살라 압데슬람(26)	프랑스 국적, 벨기에 거주 (모로코계 무슬림)	프랑스 송환후 재판진행예정
빌랄 하드피(20)	프랑스 국적 무슬림, 벨기에 거주	스타드 드 프랑스 경기장에서 자폭 사망
아메드 알무함마드(25)	시리아 난민 추정	스타드 드 프랑스 경기장에서 자폭 사망
미상 2명	시리아 난민 추정	테러 도중 자폭한 것으로 추정

주한 인원으로 추정하였다.

그러나 시리아 및 이라크 등에서 고도로 훈련을 받고 전투 경험을 갖춘 전문 테러범들이 다시 자국으로 복귀하여 테러를 감행했다는 점에서 자생 테러적 성격을 갖추고 있다고 볼 수 있다(윤민우, 2018).

특히 국제테러단체와의 연계 측면에서 볼 때 조직화된 테러양상을 보이는데, 일반적으로 프랑스는 치안이 상대적으로 안정되고 형사사법기관에 의해 효과적인 대테러 정책이 시행되고 있는 국가이다. 그럼에도 프랑스 파리를 대상으로 국제테러단체인 ISIS의 기획하에 테러범의 훈련, 무기공급 및 폭탄제조 기법, 테러자금 제공 등을 통해 자생적 테러범과의 결합이 이루어진 것으로 분석할 수 있다.

그러나 한편 9·11 테러사건과 비교하여 파리 테러사건은 국제정치 측면에 있어 불분명한 복잡성을 갖고 있다. 프랑스는 그동안 중동과 아프리카 지역에 지속적으로 군사개입하였고 전쟁에 참가한 목적이 테러와 반계몽주의에 맞서 싸우기 위해서라고 명분을 내세웠다. 하지만 오히려 미국과의 동맹관계를 유지하는 것 이외에 실익이 없다고 평가되었다(최인숙, 2016). 오히려 2013년 프랑스 정부는 테러와의 전쟁을 선포하면서 말리 내전에 개입함으로 인해 ISIS와의 관계가 악화되기도 하였다. 게다가 2014년 9월 미국의 버락 오바마(Barack Obama) 대통령이 시리아의 ISIS를 공격하겠다고 하자 프랑스도 9월 19일부터 7주간 100회 이상의 공중공격을 실시하였다(국가정보원, 2016).

2015년 11월의 '파리' 테러사건도 뉴테러로 국내·외 정치적 파급효과와 경제적으로 미친 피해가 적지 않았다. 파리 테러의 피해에 대해서 프랑스 재무부는 2015년 11월 '파리'테러로 인한 여행객 및 개인지출 감소 등을 추정해 $21억 상당의 경제적 손실이 발생했는데, 이는 전체 프랑스 GDP의 0.1%에 해당한다고 발표한 바 있다.[8] 다음의 〈표 7-6〉은 2013~2017년 동안 프랑스 경제 지표로 이를 확인할 수 있다.

---

8 Paredesvanheule Adrien, "Paris Attack: Limited Economic Impact, Investment Europe," December 14, 2015; https://www.investmenteurope.net/investmenteurope/news/3716100/paris-attacks-limited-economic-impact(검색일: 2019년 9월 29일).

표 7-6 2013~2017년간 프랑스 경제 지표

구분	2013년	2014년	2015년				2016년	
			1분기	2분기	3분기	4분기	1분기	2분기
GDP 성장률	0.6%	0.6%	0.7%	0.0%	0.3%	0.2%	0.6%	-0.3%
실업율	9.921%	10.292%	10.359%				10.057%	

출처: GDP 성장률은 프랑스 국가통계국(INSEE) 인터넷 사이트[9]를, 실업율은 세계은행(Word Bank) 홈페이지 자료 참조.[10]

하지만 프랑스에서도 테러가 국가 GDP 성장률에 치명적 악영향을 초래하지 못했다. 프랑스 국가통계국에 따르면, 오히려 테러 직후인 2016년 1분기의 경우 GDP 성장률이 상승했다. 세계은행 통계를 분석해본 결과, 2015년도 세계 GDP 성장률은 2.853%였으며 2016년도에는 2.566%로 하락세에 있었고 같은 기간 프랑스의 GDP 성장률은 2015년도에는 1.113%였으며 2016년도 1.095%로 결과적으로 봤을 때 세계 GDP 성장률이 2015년 0.1% 하락하는 동안 프랑스는 같은 기간 0.016% 하락에 멈춰 상대적으로 경제상황이 나쁘지 않았다는 점을 보여주고 있다.[11]

테러와의 전쟁이라는 미명하에 군사개입을 꾸준하게 이어가면서 피개입국과 마찰은 물론 국내로 테러를 불러들이는 결과를 가져왔다. 당연히 군사개입 비용의 지출이 늘면서 아직도 국가경제에 부담을 주고 있다. 프랑스의 이라크·시리아 지역 파병인원은 〈표 7-7〉과 같다. 파리 테러 이후 이라크에서 시리아로 전장을 확대하며 해당 지역에 파병 부대를 늘린 것이 확인된다.

9 프랑스 국가통계국 홈페이지(insee.fr./en/accueil) 참조(검색일: 2019년 9월 27일).

10 세계은행 홈페이지(worldbank.org) 참조(검색일: 2019년 9월 27일).

11 세계은행 홈페이지(worldbank.org) 참조(검색일: 2019년 9월 27일).

표 7-7 2015~2018년간 프랑스의 이라크·시리아 지역 파병인원

구분	기준 연도			
	2015.7월	2016.7월	2017.7월	2018.7월
이라크	700명	1,000명	1,200명	1,100명
시리아	-			

출처: 프랑스 국방부 인터넷 홈페이지 게재 2015·2016·2017·2018년도 '국방 주요 수치'(Defence Key Figures)[12]

(2) 테러대상 목표의 복합성

테러대상(목표) 차원에서 볼 때, 군이나 경찰, 정부기관의 상징적인 국가기관의 중요시설로 대표되는 이른바 하드 타깃이 아닌 소프트 타깃에 집중되어 발생하였다. 특히 전술한 바와 같이 금요일 밤 다중이용시설을 중점적으로 테러공격이 수행되면서 일반인들의 피해와 공포감을 극대화시켰다. 특히 〈표 7-8〉과 같이 식당과 술집·축구경기장, 콘서트장 등 최소 7곳에서 테러범들이 3개 조로 팀을 이루어 동시다발적인 복합공격을 감행하였다.

표 7-8 '파리'테러 목표와 수단

장소	수단	전개과정이동
스타드 드 프랑스경기장 (프랑스·독일 축구경기)	자폭	1차폭탄(21: 20) 입구에서 자폭 2차폭탄(21: 30) 다른 입구에서 자폭 3차폭탄(21: 50) 경기장 인근 식당에서 자폭 * 프랑수아 올랑드 대통령이 축구경기 관람중 피신
알리베르거리	총격	1차총격(21: 25) 바에서 총격
알리베르거리	총격	2차총격(21: 25) 식당에서 총격
라퐁텐 거리	총격	1차총격(21: 32) 식당 및 카페에서 총격
샤론거리	총격	1차총격(21: 36) 바에서 총격
볼테르거리	자폭	1차폭탄(21: 40) 식당에서 자폭
바타클랑극장	인질	인질테러(21:4 0~익일 01: 00) 극장내 인질대상 무차별 살상(100여명 사망) * 국가비상사태 선포, 대테러부대 투입

12 프랑스 국방부 홈페이지(https://www.defense.gouv.fr/) 참조(검색일: 2019년 9월 29일).

이러한 근본적 이유는 파리 테러의 발생원인이 종교적 원인에 기반을 두고 있긴 하나, 사회·문화적 원인 등이 복합적으로 작용하였기 때문에 그 테러의 원인을 정확히 분석하기가 제한된다. 불특정 다수의 민간인을 대상으로 한 테러공격이 주를 이루고 있어 테러대상 목표도 명확히 예측하기 어렵다는 특성이 있다.[13] 이러한 테러 양상은 테러 발생 시 무고한 시민들로 하여금 무수히 많은 인명피해와 위험성으로 불안과 두려움을 야기시킬 수 있다는 특성이 있다.

(3) 테러수단의 다양성

마지막으로 테러 공격수단 측면에서, 종래 전통적으로 폭탄테러, 총기, 방화 등 단일한 공격형태에서 벗어나, 시간적·공간적으로 동시다발 테러형태로 표출되었다. 스타드 드 프랑스 경기장에서의 자살 폭탄테러 방식이 주로 적용되었으나, 그 외에도 총기 공격, 인질극, 수류탄 등 다양한 공격수단이 활용되었다. 특히, 차량 돌진테러는 최근 이슬람극단주의 국제 테러단체가 유용하게 활용하는 중요한 테러 수단이 되었다. 이러한 양상은 유럽과 미국 등지에서 급격히 증가하고 있는데, 주로 인명살상을 목적으로 다수의 대중들을 향해 무차별하게 돌진을 감행하는 특성을 보이고 있다(윤민우, 2018).

2. 파리 테러사건 이후 프랑스의 군사개입 과정

1) 국가이익

프랑스가 파리 테러 직후 시리아 공습을 개시한 주된 이유는 시리아와 중동에 폭넓은 간섭주의 외교를 통해 강대국(Great Power)이라는 인식을 강화하는 것이었다(The Washing for post, 2015. 11. 19).[14] 또한 시라아 재건사업 등 여건조성 차원의

---

13 윤민우, "유럽 각국들에서의 최근 테러 동향과 특성, 그리고 대테러 정책의 변화," pp. 192- 193.

14 Samuel Ramani, "Why France is so deeply entangled in Syria," The Washington Post, 19 November, 2015; https://www.washingtonpost.com/news/monkey-cage/wp/2015/11/19/why-france-is-so-deeply-entangled-in-syria/(검색일: 2019년 10월 5일).

경제적 교두보를 구축하려는 경제적인 이유도 있었다. 시리아 내 친 프랑스 정권을 수립해서 향후 시리아 재건사업에 발판을 마련하는 한편, 사우디아라비아 같은 중동 국가들과 관계를 강화하려는 측면도 있다. 한 예로, 프랑스 에너지 소비의 42%가 원유이며 이 중 40%가 중동과 북아프리카 지역에서 공급되고 있었기 때문이다.

특히 사활적 이익 측면에서 살펴보면 ISIS 테러단체 응징을 위해 시리아, 이라크, 리비아 등의 ISIS 테러단체 격멸하려고 하였으며, 이를 위해 남쪽의 사헬-사하라 지역과 예멘의 지하디스트 전선이 지중해 관문에서 서로 합류하는 것을 막으려고 하였다. 이를 위해 다른 위협세력들을 서로 격리시켜서 프랑스의 전략적 이익이 위협 당할 지중해와 홍해에서 최대한 멀리 떨어지게 하고 우리의 방어선을 최대한 남쪽으로 유지하고자 했다(국가정보원, 2016).

결론적으로 프랑스의 군사개입에 대한 사활적 이익은 무형적·심리적 국가이익인 강대국의 위상을 과시하고 강화하려는 것이었다. 이러한 사활적 국가이익 이외에 시리아의 재건사업 등 경제적 이익과 중동에서의 영향력을 유지차원에서의 중대한 국가이익이 군사개입 결정요인으로 작용하였다고도 분석된다.

2) 국민의 지지

'파리' 테러 발생 직후 그동안 역대 프랑스 대통령 중 가장 인기가 없는 것으로 평가를 받았던 올랑드 대통령은 프랑스 국민의 정서를 감지하고 민감하게 반응하였다. 그 결과 프랑스 내 의회와 여론, 행정부 등 초당적 협조와 지지를 획득할 수 있었다. 올랑드 대통령은 높은 실업률, 장기 불황 지속 등으로 인해 지지율이 2014년에는 13%까지 하락한 역대 최저치를 기록했다(노인규, 2017). 그러나 임기 중간을 맞이한 시기였던 2015년의 샤를리 에브도 및 파리 테러 등 연쇄적 국가위기 사태가 발생한 이후 지지율이 40%에 근접하는 수준까지 급반등하였다. 올랑드 대통령 재임간의 지지율에 대한 여론조사는 아래와 같다.

올랑드 대통령은 파리 테러를 2차 세계대전 이후 최대의 위협이자 전쟁행위로 간주하고 단호한 응징을 천명하면서 테러발생 3시간 만에 국가비상사태를 선

표 7-9 프랑스 올랑드 대통령의 지지도

연도	2012년 (취임)	2013년	2014년	2015년	2016년	2017년 (퇴임)
지지율	55%	24%	13%	40%	18%	4%

출처: NEWSIS(2017. 5. 8.).15

포했다. 특히 올랑드 대통령은 11월 17일 상·하원 합동연설에서 전쟁선포를 통해 미국과 마찬가지로 '테러와의 전쟁'에 대한 강력한 의지를 보였고, 프랑스 국민들은 전폭적인 지지를 보냈다. 테러발생 3주 후에 치러진 지방선거의 차별과 증오의 상징인 극우 전선이 압도적 지지를 받았고, 마리옹 르빽 대표는 이 사건을 정권탈권의 기회로 삼으려 했다(최인숙, 2016).

또한 40개국의 국가지도자를 포함하여 100만명 규모의 반 테러행진을 파리에서 대대적으로 실시하는 등 테러와의 전쟁에 대한 강력한 의지를 국내외적으로 전달하였다.

특히, 2015년에는 시리아 내전의 여파로 수많은 난민이 프랑스에 집중되는 전례 없는 난민 관련위기를 겪어야 하는 상황이었다. 이러한 프랑스의 반 이슬람 정서가 극대화되면서 극우정당의 지지율이 급상승하고 있는 상태에서, 지방선거를 앞두고 올랑드의 국내정치의 주도권을 잡기 위한 포석으로 지상군 투입에 대한 강력한 의지가 작용하였다.

3) 국제적 지지

파리 테러사건 전후로, 국제사회의 초미의 관심사는 지상군의 시리아 군사개입을 통한 ISIS 테러단체의 격멸이었다. 일단 파리 테러사건의 파급효과는 9·11 테러사건과는 강도 자체가 지상군을 파견하여 글로벌 테러와의 전쟁을 수행한 상황이 근본적으로 달랐다. 특히 중동지역 내에서 주변 강대국들의 각기 상이한 이

15 "마시멜로, 佛 올랑드, 지지율 4% 초라한 성적으로 퇴장." NEWSIS, 2017년 5월 8일 http://www.newsis.com/view/?id=NISX20170508_0014879981&cID=10101&pID=10100.

해관계와 시리아 사태에 대한 다양한 국제정치적 역학관계에 의해, 전면적인 군사개입은 희박하다고 전문가들은 판단하였다.

당시의 국제적 정치상황을 살펴보면 먼저, 프랑스의 적극적인 외교적 노력으로 UN 안보리에서 ISIS척결 결의안을 만장일치로 통과시켜 ISIS 격퇴를 위한 모든 조치를 채택가능하게 되었다. 프랑스를 매개로 영국, 독일, 미국 및 러시아까지 포함시켜 대테러 협력체계 강화를 위한 국제적 지지를 공고히 하였다. 이를 통해 프랑스가 의도했던 것은 미국을 위시한 연합국의 지상군 투입이었다. 그러나 미국의 지상군 개입에 대한 입장은 회의적이었는데, 오바마 대통령의 잔여임기가 1년이었기에 적극적인 군사개입을 통해 새로운 갈등을 양상시킬 이유가 없었다. 따라서, 핵심 동맹국인 미국의 부정적인 입장 때문에 테러 피해 당사국인 프랑스는 지상군 투입을 요구하기가 제한되었다(조성권, 2016). 또한 유럽 연합국인 영국, 독일의 입장도 미국의 프랑스의 지상군 투입에 미국의 인식의 영향에 따라 부정적 기류가 강하였다. 올랑드 대통령은 미국의 부시 대통령처럼 ISIS와의 전쟁을 파리 테러의 보복이나 ISIS 격퇴수준 이상으로 전쟁목표를 수립하는 것에는 실패했다. 즉 "테러와의 전쟁이나 문명의 전쟁"처럼 군사적 개입의 당위성에 대한 국제사회의 지지를 얻는 데는 미흡하였던 것으로 평가된다.

셋째로 프랑스의 역사적 배경에서 비롯된 지상군 투입에 대한 국제적인 부정적 인식도 영향을 끼쳤다. 프랑스는 제2차 세계대전이 끝날 때까지 시리아를 지배하였고, 제2차 세계대전 직후 식민지였던 인도차이나 지역과, 2013년 아프리카 말리 내전에 군사적 개입을 한 사례가 있는데 결국 실패로 귀결되었다(조상현, 2014). 이러한 과거의 역사적 경험이 작용하여 프랑스가 비록 테러의 직접적 피해국이었으나 독자적으로 시리아에 군사개입을 하는 것은 매우 제한되었다.

4) 군사목표와 실현가능성

위에서 언급한 미국의 국제사회의 강력한 결속력과 명확한 군사적 목표에 의한 아프가니스탄으로의 군사개입에 비해, 파리 테러 이후의 프랑스의 군사개입은 다양한 제한요소로 인해 효과적인 작동이 어려웠다(최인숙, 2016). 먼저 시리아 및

ISIS에 대한 지상군 투입에 대해서는 주요 국가들의 다양한 이해관계와 이견이 충돌되었다. 올랑드 대통령은 파리 동시다발 테러 직후 IS에 대한 '전쟁'을 선포했지만, 오바마 당시 미국 대통령은 이전과 마찬가지로 공중 전력과 특수전 병력에 의존하는 제한적 ISIS 격퇴 작전을 진행하겠다고 밝혀 다소 상반되는 입장을 밝혔다(국가정보원, 2016).

보다 결정적인 이유는 미국이 테러와의 전쟁 10년 결과, 지상군 투입에 단호하게 부정적이었기 때문이다. 결국 프랑스는 전시내각회의에서 제한적인 군사개입 수단인 공중공습 및 군사지원 역할수단을 〈표 7-10〉과 같이 강구하였다.

표 7-10 프랑스의 시리아 및 ISIS 군사적 개입방안

대안	장·단점	결정
목표물에 공중공습, 항공모함 투입, 이라크 특수부대 지원	• 장점: 신속한 공격가능 • 단점: 대부분의 테러집단 시설이 비어있기 때문에 효과 불분명	○
미국 등 연합국의 지상군 투입 (프랑스 배제)	• 장점: 테러단체 후퇴위한 목표 충족함 • 단점: 선발대 도착 위한 장시간 소요, 지상군 투입에 따른 정치적 부담증대	×
국내 테러대응위한 1만명 병력투입 (상티넬 작전)	• 장점: 본토 테러대응역량 증대 • 단점: 적시적인 해외 전투력 투사 약화	○

출처: 국가정보원(2016).

5) 테러사건의 파급효과 분석

'파리' 테러사건도 프랑스에서 2차 대전 이후 상징성이 가장 컸던 유럽의 최대 테러사건이라고 볼 수 있다. 그러나 9·11 테러와의 가장 큰 차이점은 '파리' 테러사건이 뉴테러리즘이며 메가테러리즘에 포함된다. 그러나 국제테러 차원의 정치적 상징성 및 무형적·심리적 충격면에서는 9·11 테러와 달리 미약하여 파급효과가 크지 못하였다. 그 주된 원인은 프랑스 국적자가 다수인 자생적 요소가 포함되어 있기 때문이다(박창욱, 2015).

테러의 방법 면에서 '파리' 테러는 소프트 타깃에 대한 동시다발 복합테러라는 또 다른 테러의 형태를 만들어 냄으로써 프랑스 국민뿐만 아니라 세계인에게 심리적 충격을 가져왔다(오세연·윤경희, 2016; 이창한·박기쁨·유효은, 2017; 전용재·이창배·이승현, 2017). 또한 상징성 차원에서 보면 테러대상 목표로서의 파리는 유럽의 문화와 정치경제의 중심지라는 상징성도 갖고 있는데, 다중이용시설에 대한 무차별적인 공격이라는 면에서 피해지역이었던 파리도심지의 상징성이 극대화되었다.

제4절 <<< 테러사건의 군사개입 결정요인 비교분석

1. 군사개입 과정 비교분석

먼저 국가이익 요인, 특히 사활적 이익이라는 측면에서는 미국과 프랑스 사례 모두 높은 수준의 인식을 하였다. 그러나 무형의 심리적 충격이 컸던 미국은 국가의지가 더욱 강력했다. 게다가 핵심적 이익과 중대한 이익의 측면에서는 미국은 초강대국의 영향력을 유지하려는 국가 의지가 더 강하였다.

둘째로 국민의 지지 요인에서도 미국의 영향 수준이 상대적으로 크게 작용하였다. 국제적 지지와 군사목표의 실현 가능성 측면에서는 미국의 사례가 프랑스의 사례보다 훨씬 큰 수준의 영향을 주었다.

셋째로 국제적 지지 면에서도 유사한 결과가 나타났다. 미국은 UN과 동맹국은 물론이거니와 중국 및 러시아를 포함한 주요국과 이슬람 국가의 지지까지 획득한 반면 프랑스는 동맹국의 적극적인 찬성조차 유도하지 못하였다. 9·11 테러의 경우 전쟁수준이 대량살상테러 측면과 악의 측면의 전쟁이라는 측면에서 주제문제로 확대가 되었으나, 파리 테러는 본질적으로 자생테러라는 속성 탓에 프랑스의 국내 문제로 인식되었다(신용욱, 2016; 서다빈·엄정식, 2017). 이에 동맹국에서는 형식적인 수준에서 프랑스의 군사개입을 지지하였고, 기타 주요국에서는 군사개입 외에 다른 정책대안을 요구하였다.

넷째로 군사목표의 실행 가능성 측면에서 미국과 프랑스는 모두 국가안보의 확립을 표방하며 지상군 투입이라는 초강수를 두었으나, 미국은 성공한 반면, 프랑스는 실패하였다. 이러한 이유는 실현가능성 측면에서 미국은 아프가니스탄을 군사적으로 압도하였을 뿐만 아니라, 국제적 지지로 인하여 적대 강대국이 개입할 가능성이 적었다. 특히 프랑스는 국내·외적 지지를 얻는 데는 실패하였기 때문이었다.

표 7-11 군사개입 결정요인별 분석 결과

구성요소		9·11 테러(아프간 전쟁)	프랑스 파리 테러(확대공습)
국가 이익	사활적 이익	• 美본토 내의 대규모 공격 • 초강대국의 자존심 훼손 - 초강대국의 자존심 회복 • 21세기의 전쟁양상의 변화 • 국가안보정책 변화(대테러정책, 애국법) * 사활적 국가이익 훼손으로 인식 → 본토방위라는 사활적 이익,	• 2차 대전 후 최대 폭력(종교적 보복) • 강대국의 자존감 과시 * 사활적 국가이익 훼손으로 인식 → 테러로부터 국민의 안전의 사활적 이익추구
	핵심 이익	• 對중동 외교/경제 정책 - 이스라엘 보호, 석유자원 확보 - 군수물자 수출 보장	• ISIS 격멸을 통해 중동아프리카에서의 전통적인 전략적 이익확보
국민의 지지	국민의 지지	• 부시 대통령의 국가 자존심 회복의 단호한 의지 표명(지상군 투입 80%찬성) • 부시 대통령의 애국심 자극 • 의회, 여론, 행정부의 모든 의견 조정 통합 성공(의사결정 일관성 확보)	• 반이슬람정서(난민문제) 확대 • 올랑드 대통령의 의지 실행의 부족 (지상군 투입 지지율 20→40% 상승)
	의회의 지지	• 미국에 대한 전쟁 선포로 간주 - 공화당·민주당의 초당적 협조 - 의회의 지상군 투입 지지 • 부시 대통령의 정치 기반 강화 * 사활적 이익 추구에 대한 지지	• 올랑드 대통령의 상하원 합동연설 * 제 2의 글로벌 테러 전쟁 선포 • 의회, 여론, 행정부 내 의견 조정통합 실패(의사결정 일관성 부족) • 지상군 투입 61% 찬성, 반테러행진(40개국)
국제적 지지	UN	• UN 결의안 1368호 만장일치 채택 * 미국을 중심으로 한 연합군에 의한 최단 시간에 지상군 투입결정	• UN ISIS 척결 처리안 만장일치 채택 • 기존 군사행동의 강화

	동맹국	• 미국을 중심으로 한 연합군에 의한 최단 시간에 지상군 투입결정	• 샤를리에브도 테러 및 ISIS 보복차원으로 인식, 연합국들의 동기 획득제한 • 미국의 지상군 투입에 부정적 인식 영향 → 美 거부: 정책의 자율성 훼손
	주요국	• 전 세계를 동참시키기 위한 '문명의 전쟁' 차원으로 의미부여 • 중, 러 까지 지지	• 중동관련 강대국들의 다른 이해관계 • 외교적, 경제적 제재 등 군사개입 이외의 정책대안 적용
	이슬람권	• 대부분의 이슬람국가까지 지지 표명 (파키스탄의 군사작전지원 확보)	• 샤를리에브도 테러 및 ISIS 보복 • 으로 인식, 연합국 강력한 동기 미부여
군사 목표 실현 가능성	군사 목표 실현 가능성	• 전쟁목적: 응징보복, 테러집단·은신처 제거 • 전략목표: 빈 라덴제거, 탈레반정권 축출, 친미정권 수립여건 조성 • 3가지 군사공격 대안 검토 (①미사일,②+공습,③+지상군) ※ ③안(대규모 군사개입) 채택, 외교·경제적 조치 후순위 검토	• 군사목표: ISIS 테러 위협제거 ① 미사일 및 공중공습(14년 旣 진행), ② 연합국지상군 투입 ③ 본토방위병력전환 ①+③ 안 채택 • 지상군 투입 명분제한: 프랑스의 지상군 투입제한 * 美위주 지상군 투입 요구(자국군 배제) • 제한된 군사개입인 공중공습을 실시 ※ 지상군 미투입, 공습성과 미달성 → 최초의 군사목표 실현 가능성 없음
군사개입 결과		미국 〉 (군사적 침략, 대규모 군사개입)	프랑스 (제한된 군사행동, 제한된 군사개입)

2. 테러사건의 파급효과

테러사건의 파급효과 측면에서 평가해보면 9·11 테러와 '파리' 테러사건의 심리적 충격의 강도는 양국의 군사개입 결정요인에 큰 영향을 미쳤다. 공통적으로 두 테러사건 모두 대표적인 뉴테러리즘에 속하는 테러사건으로 군사개입이라는 외교정책을 선택하는 데 중요한 영향을 미쳤으며, 특히 테러사건의 심리적 충격에 따라 파급효과의 정도는 상대석 차이는 발생하였다.

결국, 군사개입 결정요인 즉, 국가이익 이외에 국민의 지지, 국제적 지지, 군사목표의 실행 가능성 측면에서 다음의 〈표 7-11〉과 같은 분석 결과를 확인하였다. 분석 결과, 국가이익, 국민의 지지, 국제적 지지, 군사목표의 실현 가능성 요인

표 7-12 테러사건의 파급효과 분석

구분	9·11 테러	'파리' 테러
테러 분류	• 뉴테러리즘·국제테러리즘: 알-카에다 • 메가테러리즘: 대규모 피해	• 뉴테러리즘·국제테러리즘 : ISIS + 자생테러 요소 내포 • 메가테러리즘: 대규모 피해
상징성	① 테러방법의 상징성 (高) - 항공기 의한 카미카제식 자살공격 ② 테러대상도시의 상징성 (高) - 뉴욕: 美·세계의 경제의 중심지 - 워싱턴 정치·외교의 중심지 ③ 테러대상목표건물의 상징성 (高) - 무역센터건물: 뉴욕의 랜드마크 - 펜타곤: 안보·군사력의 상징	① 테러방법의 상징성 (高) - 동시다발 복합테러 ② 테러대상도시의 상징성 (高) - 파리: 프랑스 정치, 경제중심지 ③ 테러대상목표의 상징성 (低) - 테러대상목표의 무차별성 - 다중이용시설(연성표적)
심리적 충격	• 테러의 유형 (强) • 테러대상(목표) 상징성 (强) • 대규모 피해 (强)	• 테러의 유형 (强) • 테러대상(목표) 상징성 (弱) • 대규모 피해 (强)
파급 효과	• 9·11 테러 〉 '파리' 테러	

들이 미국과 프랑스의 군사개입에 상당한 영향을 끼친 것으로 나타났다.

3. 정책적 시사점

9·11 테러에 의해 촉발된 미국의 아프가니스탄에 대한 군사개입과 2015년 '파리' 테러로 촉발된 프랑스의 시리아·ISIS에 대한 군사개입 사례를 비교분석한 결과 미국과 프랑스의 군사개입은 군사적 목표뿐만 아니라 국내정치와 국제정치상의 이해관계가 복잡하게 얽혀져서 실현되었음을 확인할 수 있었다.

먼저, 9·11 테러는 테러대상목표의 상징성, 기습의 효과, 피해의 규모 면에서 미국 국민과 정치 지도자들과 세계인들에게 '제2의 진주만 공격'을 연상시키면서 엄청난 충격을 주었다. 서구 문명의 상징도시 뉴욕에서 세계자본주의 상징인 무역센터가 속절없이 무너져 내리고, 미국 정치외교의 중심인 워싱턴에서 최강 군사력의 상징인 펜타곤의 불타는 광경은 미국 국민과 정치지도자들에게는 치욕과 증오의 마음을 불러일으켰다. 9·11 테러의 파급효과 즉, 최강의 군사력을 가진 초강대국의 정보적·군사적 실패는 미국의 자존심에 충격을 주었다. 그 무형의 심리적 충격은 인명피해와 경제적 손실이라는 유형적 충격보다 더 큰 파급효과를 만들었다. 정치지도자와 정책 참여자들은 집단사고효과와 안보결집효과를 이용하여 군사개입의 수준의 강도를 높이려고 노력하였다. 결국 미국은 가장 높은 수준의 대규모 군사개입에 돌입하였다.

파리 테러사건 또한 테러대상목표의 상징성과 피해의 규모 면에서 9·11 테러에 비교할 때 프랑스 국민과 정치 지도자들에게는 '동시다발 복합테러'이면서, 2차 대전 이후 프랑스에 가장 큰 폭력사건이라는 점에서는 큰 충격을 주었다. 그러나 같은 해 1월에 일어났던 샤를리 에브도 테러사건의 연속선상의 사건으로 심리적 충격의 폭발력이 9·11 테러만큼 크지 않았고, 인명의 살상을 주된 목표로 하였기 때문에 테러대상목표의 정치적 상징성도 크지 않았다. 무엇보다도 테러범의 다수가 프랑스 자국인이라는 점에서 국제적 지지의 명분도 빛을 잃었고, 시간이 흐르면서 그동안 파리에서 많이 발생했던 좀 더 큰 규모의 테러로 인식되어졌다. 결국 파리 테러는 9·11 테러사건에 비하여 군사개입을 결정하는 데 추동력이 약할 수밖에 없었다.

결론적으로, 미국은 국가이익과 군사작전의 실현 가능성에 국내·외적 동의를 바탕으로 최고 수준의 군사개입을 실현한 반면, 프랑스는 빈약한 지지도와 목표의 실현가능성에 대한 의문으로 인하여 제한적인 군사개입만을 실행하였다. 양 국가의 정치 지도자 모두 사활적 국가이익을 앞세워 유사한 수준의 군사개입을 주창하였으나, 정도에서 차이가 있었고, 이는 양 국가 간 상이한 결정요인에서 비롯된 것으로 분석되었다. 즉, 미국과 프랑스 모두 테러를 경험하였고, 자구책으로 지상군 투입을 제시하였음에도 불구하고 군사개입의 수준이 달랐던 까닭은 결정요인의 조건에서 차이가 발생하였다.

한반도 내에는 대량살상무기가 이미 차고 넘친다. 테러의 수단 중에 가장 공포와 불안감을 휘몰아치게 할 수 있는 핵과 화생방 무기가 너무도 가까이, 우리 자력으로 통제하기 힘든 상태에 놓여 있다. 한반도에서 테러가 군사개입으로 발전될 가능성을 생각해 보지 않을 수 없는 이유 중에 하나다. 부시 대통령은 북한을 '악의 축'으로 지칭한 바가 있고, 트럼프 대통령과 행정부 관료들은 '불량 국가'라는 표현을 사용하였다.

북한이 주체가 불분명하고 동시다발적 복합테러를 일으킨다면, 미국은 군사개입이라는 정치적 흐름이 강하게 작용할 수 있음을 조심스럽게 예측해 볼 수 있다. 물론 여러 조건들이 성숙되어야 일어날 수 있는 일이다. 그러나 우리는 북한에 의한 테러의 파급효과로 군사개입의 두 가지 시나리오를 생각해 볼 수 있다. 첫 번째는 미국의 사활적 이익을 위하여 미국이 주도해서 군사적 개입을 하려고 할 경우이다. 이 경우 우리나라는 전면전에 가까운 군사개입이 이루어지지 않도록 선택지를 마련하여야 할 것이다.

두 번째는 북한이 불안정 사태를 타개하기 위하여 테러(국지도발)를 감행할 경우, 우리의 사활적 이익을 위해 우리 정부가 주도해서 군사적 개입을 추구해야 할 경우이다. 이 경우는 프랑스 정부가 '파리' 테러 사건 이후 원하는 수준의 군사개입을 가져오지 못했던 사례가 많은 시사점을 제시해 준다. 한국이 군사적 개입이든 비군사적 개입이든 우리가 원하는 형태의 정책의 산출을 위해서는, 적어도 현재로서는 미국을 우선 설득할 수 있어야 한다. 이를 위해서는 적어도 어느 시점까지는 (가늠하기 어렵지만) 미국과의 신뢰관계가 유지되어야 한다. 적어도 지금 당장은 한미동맹이 유지되고, 공고해야 한다는 생각을 떨칠 수가 없다.

본 장을 통해 국내에서도 테러사건과 연계한 군사개입 의사결정과정과 테러사건의 파급효과라는 창을 통하여 후속연구가 더욱 심화되기를 기대한다.

참고문헌

[국내문헌]

1. 단행본

구춘권. (2007). 『메가테러리즘과 미국의 세계질서전쟁』. 서울: 책세상.

국가정보원. (2002). 『9·11 테러와 아프간 전쟁』. 서울: 국가정보원.

국무총리실 대테러센터. (2017). 『대규모 도심복합테러 대응연구』. 서울: 국무총리실.

권순구. (2018). 『한국 대테러학』. 파주: 법문사.

김태준. (2006). 『테러리즘: 이론과 실제』. 서울: 봉명.

김환표. (2013). 『트렌드 지식사전: 최신키워드로 보는 시사상식』. 서울: 인물과 사전.

미 의회 진상조사위원회. 국가정보원 역. (2004). 『9·11 레포트』. 서울: 국가정보원.

박준석. (2014). 『국가안보 위기관리 대테러론』. 파주: 백산출판사.

세종연구소. (2001). 『탈냉전·세계화시대의 국가전략』. 성남: 세종연구소.

여영무. (2006). 『국제테러리즘 연구』. 서울: 한국해양전략연구소.

외교안보연구소. (2017). 『ISIS 3년, 현황과 전망: 테러확산의 불안한 전조』. 서울: 국립외교원.

윤민우. (2017). 『폭력의 시대 국가안보의 실존적 변화와 테러』. 서울: 박영사.

이범준. (2009). 『미국 외교정책: 이론과 실제』. 서울: 박영사.

이창용. (2007). 『뉴테러리즘과 국가위기 관리』. 서울: 대영문화사.

이태윤. (2010). 『현대 테러리즘과 국제정치』. 파주: 한국학술정보.

이헌경. (2002). 『미국의 대·반테러 세계전략과 대북전략』. 서울: 통일연구원.

조영갑. (2009). 『현대 전쟁과 테러』. 서울: 박영사.

표학길. (1990). 『미국의 대외관계: 법과 제도의 변화』. 서울: 서울대학교 출판부.

프랑스 의회 진상조사위원회. 국가정보원 역. (2016). 『파리 테러진상조사보고서』. 서울: 국가정보원.

Bush, George W. (2011). 『결정의 순간』(안진환·구계원 역). 성남: YBM SISA.

Clausewitz, Carl von. (1987). 『전쟁론』(이종학 역). 서울: 일조각.

Cracker, Chester A. Fen Osler Hampson, and Pamela Aall. Turbulent Peace. (2002). 『동요하는 세계평화』(최종철 역). 서울: 국방대학교.
Gergers, Fawaz. (2001). 『이슬람과 미패권주의: 문명출동이냐 국가이익이냐』(장병옥 역). 서울: 명지사.
Huntington, Samue. (1997). 『문명의 충돌』(이희재 역). 파주: 김영사.
Martin, Gus. (2008). 『테러리즘: 개념과 쟁점』(김계동 외 역). 서울: 명인문화사.
Nye, Joseph. (2009). 『국제분쟁의 이해: 이론과 역사』(양준희·이종삼 역). 서울: 한울아카데미.

2. 논문

곽영길. (2009). 뉴테러리즘의 실태와 대응전략. 『한국테러학회보』, 2(1).
계용호. (2016). 미국의 세계주의 군사개입과 관여정책에 관한 연구. 경기대학교 정치전문대학원 박사학위논문.
공현준. (2008). 레이건 행정부와 부시 행정부의 대테러전략 비교. 『군사논단』, 55.
기세찬. (2005). 9·11 전후 미국의 군사개입 결정요인 비교. 『국방대학교 안전보장대학원』.
김상범. (2002). 테러리즘의 발전 추세와 미래 양상. 『국방연구』, 45(1).
김응수. (2015). 파리 테러사건 분석을 통한 Islamic State의 급진화와 대응전략. 『한국테러학회보』, 8(4).
김현기. (2002). 군사개입의 이론과 실제. 『군사논단』, 33.
노인규. (2017). 올랑드 시대(2012−2017)로 살펴본 프랑스 대외정책 변천추이와 향후 전망. 『국방정책연구』, (116).
박동균·박기범. (2012). 9·11 이후 미국 대테러리즘 정책의 최근 경향과 시사점. 『한국테러학회보』.
박재풍. (2011). 뉴테러리즘의 의미 재정립과 대응에 관한 연구. 『한국치안행정논집』, 8(1).
박창욱. (2015). 문명의 충돌, IS 파리 테러에 21세기 십자군 전쟁. 『연합뉴스 동북아센터』.
백종순. (2019). 한국의 테러대응 정책에 관한 연구. 『광주대학교대학원 박사학위논문』.
서다빈·엄정식. (2017). 프랑스내 자생적 테러 원인분석을 통한 정책적 제안. 『국방정책연구』, 34(1).
손규석. (2007). 코소보 분쟁의 발생요인과 해결과정. 『분쟁해결연구』, 5(1), 99−132.
신용우. (2016). 한국형 자생적 테러에 대한 전문가 인식 연구. 『경남대학교 대학원 박사학위논문』.
오세연·윤경희. (2016). 자국내 IS테러단체에 의한 소프트타깃 테러발생 기능성에 대한 연구. 『한국경호경비학회지』, (47).
윤민우. (2018). 유럽 각국들에서의 최근 테러 동향과 특성, 그리고 대테러 정책의 변화.

『한국치안행정논집』, 14(4).
이상열. (2015). 뉴테러의 예방을 위한 경찰의 대응방안에 관한 연구. 『한국경찰학회보』, 51.
이선기. (2017). 뉴테러 위협에 대한 정책적 대응방안. 『한국스포츠리서치』, 18(4).
이창한·박기쁨·유효은. (2017). 최근 북미 및 유럽지역의 테러 동향연구: 2012– 2017. 『한국경호경비학회지』, (53).
전용재·이창배·이승현. (2017). 최근 국외 뉴테러의 사례분석과 국내발생가능 유형에 대한 연구. 『한국경호경비학회지』, (53).
정육상. (2014). 최근 테러양상의 변화와 대응체계 개선방안. 『한국치안행정논집』, 11(1).
조상현. (2014). 서아프리카의 말리 내전: 내전원인을 중심으로. 『군사연구』, (138).
조성권. (2003). 9·11 테러 이후 미국 對테러정책의 변화에 대한 분석과 전망. 『국제정치논총』, 43(2), 295–318.
_____. (2006). 미국의 군사개입 결정요인과 한반도에 대한 정책적 함의: '01년 대아프간전, '03년 대이라크전 사례 비교연구. 『전략논단』, 5.
_____. (2008). 테러의 초국가성 확산과 대응전략에 관한 연구. 『경남대학교대학원 박사학위논문』.
_____. (2016). 파리 테러공격, 글로벌 테러와의 전쟁으로 확산될 것인가?: 테러와 국제정치의 역사적 분석. 『JPI 리서치 시리즈』, (34).
_____. (2017). 해외 테러 최근동향과 국내 테러발생 위험성 예측·평가 방안에 대한 연구. 『한국경찰연구』, 16(1).
조성택. (2010). 1990년대 이후의 중동 테러에 대한 분석과 대응. 『한국치안행정논집』, 7(3).
주승희. (2015). 신종테러범죄, 이른바 뉴테러(New Terrorism)에 대한 국내외 연구현황. 『비교형사법연구』, 17(4).
최운도. (2001). 9·11 테러사건의 원인 분석과 미국의 세계전략 변화 전망, 『한국국제정치학회』, 2–3.
최인숙. (2016). IS의 파리 테러 이후 프랑스의 정치·군사적 변화. 『한국논단』, (2).

3. 기타

연합뉴스. (2015. 11. 17). "나약한 지도자서 단호한 리더로 … 올랑드의 변신". https:// www.yna.co.kr/view/AKR20151117072000009?input=1179m.
NEWSIS. (2017. 5. 8). "마시멜로, 佛 올랑드, 지지율 4% 초라한 성적으로 퇴장.". http://www.newsis.com/view/?id=NISX20170508_0014879981&cID=10101&pID=10100

머니투데이. (2015. 2. 10). "佛테러효과 끝났나? … 올랑드 지지율 다시하락.". http:// news1.kr/articles/?2087448

[해외문헌]

1. 단행본

Homeland Security. (2017). *Foreign Terrorist Organization -Inspired Vehicle-Ramming Attacks present persistent threats to commercial facilities sector*, Office of Cyber and Infrastructure Analysis.

National Commission on Terrorist Attacks upon the United States. (2004). *The 9/11 Commission Report: Final Report of the National Commission on Terrorist Attacks Upon the United States: Executive Summary*. US Government Printing Office.

United States Department of State. (2018). *Country Reports on Terrorism 2001-2017* (United States Department of State Publication Bureau of Counterterrorism, 2018).

2. 논문

Bush, G. W. (2001). Address to a joint session of Congress and the American people. *Harv. JL & Pub. Pol'y, 25, xviii.*

Dorman, A., & Otte, T. (1995). Military intervention: From gunboat diplomacy to humanitarian intervention. *Dartmouth Publishing Co Ltd.*

Haass, R. N. (1994). Military Force: A User's Guide. *Foreign Policy*, (96), 21-37.

Strebel, M. A., & Steenbergen, M. R. (2017). The impact of the november 2015 ter-rorist attacks in Paris on public opinion: A natural experiment. *Repéré à: https://www. researchgate. net/publication/320922352.*

Wright, A. L. (2013). Terrorism, ideology and target selection. Princeton, Nueva Jersey (Estados Unidos): *Princeton University* (Department of Politics).

3. 기타

Telegragh. (2014. 5. 23). Henrry, Samuel. "French military heads threaten to resign over 'grave' defense cuts.". https://www. telegraph. co.uk/news/worldnews/europe/france/10852165/French-military-heads-threaten-to-resign- over-grave-defence-cuts.html

The Washington Post. (2015. 11. 19). "Why France is so deeply entangled in Syria."

https://www.washingtonpost.com/news/monkey-cage/wp/2015/11/19/why-france-is-so-deeply- entangled-in-syria/
The Washington Post. (2015. 11. 19). "Why France is so deeply entangled in Syria," https://www.washingtonpost.com/news/monkey-cage/wp/2015/11/19/why-france-is-so-deeply-entangled-in-syria/

III

테러리즘 대응

COMBAT TERRORISM

제8장 대한민국의 국가테러대응체계

제1절 대한민국의 대테러 관계법령

1982년 1월에 제정한 대통령훈령 제47호 '국가대테러활동지침'에 따라 정부 기관들이 테러대응활동을 수행하였다(문준조, 2012). 그러나 기존의 '국가대테러활동지침'의 가장 큰 문제점은 행정명령이기에 법적인 구속력이 없었고, 테러를 예방하기 보다는 테러 발생 이후 정부 부처와 기관들의 역할분담을 정한 내부지침에 가까워 국가 차원의 효과적 대테러활동 수행에 제한이 있어 왔다.

2001년 미국의 9·11 테러사건을 계기로 지속적인 북한의 위협과 동시에 국제교류의 활성화로 인해 우리나라는 테러의 위협을 비로소 심각하게 인식하기 시작했다. 그 이후 김대중 정부(16대 국회) 시기 테러방지법을 제정하기 위해 노력하였으나 입법화하지 못하였다. 17·18대 국회(노무현·이명박 정부)에서도 법률제정을 위한 노력을 기울여 왔지만 "국민의 자유와 사생활 침해"에 대한 논란으로 결국은 법 제정에 실패하였다. 19대 국회(박근혜 정부)시기인 2015년 11월 프랑스 파리에서 ISIS 테러단체의 기획하에 동시다발 복합테러사건이 발생하여 세계를 다시 한 번

충격에 빠뜨렸고, ISIS는 우리나라를 미국이 주도하는 '십자군 동맹국'에 포함시키는 등 국내에서 실존하는 강력한 테러위협으로 등장했다. 이를 계기로 2001년부터 15년간 지지부진하던 법제정 노력의 결실로 "국민보호 및 공공안전을 위한 테러방지법"이 탄생하게 되었다.

1) 법적 근거

우리나라 대테러활동의 근간이 되는 국민보호와 공공안전을 위한 테러방지법(이하 테러방지법)은 2016년 3월 공포되었다. 주요 내용으로 테러의 예방 및 대응 활동, 테러로 인한 피해보전 등을 규정함으로써 테러로부터 국민의 생명과 재산을 보호하고 국가 및 공공의 안전을 확보하는 것을 목적으로 제정되었다. 테러방지법은 총 19개조로 구성되어 있는데, 먼저 제1조~제4조는 주로 법의 목적과 활동 및 대상 등에 관한 것이며, 제5조~제8조는 대테러센터, 국가테러대책위원회 등 국가테러대책기구와 전담조직 등에 관한 내용이 규정되어 있다. 둘째, 제9조~제13조는 테러예방활동 및 테러취약요인 제거 등 대테러활동과 외국인테러전투원 규제에 관한 내용이다. 셋째, 제14조~제16조까지는 테러신고 포상금과 테러피해 지원 내용이다. 넷째, 제17조~제19조까지는 테러단체 구성죄 등 테러 양형 기준 등의 내용으로 규정되어 있다.

이와 더불어 2016년 6월부터 테러방지법 시행령 및 시행규칙이 시행되고 있는데, 총 45조로 구성되어 있으며 국가테러대책기구, 대테러 인권보호관, 전담조직 등에 관해 규정하고 있다(이만종, 2019).

이러한 테러방지법의 주요내용을 살펴보면 먼저 가장 중요하다고 할 수 있는 테러의 정의로는 '국가·지방자치단체 또는 외국 정부(외국 지방자치단체와 조약 또는 그 밖의 국제적인 협약에 따라 설립된 국제기구를 포함한다)의 권한 행사를 방해하거나 의무 없는 일을 하게 할 목적 또는 공중을 협박할 목적으로 자행하는 행위'로 규정하고 있으며 다음과 같은 4가지의 활동을 포함하고 있다(김태영·김호, 2020).

① 사람을 살해하거나 사람의 신체를 상해하여 생명에 대한 위험을 발생하

게 하는 행위 및 사람을 체포·감금·약취·유인하거나 인질로 삼는 행위

② 항공기의 운항 중 항공기를 추락시키거나 전복·파괴하는 행위, 운항중인 선박 또는 해상구조물을 파괴하거나 그 안전을 위태롭게 할 만한 정도의 손상을 가하는 행위

③ 사망·중상해 또는 중대한 물적 손상을 유발하도록 제작되거나 그러한 위력을 가진 생화학·폭발성·소이성(燒夷性) 무기나 장치를 차량 또는 시설에 배치하거나 폭발시키는 행위

④ 핵물질, 방사성물질 또는 원자력시설을 파괴하여 공공의 안전을 위태롭게 하는 행위 등

둘째로 테러단체 및 테러위험인물의 정의를 제2조 제2항~제3항에서 명시하고 있는데, 동 법에서 의미하는 테러단체는 국제연합(UN)이 지정한 테러단체를 의미한다. 또한, 테러위험인물은 테러단체의 조직원이거나 테러단체 선전, 테러자금 모금·기부, 그 밖에 테러 예비·음모·선전·선동을 하였거나 하였다고 의심할 타당한 이유가 있는 사람을 의미하고 있다. 또한 제2조 제4항에서는 외국인테러전투원(FTF)의 정의를 테러를 실행·계획·준비하거나 테러에 참가할 목적으로 국적국이 아닌 국가의 테러단체에 가입하거나 가입하기 위하여 이동 또는 이동을 시도하는 내국인·외국인을 의미한다고 명시하고 있다(테러방지법, 2021).

셋째로 대테러활동의 정의를 제2조 제6항에서 규정하고 있는데, 테러위험인물의 관리나 테러에 이용될 수 있는 위험물질 등 테러수단의 안전관리, 인원·시설·장비의 보호, 국제행사의 안전 확보, 테러위협에의 대응 및 무력진압 등 테러 예방과 대응에 관한 제반 활동으로 정의하고 있다.

넷째로 대테러조사의 정의는 제2조 제8항에서 명시하고 있는데 대테러활동에 필요한 정보나 자료를 수집하기 위하여 현장조사·문서열람·시료채취 등을 하거나 조사대상자에게 자료제출 및 진술을 요구하는 활동을 의미한다.

2) 제정 의의

테러방지법 제정의 의의는 아래와 같이 네 가지로 요약할 수 있다. 먼저 국가차원의 테러예방 및 대응체계를 공고화하였다는 것으로 국무총리실 대테러센터를 중심으로 국가차원의 대테러업무를 기획조정하는 체계적인 제도적 기반을 구축하는 계기를 마련하였다. 둘째로 국제 테러방지 네트워크에 적극 참여 통한 국제사회의 일원으로서 권위있는 역할을 제고할 수 있게 되었다. 특히 외국인테러전투원에 대한 규제조치와 테러자금 차단을 통한 국제공조활동에 적극적인 참여가 가능케 되었다. 셋째 테러범죄 처벌조항을 마련하고 테러 관련 범죄수사가 가능하게 되었다. 특히 국제테러단체 조직원과 외국인테러전투원 등에 대한 처벌조항이 마련되었고, 검찰 및 경찰 등 수사기관의 수사개시의 근거가 마련되었다. 넷째 테러로 인해 피해 받을 경우 실질적 피해보전의 근거가 마련되었다는 것이다(대테러센터, 2017).

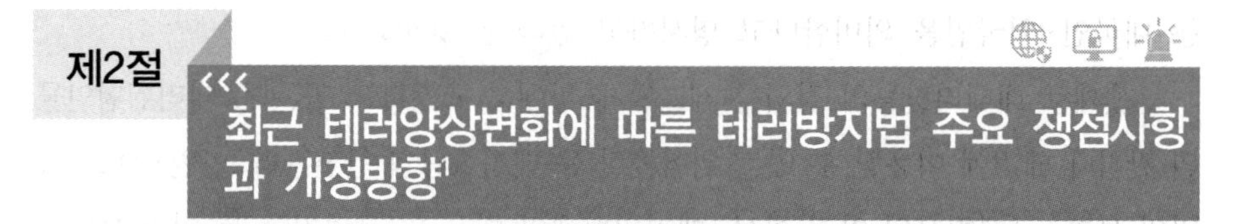

제2절 최근 테러양상변화에 따른 테러방지법 주요 쟁점사항과 개정방향[1]

1. 대규모 테러발생시 군 대테러작전부대 투입 조항 개정

현 테러방지법상 군 대테러특공대는 군사시설테러 발생 시에만 출동할 수 있다. 군사시설 이외의 테러사건의 경우에는 테러방지법 시행령 제18조에 의거 테러사건대책본부장(경찰청장, 국토부장관, 해경청장 등)의 요청이 있을 경우로 명확히 한정

1 이 부분은 김태영·김호(2020)의 관련 부분을 수정·보완한 것이다.

하고 있다.[2] 그러나 군 대테러부대들은 2016년 테러방지법 시행 이후 민간 다중이용시설 등에서 폭발물 테러 대응, 중요 국가 중요행사 시 대테러 안전활동 등의 수행을 통해 중요한 역할을 경찰과 함께 지속적으로 수행하여 왔다(이만종, 2019).

또한 지금까지 화생방신속대응팀, 폭발물처리반(EOD) 등 무력을 수반하지 않은 대테러작전부대의 지원은 재난 및 안전관리 기본법상 '행정응원' 개념에 입각하여 지원하여 왔다(김희정, 2017). 그러나 적시에 투입이 가능한 군 대테러특공대 및 대테러특수임무대 등 국가급 군 대테러작전부대들의 출동에 대해서는 엄격하게 제한하여 골든타임내 초기대응에 한계점으로 작용했던 것이 사실이다(김태영, 2019).

이러한 현재의 제도적인 문제는 도시화가 발달되고 국가중요시설 및 초대형 다중이용시설이 밀집한 도심지에서 무장 총기난사 테러와 같이 국가안보와 국민의 위협에 미치는 심각하고 중대한 테러사건이 발생되었을 때, 경찰 주도하 테러사건대책본부 및 전담조직운영으로는 대응이 제한될 것이다. 따라서 중대한 국내 일반테러 사건에도 군 대테러작전부대가 출동할 수 있는 법적 근거가 마련되어야 한다(이만종, 2019).

1) 개선안 1: 통합방위법의 개정

그동안 우리나라에서는 주로 북한에 의한 테러가 자행되어 왔다. 북한에 의한 테러는 정전 시 북한의 국지도발로 규정하고 '통합방위법'에 의하여 대응하도록 되어 있다. '통합방위'란 "적의 침투·도발이나 그 위협에 대응하기 위하여 각종 국가방위요소를 통합하고 지휘체계를 일원화하여 국가를 방위하는 것"을 말하는데, 위 개념에 '테러'를 추가하는 방안은 입법 기술적으로 매우 명확하여 통합방위의 현실적 필요의 대응이라는 장점이 있다고 볼 수 있다.

그러나 통합방위는 본래 국가 위기상황 중 북한의 직접적인 도발 등 안보분

---

2 국민보호와 공공안전을 위한 테러방지법 시행령(대통령령 제29114호) 제18조(대테러특공대 등) ④ 국방부 소속 대테러특공대의 출동 및 진압작전은 군사시설 안에서 발생한 테러사건에 대하여 수행한다. 다만, 경찰력의 한계로 긴급한 지원이 필요하여 대책본부의 장이 요청하는 경우에는 군사시설 밖에서도 경찰의 대테러 작전을 지원할 수 있다.

야의 위기를 전제로 한 개념으로, 이를 테러분야까지 확장하는 것은 법의 목적과 취지를 전면적으로 변경하는 것으로 이를 위해서는 국민적 공감대가 필요할 것이다. 물론, 통합방위법은 군이 국가방위요소를 통합하여 능동적으로 대응할 수 있는 근거 법률이긴 하나, 법개정 과정에서 '군 주도의 테러대응 총괄' 내지는 '군의 민간분야의 개입'이라는 불필요한 오해 및 군에 대한 불신을 초래할 우려가 있을 수 있다.

2) 개선안 2: 테러방지법 개정

현재 테러방지법 시행령 제14조에는 테러 유형별 주관기관을 선정하여 테러사건대책본부를 설치토록 규정하고 있다. 대책본부장이 사건현장의 지휘통제를 위해 현장지휘본부장을 임명하고, 초동조치팀 및 대테러작전부대(대테러특공대) 등 출동한 관계기관 조직을 지휘 및 통제토록 규정하고 있다(테러방지법 시행령 제15조). 이러한 현 법령의 가장 큰 문제점은 대규모 민간시설에서 총기난사 및 폭발물테러와 같은 국가위기 차원의 테러 발생 시 관계기관별 대테러 전담조직의 적시적 초동대응이 제한된다는 것이다. 즉 주관부처의 테러사건대책본부장이 임명한 현장지휘본부장에 의한 초동조치와 작전수행이 불가피하다는 의미이다.

또한 현행 테러방지법 체계는 일반 민간시설에서 발생한 테러 시 군 대테러작전부대의 출동시기를 군사시설 테러로 한정해 놓고 있다. 이에 따라 일반시설 테러발생 시 테러사건대책본부장인 경찰청장이 국방부장관에 지원 요청을 하면, 군 대테러작전부대는 요청한 경찰청장의 지휘체계하에서 테러를 지원하는 구조로서 군의 능동적·적극적 대응을 어렵게 한다는 한계가 존재한다. 따라서 테러방지법 시행령에 있어서 일반테러 발생 시에도 국방부장관에게 지원 요청을 할 수 없을 정도로 상황이 급박하거나 군의 초기대응이 필요한 경우, 초기 골든타임 내 합법적 테러대응 권한을 부여하는 이른바 '특칙'이 필요하다.

그리고 이러한 특칙은 '상황의 긴급성'과 '대응의 필요성' 차원에서 검토해야 할 것이다. 여기에서 테러상황의 긴급성은 군이 초기에 긴급대응하지 않을 경우 국민의 생명·안전에 중대한 위협이 발생할 경우의 요건을 의미한다. 또한 대응의 필요성은 테러로 인하여 국가 테러대응체계나 해당 테러유형을 담당하는 테러사건대책본부의 인적·물적 대응역량이 군에 지원조차 할 수 없을 정도로 와해되었거나, 테러대응체계가 붕괴되어 요청에 응한 군의 대테러작전부대를 지휘·통제할 수 없는 경우를 의미한다.

위와 같은 상황을 종합적으로 검토하여 본 장에서는 민간시설에서의 군 대테러작전부대의 투입요건을 테러유형 및 양상, 피해규모, 테러대상 목표의 중요도 등 사건의 중대성과 심각성 등 국가안보에 미치는 영향을 고려하여 아래와 같이 테러방지법 시행령 제18조의 대테러특공대 출동요건을 특칙 개념하, 개정이 필요하다.

첫째로, 테러유형 및 양상 면에서 군의 활동 및 임무수행을 목적으로 취급 및 관리하는 폭발물, 총기류, 화생방 물질 등이 테러수단으로 활용되었을 경우이다. 이러한 경우는 대공용의점이 매우 높은 개연성을 내포하고 있는 사건을 의미한다. 둘째로, 테러대상 목표의 중요도 측면에서는 국가중요시설 및 국가보안시설, 다중이용시설 등과 같은 핵심적 테러대상시설에서 테러사건이 발생했을 경우이다. 셋째로, 대량살상테러와 같이 피해규모 면에서 집단적인 대규모 사상자가 발생한 중대한 테러사건이 발생했을 경우이다. 넷째로 테러양상면에서 주체가 불분명한 동시다발·복합테러가 발생했을 경우이다. 다섯째로 통합방위관할지역 중 특정경비지역 및 군 관할지역 내에서 테러사건이 발생한 경우이다. 여기서 특정경비지역은 서울 및 인천 등 수도권과 부산, 포항 등과 같은 국가기반시설이 집중되어 있는 지역을 의미하며, 군 관할지역은 접적지역과 같이 북한과 인접한 지역이나 임해시군지역을 의미한다. 이러한 특칙요건은 군이 골든타임 내 긴급 초동대응을 먼저 수행한 이후, 해당 테러사건대책본부나 지자체에 테러대응 지휘통제를 인계하는 '임시적 초동조치권'을 규정할 수 있다.

또한 이러한 상황 시 군 대테러작전부대의 투입 절차는 매우 그 절차를 구체적으로 한정해야 할 것이다. 첫 번째로, 국가테러대책위원회에서 군 대테러작전부대의 투입사항을 의결하고, 긴급 상황시 국방부장관이 테러사건대책본부장과 협의 후, 국무총리에게 승인을 받아야 할 것이다. 두 번째로 국가테러대책위원장이 국방부장관에게 군 대테러작전부대의 지원 요청을 하는 경우로 한정시켜 무분별한 남용을 제한해야 할 것이다.

2. 대테러작전부대의 무기사용근거 조항 반영

이 외에도 대테러작전부대의 총기사용 검토 역시 테러방지법상 개정되어야 한다. 현재 적에 의한 침투 및 도발의 경우에는 통합방위법에 따라 총기사용에 대한 한계가 없으나, 테러 사건 발생 시 출동한 대테러작전부대의 경우 총기사용에 대한 명확하고 구체적인 법적근거가 부재한 실정이다(이만종, 2019).

테러방지법 시행령에는 대테러활동의 범주에 테러위협에 대한 대응 및 무력진압을 명시하고 있다(제2조). 이는 테러사건대책본부장이 요청 시 테러사건 진압을 위한 지원이 가능하다는 의미를 뜻한다. 현재 관련 법령상에는 대테러작전부대들의 총기사용에 대한 구체적 요건과 방법 및 시기 등이 미흡한 실정이며, 형법의 정당방위 및 긴급피난의 상황에서 자위권적 차원에서만 가능한 것으로 제한하고 있다.

아래 표와 같이 대테러작전요원이 민간 테러범에 대한 총기 등을 이용한 무력진압을 할 수 있는 근거가 불명확한 상태이다. 이는 테러방지법상의 무력진압을 목적으로 하여 대테러특공대를 구성한 취지 및 임무수행을 규정한 내용과 상충되는 것으로 테러방지법을 과잉 해석하여 총기사용 수칙을 제한한 것으로 판단된다. 그러나 테러의 수단이나 방법이 다양화되어 총기의 사용 없이도 드론, 자율주행차량 등 신종 테러수단을 활용하여 인명, 시설 및 대테러작전요원에게 원격조종으로 위해행위가 가능하므로 지금과 같은 법령 근거가 미비한 무력진압 요건에 대한 명확한 해석이 가능한 법령 개정이 필요할 것으로 보인다.

특히 경찰청 경찰특공대들은 오히려 군 대테러작전부대의 총기사용시기에 대한 적극적 대응보장을 위해 총기사용의 요건과 시기를 관련 법령 및 규칙에 포함

표 8-1 테러방지법 시행령

제18조(대테러특공대)
③ 대테러특공대는 각 호의 임무를 수행한다.
1. 대한민국 또는 국민과 관련된 국내외 테러사건 진압
④ 국방부 소속 대테러특공대의 출동 및 진압작전은 군사시설 안에서 발생한 테러사건에 대하여 수행한다. 다만, 경찰력의 한계로 긴급한 지원이 필요하여 대책본부의 장이 요청하는 경우에는 군사시설 밖에서도 경찰의 대테러작전을 지원할 수 있다

출처: 법제처(국민보호와 공공안전을 위한 테러방지법, 법률 제14071호).

표 8-2 형법

정당방위(제21조): 자기 또는 타인의 법익에 대한 현재의 부당한 침해를 방지하기 위한 행위는 벌하지 않음
긴급피난(제22조): 자기 또는 타인의 법익에 대한 현재의 위난을 피하기 위한 행위는 벌하지 않음

출처: 법제처(형법, 법률 제15793호).

하고 있는 실정이다.

현재 테러방지법에서는 '대테러활동'을 테러위협에 대응 및 무력진압을 테러 대응활동으로 규정하고 있다. 또한 테러방지법 시행령에서는 테러예방 및 대응을 위한 전담조직으로 군 대테러특공대 및 대테러특임대를 명시하고 있고 대테러특공대의 수행임무를 국내외 테러사건 진압, 테러사건의 예방 및 저지활동 등을 규정하고 있다. 따라서 현행 법령상 대테러부대의 구성 취지가 무력진압이고 수행임무 또한 진압 및 저지를 명시하고 있어 무력진압이 허용되므로, 총기를 사용하여 테러범을 사살하거나 제압하는 것은 가능하다고 해석할 수 있다.

특히 군 대테러특공대의 출동 및 진압작전은 군사시설 안에서 발생한 테러사건으로 제한하고 있으나 테러사건대책본부장인 경찰청장의 요청시 군사시설 외에서도 경찰특공대의 역할을 대신하여 수행할 수 있는 것으로 법적 근거를 갖추고 있으므로 군사시설 외에서도 무력진압작전을 위해서 총기를 사용할 수 있는 것으로 해석이 가능하다고 볼 수 있다.

그러나 이는 국민의 생명 및 재산에 심대한 피해를 초래할 수 있다는 점에서 법률에 명확히 규정되어야 할 필요가 있을 것으로 보이고 추가로 만약 앞서서 제시한 바와 같이 해석된다고 해도 대테러작전부대의 총기사용 수칙에 시기·방법·정도 등 구체적 지침을 명확하게 반영하고 테러방지법 시행령에 이를 구체적으로

표 8-3 경찰의 총기 사용 법적 근거

경찰관 직무집행법 제10조의4 대간첩 및 대테러 작전 등 국가안전에 관련된 작전을 수행할 때는 개인화기 외에 공용화기를 사용할 수 있다.
대테러작전 표준작전절차 제6조 다음의 경우 경고없이 무기를 사용할 수 있다. 인질의 사망이나 심각한 부상을 초래한 자 또는 보호해야 할 재산을 공격한 자, 저격수 등 작전요원이 즉시 사격하지 않으면 보호대상에게 막대한 인명피해가 예상되거나 인질구출을 위한 은밀한 작전수행에 필요한 경우

출처: 법제처(경찰관 직무집행법, 법률 제15565호).

개정해야 할 것이다. 그리고 이러한 총기사용의 직접적 근거를 확보하기 위해서 국방부(합동참모본부) 차원의 교전수칙의 개선도 요망된다.

3. 바이오테러의 재정의[3]

그동안 우리는 테러방지법상 테러의 정의와 범위에 대하여 물리적인 분야에 있어서 직접적인 위협인 폭발, 인질, 살인 등에 한정하여 판단해온 측면이 있다(백수웅, 2019). 그러나 최근의 코로나 사태에서 알 수 있듯이 바이러스에 의한 테러 발생시 그 파급효과는 기존 테러위협 수준보다 훨씬 크고 위험할 것으로 보인다.

더구나 이러한 위협은 실제 미국 등 주요국가에서 현실화되기도 하였는데, 2020년 3월경 미국 플로리다주 제임스 커리라는 남성이 가정폭력 혐의로 경찰에 체포되는 과정에서 경찰을 향해 침을 뱉고 자신이 코로나 바이러스를 퍼트리고 있다며 소리를 지르고 협박하였다. 이에 주검찰은 남성을 테러혐의로 기소한 바 있다(SBS, 2020. 4. 19). 미국 정치전문매체 폴리티코[4]에 따르면 테러단체들이 가공하지 않은 단계의 바이러스를 이용하여 무기화할 가능성이 있음을 시사함으로써 감염병 등이 테러수단으로 악용될 수 있음을 제기하였다. 위와 관련하여 미국 법무부 부장관인 제프 로젠 역시 자신의 메모에서 코로나19는 생물학 무기 법적 정의를 충족시키므로 테러수단으로 평가하였다.

결국 집단 감염병 등 바이러스에 의한 테러위협은 이제 더 이상 단순한 질병에 그치지 않고 강력한 테러의 한 종류로 인식해야 한다. 이에 따라 테러의 정의와 범위를 규정하고 있는 현재의 테러방지법 제2조상의 정의조항은 감염병 등과 같은 변화하는 테러위협을 포함할 수 있도록 발전적으로 개정되어야 할 것이다.

---

3 김태영·김호. (2020). 테러양상 변화에 따른 테러방지법 개정에 관한 연구. 한국경호경비학회지, (63), 219-238. 재구성.

4 Politico Magazine 03.19.2020, https://www.politico.com/news/magazine/2020/03/19/coronavirus-effect-economy-life-society-analysis-covid-135579.

표 8-4 테러방지법 개정(안)

기존	개정
제2조(정의) 제1호 "테러" … 다음 각목의 행위를 말한다. 가. (이하 생략)	제2조(정의) 제1호 (이하 동일) 바. (신설) 감염병 등 생물학 작용에 의하여 국가 및 지방자치단체, 외국정부 인원 및 시설에 대한 감염

출처: 김태영(2020).

제3절 한국과 미국의 대테러 법률 입법과정 비교분석[5]

앞서 전술한 바와 같이 2001년 9·11 테러사건'[6]은 당사자인 미국인들에게 엄청난 충격을 주었다. 그간 미국은 테러문제를 국내가 아닌 국제적 차원에서 대응해 왔었는데, 9·11 테러로 인해 국내적으로 심각한 안보위협으로 인식하면서 예방과 대응을 강력하게 법적으로 보장해야한다는 분위기가 조성되었고, 테러대응정책을 대폭 수정하는 전기를 마련하였다.

9·11 테러 이후의 미국의 테러대응 입법과정을 살펴보면, '테러 감청 및 방지에 필요한 적절한 수단 제공을 통한 미국 통합과 강화를 위한 법'[7]이 20일 만에 통과되었다. 이로 인해 정보기관에게 무제한적인 개인정보 수집과 수사권한을 부여에 대한 부작용이 2013년 에드워드 스노든(Edward Joseph Snowden, 이하 스노든) 폭로사건[8]으로 표면화되었다. 결국, 사생활 보호에 대한 논쟁은 민권단체들이 지속적

5 이 부분은 문영기·김태영(2017)의 관련 부문을 수정·보완한 것이다.

6 2001년 9월 11일 알카에다에 의해 미국 뉴욕과 워싱턴에서 항공기 자살공격으로 상상하기 힘든 테러양상을 보여주면서 또 다른 안보위협으로 새로운 테러의 공포를 확산시키는 계기가 되었다.

7 Uniting and Strengthening America by Providing Appropriate Tools Required to Intercept and Obstruct Terrorism Act of 2001, 일명 애국법(USA PATRIOT Act Of 2001).

8 전 미국 중앙정보국(CIA) 직원이자 미국 국가안보국(NSA)에서 근무한 에드워드 스노든(Edward Joseph

으로 소송을 제기했고, 연방의회는 안보와 개인의 자유가 조화를 이루는 '권리 실현 및 효율적 감시 통제를 통한 미국 통합과 강화를 위한 법률,[9] 일명 자유법(USA FREEDOM Act of 2015)을 제정하게 되었다

이 장에서는 이처럼 테러방지법 입법 및 개정과정에서의 정책의 변동과정을 정책흐름모형을 적용하여 양국의 테러방지법 입법사례와 관련해 정책학의 주요 이론인 킹던(John W. Kingdon, 2011)이 제시한 정책흐름모형(policy stream model)을 적용하여 정책문제의 흐름, 정책의제의 흐름, 정치의 흐름이 어떻게 결합해서 정책의 창이 개방되고 최종적으로 정책산출과 성과를 도출했는지를 분석하고자 한다.[10]

특히 우리나라와 미국의 테러대응 입법과정상에서 미국은 9·11 테러 이후 즉각적으로 법제정이 이루어져 오늘날까지 지속적으로 보완·발전되어 왔으나, 우리나라는 15년이 걸려서야 비로소 법제정이 이뤄졌다.

1. 테러대응 입법과정과 정책흐름모형의 기존 연구

1) 테러대응 입법과정 기존 연구

테러대응 입법과정에 관련된 국내 연구들은 9·11 테러 이후 대테러 관련법 제정이 필요하다는 공감대가 형성되었다. 대표적으로 정육상(2009), 조성제(2009), 양승돈·안영규(2011), 임준태·이상식(2012), 한희원(2013), 박주혁·박진희(2015), 신소영(2014), 황문규(2016), 박병욱(2016), 박호현·김종호(2016), 채성준(2016) 등 국내

Snowden, 1983)이 2013년 6월 국가안보국(NSA)의 무차별 개인정보 수집 등의 내용을 담은 기밀문서를 폭로하면서 전 세계에 큰 파문을 일으킨 사건(NAVER 지식백과, http://terms.naver.com/print.nhn?docId=2060015&cid=43667&categoryId+43667).

9 Uniting and Strengthening America by Providing Appropriate Tools Required to Intercept and Obstruct Terrorism Act of 2001, 일명 애국법(USA Patriot Act Of 2001).

10 정책흐름모형은 점증모형, 합리모형 등과 같이 합리성에 입각한 정책결정모형과 달리 정책결정과정의 불확실성(uncertainty)을 보여주는 모형이다. 정책흐름모형은 Cohen, March, Olsen이 제시한 쓰레기통모형(garbage can model)에 의거해 정책의제 설정과 정책제안을 구체화하는 과정을 설명하고자 만들어진 이후 정책결정 과정 전반으로까지 확장 적용되어 정책결정 및 정책변동을 설명하는 데 유용하게 활용되고 있다.

법학자들을 중심으로 수행되었다. 주된 연구내용은 테러방지법이 제정되기 전에 새로운 안보위협 요인으로 떠오른 테러에 효율적으로 대응하기 위한 법 제정의 필요성, 해외사례 및 관련법 등을 토대로 국내의 테러대응 법률의 입법방향 등을 제시하려는 것이었다.

먼저 정육상(2009)은 우리나라의 테러방지법 도입의 필요성과 시사점 도출을 위해, 미국·영국 등 선진국의 대테러입법 사례를 분석하여 ① 테러방지를 위한 사전예방조치를 강화하고, ② 테러 대응활동을 체계적으로 수행하기 위해 유관 부처에 분산된 테러에 대한 대응 기능을 통합하고 조정하는 기구를 신설하고, ③ 테러범죄 수사권과 테러 용의자에 대한 처벌을 강화하는 특징을 확인하였다. 이러한 분석을 토대로 우리나라 실정에 적합한 테러방지법 제정은 ① 테러예방에 주안점을 두면서, ② 대테러 활동 수행을 위해 민·관·군 총력 대응체계 구축과, ③ 엄정한 처벌을 통해 테러 재발을 최소화하면서도 인권보호 장치를 마련하는 방향으로 제정되어야 한다고 주장하였다.

임준태·이상식(2012)은 테러방지법 제정 이전의 대테러 대응체계가 대통령훈령을 중심으로 정립되어 있어 일원화된 대테러종합전담기구가 없고, 군 병력에 대한 치안유지 임무부여 및 지휘권에 대한 사항이 없으며, 대통령훈령을 근거로 한 테러 관련 정보수집활동의 적법성에 대한 의문을 제기했다. 이를 통한 테러방지법의 제정방향은 '테러의 형사범화(Criminalization of Terrorism)'를 통해, 현행법 체계 내에서 테러 활동을 사전에 파악하고 예방할 수 있는 정보력과 사후에 진압하고 검거할 수 있는 수사기관의 능력 증대가 필요함을 강조하였다. 또한, 일상적인 경찰활동의 강화를 통한 테러방지를 통해, 테러의 형사범화는 당연히 형사활동의 주축을 담당하고 있는 경찰활동의 역량강화가 필요함과 동시에 사회경찰활동에서의 핵심적 요소인 경찰과 지역사회의 협업적 관계를 주장하였다.

한희원(2013)은 국가 정보와 수사 체계 혁신의 법리적 측면에서 미국 연방수사국(FBI)과 영국 중대조직범죄청의 사례를 들면서, 법치행정의 원칙에 따른 정보기구에 대한 감독과 통제를 통해 정보실패를 막을 수 있다고 주장했다. 이런 맥락에서 가칭 국가안보기본법을 제정하고 현장에서의 활동을 위해 미국의 애국법(2001), 정보개혁 및 테러방지법(2004), 해외정보 감시법(Foreign Intelligence Surveillance Act, 이하 'FISA')

을 참고한 국가안보 활동기본법을 제정하는 것이 매우 중요하다고 강조하였다.

박병욱(2016)은 테러방지법이 국정원 등에 부여한 권한들이 가지는 문제점과 권한에 대해 심층분석하면서 정보기관 활동에 대한 민주적 통제가 적절히 규정되고 있는지를 검증하였다. 연구결과, 테러방지 영역의 통신제한조치, 위치정보·통신사실 확인자료 요청권한을 정당하게 인정받으려면 은밀성, 기본권 침해의 심대성을 고려하여 엄격한 행정부 내부적 통제, 사법부·입법부에 의한 사전 또는 사후적 통제를 도입해야 한다고 주장하였다.

박호현·김종호(2016)는 테러방지법을 제정하기 전 입법 발의된 법안들의 분석을 통해 테러방지법이 갖는 목적을 재설정하고 국정원과 함께 경찰의 역할을 증대시켜야 한다고 주장하였다. 연구결과, 테러에 관련된 용어상의 문제 등 법률규정 마련, 국정원의 단독적 테러정보업무에서 확장된 우수한 정보력을 가진 경찰력의 활용, 국가 및 지방자치단체의 책무에 대한 구체적 법률규정 마련 등을 보완해야 함을 강조했다.

황문규(2016)는 테러방지법상 정보활동의 범위와 한계에 대한 심층 분석을 통해, 대테러 활동의 효율성을 증대시키기 위해 국정원이 유관 기관을 동원하여 예외적 규범행사와 국가보안법과 연계하여 수사를 진행하는 등 권한 강화문제와 충분치 못한 통제장치에 대해 지적하였다. 또한 모호한 테러개념 및 자의적인 테러위험인물의 지정으로 인해 국민에 대한 전방위적 감시가 강화될 것에 대해 경고하였다. 이를 보완하기 위해, 경찰조직으로 테러전담기구를 전환하고, 새로운 해외정보 및 북한정보를 전담하는 새로운 전담기구를 창설하는 조직개편에 대한 검토를 강조하였다.

한편, 미국의 테러대응 입법에 대한 연구들을 살펴보면 김진현(2015), 이호수·설진배(2016), 신계균(2016), 박준석·권혁빈(2016), 고영국(2007), 최호영(2003) 등이 있다. 본 장에서는 주로 테러방지법이 제정되기 이전에 새로운 안보위협 요인인 테러에 효율적으로 대응하기 위한 법 제정의 당위성 및 필요성에 대해 연구하여 미국의 사례를 토대로 우리나라에서의 테러방지법 입법 방향을 제시하고자 하였다.

김진현(2015)은 9·11 테러사건 이후 미 정부가 대테러 정책상 국내적 측면을 강조한 것으로 주장했고, 부시 행정부에서 오바마 행정부로 정권이 바뀌는 과정에서도 테러역량 강화에 대한 정책기조가 크게 변하지 않았다고 분석했다. 또한 미래의 테러대응 조직의 대대적인 확대개편과 대응조직 간의 협력체제 구축이 더욱 필요하며, 현 애국법이 개인의 자유 및 인권에 침해될 소지가 다분한 법령이라고 강조하고, 테러에 대응한 컨트롤 타워가 필요함을 주장했다.

신계균(2016)의 연구에서는 자유법 통과의 정책적 시사점을 도출하였다. 찬반이 분명했던 논쟁적 법안이 비교적 평화롭게 통과될 수 있었던 이유가 정책을 만들고 그것이 법제화되는 동안 궁극적으로 정치적 대타협을 이룬 미국 의회의 역량을 높이 평가하였다. 하원에서 초당적 지지를 받고 통과된 법안이 상원 내에서 안보매파와 온건파의 첨예한 대립으로 애국법이 만료되는 직전까지 통과 여부가 불투명한 상태였다. 그러나 국민의 자유권에 손을 들어준 사법부의 판단을 존중하고, 정책옹호연합 간의 대립과 갈등과, 개인 사생활에 대한 보호를 외치는 여론에 주목한 결과로서 애국법을 수정한 자유법의 입법이라는 초당적 합의가 가능했다고 강조했다.

이와 같은 국내외 기존연구들이 시사하는 바는 다음과 같다. 첫째, 9·11 테러사건의 충격은 국제사회에서 새로운 안보위협으로 받아들이면서 국내에서도 다르지만 일반범죄와 다른 대테러 법령의 필요성이 대두되었다. 기존의 형벌법규는 사후 처벌을 통한 억제에 목표를 두고 있다면 테러의 경우는 피해의 규모와 정치·사회적 충격 때문에 사전 예방이 더욱 긴요하기 때문에 법제화라는 정책흐름을 갖게 되었다(제성호, 2014).

둘째, 국제적인 대형 테러사건들의 발생으로 관련 법 제정의 필요성에 대한 인식이 국민과 정치권 및 전문가 집단들에까지 광범위하게 형성되어 있었지만. 최종적인 법제화에 이르기까지 인권침해 우려 때문에 정책변동이 지연되었다.

셋째, 테러방지법에 대한 정책은 두 국가가 약간의 차이가 있으나 우리나라의 이명박·박근혜 정부와 미국의 부시 정부는 집행력이라는 입장에서, 우리나라의 김대중·노무현 정부와 미국의 오바마 정부는 인권보장 등 국민의 기본권 보장에서의 입장을 더 강화하였다는 것이다.

넷째, 우리나라는 테러방지법 제정에 대해서 다양한 정책산출 가능성의 논의가 있었지만 절박성이 부족했고, 정책산출을 정확하게 예측하지 못한 채 지지부진했다. 또한, 정책선도자의 역할로 급작스럽게 정책산출(policy outputs)을 발생시킴으로서 정책성과의 수준이 떨어질 수밖에 없었다. 한편, 미국은 초점사건에 따라 적시적인 정책 변동이 이루어졌는데 9·11 테러사건부터 현재 적용하고 있는 법령이 제정되기까지의 정책의 흐름이 합리적으로 이루어졌다. 부시정부에서는 정책흐름의 속도가 다소 급했지만 '애국법'[11]이 제정된 이후, 오바마 정부에서는 '자유법'[12]이라는 합리적으로 정책산출이 이루어졌다.

2) 정책흐름모형의 기존 연구

John W. Kingdon(2011)의 정책흐름모형은 서로 무관하게 자신의 규칙에 따라 흘러 다니는 정책의 흐름(problem stream), 정책의제의 흐름(agenda stream), 정치의 흐름(political stream)이라는 세 가지 흐름이 결합하여 정책의제 설정이 이루어진다는 것이다(정정길 외, 2003). 또한 이 세 가지가 우연하게 조우하게 되어 개방되는 정책의 창(policy window)과 이 세 흐름을 집약시켜서 그들의 자원을 총 투자해 마침내 정책의 창이 개방되도록 만드는 정책선도자(policy entrepreneur)가 포함된다(성욱준, 2013).

첫째, 정책문제의 흐름은 어떻게 정책결정자들이 특정 문제에 우선적으로 관심을 두고 주요한 정책문제로 인식하게 되느냐는 것이다. 특정 정책문제에 관심을 가지게 하는 작동기제(operating system)로 지표(indicator)·초점사건(focusing events)·환류(feedback) 등이 대표적이라 할 수 있다. 두 번째, 정책의제의 흐름이란 여러 가지 정책제안들이 재검토·토의·결합·변경 등을 통해 마침내 소수 또는 단일 대안으로 선택지를 좁혀 나가는 과정을 말하는 것이라 할 수 있다(이순남, 2004).[13] 이 과정

---

11 애국법은 다음과 같이 10장으로 구성되어있다. 제1장 테러 대응 국토안보의 제고(§101-106), 제2장 감시절차의 강화(§201-225), 제3장 국제자금세탁중지 및 반테러재정법(§301-337), 제4장 국경관리 강화(§01-428), 제5장 테러수사의 방해요소 제거(§501-508), 제6장 테러 피해자와 치안 공무원 및 가족에 대한 지원(§611-614), 제7장 국가기반시설 보호를 위한 정보공유 강화(§701), 제8장 테러 형법강화(§801-817), 제9장 정보활동 개선(§901-908), 제10장 기타(§1001-1006)

12 미국 자유법은 8장 35개 조항으로 되어있다.

13 정책제안은 기술적 현실성, 공동체 구성원의 가치체계 합치 여부, 예산 범위나 공적 입장 또는 정치가들의 수용가능성을 포함해 미래 제약여건에 대한 기준 등 다양한 요소들에 의해 고려된다(이순남

에서는 주어진 정책영역에서 개개의 다양한 생각들을 지닌 의회 참모진, 학계 등의 교수 및 전문가, 예산·기획·조정·평가 등을 담당하는 분석가들과 같은 전문가 그룹들이 광범위하게 참여하게 된다. 세 번째, 정치의 흐름은 정책문제의 흐름이나 정책의제의 흐름과는 관계없이 그 자체의 역동성이나 규칙에 의해 움직여서 정책의 창을 개방시키는 흐름이다. 정치의 흐름의 구성요소들로는 여론의 변화, 정권의 교체, 국회의 다수당 교체, 이익집단들의 활동에 영향을 받는다. 이와 같은 정치의 흐름에 참여하는 행위자들은 국민의 여론 향배에 민감하게 반응하는데, 정치인들은 언론매체, 유권자와의 직접접촉 등을 통해 이를 감지하며, 선출직이 아닌 관료들도 정치인들로부터 이러한 국민여론을 감지하게 된다. 관료들은 정치력 간에 이뤄지는 합의의 정도를 여러 경로를 통해서 파악해 이를 약화 또는 촉진시키면서 그들의 이익과 입장을 달리하는 세력의 관심사와 국민여론의 향배 사이에서 가급적 균형을 맞추고자 노력한다.

네 번째, 정책선도자는 해당 정책의제가 중요한 사안이라는 인식을 형성할 수 있도록 지지하거나 지원하는 행위자들이라고 할 수 있다. 이들 정책선도자들은 이 정책의제가 정책제안으로 채택될 수 있도록 많은 시간과 열정, 자신의 명성, 필요에 따라 자금과 같은 그들의 자원과 네트워크를 남김없이 지원하는 존재이다. 정책선도자는 각각 규칙에 의해 작동되는 정책문제의 흐름과 정책의제의 흐름, 정치의 흐름을 통합(couplings)해 정책의 창을 개방시키고 그들이 선호하는 정책제안을 최종적으로 선택되도록 하기 위해 시간과 능력, 자금과 같은 가용자원을 적극적으로 투입하는 역할을 하게 된다(성욱준, 2013). 이를 위해 정책선도자는 정치적 연결망이나 협상기술을 지니고 있어야 하는데, 해당 분야에서의 정치적 또는 기술적 전문성, 전문·이익집단의 지도자처럼 어떠한 분야를 대변하거나 의회 위원회의 수장과 같이 권위 있는 의사결정을 내릴 수 있는 자원이나 지위[14]가 요구된다.

(2004). "Kingdon의 정책흐름모형을 적용한 정책변동 연구: 국군간호사관학교 사례를 중심으로". 한국공공관리학보 제18권 제2호, p. 265).

14 정책전문가들은 개인적 이익의 추구, 직분이나 직업의 유지, 자기가 속한 조직의 업무영역 확대, 자신들이 원하는 가치를 실현시키는 과정에서 오는 성취감 등 다양한 동기유발(incentive)에 따라 자신들의 아이디어나 정책제안을 제시하게 된다(성욱준(2013), "개인정보보호법 입법 과정에 관한 연구: 정책흐름모형을 중심으로". 한국정책학회보, 제22권 제2호, pp. 4-5).

마지막으로, 정책의 창은 정책문제의 흐름, 정책의제의 흐름, 정치의 흐름이 각기 따로 움직이다가 이들 세 흐름이 우연히 합쳐지는 순간에 개방되게 된다. 정책의 창은 때로 특별한 문제에 관심을 모으게 하거나 정책제안들이 선호하는 방향으로 선택될 수 있도록 하는 기회(opportunity)가 되기도 한다. 정책의 창은 기본적으로 행정부나 의회 또는 전체 국가적 분위기의 변화와 같은 정치의 흐름에 의해 개방되지만 경우에 따라 정책문제가 정부 관료의 주요 관심대상이 됨으로써 개방될 수도 있다. 또한 정책의 창은 개방될 경우에도 오랜 기간 기다려주지 않고 다양한 이유로 어느 순간 사라진다. 정책의 창은 ① 개방된 사건이 없어질 때, ② 정책과 관련된 관료사회 내에서 보직이동이 발생 시, ③ 정책참여자간의 실패로 인해 가용한 시간 및 에너지를 투입할 의지를 상실 시, ④ 참여자간 정책결정 및 입법을 통해 문제를 충분히 반영했다고 인식했을 경우, ⑤ 정책제안이 더 이상 유용성을 잃을 경우 폐쇄된다(성욱준, 2018). 앞에서 논의된 정책흐름모형을 재구성하면 〈그림 8-1〉과 같다.

정책흐름모형은 정책의 다양한 분야에 있어 정책의 결정 및 변동 과정과 변동의 원인을 설명하는 데 유용한 모형이며 정책변동, 특히 입법 과정과 관련된 연구들의 경우 세 가지 흐름 가운데 정치의 흐름이 무엇보다 중요하다는 점을 강조하고 있다. 또한 정책흐름모형에서 정책선도자가 매우 중요하며, 정책선도자의 유무나 역할에 따

| 그림 8-1 | 정책흐름모형

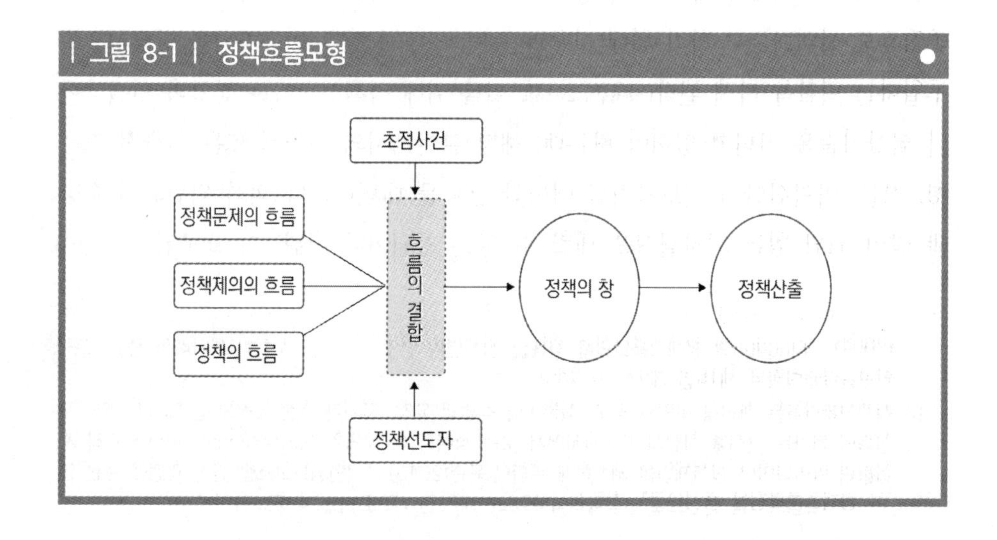

라 정책의 변동이나 산출에 있어 분명한 차이가 발생함을 알 수 있다(채성준, 2016).[15]

본 장에서는 9·11 테러사건 이후 ① 김대중 정부(16대 국회)에서부터 박근혜 정부로 정권교체된 19대 국회시기까지의 '테러방지법' 입법과정에서 생성된 정책의 흐름과 ② 미국의 107대 의회(부시 행정부시기)의 애국법(2001)과 114대 의회(오바마 행정부시기)의 자유법(2015년) 입법과정에서 생성된 정책의 흐름을 비교하는 데 중점을 두었다. 이를 위해 제시한 정책흐름모형은 정책문제의 흐름, 정책의제의 흐름, 정치의 흐름, 정책선도자, 정책의 창, 정책 산출이라는 여섯 가지로 요소로 구성하였다. 구성요소들의 구체적인 분석대상은 ① 정책문제의 흐름은 초점사건·지표·환류로, ② 정책의제의 흐름은 입법안의 마련과 변경 과정으로, ③ 정치의 흐름은 국가적 분위기와 주요행위자의 활동 및 변화로, ④ 정책선도자는 정책선도자의 존재유무와 역할로, ⑤ 정책의 창은 정책의 창의 개폐 여부로, ⑥ 정책 산출은 테러방지법 법제정의 결과와 정책성과로 하였다. 특히 법제정의 결과는 법제화를 입법 취지에 맞게 정

표 8-5 연구분석의 틀

<table>
<tr><th colspan="2">정책흐름모형의 구성</th><th colspan="2">분석 대상</th><th>분석 방법</th></tr>
<tr><td rowspan="3">정책 흐름</td><td>정책문제흐름</td><td colspan="2">초점사건, 지표, 환류</td><td rowspan="8">1. 국가별 정책흐름모형 비교 분석
• 우리나라 (테러방지법)
• 미국 (애국법, 자유법)
2. 두 국가 간 공통점과 차이점 비교분석</td></tr>
<tr><td>정책의제흐름</td><td colspan="2">• 정책의제로서 입법안 마련
• 입법안들의 변경 과정</td></tr>
<tr><td>정치의 흐름</td><td colspan="2">• 국가적 분위기: 주요 참여자의 활동과 역할
• 주요행위자의 활동과 변화: 이익집단의 활동, 정치 엘리트의 행위
• 의회의 변화: 정권교체, 국회 다수당 교체, 관할권 경쟁 등</td></tr>
<tr><td>정책 선도자</td><td>정책선도자 유무와 역할</td><td colspan="2">• 정책선도자의 유무
• 역할: 지위, 전문성, 네트워크, 지속성</td></tr>
<tr><td rowspan="2">정책의 창</td><td rowspan="2">정책의 창 개폐</td><td>개방</td><td>• 세 가지 흐름의 완전한/부분적 결합
• 정책선도자와의 연결</td></tr>
<tr><td>폐쇄</td><td>충분한 정책논의, 주요행위자 교체, 정책실패</td></tr>
<tr><td rowspan="2">정책 산출</td><td>법제정 결과</td><td colspan="2">법제화 횟수(정량적 평가)</td></tr>
<tr><td>정책성과</td><td colspan="2">법제화 수준(정성적 평가)</td></tr>
</table>

15 채성준(2016). "정책흐름모형을 적용한 테러방지법 입법사례 분석". 국가정보연구 제9권 제1호, pp. 16-17.

책 변동에 반영하는 노력 즉, 필요한 횟수만큼 시도를 했는가, 즉 정량적 평가를 분석하였다. 아울러 정책성과를 분석해 내고자 법제화 수준 즉, 정성적 평가해 보았다. 이상과 같은 연구문제의 분석 사항을 정리한 것은 〈표 8-5〉와 같다.

2. 한·미 테러대응 법률 입법사례

1) 한국의 테러대응 법률 입법사례

(1) 정책문제의 흐름

테러방지법은 김대중 정부(1998년 2월~2003년 2월) 시절에 초점사건인 미국의 9·11 테러사건(2001년)이 발생하면서 이슈화되었다. 정부는 2001년 9월 25일 국무회의에서 "기존의 국가대테러활동지침으로는 새로운 형태의 테러에 대응할 수 없다고 판단해 범정부적 대응체제 구축 차원에서 테러방지법을 입법하기로 결정하였다"고 발표하였다. 2001년 11월 정책결정자인 정부가 최초 입법안을 발의하였고, 국회 정보위원회를 거쳐 법사위원회에 상정되게 되었다. 그러나 야당뿐만 아니라 국가인권위원회의 반대 등으로 16대 국회가 임기가 만료 되면서 법안은 자동 폐기되어 정치의 흐름을 타지 못했다. 17대 국회(노무현 정부시기, 2003년 2월~ 2008년 2월)에 들어서면서 여당이었던 열린우리당 조성태 의원, 한나라당 공성진 의원, 정형근 의원 등이 각 의원입법으로 발의하면서, 국제사회의 테러 우려 확산과 범국가 차원의 테러대응 필요성 인식이 정책문제 흐름으로 지속되었다(채성준, 2016).

비록 16대 국회(김대중 정부)와 17대 국회(노무현 정부)에서의 테러방지법 입법은 비록 무산되었지만 법제정의 필요성을 정책결정자들에게 인식시키는 계기가 되었다. 또한 이와 관련된 사건의 변동은 18대 국회(이명박 정부, 2008년 2월~2013년 2월)에서도 계속되었고,[16] 특히 국제적 테러 위협과 북한의 도발이 증대되었으나, 정책

16 공성진 의원이 '국가 대테러활동에 관한 기본법안'과 송영선 의원이 '테러예방 및 대응에 관한 법률안'을 발의하였으나 국회의 임기 만료로 자동 폐기되었고, 여야 간 이견을 좁히지 못하고 정치의 흐름이 막힌 상태로 끝이 났다.

문제의 흐름은 정책의제로서 호소력이 미약했고, 정책의제에 대한 전문성과 신념이 부족하여 정치의 흐름으로 환류시키지 못하였다.

19대 국회(박근혜 정부시기, 2013년 2월~2017년 3월) 이후에도 의원 입법안들이 제출되었지만 상당기간 정책의제의 흐름이 강하지 않았다. 한동안 정책의 환류가 이루어지지 않던 테러방지법에 대해 관심을 환기시킨 추가적인 초점사건은 2015년 11월 13일 프랑스 파리에서 발생한 ISIL에 의한 동시다발 복합테러사건이었다. 이때부터 보수논객과 여당의원을 중심으로 테러방지법을 제정할 필요성이 있다는 여론이 수면위로 다시 급부상하기 시작하였다. 이어 보조적인 초점사건으로, 2016년 북한의 핵 실험 및 장거리 미사일 발사사건이 발생되면서 남·북 간 긴장이 최고조에 달하였고 북한에 의한 테러 도발 가능성에 대한 위협의 우려가 급증하게 되었다. 이와 같은 테러위협과 대응에 관련된 지속적인 관심은 정권 교체에 기인한 정책참여자의 교체가 테러방지법의 제정을 빠르게 하는 결정적인 계기로 작용하였다. 이것은 정책문제의 흐름이 정책제안들, 즉 3개 법안 간에 수정과 주요 행위자 간의 상호과정을 통해 합의를 거쳐, 소수의 정책대안으로 발전되었고, 결국 정책의제의 흐름으로 성공적으로 연결되었다고 볼 수 있다(채성준, 2016).

(2) 정책의제의 흐름

김대중 정부(16대 국회)·노무현 정부(17대 국회) 시기의 정책의제 흐름의 특징으로는 먼저, 9·11 테러사건이 발생하면서 정부 또는 의원 입법안들이 국회에 제출됨으로써 정책의제가 마련되었으나, 국회에 제출된 정책의제들에 대한 주요 행위자들의 참여가 적극적이지 못하여 정책의제의 흐름으로 연결되지 못했다. 특히 테러에 대한 국민들의 인식이 부족하였음은 물론 정책선도자를 비롯한 정부와 여당에서 조차도 적극적인 추진 의지를 보이지 않음으로써 계속 결실을 맺지 못하였다. 또한, 테러방지법의 입법과정에 있어 첨예한 쟁점은 국정원의 권한확대에 관한 사항과 개인정보보호권의 침해에 관한 문제였는데, 테러가 현실적 위협으로 인식되지 않은 가운데, 진보적 시민단체들의 반발은 법 제정자체를 무산시키는 결과를 초래했다(채성준, 2016).

18대 국회(이명박 정부)에선 여당이었던 한나라당의 공성진 의원(2008년 10월),

송영선 의원(2009년 4월)이 테러방지법안을 발의했으나, 정보위원회를 구성하고 있던 진보성향의 야당 의원들의 반대로, 18대 국회 임기 만료(2008년 5월)로 인해 자동으로 폐기되었다. 이 법안들의 주된 내용은 대동소이 했으나, 야당에 의한 반대의견 문제였고 주요 행위자들에 영향력이 부족하였다. 이어 2015년 11월 발생한 프랑스 파리 동시다발 테러사건을 계기로 입법 추진이 본격화 되 정보위 여당 간사인 이철우 의원에 의하여 19대 국회(2016년 2월 22일)에서 발의되었던 테러방지법안을(3개) 토대로 수정안을 발의하였다. 이후 여야 간 치열한 대립 속에, 국회의장에 의한 법안 직권상정이 이루어졌고, 정보위원장인 주호영 의원의(새누리당) 수정법안[17]을 거쳐 본회의로 부의되었다. 결국 192시간의 필리버스터라는 과정을 통해 2016년 3월 2일 어렵게 통과됐다. 이 같은 결과는 흩어졌던 정책의제 흐름이 미정제된 정책집단들의 아이디어나 정책제안들이 원안·변형·재결합한 형태를 거쳐 정책제안으로 진행되는 과정이었다는 측면과 연결되어 있다.

이 시기 정책의제의 흐름의 특징으로 무엇보다도 새누리당이 주도한 의원 입법안이 마련되어 각 전문가 집단 즉, 주요 행위자의 의견과 아이디어를 반영한 입법안이 변동과정을 거쳐 구체적인 정책의제들로 생산되었으며, 이들의 지속적인 노력을 통해 절충안이 수립되었다는 점을 꼽을 수 있다. 전문가 집단인 국정원과 국회의원들로 구성된 정책공동체 내에서 논의되고 제시되어 더욱 다양한 정책의제의 흐름이 가능하였다.

(3) 정치의 흐름과 정책선도자

가. 정치의 흐름

우리나라의 정치의 흐름의 특징은 초기에 9·11 테러사건이라는 강력한 초점사건의 영향으로 국제사회의 분위기가 김대중 정부에서 정부 입법으로 법 제정이 추진되었다. 17대·18대 국회시기의 정치의 흐름은 지금까지 정치흐름의 변동 원인으로서 정권의 교체가 이루어져 테러방지법 제정에 대한 정부와 여당의 협력관

17 주호영 의원은 추가수정안에 대해 "국정원의 정보수집이 과잉활동으로 이어질 우려를 불식하고 국민 기본권 침해 소지를 제거하여 대테러 조사 및 추적에 보다 신중을 기하려고 한 것"이라고 밝혔다.

계가 강화되었고, 테러방지법의 입법을 둘러싼 야당과의 대립이 첨예해졌으며, 이 과정에서 테러방지법 제정의 필요성에 대한 여론이 강하게 형성되었다는 점이 특징적이라 할 수 있다.

정권이 교체됨에 따라 테러방지법 입법의 흐름에 큰 변화가 생기게 된 것은 정치 흐름 내에서 주요한 행위자의 역할 변화를 통해 정책의제까지도 직·간접적인 영향력을 미치게 된 것이다. 노무현 정부에서는 정부가 테러방지법 제정에 대한 의지를 보였으나 여당의 일부 의원들의 반대로 인해 무산되었으나, 17대·18대 국회 시기에서는 정부·여당의 협력관계가 긴밀하게 이뤄지게 되었다. 입법과정간 정부와 여당이 동일한 입장 속에서 야당을 향한 테러방지법 제정의 필요성을 반대하였다. 이는 북한과 대치하고 있는 우리의 국가안보 현실에서 신 안보위협으로 등장했던 테러위협에 대한 범국민적 경각심을 근간으로 했기에 가능하였다.

또한 국정원 업무역할 및 권한 증대에 대해 반대하던 군·경찰·법무부 등 테러 업무와 관련된 기관에서 테러대응에 있어서 국정원 역할을 인정하는 입장으로 변화했다는 점도 중요하게 작용하였다. 물론 이들도 당초에는 부처 이기주의 관점에 기인하여, 각 기관의 역할 확대를 기대하였다. 그러나 정권이 교체되고, 박근혜 대통령이 국가정보원의 전문성에 대한 신뢰가 확고함에 따라 자연스럽게 환류가 이뤄졌다.[18] 결국 정권교체는 '정치의 흐름'의 핵심 요소인 행정부의 변화, 의회 의석수의 변동, 주요 행위자 변화 등과 같은 대규모 변동이 발생됨으로써 정책의제의 흐름으로 이어졌고, 정책산출에도 영향을 미치게 된 것이다.

나. 정책선도자

9·11 테러사건이라는 강력한 초점사건에도 불구하고 초기에 정책문제의 흐름이 연결되어, 결국 정책의제를 정책산출로 전환시키는 정책선도자가 없었던 것은 정책흐름과정의 한계라고 볼 수 있다. 하지만 정책선도자 역할의 참여자는 정

---

18 테러대응은 테러단체의 생성·내부동향·수법 등의 정보수집, 테러 위험인물에 대한 은밀한 추적 등을 통한 사전 예방이 핵심이므로 정보기관이 중심이 되는 것이 적합하며, 현행 국정원법(제3조) 및 국가대테러활동지침(대통령훈령 제37호)에 국정원이 그러한 임무를 수행하도록 명시되어 있고 지금까지 30여 년간 테러정보통합센터 운영 등으로 축적한 노하우 및 전문성을 보유하고 있어 주무기관으로 적절하다. 또한 경찰 등 다른 공개된 기관은 보안에 취약하고 테러정보 업무 인프라 및 경험이 부족해 새로운 시스템 구축과 인원양성 등에 많은 부담이 있다(국회정보위원회, 『입법자료집』, 2015).

권 때마다 존재하였는데, 먼저 16대 국회(김대중 정부)에서는 첫째, 최초 정부 법안 작성 시기에 대통령의 관심을 바탕으로 정부입법안이 마련되었다. 둘째, 정부 입법안을 마련한 행정자치부가 테러 관련 업무에 전문성이 부족했고, 추진 의지가 부족했다. 다음으로 17대 국회(노무현 정부)에서는 첫째, 의원 입법안이 제출되었으나, 정부는 법 제정 추진 의지가 적극적이지 못했다. 둘째, 집권 여당이던 열린우리당의 일부 의원들이 반대하는 입장이 컸다는 점이다(채성준, 2016).

18대 국회(이명박 정부)시기에는 부처 이기주의를 극복할 수 있는 정책 선도자의 역할이 부족했다. 19대 국회 시기에는 먼저, 정책선도자의 결정적 역할로 인해 세 가지 흐름을 연결하여 정책의 창이 개방되었다. 특히 최종 정책결정권자인 박근혜 대통령의 특유의 정치력을 발휘해 여당에 테러방지법 입법의 당위성을 계속 압박하였고, 마침내 국회 선진화법 제정 이후 처음으로 국회의장의 직권상정을 이끌어 내어 야당의 극렬한 반대에도 불구하고 법 제정이 이루어지도록 하는 데 결정적 역할을 하였다. 핵심적 정책선도자로서의 정책의제가 정책제안으로 채택되도록 적극적으로 지원한 결과, 정책문제 흐름, 정책의제 흐름, 정치 흐름이 결합되어, 최종적으로 정책의 창을 개방시켜 정책 산출이 달성되었다.

2) 미국의 테러대응 법률 입법사례

(1) 정책문제의 흐름

애국법은 부시 행정부 당시(107대 의회)인 2001년 초점사건(9·11 테러사건)의 급격한 환류를 통하여 법 제정에 성공하였고, 결과적으로 이와 같은 전대미문의 초점사건으로 인해 '안보'에 편중된 입법 추진의 정책문제의 흐름으로 연결되었다. 정책의제의 흐름은 급물살을 타게 되었다. 초점사건을 이용하여 국가적 분위기에 편승하여 통과되어 논의가 충분히 이루어지지 못했다는 입법상의 결함으로 지적될 정도로 환류가 급격하게 이루어졌다. 이는 정책문제의 흐름이 일련의 정책제안(proposal)들 간에 급격한 수정과 상호작용을 거쳐 쉽게 합의(consensus)를 만들어 내었다.

과정을 보면 애국법의 초안은 2001년 10월 2일에 소개되었고 하원에 제출하였다. 법안 초안을 심의한 하원은 2001년 10월 12일 법안을 통과시켰다.[19] 상원에서 수정을 거친 최종법안은 2001년 11월 23일 하원을 통과했는데, 9·11 테러사건이 발발한지 2개월 만에 미국 형사 사법체계에 큰 변화를 야기 시킨 법령이 제정된 것이다.[20] 정책 결정자들이 초점사건을 계기로 '안보문제'에 관심을 두고 미국 내 테러예방을 중요한 정책문제로 인식하여 너무도 쉽게 정책문제의 흐름을 탔던 것이다.

한편 애국법 제정 후 3년 만인 2004년부터 지방정부들이 애국법의 법 집행자체를 거부할 정도로 인권문제를 표면화하였다. 그럼에도 불구하고 연방의회는 2006년 애국법을 연장하였고 수차례 추가적인 연장과 수정을 거듭하면서 애국법을 손질하여 자유법으로 가는 정책흐름은 지지 부진했다. 결국, 오바마 행정부 당시(113대 의회)인 2013년 6월 초점사건이었던 스노우든 폭로사건이 발생하자 정책문제의 흐름은 급격하게 이루어졌다. 그해 10월 29일 상·하원이 동시에 법안을 발의하였다. 하원은 2014년 5월 22일 본회의를 통과하였으나 상원에서 계류하다가 폐기되었다.

114대 의회시기인 2015년 4월 28일 하원의 공화당의원이 주도하여 발의한 법안이 그해 5월 13일 본회의를 통과하고, 6월 2일 상원을 통과하자 그날 오바마 대통령은 공포하였다. 위와 같이 초점사건(스노우든 폭로사건)과 관타나모 사건 등 9·11테러사건으로 파생된 이후의 인권문제의 환류를 통하여 법 제정에 성공하였다. 정책 결정자들이 초점사건을 계기로 '인권문제'에 관심을 두고 '미국시민의 자유와 사생활 침해' 방지에 대한 요구는 정책흐름의 환류를 가속화시켰다는 것이다.

(2) 정책의제의 흐름

이 시기 정책의제의 흐름의 특징으로 먼저 상·하원 구분 없이 거의 동시에

---

19 미국 상원에서 심의된 애국법, the Act(H. R. 2975).

20 Public Law Pub.L. 107-56.

애국법이 마련되었다는 것이다. 애국법은 2001년 9월 11일 테러사건 발생 후 8일 만인 9월 19일 연방의회를 통과하여 그 다음날 공포되었으며 2002년 1월 1일부터 시행되었다. 9·11 테러사건 직후의 국가적 패닉상태에서 정책의제의 흐름이 정책집단들의 정제되지 않은 아이디어나 기초적인 정책제안들이 원안의 변형 또는 재결합을 위한 충분한 논의 없이 소수의 정책제안으로 급하게 이루어졌다.

반면 애국법에서 자유법으로 변화 과정은 다르다. 애국법이 제정과정에서는 정보기관에 대해 무제한에 가까운 수사권을 허용하면서도 당시에는 정책제안자들이 아무도 지나치다고 생각할 수가 없었다. 그러나 차츰 시간이 지나고 흥분이 가라앉으면서 우려되기 시작한 과도한 권한의 부작용은 2013년 6월 에드워드 스노든의 폭로사건에 의해 더욱 명백한 사실로 드러났다. 민간단체들은 끊임없이 소송을 제기했고 연방의회는 안보와 기본권을 적절히 균형 잡힌 애국법 개정안을 마련하는데 고심해 왔다. 통화기록을 무차별적으로 수집해 온 것은 부시행정부에서 시작했지만 오바마 행정부에 들어와 더욱 확대되었으니 정당의 이념대립과는 크게 상관이 없었다. 오히려 오바마 대통령과 베이너(John A. Boehner) 하원의장이 자유법안을 함께 지지하였고, 공화당의 티파티 극우파와 민주당의 리버럴 극좌파가 동조하여 을 폐지시켜버려야 한다고 주장했다.

이 시기의 정책의제의 흐름의 특징은 먼저 상·하원에서 공화당과 민주당, 당파를 가리지 않고 정책의제의 흐름을 가속화시켰다. 각 전문가 집단의 의견을 반영한 입법안이 나왔으며, 이들의 지속적인 노력을 통해 절충안 마련에 성공했다는 점을 들 수 있다. 즉, 여러 가지의 정책 제안들이 다양한 논의를 거쳐 단일 대안으로 선택지를 좁혀가는 과정을 원활하게 거쳤다고 할 수 있다.

(3) 정치의 흐름과 정책 선도자

가. 정치의 흐름

9·11 테러사건 이후의 테리 대응관련 법안과 관련된 정치흐름의 특징으로, 국가적 패닉상태에서 범정부적 위기상태의 분위기가 주요 행위자들의 관심과 협력을 용이하게 만들었다는 것이다. 또한, 정책 선도자로서 부시 대통령과 같은 네오콘의 등장으로, 초점사건 자체가 쓰나미 같은 엄청난 동력으로 규칙을 움직였고

정책의 창을 개방시키는 급물살의 정치의 흐름을 만들게 하였다.

애국법 제정 이후 시간이 흐르면서 법령상의 문제점은 이슈화되기 시작했다. 대표적으로 2013년 스노든의 폭로사건으로 정보기관의 과잉권한 논란에 대한 비판이 커져갔다. 정치권과 언론은 국가안보국(NSA)의 감시 프로그램에 대해 끊임없이 '안보와 사생활 보호'에 대한 뜨거운 논쟁을 했다. 시민단체들은 연달아 소송을 제기했다. 결국 연방의회는 국가안보와 국민의 자유를 적절하게 균형을 잡는 애국법 개정안을 착수하게 되었다.

애국법의 정치의 흐름은 초점사건(9·11 테러사건)의 영향이 급류를 타게 했다면 자유법의 초점사건(스노우든 폭로사건)은 그 정도는 아니었다. 오바마 정권이었음에도 불구하고 일부 민주당의원들을 중심으로 애국법 연장을 위한 활동이 있었으며, 공화당의 매파의원을 중심으로 극렬한 반대 활동이 있었다. 113대 의회(2013~2014)에서는 정책선도자들의 소극적인 대응 때문에 원활한 정치의 흐름이 막혀있었다. 114대 국회에 들어서서 여론의 압박 등 국가적 분위기가 더 변화하면서 정치의 흐름에 변동이 있었다.

나. 정책선도자

정책선도자였던 부시 행정부(107대 의회 시기)는 시기를 놓치지 않고 공식적인 지위와 보수적인 전문가 집단을 신속히 활용하였다. 부시 대통령은 핵심 정책선도자로서 미국의 안보와 국민의 안전에 대한 확고한 입장을 견지하고 네오콘이라는 네트워크를 적극 활용하였고, 정책의제가 정책제안으로 채택될 수 있도록 가용 자원을 신속하게 지원하였으나, 정책성과의 측면에서는 결정적 시행착오를 초래하였다. '국가안보'의 관점에서 '국민의 기본권'이라는 가치를 너무 평가 절하했기 때문이다. 이것은 법 개정에 대한 논의가 촉발되는 핵심요인으로 작용케 하는 요인이 되었다.

한편, 관타나모 사건과 스노우든의 폭로사건으로 정치의 흐름은 급변하게 되었고, 특히 114대 의회(2013~2014)가 들어서면서 정책선도자들이 적극성을 띠게 된다. 버락 오바마 미국 대통령은 2016년 5월 29일 NSA의 통신기록 수집 근거법안인 애국법 제215조의 시한만료를 2일 앞두고 미국 의회에 애국법의 대체법안인 미국 자유법안의 조속한 처리를 거듭 압박하였다. 민주당뿐만 아니라 공화당 의원들의 공감대가 형성된 가운데 정책선도자인 오바마 대통령이 정책의 창을 개방시켰다. 오바마 대통령은 핵심 정책선도자로서 정책의제가 정책제안으로 채택될 수 있도록 상원의원들을 압박하고 이해시킨 결과, 정책문제의 흐름, 정책의제의 흐름, 정치의 흐름을 규합해 정책의 창을 쉽게 개방시킴으로써 최종적으로 정책 산출에 이르도록 한 것이다. 이와 같은 정책선도자로서의 오바마 대통령의 역할 때문에 정책 산출에 있어 법제정에 성공할 수 있었다.

3. 정책의 산출

1) 한국의 정책의 창과 산출

세 가지 흐름들(정책문제의 흐름, 정책의제의 흐름, 정치의 흐름)을 결합시키는 정책의 창은 점화장치 역할을 하는 어떤 중요한 사건에 의하여 결합되어 정책의 창을 열게 된다.

먼저 16대 국회(김대중 정부)의 시기에 정책의 창의 개폐와 관련된 특징으로 첫째, 정책의제로서 정부 입법안이 마련되어 정책결정자들의 관심을 유도하여 정책문제로 인식시켰다. 둘째, 결정의제의 창은 대통령 의지로 정부 입법안을 통해 국회에 제기하였지만, 법사위 관문을 통과하지 못해 온전히 개방되지는 못했다. 셋째, 정책산출 과정은 정책의 창이 불완전한 상태에서, 정책흐름을 연결시키는 소극적 정책선도자의 역할로 입법에 실패했다는 점이다. 17대 국회(노무현 정부)에선 의원 입법을 통해 정부의제의 창이 개방, 의원 입법안이(3개) 정보위에 상정된, 이른바 결정의제화의 과정을 거쳤다. 하지만 결과적으로는 여당이던 대통합 민주신당(열린우리당)의 신기남 정보위원장이 진보적 시민단체들의 반대 입장에 편승해 정보위 사회를 거부함에 따라 법안 처리가 무산되면서 결국 정책의 창이 폐쇄되었다.

따라서 이 시기는 주요 정책 참여자들이 관심이 부족하여 참여자들의 지위 및 구성에 변화를 기할 정치적 변화를 줄 수 있는 흐름이 형성되지 못했고, 정책의제들 또한 의제들 간의 수정 및 변형, 경쟁적 과정을 거쳐 합의과정의 흐름을 형성하지 못하고, 결국 정책의 창이 개방되지 못하였다. 이 과정 속에서 3개의 창이 독립적으로 흐르면서, 이를 결합시킬 적극적 정책 혁신가를 찾지 못하고 정책 산출을 달성하지 못했다(채성준, 2016).

18대 국회(이명박 정부)시기의 경우 보수진영이 지원하였음에도 정책의 창이 개방될 수 있는 계기를 끝내 마련하지 못하다가 19대 국회(박근혜 정부)시기에 조건이 성숙되면서 마침내 정책의 창이 개방되었고, 정책 산출에 성공하였다.

이를 세부적으로 살펴보면 첫째, 정부의제의 창은 프랑스 파리 동시다발 복합테러사건으로 개방되었다. 둘째, 결정의제의 창은 정치흐름의 변화 속에 다양한 정책의제로 국회를 통해 입법안과 수정안 제출 등으로 개방될 수 있었다. 셋째, 정책의 창의 개폐 과정 속에서 정책의제의 수용 및 정치적 합의에 대한 비우호적 분위기가 있었음에도 정책 선도자 및 정책 혁신가와 정책참여자의 끈질긴 협상 시도와 정책대안에 대한 수용·변형 과정을 통해 정책산출에 이르게 되었다는 점이 특징이다. 이는 정책의 창이 예측치 못한 상황에서 개방될 수 있다는 점에서 정책선도자가 선호하는 정책제안을 사전 준비하였다가 기회의 창이 개방되는 순간에 아야 한다는 것을 의미한다. 박근혜 정부에서는 같은 보수정권인 이명박 정부와 비교할 때 국제사회의 테러위협 확산과 북한의 핵·미사일 도발에 따른 안보 위기가 가중되는 상황에서 이를 정치적 이슈로 발전시켜 국민적 관심을 불러일으켰는가 하면, 핵심 정책선도자인 대통령이 전문성을 가진 정부조직에 대한 신뢰와 함께 강력한 추진 의지를 보임으로써 법제화에 성공할 수 있었다는 점에 유의할 필요가 있다. 테러 방지법 입법사례에 대해 시기별 비교분석 결과를 정리하면 다음 〈표 8-6〉과 같다.

표 8-6 한국의 테러대응 법률 입법사례 분석

정책흐름모형 구성		16대 - 17대 - 18대 국회 (김대중·노무현·이명박 정부)	19대 국회 (박근혜 정부)
정책 흐름	정책문제의 흐름	• 미국의 9·11 테러사건 발생	• 프랑스 파리 연쇄테러사건 발생 • 북한의 도발(핵 실험, 미사일 발사)
	정치의 흐름	• 인권단체의 반대 • 정부와 여당의 협력관계 미약	• 정부와 여당의 협력 및 안보문제 이슈화

	정책의제의 흐름	• 김대중 정부 입법안 마련(16대 국회) • 17대(3개), 18대(2개) 의원 입법안 마련	• 19대(3개)국회의원 입법안 마련 • 최종 의원 수정안(1개) 마련
정책 선도자	정책 선도자 유무와 역할	• 김대중 정부: 정부가 제한적 역할 수행 • 노무현·이명박 정부: 국회의원들의 제한적 역할 수행	• 박근혜 정부: 정부/국회의원의 적극적 역할 수행
정책의 창	개방	• 3개 흐름의 불완전한 결합 • 정책선도자의 소극적 역할	• 정치흐름의 변화(여당인 다수당의 역할) • 정책선도자의 매우 적극적 역할
	폐쇄	• 16대 국회: 법사위원회 상정 후 폐기 • 17·18대 국회: 정보위원회 계류 중 폐기	• 테러방지법 입법
정책 산출	법제정 결과	• 테러방지법 제정 실패	• 테러방지법 제정(15년 경과)
	정책 성과		• 실효성 논쟁(테러·테러단체의 정의 등)

2) 미국의 정책의 창과 산출

애국법의 경우 9·11 테러사건의 충격은 여론의 형성과정도 필요 없었다. 9·11 테러사건 자체가 아래 세 가지 차원에서 정책의 창을 개방시켰다. 첫째, 정부의제의 창은 너무도 쉽게 9·11 테러사건으로 개방되었다. 둘째, 결정의제의 창은 정치의 흐름의 변화와 다양한 정책의제로서 연방의회의 입법안 등으로 신속하게 개방될 수 있는 기회를 가질 수 있게 되었다. 셋째, 정책의 창의 개폐과정에서 정책의제의 수용과 정치적 합의가 국가적 충격으로 너무 쉽게 이루어졌다.

부시 행정부의 경우 인권단체와 정치권에서 개인정보 보호문제를 제기했으나 정책의 창을 개방하는 계기를 마련하였다. 9·11 테러사건을 목도한 최고책임자로서는 애국법에 대한 시한 연장에 늘 경도되어 있었다. 9·11 테러사건 이후 차츰 시간이 우려되기 시작한 과잉권한의 부작용이 현실로 나타났다.

부시 행정부에 이은 오바마 행정부에서의 자유법 제정을 위한 정책산출 과정을 살펴보면, 우선 정책문제의 흐름으로는 관타나모 사건과 에드워드 스노든 폭로

표 8-7 미국의 테러대응 법률 입법사례 분석

모형의 구성		107대 의회(부시 행정부)	113 ~ 114대 의회(오바마 행정부)
정책 흐름	정책문제의 흐름	• 미국의 9·11 테러사건 발생	• 애드워드 스노우든 폭로사건 • 관타나모 수용소 논란
	정책의제의 흐름	• 상·하원의 입법안/수정안 마련	• 113대 의회: 상·하원의 입법안 마련 • 114대 위회: 하원 입법안 마련
	정치의 흐름	• 全국가적 지지 • 행정부와 연방의회의 적극적 협력	• 인권단체와 국제사회의 적극적지지 • 행정부와 연방의회의 협력 노력 • 정파를 초월한 안보와 인권의 균형 욕구
정책 선도자	정책선도자 유무와 역할	• 부시 행정부가 제한적 역할 수행 • 연방의원들의 적극적 역할 수행	• 오바마 행정부 최초 소극적 역할, 2015년 이후 적극적 역할 • 연방의회의 적극적 역할 수행
정책의 창	개방	• 3개 흐름의 완전한 결합 • 정책선도자의 적극적 역할	• 113대 의회 정치의 흐름의 미약 • 114대 의회 정치흐름의 변화, 정책선도자의 매우 적극적 역할
	폐쇄	-	• 113대 의회: 하원입법안 본회의 통과 후 상원 계류중 폐기
정책 산출	법제정 결과	• 20여 일 만에 애국법 제정	• 애국법 제정 후 자유법 제정(14년 경과)
	정책성과	• 인권과 안보의 균형 논란	• 실효성 확보(인권과 안보의 균형)

사건 이후 자유와 인권에 대한 여론이 악화될 대로 악화되었던 상황들이 자유법 입법을 촉진하는 계기로 작용하였다. 오바마 대통령이 미국에 악영향을 미친다고 표현했던 관타나모 수용소가 나쁜 여론 속에서도 유지를 하였고, 부시 행정부의 게이츠 국방장관이 유임된 상황에서 좀처럼 정책의 창이 열리지 않았다.

2013년 에드워드 스노든 폭로사건은 정책의 창을 여는 결정적 역할을 하였다. 통화기록을 무차별적으로 수집해 온 것은 부시 행정부에서 시작했지만 민주당 오바마 행정부에 들어와서 오히려 확대되었다. 애드워드 스노든 폭로사건은 개인정보보호에 대하여 워싱턴 양당의 이념 대립과 상관없게 만들 정도로 폭발력이 컸다. 오바마 정부가 하원과 인권단체들의 지원을 잘 활용했다. 자유법을 조속히 처리하지 않으면 애국법 215조의 시한 만료(2015년 5월 31일)로 오히려 NSA는 '정보먹통'에 빠질 것이라고 강조하면서 상원을 압박하여 정책의 창을 열고 정책이 산출되는 결과를 낳았다. 이들을 구체적으로 살펴보면 첫째, 정부의제의 창은 2013년의 에드워드 스노든의 폭로사건으로 개방되었다. 둘째, 결정의제의 창은 정치흐름의 변화와 다양한 정책의제로서 오바마 대통령과 민주당은 법안을 연방의회에 제출함으로써 개방될 수 있는 기회를 가지게 되었다. 셋째, 정책의 창의 개폐과정에서는 정책의제의 수용과 정치적 합의 가능성에 대한 일부 공화당 의원들의 비우호적 분위기에도 불구하고 그다지 어렵지 않게 정책 선도자 및 참여자의 노력과 대안에 대한 수용·변형 과정을 거쳐 정책 산출로 도달하게 되었다. 정책의제의 흐름에서는 그동안 발의된 개정안을 토대로 의원들 간에 협상 내용을 반영한 수정안을 상원에 상정하는 정책대안을 마련하는 과정이었다. 정치의 흐름에 있어서는 정책참여자의 역할 변화, 여론의 힘입어 정파를 초월한 입장발표, 정책선도자로서 오바마 대통령의 상원 압박 등이 있었다.

이 세 가지 정책흐름은 각기 자신의 규칙에 따라 움직이다가 오바마 대통령이라는 정책선도자의 적극적 역할로 결합하여 정책의 창이 개방되자 정책제안을 관철시킴으로써 정책 산출에 성공할 수 있게 되었던 것이다.

4. 정책적 시사점

이 장에서는 합리적 관점에서는 설명하기 어려운 한국과 미국의 테러방지법 입법 및 개정과정에서의 정책의 변동과정을 정책흐름모형을 적용하여 비교 분석하고자 하였다. 9·11 테러사건 이후, 국제 테러를 21세기 국가안보를 위협하는 최대의 요인으로 받아들였고, 특히 미국은 테러단체의 주요 공격 대상이었기 때문에 테러관련 법령을 정비하여 테러에 강력하게 대응하고 있다. 그러나 당사국인 미국과 한국의 대응은 많은 차이가 있다. 미국은 국가적 패닉상태에서 충격의 강도만큼이나 강력한 공권력의 발동을 보장하는 법안을 단시간 내에 만들어냈고, 시간이 흐르면서 인권과 안보의 균형을 위한 진척을 이루었다. 그러나 한국은 필요성을 느끼면서도 여론과 정파의 이해관계 사이에서 지연과 갈등이 노정 되었다. 뒤늦게 만들어진 테러방지법마저도 이념 성향에 따라 폐기를 거론하는 사례가 있었고, 법

표 8-8 한·미 테러대응 법률 입법사례 비교분석

정책흐름모형의 구성		한국의 테러방지법	미국의 애국법과 자유법
정책 흐름	정책문제의 흐름	• 미국의 9·11 테러사건 발생 • 프랑스 파리 연쇄테러사건 발생	• 미국의 9·11 테러사건 발생(애국법) • 관타나모 수용소 논란 • 애드워드 스노든 사건 발생
	정책의제의 흐름	• 김대중 정부 입법안 마련(16대 국회) • 17대(3개), 18대(2개), 19대(3개) 국회의원 입법안 마련 • 최종 의원 수정안(1개) 마련	• 부시 행정부의 애국법 연장 • 오바마 행정부의 애국법 연장 • 오바마 집권 2기 연방의회 자유법 마련
	정치의 흐름	• 인권단체의 반대 • 정부와 여당의 협력관계	• 全국가적 지지 • 인권단체와 국제사회의 적극적 지지 • 행정부와 연방의회의 협력관계
정책 선도자	정책 선도자 유무와 역할	• 김대중·노무현·이명박 정부: 정부가 제한적 역할 수행 • 박근혜 정부: 정부/국회의원의 적극적 역할 수행	• 부시 행정부의 적극적 역할(애국법) • 오바마 행정부의 적극적 역할 (자유법)
정책의 창	개방	• 19대 국회: 정부와 여당의 협력관계 형성 • 정책선도자의 매우 적극적 역할	• 정책 선도자의 적극적 역할
	폐쇄	• 16대 국회: 법사위원회 상정 후 폐기 • 17·18대 국회: 정보위원회 계류 중 폐기	• 연방의회(상원)의 소극적 역할
정책 산출	법제정 결과	• 테러방지법 제정(15년 경과)	• 애국법 제정 후 수정안(자유법) 제정 (14년간)
	정책성과	• 실효성 논쟁	• 실효성 확보(인권과 안보의 균형)

안 통과 자체가 어려운 여건 속에서 너무 많은 양보로 테러방지의 목적을 달성할 수 있도록 충분한가라는 실효성에 대한 논란이 없지 않다. 양국 모두 합리적인 정책과정의 관점에서 법이 제정되지 않았다는 것이다. 따라서 킹던(John W. Kingdon, 2011)의 정책흐름모형(policy stream model)은 합리적 정책과정의 관점에서 설명하기 어려운 한·미 양국의 테러방지법 입법과정의 분석수단이 되었다.

위 〈표 8-8〉은 한·미의 테러방지법 입법사례를 정책흐름모형으로 비교분석한 것이다. 먼저 우리나라는 정책문제의 흐름과 정책의제의 흐름, 정치의 흐름이 우연한 기회에 정책의 창이 개방되어 정책결정으로 진행되는 정책과정을 보여 주

었다. 이를 구체적으로 살펴보면, 먼저 정책입안자들의 흥미를 끄는 초점사건이나 지표의 변동은 시간이 흐르면서 관심이 지속되지 못하는 양상을 보였지만, 입법과정에서 가장 큰 쟁점이었던 '정보기관의 개인정보에 대한 수집 권한 문제'는 인권단체가 비교적 공격적이지 않았던 16·17·18대 국회 때가 아닌 19대 국회에서 해결되었다. 이는 19대 국회에서는 법안의 주무 정부기관인 국가정보원이 여당의원들과 이념적 공감대를 유지하면서 법안 추진을 체계적으로 뒷받침할 수 있었기 때문이다. 이처럼 어느 하나의 흐름만으로는 설명할 수 없었던 정책결정이 정책의 창이 개방되는 정책흐름에서 극적으로 이루어졌다.

한편 미국의 테러방지법 입법사례는 한국의 정책과정과 상당부분에서 차이가 있다. 먼저 정책문제의 흐름이 직접 작용하여 급격히 정책의제의 흐름에 영향을 미치고, 정치의 흐름과 결합하여 정책결정과 선택의 기회를 갖게 되어 정책의 창이 개방되는 정책과정을 보여주고 있다. 특히 정책입안자들은 9·11 테러사건과 스노우든 폭로사건과 같은 초점사건에 민감하게 반응하였다. 자유법의 경우는 입법과정에서 연방의회에서 지연과 갈등을 반복했다. 정책문제의 흐름은 관타나모 사건과 스노우든 사건 같은 초점사건에 정치의 정파를 초월하는 정치의 흐름을 초래했다. 이는 미국의 건국이념인 '자유와 평등'의 가치관이 정치의 흐름에 순기능을 하였다. 또한 정책선도자인 오바마 대통령의 적극적 역할이 정책산출을 가능하게 하였다. 이러한 선순환은 테러방지법에 있어서 늘 문제가 되는 '인권과 안보의 균형'을 이루고 법의 실효성을 확보할 수 있었다.

제4절

한국의 국가테러대응체계[21]

1. 테러대응조직

테러방지법은 테러대응조직으로서 국가테러대책위원회(제5조, 이하 '대책위원회')와 대테러센터(제6조)의 구성과 운영에 대하여 규정하고 있다. 이들 기관은 국내에서 발생하는 테러에 대응하는 가장 기본적인 조직이라 할 수 있다.

1) 국가테러대책위원회

국가테러대책위원회는 국가 대테러정책에 관한 최고 심의 의결기구로서 대테러정책의 최고 컨트롤타워라고 할 수 있다. 국무총리가 위원장이 되고 기획재정부장관, 외교부장관, 통일부장관, 법무부장관, 국방부장관, 행정안전부장관, 산업통

| 그림 8-2 | 2021년 전반기 국가테러대책위원회

출처: 정부사진.

21 테러방지법 및 시행령, 관계법령 등을 참고하여 재정리.

상자원부장관, 환경부장관, 국토교통부장관, 해양수산부장관, 대통령경호처장, 국가정보원장, 국무조정실장, 금융위원회위원장, 원자력안전위원회 위원장, 관세청장 및 경찰청장, 소방청장, 질병관리청, 해양경찰청 등 20개 관계기관의 장으로 구성된다(테러방지법 제5조 제1항 및 제2항, 테러방지법 시행령 제3조 제1항). 국가테러대책위원회의 주요 심의·의결사항은 ① 대테러활동에 관한 국가의 정책 수립 및 평가, ② 국가 대테러 기본계획 등 중요 중장기 대책 추진사항, ③ 관계기관의 대테러활동 역할 분담·조정이 필요한 사항 등을 포함한다.

최근 5년간의 주요 대테러 정책의 심의의결 사항을 살펴보면 다음과 같다. 첫째, 2016년에는 국가대테러기본계획 및 테러경보 발령규정, 국가대테러특공대 등 전담조직을 지정하였다. 둘째, 2017년에는 U－20월드컵 및 평창동계올림픽 대테러안전활동 방안을 심의·의결하였다. 셋째, 2018년에는 최초로 런던테러 피해자 지원금 지급과 국가중요행사 지침을 수립했다. 넷째, 2019년에는 테러대상시설 및 테러이용수단 시설 안전관리대책을 마련했다. 다섯째, 2020년에는 드론테러 대응 종합대책 수립, 2021년에는 국내 안티드론 기술 시험평가 및 서아프리카 해역 해적피해 예방 강화 대책 등에 대한 대테러정책을 심의·의결한 바 있다(대테러센터, 2016~ 2021).[22]

표 8-9 국가테러대책위원회의 구성

구 성	
위원장	국무총리
간 사	대테러센터장
위 원 (20)	기획재정부장관/외교부장관/통일부장관/법무부장관/국방부장관/행정안전장관/산업통상자원부장관/환경부장관/국토교통부장관/해양수산부장관/국토교통부장관/대통령경호처장/국가정보원장/국무조정실장/금융위원회 위원장/원자력안전위원회위원장/관세청장/질병관리청장/소방청장/해양경찰청장/경찰청장

22 대테러센터. (2021). 1차~13차 국가테러대책위원회 보도자료(2016~2021) 재정리.

2) 대테러센터(법 제6조, 령 제6조)

| 그림 8-3 | 대테러센터 창설 현판식(2016년 7월 1일)

출처: 정부사진.

대테러센터는 국무조정실 소속으로 국가 대테러활동을 원활히 수행하기 위하여 필요한 사항과 대책위원회의 회의 및 운영에 필요한 사무 등의 기능을 수행하는데, 2016년 테러방지법 제정시 창설된 조직이다. 주요 기능으로는 ① 국가 대테러활동 관련 임무분담 및 협조사항 실무조정, ② 장단기 국가대테러활동지침 작성·배포, ③ 테러경보 발령, ④ 국가중요행사 대테러안전대책 수립, ⑤ 대책위원회 회의 및 운영에 필요한 사무의 처리, ⑥ 국가테러대책실무위원운영, ⑦ 그 밖에 대책위원회에서 심의·의결한 사항 등의 임무를 수행한다.

3) 주요 전담조직[23]

국내 대테러 안전 활동과 관련해서는 새로 제정된 테러방지법 제8조에 규정하고 있는 테러의 예방과 대응을 위하여 관계기관의 장이 설치하는 전담조직이 실

23 테러방지법시행령 제11조는 전담조직이란 테러 예방 및 대응을 위하여 관계기관 합동으로 구성하거나 관계기관의 장이 설치하는 협의체를 포함하는 전문조직으로 규정하고 있다.

질적인 역할을 수행한다. 이를 세부적으로 살펴보면 테러방지법시행령 제3장(제11조~제21조)에서 명시된 ① 지역테러대책협의회, ② 공항·항만 테러대책협의회, ③ 테러사건대책본부, ④ 현장지휘본부, ⑤ 화생방테러대응지원본부, ⑥ 테러복구지원본부, ⑦ 대테러특공대, ⑧ 테러대응구조대, ⑨ 테러정보통합센터, ⑩ 대테러합동조사팀 등을 들 수 있다. 이러한 테러방지법상의 전담조직들의 업무와 역할을 간략하게 살펴보면 아래와 같다.

(1) 지역테러대책협의회

지역테러대책협의회는 특별시·광역시·특별자치시·도·특별자치도(이하 "시·도"라 한다)에 해당 지역에 있는 관계기관 간 테러예방활동에 관한 협의를 위하여 설치하는 조직이다. 주요 구성을 살펴보면 의장은 국가정보원 관할지부의 장(서울특별시의 경우 대테러센터장)이 되며, 위원은 시·도 및 관계기관 3급 상당 공무원과 지역경찰, 군, 안보지원사 부대의 장 등이다. 주요 임무로는 국가테러대책위원회의 심의·의결 사항 시행, 해당 지역 테러사건의 사전예방 및 대응·사후처리 지원 대책, 해당 지역 대테러업무 수행 실태의 분석·평가 및 발전 방안, 해당 지역의 대테러 관련 훈련·점검 등 관계기관 간 협조에 관한 사항 등을 수행하게 된다(윤민우, 2017).

(2) 공항·항만 테러대책협의회

공항·항만 테러대책협의회는 공항 또는 항만 내에서의 관계기관 간 대테러활동에 관한 사항을 협의하기 위하여 공항·항만별로 설치되는 조직이다. 주요 구성원 중 위원장은 해당 공항·항만에서 대테러업무를 담당하는 국가정보원 소속 공무원 중 국가정보원장이 지명하는 사람이 되며, 위원은 공항 또는 항만에 상주하는 소속기관장, 경비보안책임자로 구성된다.

주요 임무로는 대책위원회의 심의·의결 사항 시행, 공항 및 항만 시설 및 장비의 보호 대책, 항공기·선박의 테러예방을 위한 탑승자와 휴대화물 검사 대책, 테러 첩보의 입수·전파 및 긴급대응 체계 구축 방안, 공항 또는 항만 내 테러사건 발생 시 비상대응 및 사후처리 대책 등을 수행한다(대테러센터, 2017).

(3) 테러사건대책본부

테러사건대책본부는 테러가 발생하거나 발생할 우려가 현저한 경우에, 테러대책을 마련하기 위하여 관계기관의 장(외교부장관, 합동참모의장, 국토교통부장관, 경찰청장, 해양경찰청장)이 설치·운영하는 조직이다. 세부적으로 살펴보면 ① 외교부장관은 국외테러사건대책본부, ② 합참의장은 군사시설테러사건대책본부, ③ 국토교통부장관은 항공테러사건대책본부, ④ 경찰청장은 국내일반 테러사건대책본부, ⑤ 해양경찰청장은 해양테러사건대책본부를 설치하게 된다. 만약 테러수단 및 테러대상목표가 동시다발적인 복합테러와 같이 2개 이상의 대책본부가 관련되는 경우에는 대책위원장(국무총리)이 테러사건의 성질·중요성 등을 고려하여 설치기관을 지정할 수 있다(대테러센터, 2017).

(4) 현장지휘본부

현장지휘본부는 테러사건이 발생한 경우 테러사건 현장대응활동을 총괄하기 위하여 테러사건대책본부장이 지명하여 설치하는 조직이다. 군사시설테러의 경우에는 군단장 및 사단장 등 지·해·공역 책임부대장이며 항공테러 시에는 지방항공청장(공항 및 계류중인 항공기) 또는 항공교통본부장(운항중 항공기)이 수행한다. 일반테러의 경우는 지방경찰청장, 해양테러 시에는 지방해경청장이 현장지휘본부장에 지명된다.

주요 임무로는 테러의 양상 및 규모, 현장상황 등을 고려하여 협상·진압·구조·구급·소방 등에 필요한 전문조직을 직접 구성하거나 관계기관의 장에게 지원을 요청할 수 있다. 현장지휘본부장은 현장출동 관계기관의 주요조직인 대테러특공대, 테러대응구조대, 대화생방테러특수임무대 및 대테러합동조사팀 등을 지휘·통제한다(윤민우, 2017).

(5) 화생방테러대응지원본부

화생방테러대응지원본부는 화생방테러사건 발생 시 테러사건대책본부를 지원하기 위하여 질병관리청(생물테러), 환경부(화학테러) 및 원자력안전위원회(방사능테러) 장이 설치·운영한다. 세부 조직으로는 화학물질안전원(화학테러 상황실), 유역(지역)환경청 지역화학재난 합동방재센터, 원자력안보팀 등으로 구성된다(대테러센터, 2017).

(6) 대화생방테러 특수임무대

| 그림 8-4 | 대화생방테러 특수임무대

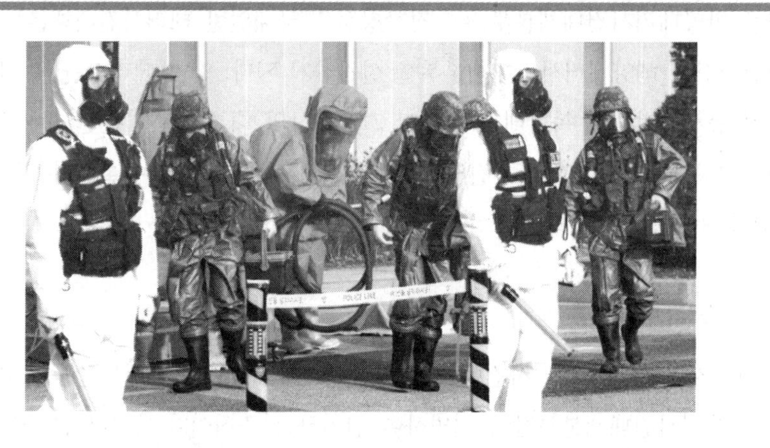

대화생방테러 특수임무대는 국군 화생방방호사령부 및 지역별로 편성하여 화생방 테러대응 지원과 오염 확산 방지 및 제독 등의 임무 수행을 한다.

(7) 테러복구지원본부

테러복구지원본부는 테러사건 발생 시 구조·구급·수습·복구활동 등을 지원하기 위하여 행정안전부장관이 설치·운영하는 조직으로 주요임무는 테러사건 발생 시 수습·복구 등 지원을 위한 자원의 동원 및 배치, 대책본부의 협조 요청에 따른 지원 등을 수행한다.

(8) 대테러특공대

대테러특공대는 국방부장관, 경찰청장, 해양경찰청장이 테러사건에 신속히

| 그림 8-5 | 경찰특공대 VS 군 대테러특공대

대응하기 위하여 국가대책위원회의 심의·의결을 거쳐 설치·운영하는 조직이다. 주요임무는 국내외 테러사건 진압(무력진압작전), 폭발물의 탐색 및 처리, 주요 요인 경호 및 국가 중요행사의 안전한 진행 지원 등을 수행한다. 특히 국방부 소속 대테러특공대의 출동 및 진압작전은 군사시설 안에서 발생한 테러사건에 대하여 국한되며, 부득이 경찰력의 한계로 긴급한 지원이 필요하여 대책본부의 장이 요청하는 경우에는 군사시설 밖에서도 경찰의 대테러 작전을 지원할 수 있다(김태영, 2017).

또한 국방부장관은 동시다발복합테러 등 군 대테러특공대의 신속한 대응이 제한되는 상황에 대비하기 위하여 군 대테러특수임무대를 지역 단위로 편성·운영할 수 있다. 육군은 특전사령부, 수도방위사령부, 군사경찰, 특공여단, 해군과 공군은 각각 특수전 전단 및 특임대 등을 중심으로 광역시도별 운용하고, 대규모 동시다발 테러 발생 시 골든타임 내 신속 대응할 수 있는 태세를 유지하고 있다.

(9) 테러대응구조대

테러대응구조대는 소방청 및 각 시도 및 중앙 소방본부에 설치되는 조직으로 테러발생 시 초기단계에서의 조치 및 인명의 구조·구급과 화생방테러 발생 시 초기단계에서의 오염 확산 방지 및 제독 임무를 수행한다.

(10) 테러정보통합센터

테러정보통합센터는 국가정보원장이 테러 관련 정보를 통합관리하기 위하여 설치·운영하는 조직으로 관계기관 공무원으로 구성된다. 주요 임무로는 국내외 테러 관련 정보의 통합관리·분석 및 관계기관 배포, 24시간 테러 관련 상황 전파 체계 유지, 테러 위험 징후 평가, 기타 테러 관련 정보의 통합관리에 필요한 사항을 수행한다.

(11) 대테러합동조사팀

| 그림 8-6 | 군·경 대테러합동조사팀 현장감식

대테러합동조사팀은 국가정보원장이 국내외에서 테러사건이 발생하거나 발생할 우려가 현저할 때 또는 테러 첩보가 입수되거나 테러 관련 신고가 접수되었을 때에 예방조치, 사건 분석 및 사후처리방안 마련 등을 위하여 관계기관 합동으로 중앙 및 지역별로 편성하는 조직이다. 국가정보원장은 합동조사팀이 현장에 출동하여 조사한 경우 그 결과를 대테러센터장에게 통보하여야 한다.

특히 군사시설에 대해서는 국방부장관이 자체 조사팀을 편성·운영할 수 있는

데, 이 경우 국방부장관은 자체 조사팀이 조사한 결과를 대테러센터장에게 통보하여야 한다.

2. 한국의 대테러관계기관

대한민국의 주요 대테러관계기관은 다음과 같이 분류되며 테러방지법 제5조 제1항 및 제2항, 테러방지법 시행령 제3조 제1항을 기준으로 한다.[24]

1) 외교부(국외테러 사건대책본부)

외교부는 먼저 국외테러에 대한 종합적 예방대책을 수립 및 시행하며, 국제적 대테러 협력을 위한 국제조약 체계 및 각종 국제 협의체에 참여한다. 둘째 재외국민 및 해외여행객 대상 해외테러 정보를 제공하며 각국 정부 및 주한 외국공관과의 대테러협력 업무를 수행한다. 셋째 재외공관 안전점검 및 재외국민 안전대책을 추진하며 사태 악화 시 재외국민 비상수송대책을 수립한다. 넷째 여행금지국 지정 및 여행경보 발령과 더불어 해외테러 시 현지대책반 구성·파견 임무를 수행한다.

2) 국방부(군사시설테러 사건대책본부)

국방부(합참)는 먼저 군사시설테러 발생 시 군 책임하 작전을 수행한다. 둘째, 군사시설 및 방위산업시설에 대한 테러 예방활동 및 지도점검 등 대테러·안전대책을 수립 및 시행한다. 셋째, 군 대테러특공대·군 대테러특수임무대 및 대화생방테러 특수임무대를 편성 및 운영한다. 넷째, 국내외 테러진압작전에 대한 지원 및 유관기관 간 대테러 합동훈련 임무를 수행한다.

---

24 http://www.nctc.go.kr/nctc/activity/mofa.do 재정리.

3) 국토교통부(항공테러 사건대책본부)

국토교통부는 먼저 항공·철도·수자원·도로분야 테러 예방활동을 수행하며, 특히 항공테러 발생 시 국내 항공 운항 조정 및 우회계획 수립을 시행한다. 또한 테러위험국가 취항노선에 대한 대테러·보안점검을 수행한다.

4) 환경부

환경부는 먼저 테러 이용가능 화학물질 선정 및 취급시설에 대한 안전관리·유통감시를 수행한다. 둘째, 원인물질 탐지활동 및 기술지원과 오염물질 물성 정보 및 방제정보를 제공한다. 셋째, 관계기관 대상 화학테러 전문가 양성 및 교육·훈련을 실시한다.

5) 질병관리청

질병관리청은 먼저 생물테러로 이용 가능한 병원체 안전관리 및 취급시설에 대한 대테러 안전대책을 담당한다. 또한 생물안전 전문가 양성 및 교육훈련과 생물테러환자 발생대비 비상 진료대책 업무를 수행한다. 셋째로 공항만 출입국자에 대한 검역 및 감시활동을 수행한다.

6) 원자력안전위원회

원자력안전위원회는 먼저 국가 환경방사능 감시체계를 유지하면서 핵물질 및 원자력 시설의 물리적 방호체계를 수립한다. 둘째 테러이용 가능한 방사성물질·취급시설 대테러·안전대책을 수립·시행한다. 셋째 방사선 방호약품 및 의료장비 확보업무와 원자력시설에 대한 위협평가 및 설계기준 위협을 설정한다.

7) 경찰청(국내일반테러 사건대책본부)

경철청은 먼저 국내 일반테러에 대한 예방·저지·대응책을 수립 및 시행한다. 둘째 테러대상시설·테러이용수단·국가중요행사 경비를 강화한다. 셋째 테러사건에 대한 수사, 대테러특공대 편성 및 운영한다. 넷째 국제경찰기구 등과의 대테러 협력체제 유지한다.

8) 해양경창철(해양테러 사건대책본부)

해양경찰청은 먼저 해양테러예방을 위해 해양기반시설, 테러 취약요인 등에 대한 테러예방대책을 수립·시행한다. 또한 임해시설 보호를 위해 해경 대테러특공대를 편성·운영한다.

10) 소방청(테러대응구조)

소방청은 테러발생 초기단계에서 테러대응구조대 및 테러복구지원본부 운영을 통해 인명구조·구급활동을 수행한다. 둘째 화생방테러 발생 시 초기단계에서 오염확산 방지 및 제독활동을 수행한다. 셋째 테러취약요인의 사전예방 및 점검 지원을 수행한다.

11) 통일부

통일부는 정착지원사무소·남북출입사무소 등에 대한 대테러 안전대책을 수립·시행하고 북한 소행으로 판명된 테러에 대한 대북 성명·전통문 발송업무를 수행한다.

12) 법무부

법무부는 항공기 탑승자 사전확인 제도 시행 등을 통한 테러혐의자 잠입 차단과 테러 연계혐의 외국인 출입국 및 체류동향을 파악 및 전파 업무, 외국인테러전투원 의심자에 대한 출·입국 규제를 수행한다.

13) 행정안전부(테러복구지원본부)

행정안전부는 정부청사 등 국가중요시설의 주기적 방호실태 점검과 더불어 테러발생 시 지방자치단체에 대한 재정·세제 지원한다.

14) 산업통상자원부

산업통상자원부는 전력·석유·가스 등 기간시설에 대한 대테러안전대책을 수립하고 테러발생 시 분야별 전문인력 및 장비 지원, 산업분야 테러첩보 수집·전파 임무를 수행한다.

15) 해양수산부

해양수산부는 항만을 이용한 위해인물의 국내침입을 차단하고, 항만보안 경비·검색인력 전문성 강화에 진력한다. 또한 테러위험지역을 운항하는 국적선 대상 대테러 안전대책을 수립·시행한다.

16) 대통령경호처

대통령경호처는 국가 중요행사에 참석하는 대통령 및 국가원수에 준하는 국빈 경호 및 안전관리업무를 수행한다.

17) 국가정보원

국가정보원은 테러정보기관으로서 먼저 지역테러대책협의회, 공항·항만 테러대책협의회, 테러정보통합센터 구성·운영한다. 둘째 테러위험인물에 대한 출입국·금융거래·통신이용 등 관련정보 수집업무를 수행한다. 셋째 대테러활동에 필요한 정보수집을 위한 대테러조사·테러위험인물을 추적한다.

18) 금융위원회

금융위원회는 테러자금의 차단을 위한 금융거래 감시활동을 수행하며, 테러위험인물에 대한 조사업무에 필요하다고 인정되는 금융거래정보를 수사기관 등에 제공한다.

19) 관세청

관세청은 총기류, 폭발물 등 테러물품 반입 차단대책 수립·시행하고 테러이용 물품 검색기법 개발 및 필요장비를 확보한다. 또한 우범여행자를 대상으로 한 화물 검사 및 정보관리 업무를 수행한다.

제5절 단계별 대응방안(예방 및 대응활동)

앞서 언급한 국내 대테러활동은 기본적으로 테러방지법 등 관계법령에 근거하여 관계기관 간에 긴밀한 협업에 의하여 수행된다. 테러예방과 대응을 위해 개별 관계기관이 임무를 분담하여 분권화되어 수행되는 것이 아니라 상호 밀접하게 연관되어 유기적인 관계를 유지해야 대테러활동의 효과를 극대화할 수 있다. 이러한 대테러활동은 Petak(1985)의 위기관리 모형을 참고하여 일반적으로 예방, 대비, 대응, 복구의 4단계로 진행된다. 미국의 경우도 국가대응체계(National Response Framework: NRF)에 의해 위기관리 단계를 구분하여 국가사고관리체계(National Incident Management System: NIMS) 기반하에 관리되고 있다(DHS, 2019).

본 장에서는 예방과 대비단계를 통합하여 예방활동으로, 대응과 복구단계를 대응활동으로 구분하여 설명하고자 한다.[25]

1. 예방활동

예방활동은 테러 발생 이전에 인적·물적 위협요소 등 테러 취약요인을 식별하여 사전에 제거하거나 노출되지 않도록 억제하는 것으로, 대테러활동 단계중에서 가장 핵심적이고 중요한 활동이다. 대표적으로 테러 정보수집 및 전파, 신고체계 확립, 테러주체 및 테러 수단의 규제 및 관리 등을 들 수 있다. 한편 대비활동은 테러대상에 대한 보호활동을 강화하고, 대테러 상황대비태세를 확립하며, 관계기관과의 통합된 테러대응 능력 수행을 위한 대테러합동 훈련 등을 활동을 의미한다. 이를 세부적으로 살펴보면 다음과 같다.

25 대테러센터 홈페이지 및 국무조정실 정책 자료를 활용하여 재구성.

1) 테러위험인물 차단 및 테러 취약요소 진단·보강

인터폴·UN 등 국제기구 및 외국 정보·수사기관 공조체계를 구축하거나 외국인 커뮤니티의 테러거점 방지 및 급진화 활동 확인체계유지, 온·오프라인 대상의 테러자금지원행위 지속적인 모니터링, UN 지정 테러단체 및 테러분자, 외국인테러전투원(FTF) 등 테러위험인물[26]의 입국 차단을 위한 체계적인 입국심사 시스템 구축 등을 들 수 있다.

2) 대테러활동 법령·매뉴얼 정비 및 시스템 보완

급속도록 변화하는 테러환경에 대응하기 위해서는 실효성 있는 대테러 관계법령·매뉴얼 개정을 통해 테러경보 발령규정, 국가중요행사 대테러안전활동지침, 폭력적 극단주의 예방 국가행동계획 등을 발전시켜야 한다. 특히 대테러 상황조치 매뉴얼은 통해 드론테러, 차량돌진테러, 바이오테러 등 신종테러 위협을 상정한 관계기관별 표준·실무 매뉴얼 개정 노력을 강화해야 한다. 이와 더불어 관계기관별 테러대상시설(국가중요시설 및 다중이용시설) 테러예방업무 지침, '테러예방활동 가이드라인' 등 관계기관별 매뉴얼의 정합성 노력에 관심을 가져야 한다.

3) 테러대상시설 및 테러이용수단에 대한 관리강화

먼저 국내에는 500여개의 국가중요시설, 600여개의 국가보안시설, 4000여개의 다중이용시설 등 테러대상시설이 지정되어 있어 주기적으로 테러대상시설 안전관리대책 수립과 점검 및 신규 시설 발굴 지정 등의 활동을 수행한다. 또한 관계기관 소관 분야별 테러취약시설을 점검하고, 대테러 합동훈련, 대테러 관계관 전문화 교육, 대테러 안전활동 컨설팅 등의 활동을 수행한다.

둘째로 테러이용수단에 대한 관리강화로서 테러수단으로서 활용될 수 있는

26 UN 지정 현황('21년 기준): 테러단체(61개), 연계단체(33개), 테러분자(397명), 외국인테러전투원(FTF) 등 테러범 사전 입국규제/149개국 50,513명('21.7월 누계).

화생방 분야 및 총기류, 폭발물 관련시설의 관리체계를 유지하고 불법유입에 대한 순찰 및 지도업무를 수행한다. 특히 불법무기 자진신고 및 집중단속, 폭발물 관련 재료의 접근차단/관리체계, 온라인 대상 폭발물·사제 총기류 및 기타 제작방법 게시물 삭제 및 차단활동 노력이 최근들어 강조되고 있다. 또한 화생방 관련시설인 사고대비물질, 고위험병원체, 핵물질·방사성동위원소 등을 취급하는 시설에 대한 주기적인 점검, 불시점검 활동 강화를 수행한다.

4) 국가중요행사 안전확보를 위한 대테러 안전활동

국가중요행사는 관계기관과 협의하여 연간 국무총리실 대테러센터장이 지정토록 규정화되어 있다. 특히 국가중요행사는 국가급행사, 지역급 행사, 개별급 행사로 구분하여 안전활동 주관기관을 지정한다. 특히 국가급 행사는 대표적으로 동하계 올림픽, 월드컵, 국제 박람회 등을 들 수 있는데, 대테러센터 주도로 관계기관과 합동으로 대테러안전대책본부를 구성하게 된다. 최근 주요 사례로는 2018 평창동계올림픽, 2019 광주 세계 수영선수권대회 시 구성된 바 있다.

5) 재외국민 보호활동 강화

먼저 최근 국내 서아프리카 해역 해적피해 및 우리국민 납치사건에 대한 예방 강화 대책 마련에 역량을 강화하고 있다. 이를 위해 해적대응 국제협력 체계를 강화하고, 범정부 협의체 구성, 국적선 위치 모니터링, 해적예방교육 등 현지 선사·선원 정보관리, 선사·선원 자체역량 강화, 국제협력·관계기관 공조활동을 강화하고 있다.

둘째로 해외 테러사건·정세불안 등에 대한 실시간 위협분석과 해외경보단계 등 조정활동을 수행한다. 또한 외교부와 연계하여 국가별 안전정보 로밍문자 발송, 맞춤형 홍보·예방 활동 강화, 대테러중점공관을 운영한다. 특히 해외 위험지역 진출기업 대상 테러첩보·현지정세 등 실시간 전파와 관계기관 합동 안전점검 및 테러대응 간담회의 개최를 정례화하고 있다. 이를 통해 우리국민이나 해외파병

부대를 대상으로 한 테러·해적피해 등 유사시 지원방안 수립·시행하고 있다.

6) 전담조직 보강

최근 테러양상인 동시다발 테러 및 신종테러를 대비하여 대테러 전담조직 보강을 통한 골든타임 내 신속대응역량을 구비해야 한다. 먼저 대테러작전부대 능력 보강을 들 수 있다. 경찰과 군을 중심으로 동시다발 테러사건에 신속 대응하기 위해 특별시·광역시·도별 경찰특공대 및 군 대테러특수임무대를 보강하여 군·경 대테러부대별 지역별 패키지화를 추진하고 있다. 또한 대화생방테러특수임무대를 지역별로 추가지정을 통해 화생방 테러 대응역량을 강화하고 있다.

둘째로 테러유형별 전담조직 보강을 위해 국토교통부는 항공테러전팀 및 지방공항별 경찰 테러전문 외사경찰·폭발물 처리요원 편성, 국세청은 관세국경관리팀, 외교부는 국외테러신속 대응팀 및 재외공관 사건담당 영사 확대 보강 등을 추진하고 있다.

2. 대응활동

1) 국가테러대응체계

테러방지법시행령 제4장(제22조~제24)에서는 국가테러대응체계를 단계별로 절차 순으로 기술하고 있는데, 주로 테러경보의 발령(제22조), 상황전파 및 초동조치(제23조), 테러사건대응(제24조) 순으로 규정되어 있다.

| 그림 8-7 | 국가테러대응체계도

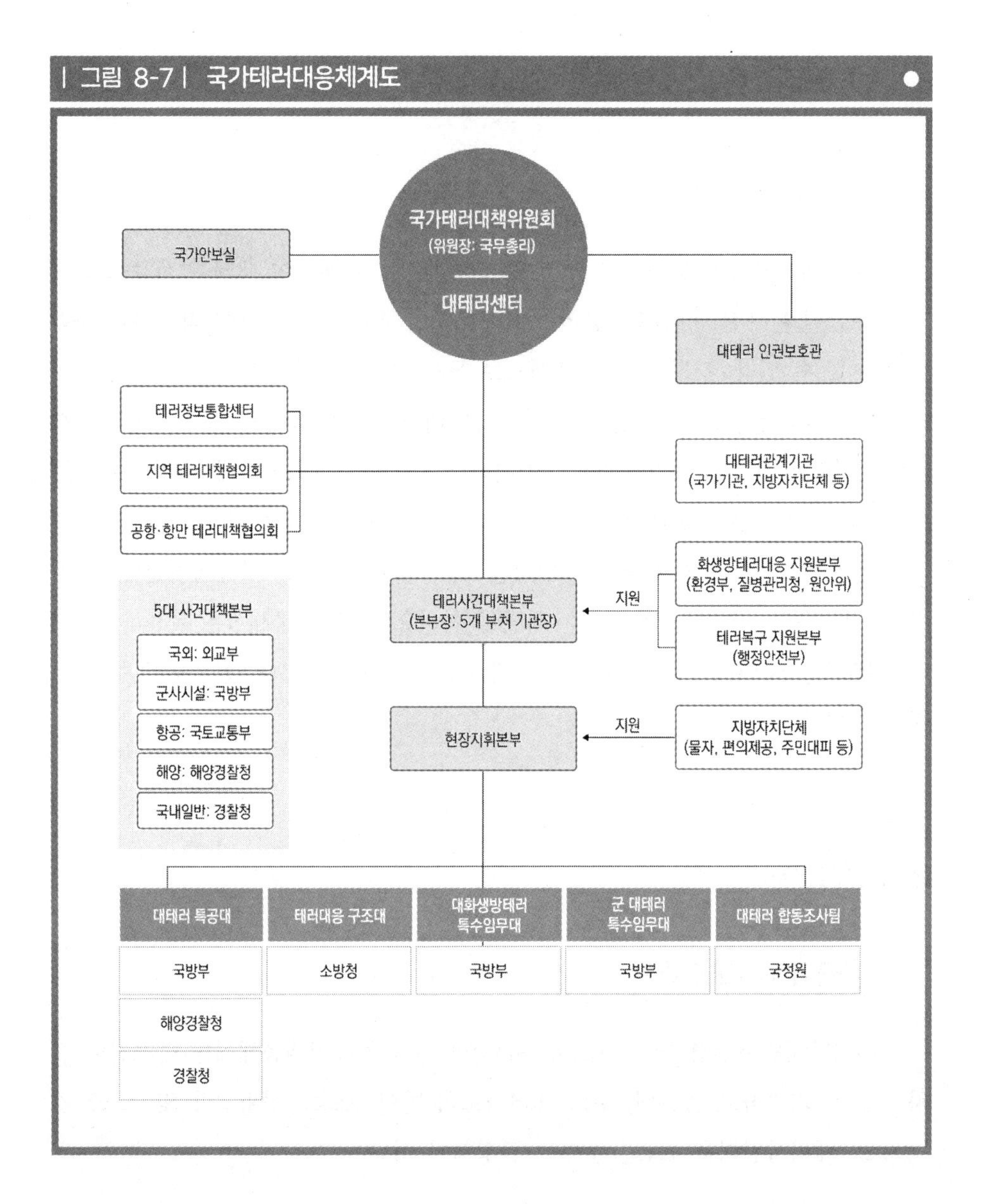

2) 테러경보 발령

테러경보의 단계는 테러방지법 시행령 제22조 제2항에 근거하여 4단계로 구성되는데 관심, 주의, 경계, 심각단계로 규정되어 있다. 먼저 1단계인 관심단계는 실제 테러발생 가능성은 낮은 상태로서 테러첩보가 입수되거나 국제테러가 빈발

| 그림 8-8 | 테러경보 발령체계

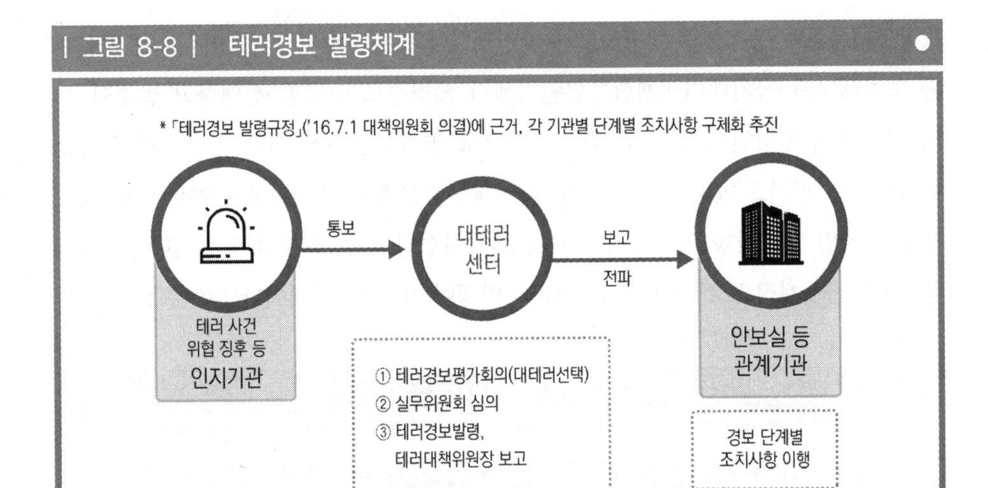

시 발령하며, 테러징후 감시활동을 강화하는 단계이다. 2단계는 주의 단계로 실제 테러로 발전할 수 있는 상태로서 테러첩보가 구체적이거나, 국제테러단체 또는 연계자의 국내 잠입기도가 있는 경우에 발령하며, 대테러 관계기관의 협조체계를 가동한다. 3단계는 경계단계는 테러단체의 직접적인 위협이 있거나, 테러단체의 잠입활동이 실제 포착된 경우 등에 발령하며, 대테러 실전대응을 준비한다. 마지막 4단계는 심각단계로 테러발생 위협의 심각성이 가장 높은 단계로서 명백한 테러첩보를 입수한 경우기거나 테러이용수단이 실제 도난 및 강탈사건이 발생하였을 경우 발령되며, 테러사건대책본부 설치 등 총력대응 체계를 구축한다.

테러경보발령은 대테러센터장이 테러 위험 징후를 포착한 경우 테러경보 발령의 필요성, 발령 단계, 발령 범위 및 기간 등에 관하여 국가테러대책실무위원회의 심의를 거쳐 위원장 보고 후, 테러경보를 발령한다.[27]

실제 2016년 대테러센터 출범 이후 2017년 미국 트럼프 대통령 방한, 2018년

27 다만, 긴급한 경우 또는 제2항에 따른 주의 이하의 테러경보 발령 시에는 실무위원회의 심의 절차를 생략할 수 있다. 한편 제4항에서는 제1항에서 제3항까지에서 규정한 사항 외에 테러경보 발령 및 테러경보에 따른 관계기관의 조치 사항에 관하여는 대책위원회 의결을 거쳐 위원장이 정한다고 규정하고 있다.

평창동계올림픽 등 7회의 테러경보가 발령되었다. 한편 현행 국가테러경보 운영실태를 평가해보면 국가테러대책실무위원회에서 테러경보 단계를 선택하고 발령할 시에 어떠한 구체적인 지표나 징후를 기반으로 평가하는지에 대한 평가체계는 다소 미흡하다는 평가도 있다. 또한 국내 테러대상시설별로 테러대응계획에 자체 테러경보 단계별 조치사항들을 명시하고 있으나 시설별 특성에 부합된 위기대응조치사항에 대한 체계적으로 정형화된 매뉴얼 반영이 미흡한 상태이다(윤민우, 2017).[28]

| 그림 8-9 | 테러경보 단계

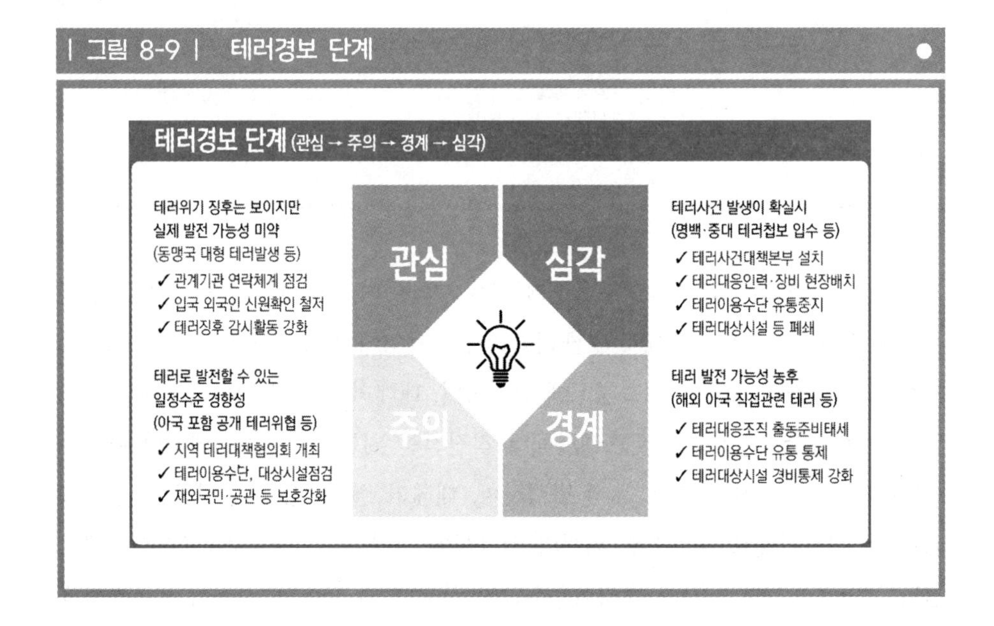

(3) 상황전파

관계기관의 장은 테러사건이 발생하거나 테러위협 및 징후를 인지한 경우에는 관련 상황 및 조치사항을 관련기관의 장과 대테러센터장에게 즉시 통보하여야 한다.

상황전파의 명시적 책임은 테러징후 및 테러발생을 가장 먼저 확인하고 조치할 수 있는 관계기관 장에게 있으며, 핵심적인 조치사항 등을 유관기관 및 대테러

28 윤민우. (2017). 테러방지법에 따른 테러대상시설 안전관리활동에 대한 이해와 안전관리 강화방안. 가천법학, 10(2), 137-164.

센터장에게 통보하여야 한다.

(4) 초동조치

테러발생하거나 발생 가능성이 높을 경우, 이를 인지한 관계기관의 장은 테러사건의 확산 방지를 위하여 신속히 사건 현장의 통제·보존 및 경비 강화, 긴급대피 및 구조·구급, 관계기관에 대한 지원 요청 등 필요사항에 대한 초동 조치를 하여야 한다. 특히 국내 일반테러사건의 경우에는 테러사건대책본부가 설치되기 전까지 테러사건 발생 지역 관할 경찰관서의 장이 이러한 초동 조치를 지휘·통제한다.

3. 테러사건 대응

국내 테러사건 발생시 테러사건대책본부장은 테러사건에 대한 대응을 위하여 필요한 경우 현장지휘본부를 설치하여 상황 전파 및 대응 체계를 유지하고, 조치사항을 체계적으로 시행해야 한다. 특히 신속대응이 필요하면 관계기관의 장에게 인력·장비 등의 지원을 요청할 수 있으며, 요청 받은 관계기관의 장은 특별한 사유가 없으면 요청에 따라야 한다. 또한 해당 지역내 지방자치단체의 장은 테러사건 대응 활동을 지원하기 위한 물자 및 편의 제공과 지역주민의 긴급대피 방안 등을 마련하고 인접지역에 테러발생 시에도 적극적인 지원과 대응방안을 마련하여 협업해야 한다.

한편 국외테러사건이 발생 시 외교부장관은 해외에서 테러가 발생하여 정부차원의 현장 대응이 필요한 경우에는 관계기관 합동으로 정부 현지대책반을 구성하여 파견한다.

참고문헌

[국내문헌]

1. 단행본

국가정보원. (2020). 『「2019년 테러정세 및 2020년 전망」』, 서울: 국가정보원.
국가정보원·국무조정실. (2021). 국민보호와 공공안전을 위한 테러방지법(약칭: 테러방지법).
국정원 대테러보안국. (2004). 『9·11 REPORT(1권)』. 서울: 국가정보원.
국회 정보위원회. (2015). 『입법자료집』. 서울: 국회.
김계동 외. (2008). 『테러리즘－개념과 쟁점』. 서울: 명인문화사.
김두현·김정현. (2009). 『현대 테러리즘의 이해』. 서울: 두남.
김열수. (2015). 『국가안보: 위협과 취약성의 딜레마』. 파주: 법문사.
김영재. (2015). 『국제관계학: 인간과 세계 그리고 정치』. 서울: 박영사.
대테러센터. (2017). 『테러방지법 해설』. 서울: 한국법제연구원.
문준조. (2012). 『국제테러에 대한 국내법제 개선방안 연구보고』. 서울: 한국법제연구원, 154.
윤민우. (2017). 『국가안보의 실존적 변화와 테러리즘』. 서울: 박영사.
이태윤. (2010). 『현대 테러리즘과 국제정치」. 서울: 한국학술정보.
전 응. (2015). 『현대 국가정보학」. 서울: 박영사.
정정길·이시원·정준금·정광호. (2003). 『정책학원론」. 서울: 대명출판사.

2. 논문

김성진. (2018). 테러발생시 軍 테러 대응체계의 실효성 증대방안 고찰. 『군사논단』, 95.
김용희. (2015). 정책흐름 모형과 정책임계. 『정책분석평가학회보」, 25(1).
김인자·박형준. (2011). 생명윤리 및 안전에 관한 법률 재·개정. 『한국정책학회보』, 20(1).
김진현. (2015). 테러리즘에 대한 국제법적 규제와 USA PATRIOT Act. 「외법논집』,

39(1).
김태영. (2019). 대량살상테러영향요인 연구, 동국대학교 경찰행정학과 박사학위 논문.
김태영·김호. (2020). 테러양상 변화에 따른 테러방지법 개정에 관한 연구. 『한국경호경비학회지』, (63), 219-238.
김태영·이창한(2017). 군 대테러 활동 강화방안에 관한 연구. 『한국치안행정논집」.
김희정. (2017). 테러 대응을 위한 군 병력 출동의 헌법적 문제. 『공법학 연구』, 18(1.).
대테러센터. (2021). 1차~13차 국가테러대책위원회 보도자료(2016~2021)
문영기·김태영. (2020). 테러사건이 군사개입 강도에 미치는 영향요인 연구. 『한국테러학회보』 13(1).
박병욱. (2016). 제정 테러방지법의 문제점과 정보기관 활동에 대한 민주적 통제. 『경찰법연구』, 14(1).
박호현·김종호. (2016). 국민보호와 공공안전을 위한 테러방지법 개정논의에 대한 고찰. 『한국경찰학회보』, 18(3), 69-98.
박주혁·박진희. (2015). 국내 대테러법안의 쟁점과 기본 방향-외국의 테러방지법 비교를 중심으로. 『치안정책연구』, 29(1), 295-328.
백수웅. (2019). 테러방지법상 테러개념에 관한 법제적 고찰. 『원광법학』, 35.
백종순·홍성운. (2019). 한국의 테러 대응체계 발전방향에 관한 연구. 『인문사회』, 10(6).
성욱준. (2013). 개인정보보호법 입법 과정에 관한 연구:정책흐름형모형을 중심으로. 『한국정책학회보』, 22(2).
신계균. (2016). 자유법 입법과정을 통해서 본 미국 의회의 역할. 「의정연구』, 21(3).
신제철·이창한·이창무·이창배·이병도. (2017). 대규모 도심복합테러 대응 관련 연구용역, 동국대학교 산학협력단, 국무총리실 정책연구용역.
양승돈·안영규. (2011). 테러방지법안에 대한 입법적 제언. 『한국테러학회보』, 4, 85-108.
양철호. (2017). 테러동향 변화에 따른 군경 테러 대응체계 개선방향. 『치안정책연구」, 31(31).
윤민우. (2013). 폭탄테러의 일반적 경향성과 특성에 관하여. 『대테러 연구』, 35, 423-456.
______. (2017). 해외 테러 최근동향과 국내 테러발생 위험성 예측·평가 방안에 대한 연구. 『한국경찰연구』, 16(1), 123-158.
______. (2017). 테러방지법에 따른 테러대상시설 안전관리활동에 대한 이해와 안전관리 강화방안. 『가천법학』, 10(2), 137-164.
______. (2018). 유럽 각국들에서의 최근 테러 동향과 특성, 그리고 대테러 정책의 변화. 『한국치안행정논집』, 14(4), 191-212.
이만종. (2019). 테러정세변화에 따른 대테러 법령 및 관련규정 개선방안 연구. 『대테러센터 정책용역연구』.
이만종. (2019). 테러정세변화에따르는 대테러 법령 및 관련규정 개선방안 연구. 『대테러센터 정책용역연구』.
이순남. (2004). Kingdon의 정책흐름모형을 적용한 정책변동 연구: 국군간호사관학교 사례를 중심으로. 『한국공공관리학보』, 18(2).
이창한·박기쁨·유효은. (2017). 최근 북미 및 유럽지역의 테러 동향연구: 2012-2017, 『한국경호경비학회지』, 53, 107-133.
이호수. (2016). 미국의 테러 대응 입법 동향과 특징. 『Crisisonomy』, 12(8).
임준태·이상식. (2012). 테러방지법 입법 방향에 대한 소고-영국의 테러관련법과 그에 대한 비판을 중심으로. 『한국테러학회』, 5(1), 168-183.
전용재·이창배·이승현. (2017). 최근 국외 뉴테러의 사례분석과 국내 발생가능 유형에 대한 연구. 『한국경호경비학회』, 53.
정육상. (2009). 한국의 테러방지법 제정방향에 관한 연구: 외국의 입법 경험을 중심으로. 『한국공안행정학회』, 36.
제성호. (2014). 테러방지법의 필요성과 제정방향. 『한국테러학회지』, 2.
채성준. (2015). 정보기관에 대한 통제의 효율성 제고방안. 『한국공안행정학회보』, 61.
______. (2016). 정책흐름모형을 적용한 테러방지법 입법사례 분석. 『국가정보연구』, 9(1).
______. (2016). 테러방지법 입법의 정책변동 사례 분석. 『한국공안행정학회보』, 65.
한희원. (2012). 초국가적 안보위협세력에의 법규범적 대응 법제연구. 『중앙법학』, 14 (2).
황문규. (2016). 테러방지법상 정보활동의 범위와 한계. 『경찰법 연구』, 14(1).

3. 기타

국민일보. (2017. 3. 23.). 런던 테러 … 총리는 '코브라 회의'를 소집했다.
http://news. kmib.co.kr/article/view.asp?arcid=0011349085&code=61131611&cp=du
뉴시스. (2020. 1. 3.). 이란 외무 "美, 솔레이마니 제거는 테러 … 결과 책임져야".
https://newsis.com/view/?id=NISX20200103_0000878737&cID=10101&pID=10100
서울신문. (2020. 4. 8.). 뉴욕시 코로나 사망자 9·11 테러 희생자 넘어서.
https://www.seoul.co.kr/news/newsView.php?id=20200408500002&wlog_tag3=daum
세계일보. (2020. 4. 10.). "미국선 '테러' 규정 … "나 코로나 걸렸다"며 경찰에 침뱉은 20대 불구속기소".
https://news.v.daum.net/v/20200410140504122
아시아경제. (2015. 12. 8.). "朴 '하루만이라도 정치논란 내려 놓으라' … 국회에 최후통첩".
https://cm.asiae.co.kr/article/2015120811105411806

연합뉴스. (2018. 7. 5.). “2015 파리연쇄테러 경찰−군인 공조안돼 희생 규모 커져”. https://www.yna.co.kr/view/AKR20180705002500081?input=1179m
영남일보. (2019. 11. 26.). [2008년 오늘] 인도 뭄바이 연쇄 테러. https://www. yeongnam.com/web/view.php?key=20191126.010080711160001
오마이뉴스. (2016. 2. 26.). “테러방지법, 대통령 뜻 거부한 야당”. http://www. ohmynews.com/NWS_Web/View/at_pg.aspx?CNTN_CD=A0002185296
프레시안. (2020. 1. 21.). 정부, 청해부대 작전 범위 넓혀 호르무즈 파병 결정. https://www.pressian.com/pages/articles/274900?no=274900&utm_source=daum&utm_medium=search
KBS. (2020. 1. 8.). 이란, 미군기지에 미사일 보복 공격 … 중동 ‘전운’. http://news.kbs.co.kr/news/view.do?ncd=4358521&ref=D
SBS. (2020. 1. 11.). 이라크 “미군 철수하라” 재차 압박. https://news.sbs.co.kr/news/ endPage.do?news_id=N1005599851&plink=ORI&cooper=DAUM
SBS. (2020. 4. 24.). “미군·정보기관, 적국의 코로나19 생물 무기화 가능성 조사”, https://news.v.daum.net/v/20200424113000242.
SBS. (2020. 4. 24.). “미군·정보기관, 적국의 코로나19 생물 무기화 가능성 조사”. https://news.v.daum.net/v/20200424113000242
SBS. (2020. 4. 9.). “코로나19 퍼뜨리겠다” 협박한 미국인, 테러 혐의로 기소. https://news.sbs.co.kr/news/endPage.do?news_id=N1005739655&plink=ORI&cooper=DAUM

[해외문헌]

Cordesman, A. H. (2017). The Patterns in Global Terrorism: 1970−2016, Center for Strategic & International Studies.
Deloughery, K. (2013). Simultaneous attacks by terrorist organisations, *Perspectives on Terrorism*, 7(6), 79−89.
DHS. (2019). *National Response Framework Fourth Edition*, United States Department of Homeland Security.
Doe v. Ashcroft. (2004). 334 F.Supp.2d 471 (S.D.N.Y).
Doe v. Holder. (2009). 665 F.Supp.2d 426.
Europol. (2017). EUROPEAN UNION TERRORISM SITUATION AND TREND REPORT 2017, European Union Agency for Law Enforcement Cooperation 2017.
Gill, P., Marchment, Z., Corner, E., & Bouhana, N. (2018). Terrorist decision mak−ing in the context of risk, attack planning, and attack commission, *Studies in*

Conflict & Terrorism, 1−16.
Newman, J. O. (2008). John Doe, Inc. v. Mukasey. Collections.
Kingdon, & John W. (2011). *Agendas, alternatives, and public policies(Updated 2nd ed. with a new foreword by James A. Thurber).* Boston: Longman.
Martin. (2016). Soft Targets are Easy Terror Targets: Increased Frequency of Attacks, Practical Preparation, and Prevention, *Forensic Research & Criminology International Journal*, 3(2), 1−7.
Petak, W. J. (1985). Emergency management: A challenge for public administration. *Public Administration Review*, 45, 3−7.
START. (2019). Global Terrorism in 2018, National consortium for the Study of Terrorism and Reponses to Terrorism, University of Maryland, USA.

제9장 주요 국가들의 테러대응체계

본 장에서는 세계 각국 중 테러대응체계가 비교적 잘 갖추어져 있다고 평가받고 있는 미국과 유럽의 대표 국가인 영국, 프랑스, 독일의 테러대응체계를 소개하고자 한다. 또한 최근 2020 도쿄올림픽(2021년 개최)를 대비하여 아시아권에서 최근 2021 올림픽을 대비하여 대테러 역량을 강화한 일본의 대테러활동의 법적 근거와 주요 대테러활동 수행기구, 최근의 대테러활동 정책 등에 대해서 살펴보고자 한다.

1. 법적 근거

미국은 1984년 「국제테러규제법(Act to Combat International Terrorism)」이란 테러방지법을 최초로 제정하였고, 1996년 4월 '종합테러방지법'(Anititerrorism and Effective

표 9-1 애국법의 주요내용

구분	주요내용
영장 없이 구속 및 인신구금	• 법무장관은 국가의 안정을 위협하는 상당한 합리적 이유가 있을 시 외국인을 영장 없이 구속 • 테러용의자로 지목받는 불법입국 외국인에게 형법·이민법 위반 혐의로 기소 전에 7일간 구금 가능
범죄 형량 증가 및 비호행위를 범죄로 규정	• 대중교통수단에 대한 범죄·생화학무기를 보유한 범죄에 대한 형량 증가 • 테러범을 비호하는 행위를 범죄로 규정
도청허가 및 E-mail 추적	• 특정 테러혐의자가 사용하는 모든 휴대전화 도청을 허가하여 도청권한 강화 • 테러혐의자가 송수신한 E-mail을 추적할 수 있게 함
정보공유 강화	• 테러관련 연방수사국(FBI), 국무부, 이민국, 중앙정보부(CIA) 및 유관기관 상호간 정보공유 강화

출처: 김익균(2016). 재구성.

Death Penalty Act)을 제정하였다. 9·11 테러 이후 국가안전보장회의(NSC)에 대테러 관련조직을 강화하고 국토안보부(DHS)를 창설하였고, 2001년 10월 25일부로 '애국법(USA Patriot Act, 반테러법)'을 제정하였다.

미국은 애국법을 통해 테러 정보·수사기관의 권한을 강화하였는데, 특히 수사 기관의 통신감청 기능의 확대 및 신청절차를 완화하여 테러로 의심되는 경우 특별한 제한 없이 통신감청 권한을 부여하였다. 또한 테러관련 전화나 이메일 등에 대한 감시의 허용, 수집된 테러 정보를 연방수사국이나 이민국 등까지 공유하는 시스템을 체계화하였다(USA Protriot Act, 2001).

당시 한시적인 테러예방을 위해 출발하였던 애국법은 지속적으로 연장되었으나 제8장 제3절에서 기술한 바와 같이 오바마 행정부 시절인 2013년 에드워드 스노든 폭로사건 이후 자유와 인권에 대한 국민적 여론이 악화되면서 자유법(USA FREEDOM Act) 입법을 촉진하는 계기가 되었다. 특히 애드워드 스노든 폭로사건은 2015년 애국법의 시한 만료를 앞두고 무차별적인 개인정보의 수집 및 자유의 억압이라는 비판에 직면하면서 국가적 이슈로 증대되었다.

지속적인 논쟁 끝에 2015년 자유법이 제정되면서 정보기관들의 정보수집활동을 적절히 통제할 수 있는 기준을 명문화되었다(문영기·김태영, 2017). 주요 내용을 살펴보면 국가안보국(NSA) 등 정보기관이 2001년 9·11 테러 이후 미국 시민을 상대로 법원의 허가 없이 무제한적 수행한 도·감청활동의 금지, 정보수집 관련 보고의무 강화, 포괄적 통화내역 수집 제한 등을 들 수 있다. 결국 기존 애국법에 비해 엄격한 요건을 준수해야만 대국민 정보 감시가 가능하게 된 것이다.

그러나 이동장비를 이용해 테러 용의자를 추적·도청하거나, 자생적 테러 용의자에 대한 감시·추적을 허용하는 기존의 애국법 조항은 지속 유지되는 한계점은 노출되기도 하였다(신제철 외, 2017).

2. 대테러전담조직

1) 국가안전보장회의(NSC)[1]: 테러대응 정책기구

미국은 제2차 세계대전 이후 외교 및 국방 등 국가안보 분야에 관한 체계적이고 통합적인 자문기구가 필요하게 되었고, 1947년 7월 '국가보안법(National Security Act)'을 제정함으로써 국가안전보장회의(National Security Council: NSC)를 대통령 자문기구로 설치하였다. 국가안전보장회의는 정책기구로서 국가안보와 관련된 최고의 심의 및 협의 기관으로 대통령이 의장이 되어, 부통령, 국무장관, 국방장관, 에너지장관, 군사보좌관, 국가정보부장 등 관계기관이 참여한다. 2002년 국가안보와 치안유지에 필요한 22개 조직을 통합하여 설립하였으며, 분야별 5개본부 체제를 유지하고 있다(신제철 외, 2017).

국가 위기상황 발생 시나 국가안보와 직결된 판단이 필요하다고 판단될 시 개최할 수 있고, 참석자의 직급에 따라 '장관급 위원회(NSC/PC: NSC Principal Committee)', 차관급위원회(NSC/DC: NSC Depulties Commitee)', '부처간정책위원회(NSC/IPCs: NSC Interagency Policy Commitee)'로 구분된다.

또한 부처간정책위원회(NSC/IPCs)는 NSC/PC 혹은 NSC/DC에 참석하는 여러

1 https://www.whitehouse.gov/nsc/.

부서의 차관보/부차관보급 위원이 참석하여 안보 관련 기관들의 일일정책을 조율, 발전시키고 해당 기능의 수행을 관리한다. NSC/IPCs는 NSC 본위원회의 정책 결정을 위해 각 정책을 분석하며, 결정된 사항에 대한 신속한 대응 및 정기적 검토, 정책조정의 임무를 수행하고 있다.

2) 국가대테러센터(NCTC)[2]: 테러정보기구

미국은 9·11 테러 이후 테러정보의 공유 및 통합 등에 문제점이 지적되어 TTIC(Terrorist Threat Integration Center)의 창설 필요성에 따라 CIA의 CTC와 FBI의 Counterterrorism Division을 통합한 TTIC가 탄생하게 되었다. 미국의 테러대응 체계는 대통령을 정점으로 한 정책기구인 국가안보회의(NSC)와 주무기관인 국토안보부(DHS)가 대테러 총괄지휘기관이 되며 테러정보 통합기구인 국가대테러센터(NCTC)와 협조체계로 구성되어 연방수사국의 활동을 지원하는 형태로 운영되고 있다. 특히 국가대테러센터는 2004년 8월에 시행된 '행정명령'과 2004년 12월에 통

| 그림 9-1 | 미국 NCTC 조직편성

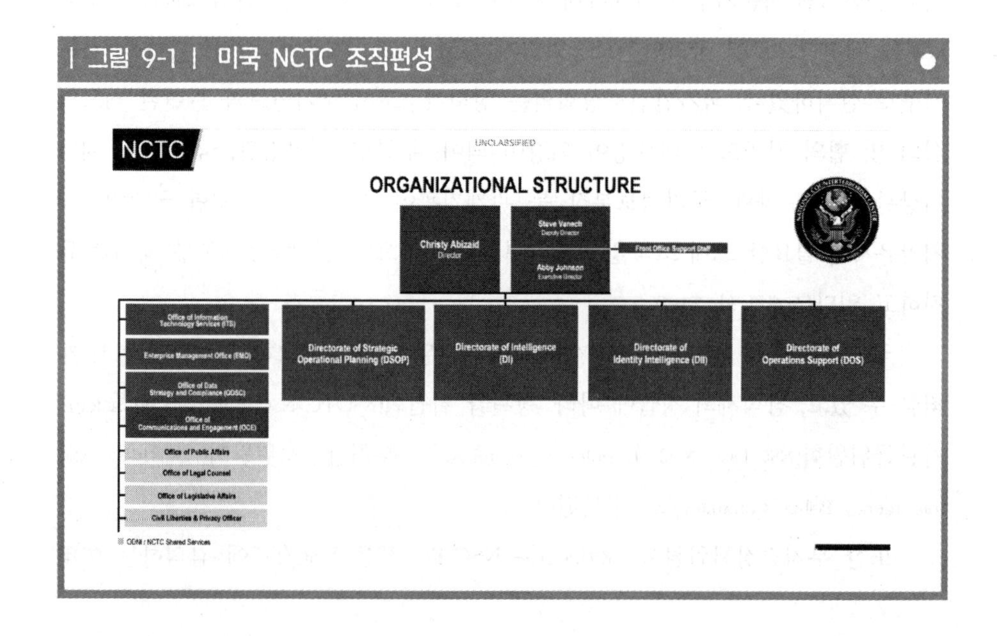

2 https://www.dni.gov/files/NCTC/documents/features_documents/InsideNCTC-2021.pdf.

과된 ‘2004년 정보개혁 및 테러 예방 법안(IRTPA: Intelligence Reform and Terrorism Prevention Act of 2004, Public Law 108－458)’을 법적 근거로 하고 있다. 국가대테러센터는 CIA, 국방부, FBI 등 20개 기관으로부터 파견된 직원들로 구성되어 관계기관에 의해 수집·보유된 테러정보를 분석하고 통합하는 핵심적 역할을 담당한다(US·UCTC, 2021; NCTC, 2021).[3]

특히 테러정보 보고서는 대통령 일일보고(PDB: President's Daily Brief)'에 포함되며, 대테러 활동을 위해 관련 정보가 필요한 30여 개의 관계기관에 실시간 공유되고 있다. 정보공유의 신속성과 효율화를 달성하기 위해 국토안보부, FBI 등과 협력하여 중앙정부, 지방정부, 민간이 공동으로 참여하는 위협 분석 및 조정 그룹(ITACG: Threat Analysis and Coordination Group)을 운영하고 있다.

미국 NCTC 로고

3) 국토안보부(DHS)[4]: 테러대응 주무기관

9·11 테러 이후 대테러 업무의 통합 및 재조정 과정을 통해 ‘국토안보국(Office of Homeland Security)’이 창설되었으며, 국토안보국은 후에 2002년 11월 승인된 ‘국토안보법(Homeland security Act of 2002)’에 근거하여 2003년 3월 ‘국토안보부(DHS: Department of Homeland Security)’로 승격되었다. 국토안보부는 미국 본토 내 대테러·보안·재난·국경관리·출입국 등 모든 국가안전관리 기능과 연관된 연방 및 주·지방 정부의 관할권을 효과적으로 조정하고 통합하는 기능을 수행한다. 이를 위해 테러공격의 사전적 예방과 억제, 실제 테러사건의 위협과 위험에 대한 대응, 국경지대의 안전 보장, 이민자 및 여행자의 관리·감독과 각종 주요 시설 및 자원의 보호 등 미국의 국가안보를 위한 모든 분야에서의 기능을 통합하여 관리한다

3 NCTC(2021). Inside NCTC. US. National Counterterrorism Center.
4 https://www.dhs.gov/.

| 그림 9-2 | 미국 국토안보부(DHS) 조직편성

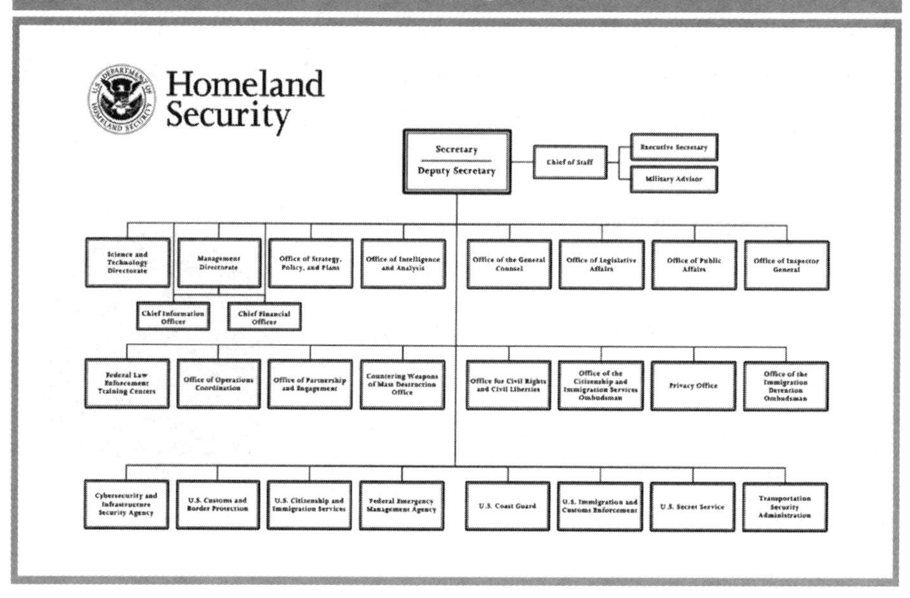

출처: Official website of the Department of Homeland Security(2021).

(윤태영, 2012).

국토안보부로 흡수·통합된 부서를 주요 5대 기능 영역으로 구분하면 국내 테러방지(Counter Terrorism and Homeland Security Threats), 미국 국경 안전 및 출입국 관리(Secure U.S. Borders and Manage Safe, Orderly, and Humane Immigration Processes), 사이버 위협 및 국가중요시설 방호(Secure Cyberspace and Critical Infrastructure), 국가의 번영 및 경제안보의 보존유지(Preserve and Uphold the Nation's Prosperity and Economic Security), 국가위기 상황관리 및 탄력성 강화(Strengthen Preparedness and Resilience) 등으로 분류한다(US·DMS, 2021).

미국 국토안보부 로고

특히 정보수집과 관련하여 2003년 국토안보부는 HSAS(Homeland Security Advisory System)을 발표하여 테러위험에 대한 대민 경고시스템에 대한 권한을 부여받고 녹색, 청색, 노란색, 오렌지색, 적색 5

단계의 테러 경보단계로 설정하였다. 하지만 해당 시스템이 비효율적이라는 지적에 따라 2011년 2가지 경보체계를 가진 NTAS (National Terrorism Advisory System)로 대체되었고, 이는 다시 2015년 개정되어 Bulletin, Elevated Alert, Imminent Alert이라는 3가지 경보체계를 갖추게 되었다(U.S. DHS, 2016).

표 9-2 미 테러 경보단계(NTAS)

경보단계	경보내용
Bulletin	구체적인 테러위협이 존재하지는 않으나 테러에 대한 주의 요망
Elevated Alert	미국에 대한 테러공격이 신뢰할 만한 정보로부터 감지됨 테러공격을 저지하거나 방어하기 위한 방호조치의 시행을 권고
Imminent Alert	미국에 대한 확실하고 구체적인 테러위협이 감지됨 테러공격이 가까운 시일에 발생할 가능성에 대해 경고

3. 주요 대테러활동 정책

미국은 2002년 '국토안보법'의 제정을 통해 테러범의 위협과 대응 체제를 강화하기 위해 종합적 국가전략을 수립하였고, 2003년 2월에는 '정보개혁 및 테러예방 법안(IRTPA)'을 통과시킴으로써 통합된 정보기관들을 지휘하는 '국가정보국장(DNI)' 직위를 신설하였다(윤태영, 2017). 이후 2004년 '정보개혁 및 테러방지법'을 제정하며 국가정보장(DNI)과 정보기관 사이의 협력에 관한 법률적 근거를 마련하고 있다.

2011년에는 '국가대테러전략(NSCT)'을 발표하여 미국의 대테러 전략을 정기적으로 발전·추진시키고 있다. 본래는 대통령 보좌관이나 NSC 및 CIA를 중심으로 한 전략기획체제를 운영해 왔으나, 9·11 테러 이후 단순히 관련 부처 간 업무조정의 역할을 넘어 대테러를 위한 국가의 모든 기관과 수단의 '동시화(syschronization)'가 핵심적 사안으로 주목받으며 NCTC와 국토안보부를 중심으로 하는 단일적·통합적 대테러 전략기획 체제로 개편하였다(US. DHS, 2016).

제2절 영국

1. 법적 근거

영국의 대테러 법령은 최초 1974년 버밍험 폭탄테러사건을 계기로 테러방지법을 제정한데 이어, 2001년 미국의 9·11 테러와 2005년 발생한 런던테러의 영향을 받아 기존 대테러 법령들을 강화하는 형태로 발전되었다(정육상, 2014). 영국의 대테러 법령의 특징은 대테러활동을 중심으로 다양한 개별법을 제정하여 적용하고 있다는 점이다.

최초에는 북아일랜드긴급조치법(Northen Ireland Emergency Provisions Act)과 테러예방임시조치법(Prevention of Terrorism Temporary Provisions Act) 등 기존의 테러법을 통합하여 2000년 '테러법(The Terrorism Act 2000)'을 제정하였다.[5] 테러법에서 최초로 테러의 개념을 광범위하게 규정하였고, 테러단체 리스트를 법으로 포함시켰다. 2001년 12월에는 테러범에 대한 출입국 통제, 자산동결·구속요건 등의 강화, 대테러 관계기관 간 정보공유 강화, 차량·수화물· 정보통신기록 등에 대한 정보제공 및 보존, 항공보안 조치 강화 등을 주 내용으로 하는 '반테러와 범죄 보안법(ATCSA: The Anti-Terrorism, Crime and Security Act)'을 제정하여 테러법에서 제외된 조항인 경찰에게 강력한 조사 권한을 부여하고, 국방부 소속경찰도 군사지역 외의 활동을 허용하고, 테러 의심 외국인에 대한 기한 없는 구금을 허용하는 규정을 개정하였다.[6]

2004년 11월에는 '민간비상사태법(Civil Contingencies Act)'을 제정하여 테러를 포함한 다양한 비상상황을 정의하고 위기 관리적 차원에서 대처를 강조하였고,

5 https://www.legislation.gov.uk/ukpga/2000/11/contents.

6 https://assets.publishing.service.gov.uk/government/uploads/system/uploads/attachment_data/file/397106/ant_terrorism_COP.pdf.

2005년에는 '테러예방법(The Prevention of Terrorism Act 2005)'이 제정되어 국적 및 국내외 테러활동을 막론하고 테러공격의 용의자에 대한 통신장비금지, 가택연금의 통제명령 제도 도입, 개인이동의 권리 제한 등 강력한 통제 권한을 부여하였다.[7]

2006년 3월에는 2005년 런던 폭탄테러를 계기로 테러법(The Terrorism Act 2006)[8]으로 개정되어 테러단체 결성을 공식적으로 금지하는 법적근거를 마련하였고, 테러 선동 및 테러유인물 배포, 테러캠프 의심장소 참석 등을 범죄로 규정, 테러의심 용의자를 기소없이 28일 구금, 정보기관의 권한 확대(테러 용의자 광범위한 감청 허용) 등 모든 과정과 수단을 명시하였다(대테러센터, 2017).[9]

2008년 6월에는 '대테러법(Counter-Terrorism Act 2008)'이 통과되어 테러범죄자 등록 및 동향관찰제도를 도입하고 해외출입을 사전에 제한할 수 있게 되었다. 테러사건의 수사 시 개인지문과 DNA 등의 정보를 수집 및 활용과[10] 테러혐의자의 주거에 대한 강제 수색권 또한 갖춰지게 되었다. 그러나 대테러업무에 종사하는 공무원을 대상으로 하는 정보수집 활동을 엄격히 제한하여 이를 위반할 시 최고 징역 10년형에 처할 수 있도록 하였다. 현재 영국의 강화된 대테러 법률이 비록 인권침해적 요소가 많다는 비판을 받고 있지만 지속적으로 이러한 경향을 지속될 것으로 전망된다. 최근에는 대테러 및 보안법(Counter-Terrorism and Security Act 2015)을 2015년 제정하여 통신데이터 관련정보 보유에 관한 규정, 항공·선박·철도교통 운송 및 보안규정 등을 포함한 대테러 규정을 마련하였다.[11]

---

7 https://www.legislation.gov.uk/ukpga/2005/2/contents.
8 https://www.legislation.gov.uk/ukpga/2006/11/contents.
9 대테러센터. (2017). 테러방지법 해설. 국무총리실 대테러센터.
10 https://www.legislation.gov.uk/ukpga/2008/28/contents.
11 https://www.legislation.gov.uk/ukpga/2015/6/contents/enacted.

2. 대테러전담조직

영국의 대테러대응조직은 내무부장관이 컨트롤타워로서 보안부와 합동테러분석센터(JTAC)를 지휘할 수 있는 법적 지위에 있고, 대테러안보실(OSTC)를 소속기관으로 두고 직접 지휘하며, 런던 수도경찰청 임명 및 예산권을 통해 영향력을 행사하는데, 주로 대테러안보실(OSCT)과 보안부(MI5)가 수도경찰청 및 기타 기관들과 협력하에 업무를 주도하고 있다. 이는 미국이 국토안보부(DHS)와 국가안보국(ODNI)이 대테러 업무를 주도하고 있는 양상과 유사하다.

1) 대테러안보실(OSTC): 대테러 정책기구

기존 정보기관들의 역할 강화와 경찰의 역할 확대를 기본으로 하고 있으며, 2003년 합동테러분석센터(JTAC: Joint Terrorism Analysis Centre)와 2007년 대테러안보실(OSCT: Office for Seucurity and Counter-Terrorism)을 신설하여 통합된 테러 정보 분석과 범정부적 대테러대응 위기관리 대응태세를 강화하였다.

대테러안보실의 창설배경은 2005년 영국 런던테러 이후 증가하는 테러 위협에 대한 대테러 전략의 조정과 통제를 향상하기 위해 내무장관의 역할을 강화해 국내뿐만 아니라 해외에서의 테러대응에 대한 책임을 부여하고, 대테러 기관을 통합하여 2007년 3월 내무부(Home Office) 산하에 '대테러안보실(OSCT: Office for Security and Counter-Terrorism)'을 신설하였다. 대테러안보실(OSCT)은 경찰 및 다양한 관계기관으로부터 파견된 300여 명의 인원으로 구성되어 있다. 주요 기능은 대테러 전략구상 및 집행 업무와 테러사건에 대한 범정부적 대응 및 국제협력, 대테러 법령 제정, 정부요인에 대한 보안과 보호조치 제공, 국가 핵심기반 보호, 화생방 유출 대응, 정부의 비상대비업무 등의 업무를 수행하며 영국의 대테러 전략을 주도하고 있다(윤대영, 2010:87-89).[12]

12 http://security.homeoffice.gov.uk/about-us/about-the-directorate/?version=1.

2) 보안부 합동테러분석센터(JTAC): 테러정보기구

보안부(Security Service, MI5)는 내무장관의 통제에 따라 국내외 테러위협 분석, 국가 대테러정책 수립 및 제시와 동시에 스파이 활동 및 대량살상무기 확산에 관한 업무를 수행하는 조직으로, 일반적으로 정보수집과 감시활동만을 수행할 뿐 수사권을 가지고 있지 않아 테러용의자를 체포하거나 법원에 증거를 제출하고자 할 때는 경찰의 협조를 받는 구조로 되어 있다.

보안부(MI5)에는 2003년에 설립된 합동테러분석센터(The Joint Terrorism Analysis Centre: JTAC)가 존재하여 대테러 정보와 관련된 핵심적인 임무를 수행한다. 보안국장의 책임으로 있지만 독자적으로 활동하며, 해외정보부(SIS), 런던 수도경찰청, 내무부, 국방부 등 16개 정부 부처 및 기관의 대표로 구성되어 있다(정육상, 2014). 합동테러분석센터는 국내외의 테러 관련 정보를 분석하고, 평가하여 관계 부처에서 대테러 활동에 필요한 정보를 제공하며, 심층적인 대테러 정보보고서를 만들어 이러한 정보 분석과 평가를 바탕으로 테러단체의 능력 및 의도, 최근의 테러사건 등을 종합하여 5단계로 구분된 테러경보를 발령하는 기능을 수행한다.[13]

또한 2007년 2월에는 보안부 통제에 '국가기반보호센터(CPNI: Centre for the Protection of National Infrastructure)'를 설립하여 국가 핵심기반 시설에 대한 정책 조언과 테러 및 기타 위협으로부터 취약성을 감소시키기 위해 노력하고 있다.[14]

3) 경찰: 테러대응 주무기관

영국 경찰은 국가 테러대응체계에(National Counter-Terrorism Network)핵심 역할을 수행하는데, 수도경찰청(MPS: Metropolitan Police Service)'은 런던 광역지역 내 대테러 활동을 책임지고 있으나, 대테러 활동에 있어 국가적 차원에서의 조정과 지도적 역할도 수행한다.[15]

---

13 https://www.mi5.gov.uk/joint-terrorism-analysis-centre.

14 https://www.cpni.gov.uk/.

15 https://www.met.police.uk/.

| 그림 9-3 | 영국의 대테러 조직체계

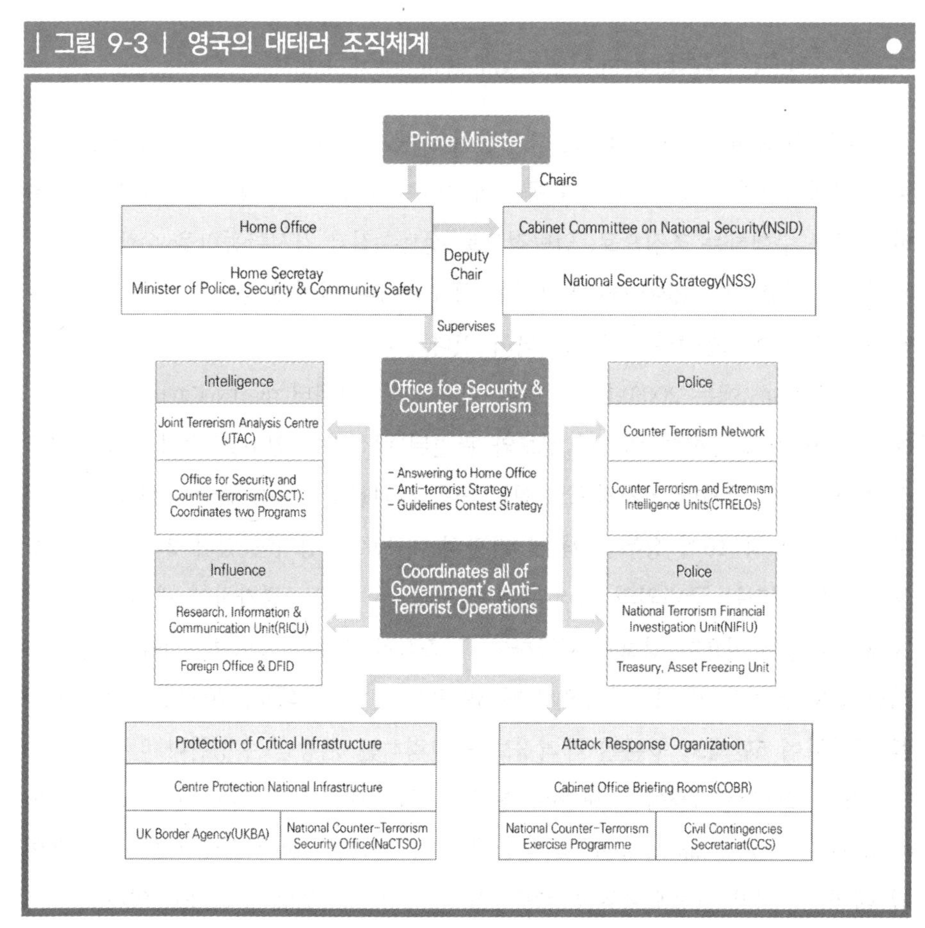

출처: 이만종. (2015). "주요국 대테러활동에 대한 경찰의 정책적 대응 방안 고찰", 「한국테러학회보」, 8: 42－103.

담당부서는 수도경찰청 '특수작전국(Specialist Operations)'으로 '대테러본부(Counter Terrorism Command, So15)', '경호본부(Protection Command)', '보안본부(Security Command)'로 구성되어 있다. 대테러본부는 2005년 7월 런던테러 이후 2006년 10월 반테러범처(Anti－Terrorist Branch, SO13)와 '특수처(Special Branch, SO12)'를 통합하여 포괄적 테러 위협에 대응하는 단일화된 조직으로 창설되었다. 이렇듯 영국 경찰은 대테러본부(SO15.CTC), 대테러처(CTU), 대테러정보처(CTIU)가 국가 대테러 네트워크를 형성하며 경찰의 대테러 업무를 수행하고 있다.

표 9-3 영국의 테러 경보단계

경보 단계	발령 기준
낮은 수준(Low)	테러공격 실현 가능성이 낮음(an attack is unlikely)
일반적 수준(Moderate)	테러공격 가능성이 있지만 낮음(an attack is possible, but not likely)
높은 수준(Substantial)	테러공격 가능성이 높음(an attack is a strong possibility)
심각한 수준(Severe)	테러공격 가능성이 매우 높음(an attack is highly likely)
위협 임박(Critical)	테러공격이 임박함(an attack is expected imminently)

출처: 이상현. (2008). "21세기 안보환경 변화와 국가정보기관의 새로운 역할", 「국가정보연구」, 1(1): 91－110.

3. 주요 대테러활동 정책

영국은 2001년 9·11 테러 이후 국제테러 위협이 증대되는 상황에서 미국의 우방국으로 아프가니스탄대테러전과 이라크전에 동참하면서 알카에다의 위협에 직면하게 되나, 관련법 제정과 위기관리조직 개편 등 이슬람 테러범으로부터 잠재적 테러에 효과적으로 대처하였다.

이러한 노력의 결과로 탄생한, 2003년 6월 보안부(MI5)에 설립된 합동테러분석센터(JTAC)와 2007년 3월 내무부(Home Office) 산하에 설립된 보안대테러국(OSCT)은 수차례의 영국 내 테러위기에서 빠르고 정확한 대응을 보이며 국내외 테러에 효과적으로 대응하고 있다고 평가되고 있다.

영국은 2005년 런던 테러 사건을 통해 대테러 역량 강화의 필요성이 대두되면서, 특히 테러예방 활동의 강화를 통한 인종적·문화적·종교적 다양성 증진이 강화되고 있다. 영국의 대테러 정책은 무슬림 이민자를 중심으로 이슬람극단주의로 확산되는 것을 우선 예방하는 정책으로 집중하였다(Home Office, 2018). 이를 위해 2006년 영국 정부는 PVE(Preventing Violent Extremism) 전략'을 수립하였다. 주요 특징으로는 영국 사회로 통합되지 못하고 테러선동에 가장 취약한 이슬람 2세들에게 테러선동으로부터 자기 방어력(resilience) 강화, 이슬람 공동체의 불만을 차단하기 위한 다문화 치안활동을 들 수 있다. 그러나 특정 이슬람 계층에 대한 감시·첩보를 강화하면서 이슬람 공동체를 자극하는 역효과가 발생했다는 문제점도 지적되었다(박보라·이상훈, 2020).

2019년 12월에 발생한 런던 브릿지 테러, 2020년 가석방된 극단주의자들에 의한 테러가 연속적으로 발생하자, 2020년 5월 가석방 기준 및 양형 강화 등을 주요 내용으로 하는 새로운 대테러법이 의회에 상정되었다. 기존에 영국은 교도소의 과밀수용을 방지하기 위하여 형기의 절반을 복역할 경우 심사 없이 자동 가석방을 2005년부터 실시해오고 있었다. 그러나 새롭게 상정된 대테러법은 종신형, 심각한 테러범, 각별한 관리가 요망되는 테러범에 대한 형량 강화가 주요한 특징이다. 또한 테러단체 가입 및 지원자에 대해 최고 형량을 기존 10년에서 14년으로 상향하고, 가석방된 테러범에게 거짓말 탐지기 검사를 의무화하였다.[16]

제3절 독일

1. 법적 근거

독일은 1972년 뮌헨 올림픽 인질사건 등을 포함한 1990년대 이전까지 활동한 적군파(RAF)에 의한 테러사건이 빈번하게 발생했다. 이에 독일은 유럽에서 가장 먼저 테러사건을 중하게 처벌함과 동시에 테러범죄 피의자에 대한 권리를 강력하게 제한하였다.

먼저 1970년 12월에 형법 개정을 통해 항공 교통에 대한 공격을 처벌하는 규

16 https://www.legislation.gov.uk

정을 신설했고, 1971년 12월에 형법 개정을 통해 테러단체에 의한 인질 행위에 처벌 규정을 신설하였다. 이후 1975년 8월 '테러방지법'이라 칭하는 형법, 형사소송법, 재판소 구성법, 연합 변호사법, 형사법을 개정하는 법률이 성립되어 테러단체 조직죄가 도입되었다. 이 조항(129a조)은 적군파에 의한 테러대응을 위해 1976년 신설되었는데 테러단체 설립·가입한 인원을 처벌하고 있다. 또한 형법 129a조 5항에 테러공격의 주요 유형인 폭발물공격, 방화 등을 규정하고, 테러의 목적인 국민에 대한 공포심 유발, 국가기관 협박행위 등에 대해서도 규정하고 있다. 또한 테러계획에 대한 불고지죄 등을 신설하고 형사 절차 및 행형 단계에서 테러범의 권리를 제한하는 특례 규정의 제정한다. 특히 테러 범죄에 대해 구속 요건을 완화하고, 통신 감청, 주거 또는 건물에 대한 압수 수색, 검문소의 설치 등을 허용하는 절차를 마련하였다(박원규·박재풍, 2018).

미국의 2001년 9·11 테러사건을 계기로 독일은 국제적 테러의 대책 위한 대테러법(TGB)을 제정하였는데, 2002년 1월 시행되면서 대테러 기관의 권한 강화하는 등 기본적인 대테러시스템 구축하였다. 이 법률은 테러와 연계된 여러 법률들의 개정을 주 내용으로 하는 조항법률(Artikelgesetz)로 연방헌법보호청법, 연방군사정보부법, 연방정보부법 등 총 20개 법률을 포함한다.

또한 2006년에는 대테러정보법(ATDG: Antiterrordateigeset)을 제정하여 국제 테러대응과 관련된 기관들의 임무수행을 지원하기 위해 연방범죄수사청(BKA), 연방헌법보호청 등 총 38개 관계기관들 간의 공동 대테러정보시스템을 구축할 법적 근거를 마련했다(박원규·박재풍, 2016). 2008년 연방범죄수사청법 개정을 통해 예방적 권한 위주에서 국제테러위험방지 등에 관한 연방범죄수사청의 권한이 강화되었다. 또한 통신감청, 비밀정보원 투입, 온라인 수색, 위치 추적, 개인정보수집 등의 권한을 부여하였다(신제철 외, 2017).

독일의 대테러법령의 특징은 대테러활동을 위한 새로운 체계를 확립하는 단행법이 아니라 형법 등 기존 법률의 일부를 일괄해서 변경하는 조항법인데, 이러한 목적은 기존 법제도 틀을 유지하면서 특징적으로 정보교환의 강화를 통한 테러활동의 동향을 보다 더 신속하게 파악하기 위한 것이다. 따라서 '연방헌법보호청법', '군방첩부법', '연방정보청법' 등 다방면에 걸쳐 법령의 확대를 통해 연방기관의 테러 관련 정보수집에 관한 권한을 확대하였다(권정훈, 2011).

독일은 앞서 언급한 대로 유럽 중에서 가장 먼저 테러범죄에 대해 다양한 실체법·절차법적 입법조치를 취하였으나 역설적으로 정보수집 권한의 확대에 따른 인권침해 소지의 최소화, 테러자금의 추적 및 차단조치, 출입국시스템의 강화 등에 대한 주요 부정적인 쟁점사항들이 상존하고 있는 실정이다.

2. 대테러전담조직

독일의 주요 대테러 기구에는 정책기구인 내무부가 대테러업무를 조정하고 테러정보통합기구인 합동테러대응센터(GTAZ), 수사기관인 연방범죄수사청(BKA), 연방경찰청 등과 정보기관인 연방헌법보호청, 연방정보국, 군사정보국 등이 있다.(대테러센터, 2017).

| 그림 9-3 | 독일 대테러 체계

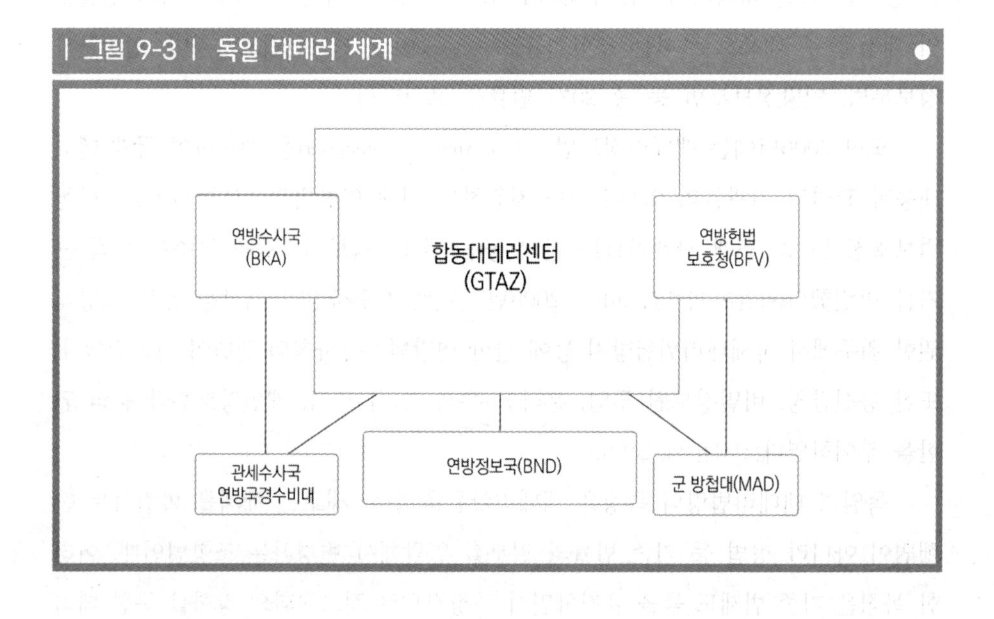

1) 합동대테러센터(GTAZ): 테러정책기구

2004년에는 정보기구와 경찰의 협동 업무의 중요성이 강조되면서 연방수사국·연방헌법보호청·연방정보국·관세 및 군 정보기관 등의 정보 및 전문지식을 교환할 수 있게 하는 체제를 구축하고자 합동대테러센터(GTAZ: Joint Counter-Terrorism Centre)를 신설하여 정보의 실시간 공유, 위협 징후의 포착, 대테러 정보 분석 등의 대테러 정보 통합관리 임무를 부여하고 있다. 합동대테러센터는 자치기관이 아니라 40개의 관계 기관이 공동으로 참여하는 정보교류 협력체로서, 추가적인 권한을 부여받거나 법적 근거가 추가로 제정되지 않아 각 기관은 자체적인 권한과 현행법의 틀 내에서 독자성이 유지된다(박원규·박제중, 2016).

합동대테러센터에는 각 주에서 파견된 약 230여 명의 전문가가 근무하고 있으며, 연방수사국(BKA: Bundeskriminalamt), 연방헌법보호청(BfV: Bundesamt für Verfassungsschutz), 연방정보국(BND: Bundesnachrichtendienst), 각 주의 주 수사국 및 헌법보호청(die Kriminal- und Verfassungsschutzämter der länder), 연방국경수비대(Bundesgrenzschutz),

표 9-4 독일 합동대테러센터의 주요 임무

구분	내용
일일 상황분석	매일매일 생산되는 경찰과 정보기관과의 상황판단의 교환, 원인 관련 최초평가의 작성
위험평가	거의 매일 입수되는 암시적 정보·경고 및 새로 입수된 인식자료가 철저하게 공동으로 분석·평가
작전활동 정보의 교환	구조화된 형태로 정보를 교환
사건평가	효과적인 대응조치를 구상하기 위해 각 기구들이 확보한 테러의 부분적인 정보들(위조된 신분증명서의 조달 혹은 무기 및 폭발물의 확보 같은 것 등)을 공동으로 평가
구조분석	국제 테러에 대응하기 위해 장기적으로 효과적인 방안들을 분석
잠재적인 개별 이슬람 테러세력에 대한 조사	행위자 및 협력자 구조 그리고 테러범의 충원을 효과적으로 대처하기 위해 요주의 인물과 관련 인물에 대한 인지사실을 상호 대조하고 정보 개선
정보원의 결합	인터넷 검색 혹은 이슬람 학자 및 번역자의 투입

출처: 신제철 외. (2017). p. 97.

관세수사국(Zollkriminalamt), 군 방첩대(MAD: Militarische Abschirmdienst), 연방검찰청(Generalbundesanwalt), 그리고 연방이민 및 망명청(das Bundesamt für Migration and Flüchtlinge) 등이 참여하고 있다.

2) 연방범죄수사청(BKA): 테러정보기구[17]

연방범죄수사청은 연방내무부 산하 기관으로 90여 명의 수사 요원으로 구성된 테러범 체포팀(Target Search Team)을 운용하여, 테러 발생 시 작전이 시작되는 사후적 대테러 활동 기관인 GSG-9과 달리 사전에 테러를 자행할 가능성이 있는 테러범들을 체포하는 사전적 대테러 활동에도 집중하고 있다. 주요 임무는 독일 경찰의 중앙기구로서 연방 및 주 경찰 지원, 국제 협력, 중요범죄수사, 국제테러위험방지, 테러정보수집, 요인경호 등이다.

연방수사국 내에 코미사르라는 컴퓨터 정보 시스템을 구축하고 테러단체의 구성목적, 조직구조, 공격양상 등 모든 정보를 입력하여 과학적 분석을 통해 테러 공격을 사전 차단하고, 상황 발생 시 효과적 대테러작전에 활용하고 있다.

특히, 연방범죄수사청은 국제 테러에 한정하여 예방활동을 수행하고 국제테러, 무기·폭발물, 위조화폐 등 국제조직 강력범죄에 대해 독자적인 수사권한을 가지고 있다. 또한, 테러 관련자에 대한 다양한 정보수집 권한을 보유하고 있다(박원규·박재웅. 2018).

3. 주요 대테러활동 정책

독일은 전 세계적으로 대테러전략 변화의 기점이 되었던 9·11 테러사건 이전부터 1972년 뮌헨올림픽 테러사건을 비롯하여 항공기 납치 및 인질사건 등이 빈번하게 발생하였다. 이에 유럽에서 가장 먼저 대테러 관련 조치를 마련함으로써

---

17 https://www.bka.de

법적으로 테러범죄의 초기 단계부터 중벌로 처벌함과 동시에 테러범죄 피의자와 수형자에 대한 권리를 현저히 제한하고 있었다. 이에 따라 시행했던 개정된 테러방지법의 강화를 통해 테러범에 대한 중형과 테러범죄 혐의자 혹은 피고인, 수형자의 권리에 대해 법률적으로 현저히 제한을 가하였다. 이는 인권침해의 가능성이 우려되고 그에 대한 비판도 존재하였으나, 독일 국민의 적극적인 협력과 지원으로 테러의 예방에 크게 기여하였다.

2004년 구축한 합동대테러센터(GTAZ)라는 하나의 컨트롤타워 아래 대테러 관련 기관들이 통합적으로 정보를 구축하고 대응한다는 점은 다른 국가들의 대테러 체계와 유사하나, 상위기관의 감독·관리 없이 수평적인 관계에서 단순히 '정보 공유 플랫폼'의 기능으로서 상호 교류가 이뤄진다는 것이 다른 국가의 대테러 체계와 구분되는 점이라 할 수 있다.

표 9-5 독일의 테러 경보단계

경보 단계	용어	테러발생 가능성
1등급	eher auszuschliessen	가능성 거의 없음
2등급	unwahr scheinlich	가능성 매우 낮음
3등급	eher unwahscheinlich	가능성 낮음
4등급	wenig wahrsgheinlich	가능성 높음
5등급	wahrscheinlich	가능성 매우 높음

테러사건에 대한 컨트롤타워 역할을 하는 합동대테러센터(GTAZ)가 다른 국가의 통합관리시스템과 달리 관련부서들이 상하관계가 아닌 수평적 관계라는 점은 장점이자 단점으로 작용할 수 있다. 그러나 관련부서들을 기능적으로 정보파트와 수사파트로 나누어 유기적으로 운용한다. 또한 독일의 정보기관은 유럽 내의 다른 주요 정보기관들과 정보교류를 하고 있어 국제적인 정보 교류와 재외국민 테러 발생 시 해당 국가로부터 긴밀한 협조를 이룰 수 있는데, 특히 이러한 공조체제가 원활하지 않은 우리나라에 큰 시사점을 갖는다고 할 수 있다.

최근 독일은 2015년 프랑스 파리 테러 이후 최근 테러양상에 대응하기 위해 대테러 정책기조를 변화시키고 있는데, 먼저 경찰의 초동대응 주체인 일선 경찰서 신속대응팀의 총기사용과 교전능력 향상에 중점을 두고 있다(윤민우, 2016). 이들은 대테러특공대가 전개하기 이전에 신속히 테러범들을 찾아내어 사살하도록 훈련되고 있으며 이를 위한 전투역량 강화에 노력하고 있다. 이를 위해 대테러특공대인 경찰특공대의 작전개념도 재편하여 베를린 도심지역에 주요 지점별로 분산배치하여 20~30분 내에 테러사건 현장으로 출동토록 개선하고 골든타임 내 초동대응능력과 테러범제거능력의 향상에 초점을 맞추고 있다. 또한 ISIS 테러범 대응에 부합된 특수 인질협상교육을 도입했다.

또한 독일은 시리아 내전에 참가하였던 외국인테러전투원 귀환 가능성, 시리아에서 출생한 ISIS 여성 및 청소년들에 대한 테러예방활동에 주력하고 있다. 시리아 내전 기간동안 독일 국적의 외국인 테러전투원들의 이동경로 파악과 기소를 위하여 효율적인 형사사법공조 노력을 기울이고 있다. 이민난민청(Bundesamt für Migration und Flüchtlinge) 내 급진주의 상담센터(Advice Centre on Radicalisation)를 창설하여 이슬람 급진주의와 관련된 위험징후들의 조기 탐지를 위해 교사나 관련 공무원 및 전문가 그룹들과 협의체를 구성하였다. 관련 전문가들의 이슬람극단주의 예방교육을 통해 체계적인 데이터베이스 구축 및 분석업무를 수행하고 있다(윤민우, 2015).

제4절 프랑스

1. 법적 근거

프랑스는 1980년대 이후 급증하는 테러사건으로 인해 피해가 커짐에 따라 정부 차원의 대응책 마련이 필요하게 되어 대테러 역량을 강화하고 수사기관의 권한을 강화하기 위한 법적 장치로 테러범죄의 처벌을 위한 사법적 절차를 정비하는 입법적 조치로 1986년 '테러방지법'을 제정하고 테러범죄를 수사, 재판함에 있어 특별한 취급을 할 수 있는 규정을 마련하게 되었다(황진아, 2017).[18] 테러방지법은 특히 1986년 중동테러그룹에 의해 자행된 파리 테러사건을 배경으로 하여 제정되었으며, 이 법률을 통해 테러 정의 및 연관된 테러범죄들을 법률적으로 인정하였으며, 테러 혐의자에 대한 보호 유치 지속기간의 연장 및 형의 가중, 가택수색 허가 등의 내용을 규정하게 되었다.[19]

이후 1986년 테러방지법에 의해 테러범죄에 대한 특별규정이 마련되었지만 일반 범죄와 비교하여 체계가 모호한 측면이 있었다. 이에 1993년 프랑스정부는 테러범죄에 대해 보다 체계적인 대응을 하고 테러범죄의 규정 정비를 위하여 형사소송법 및 형법을 개정하여 독립된 테러범죄처벌규정과 절차규정을 마련하였다.

또한, 2001년 11월 15일, 2003년 일상의 안전에 관한 법률(loi 2001-1062, 15 November 2001 relative à la sécurité quotidienne)을 신규 제정하였다. 이 법령의 제정 배경에는 미국의 9·11 테러가 많은 영향을 끼쳤는데, 프랑스 당국은 최초 범죄대책을 위해 의회에서 법안을 심의 중이었는데, 심의 중 9·11 테러가 발생하면서 법안에 상당한 변경이 이루어졌다. 결국 테러 예방을 위한 사전조치를 강화할 필요성

18 황진아. (2017). 테러활동에 대한 프랑스의 대응체제 및 관련 법제 연구.
19 Loi no 86-1020 du 9 Septembre 1986, relative à la lutte contre le terrorisme et aux atteintes à la sûreté de l'Etat.

을 인식하고 공공장소에서의 검문검색 강화, 차량 수색권한 강화 등을 위 법률 내용에 포함시켰다. 특히 제5장에 '대테러 강화 규정(Dispositions renforçant la lutte contre le terrorisme)'을 두어 테러방지를 위한 사법 및 수사 권한을 강화하였다.

2006년에는 '테러 방지 및 치안과 국경 통제에 관한 법률(loi 2006-64, 23 janvier 2006 relative à la iutte le terrisme et portant dispositions diverses relatives àa la securiteé et aux controles frontaliers)이 제정되었다. 이는 2004년 스페인 마드리드 열차테러사건과 2005년 런던 폭탄 테러 사건을 계기로 테러예방을 위한 국가중요시설에 대한 CCTV 설치 권한 부여, 테러 연루 의혹자에 대한 통신명세정보 요청 권한 부여, 프랑스 망명자 및 테러위험 국가로 분류되는 국가로 이동한 사람에 대한 신원확인 절차 강화방안이 논의되었다. 결국 테러사건 사전예방을 위한 수사기관의 권한 강화를 꾀하였다.

최근에는 2015년 1월에 발생한 샤를리 에브도(Charlie Hebdo) 테러사건과 11월에 발생한 파리연쇄테러, 2016년 7월에 발생한 니스 트럭 테러 등 급격히 증가한 테러 위협으로 대테러 관련 법안을 강화하여야 한다는 여론이 강하게 형성되었다. 이에 프랑스 정부는 먼저 2015년 7월 정보에 관한 법률(LOI n° 2015-912 du 24 juillet 2015 relative au renseignement)을 제정하여 테러를 선동하는 웹 사이트 차단 등 사이버 감시권한을 강화하였다(송석윤, 2018). 또한 2016년 6월에는 '조직범죄·테러범죄 및 그에 대한 자금조달 범죄 대응 강화와 형사절차 보장 및 실효성 향상에 관한 법률(LOI n° 2016-731 du 3 juin 2016 renforçant la lutte contre le crime organisé, le terrorisme et leur financement, et améliorant l'efficacité et les garanties de la procédure pénale)'을 제정하였다(황진아, 2017).

이렇게 신설된 대테러 법안은 테러와 연관된 장소의 야간 가택수사 권한, 테러 혐의자에 대한 인터넷 접속기록 확인 권한, 공공질서를 위협하는 사건의 발생시 사설 장소를 포함한 모든 감시카메라 기록 조회 및 사용 권한 등을 부여하였다. 이를 통해 사법경찰과 국가헌병대의 수사권을 강화하고 테러행위를 범했거나 시도한 경우 즉시 범인에 대한 무력적인 개입을 허용하는 형사적 면책특권 부여함으로써 더욱 적극적인 대응이 가능하도록 하였다. 또한 전과자 및 위험인물에게 무기 획득 및 보유에 대한 모든 권한 차단, 모든 금융거래 기관의 거래고객 중 주의 인물에 대한 감시 기능 강화 등을 통해 테러 무기의 접근 및 자금 조달을 원천적으로 봉쇄하고자 하였다.[20]

2. 대테러전담조직

프랑스의 대테러 기구는 크게 '대외안보'와 '대내안보'로 나뉘며, 전자 쪽은 '대외안보총국(DGSE)'이 맡고 있으며, 후자 쪽은 '내무부(Ministère de l'Intèrieur)' 산하의 '대내안보총국(DGSI)'에서 담당하고 있다.

1) 대테러조정통제본부(Unité de Coordination de la Lutte Antiterroriste, UCLA): 테러정책기구

1984년 10월 8일 내무부령으로 경찰청(Police Nationale) 산하에 대테러조정기구를 설치하였다. 대테러조정기구는 각 기관에 산재한 정보를 통합하여 분석·전파하고 테러대책을 수립하기 위해서 설립되었다. 대테러조정기구는 정기, 수시 회의를 통해 관련 수사·정보기관 및 테러와 관련한 국제기관이 수집한 테러 관련 정보를 수집, 분석하여 전파하고, 테러와 관련한 각 기관 간 업무를 분장·총괄한다. 테러 관련 국제회의에서 국가를 대표하는 등 대외적 창구 역할도 수행하고 있다. 2015년 파리 동시다발 테러 사건이후 권한과 역할이 더욱 강화되고 있다.[21]

2) 내무부 대내안보총국(DGSI)과 국방부 대외안보총국(DGSE): 테러정보기구

내무부 산하 대내안보총국(DGSI. Direction générale de la sécurité intérieure)은 2014

20 loi n° 2015-912 du 24 juillet 2015 relative au renseignement Art. 2, 5.
21 http://www.police-nationale.interieur.gouv.fr/Organisation.

년 4월 30일 내무부령으로 내무부 산하에 설치된 정보기관이다. 프랑스의 국내 안보와 관련한 정보기관은 국토감시국(direction de la surveillance du territoire: DST)과 종합정보국(direction centrale des renseignements généraux: RG)에서 담당하였는데 2008년 7월 이 두 기관이 내무부 산하 국내정보국(direction centrale du renseignement intérieur: DCRI)으로 통합되면서 조직명을 개칭하였다.[22]

대내안보총국의 주요 임무는 프랑스 영토 내에서 국가 이익 침해를 야기할 수 있는 모든 활동에 대응하는 것으로 간첩 활동, 대량살상무기 제조·유입, 전자통신 감시 및 관련 범죄 대응 활동과 극단적 동기로 국가의 안전을 침해의 기관은 내무부 산하에 속해 있다. 또한 테러진압 및 테러범 체포를 주 임무로 하는 특별사법경찰관을 구성해 독자적인 작전팀도 운영하고 있다.[23]

한편 대외안보총국(DGSE)은 1982년 국방부령으로 국방부 산하에 설치된 테러정보기관으로 주 임무는 테러 및 대량살상무기의 확산 방지와 국제 안전방위이다.[24] 특히 프랑스 국내외 첩보 정보 및 파괴활동과 관련한 테러정보를 종합분석하고 요인경호 중요시설 경비에 특화된 임무를 보유하고 있다.[25]

3) 대테러작전부대(Gendarmerie nationale): 테러대응 주무기관

위에서 서술하였듯 프랑스에는 소도시에서 일반 경찰업무를 담당하는 '장다르므리 나시오날(Gendarmerie nationale)'이라 불리는 국가헌병대(프랑스 Gendarmerie National)가 존재하며, 이는 헌병부대가 아니라 육군·해군·공군처럼 독립적으로 분리된 별개의 '군종' 개념으로 약 10만 명에 달하는 전력이 있어 '제4군'으로 불릴 정도로 큰 군 조직이다. 프랑스의 국가헌병대는 편제상으로 국방부에 속해 있으나, 일반적으로 내무장관의 통제를 받는 형태로 시민들의 치안유지업무 등을 담당

22 http://www.interieur.gouv.fr/Le-ministere/DGSI.

23 http://www.interieur.gouv.fr/Le-ministere/DGSI/Mission-de-police-judiciaire-specialisee.

24 Arrêté du 21 décembre 2012 portant organisation de la direction générale de la sécurité extérieure Article 5.

25 http://www.defense.gouv.fr/dgse/tout-le-site/deux-defis-majeurs.

하고 있다. 따라서 평소에는 경찰과 국가헌병대가 크게 구분이 되지 않지만, 국가헌병대는 어디까지나 군인이라는 신분을 갖고 있으므로 민간경찰에 비해 뛰어난 군사적 훈련 상태와 장비를 갖추고 있으며, 따라서 테러범 및 과격단체의 광범위한 무장 폭력 행동에 보다 적절하게 대응할 수 있다는 장점이 있다.

다음 〈그림 9-4〉에서 알 수 있듯 프랑스는 '최소한의 무력 개입' 단계에서는 일반 국가헌병대, '중간 무력 개입' 단계에서는 헌병전투부대(PSIG), '특별 무력 개입' 단계에서는 헌병특공대(Groupe d'Intervention de la Gendarmerie Nationale: GIGN)가 개입하는 등 모든 단계의 무력개입에서 국가헌병대를 기반으로 대응하고 있다.

특히 국가헌병대 소속 특수부대 GIGN는 1972년 뮌헨 올림픽에서 '검은 9월단'이 테러발생 이후 1973년 설립된 특수부대로 약 400명의 부대원이 편성되어 있으며, 2007년 조직 개편을 통해 다른 특수부대를 흡수해서 국가 대테러특공

| 그림 9-4 | 프랑스 국가 무력개입 도식

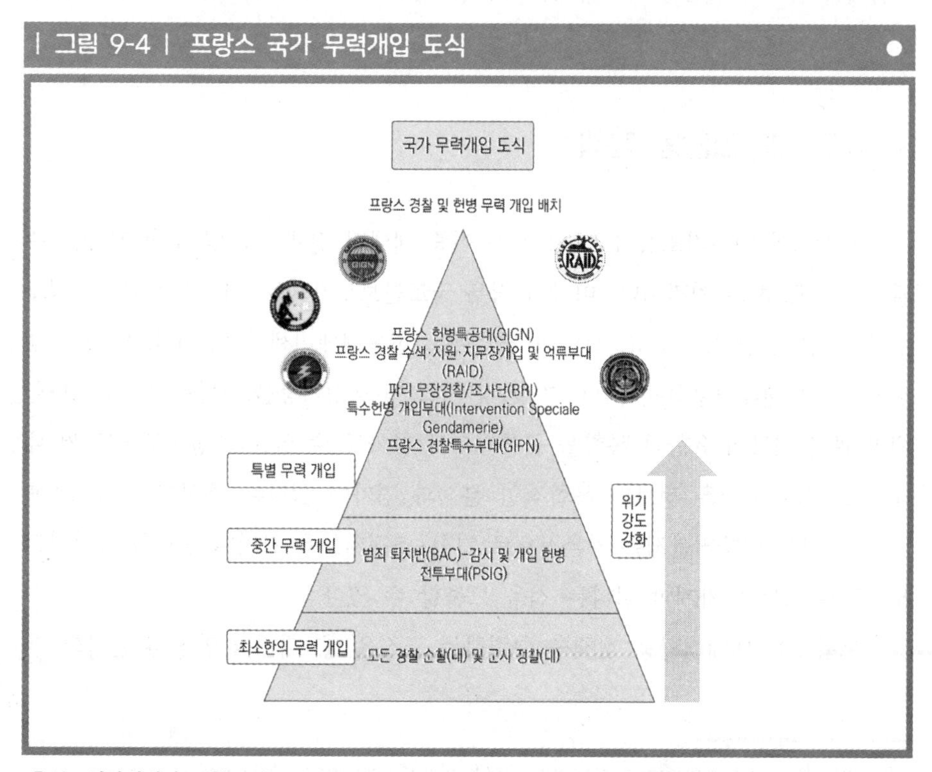

출처: 형사정책연구원(2016).

대로 발전하였다. 주요 임무는 인질 구출, 요인 경호, 핵 시설 경계와 극악범 호송이다.[26]

국가헌병대는 대테러업무 및 치안업무 이외에도 국가 원수나 그 가족 등의 주요 인사의 경호 업무, 각 공공기관이나 원자력 발전소 등 국가 주요 시설에 대한 경비 업무를 책임지고 있으며, 특히 일반 경찰의 관할 구역 내에서도 정부 건물의 경비는 국가헌병대가 맡고 있다.

또한 경찰청 소속 특공대(Recherche Assistance Intervention et Dissuasion, RAID) 역시 대테러 작전을 펼치기 위해 1985년 창설된 국가 경찰 내 특공대로 약 170명이 임무를 수행하고 있다.[27] 2009년 이후로는 또 다른 경찰 특수부대 GIPN과 BRI와 함께 프랑스 경찰 진압단 내에 속해 있으며, 임무는 본질적으로 GIGN과 유사하다. 주요 임무는 테러 작전, 테러혐의 조사, 테러정보 취합 및 분석 등의 임무이다. 특히 테러 진압에서 심리적인 점을 다루는 것으로, 인질범과의 협상과 위기관리 등을 다룬다.

3. 주요 대테러활동 정책

프랑스의 대테러조정기구(UCLAT)는 이중 대테러 정책기획 및 조정 기능을 주된 기능으로 하는 기관이다. 미국의 경우 국토안보부가 기획 및 조정기능과 정보수집기능을 담당하고 있고, 독일의 경우에는 합동대테러센터(GATZ)가, 영국의 경우에는 합동대테러분석센터(JTAC)가 각각 기획 및 조정기능을 담당하고 있다. 또한 테러 관련 정보의 융합과 통합을 공통적으로 찾아볼 수 있는 특징으로 이로써 대테러 조직의 핵심은 정보의 통합적인 분석과 평가에 있다는 특성이 있다(황진아, 2017). 따라서 대테러단체는 기본적으로 기획·조정기능을 가지며 정보를 융합하고 분석하는 기능을 가져야 한다는 점을 도출할 수 있다.

프랑스의 대테러활동 정책을 수렴하는 조직은 ① 대내적 안전의 군사화 ②

26 http://www.gendarmerie.interieur.gouv.fr/gign/Decouverte/Missions2.

27 http://le.raid.free.fr/intervention.htm.

국가안보기관의 권한통합화 ③ 분리원칙의 형해화의 경향을 보이고 있다. 대표적인 예로 대내적 안전의 군사화와 관련하여 프랑스는 테러 진압 특수부대로 '지젠느(GIGN)' 규모를 확대하는 것뿐만이 아니라 최근 테러 사건과 관련하여 국가비상사태를 선포하며 국내의 치안활동에 군부대를 동원하고 있다는 점이다.

프랑스는 위에서 살펴본 미국·영국·독일과는 달리 치안업무를 수행하는 데 있어 기본적으로 자치경찰제도를 운영하되 인구 20,000명 이하인 소도시(코뮌)는 '국가헌병대(Gendarmerie nationale)'를 활용하여 일반 경찰업무를 관장토록 하는 군인경찰제도를 적극적으로 활용하고 있다. 이처럼 국가헌병대가 치안을 담당하고 있는 범위는 프랑스 영토의 약 95%, 프랑스 인구의 약 50%에 달하기 때문에 실질적인 치안업무는 국가경찰제도에 기반하고 있다. 따라서 대테러체계 또한 '군인경찰' 혹은 '헌병' 중심으로 설계되어 있다. 실제로 프랑스의 가장 대표적인 대테러 특수부대인 GIGN(Groupe d'Intervention de la Gendarmerie Nationale) 또한 국가헌병대 산하에 귀속되어 있으며, 테러사건 발생 시 프랑스 경찰 개입단인 FIPN(Force d'Intervention de la Police Nationale)과 함께 상황에 투입되는 체계이다.

프랑스는 독특하게도 전시가 아닌 평시에도 일반치안업무를 담당하는 국가헌병대를 기반으로 골든타임 내 테러에 대응하도록 작동하게 되어 있어 테러발생 시 총력 대응이 가능하다는 장점이 있다. 국가헌병대를 기반으로 한 대테러 대응체계가 가능한 이유 중 하나는 헌병대가 '제4군'이라고 불릴 정도의 풍부한 인력을 갖고 있고, 더욱이 소도시의 기본적인 치안업무를 맡고 있으므로 프랑스 전역에 걸쳐 그 인력이 분산되어 있기 때문이다.

한편 프랑스의 테러예방 정책의 특징이 그간의 강경대응 일변도의 정책에서 영국, 독일 등과 유사하게 이슬람 이민자 및 2세들의 극단화를 예방하기 위한 방향으로 전환하고 있다. 2013년 프랑스 국방백서는 "급진화 방지를 위한 정부차원의 노력이 개진"되어야 한다고 강조하였고, 프랑스 국적의 외국인테러전투원의 참가를 차단하기 위한 「급진화 방지전략(Le Plan National de Prévention de la Radicalisation)」을 수립하였다.[28] 급진화 방지전략의 주요 내용은 지역사회 내 핫라인 상담전화개

---

28 https://www.cipdr.gouv.fr/prevenir-la-radicalisation/mise-en-oeuvre-du-pnpr/

설, 이슬람 공동체의 주요 관계자가 주도하여 극단화 가능성이 높은 개인이나 가족들에게 테러예방교육등 대문화치안 컨설팅을 수행하는 제도적 장치 등을 들 수 있다(박선희, 2016).

제5절 일본

1. 법적 근거

미국의 9·11 테러를 계기로 일본은 테러범의 폭탄사용의 방지에 관한 국제조약을 2001년 11월에 체결하였고, 테러사건에 대한 자금공여의 방지에 관한 국제조약을 2002년 6월에 체결하게 되면서 이에 따라 국내법적 정비가 이루어지게 되었다. 이러한 일본의 대테러 법령들의 특징은 경찰의 차원에서의 문제라기보다는 테러의 문제를 자위대의 활동영역으로 확대해 나간다는 점에 있다는 것이다.[29]

여기에서는 테러대책특별조치법(テロ対策特別措置法)(2001년), 무력공격대처법(武力攻撃事態対処法)(2003년), 국민보호법(国民保護法)(2004년), 개정출입국관리·난민보호법(改正出入国管理·難民保護法)(2006년)에 대해서 살펴본다.

먼저 2001년 11월 공포된 테러대책특별조치법은 미국의 9·11 테러 이후 미군의 군사행동에 대한 지원과 아프가니스탄 주변에서 이재민 지원 등 7개 항목으로 구성된 즉각적인 조치사항 이행을 위해 제정된 것이었다. 이 법안은 자위대에 의한 미군 등 외국군대에 대한 지원활동과 수색·구조 활동 외에 이재민에 대한 구조 활동을 규정하고 있으며, '비전투 지역'이라는 제한을 규정하면서 활동범위는

29 大沢秀介/小山剛 編,「市民生活の自由と安全」, 2006, 271쪽 이하.

외국의 영역도 포함되어 있었다. 특히 자위대의 활동을 '테러와의 전쟁'이라는 국제사회의 공동행동에 대한 참여임을 강조했지만, 그 본질은 국제사회보다는 미국에 대한 지원이 아니냐는 지적도 있었다(박석정, 2017).[30]

이 법령은 2007년 11월 1일 기한 만료로 실효되었고, 이를 대처하기 위해 내각은 2007년 10월 신테러특별조치법을 제정하였다. 이 법령의 목적은 일본이 국제 테러의 방지 및 근절을 위한 국제사회의 노력에 적극적이고 주체적으로 기여하고, 일본을 포함한 국제사회의 평화와 안전의 확보에 이바지하는 것을 목적으로 한다. 따라서 국제 테러사건 발생지역에서의 협력지원활동·수색구조활동·이재민구호활동 등의 대응조치를 실시하도록 하고 있다.

둘째로 무력공격사태대처법인 2003년 6월에 제정되었는데 법의 제정목적은 다른 나라의 무력공격사태에 대처할 때의 기본이념, 절차를 규정한 유사시에 대비하는 기본법으로 무력공격사태 등에의 대처를 위한 절차, 무력공격사태 등에의 대처에 관한 법제의 정비, 긴급대처사태 기타 긴급사태에의 대처를 위한 조치 등으로 구성되었다.

셋째로 국민보호법은 2004년 제정되었는데 무력공격사태 등에 대해 무력 공격으로부터 국민의 생명, 신체 및 재산을 보호하고, 무력공격의 국민생활 및 국민경제에 미치는 영향이 최소가 되도록 하기 위한 것이다. 이를 위해 국가, 지방공공단체 등의 책무, 국민의 협력, 주민의 피난에 관한 조치, 대피주민의 구호에 관한 조치, 무력공격재해에 대한 대처에 관한 조치 기타 필요한 사항을 규정하였다.

넷째 개정출입국관리 및 난민인정법은 테러범을 입국시키지 않기 위한 대책, ② 테러범이 자유롭게 활동할 수 없도록 하는 대책, ③ 테러에 사용될 우려가 있는 물질 통제, ④ 테러자금을 봉쇄하기 위한 대책, ⑤ 중요시설 등의 안전을 높이기 위한 대책, ⑥ 테러범 등에 관한 정보수집능력 등의 강화대책 등의 내용이 규정되어 있다.

최근 일본은 2020 도쿄올림픽(2021년 개최)을 앞두고 2015년 11개 안보 관련 법령의 제개정을 통한 대테러법령 재정비를 계기로 테러에 강력히 대처하였다.

30 박석정. (2017). 일본과 국제사회의 국제테러 대책에 대한 검토. 한국테러학회보, 10, 49-65.

2. 대테러전담조직

1) 국제조직범죄 등 국제테러대책 추진본부: 대테러정책기구

미국의 9·11 테러 이후, 급증하고 있는 국제조직범죄 및 국제테러에 대해 관계 행정기관의 긴밀한 연계를 확보하고 유효적절한 대책을 종합적이고도 적극적으로 추진하기 위해 2001년 7월에 설치된 기구이다. 우리나라의 대통령비서실장과 국무조정실장의 역할을 수행하는 내각관방장관을 본부장으로 하며 국가공안위원회 위원장(부본부장), 내각관방부장관(정무 및 사무), 그리고 법무·외무·재무·후생노동·경제산업·국토교통·방위부대신이 구성원으로 편성된다. 국제테러대책 추진본부를 통해 급증하고 있는 국제조직범죄 및 국제테러사건 관련, 관계 행정기관의 긴밀한 연계를 확보하고 효과적인 국가적 차원의 테러대응대책을 수립, 심의·의결

| 그림 9-5 | 일본 내각의 정보 체제(개념도)

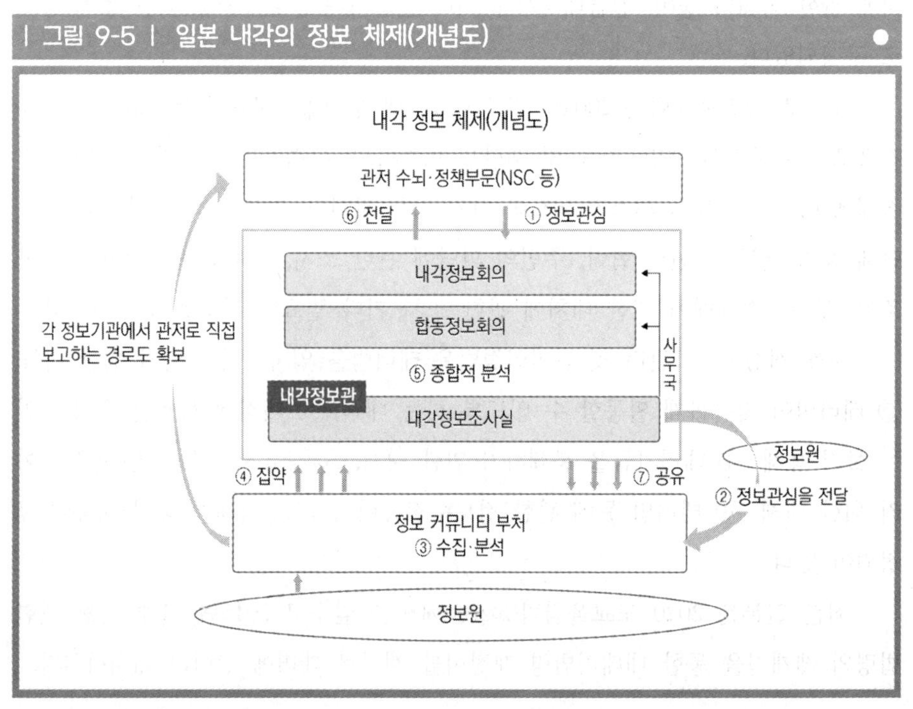

출처: 내각정보조사실 홈페이지 「内閣のインテリジェンス体制について(내각의 정보체제에 관해서)」 (https://www.cas.go.jp/jp/gaiyou/jimu/jyouhoutyousa/intelligence_taisei.html).

하는 임무를 수행한다.

2) 내각정보조사실: 테러정보기구

일본 테러정보의 컨트롤타워는 내각관방에 설치된 '내각정보조사실'로 우리나라의 국가정보원에 해당된다. 내각정보조사실의 소장 사무는 내각관방조직령 제4조에서 규정하고 있는데, 핵심은 총리 관저 직속의 정보기관으로서 테러 정보의 수집·집약·분석을 실시하며, 내각의 중요 대테러 정책에 관한 정보를 관저에 보고하여 관저의 정책결정과 수행을 지원하는 관저 직속 정보기관으로서의 기능을 담당하고 있다.

현재 내각정보조사실의 편성은 아래 〈그림 9-6〉과 같은데(권정훈·이세환·송상

| 그림 9-6 | 일본 내각정보조사실 편성

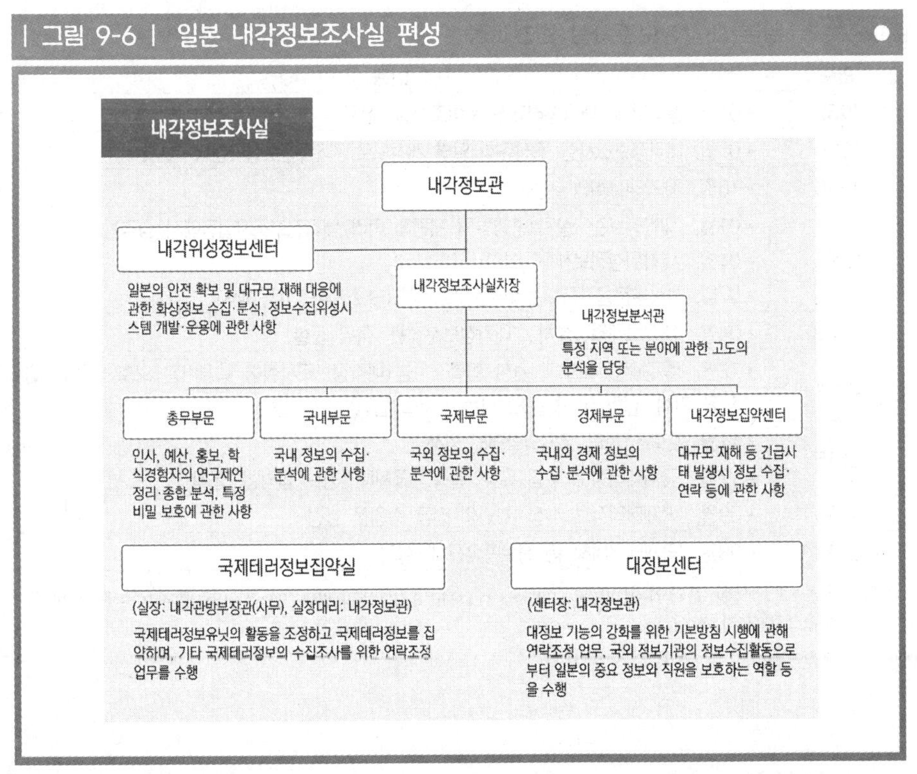

출처: 내각정보조사실 홈페이지(https://www.cas.go.jp/jp/gaiyou/jimu/jyouhoutyousa/soshiki.html).

욱, 2012), 내각정보조사실의 기원은 1952년 4월 당시 총리부에 설치된 '내각총리대신 관방조사실'이다. 이후 1957년 8월의 법령 일부 개정에 따라 관방조사실 폐지와 함께 내각관방 '내각조사실'이 설치되었다. 1977년 1월에는 내각조사실 조직규칙 시행으로 내부체제가 총무, 국내, 국제, 경제, 자료의 5개 부문으로 정비되었고, 1986년 7월에는 내각조사실에서 현재의 '내각정보조사실'로 명칭이 변경되었다.

1995년 1월에 발생한 한신·아와지(阪神·淡路) 대지진을 계기로 이듬해 5월에는 '내각정보집약센터'가 설치되어 총리 관저가 중심이 된 정보수집 및 위기관리체제의 개혁이 이루어졌다. 이후 1998년 북한의 대포동 1호 발사 등으로 정보수집위성의 필요성이 고조되었고 1999년 3월에 설치된 정보수집위성도입준비실은 2001년 4월에 '내각위성정보센터'로 개정되었다. 2008년 4월에는 '내각정보분석관'이 신설되었고 정부기관의 방첩을 담당하는 '대정보센터'도 설치되었다(〈표 9-6〉참조).

표 9-6 일본 내각정보조사실 변천과정

연도	내용
1952	▲04월, 총리부에 '내각총리대신 관방조사실' 설치
1996	▲05월, 내각정보조사실 조직규칙 일부 개정으로, '내각정보집약센터' 설치
1998	▲10월, '내각정보회의' 설치
2001	▲01월, '내각정보관' 설치(중앙부처 재편에 따라 내각정보조사실장에서 승격) ▲04월, '내각위성정보센터' 설치 ▲07월, 자료부문을 '정보관리부문'으로 개칭(→2004년 4월 폐지)
2008	▲04월, '대정보센터' 설치, '내각정보분석관' 직위 신설
2014	▲12월, '특정비밀 보호에 관한 법률' 시행(내각정보조사실이 특정비밀 보호에 관한 법안을 기획, 입안 및 종합조정하는 사무를 담당)
2015	▲11월, 프랑스 파리 동시다발테러 발생 ▲12월, '국제테러정보 수집 유닛' 발족, '국제테러정보 집약실' 설치
2016	▲09월, '국제테러정보 수집 유닛'의 긴급 증원을 결정
2018	▲08월, '국제테러대책 등 정보공유센터' 설치

출처: 내각정보조사실 홈페이지(https://www.cas.go.jp/jp/gaiyou/jimu/jyouhoutyousa/rekishi.html)를 바탕으로 저자 작성.

3. 주요 대테러활동 정책

일본의 국제테러대책 추진본부에서는 2017년 12월에 '2020년 도쿄 올림픽·패럴림픽 등 대비한 테러대책 추진요강(12월 11일)[31]'을 발표했다. 본 요강에서는 ① 정보수집·집약·분석 등의 강화, ② 공항 및 항만 대책 강화, ③ 소프트 타깃에 대한 테러의 미연 방지, ④ 국가중요시설에 대한 방호 및 테러대응능력의 강화, ⑤ 관민이 일체화 된 테러대책 추진, ⑥ 해외 거주 일본인에 대한 안전 확보, ⑦ 테러 대책을 위한 국제협력 추진 등 7개 중점사항별 세부 대책이 수립되었고 이를 바탕으로 코로나19 팬데믹으로 개최가 1년 연기된 도쿄 올림픽·패럴림픽에 대비했다. 이 절에서는 일본의 도쿄 올림픽에 대비하여 추진한 주요 테러대응체계의 주요 개편안에 대해서 살펴보고자 한다.

1) 테러정보 공유 협의체 개편

앞서 언급한 바와 같이 2010년대에 접어들어 연이은 해외 테러로 인해 일본인들의 피해가 속출하는 가운데, 일본 내에서는 2016년 이세시마(伊勢志摩) G7 정상회의와 2020 도쿄올림픽(2021년 개최)을 앞두고 강력한 대테러역량이 요구되는 상황이었다. 당시 집권 자민당은 테러예방을 위한 첩보수집을 강화하기 위해 미국의 CIA와 같은 강력한 정보기관의 창설의 중요성을 강조하는 등 테러정보의 역량강화를 위한 제도적 장치 마련에 집중하였다(테러정보통합센터, 2016). 특히 일본 내 국제테러정보 수집 및 집약 체제의 근본적인 강화가 필요하다는 인식하에, 일본 정부는 2015년 12월 '국제테러정보 수집·집약 간사회'와 '국제테러정보집약실', '국제테러정보 수집 유닛(CTUJ; Counter-Terrorism Unit Japan)'을 신설했다. 당초 이들 기관은 이세시마 정상회의 개최 전인 2016년 4월을 목표로 신설될 예정이었으나, 2015년 11월에 발생한 파리 연쇄테러사건의 영향으로 그 발족이 앞당겨졌다.

31 「2020年東京オリンピック競技大会·東京パラリンピック競技大会等を見据えたテロ対策推進要綱(2020 도쿄 올림픽 등에 대비한 테러대책 추진요강)」2017년 12월 11일 (https://www.kantei.go.jp/jp/singi/sosikihanzai/20171211honbun.pdf).

| 그림 9-7 | 일본의 테러정보 수집·집약 체제

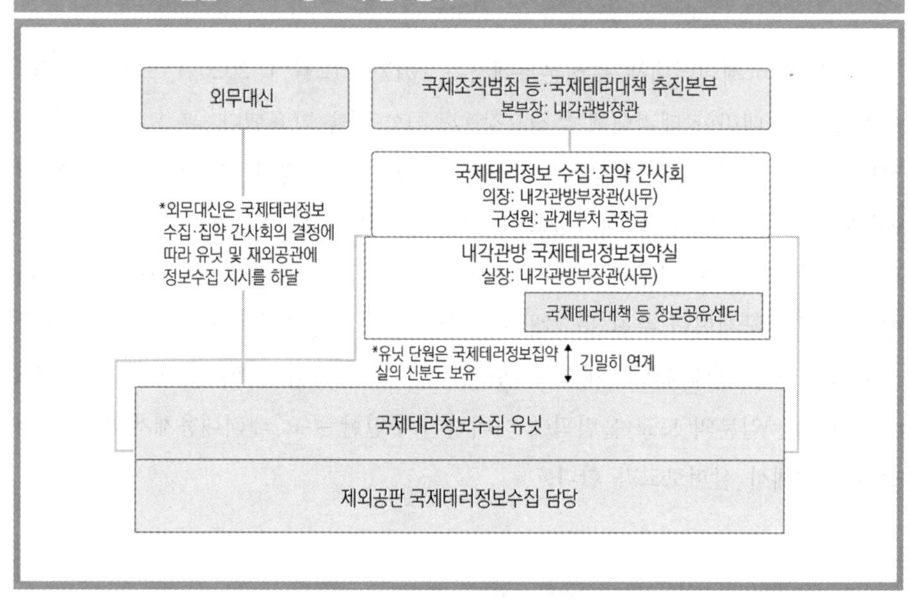

출처: 내각정보조사실 홈페이지「国際テロリズムに対する取組(국제테러에 대한 대처)」 (https://www.cas.go.jp/jp/gaiyou/jimu/jyouhoutyousa/terrorism_torikumi.html).

(1) '국제테러정보 수집·집약 간사회' 신설

일본 정부는 2015년 연이은 국외 테러위협의 증대에 따른 재외 일본인의 보호대책, 총리관저 불법드론 침투 등에 따른 국가중요시설의 방호체계 등 주요 테러대응역량의 취약성에 대한 국내 비난여론이 높아지자 전향적인 국가테러대응체계 개편작업에 착수하였다.[32] 먼저 기존 '국제조직범죄 등·국제테러대책 추진본부'에 '국제테러정보 수집·집약 간사회'를 신설했다. 내각관방부장관(사무)을 의장으로 하는 간사회는 국제테러에 관한 정보 및 정보관심을 관계기관과 긴밀한 공유 기능을 수행하기 위해 주요 정보관계 5개 부처는 물론 정책 및 테러대응 부문의 국장급 대표인 국가안전보장국장, 내각위기관리감 등을 구성원으로 참가하며, 필요에 따라 외무성 지역국이나 해상보안청 등 관계부처의 출석을 요구하도록 협의

32 일본 외무성「国際テロ情報収集集約体制の強化(국제테러정보 수집·집약 체제의 강화)」 2015년 12월 8일(https://www.kantei.go.jp/jp/singi/hanzai/dai23/siryou2.pdf).

| 그림 9-8 | 국제테러정보 수집·집약 간사회

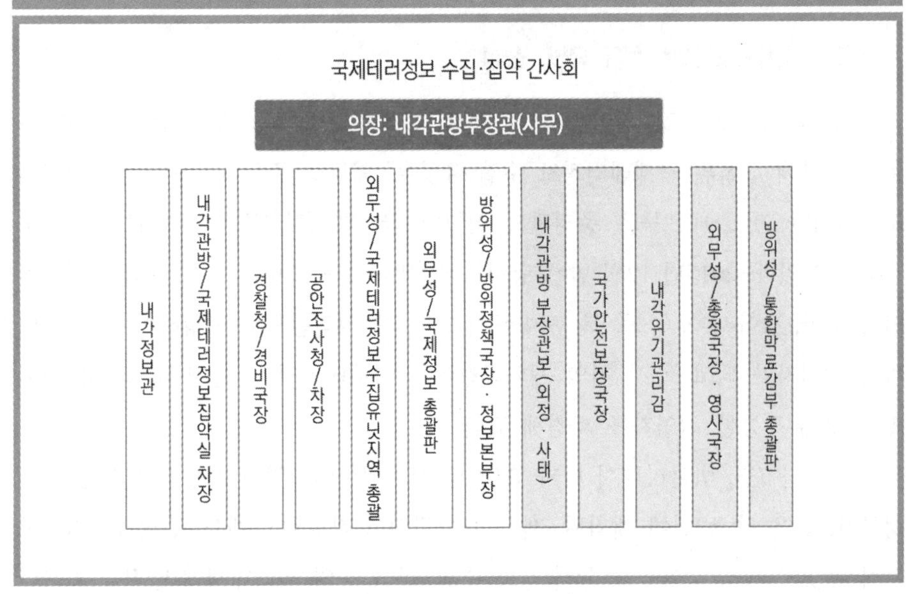

출처: 일본 외무성「国際テロ情報収集集約体制の強化(국제테러정보 수집·집약 체제의 강화)」2015년 12월 8일(https://www.kantei.go.jp/jp/singi/hanzai/dai23/siryou2.pdf).

체 구성원의 직급을 상향조정하여 강력한 권한행사가 가능케 하였다.

(2) '국제테러정보집약실' 및 '국제테러대책 등 정보공유센터' 신설

내각관방에 신설된 '국제테러정보집약실'은 앞서 언급한 '국제테러정보 수집·집약 간사회'의 사무국으로서, 관저 간부 및 관계부처의 정보관심을 종합하며 국제테러 정보를 집약하고 기타 국제테러정보의 수집조사에 관한 연락조정을 수행케 하는 기능을 수행한다. 2018년 8월 1일, 일본 정부는 도쿄 올림픽을 앞두고 테러 정보의 집약·분석 강화를 위해 국제테러정보집약실 산하에 '국제테러대책 정보공유센터'를 설치하였는데, 기존에는 경찰청, 외무성 등 11개 정부 부처가 개별적으로 전화나 서면으로 정보를 교환했지만, 개편안에는 개별적인 테러정보를 통합하여 정보분석 기능의 강화를 위해 관계부처의 실무자급이 아닌 관리자급 100여 명이 상주함으로써, 국내외 테러위협 관련 정처보 등을 신속히 공유하고 개별 관계기관이 보유한 테러DB 및 기타 관련 정보와의 조회 및 분석을 통해 상세한

검증 및 분석업무를 가능케 하였다.[33]

(3) '국제테러정보 수집 유닛' 신설

국제테러정보 수집·집약체제의 근본적 강화를 위한 목적으로 앞서 언급한 두 조직과 함께 신설된 국제테러정보 수집 유닛은, 외무성 종합외교정책국에 설치된 조직이지만 그 스태프들은 총리관저 직할인 국제테러정보집약실 요원의 신분도 겸무하고 있다. 2015년 12월 발족 당시 40여 명이었던 유닛은 주요 테러 발생국가인 동남아, 남아시아, 중동, 북·서아프리카의 4개 지역반으로 구성하여 반별 심의관이 책임자가 되고,[34] 각 지역 재외공간에는 국제테러정세, 현지 사정이나 언어 및 종교에 정통한 적임자를 파견해 왔다.

2016년 7월, 방글라데시 다카 습격 테러로 일본인 7명이 희생되는 사건이 발생하자, 같은 달 12일에 개최된 '제25회 범죄대책 각료회의'에서는, 국제테러정보 수집 유닛의 체제 강화를 포함해 정보 수집·분석 등의 테러대책에 만전을 기하라는 아베 총리(당시)의 지시가 있었다.[35] 해당 지시를 근거로 관계 부처간에 검토를 실시한 일본 정부는, 국제테러정보 수집 유닛에 외무성 및 재외 공관을 합해 40명 정도의 증원을 통해 80명 정도로 2배 증가하였다.[36] 주요 구성원은 경찰청과 외무성이 각각 40%, 내각정보조사실이 10%, 그리고 공안조사청과 해상보안청, 입국관리국, 방위성 출신을 합한 인원이 나머지의 10%를 이룬다. 90명 중 50명 이상이

---

33 「政府が『国際テロ対策等情報共有センター』を新設」『産経新聞』 2018년 8월 1일(https://www.sankei.com/article/20180801-URSFJQT2KVL5VD33WYSTYTFC6I/).

34 4개 지역반을 총괄하는 초대 유닛장에는 경찰청 출신인 다키자와 히로아키(滝沢裕昭) 심의관(당시)이 취임했다. 이후 다키자와는 2011~2019년까지 내각정보관을 역임한 기타무라 시게루(北村滋)의 후임으로 내각정보관에 임명되었고, 기타무라는 제2대 국가안전보장국장에 내정되어 2021년 7월 7일 퇴임했다. 기타무라는 최근 자신의 저서를 통해 '유닛' 창설이 오랜 숙원이었다고 회고하면서 이를 대외정보 조직의 효시라고 평가했다. 北村 滋. (2021). 情報と国家-憲政史上最長の政権を支えたインテリジェンスの原点, 中央公論新社, まえがき.

35 「第25回 犯罪対策閣僚会議 議事録」 2016년 7월 12일(https://www.kantei.go.jp/jp/singi/hanzai/dai25/25gijiroku.pdf).

36 일본 정부는 2016년 9월 2일 국제테러정보 수집 유닛의 증원을 내용으로 하는 '외무성 조직령 등의 일부를 개정하는 정령'(2016년 9월 7일 공포·시행)을 각의 결정했다. 외무성 홈페이지 보도발표 「国際テロ情報収集ユニットの緊急増員(국제테러정보수집부대 긴급 증원)」 2016년 9월 2일(https://www.mofa.go.jp/mofaj/press/release/press4_003651.html).

본부가 있는 외무성에 근무하고, 나머지 40명 남짓은 재외공관에 근무하고 있다.[37] 재외공관 업무는 현지 주재국의 정보기관과의 긴밀한 인간정보(휴민트)가 매우 중요하므로 최소 3년 정도 근무하고 있으며 현지 일본인과 일본계 기업을 테러로부터 미연에 방지하는 임무도 수행하고 있다.

한편 일본 국내에 있는 유닛 직원은 외무성에서 지역반, 총무반, IT반으로 나뉘어 활동하고 있다. 지역반원은 각국에 나가 상대국의 정보기관 등과 정보교환 등을 실시하고 있는데, 2019년 5월에는 기존 4개의 지역반에 '유럽반'을 추가해 유럽 각국 정보기관과의 새로운 정보채널이 생성되었다.[38] IT반은 자체 통신망을 통해 해외에 있는 직원들에게 지시를 내리거나 직원들과 연계해 해외에서 정보를 수집하고 있다.

(4) '시큐리티정보센터'와 '사이버시큐리티대처조정센터' 신설

다음 〈그림 9-9〉와 같이 경찰청 주도로 테러위협을 분석 및 평가하는 '시큐리티정보센터'와 사이버 보안에 관한 위협 분석 및 정보수집을 위한 '사이버시큐리티대처조정센터'를 내각관방에 각각 설치하였다. 또한 내각관방에 '시큐리티조정센터'를 올림픽 성화봉송이 시작된 2021년 3월 25일부터 설치케 하여 올림픽 전기간 중에 대테러활동과 관련된 관계기관간의 업무 조정 및 테러정보 공유업무를 수행하였는데, 내각위기관리감을 수장으로 한 시큐리티조정센터는 '시큐리티정보센터'와 '사이버시큐리티대처조정센터'로부터 정보를 제공 받아 대테러활동을 조정통제하였다.

---

37 NHK 정치매거진 「知られざるテロ情報機関(알려지지 않은 테러정보기관)」 2018년 11월 21일 (https://www.nhk.or.jp/politics/articles/feature/11174.html).

38 상동.

| 그림 9-9 | 도쿄올림픽 정보공유체계

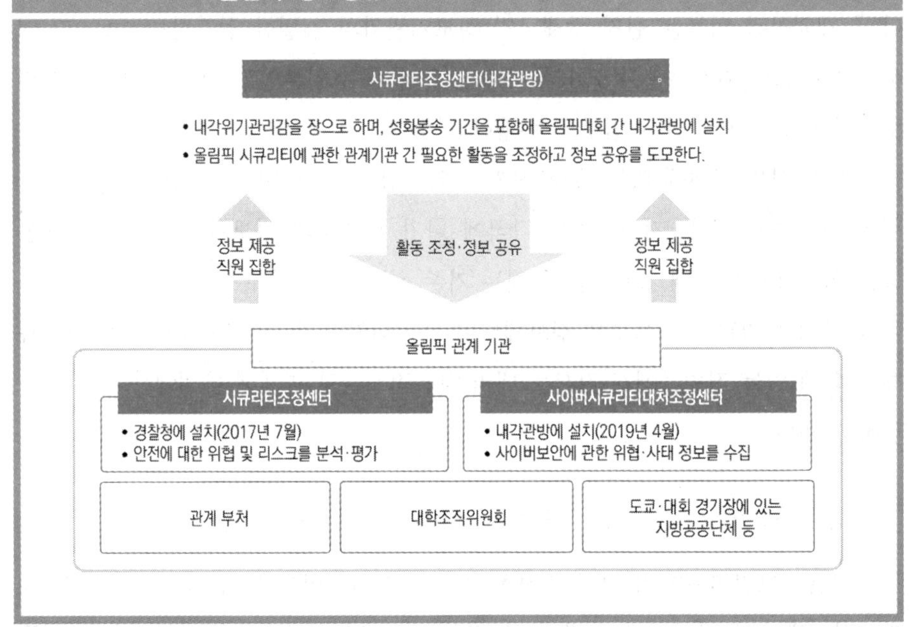

출처: オリパラに向け 内閣官房に「セキュリティ調整センター」2021年3月25日 (http://kancho－t.com/文教－com/オリパラに向け%e3%80%80内閣官房に「セキュリティ調整/).

2) 현장 테러대응 전담조직 개편

일본 정부는 테러현장에서의 테러대응 역량을 강화하기 위해 국가중요시설 및 민간 다중운집시설의 방호 역량에 집중하였다. 주무기관인 경찰청은 2017년 7월에 '2020년 도쿄 올림픽·패럴림픽 경기대회 대책추진실'을, 도쿄 경시청에는 2014년부터 '경시청 올림픽·패럴림픽 경기대회 종합대책본부'를 각각 설치해 경비 체제를 가동시켰다.[39]

실제 테러가 발생했을 경우, 현장에서의 테러대응활동은 무력진압작전 부대로 각 도도부현 경찰 기동대에 '총기대책부대'를 운용케 하였다. 특히 2015년 4월 최초

39 「警察庁、五輪·パラに向け 「推進室」 設置·長官、テロ防止と円滑交通の確保を指示」 『産経新聞』 2017년 7월 24일 (https://www.sankei.com/article/20170724-Q5YP5BOPUZKFBGZAOPXWRPHRHQ/?outputType=theme_tokyo2020); 「警視庁オリンピック·パラリンピック競技大会総合対策本部·警備総合対策担当管理官」(http://www.newstokyo.jp/index.php?id=1139).

경시청 총기대책부대에서 대원을 선발해 테러 사건에 초동 대응하는 '긴급시 초동대응부대'(ERT: Emergency Response Team)를 창설하였는데, 주요 임무는 중무장 테러범의동시다발 복합테러에 대한 초동대응과 국가급 대테러특공대(무력진압작전 수행)인 '특수급습부대'(SAT: Special Assault Team)가 도착할 때까지의 여건조성작전을 수행케 하였다.[40]

이러한 지상의 대테러작전부대와 더불어 경시청은 2019년 5월 14일, 올림픽 경기장이 산재해 있는 도쿄 만 연안부 해상테러에 대처하기 위해 수상 오토바이와 고속 단정을 이용하는 특수부대인 '임해부 초동대응부대'(WRT: Waterfront Response Team)를 창설하여 해상테러에 대비토록 하였다.[41]

3) 드론대응체계 구축

2015년 4월 22일에 일본 총리 관저 불법드론 침투사건 이후 드론테러의 위협에 대한 대응체계가 구체화 되었는데, 먼저 규칙 등의 법정비가 가속화되어, 동년 12월에는 인구밀집지역이나 야간비행을 원칙적으로 금지하는 개정 항공법이 시행되었고, 2016년 4월에는 국토교통성에서 국회와 왕궁 등의 국가중요시설과 재외공관, 원자력발전소 및 올림픽 관련시설과 방위관계 시설 상공 비행을 원칙적으로 금지하는 '소형무인기 등 비행금지법(드론규제법)'이 시행되었다.[42] 이후 올림픽을 앞두고 2020년 소형 무인기 비행금지에 관한 법률 개정을 추진하였는데,[43] 주요내용으로 드론 등록제도 규정, 드론 비행금지시설에 공항추가 및 보안관리 강화, 드론 식별신호 발신 의무화 등록제도 추진 등의 제도적 장치를 반영하였다.

---

40 「緊急時即応部隊『ＥＲＴ』『移動型』重武装テロを鎮圧」(https://www.sankei.com/article/20160523-JOB2RLPXQZK3TDULQJNZJSEQ7Y/2/).

41 「東京五輪へ海上警備を強化 警視庁が部隊を新設」(https://www.nikkei.com/article/DGXMZO44738010T10C19A5CC1000/).

42 「ドローン官邸落下から5年·進んだ法整備､広がる活用·安全管理にはなお課題」『毎日新聞』(2020. 5. 23.).

43 법률안 정식명칭은「無人航空機等の飛行による危害の発生を防止するための航空法及び重要施設の周辺地域の上空における小型無人機等の飛行の禁止に関する法律の一部を改正する法律案(무인항공기 등의 비행에 따른 위해 발생을 방지하기 위한 항공법 및 중요시설 주변지역 상공에서의 소형 무인기 등의 비행 금지에 관한 법률 일부 개정안)」으로 상세한 내용은 일본 국토교통성 홈페이지 참조 (https://www.mlit.go.jp/report/press/kouku02_hh_000149.html).

둘째로 2015년 12월에는 도쿄 경시청 기동대에 '드론대처부대'(IDT; Interceptor Drones Team)가 편성되어 드론 포획용 그물을 탑재한 드론을 운용하고 있고, 여기에 지상부대에 방해 전파를 방출하는 '재밍장치'와 그물을 발사하는 '그물발사기'를 도입하였다.[44]

셋째로 2021년 도쿄 올림픽 행사간에는, 국가중요시설 일대 불법드론을 경고하고 요격드론을 활용하여 포획하는 임무를 수행하기 위해, 도로내 모든 경기장에 드론의 전파를 탐지할 수 있는 탐지기와 함께 드론 차단을 위한 재밍장치와 대형 그물발사기 등을 배치하였다.

넷째로 국제테러단체 등으로부터 해킹 등 정보보안 목적 차원에서 2020년 11월 30일 일본 정부는 각 성청에서 운영 중인 1천대가 넘는 드론을 중국산에서 일본산으로 교체하겠다고 발표하기도 하였다.[45]

4) 민-관 파트너십 구축

도쿄에서는 2008년 11월, 전력, 가스, 통신, 철도 등의 인프라 기업이나 대규모 집객시설 사업자들과 경시청 및 도쿄도 등의 행정기관이 연계하여 '테러대책 도쿄 파트너십 추진회의'를 발족시켰다. 이를 통해 관민이 일체가 되어 테러의 미연방지와 테러발생시 협동대체체제 강화를 위한 각종 대테러안전대책이 추진되었다.[46]

또한 일본 전국단위의 경찰청에서도 G7 정상회의와 럭비월드컵, 도쿄 올림픽 등 대규모 국제회의와 스포츠대회를 앞둔 2015년 6월, '경찰청 국제테러대책 강화요강'을 발표하고 테러예방을 위한 정보 공조의 일환으로, 호텔, PC방, 렌터카, 임대아파트 등의 사업자, 그리고 폭발물의 원료가 될 수 있는 화학비료나 약품을 취급하는 홈센터 등의 업자들과의 협업체계를 강화하였다.[47]

---

44 「警視庁の迎撃ドローン部隊IDT」(https://news.yahoo.co.jp/byline/obiekt/20191022-00147850/).

45 「省庁のドローン１０００機、中国製を排除へ…安保懸念「国産」導入を視野」(https://www.yomiuri.co.jp/politics/20201129-OYT1T50197/).

46 경시청 홈페이지「テロ対策東京パートナーシップ」(https://www.keishicho.metro.tokyo.lg.jp/kurashi/heion/antep_mpd.html).

47 일본 경찰청 발표「警察庁国際テロ対策強化要綱」2015년 6월 (https://www.npa.go.jp/kei-

제6절
<<<

코로나19 이후 주요 국가들의 테러 대응역량 강화

최근 미국 및 유럽 각국들은 백신접종이 확대되고는 있으나 코로나 규제 완화에 따른 테러위협 증가 가능성에 따라 아래와 같은 테러대응 노력들을 추진하고 있다. 특히 각국의 대테러 전문가들은 극우주의 등 자생테러의 위협에 주목하면서 제2의 9·11 테러가 자국 내부에서 시작할 수 있다는 현실적 가능성을 직시하면서, 테러 발생 이후의 대응이 중요한 것이 아니라 잠재적 테러위험인물들에게 자유민주주의 사상과 예방교육 등 제도적 장치를 통해 테러예방 역량을 강화하는 이른바 '민첩한 양손잡이 대테러 능력'을 구축하는데 진력하고 있다.[48] 아래에서는 특히 테러수단 안전활동 강화, 극우주의 테러예방, 테러위험인물 관리 측면에서 각국의 최근 대테러활동 경향을 살펴보겠다.

1. 테러수단 안전활동 강화

1) 총기규제 강화

먼저 영국은 21년 8월 폴리머스시 총기난사 사건 이후 총기규제를 강화하기 위해 총기법(Firearms Act 1968)을 개정하였다. 기존 총기법에 의하면 민간인이 총기소지를 위해서는 지역 경찰로부터 총기소지 허가증을 받아야 했는데, 지역 관행에 따라 절차가 형식적으로 이루어졌다는 비판이 대두되었다. 따라서 개정된 총기법에서는 총기허가 신청자의 정신병력 약물남용 등 의료정보 확인기록을 필수요건으로 추가하고, 경찰에게 신청자의 SNS 활동내용, 가정폭력여부 등을 확인할 수

bi/biki/youkou/honbun.pdf).

48 https://n.news.naver.com/article/469/0000629082

있는 권한을 부여함으로써 객관적이고 심층적 확인할 수 있는 제도적 장치 마련코자 하였다.

미국 등 주요국들도 개인용 총기를 사용한 테러 및 강력범죄 증가 등에 따른 인명피해를 예방하기 위해 총기규제를 강화하고 있는 추세로, 2021년 6월에 미국은 총기판매업자 규제방안, 캐나다도 2월에 총기 밀거래 처벌상향 등 규제 강화대책을 마련하였다. 뉴질랜드도 2019년 3월 발생한 모스크 테러사건(51명 사망, 49명 부상) 이후, 반자동 및 자동소총 개조장치·대용량 탄창 소유 전면금지 등을 골자로 한 총기규제 강화법안을 마련하는 등의 제도적 장치를 마련였다(박보라, 2019).

2) 다중이용시설 대상 대테러 안전활동

서구권에서는 2021년 이후 코로나 방역효과가 나타나면서 방역활동의 규제완화에 따른 일반인들의 대면활동의 증대가 다중이용시설 테러위협의 증가로 이어질 수 있다는 상황평가를 하면서 다시금 대테러역량을 집중하고 있다. 먼저 미

| 그림 9-10 | 미국 연방~지방정부의 테러 예방 및 대응 체계의 통합

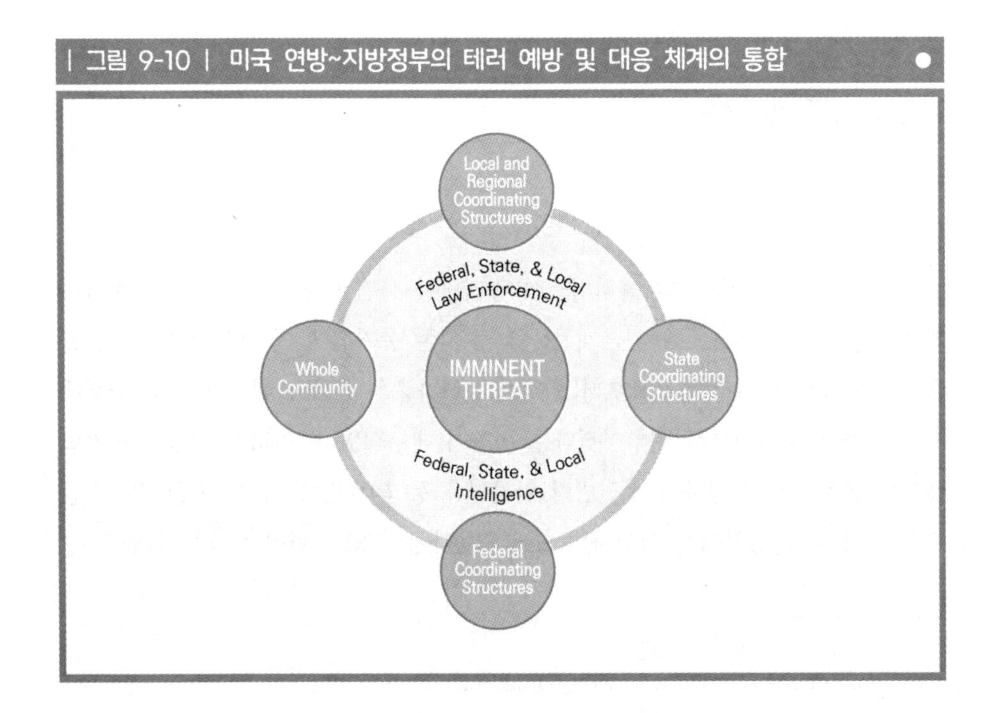

| 그림 9-11 | 영국 테러보험회사 Pool Re 대중교통 테러위협 분석

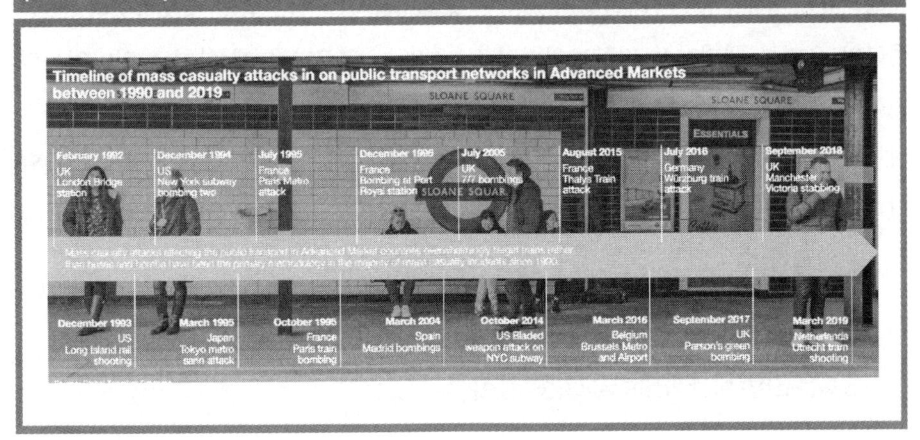

출처: Pool Reinsurance Company. (2021).[50]

국의 국토안보부는 2021년 5월 대국민 테러위협 공지시스템(National Terrorism Advisory System, NTAS)[49]을 통해 코로나 방역통제 완화를 이용해 인파가 집중되는 종교시설 및 일반 상업시설 등 다중이용시설이 테러대상목표가 될 가능성이 높다고 경고하였다(National Terrorism Advisory System, 2021. 5. 14).

특히 연방-주-지방 정부 차원의 정보기관들과 법집행 조직들이 관련 대테러 법령에 근거하여 온라인 및 현장에서 통합된 테러예방 및 대응시스템을 강화하고 있다(US. DHS, 2016). 예를 들면 주요 연방기관으로 국방부(Department of Defense, DOD), 국토안보부(Department of Homeland Security, DHS), 국가정보국(Office of the Director of National Intelligence, ODNI), NCTC(National Counterterrorism Center)이며 주 및 지방정부 기관은 연방수사국(FBI JOC & JTTS: The Joint Operations Center & Joint Terrorism Task Forces), State and Major Urban Area Fusion Centers 등을 들 수 있다.

둘째, 영국은 2021년 4월 야외 술집 및 식당 영업재개 등 이동제한 완화조치 이후 혼잡한 장소에서 테러가 발생할 가능성이 높다고 경고하면서, 경찰청을 중심

49 SUMMARY OF TERRORISM THREAT TO THE U.S. HOMELAND https://www.dhs.gov/sites/default/files/ntas/alerts/21_0514_ntas_bulletin_all-sectors.pdf

50 https://youtalk-insurance.com/sites/default/files/pool_re_public_transport_sector_risk_report_c4.pdf

으로 홈페이지에 대테러예방교육영상 홍보를 통해 시설보안 강화(시설장 대상), 테러대비요령(일반인 대상), 테러의심징후 발생 시 실시간 신고토록 강조하였다. 또한 영국의 유명한 테러보상 전문보험사인 Pool Re는 코로나 통제 완화로 일반인들의 여행이 증가할 경우, 우선적으로 대중교통시설이 테러표적이 될 가능성이 높다고 평가하며,[51] 교통부를 중심으로 차량테러 예방을 위해 상업용 차량 운전자 신원확인 강화, 차량불법 개조 상시점검을 주요내용으로 하는 새로운 차량보안지침을 제정 및 시행하였다.

3) 온라인상 테러예방활동 강화

코로나 장기화에 따른 온라인상 테러단체 조직원 모집 및 테러 선전선동, 극우주의 사상 전파 등 테러위협이 심각해짐에 따란 각국들은 이에 대한 대응방안에 노력하고 있다. 먼저 미국의 국토안보부는 코로나19로 일반인들의 온라인을 통한 극단주의 노출 가능성 증가를 경고하면서 페이스북에서는 백인우월주의 연계된 190개의 계정을 삭제하였다.

유럽의 경우 EU는 온라인 플랫폼(페이스북·유튜브 등)에 '테러 선동 콘텐츠'에 대한 조치 의무를 강제하였다. 프랑스 또한 SNS 사업자 게시물에 대한 관리 의무를 강화하는 방안으로 테러·혐오 콘텐츠 방치 시 최대 16억 원 벌금 부과를 결정하였으며, 독일 또한 '네트워크집행법' 개정을 통해 SNS 사업자의 역할과 책임을 강화하고 있다.

2. 극우주의 테러 대응

앞시 진술한 바와 같이 서구권을 중심으로 코로나19 상황 이후 심각해진 극

---

51 https://www.haggiepartners.com/new-pool-re-report-highlights-public-transport-vulnerabilities-to-terrorism/

우주의 테러위협 증가에 대응하기 위해 예산증액, 테러예방 및 대응분야에 방위적인 정책적 노력을 추진하고 있다.

먼저 증오범죄 등 극우주의 테러를 일반테러와 동일하게 규정하였다는 것인데, 연방수사국(FBI)는 2020년 2월 기존 분리되어 있던 극우테러(증오범죄)와 국내테러 담당부서를 일원화하였고, 뉴욕주는 자생테러방지법 제정을 통해 증오범죄를 국내테러로 규정하여 인종·종교 등과 관련된 폭력·총기·폭발 등의 혐의로 체포되면 이를 테러로 규정해 최고 가석방이 없는 무기징역까지 선고받도록 추진하였다.

둘째, 미국 국토안보부는 2021년 1월 워싱턴 국회의사당 무장폭동 사건 이후, 반정부 테러위협경보를 3달간 발령하면서(United States Senate, 2021), 극우주의 테러를 예방하기 위해 '예방프로그램 파트너십 센터'(The Center for Prevention Programs and Partnerships, CP3)를 신설하였다.[52] 주된 기능은 학교·직장 및 각종 사회 커뮤니티 등에서 극우주의 위험징후가 포착될 경우 사전 구축되어 있는 범죄행동위협평가툴(behavioral threat assessment and management tool)을 통해 초기 위협요인 식별·신고를 통한 사전 차단시스템을 정립케 하였다.[53] 대표적 예로 둘째로 국가정보국·국토안보부·FBI 등이 공동으로 극우주의 테러위험인물 평가를 정례화하고, 뉴욕주에서는 혐오란 없다'는 캠페인을 통해 극우주의 예방 교육프로그램을 지원하고 있다.

이 밖에 독일에서는 2019년 10월에 증오범죄 및 극우테러 관련 종합대책과 담당인력을 확충하였으며, 영국에서는 신나치주의 극우단체들을 불법단체로 지정하는 강화된 노력을 추진하였다(대테러센터, 2020).

52 CP3의 조직편성은 정책 및 연구팀, 예방교육팀, 전략개입팀, 현장대응팀 등으로 구성되어 있다.
53 https://www.dhs.gov/CP3

3. 테러위험인물 관리

서구권에서는 4차산업혁명 ICT 기술의 발달로 테러위험인물의 감시한계를 보완하기 위해 통신망 추적 알고리즘, 전자발찌, 안면인식 TV, 극단주의 사이트 빈번접속자 자동추적장치 등 위험인물 감시 신기술을 도입하고, 각국이 보유한 ISIS 등 국제테러단체의 조직원 연계인물이나 FTF 등 테러위험인물 정보를 공유하기 위한 국제공조를 강화하는 추세이다.

먼저 미국은 국가정보장 산하 국가대테러센터(NCTC) 및 FBI 테러범스크리닝센터(TSC) 등을 중심으로 분산화되어 있는 테러위험인물 명단을 통합관리하였다. 이와 연계하여 국무부는 폭력적인 백인 우월주의 단체를 외국테러단체(FTO, Foreign Terrorist Organization)으로 지정하는 방안을 추진하였다. 이러한 전례 없는 강력한 미국의 노력은 국내 관련법령이 없는 상태에서 극단주의 집단의 추적과 기소를 쉽게 할 것이라고 평가되었다(Politico, 20. 3. 9).

이 밖에 독일에서도 대테러정보법에 따라 테러위험인물의 개인신원 기본데이터와 확장데이터가 저장된 데이터뱅크를 정보 수사당국이 합동관리 하고 있으며, 프랑스 또한 정보기관인 국내안보총국(DGSI)과 총리실 산하 대테러조정실(UCLAT) 등이 테러위험인물을 통합관리를 추진하고 있다.

4. 골든타임 내 현장대응 강화

프랑스는 2015년 파리 테러 이후 대테러특공대로 운용하는 지젠느(GIGN) 규모를 확대 뿐만 아니라 국가비상사태를 선포하며 국내의 대테러활동 및 치안활동에 군부대를 총력적 차원에서 동원하고 있다. 과거에는 군대는 심각한 재난이나 재해 상황 등 극히 제한된 상황에서 예외적으로만 허용되었으나, 현실적인 필요에 의해 수용되고 있는 상황이다(황진아, 2017).

독일의 경우도 파리 테러 이후 테러발생 시 1차적인 현장대응의 주체인 일선 경찰관들의 총기사용과 교전 능력 향상에 초점을 두고 대테러역량을 강화하고 있다. 대테러 특공대 도착 이전에 급박한 교전상황 발생 시 초동대응 경찰 지휘관에게 선제사격 등 제반 교전권한을 과감히 위임하고, 기본 탄약 휴대량을 증가시키는 등 현장대응역량을 강화하고 있다(윤민우, 2016).

일본 또한 2020 도쿄올림픽(2021년 개최)을 대비하여 현장 테러대응활동을 강화하기 위해 각 도도부현의 경찰기동대에 총기대책부대을 창설하여 초동대응하는 부대(ERT: Emergency Response Team) 운용을 통해 테러범의 동시다발 테러에 직접적으로 대응케 하였다(방준영 · 김태영, 2021).

참고문헌

[국내문헌]

1. 단행본

대테러센터. (2017). 테러방지법 해설. 국무총리실 대테러센터.

송석윤. (2018). 인권보호 강화를 위한 테러방지법 개정방향연구용역보고서. 한국공법학회.

신제철 · 이창한 · 이창무 · 이창배 · 이병도. (2017). 대규모 도심복합테러 대응 연구. 동국대학교 산학협력단. 서울: 국무총리실 대테러센터 정책연구용역.

황진아. (2017). 테러활동에 대한 프랑스의 대응체제 및 관련 법제 연구. 법무연수원.

2. 논문

권정훈. (2011). 독일의 정보 수집 관련 테러대응 법제와 한국의 방향. 『한국치안행정논집』, 8(3), 205－226.

김익균. (2016). 한국의 대테러리즘 정책의 제도적 개선방안에 관한 연구, 상지대학교 대학원 박사학위 논문.

문영기 · 김태영. (2017). 정책흐름 모형을 적용한 한·미 테러대응 입법과정 비교분석 연구. 『가천법학』, 10(3).

박보라 · 이상훈. (2020). ISIS 이후 주요국의 대테러정책 변화와 시사점－급진화 · 폭력적 극단주의 대응을 중심으로. 『경찰학논총』, 15(3), 145－173.

박석정. (2017). 일본과 국제사회의 국제테러 대책에 대한 검토. 『한국테러학회보』, 10, 49－65.

박선희. (2016). 프랑스의 대테러정책: 자생적 테러리즘과 대테러 정책의 변화. 『평화학연구』, 17(3).

박원규 · 박재풍. (2018). 독일의 대테러 법제 · 조직 및 그 시사점. 『경찰학연구』, 18(1), 63－88.

방준영 · 김태영. (2021). 일본 국가중요행사 테러대응체계 사례연구: 2021 도쿄올림픽 대테러안전대책을 중심으로. 『경찰대학 치안정책연구』, 97－120.

윤민우. (2016). 2015 파리 테러 이후 독일에서의 최근 테러 동향과 테러대응의 변화. 『경찰학논총』, 11(4), 41－65.
윤태영. (2012). 미국 국토안보부의 대테러리즘 활동: 임무, 조직 운영체계 및 전략. 『한국치안행정논집』, 9(3), 163－182.
이만종. (2015). 주요국 대테러활동에 대한 경찰의 정책적 대응 방안 고찰. 『한국테러학회보』, 8, 42－103.
이상현. (2008). 21세기 안보환경 변화와 국가정보기관의 새로운 역할. 『국가정보연구』, 1(1), 91－110.
정육상. (2014). 최근 테러양상의 변화에 따른 대응체제 개선방안. 『한국치안행정논집』, 11(1), 137－160.

[해외문헌]

FRANCE. http://le.raid.free.fr/intervention.htm.
FRANCE. http://www.gendarmerie.interieur.gouv.fr/gign/Decouverte/Missions2.
FRANCE. http://www.police－nationale.interieur.gouv.fr/Organisation.
FRANCE. loi n° 2015－912 du 24 juillet 2015 relative au renseignement Art. 2, 5.
FRANCE. Loi no 86－1020 du 9 Septembre 1986, relative à la lutte contre le terror－isme et aux atteintes à la sûreté de l'Etat. https://www.legifrance.gouv.fr/lo－da/id/JORFTEXT000000693912/
Homeland Security. https://www.dhs.gov/CP3
Pool Reinsurance Company. (2021). Sector Risk Report: Public Transpor https://youtalk－insurance.com/sites/default/files/pool_re_public_trans－port_sector_risk_report_c4.pdf
UK Counter－Terrorism and Security Act 2015. https://www.legislation.gov.uk/ukpga/2015/6/contents/enacted
UK. http://security.homeoffice.gov.uk/about－us/about－the－directorate/?version＝1
US. DHS. (2016). National Prevention Framework (2nd Edition).
US. DHS. (2021 5. 14). SUMMARY OF TERRORISM THREAT TO THE U.S. HOMELAND. National Terrorism Advisory System. https://www.dhs.gov/sites/default/files/ntas/alerts/21_0514_ntas_bulletin_all－sectors.pdf
US. NCTC. (2021). Inside NCTC. US. National Counterterrorism Center. https://www.dni.gov/files/NCTC/documents/features_documents/InsideNCTC－2021.pdf
USA Freedom Act of 2015. (2015). https://www.congress.gov/bill/114th－congress/house－bill/2048/all－info
USA Homeland security Act of (2002). https://www.dhs.gov/sites/default/files/pub－

lications/hr_5005_enr.pdf

USA Patriot Act. (2001). https://www.congress.gov/107/plaws/publ56/PLAW－107 publ56.htm

大沢秀介/小山剛 編,「市民生活の自由と安全」(2006)

2020 年東京オリンピック競技大会・東京パラリンピック競技大会等を見据えたテロ対策推進要綱 일본 도쿄 올림픽 등에 대비한 테러대책 추진요강. (2020).」 https://www.kantei.go.jp/jp/singi/sosikihanzai/20171211honbun.pdf)

政府が『国際テロ対策等情報共有センター』を新設」『産経新聞』. (2018). https:// www.sankei.com/article/20180801－URSFJQT2KVL5VD33WYSTYTFC6I/.

독일 http://www.defense.gouv.fr/dgse/tout－le－site/deux－defis－majeurs.

독일 http://www.interieur.gouv.fr/Le－ministere/DGSI

미국 국토안보부 홈페이지 https://www.dhs.gov/

미국 백악관 홈페이지 https://www.whitehouse.gov/nsc/

영국 M15 홈페이지. https://www.cpni.gov.uk/

영국 경시청 홈페이지. https://www.met.police.uk/

일본 경시청 홈페이지(テロ対策東京パートナーシップ) https://www.keishicho.metro.tokyo.lg.jp/kurashi/heion/antep_mpd.html.

일본 무인항공기 등의 비행에 따른 위해 발생을 방지하기 위한 항공법 및 중요시설 주변지역 상공에서의 소형 무인기 등의 비행 금지에 관한 법률.「無人航空機等の飛行による危害の発生を防止するための航空法及び重要施設の周辺地域の上空における小型無人機等の飛行の禁止に関する法律の一部を改正する法律案. https://www.mlit.go.jp/ report/press/kouku02_hh_000149.html

일본내각정보조사실 홈페이지「内閣のインテリジェンス体制について(내각의 정보체제에 관해서) https://www.cas.go.jp/jp/gaiyou/jimu/jyouhoutyousa/intelligence_taisei.html

제10장 대한민국의 테러 대응역량 발전방안

제1절 대량살상테러 대응 발전방안

앞의 제6장에서의 대량살상테러 영향요인 연구결과 공격형태, 노출성, 자살테러 변수가 대량살상테러 발생에 높은 영향을 미치는 것으로 확인되어 대테러 정책에 중요한 요인이라는 것을 알 수 있었다. 이러한 측면에서 최근 우리나라에서의 대량살상테러 양상에 대한 다음과 같은 테러대응역량강화 차원의 정책적 제언을 고려할 필요가 있다.

첫째로 주요 연구결과로 도출된 차량 등 로테크 공격형태, 노출성, 자살테러 측면에서 대테러안전대책을 우선적으로 강화해야 한다. 특히 법·제도, 조직·인력·장비확보, 안전관리 분야 등에 있어 선택과 집중의 원칙이 적용되어야 할 것이다. 먼저 차량테러 등 로테크 테러에 대비하기 위한 현재의 통합방위법령을 근거로 운용되는 군경 합동검문소 운용의 패러다임 전환이 요구된다. 서울 등 수도권 지역일대에는 북한의 무장공비에 의한 차량고속침투에 대응하기 위해 통합방위법에 근거하여, 수십여 개의 군·경합동 검문소를 대침투작전과 연계하여 40여년째 운용하고 있으나, 최근 침투사례가 전무하고 북한의 침투양상을 고려시 검문소 운용의 실효성은 의문시된다. 또한 경찰에서도 검문소에 배치된 인원들을 실제로 치안서비스에 활용하지 못하는 유휴경력으로 인식해왔고 군에서도 최근 군 병력감축에 따라 비상주시설 검문소 형태위주로 관리해왔다. 따라서 이와 같은 전통적인 북한의 대남도발 등에 대응하기 위한 대침투작전형태 위주의 군사작전방식에서 벗어나, 다중복합테러·차량테러 등에 대비할 수 있는 시·공간적 중심지역에 위치한 가칭 '군·경 테러대응 통합센터' 형태의 초동대응 전력으로 개편운용할 것을 제안한다. 또한 차량테러 예상지점별 테러예방 설계 및 경비인력 배치, 볼라드·로드블럭 등 대응장비 도입이 필요하다. 또한 이를 위해서 일상적인 생활공간에서의 무차별적인 차량테러양상에 대한 국민적 이해와 전략적 홍보교육이 선행되어야 한다.

노출성 차원에서는 CPTED 관점에서 테러대상목표 유형별 테러예방설계 적용 및 위치선정을 통한 시설별 보호능력을 강화해야 한다. 특히 실제 국내의 대규모 복합 다중이용시설은 다양한 건물의 내부구조 즉, 복도, 통로구성, 피난출구 위치 등을 고려해 CPTED 기법을 적용한 건축적·장애물·인적 통제수단의 검토가 필요하다(이도선, 2015). 아울러 군 전술개념인 테러대상목표별 3지대 방호개념에 따라 제1선(외곽경계), 제2선(건물외부), 제3선(실내목표)별로 건축적·방호장애물·인적 통제수단을 확대 적용이 요구된다(이경훈·이창훈, 2009).

이런 측면에서 2021년 11월에 미국 FBI와 CISA(Cybersecurity and Infrastructure Security Agency, 사이버보안국)에서는 다중이용시설의 테러역량강화를 위해 폭파위협 대응지침(Bomb Threat Guidance) 마련하였다. 주요 내용으로는 다중이용시설 시설장들은 현장대응계획, 건물평면도·부지지도, 보안당국 등 관계기관 비상연락망 등이 패키지화된 비상출동셋의 상비화를 갖추게 했다. 또한 국토안보부 CISA 폭파위협 체크리스트(Bomb Threat Checklist)를 제공하여 다중이용시설 관계자들이 전화 폭파 위협에 신속내처토록 하였다.

자살테러에 대응하기 위한 테러예방차원의 국내 거주 다문화 계층을 위한 맞춤형 치안활동 추진이다. 국내에서의 잠재적인 자살테러 양상은 북한의 직간접적 지원을 받은 사회불만 이민자들일 가능성이 높다(최경환, 2010). 이를 근본적으로 예방하기 위해서는 우선적으로 국가 차원의 고도의 정책적 접근이 필요하다. 현재 경찰에서 시행 중인 '외국인 순찰대', '다문화 치안서포터즈' 등 다문화 치안활동을 기반으로 하여, 국내 거주 이민자 계층의 다문화 테러예방을 위한 맞춤형 테러예방활동을 적극적으로 전개해 나가야 한다(이상열, 2015). 위와 같은 정책적 제안을 통해 본 장이 우리나라의 대량살상테러 영향요인을 예측하고, 테러대상시설 유형별 대량살상테러 발생가능성 분석을 통한 국가 대테러 역량 제고와 향후 테러예방을 위한 적실성 있는 정책개발에 기여하리라고 본다.

두 번째는 통합시스템 차원의 일원화된 국가 테러대응체계 개편이 요구된다. 현재의 우리나라의 테러대응체계는 테러유형별 주무기관(일반테러: 경찰청, 군사시설테러: 국방부)에 의한 테러사건대책본부를 운영하는 것으로 지휘체계의 일원화 차원에서는 근본적 재검토가 필요하다. 군사적 위협이 축소되고 테러 등 비군사적 위협이 증가되는 현재의 우리나라의 안보상황속에서 국가 대테러대응체계의 패러다임 전환이 선행되어야 할 것이다. 앞서 언급한 바와 같이 서구권 국가들의 대량살상테러 양상은 차량, 무성무기 등 로테크 공격형태와 공공장소에서의 무차별 총기난사(Active Shooter) 등 무장 공격형태가 다양하게 융합되어 30분 이내에 테러공격이 종료되는 양상을 보이고 있다. 이를 극복하기 위해 주요 선진국가들은 기존의 1차 초동대응전력과 2차 무력진압전력의 이원화된 작전수행개념의 패러다임을 슬림화하고(이만종 외, 2018), 특히 일선 초동조직(군·경찰)의 현장 무력진압판단의 상황판단·결심·대응 권한을 대폭 강화하고 있는 추세이다(윤민우, 2018).

또한 현재의 우리나라의 이원화된 테러대응체계, 즉 일선 군·경찰 대테러 초동조치전력 및 대테러 특공대로는 대량살상테러의 효과적 대응이 제한된다. 예컨대 초동대응시 효과적인 지휘통제가 제한되고, 도심지 상시 교통정체로 인한 작전반응시간이 지연되며, 경찰 중심의 초동전력의 미흡한 대테러 작전수행 능력으로는 골든타임 내 효과적 대응이 제한된다. 이를 보완하기 위해 현재의 테러방지법과 통합방위법을 개정하여, 테러 등 국가적 위기 발생시 위기상황 유형에 관계없이 경찰·군·소방 등 유관기관이 초동대응 현장에서 초동대응 가능한 대테러 초동대응부대의 통합·일원화된 작전수행체계로 개편해야 한다. 특히, 이러한 일원화된 지휘통제는 국무총리실 대테러센터에서 담당하는 방향으로 정립이 필요하다(부형욱·이현지·설인효, 2017; 양철호, 2017). 이를 위해서는 현재의 국무총리 사무국 수준의 대테러센터 편성을 군·경 대테러작전부대에 대한 직접적인 지휘통제 및 작전지휘가 가능한 조직보강이 선행되어야 할 것이다.

세 번째로, 민·관·군·경 통합 대테러 대응역량의 강화이다. 연구결과인 노출성, 도시화 측면에서 서구권 주요 국가들은 군·경 통합대응 역량을 강화하고 있다. 프랑스와 영국은 2015년부터 '상티넬 작전(Sentinel Operation)'과 '템퍼러 작전(Operation Temperer)' 통해 군경 테러대응군을 주요 도심지 테러대상목표의 핵심 내외부 시설에 집중 투입되어 테러예방·초기대응활동을 수행하고 있다. 특히 영국은 코브라(COBRA)라 불리는 통합 테러대비시스템 운영을 통해 런던지하철 테러시 초기대응을 완벽히 수행했다(이만종 외, 2018). 또한 도심지 교통정체에 작전반응시간을 최적화하기 위해 군·경 모터사이클 기반의 대테러작전부대를 창설하여 운용하고 있다.

이와 같은 측면에서, 우리나라 또한 도심지 초동대응이 가능한 기동성이 확보된 모터싸이클 기반 도심지의 대테러 작전부대의 창설을 제안한다. 특히, 서울지역의 테러위협에 대응하기 위해 수도방위사령부나 서울경찰청 등을 중심으로 군·경 합동 모터싸이클을 기반으로 한 초동대응 및 무력진압작전능력이 확보된 국가급 수준의 대테러 특수임무대를 창설을 통해 테러 및 각종 위협에 골든타임내에 최적화된 작전반응시간을 제고 할수 있는 핵심전력을 효과적으로 투사할 수 있을 것이다.

우리나라도 테러방지법 등 법제적 보완을 통한 국가적 차원에서의 현재의 관계기관별로 테러대상시설을 관리하는 체계에서 탈피하여, 민관군경 통합으로 일원화된 테러대상시설 관리체계로의 제도개선이 시급하다. 예컨대 우리나라는 국가정보원장, 국방부장관 등이 국가중요시설 방호를 지원하고, 경찰에서 다중이용시설 방호를 지원하며, 민간영역에서 일반시설 경비와 특수시설에 대한 경비를 담당하고 있다. 그러나 현재의 테러대상시설·수부기관 유형별로 안전관리 계획을 수립·시행하는 방식은 동시다발적인 다중복합테러 예방에는 효율적 관리가 제한된다. 따라서 통합적인 관계기관 합동점검단 편성을 통해 대테러 안전활동을 강화해야 한다. 특히, 기존의 국가중요시설 뿐만 아니라 다중이용시설 등 전체 테러취약시설에 대한 합동 방호계획수립, 지도·점검실시 등 민관군경 통합관리가 절실하다.

또한 AHP 분석결과 주요한 영향요인으로 분석된 공간적 복합성과 도시화 차원에서 살펴보면, 대량살상테러 양상이 중·소도시 위주로 확대되고 있음을 확인하였다. 이는 우리나라도 지방균형발전 정책기조로 인해 주요 테러대상시설이 이전하고 있는 추세이다. 특히, 10~50만 규모의 중소도시인 세종, 김포, 광명·평택, 하남, 구리·남양주 등에서 공공기관 및 초고층 대규모 복합쇼핑센터 및 컨벤션센터 등이 집중적으로 증가하고 있다. 따라서 중소도시들의 대량살상 테러예방을 위해서 민관군 지역협의체 신설, 지역별 관계기관 합동 안전관리활동 추진 등 지방자치단체 등 관계기관과 협조 및 대응체계 강화를 통한 중앙부처와 지역단위 통합된 대응역량 발휘가 중요하다고 할 수 있다. 이를 위해 중앙부처인 국무총리실 대테러센터 뿐만 아니라 지역의 지방경찰청·지방자치단체·지역 군부대간에 테러예방 및 대응에 관한 협정서(MOU) 수립 등을 통해 통합방위 차원에서 테러대응역량을 강화하고, 테러대상시설에 대한 안전관리를 강화할 필요가 있다.

1. 드론테러 실증분석 통한 발전방안

앞서 제6장에서 살펴본 드론테러양상분석을 토대로 드론테러 대응 발전방안을 살펴보고자 한다. 우선, 테러 발생연도 및 계절결과를 국내 테러위협 환경에 적용시, 테러를 준비하는 테러범 입장에서는 기온, 기압, 습도 등 계절적 환경요인이 테러성공에 유의미한 영향을 미치므로 중동의 동계기후와 유사한 우리나라의 봄·가을이 드론테러의 성공률이 높은 시기라는 합리적 추정이 가능하다. 따라서 봄·

가을에 국가차원의 드론방어체계 역량을 상대적으로 강화해야 할 것으로 해석할 수 있다.

둘째, 발생 국가 측면에서는 중동지역의 이라크, 사우디, 예멘 국가가 81% 압도적 빈도수를 보였는데, 현재도 진행 중인 사우디와 이란의 대리전 성격인 예멘 내전에 후티 반군이 드론을 활용한 테러 공격이 활발하기 때문으로 분석되었다(KBS. 2021. 10. 9). 후티 반군은 2019년 9월 사우디아라비아 석유 시설을 군집 드론 공격, 2021년 8월과 10월에도 사우디 국제공항에서 드론을 활용한 테러 공격이 잇달아 발생하였다.

셋째, 테러 유형면에서 살펴보면 Clarke & Newman(2006), McCartan &, Masselli & RusnakMssslli(2008), 김태영·윤민우(2017)의 선행연구 결과처럼 테러범 관점에서는 합리적 선택에 기반을 둔 폭탄공격 방식이 비용－편익 측면에서 가장 효과적인 공격 형태일 것으로 분석되었다. 특히 비대칭전 차원의 테러대상목표 상공의 취약한 대공 방어시스템을 활용하여 원격에서 정확한 위치까지 이동하여 폭탄투하 공격을 통한 극대화된 살상 효과를 달성할 수 있기 때문이다(Grossman, 2018).

한편 전문가 심층면담결과 드론을 활용한 요인테러사건이 통계데이터상으로는 빈도수가 낮았으나, 2018년 베네수엘라 마두로 대통령 암살(2018년)사건 이후로 서구권의 대테러·경호 기관을 중심으로 중대한 위협으로 평가하고 있었다. 특히 최근 이란의 솔레이마니 사령관 암살(2020년), 아프가니스탄 카불공항에서 ISIS 호라산(IS－K) 테러 조직 수장이 암살된 사건(2021년) 등 지속적으로 요인암살 테러 위협이 증대되고 있는 것으로 나타났다. 기존에는 드론을 활용한 요인암살 테러는 테러범이 주요 요인이 참석하는 지근거리에서의 총기, 폭발물 등을 활용해 무장 공격을 실시하는 사례에 비해 빈도수는 현저히 낮았으나 향후 드론 기술의 발달로 요인암살 테러에 활용될 가능성은 비약적으로 급증할 것으로 평가하였다. 이와 더불어 향후에는 개인의 범죄 원인에 기인한 범죄실행 단계에서도 석궁, 칼 등 구입하기보다는 일상에서 쉽게 활용가능한 드론으로 각종 강력범죄에 이용될 수도 있을 것으로 예측하였다.

넷째, 테러대상목표 측면에서는 최근의 소프트 타깃 목표위주의 테러양상이 아닌 국가중요시설, 주요 요인 등 하드 타깃 위주의 목표에서 테러공격이 상대적으로 높은 것으로 기존의 연구결과와는 상이하게 나타났다. 이러한 원인으로는 Grossman(2018)과 김선규·문보승(2019)의 연구처럼 국가중요시설이 지상 방호 역량은 강력하나, 공중의 대공방어 능력이 상대적으로 취약하기에 소형화된 드론을 통해 원거리 원격조종을 통해 비대칭전 측면에서 전술적으로 하드 타깃의 방어 취약체계를 공략하려 한 것으로 해석할 수 있다. 또한 원격 조종장치를 활용하여 테러범의 활동 반경을 확장시키면서도 상대적으로 정확성이 보장되는 드론 활용이야말로 정치적·심리적인 상징성을 극대화할 수 있는 하드 타깃을 손쉽게 타격할 수 있다는 강점으로 분석할 수 있다. 이런 이유로 2016년 이후 서구권을 중심으로 대통령 등 국가원수의 관저, 공항, 주요 공공시설 등 국가중요시설 내 비행금지·제한 구역상에 불법 드론이 출몰하여 방공시스템을 마비시키는 사건들이 증가하고 있다. 대표적 예로 앞에서 언급한 사례인 미국 국방부, 백악관, 국회의사당 등에 드론 위협(2013년~2015년), 독일 메르켈 총리 총선 유세시 드론 위협(2013년), 일본 총리 관저 드론 위협(2015년), 영국 히드로 공항 드론 위협(2016년) 등을 들 수 있다. 그러나 테러대상목표 유형에 따른 테러성공에 대한 교차분석 결과 소프트 타깃이 하드 타깃보다 테러 성공률이 높은 것으로 확인되었다. 이러한 이유는 테러범이 합리적 의사결정자라는 가정에 기초해서 하드 타깃과 소프트 타깃을 대상으로 드론공격 여부를 선택할 때, 발생건수 면에서는 하드 타깃 공격에 소요되는 유무형적 비용을 고려시, 지상방어체계는 우수하나 공중위주의 대공방어체계가 취약하다고 평가하였을 것이다. 따라서 하드 타깃에 최적의 테러효과를 발생시킬 수 있을 것이라 판단하여 공격을 실행하였기에 테러발생건수가 높게 나타난 것이라는 합리적 추정이 가능하다(Kim & Jeong & Lee, 2019). 그러나 실제 성공 가능성 면에서 있어서는 최소한의 인적 수준의 드론탐지·차단수단 조차 부재한 소프트 타깃의 테러 성공건수가 상대적으로 높게 나타난 것으로 해석할 수 있다. 결국 드론테러방어를 위해서는 기본적인 드론방어체계의 중요성을 인식케 하는 것이라 할 수 있다.

이러한 결과를 볼 때 국내 드론 관계기관에서는 현재 운영 중인 드론테러 공동대응 협의체를 더욱 확대 운영하고, 국가중요시설 및 상징성있는 민간다중운집 시설에도 드론방어체계를 심도있게 구축하여 드론탐지 및 차단시스템을 운용케

해야 할 것이다.

다섯째 복합테러 측면에서는 단일테러에 비해서 상대적으로 테러 공격 효과성을 극대화할 수 있는 유용한 방식임이 확인되었다. 이러한 분석 결과는 복합테러가 대량살상 테러의 중요변수임을 주장한 기존의 선행연구와 일치하는 것으로 나타났다(Deloughery, 2013; 김은영, 2016).

2. 국가중요시설 드론 방호체계 발전방안

1) 드론테러 대응 기준 수립 및 통합적 드론 방호체계 구축

인터폴에서는 2021년 9월부터 미국, EU, 이스라엘 전문가들이 모여 드론탐지 및 추적 실험결과를 토대로 공동대응 기준을 마련하여 회원국과 대응책을 공유할 계획이다(테러정보통합센터, 2021. 10. 5). 따라서 우리나라도 이러한 기준을 공유하여 기존의 국가중요시설별 개별적인 방호설계 방식이 아닌 물리적 방호체계가 우선이 된 통합적 드론방호체계와 관련된 국제기준에 의해 작동되도록 개선해야 한다. 이를 토대로 3지대 방호 및 드론 테러 시 작전 수행개념, 침입탐지 및 출입통제 시스템 등을 통합 관리토록 적용해야 한다.

현재 통합방위법 시행령 제32조(국방부)상에는 각 국가중요시설 관리기관이 자체 방호계획을 수립하며, 필요시 지역군 사령관·지방경찰청장과 협조토록 규정되어 있다.[1] 그러나 평시 대부분의 방호업무는 비용 절감 차원에서 외주 용역업체 및 비정규직 특수경비원들에게 위임되어 있는 현실이다. 따라서 적시적인 드론대응을 위한 대공 방호체계 구축과 효율적인 신고·탐지·대응체계 마련을 위해서는 군사작전의 전문성이 특화된 국방부가 주도기관이 되어 통합적 물리 방호체계의 구축을 선행되어야 할 것이다. 이를 위해서는 개별 관계기관들의 방호계획이 신뢰성 있게 검증 및 평가되어 통합되고 신뢰성 있는 방호체계로 정립되어야 할 것이다.

1 대통령령 제27619호 통합방위법 시행령(2016. 11. 29.).

이와 더불어 물리적 방호체계 정립 시 국내 모든 국가중요시설에 레이더, 감시장비 등의 도입은 한계가 있을 것이므로, 민·관·군·경 통합방위 차원에서 관계기관별 업무분장을 구분 수행해야 할 것이다. 예를 들면 핵심시설에 대한 지역책임 군부대가 원거리 감시 및 타격 임무를 수행하고, 해당 시설장은 근거리 물리방호체계를 구축하여 시설 내 진입 시 전파 교란 장치 등의 통합된 유기적인 방호체계 구축이 필요할 것이다.

둘째, 국가중요시설에 대한 드론 테러대응을 위한 국지 방공 통합방호체계 구축이 필수적이다. 현재 소수의 국가중요시설에서만 운용되는 공중테러에 대비한 대공 방호체계를 확대하여 국가중요시설의 중요도와 특성을 고려하여 감시 및 탐지체계를 추가 확충해야 한다. 이를 위해 관측 및 탐지 장비를 충분히 배치하여, 드론 접근 시 골든타임 내 초기대응할 수 있도록 체계가 정립되어야 할 것이다. 특히, 불법 드론이나 조종자를 연속적으로 탐지 및 추적할 수 있도록 고성능 구동형 감시카메라, 열 영상 감시시스템 등의 다단계 연속 감시체계를 구성해야 한다.

셋째, 현재의 지상 위주의 책임 지역을 고려한 2차원상의 3지대 방호개념에서, 3차원인 공중까지 고려한 시설장의 방호책임 범위를 확대해야 한다. 더욱이 현재의 선형 중심의 3지대 방호개념 아래에서 사용되고 있는 보안 인력의 고정운영 및 대응방식에서 탈피하여 주요 핵심 거점 위주에서 기동화된 보안 인력을 집결 대기시키다가 동시다발 상황 발생 시 골든타임 내 초동 대응토록 그 운용개념을 개선해야 할 것이다. 이를 위해서는 설계기준위협을 기반으로 드론 발진지역 및 예상 이착륙 지역과 경로를 분석하여, 이를 중심으로 한 대응체계를 중점 운용토록 해야 할 것이다. 특히, 드론의 위협 수준에 따른 탐지·추적·제압(무력화)하는 3차원적인 드론 방호체계의 구축이 무엇보다도 시급하다 할 수 있다.

넷째, 불법 드론 발견 시 민·관·군·경 현장대응팀이 출동하여 대공 및 테러 혐의점을 분석 등 초동대응 단계와 사건을 규명하여 도주로 차단을 위한 군경 이동자단 삭선 및 신급배치 작전, 조종자 신원 확보를 위한 합동 수색정찰 등 주요 단계별 조치사항을 위한 즉응체계 구축이 필요하다. 특정 기관에서만 조치해서는 그 실효성이 제한되므로 이를 극복하기 위한 통합적 공동대응체제의 구축이 필수적이다. 이를 위해서는 시설장과 지원부대 및 관계기관의 MOU 체결을 통한 시설별 통합대응시스템이 마련되어야 한다.

2) 안티드론 시스템 확대 도입 및 드론 테러대응 매뉴얼 구축

공항·원전 등 피해 규모가 큰 국가중요시설을 우선하여 주파수 탐지기·열상감지기 등 안티드론 장비 도입을 적극적으로 추진해야 한다. 이러한 사항은 테러방지법 시행령 제28조인 테러 취약요인 사전제거 비용지원이라는 법률적 근거를 논리적 기반으로 하여, 국가중요시설에 드론탐지 장비가 확대 도입되는 방안이 검토되어야 할 것이다. 이와 더불어 국가중요시설을 방호지원하는 지역책임 군부대나 관할 경찰서까지 드론탐지 장비의 추가 확충이 필요하다. 현재는 드론탐지 기술력이 드론의 크기가 작거나, 회전익 드론의 경우 기존의 방공시스템만으로는 탐지가 어려워 별도의 탐지기술이 필요한 실정이다. 이를 위해 레이더, 무선 주파수, 영상, 음향을 이용한 드론탐지 기술이 개발되고 있으며, 각 기술의 장단점을 상호보완할 수 있도록 기술들을 결합하는 방향으로 개발이 진행 중이다.

둘째, 드론탐지 시스템 보강을 위해 군 관측 및 감시장비를 추가전환 및 배치를 추진하고, 관계부처에서는 드론식별 시 대응절차를 보완해야 한다. 특히 드론식별용 고성능감시카메라, 레이더, RF 스캐너 장비와 드론 감시 초소 간의 방호력 연동, 드론탐지 및 대응 설비의 시설 영향성을 연구하여 신뢰성이 보장토록 해야 할 것이다. 현재 국방부를 중심으로 기존 레이더보다 탐지거리가 뛰어난 국지 방공레이더 도입을 추진하고 있다(국회사무처 경호기획관실, 2019). 위 레이더의 주요 제원은 기존의 거리와 방위 위주의 2차원 탐지방식에서 방위·거리·고도까지 동시에 탐지하는 3차원 방식으로 정밀한 소형 목표물 탐지가 가능하도록 하는 것이 핵심이다.

셋째, 현재 국가 차원의 드론 테러대응 표준 매뉴얼 정립을 통해 공중테러 대응역량을 강화해야 한다. 이를 토대로 테러유형별로 실무 매뉴얼을 관리하게 되어 있는 경찰청(일반테러), 국방부(군사시설테러), 국토교통부(항공테러), 해양경찰청(해양테러)에 단계별로 구체화하여 반영해야 할 것이다. 특히, 실무 매뉴얼 작성 시에는 기관별 테러유형 및 작전 수행개념 특성에 맞게 선제적 예방 활동을 중점으로 드론 테러 위협평가 및 양상을 분석해야 한다.

특히 최초 드론탐지 및 식별에 의한 상황접수 및 전파단계, 가용전력 동시 출동, 사건 대응 시 불법 드론 조종자 검거 작전 및 자위권 차원에서 타격단계를 구체화해야 한다. 드론을 타격할 경우 자위권 범위의 세부적인 요건 및 절차를 구체화하고, 드론 조종자 검거 시에는 관련 법령들의 대다수가 개정 진행 중인 것을 고려하여 현행법령을 실효적으로 통제할 수 있는 기준을 제시해야 할 것이다. 이를 토대로 기관별 테러대응을 시행하는 행동제대에서 법령과 지침에 의거 적극적이고 선제적인 임무 수행이 가능토록 구체화해야 한다.

3) 공역통제의 확대 적용 및 드론 비행 관리체계 개선

첫째, 국가중요시설 주변 금지 공역인 비행금지구역 및 제한구역을 확대 적용하여 드론 테러에 대비해야 한다. 이를 위해 국가중요시설 중 비행금지·제한구역 지정 소요 및 범위를 자세히 산출해야 할 것이다. 이를 위해서는 금지 공역의 지정 타당성을 대테러센터·국방부·국토부·경찰청 등 관계기관과 협의하여 검증하여야 한다. 다만, 이러한 과정 중 국민의 레저활동 등 기본권에 대한 제한을 최소화하도록 노력해야 할 것이다.

둘째, 공역통제 확대 적용과 더불어 장기적 차원에서 드론 비행관리체계 개선대책을 수립해야 한다. 비행 중인 드론을 실시간 관리하고, 비행금지구역 침입 등 불법 비행 드론을 실시간 탐지·대응할 수 있는 체계를 구축하고 실시간 위치추적기 부착 및 비행차단 프로그램을 구축해야 한다. 또한, 현재 국토부에서 시행중인 드론 비행 정보시스템을 더욱 확대해야 하는데, 드론 장치신고·등록·승인·촬영허가 등 비행 정보시스템을 사용자 중심의 간편·신속한 시스템으로 개선하고, 민원처리시스템이나 모바일서비스 등에서의 공역 표시 등을 세밀하게 구축해야 할 것이다.

4) 관련 법령 개정

첫째, 드론 통제와 관련된 법령을 살펴보면 비행승인을 받지 않은 드론이 공항 등 국가중요시설에 무단으로 접근 및 침입 시 전파차단 등 공공안전에 필요한 합법적 조치내용을 담고 있는 전파법이 2020년 5월 20일부로 국회를 본회의를 통과하여 6월 9일 공포되었다. 이 법령의 핵심 시사점은 기존에 불법이었던 무선통신을 방해하는 안티드론건의 재밍 방식을 활용한 예외적 전파차단의 허용 근거가 마련되었다는 것이다. 이를 토대로 위성항법 재밍 기술 및 레이저 요격장치, 안티드론 기술이 실전에서 효율적으로 본격적으로 운용될 수 있도록 현행법이 개정된 것이다. 그러나, 향후 시행령 및 시행규칙을 개정하여 세부 적용대상 및 시기, 통제방안을 더욱 구체화해야 할 것이다. 예를 들어 항공안전, 원전 방호, 국가원수급 경호, 군사작전 등 공공안전을 위한 대상·시기·통제방안을 명시해야 할 것이다.

둘째, 국가중요시설 내에서 불법 비행에 대한 법적 근거를 근본적으로 개선하기 위해서 항공안전법시행령이 2020년 5월 27일부로 개정되었다. 주요 시사점으로 국토부에 기체를 등록하는 기준을 드론에 폭발물 탑재 능력을 고려하여 '자체중량'에서 '최대이륙중량'으로 개선한 것이다. 향후 개선사항으로는 첫째로, 군 관할 비행금지구역인 서울 및 경기·강원 북부 접경지역 및 군 비행장 일대에 드론 비행 통제방안을 합리적으로 정립해야 할 것이다. 둘째로는 현재의 불법 드론 비행의 법적 처벌근거가 미약한 문제점을 개선하여 고위험의 국가중요시설 내에서 고의적인 불법 비행행위에 대해서 기존 과태료 처분을 보다 강화해야 한다. 또한, 불법 드론과 조종자 등에 대한 면책범위와 한계를 명확히 하는 차원에서 관련 법적 근거와 드론의 격추 및 2차 피해 시에 대한 개인·시설이 민사상 배상 책임의 문제도 개선해야 할 것이다.

셋째, 실제 법 집행 단계에서 이를 효과적으로 뒷받침하기 위해서는 기존의 공역별 관할 기관에서 담당하던 신고접수 체계를 경찰청으로 단일화하여 신속한 초기대응 및 수사권집행이 개선되어야 한다. 특히, 불법 행위 신고에 대한 일반 국민의 접근성 및 현장출동 체계, 강제력 집행 등을 고려하여 경찰청으로 그 권한을 일원화하는 것이 타당하다고 할 수 있다.

5) 정책적 시사점

현재 진행형인 드론 테러 위협 양상이 급속도로 증대되는 상황에서 우리나라의 드론 테러에 대한 예방 및 대비 차원에서의 정책적 대응방안을 제시하기 위한 것이다. 세계 드론 시장은 연평균 17%씩 성장하고 있고, 각국의 드론산업은 이미 신성장 핵심 동력으로 주목받고 있다. 우리 정부 또한 드론산업을 미래 성장의 핵심 영역으로 인식하고 있으며, 향후 2026년까지 기술경쟁력 세계 5위, 산업 규모 4조 4000억 원까지 끌어올린다는 계획을 발표한 바 있다(일간투데이, 2020. 5. 8). 과거 1차 세계대전 당시 군사용으로 최초 개발되어 사용되었던 드론은 이미 다양한 분야에서 첨단기술로 활용되고 있으며, 최근에는 물류수송, 교통관제, 범죄 예방, 재난 및 화재, 레저 등 다양한 영역으로 활용 분야가 계속해서 확대되고 있다. 현재 국내에는 드론업체 및 사설 동호회 등 1,200여 개의 관련 단체가 활발히 운영되고 있다. 그리고 드론은 영상 촬영 장비로써 활용도가 매우 높고, 영상정보의 실시간 공유가 가능한 수준으로 발전하고 있다.

이처럼 4차 산업혁명의 핵심 선도기술인 드론을 테러단체나 북한에서 악용하게 된다면 강력한 테러공격수단으로 활용될 가능성이 높다(정병수, 2019). 특히 국가중요시설을 대상으로 테러를 모의하는 테러범이나 국제테러단체 입장에서 드론은 매우 매력적인 수단이기 때문이다. 이런 이유로 2019년 국정 감사 시 국가중요시설에 대한 드론탐지 및 차단시스템이 미흡하다는 문제점이 집중적으로 제기되었다. 주된 문제점으로 후방 지역인 원전·석유 시설 등에 드론탐지 장비가 부재하거나 물리적 방호체계가 적절히 갖추어지지 않는 등 국가중요시설의 방호역량이 취약하다는 것이었다. 또한, 드론이 활성화되고 관련 규제는 빠르게 없어지고 있는 반면에, 드론 테러에 대한 방어 및 대응은 너무 느리다는 것이 주된 쟁점이었다(연합뉴스, 2019. 10. 11).

이러한 문제 인식하에 본 상에서는 물리보안 영역에서의 위험평가이론을 적용하여 드론 테러 위협에 대비하기 위한 국가중요시설 방호체계의 취약성과 개선방안을 알아보았다. 특히, 기존의 2차원적인 지상 위주의 3지대 방호개념을 가진 국가중요시설의 방호체계를 위험 평가과정을 통해 주요한 보안 취약성 및 개선방안을 제시하였다. 주요 개선방안은 첫째, 드론 테러 설계기준위협(DBT)을 고려한 통합된 물리적 방호체계 구축, 둘째, 안티드론 시스템 확대 도입 및 드론 테러 대응 매뉴얼 구축, 셋째, 공역통제의 확대 적용 및 드론 비행관리체계 개선, 마지막으로 관련 법령 개정이었다.

이와 더불어 국가중요시설의 효율적인 방호체계 구축을 위해서는 국가 차원의 일원화된 테러대응체계가 선행되어야 한다. 특히 컨트롤타워인 대테러센터를 주축으로 각 부처 간 명확한 역할 정립이 반드시 필요하다. 국토부는 드론 정책의 총괄부서로서 안티드론 체계의 효율적 운영을 위한 드론 관리체계 개발 및 관련 제도개선을 추진하고, 개별 부처는 이와 같은 정책추진 방향에 맞추어 관할 중요시설 방호를 위한 드론탐지 및 대응체계 구축을 추진해야 할 것이다.

제3절 요인테러 대응 발전방안

1. 전 세계 요인테러 양상 분석

기원전 44년 로마의 카이사르의 암살사건 이래로, 요인테러는 전 세계 다수의 국가에서 발생된 가장 고전적 테러유형이며, 시대별로 처한 국내외 정세 상황에 따라 표출되는 양상이 다양하게 수행되어 왔다(Sclimid &, Jongman, & Stohl, 1988; Perliger, 2015). 특히 냉전시기인 1970년대부터 최근 50년간 전 세계 각국에서 발생한 요인테러는 국가별 내부적인 위기관리 측면뿐만 아니라 국제적 차원의 정치외교·경제·문화 등 포괄적 안보위협 측면에서 매우 중요한 영향을 끼친 위협으로 자리매김 하였다. 대표적인 예로 1963년 미국 케네디 대통령 암살사건은 미국 정치사회적 변화에 가장 심대한 영향을 끼친 사건이라고 평가되었고, 1995년 이스라엘 라빈 총리 암살은 이스라엘과 팔레스타인 평화체제의 붕괴를 이루었다(Iqbal & Zorn, 2008). 이처럼 국가지도자를 대상으로 한 요인테러의 국가적 파급효과는 예측 자체가 제한된다고 할 수 있다.

이렇듯 요인테러가 미치는 명백한 정치적, 사회적 파급효과로 인해 그 발생 원인 및 테러영향요인을 규명하기 위한 연구의 필요성이 상당함에 불구하고 국내에서의 요인테러에 대한 연구는 심층적으로 수행되고 있지 않은 실정이다. 이런 목적에서 본 장은 지난 50년간 전 세계에서 발생한 요인테러 사건들을 상호 차별적인 지역적 특성을 보이는 이슬람 국가들 위주의 중동, 아프리카, 남아시아 등 중동 권역과 북남미, 유럽, 동아시아 등 서구권 중심 권역으로 구분하여 실증분석을 진행하였는데, 주요 연구결과로는 아래와 같다

첫째 테러성공 측면에서는 중동권역이 서구권에 상대적으로 성공 비율이 높은 것으로 나타났는데, 이는 서구권의 예방 차원의 대테러 역량이 중동권보다 상대적으로 높기에 사전 차단이 가능했던 것으로 분석되었다. 둘째 발생지역 및 시대별 측면에서는 중동권이 서구권보다 압도적으로 빈번하게 발생하였고, 1990년대 이전까지는 서구권의 발생빈도가 높았으나, 2001년 9·11 테러를 기점으로 중동권이 급증하였다. 이러한 이유로는 중동권 지역이 정치적, 종교적, 사회적 갈등, 민족적 갈등, 국제범죄 등의 요인과 취약한 국가 치안시스템과 맞물려 복합적 테러영향요인으로 작용한 것으로 분석하였다. 셋째 테러주체 및 원인 측면에서는 서구권의 경우 탈냉전 이후 계층 및 인종 혐오, 사회적 박탈감 증대에 따른 국가별 토착 극우·반정부 테러단체에 의한 요인테러가 특성을 보인 반면, 중동권에서는 2000년대 이후 세력화된 이슬람극단주의 국제테러단체가 주를 이루는 것으로 분석되었다. 넷째 공격유형 및 사상자 측면에서는 중동권은 폭탄공격을 통한 대량살상테러가 주로 발생한 반면, 서구권은 대테러역량의 증대로 인해 테러모의단계에서 사전차단으로 비살상테러 위주로 발생한 가운데, 선별적으로 테러대상자만 노리는 우편물(화학물실 동반), 차량돌진 공격 등이 발생하였다.

본 장의 의의는 지난 50년간 전 세계에서 발생했던 국가 원수를 대상으로한 테러사건의 테러 경향성을 실증분석했다는 점에서 연구가치가 있다. 그동안 국내의 요인테러 분야 연구는 테러사건 데이터 수집이 제한되어 실증분석보다 사례위

주 연구로 진행되어 왔으나, 향후에는 대통령경호처, 대테러센터, 국가정보원, 경찰청, 국방부 등 관계기관을 중심으로 한 산학연 협업을 통해 보다 확장된 요인테러 연구를 진행할 것을 제안한다. 이러한 실증분석 연구를 통해 보다 실효성있고 맞춤식의 국가 경호시스템 구축 등 이른바 국가위기관리 역량 강화가 가능할 것이다.

2. 요인테러 대응 발전방안

1) 대통령경호처 중심의 통합경호시스템 역량 강화

국가요인을 대상으로 하는 요인테러 발생의 연결고리를 차단하기 위해서는 사전 예방경호 측면에서 대통령경호처를 중심으로 관계기관과의 유기적인 통합경호체계 구축이 선결조건이다. 역사적으로 요인테러의 위협이 높았던 미국, 프랑스, 이스라엘 등의 경호시스템을 살펴보면 타 국가 공권력으로부터 견제받지 않는 독립적 경호기관을 중심으로 한 통합적경호체계를 운영하고 있다. 그 이유는 정치·경제·안보·치안분야의 선진국이더라도 경호대상자를 대상으로 한 요인테러사건 발생 시, 국가위기관리 차원의 극단적 대혼란에 직면할 수 있기 때문이다(서상열, 2007). 따라서 이들 국가들은 요인테러를 사전에 예방하기 위하여 법령 및 제도적 장치, 예산과 인력을 투입하여 통합경호시스템 역량 강화에 노력하고 있다. 특히 최근의 대표적 사례로 2019년 프랑스의 대통령경호기관인 DSPR(direction de la sécurité de la présidence de la République)을 중심으로 한 통합형경호체계를 들 수 있다. 프랑스의 기존 대통령경호체계는 엘리제궁 군 경호조직(commandement militaire)과 근접수행경호부서인 GSPR(Group of Security of the Presidency of the Republic) 경찰, 지원부서 등으로 분리되어 있었다. GSPR 구성 또한 경찰과 국가헌병대(Gendarmerie National)으로 지휘체계가 이원화된 경호조직을 운영하며, 조직 수장도 권한의 남용 등 견제와 균형을 고려해 2년 단위로 교체하는 체계였다.[2] 2021년 프랑스 감사원

---

2 https://newsbeezer.com/franceeng/the-reorganization-of-the-elysee-was-initiated-by-the-end-of-the-year/

이 분석한 대통령경호체계의 문제점을 살펴보면, 내무부 등 관계기관의 영향력 행사, 분권화된 경호조직의 조직진단 부재, 지속적인 경호위협 대응 역량 취약, 개별 경호조직(군·경·내무부 등) 간의 관행 고수 및 조직이기주의 팽배, 내부·외부 경호활동 구분으로 인한 지휘체계 일원화 미흡, 행정력 낭비 등이 도출되었다.[3] 이러한 문제점을 극복하고자 별도의 독립적 경호기관에 의한 통합협경호체계 정립의 중요성이 강조되면서 2019년 DSPR을 중심으로 하는 대통령경호조직 개편이 이뤄졌다.

우리나라의 경호환경의 상황은 어떠한가? 경호위협 중 가장 우려스런 북한의 주체불분명 요인테러 위협에 상시 대비해야 하는 경호활동의 특성상 골든타임 내 독립적 경호기관 중심의 관계기관과 긴밀히 연계된 통합형경호체계 구축이야말로 선결조건이다. 일각에서 주장하는 경찰 등 개별기관으로의 경호조직의 이관에 대한 조직개편 논의는 국가위기관리 관점에서의 포괄적 안보환경(북한의 군사적 도발, 주체 불분명 테러양상, 신종 경호위협 등)의 특수성과 국내 공안기관을 중심으로 한 관계기관과의 통합위기관리시스템의 작동원리 등이 미고려된 주장이다. 경호대상자를 대상으로 하는 국가적 경호활동은 일반적인 군사적이나 치안 서비스 활동과는 본질적으로 차별화되는 특화된 국가위기관리 영역이다(이영래, 2011). 따라서 현재의 대통령경호처를 중심으로 한 지속적인 효율적 통합경호시스템을 구축하되 상대적으로 관계법령 및 매뉴얼, 통합계획 수립, 합동훈련(FTX), 민간과의 경호거버넌스 등의 실질적 역량강화가 요구된다. 예를 들어 현재 우리나라 통합형경호체계의 근간인 14개 관계기관으로 구성된 대통령경호안전대책위원회를 중심으로 테러방지법 및 통합방위법 등 관련 법령 등을 구체화하여 효율적인 경호활동을 수행하는 방안을 검토할 수 있다(대통령경호법 제16조).

이를 위해서는 우선적으로 관계기관별 정보공유체계 구축이 급선무이다. 테러범이 의도하는 장소·시간·수단·테러범 규모 등 위해요소들은 합리적 선택 관점에서 의사결정 되어진다. 따라서 컨트롤타워 역할을 하는 대통령경호처가 경호위협 정보를 관계기관들로부터 사전단계부터 공유되지 못한다면 테러대응은 실패할 수

3 LES COMPTES ET LA GESTION DES SERVICES DE LA PRÉSIDENCE DE LA RÉPUBLIQUE EXERCICE 2020

밖에 없다(조성구, 2018). 이를 위해 국방부·경찰·국가정보원·외교부 등과의 상시 온라인·오프라인상의 정보공유체계 구축뿐만 아니라 민간 보안기업들과의 긴밀한 거버넌스 확립까지 포함된 경호정보활동의 패러다임을 확장시켜야 할 것이다.

2) 메타버스·범죄행동분석 기반 요인테러 프로파일링 시스템 구축

4차산업혁명시대 훈련양상에 부응한 메타버스·AI·빅데이터 등 최신 ICT 기술이 적용된 요인테러 프로파일링 훈련 시스템개발을 제안한다. 요인테러 예방을 위해서는 현장대응요원들의 예방경호 역량 강화가 최우선 방책이다. 이런 측면에서 현재 MD, X-Ray 등 물리적 검색장비 등에 상당부분 의존하는 예방경호 활동은 다양하고 복잡한 성격의 경호행사에서 발생가능한 신종 테러수단의 Low-Tech 및 고도화 등 예측이 제한되는 하이브리드 위협 증대에 따라 실효적 대응이 제한된다. 특히 3D 프린터 등 일상에서 쉽게 획득할 수 있는 신발, 물병, 계란 등 모욕성 유사테러 공격수단에 대한 실시간 대응이 미흡하다. 교육훈련 측면에서 살펴보면 다중밀집군중이 위치한 현장에서 잠재적 위해자는 테러범을 찰나의 순간에 대면했을 때를 상정한 효과적 경호조치가 중요하다. 아직도 군, 경찰 등 관계기관에서는 일방향적 행동탐지 소개교육 수준으로 직관·경험적 영역차원에서 도제식으로 진행되고 있다. 결국 실전적이고 몰입형 훈련이 제한되는 것이다.

이러한 요인테러 예방 및 대응역량의 강화를 위해서는 현장대응요원이 훈련의 주체가 되어 테러범(위해기도자) 식별 및 대응을 위한 최신 메타버스 및 행동탐지(Behavior Detection)기반의 요인테러 프로파일링 훈련 플랫폼을 구축이 급선무이다. 이를 위해 우선 범죄심리학·인지심리학을 중심으로 한 테러범 및 군중의 심리적·성격 특성, 범죄학의 수사면담 및 범죄행동분석(Behavior Analysis: BAI) 등을 통해 도출된 이론적 기반을 토대로 요인테러범의 기만성 행동지표의 빅데이터화를 통한 학습알고리즘이 구축되어야 한다. 둘째 국내 고도화된 4차산업혁명 ICT 기술력의 대표분야인 3D 모델링, 양방향 대화지능기술, 웨어러블 다중감각 햅틱기술 등이 적용해야 한다. 셋째 디지털 아바타 형태의 현장요원과 다중밀집군중속의 테러범이 실시간 위해상황을 조성하여 대응조치가 가능한 가상훈련 플랫폼을 구현해야 한다. 이를 통해 몰입형 훈련이 가능하고 현장요원(교육생)의 역량수준에 따른 맞춤식 계량화된 훈련평가가 가능할 것이다.

3) 요인테러의 심층적 연구

국내외 요인테러 사례에 대한 다양한 전공분야별 활발하고 심층적인 연구가 수행되어야 한다. 그동안 기존연구의 경향은 경호학·체육학·안보학 등 제한된 전공분야와 공경호 업무를 수행하는 한정된 정부기관을 중심으로 주로 단편적 사례 위주로 진행되어 왔다(김상진, 2018). 각각의 개별 전공 분야별로 관행적으로 수행된 연구방법론이나 분석기법이 적용되다 보니 국가위기관리 측면의 거시적이고 통합적 측면에서의 요인테러가 발생하는 본질적 원인 및 영향요인, 패턴분석 등의 심층연구는 수행되지 않았다. 향후에는 융합적이고 학제적 관점에서 접근하여 전 세계 요인테러 통계데이터와 과학적인 연구방법론, 통계프로그램 활용을 통해 정치·안보·행정·범죄(치안)·사회심리 등 다양한 전공 분야 관점에서 수행되어야 할 것이다. 이를 통해 변화하는 경호환경에 부합된 실질적인 요인테러 예방 및 대응에 대한 정책적 시사점이 도출될 수 있을 것이다.

제4절 테러대상시설 방호체계 발전방안

1. 국가중요시설 방호역량 개선을 위한 스마트 물리보안 시스템 구축

최근 스마트시티 및 메가시티4에 대한 범국가적 관심의 증대는 주요 도시의

4 스마트시티(smartcity)는 첨단 정보통신기술(ICT)로 인해 발전한 다양한 유형의 전자적 데이터 수집

고밀집성·초연결성·상징적 영향력으로 인해, 도시 속의 최전선에 위치한 국가중요시설의 각종 위협 증대로 귀결되고 있다. 즉 도시의 인구·시설·구조물 등 유·무형적 요소가 복합적으로 존재하는 고밀집성, 둘째 도시의 모든 물리적·사회적 요소가 연결되어 상황 발생 시 국가적 인위적 통제나 고립을 어렵게 하는 초연결성, 셋째 특정 도시가 국가 수준의 영향력을 발휘하는 거대한 영향력이 밀접하게 상호작용을 통해 국가중요시설의 재해재난, 범죄 및 테러, 코로나19와 같은 감염병 등 비전통적 안보위협으로 발전되어질 수 있다는 것이다(육군본부·서울시, 2020).

국가중요시설은 평시에는 국가 산업 및 통합방위 활동의 중추적인 기능을 수행하고 전시에는 전쟁 수행 능력을 뒷받침하는 시설로서 매우 중요한 역할을 하게 되는데, 대부분은 국가 소유의 시설이지만, 민간영역에서 운용하는 시설이더라도 공공재 측면의 특성상 대체성이 없기에, 파괴 등 기능 마비가 될 경우 국가적으로 심대한 영향을 미칠 수 있다(이상원, 2012). 그러나 현재의 국가중요시설의 물리적 방호체계 수준은 시설의 노후화, 테러·감염병 및 지진·화재 등 사회적·자연적 재난의 증대로 취약한 실정이다(최오호, 2019). 가장 큰 문제점은 역시 국가중요시설 방호업무의 콘트롤 타워가 부재하여 일원화된 지휘통제가 제한되는 것인데, 이는 통합방위법 및 국가보안목표 관리지침에 의거 시설장, 지방경찰청장·지역군사령관, 지자체 및 국가정보원 등 다양한 관계기관들이 참여하기 때문이다.

둘째, 최신 ICT 기술이 적용된 국가중요시설의 출입통제·영상감시·침입경보시스템 등 물리보안 요소의 표준화 체계가 부재하다(성빈·이윤호, 2103). 특히 각종 위기상황에 대비한 관계기관별 관리하는 물리요소의 DB 등 정보의 공유가 제한되는 실정이다.

셋째, 국내의 국가중요시설 물리보안과 ICT 기술의 융합, 안전관리 통합 플랫폼 연구에 관한 선행연구는 기초적 수준이다. 그동안 주로 국가중요시설 방호 관련 법·제도·조직구조 차원의 관련된 연구들은 수행되어 왔으나, 최신 ICT 기술이 접목된 시스템 차원의 국가중요시설 물리보안 연구는 미흡하였다.

센서를 사용해서 정보를 취득하고, 이를 자산과 리소스를 효율적으로 관리하는 데 사용하는 도시 지역을 의미하며, 메가시티(megacity)는 행정적으로 구분돼 있으나 생활, 경제 등이 기능적으로 연결된 인구 1000만 명 이상의 거대 도시를 말한다. 메가시티 외에 메트로폴리스, 대도시권, 메갈로폴리스 등 다양한 용어가 비슷하게 사용되고 있다. [네이버 지식백과]

이에 따라 본 장의 목적은 변화하는 비전통적 안보위협에 효율적으로 대처하기 위해 국가중요시설 방호역량 개선을 위한 최신 ICT 기술을 적용한 스마트 물리보안 시스템 구축방안을 제시하고자 한다.

이러한 국가중요시설의 스마트 물리보안 시스템을 구축하기 위해 현 국가중요시설 방호체계를 토대로 주요 4차 산업혁명 ICT 기술들의 적용방안에 대해 검토하였다. 특히 물리보안 이론, 국가중요시설에 적용할 수 있는 스마트 안전관리 기술 동향, 미국 국토안보부(DHS) 사이버안보·기반시설안보국(Cybersecurity and Infrastructure Security Agency)의 국가중요시설 물리보안·코로나19 대응 가이드라인, 산업보안협회(ASIS)의 시설 물리보안 통제 기준, 미국 국방성(DOD)의 국가중요시설 관련 보안 건축 설비 기준 등을 토대로 연구자료의 다각화를 시도했다.

1) 물리보안의 이해

(1) 물리보안의 개념

물리보안의 정의는 범죄 등 고의적 위협(Threat)으로부터 인명, 정보, 시설 등 자산(Asset)을 보호하기 위해 물리적 취약성(Vulnerability)을 통제하는 활동으로, 주요 통제수단은 건축물이나 보안 관련 설비 등의 구조적(Structural) 요인, 보안시스템 등의 전자적(Electronic) 요인, 방호요원 등의 인적(Human) 요인으로 구성된다(이상희·이주락, 2017; Doss, 2020).

물리보안의 개념 정의는 먼저 위험평가의 세 가지 요소인 자산(Assets), 위협(Threat), 취약성(Vulnerability) 개념을 통해 살펴보아야 한다(이창무 외, 2019). 먼저 자산의 범위를 인명, 정보, 시설만이 전부라고 하지 않고 해당 조직이나 장소의 특성에 의해 위험분석을 통한 도출을 하는 것이 적절하다. 이는 기존의 통제수단들인 펜스(Fence), CCTV, 볼라드(Bollard), 잠금장치(Locks), 보안요원에 한정하지 않고 방재·안전 영역의 통제수단들과 연동 및 통합하여 보호하는 것이 효과적이라고 할 수 있다(ASIS 2015; 성빈·이윤호, 2013). 둘째 고의적 위협이 중점이지만 비고의적인 위협이나 자연재해에 대한 통제도 물리보안의 지원적 역할인 안전이나 방재의 기능을 통해 수행되므로 포함되어야 한다(이상희·이주락, 2017). 셋째 취약성은 구조적(Structural),

전자적(Electronical), 인적(Human) 통제수단으로 대응해야 한다. 특히 최근 이슈화되고 있는 '물리보안 통합정보관리시스템(Physical Security Information Management System: PSIM)' 등을 활용하여 방재, 안전 영역의 통제수단들과 연동 및 통합을 하는 것이 효과적이다(이상희·이상학·최연준, 2020). 특히 출입통제시스템(Access Control System), 영상감시시스템(Video Surveillance System), 침입경보시스템(Intrusion Alarm System) 등을 다단계 형태의 상호 연결된 시스템의 통합 관리를 통해 위협 관련 탐지 가능성을 높이고 다양한 우발 상황에 대한 즉각적인 대응이 중요하다(ASIS, 2015; 이창무 외, 2019).

실제로 이번 코로나19 기간 동안 감염병 집단 확산에 대비한 국가중요시설 내 핵심시설의 선제적 방역 통제 등을 통해 '골든타임'내 취약성을 통제하는 성과를 달성하기도 했다(이상희·이상학·최연준, 2020; 중앙방역대책본부, 2020). 따라서 본 장에서는 물리보안 주요 요소인 출입통제시스템, 영상감시시스템, 침입경보시스템 등의 기본적 개념과 국가중요시설 적용 시 주요 중점에 대해서 살펴보고자 한다.

■ 출입통제 시스템(Access Control System)

'출입통제'는 인원, 차량 등을 특정 시설이나 지역에 출입하는 인원, 차량, 물건을 출입통제 정책에 따라 통제하는 것으로(신상엽, 2011), 국가중요시설의 출입통제 시스템의 중점은 첫째 허가된 인원과 차량의 출입만을 허용하고, 둘째 위험물의 출입을 탐지하고 방지하며, 셋째 자산에 대한 불법 절도 및 유출을 탐지하고 방지하기 위해 경보 및 알람에 대해 적시에 탐지하고 대응할 수 있는 체계를 유지하는 것이다(국토교통부, 2010; Patterson, 2013; 대테러센터, 2018; U. S. Department of Defense, 2018).

최근 국가중요시설에 적용되는 주요 출입통제 시스템으로는 먼저 출입관리·침입감지·영상감시가 통합되는 지능형 출입관리 시스템과 둘째 얼굴·지문·홍채·정맥 인식 등을 포함하는 생체인식 출입인증, 셋째 스마트 출입관리·얼굴인식 스피드게이트 등을 들 수 있다.[5]

■ 영상감시시스템(Video Surveillance System)

'영상감시'란 비디오카메라를 사용하여 특정한 장소를 촬영하여 원격에서 모

5 에스원 국가중요시설 출입통제시스템 https://www.s1.co.kr/service/service05_11.do.

니터링하는 것을 말하는 것으로, 영상감시는 3가지의 측면을 고려하여야 하는데, 먼저 각종 위협에 대하여 직접 혹은 다른 경보(침입, 화재 등)를 연동하여 탐지할 수 있어야 하며, 둘째 대응 및 탐지 시 상황평가를 위한 정보(영상 등)를 제공해야 하고, 셋째 사후 영상을 확보할 수 있고, 필요시 법적인 증거물로 사용 가능하여야 한다(ASIS, 2015; 양영우·이주락, 2018; Doss, 2020).

최근 국가중요시설에 적용되는 주요 영상감시시스템은 지능형 영상감시, 고성능 감시카메라, 열상 감시 장비(TOD: Thermal Observation Device)로 살펴볼 수 있다. 먼저 지능형 영상 감시시스템은 이동물체를 자동탐지 및 추적, 안개(해무) 및 시계 제한사항을 자동으로 제거하여 영상화질의 개선이 가능하며, 둘째 고성능 감시카메라는 중거리(500m~1km) 및 근거리(100~200m) 내 이동물체의 자동탐지 및 추적이 가능하고, 셋째 열상 감시장비는 사람과 물체가 방출하는 적외선을 감지하여 영상 정보로 변환할 수 있다.[6]

이러한 영상감시시스템 운용 개념은 먼저 핵심 중요구역 및 취약지점에 영상 변화가 있을 때 탐지되도록 모션 디텍션(움직임 감지)을 사전에 설정을 통해 지능형 영상분석 기능에 의해 특정한 행동을 탐지해야 한다. 둘째 출입통제장치 및 침입경보 센서에 경보 발생 시 발생원점의 감시카메라가 연동되어 방호요원이 원점 주변의 특이사항을 영상으로 확인한다. 이를 위해 외곽 울타리에는 장력 센서를 설치하고 지능형 CCTV 설치를 통해 모션 디텍팅 후 자동추적을 하는 지능형 영상감시 시스템을 구축하고 있어야 하며, 사각 지역에 대한 통제대책을 마련하여야 한다.

■ **침입경보시스템(Intrusion Alarm System)**

'침입경보'란 권한이 없는 인원이나 차량이 무단으로 침입하려는 시도에 대해 경보를 제공하는 것으로, 특정 시설이나 공간에 대한 침입 시도의 탐지 시 식별, 전송, 처리, 표시 및 기록 활동을 수행하고, 대응수준을 판단할 수 있도록 각종 정보를 제공한다(신상엽, 2011; 이창무 외, 2019). 침입경보시스템은 주변 환경에 적절히 연계되어 시설 외곽·외부·내부 구역에 대한 무단침입에 대한 탐지 및 경보가 가

6 에스원 국가중요시설 영상감시시스템 https://www.s1.co.kr/service/service05_11.do.

능해야 한다. 특히 잘못된 침입경보시스템은 '오경보율(False Alarm Rate)' 및 '가경보율(Nuisance Alarm Rate)'[7]만 높이고 실제 탐지율[8]은 낮아지게 하므로 비정상 경보 발생 시 상황을 평가하고 대응할 수 있는 관련 정보를 제공해야 한다.

국가중요시설의 주요 침입경보시스템으로는 장력·광케이블·광망·적외선·자력 센서 등을 포함하는 외곽펜스 감지시스템과 군사용 레이더 기술을 적용한 펜스형 레이더 센서(Fence Radar Sensor)를 들 수 있다.[9]

■ 통합 보안관제시스템

물리보안시스템을 관제하는 통합 보안관제 시스템은 감시카메라를 통해 모니터링하고, 출입통제 시스템을 제어하고, 침입경보를 탐지하고, 각종 관련 로그를 기록 및 저장·검색·대응할 수 있는 장소이며, 각종 상황 발생 시 방호인력에 대한 지휘통제를 하는 장소이다(ASIS, 2015; 양영우·이주락, 2018; Doss, 2020). 일반적인 관제센터는 물리적 보안에 대한 통합관제 및 통제 기능만을 수행할 수도 있지만, 최근의 양상은 방재나 안전 분야를 포함한 정보유출 탐지·대응을 위한 정보보안센터와 통합하는 형태로 진화하고 있다(Patterson, 2013).

물리보안과 방재, 안전 등의 요소가 통합되는 것은 이상적으로 보일 수 있으나, 다른 관점에서 보면 매우 크고 복잡한 시설의 경우에는 감당할 수 없게 통제범위가 커지고 산만해져 다양한 위기상황에 제대로 대응하지 못하게 될 수도 있다. 따라서 적절하게 방재안전, 물리보안과 공간적·기능적으로 상호 연동되는 것이 중요하다.

통합 보안관제 시스템의 주요 5가지 기능은 첫째 현재 일어나는 위협을 탐지하는 모션디텍션 기능, 둘째 영상분석 및 침입경보 기능 등 이벤트 관제 기능, 셋

7 가경보율(Nuisance Alarm Rate)은 특정기간에 실제 침입으로 인한 것이 아닌 비정상적인 가짜 경보를 말하는 것으로 구체적으로 식물(나무와 잡초), 야생 동물, 기상 조건(바람, 비, 눈, 안개, 번개) 등이 있으며, 산업상의 원인으로는 지면 진동, 바람에 의한 파편 및 전자기 간섭 등이 있다. 반면, 오경보율(False Alarm Rate)은 장비 자체(불량한 설계, 부적절한 유지보수 또는 구성품 고장)에 의해 생성된 경보이다.

8 탐지율(Probability of Detection): 탐지 확률을 높이기 위한 고려사항은 탐지대상, 적절한 침입감지기의 선정과 감도의 설정, 기상 및 지형 등과 같이 설치되는 곳의 물리적 환경, 적절한 감도설정, 반복적 사전테스트 등을 들 수 있다.

9 에스원 국가중요시설 침입경보시스템 https://www.s1.co.kr/service/service05_11.do.

째 수집데이터의 수집 및 저장기능, 셋째 패턴 분석기능, 넷째 경비 발생을 위한 표준대응절차 관리기능, 다섯째 종합분석을 위한 융합 보안 기능으로 구분한다.

국가중요시설에 적용되는 통합관제 시스템으로는 영상감시 및 외곽감지 연동 감시가 가능한 과학화 통합모니터링 솔루션을 들 수 있는데,[10] 특히 최근에는 다양한 보안 및 안전과 관련된 통제장치, 감지기, 감시장비 등의 탐지수단을 통합하여 연결하는 '물리보안 통합정보관리시스템(PSIM)이 도입되고 있다. 이 시스템은 관제요원과 상황을 평가해야 하는 관리자에게 통합적인 관련 정보를 신속하게 보여주고, 대응을 위한 절차와 지침을 제공해준다(ASIS 2015; Doss, 2020).

2) 국가중요시설의 물리보안 방호체계

(1) 국가중요시설의 물리보안 관계 법령

국가중요시설은 공공기관, 공항·항만, 주요 산업시설 등 적에 의하여 점령 또는 파괴되거나 기능이 마비될 경우 국가안보와 국민 생활에 심각한 영향을 주게 되는 시설 중에서 국가정보원장이 지정하는 국가보안목표시설과 통합방위법 제21조에서 국방부 장관이 지정하는 국가중요시설을 의미한다(이민형·이정훈, 2015; 국방부 통합방위법 시행령 제32조, 2019; 국가정보원 국가보안시설 및 보호장비 관리지침(3급), 2018). 이와 유사한 개념으로 경찰에서는 테러 취약시설이라는 개념 아래에 테러 예방 및 대응을 위해 국가중요시설을 포함한 다중이용시설, 미군 관련 시설, 공관 지역을 포괄하는 대테러 안전활동을 수행한다(경찰청 테러 취약시설 안전활동 규칙, 2015). 국가중요시설의 분류기준은 적의 침입, 국민 생활의 미치는 영향, 통합방위작전 수행의 중요도에 따라 가~다 급으로 분류하고 있으며, 세부 분류기준[11]은 13가지 유형으로 분류하고 있다(임현욱, 2017).

한편 미국의 경우, 국가중요시설(National Critical Infrastructure)의 개념을 Physical,

---

10 에스원 국가중요시설 통합관제 시스템 https://www.s1.co.kr/service/service05_11.do.

11 국가 및 공공기관시설, 산업시설, 전력시설, 방송시설, 정보통신시설, 교통시설, 공항, 항만시설, 수원시설, 과학연구시설, 교정·정착지원시설, 지하공동구 시설, 기타 등 총 13가지 유형으로 분류하고 있다.

| 그림 10-1 | 미국의 국가중요시설(National Critical Infrastructure) 분류

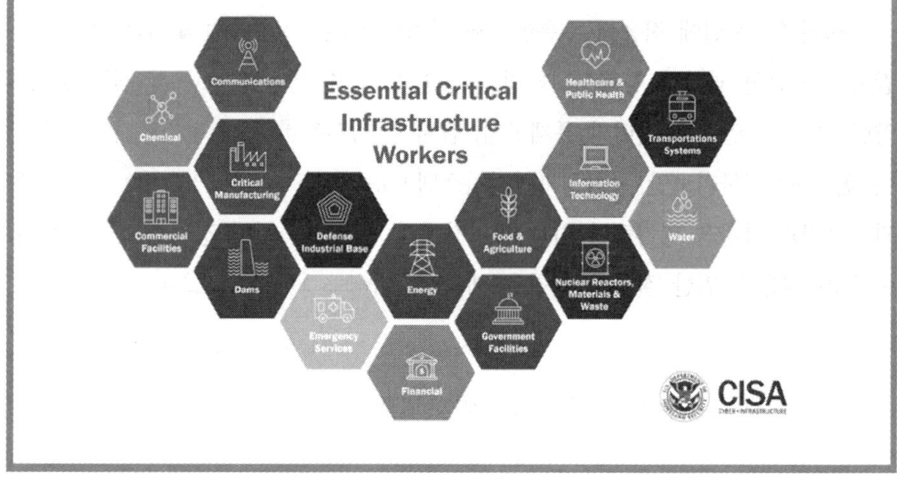

출처: Cybersecurity and Infrastructure Security Agency(2020).

Cyber, Human의 세 가지로 분류하고 있으며, 국토안보부(DHS)의 National Critical Infrastructure Prioritization Program 및 National Critical Infrastructure Protection Plan 정책에 근거하여, Level 1(National Critical), Level 2 (Regionally Critical), Sector · State List(Regionally Critical)로 분류하며, 16가지 유형으로 분류하고 있다[12](U.S Government Accountability Office(GAO), 2018; U.S. Department of Homeland Security(DHS), 2013; Gaines, 2019). 최근에는 코로나19에 대응하고자 국가중요시설 주무부서인 국토안보부 산하 사이버안보·기반시설안보국 The Cybersecurity and Infrastructure Security Agency(CISA)를 중심으로 연방·주 정부 수준부터 로컬 및 민간보안 영역의 국가중요시설 근무자들이 준수해야 할 가이드라인인 Essential Critical Infrastructure Workforce(2020)을 생산하기도 하는 등 전방위적인 물리보안 위협에 대한 대응 노력을 추진하고 있다. 물리보안 위협요인의 평가요소로는 시설 위

12 Food & Agriculture, Energy, Dams, Critical Manufacturing, Government Facilities, Transportation, Chemical, Nuclear, Financial, Defense, Water & Wastewater, Healthcare, Commercial Facilities, Emergency Services, Communications, Information Technology.

치(Setting), 근무자별 이격 거리(Proximity), 대면 접촉 유형(Type of Contact), 접촉 시간(Duration), 접촉자 수(Number of different contacts), 잠재적 확진 위협요인(Employee risk factors), 감염 확산방지 역량(Capability to assess possible infection), 청결성(Cleaning) 등이다(CISA, 2020).

한편 국가중요시설의 물리보안과 관련되는 주요 법령들은 통합방위법(시행령) 및 통합방위지침(국방부 및 합동참모본부), 국가보안목표 및 보안장비 관리지침(국가정보원), 건축법 및 범죄예방 건축기준 고시, 주차장법(국토교통부) 등으로 구성된다. 세부 관계 법령을 정리하면 〈표 10－1〉과 같다.

표 10-1 국가중요시설 관계 법령

법령	주무기관	주요내용
통합방위법(시행령)	국방부	국가중요시설의 경비·보안 및 방호
통합방위지침		
보안업무규정	국가정보원	국가중요시설의 보호구역 설정 및 구분 (종합상황실, 암호실, 중앙통제실 등)
보안업무 세부시행규칙		
국가보안목표 관리지침		
건축법(시행령)	국토교통부	건축물(설비)의 범죄예방 기준
주차장법		주차장 구조설비/방범설비 기준
소방시설 설치유지 및 안전관리 법률	소방청	피난시설, 방화구역 및 방화시설 유지관리

출처: 조사자료 정리(2020).

둘째 국가중요시설의 물리보안 관련 주요 지침으로는 첫째 건축구조 및 환경적 요소와 관련된 국토교통부(2010·2013)의 건축물 테러 및 범죄예방 설계 가이드라인과 대테러센터(2018)의 다중이용시설 테러예방활동 가이드라인, 둘째 물리보안 시스템 요소와 관련된 한국산업표준의 침입경보·영상감시·출입통제 시스템, 셋째 방호인력 요소와 관련된 지침 등을 살펴볼 수 있다(김순석, 2011; 대테러센터, 2018). 세부 관계 지침을 정리하면 〈표 10－2〉와 같다.

표 10-2 국가중요시설 물리보안 관계 지침

구분	지침	주무기관
물리보안시스템 요소	침입경보 및 홀드업 시스템	한국산업표준
	보안용 영상감시시스템	
	출입통제시스템	
	방사선 방호장비	
	정보보호 표준	
건축구조 및 환경요소	건축물테러예방 설계 가이드라인	국토교통부
	건축물 범죄예방 설계 가이드라인	
	다중이용시설 테러예방활동 가이드라인	
방호인력 요소	경비서비스 프로세스	한국산업표준
	방호요원 선발 및 교육	

출처: 조사자료 정리(2020).

(2) 국가중요시설의 물리보안 방호체계

국가중요시설의 물리보안 방호체계는 시설별 관리자가 경비·보안 및 방호책임을 지며, 통합방위사태에 대비하여 자체방호계획을 수립해야 한다(신형석, 2019; 통합방위법 제21조). 또한 지방경찰청장 및 지역군사령관은 통합방위사태에 대비하여 국가중요시설에 대한 방호지원계획을 수립·시행과 감독책임을 수행한다(경찰청, 2015). 셋째 국가중요시설의 평시 경비·보안활동에 대한 지도·감독은 관계 행정기관의 장과 국가정보원장이 수행한다.

특히 국가중요시설은 3지대 방호개념인 경계지대, 주방어지대, 핵심방어지대로 구분하여, 각 지대별 책임지역 방호와 지휘체제를 설정한다. 먼저 1지대인 경계지대는 시설 외곽으로 시설물로부터 소총 유효사 거리 내에서 주요 목지점 및 감제고지 등을 통해 방호하는 일련의 선을 의미한다(나석종 외, 2019). 주요 방호요소로는 지역 책임부대·경찰·예비군 부대 등과 통합된 방호계획에 의거, 지역수색 및 매복 활동 등을 통해 시설에 대한 탐지 활동과 침투대비책을 시행한다.

둘째, 2지대인 주방어지대는 시설 울타리를 연하여 시설 내부 등 핵심지역 및 시설에 대한 침입을 통제를 통해 국가중요시설을 방호하는 일련의 선을 의미한다.

주요 방호요소로는 방호시설물을 집중적으로 설치하고 고정초소 및 순찰 근무 등을 통해 출입자를 통제 및 감시한다.

셋째, 3지대인 핵심방어지대는 핵심지역에 대한 최후의 방어선으로 물리보안 요소들의 상시감시체계와 각종 보안장비를 설치하여 운영한다.

한편, 통합방위법 시행령 제23조의2에 의거, 지역군사령관과 지방경찰청장은 책임 지역의 국가중요시설 방호지원계획을 수립하여 운용하여야 한다. 이러한 국가중요시설 방호지원계획의 주요 요소를 요약하면 〈표 10-3〉과 같다.

표 10-3 국가중요시설 방호·방호지원계획 주요 구성요소

방호계획(시설장 주도)	방호지원계획(경찰·군)
작전지역 분석	관할지역 내 국가중요시설 현황
적 위협분석(적 침투 규모 포함)	작전지역분석, 적 위협 분석
5분전투대기조 편성 및 운용계획	가용 전투력 현황(증원·예비전력 포함)
방호인력 계획	작전요소별 운용개념(지원 우선순위 포함)
시설물·장비운용 계획	화력·조명지원계획
유관기관(군부대, 경찰서, 소방, 의료, 복구기관) 협조·지원계획	전투근무지원·교육훈련지원계획
내부 유무선 통신망 설치 및 운용계획(지휘망 및 지원부대 협조망)	지휘 및 협조관계
유관기관과의 비상통신망 운용계획	유무선 통신망 운용계획
교육훈련계획(경비·보안 및 방호능력 향상)	기타 방호지원 사항
사태별 대응조치 계획(화재발생 등)	

출처: 통합방위법시행령(2020).

3) 국가중요시설 물리보안의 최신 ICT 기술 적용방안

본 장에서는 물리보안 분야의 최신 ICT 기술인 사물인터넷(IoT), 빅데이터, 클라우드, 드론, 증강현실(AR), 인공지능 기술에 대한 개요와 국가중요시설에 적용방안에 대해 살펴보고자 한다.

■ 사물인터넷(IoT: Internet of Thing)

사물인터넷(IoT)이란 사람, 사물 또는 주변 환경으로부터 발생하는 데이터 정보를 사물에 부착된 센서 칩을 통하여 신호를 감지하여 데이터로 변환하는 것을 말하며, 이러한 데이터는 인터넷 등 통신 서비스를 통해 플랫폼에 수집되어 활용된다(KAIST 문술미래전략대학원·미래전략연구센터, 2018; 김상준, 2020).

국가중요시설의 물리보안 분야에서 사물인터넷(IoT)은 GPS, CCTV 등에 연결로 정보의 공유를 통해 국가중요시설 내 각종 위기상황을 예측하고 예방함으로써 피해를 최소화할 수 있는데, 이는 시설 유형별 인프라 관리를 위한 빅데이터 분석을 통해 가능하다.

기존에는 국가중요시설 내 고정된 CCTV 모니터링을 위해 근무자가 순찰 근무나 현장확인을 통해 위기상황을 사전 확인하고 관련된 데이터를 수집 및 공유하였지만, 사물인터넷 기술의 적용을 통해 상황실 및 관제센터와 연결되어 각종 위기상황과 관련된 모니터링 자료를 실시간으로 전송 및 공유를 할 수 있다. 예를 들면 테러 상황 발생에 대비하기 위해 국가중요시설 3지대 방호계획에 적용되는 주요 지대 및 방호 장비, 현장 초동대응팀 및 5분전투대기조, 지역경찰청 및 지역 군사령부 상황실, 대테러작전부대, 경찰 및 소방, 의료 조직 등에 센서를 실시간 가동이 가능하다. 이러한 실시간 자료 분석을 통해 위기상황 징후를 사전에 예측함으로써 효율적인 민·관·군·경 통합방위작전을 수행할 수 있다(정효연, 2017).

■ 빅데이터(Big data) 및 클라우드 컴퓨팅

빅데이터란 숫자, 문자 등을 포함한 비구조적 데이터를 포괄하는 개념으로, 일반적인 DB 소프트웨어가 저장·관리·분석할 수 있는 범위를 초과하는 규모의 데이터를 의미한다(이석민 외, 2020). 이러한 데이터는 클라우드를 통해 수집되어 하둡(Hadoop), 오픈소스 통계솔루션(R), 텍스트 마이닝(text mining), 감성분석(sentiment analysis) 등의 방법을 통해 분석하여 미래를 예측하여 의사결정을 지원하는 데 활용된다(성국경, 2017).

국가중요시설 물리보안 분야에서 빅데이터는 광범위한 안전관리 정보를 실시간으로 수집하고 분석하여 위기 상황을 사전에 예측하고, 상황 발생 시 의사결정자 및 현장요원을 중심으로 상황판단-결심-대응의 의사결정을 지원한다. 또한 상황별 발생 패턴 및 특성을 분석하여 교육훈련에 활용할 수 있다.

한편 클라우드(Cloud)는 인터넷 기반의 대용량 데이터 저장소로 시간과 장소에 구애받지 않고 휴대폰, 컴퓨터 등 하드웨어 자료의 저장, 관리, 유통 등의 작업을 할 수 있는 시스템이다(이석민 외, 2020). 특히 국가중요시설의 물리분야에서는 실시간으로 생산되고 수집되는 위기상황 관련 빅데이터를 클라우드를 통해 수집하여 관계기관별 원활한 정보공유와 분산된 각종 정보를 연계 및 통합함으로써 종합적이고 효율적인 빅데이터 관리를 통해 사전 예측된 예방 및 상황 발생 시 현장 대응시간을 단축할 수 있다.

■ 드론

드론은 카메라, 센서, 통신시스템 등이 탑재된 첨단기술이 융합된 시스템으로 4차산업혁명을 주도할 대표적인 플랫폼이며, 특히 사람이 직접 모니터링하기 어려운 지역을 드론을 통하여 대신 모니터링 할 수 있다는 점에서 주목받고 있다(Restas, 2015; 안효춘 외, 2020).

국가중요시설 물리보안 분야에서 드론은 각종 위기 상황의 예방 및 예측, 대응 및 복구 단계 간에 다양하게 활용된다. 위기 발생 전 탐지 활동을 통해 피해 예방 및 안전을 진단하고, 위기상황 발생 시 모니터링을 통해 신속하게 피해지역을 파악하고 인명구조를 지원 및 복구를 지원한다. 특히 상황 발생 지역에 드론을 활용한 다양한 정보수집으로 실시간 위치 및 영상을 전송할 수 있다. 이를 통해 육안으로 점검하기 어려운 사각지역 및 위험지역에 대해 실시간으로 모니터링이 가능하다(양영우·이주락, 2018).

특히 중요한 북한의 도발과 주체가 불분명한 위기상황 발생시 대공혐의점 및 테러혐의점을 규명해야하는 복잡한 상황이나, 야간교전 및 폭발 상황 발생 시에 열영상 감시시스템 등과 드론을 복합 운영할 경우 그 효과성은 극대화될 것이다. 일반적인 감시가메라 및 CCTV는 교전 상황에서 벌어지는 각종 불빛 및 연기로 인하여 감시에 제한을 받지만, 열상시스템은 투과가 가능하여 감시 및 관측이 가능하기 때문이다(나석종, 2019).

■ 증강현실(AR: Augmented Reality)

증강현실이란 현실 배경에 3차원 가상 이미지를 결합하여 하나의 영상으로 보여주는 기술로, 스마트 기기의 화면, HMD(Head-Mounted Display), 안경 등을 통해 구현된다(박종홍 외 3인, 2016).

이러한 증강현실 기술은 국가중요시설 물리보안 분야에서 최초 설계단계, 현장 위기대응 훈련 및 실제 대응단계에서 다양하게 활용될 수 있다(육군본부·서울특별시, 2020). 먼저 설계단계시 증강현실상 3차원 시뮬레이션을 활용한 가시성 분석을 통해 최상의 감시·경계 위치와 적의 관측·정찰에 노출되지 않는 위치를 선정하여 경비인력 소총 유효사거리 등 사격능력을 고려하여 최적의 운용장소를 판단할 수 있다(나석종, 2019).

또한 교육훈련 측면에서 기존에는 상황별 약속된 시나리오를 통한 행동화 숙달 형식의 훈련으로 현실성 미흡과 형식적 차원의 단순반복적인 훈련방식으로 진행되었으나, 증강현실 기반의 훈련방식을 통해 실전적이고 현실감 있는 영상을 활용하고 물리적 공간을 초월할 수 있어 교육훈련의 질적 수준을 높일 수 있다.

■ 인공지능(AI: Artificial intelligence)

인공지능이란 인간의 지능으로 할 수 있는 학습, 지각, 추론 등을 컴퓨터가 할 수 있도록 하는 것으로, 빅데이터 입력을 통해 특정한 사건에 대한 의사결정을 도울 수 있다(이석민 외, 2020). 또한 사물인터넷, 지능형 로봇, 웨어러블 디바이스 등 다양한 IT 제품과 융합이 가능하다.

국가중요시설 물리보안 분야에서 인공지능은 사물인터넷과 연동하여 빅데이터를 분석하고, 지능형 로봇을 통한 현장대응활동 등을 통해 적시적인 상황판단-결심-대응 등의 의사결정과정의 지원이 가능하다. 이를 통해 기존 위기상황 발생시 물리적으로 이격된 관계기관들의 참여자들이 위기상황에 대한 의사결정 및 대응조치를 하는 한계를 극복하고 화상회의를 통한 물리적으로 초월된 장소에서 다양한 관계자들의 의사결정이 가능할 것이다(이석민 외, 2020; 이상희·이상학·최연준, 2020).

4) 스마트 국가중요시설 물리보안 시스템 구축방안

본 장에서는 기존에 국가중요시설 안전관리 측면에서의 방호체계에서 진일보하여 ICT 정보통신기술을 활용해 위기상황에 예방·대비 및 대응·복구 가능한 스마트 국가중요시설 물리보안 방호체계 구축방안을 제시하고자 한다.

■ ICT 기술을 적용한 국가중요시설 물리보안 표준 매뉴얼 개발

먼저 ICT 기술을 적용한 국가중요시설 물리보안 표준 매뉴얼 개발을 통해 국가중요시설의 계획·설계 단계부터 유지관리, 위기대응 단계까지 ICT 기술이 적용된 물리보안 요소의 표준화된 운용 절차 정립이 필요하다.

현재는 ICT 기술을 적용한 국가중요시설 유형별 물리보안 요소의 최상위 표준 매뉴얼이 부재하므로, 관계기관별·시설별 물리보안 실무 매뉴얼 작성이 제한되어, 계량화된 진단·평가 등 정밀점검이 어렵고 효과적인 보완조치를 수행하기에 곤란하다는 문제점이 상존한다. 최근 국제표준화기구(ISO)의 인증기준에 부합된 국가중요시설 관리시스템 요구사항을 도출하려는 개념적 시도가 있었을 뿐(임헌욱, 2017), 오히려 민간 다중이용시설에 대한 물리보안 측면의 대테러 및 재난 안전 표준화 체계는 인력, 장비, 시설, 통신 면에서 경찰·소방 연구조직을 중심으로 비교적 활발한 실정이다(차장현 외, 2019).

이를 개선하기 위해 국가중요시설 유형별 물리보안 차원의 예방 및 예측 단계, 대비 단계, 대응 및 복구 단계시 ICT 기술을 적용한 물리보안 표준 매뉴얼을 구축하여야 한다. 먼저 첫 번째 단계인 위기상황의 예측 및 예방 단계에서는 ICBM[13]을 기반으로 사물인터넷 및 클라우드를 통한 실시간 정보수집 및 취합, 빅데이터 분석을 통해 종합적 위기상황의 예측이 가능하다(강희조, 2017). 또한 드론, 사물인터넷(IoT)을 통해 기존에 근무자가 접촉하기 어려운 장소의 정보를 실시간으로 수집하고 모니터링을 통해 위험을 감지하고 경보 서비스를 통해 위기상황을

13 ICBM이란 사물인터넷(IoT), 클라우드(Cloud), 빅데이터(Big data), 모바일(Mobile)로, 사물인터넷 센서가 수집한 데이터를 클라우드에 저장하고 빅데이터 분석을 통하여 모바일을 통해 다양한 서비스를 제공하는 것이다(네이버 지식백과. IoT-Cloud-Bigdata-Mobile 기술 정의).

예방할 수 있다(이석민 외, 2020).

둘째, 대비 단계에서는 기존 위기상황별 대응 시나리오에 따른 훈련을 빅데이터와 증강현실을 이용하여 가상 위기대응 훈련체계를 구축해야 한다. 특히 종래의 시나리오 위주의 형식적 현장 위기관리 대응 훈련에서 벗어나, 증강현실 및 3D 입체 영상 방식의 예측하지 못한 다양한 우발 상황에 대한 훈련방식이 도입되어야 한다.

셋째, 대응 단계에서는 기존에는 관계기관별 현장 상황을 파악 후 대응방식을 결정하다 보니 의사결정과정에 어려움이 있었다. 하지만 드론 등을 통해 현장을 가시화하고, 다양한 정보를 골든타임 내에 조치하기 위한 인공지능을 적용하여 상황판단－결심－대응의 의사결정체계를 통해 작전반응시간을 대폭 감소할 수 있다. 또한 구조 및 복구 단계에서 작전 및 구조대원의 생존성 보장이 취약한 위험상황에 노출로 추가적인 인명사고의 개연성이 높았으나, 현장에 드론을 투입함으로써 각종 안전사고를 예방할 수 있다.

■ 스마트 국가중요시설 통합 안전관리 플랫폼 구축

스마트 국가중요시설 물리보안 시스템을 구축하는데 가장 핵심요소는 안전관리 플랫폼으로, 관계기관 및 지자체간 테러·범죄, 재난 발생 시 안전관리를 위한 통합된 형태의 안전관리 플랫폼의 구축이 필요하다.

현 실태를 살펴보면 먼저 국가중요시설 유형별 통합 안전관리 플랫폼이 부재하여 시설별 방호인력 등 담당 인원이 직접 수기로 출입통제, 영상감시, 침입감시장비·시설물 및 시스템의 점검이 수행되고 있다. 따라서 사전 예방이 제한되고, 안전진단 측정의 신뢰성은 물론 실시간 감지 및 예측에도 문제점이 상존하는 등 전반적인 안전관리 체계가 취약한 실정이다. 더욱이 시설이 노후된 국가중요시설의 경우, 시설의 붕괴 및 사고로 확대될 수 있는 위험 소지가 다분한 실정이다.

둘째로 관계기관 유형별 구조적·전자적·방호인력 차원의 안전관리 통합 DB 부재로 각종 위기 상황시 상황판단－결심－대응 등 적시적인 의사결정과정이 제한되었다. 특히 주요 관계기관인 국가정보원·국방부·경찰청·행정안전부·국토교통부간의 통합된 플랫폼이 구축되지 않아 각종 위기상황 발생 시 골든타임내 대응

조치가 제한되는 실정이다. 예를 들어 경상도 지역의 A 국가중요시설의 출입통제 시스템이 지능형 출입관리 시스템을 보강하였으나 사전 이러한 보강사항에 대한 관계기관별 DB가 미공유되었다고 가정해 보자. 만약 테러 상황 발생 시 지역 군·경 대테러 초동조치부대 등 작전부대들을 지휘통제하는 지방경찰청이나 지역책임부대의 테러범 진압작전 계획수립 간 이러한 중요한 정보를 공유하지 못해 골든타임 내 작전반응시간이 엄청나게 지연될 수 있다.

이러한 문제점은 '스마트 국가중요시설 통합 안전관리 플랫폼 구축'을 통해 개선할 수 있다. 핵심 개념은 전국의 유형별 국가중요시설에 대한 주요 물리보안 요소인 출입통제, 영상감시, 침입경보 시스템 관련 각종 DB에 대한 빅데이터 축적을 통한 선제적 안전관리체계를 마련하자는 것이다. 시스템 구축을 위해서는 먼저 출입통제·영상감시·침입경보 시스템의 점검·계측·보수보강 등 안전관리 이력 정보를 디지털화를 구축하고, 둘째 사물인터넷(IoT) 기반의 데이터 수집·관리, 빅데이터 자료 분석, 시뮬레이션 방식을 통한 취약성 분석을 통해 위험예측 및 최적의 안전관리를 달성할 수 있다.

이를 위해 선행되어야 할 것은 국가중요시설 유형별 출입통제·영상감시·침입경보 시스템 등 주요 물리보안 요소에 대한 사물인터넷(IoT) 기반의 센서화된 네트워크를 구축 및 관리와 빅데이터 분석이 가능한 데이터웨어하우스 및 정보시스템의 통합되어야 할 것이다.

이러한 통합 플랫폼의 구축을 통한 기대효과로는 첫째, 관계기관별로 일원화된 물리보안 DB 구축 및 정보공유를 통해 각종 위기상황에 대한 실시간 정보공유로 주요 의사결정과정 시 상황판단－결심－대응이 가능하다는 것이다. 둘째, 시설 유형별 주요 물리보안 요소의 점검 및 계측, 보수보강 정보 등을 디지털화되어 최적의 보수보강 시기 등 안전관리 예측이 가능할 것이다. 이를 통해 실시간 시설물의 변화와 손상 판단 및 정확한 안전상태를 파악하고, 향후 효과적인 설계가 가능한 플랫폼의 구축과 위기상황에 대한 실시간 상황평가, 비상 대피지역에 대한 실시간 정보 제공이 가능할 것이다.

특히 플랫폼의 효율적 운영을 위해서는 물리보안 요소들의 데이터를 이용하여 최종 빅데이터 및 인공지능(AI) 기반의 예측 및 분석, 의사결정 지원을 위한 데이터마이닝 기법의 적용이 가능토록 국가중요시설 위기상황 및 특성에 따라 구조화된 데이터를 구축하는 것이 중요하다.

■ **지자체-국가 중요시설 간 통합관제 시스템 연동 체계 구축**

현재 국가중요시설의 통합관제 시스템을 살펴보면 테러·재난 등 각종 비군사적 위협 상황 발생 시 현장 상황의 가시화를 위한 민·군·관·경 통합지휘체계의 여건은 불비한 실정이다. 먼저 상황파악 면에서 상황 발생시 현장상황의 인식을 신고자 및 목격자의 진술에 전적으로 의존하며, 영상공유 면에서는 각 지자체별로 운용하는 CCTV 통합관제센터와 국가중요시설내 관제센터와의 정보공유체계의 미구축으로 인해 상황 발생 시 현장 가시화가 제한되고 있으며, 이를 극복하고자 제한적으로 관계기관별로 연락관을 파견하여 현장상황을 파악하는 실정이다. 둘째, 초동대응 및 지휘통제면에서 군이나 경찰 등 현장에 출동한 초동조치 부대들이 도착 후에야 현장 가시화가 가능하며, 보조수단으로서 스마트폰 등을 이용하여 제한적으로 현장 상황을 가시화하는 등 골든타임이 상실된 채 지휘통제 및 초동대응이 진행될 수 있다.

이러한 문제점을 개선하기 위해 광역시도 단위로 구축된 통합관제 시스템 영상을 국가중요시설 통합관제센터와도 확대 연동을 통해 위기 발생 시 실시간 현장 진행상황에 대응할 수 있다. 현재 지자체 및 중앙정부에서 운용 중인 전국의 100만여 대의 CCTV를 운용하고 있는데, 국가중요시설 관제센터와도 연동하여 테러 및 재난 상황 발생 시 관계기관별 통합적 상황공유가 가능토록 연동해야 한다.

이를 위해 선행되어야 할 요소는 첫째 관제 시스템, 네트워크, 관제용 단말기 차원의 기술적 조치를 통해 지자체 통합관제 시스템 영상이 관·군·경 작전상황실까지 공유 및 연결되어야 한다. 특히 현재 진행 중인 지자체 주도의 통합관제 시스템 구축 사업과 연계하여 국가중요시설 통신망과 연결 시 보안장비를 포함한 네트워크에 연결 및 데이터 연동을 통한 상호운용성(Interoperability)의 보장으로 효과적인 민·관·군·경 통합방위작전 수행 여건이 보장될 것이다(안효춘 외, 2020).

둘째로 통합관제 시스템은 AI와 빅데이터 등이 결합된 지능형 CCTV 형태로 고도화되어 관제 인력 운용이 최소화된 상황에서도 AI 알고리즘을 통해 감지와 대응이 즉각적으로 가능해야 할 것이다. 즉 지능형 CCTV를 통해 수상한 사람이나 거수자의 움직임 화재, 연기, 안개 등 특징점을 감지해 통합 관제센터에 상황 전파를 통해 관계기관과 연계한 대응체계를 구축할 수 있다.

위에서 제시한 지자체–국가중요시설간 통합관제시스템의 연동 체계 구축을 통한 기대효과로는 첫째 국가중요시설 자체 초동대응 조직 및 군·경·소방 초동대응부대의 상황공유로 골든타임 내 긴급출동 체계 구축을 가능케 하여 작전반응시간을 단축할 수 있다는 것이다. 특히 초동대응부대가 현장에 도착 시 조기에 상황을 파악하여 초동조치부대의 즉각 임무수행 여건 마련이 가능케 하고, 현장상황을 가시화하면서 필요사항에 대한 적절한 조치 지원 및 후속지원 보장을 가능케 할 수 있다. 둘째 이러한 현장 상황의 실시간 확인 및 인식을 통해 영상공유를 위한 연락관 파견 등의 방호인력 소요를 절약할 수 있다.

2. 정책적 시사점

국가중요시설은 국가운영을 위한 주요 도시에 위치한 핵심기반시설로서 다양한 위협으로부터 항상 안전하게 방호 및 유지되어야 하지만, 많은 일반인들이 상시 국가중요시설을 드나들고 있다는 측면에서 방호 취약성이 상당히 높다고 할 수 있다(Gaines, 2019; 나석종, 2019). 앞서 언급했던 2021년 1월의 미국의 대표적 국가중요시설인 국회의사당 무장난입사태를 통해 미국 테러대응기관들의 안일한 초동대응 조치 및 미흡한 정보공유체계의 결과가 얼마나 끔찍한 결과를 초래하는지 간접경험 할 수 있었다. 또한 관계기관인 법무부, 의회경찰, FBI, 국토안보부, 국방부 등의 위기대응 매뉴얼이 연계성 미흡 및 지연작동 등 통합적 위기관리 역량의 발휘가 완벽히 실패되었던 것으로 분석하였다(United States Senate, 2021).

또한 국가중요시설도 최근 관심이 증대되고 있는 스마트시티의 특징인 고밀집성, 초연결성 등과 긴밀하게 상호 연계되어 있어서 주체가 불분명하고 예측이 제한되는 각종 위기상황에 상시 노출되어 있고, 더욱이 시설물의 노후화에 따라 인적재난에 따른 피해 가능성이 증가하고 있다(이민형·이정훈, 2015; 국가정보원, 2020).

이에 따라 범정부차원의 국가중요시설 방호역량의 대응체계 개선 필요성이 시급한 실정이다. 과거에는 북한을 주된 위협으로 하는 전통적 안보위협 대응에서 국방부, 국정원, 경찰청 등 관계기관을 중심으로 방호 및 경비·보안업무가 수행되었으나 최근에는 감염병, 사회적·자연 재해재난 등 비전통적 안보위협에 전방위적·범정부적 대응의 필요성이 높아지고 있다(김태영, 2020). 예를 들어 감염병 위협인 코로나19에 대응하고자 미국의 경우 국토안보부 산하 사이버안보·기반시설안보국 The Cybersecurity and Infrastructure Security Agency(CISA)를 중심으로 연방·주 정부 수준부터 로컬 및 민간보안 영역에서 관리하는 국가중요시설 대응 매뉴얼을 적용하는 등 전방위적인 정책적 노력을 강화하고 있다(CISA, 2020). 또한 최근에는 OECD 주요 국가 및 싱가포르·인도 등 해외 주요국가를 중심으로 한 스마트시티 기술이 글로벌 아젠다가 되면서 국내에서도 국가중요시설의 계획·설계 단계부터 유지관리, 위기대응 단계까지 4차산업혁명 ICT 기술을 활용하는 스마트 물리보안 시스템 구축에 관한 관심이 비로소 시작되고 있다(U. S. Homeland Security, 2015; 신형석, 2020).

최근 이와 유사한 사례로는 행정안전부의 국가재난관리정보시스템, 산림청의 산불 상황 관제 시스템과 체계 연동을 위해 DB 데이터를 수집·공유 가능한 통합재난정보공유체계를 구축하였다(김태영, 2020). 이러한 실시간 소통모델 구축을 위해 재난 안전통신망과 연계한 단말기를 통해 재난용 앱을 개발하여 각 부처 간 현장조치사항파악 및 지휘통제가 가능토록 시스템을 정립하고 있다.

이러한 차원에서 본 장은 국가중요시설 방호체계에 미칠 다양한 비전통적 안보위협에 대한 대비태세를 발전시켜 나가기 위한 목적으로 ICT 첨단과학기술을 국가중요시설 물리보안 분야에 접목하려는 개념적 연구를 수행하였다. 이를 통해 국가중요시설의 방호·보안의 수준을 향상할 수 있는 새로운 정책적 기준을 제안하고자 하였다.

연구결과를 통해 먼저 국가중요시설의 계획·설계 단계, 유지관리, 위기대응 단계까지 ICT 기술을 물리보안 요소에 적용한 표준 매뉴얼 개발과, 둘째 관계기관별 테러·범죄, 재난 등에 적시적으로 대응 위한 스마트 국가중요시설 통합 안전관리 플랫폼의 구축, 셋째 위기상황 발생 시 실시간 국가중요시설의 현장진행상황을 가시화할 수 있는 지자체-국가중요시설간 통합관제시스템 연동 체계 구축을 제안하였다. 이를 위해서는 빅데이터·사물인터넷(IoT) 센서의 접목, 드론 의 활용, 지능형 CCTV의 확충 기술 등의 도입으로 최신 ICT 융합 기반의 스마트 국가중요시설 물리보안 시스템 구축을 위한 기본방향의 설정이 필요하다(이석민 외, 2020).

향후 스마트 국가중요시설 물리보안 시스템의 고도화를 위한 후속연구가 진행되어 국가중요시설의 출입통제, 영상감시, 침입감시, 통합관제 시스템 등 물리보안 요소의 향상을 통해 비전통적 안보위협에 대한 대응절차가 획기적으로 발전될 것으로 기대한다.

3. 국가중요시설 침입범죄 대응 발전방안

본 장은 이윤호(2016)가 제시한 범죄의 상황적 억제전략 구분에 따라 예방대책을 구분하여 제시하였다. 본 장을 통해 얻어진 국가중요시설 및 군사시설 침입범죄의 범행특성 및 취약요인 분석을 바탕으로 상황적 범죄예방이론에 비추어 최대한 범죄기회를 낮추는 방향의 예방대책을 다음과 같이 제시하고자 한다.

1) 범행동기의 억제

범행 의지를 가진 가해자(Motivated Offender)를 근본적으로 없앤다는 것은 불가능하지만, 이들에 대한 범행의지를 약화시키기 위한 노력이 지속되어야 한다. 우선적으로 국가중요시설 및 군사시설의 중요성에 대한 인식 및 침입범죄의 심각성을 국민들에게 알리려는 노력이 필요하다. 이를 위해 매체 등을 활용한 적극적 공보·홍보활동이 전개되어야 한다. 언론에서 관련사실이 보도될 때 침입사실 및 해당시설 경계의 취약요인뿐만 아니라 침입행위의 중대성 및 처벌의 가능성을 같이 보도되도록 해야 한다. 또한 수사기관 및 사법처리 기관에서는 침입범죄 발생 시 이를 엄중히 다룰 필요가 있다. 무분별한 처벌이 능사는 아니지만 사법처리 가능성의 증가는 분명 잠재적 범행의지를 가진 사람에게 큰 부담으로 작용할 것이다.

또한 국가중요시설 및 군사시설 주변의 침입행위 가능성이 높은 지역에는 접근이전에 범죄인이 인식할 수 있도록 사전 경고장치들이 구비되어 범행 착수단계에서 범죄자의 의사결정에 영향을 주도록 해야 한다. 최근 대두되고 있는 드론 침입에 대한 관련법 적용의 어려움 역시 입법개선을 통해 명확하게 해소해주어야 할 것이다 일본의 경우, '국회의사당, 내각총리대신관저, 기타 국가중요시설 등, 외국공관 등 및 원자력사업소 주변지역 상공에서 소형무인기 등의 비행금지에 관한 법률' 제정(2016) 및 개정(2019)을 통해 국가중요시설 인근 및 상공에서의 드론비행을 규제하고 있다.

2) 범행기회의 축소

최첨단 기술이 계속해서 발전하고 있지만 방호인력은 중요시설 보호를 위해 가장 중요한 요소이다. 침입범죄에 있어 가장 중요한 기회요인은 범행의 용이성이다. 범행의 용이성은 접근의 편이성에 가장 많은 영향을 받게 되는데, 이러한 접근의 편이성은 범행대상의 방호력과 연관되어 있다. 즉 국가중요시설 및 군사시설의 방호력을 강화하는 것이 침입범죄자의 범행기회를 줄이는 핵심 요건이다. 이를 위해서는 경비인력의 전문화와 물리적 방호시스템의 강화가 병행되어야 한다.

방호인력의 전문화를 위해서 국가중요시설 방호인력에 대한 인식의 전환이 요구된다. 단순히 초소에서 이상 유무만을 확인하는 소극적 역할이 아닌, 어떠한 위협에도 적시 대응이 가능한 중요시설 방호태세의 주역이 될 수 있도록 경비인력 운영여건을 만들어가야 한다. 이를 위해서 우선적으로 국가중요시설 경비인력 운영제도의 개선 검토가 필요하다. 국가중요시설의 경비는 비상상황에서 군사작전에 버금가는 신속한 처리가 요망된다. 이는 국가중요시설 방호활동이 개별적 경비인력 차원에서 다루어질 것이 아니라 군의 경계작전과 같은 일정한 대응조직 차원에서 수행되어야 함을 의미한다. 이를 위해 국가중요시설 경비인력의 지휘체계를 일원화해야 한다. 현행 청원경찰과 특수경비인력의 이원적 운영은 비상시 효과적인 대응을 저해하고, 책임의 공백을 초래할 소지가 크다. 또한 남북한 대치라는 우리나라의 특수한 조건을 고려할 때 국가중요시설 경비의 완전 민영화는 일정한 한계가 있다. 이는 국가중요시설의 경비가 경제적 논리에 의해서만 다루어질 수 없으며, 일정부분 공공적 개입이 필요함을 의미한다. 따라서 국가중요시설 시설주의 경비에 대한 책임하에서도 군 및 경찰과 밀접한 협력체계를 구축하도록 제도로서 보장해야 한다.

다음으로 경비인력의 전문성 향상을 위한 교육훈련 개선이 필요하다. 경비인력의 대응능력을 키우기 위해 군의 대비태세 점검과 유사한 실제 대항군 운용 등의 실질적 점검방법 등이 도입되어야 한다. 또한 시설 자체적 교육에만 의존할 것이 아니라 군(軍)의 전문기관에 위탁하여 교육하거나, 이러한 교육을 위한 국가적 차원의 교육과정 개설을 검토하여 국가중요시설 경비인력의 전문성을 지속적으로 담보해야 한다.

둘째, 범죄자가 침입의도를 가지도 있더라도 이를 시도하지 못하게끔 물리적 방호태세를 강화(Target Hardening)해야 한다. 국가중요시설 및 군사시설 전반의 경계강화 및 침입범죄 방지를 위해 국가적으로 방호시스템을 표준화할 필요가 있다. 즉 중요시설 방호시스템 구축을 해당 시설주에게 일임할 것이 아니라 일정수준 이상을 갖추도록 표준화하고, 시설별 방호시스템의 격차가 발생하지 않도록 국가 중요유형별 특성에 부합하는 보안시설 및 보안장비/시스템 설계기준을 정립할 필요가 있다 미국의 경우, 美 국방부(DOD)의 '보안 건축 설비 기준'과 '대테러 건물기준', 국토안보부(FEMA)의 '잠재적 테러 공격에 대한 빌딩 안전관리 매뉴얼', 산업보안협회(ASIS)의 '시설 물리보안 통제 가이드' 등 보안 관련 건축 설비의 구체적인 기준들이 국가적 차원에서 수립되어 있다.

이런 측면에서 2021년 11월에 미국 FBI CISA에서는 다중이용시설의 테러역량강화를 위해 폭파위협 대응지침(Bomb Threat Guidance)을 마련하였다. 주요 내용으로는 다중이용시설 시설장들은 현장대응계획, 건물평면도·부지지도, 보안당국 등 관계기관 비상연락망 등이 패키지화된 비상출동셋의 상비화를 갖추게 했다. 또한 국토안보부 CISA 폭파위협 체크리스트(Bomb Threat Checklist)를 다중이용시설 관계자들이 전화폭파 위협에 신속대처토록 제공토록 하였다.

이를 부담하기 어려운 국가중요시설에 대해서는 국가적 예산지원도 검토할 필요가 있다. 또한 최근 논의되고 있는 환경설계를 통한 범죄예방기법(CPTED)을

표 10-4 국가중요시설 및 군사시설 침입범죄 상황적 억제전략(요약)

구분	내용
범행동기의 억제	① 대국민 공보·활동(중요시설의 중요성 및 침입범죄의 심각성 인식 제고 ② 범죄자에 대한 엄정한 사법처리 ③ 중요시설 주변 사전 경고장치(경고판, 경광등 등) 설치
범행기회의 축소	④ 방호인력의 전문화 • 국가중요시설 방호인력(청원경찰, 특수경비원)의 일원화 • 시설주 책임下, 군 및 경찰과 밀접한 협력체계 구축 • 대항군 운용 등 실질적 대응능력 점검방법 도입 • 방호인력 대상, 군/경찰 등 전문기관 위탁교육 활성화 ⑤ 물리적 방호시스템의 강화 • 국가중요시설 방호시스템 표준화(입법적 근거, 예산지원) • 환경설계를 통한 범죄예방기법(CPTED) 적용 • 기계경비 시스템 구축간 최신기술(IoT, AI, 5G 등) 적용을 위한 플랫폼 개발
범죄유발 유인의 개선	⑥ 중요시설 관련 단체 및 주변 지역주민과 원만한 관계유지(갈등관리)

국가중요시설 및 군사시설 경비에도 활용할 수 있을 것이다. 국가중요시설 및 군사시설 설계 시 침입범죄가 불가능하도록 출입로, 울타리, 장애물 등을 최적화하여 반영할 필요가 있다. 이와 더불어, 인력경비의 발전과 기계경비의 발전이 병행되도록 물리적 방호체계의 변화와 혁신이 시급하다. 탐지역량을 극대화하고 실시간 대응이 가능하도록 IoT, AI, 5G 등 최신기술이 기계경비에 적극 반영될 수 있는 경비 플랫폼을 개발해야 한다.

셋째, 범죄 유발 유인(incentives)의 개선으로 국가중요시설 및 군사시설을 대상으로 한 침입범죄의 상당수는 해당시설에 대해 불만을 가진 인원에 의한 시위목적의 침입이었다. 국가중요시설이나 군사시설이 가지는 특수성은 때때로 특정 인원들에게 정치·경제·사회적 불만을 가지게 하고, 해당시설과 갈등관계에 놓이게 만든다. 이는 해당시설 입장에서 잠재적 침입가능성을 항상 염두하고 있어야 하는 부담으로 이어진다. 잠재적 침입의도를 가진 인원이 이러한 침입행위로 이어지지 않도록 하기 위해서는 그들의 의사를 표명할 수 있는 합법적 기회를 충분히 제공해야 한다. 즉 불법침입이 아니더라도 그들의 의사가 충분히 표명될 수 있도록 공간과 기회를 제공하고, 나아가 주요 이슈에 대한 적극적 갈등관리를 통해 그들과의 관계를 개선하는 것 역시 침입범죄를 예방하는 방법이 될 것이다.

제5절 군사시설테러 대응 발전방안

1. 군 전력 투입 범위의 확대 및 역량 강화

먼저 북한에 의한 테러 발생에 대비하여 테러주체와 상관없이 신속하게 군 전력의 투입을 가능하게 할 수 있는 작전수행체계에 대한 재검토가 이루어져야 할 것이다. 예를 들어 화생 방·폭발물 관련 테러의 경우 군의 대응역량이 타 관계기관에 비해 보다 전문적이고 우수하므로 관계기관과의 협의를 통해 향후 테러방지법의 군 투입조항을 보완하는 방향으로 개선할 필요가 있다.

또한 외로운 늑대에 의한 테러 및 다중이용시설과 같은 소프트 타깃 테러 위협의 증가에 대응하여 군 전력 투입의 범위를 확장할 필요가 있다. 현행 테러방지법 상에서는 군사시설 이외의 테러사건의 경우 군의 투입이 사실상 불가능한 상황이지만, 불특정 다수에 대한 동시다발 테러 발생 가능성이 증가하고 있는 상황에서 군대테러 전력의 투입이 제도적으로 보장되어야 할 것이다. 이와 같은 문제는 치안 영역을 벗어난 안보문제라고 할 수 있으며, 사회안보 차원에서 테러의 발생은 군사적 차원에서 대응해야 할 문제이기 때문이다(김학영, 2016).

다음으로 국가 대테러 체계에 부합된 테러대비 작전계획 및 테러위기 대응실무매뉴얼을 개정해야 할 것이다. 이를 위해 테러유형별 대응개념을 재정립하고 제대별·기능별 작전수행절차가 구체적으로 반영되어야 한다. 현재 합참을 중심으로 추진 중인 테러대비 세부추진 계획을 바탕으로 관계기관 간 테러 대응 체계를 보완하고 연계할 필요가 있다.

이와 더불어 합참－현장지휘본부 및 대테러작전부대까지 연계한 테러대응 훈련을 강화해야 한다. 특히 최근 테러이슈인 동시다발·도심 복합테러 등 테러 트렌드를 반영한 군 대테러 종합훈련 체계를 정립해야 할 필요성이 있다. 테러방지법 제정이후, 군의 테러 대응 체계를 이해하지 못하고 테러대응 훈련을 실시하는 일선부대들이 상당수 존재하고 있는데, 테러 방지법 제정과 연계한 군 테러대응체계 특별교육을 실시 통해 초동조치요원, 화생방테러 교육, 특공대 현장 대응력 향상 훈련 등 첨단부대요원들의 역량을 향상시켜야 한다.

마지막으로, 관계기관별 대테러 특공대 전술과 연계한 표준작전수행절차(SOP), 합동 대테러 전술교리 개발 등 통합작전 수행역량을 구축하려는 노력이 필요하다. 예를 들어 무력진압작전 등 대테러 특공대 투입절차, 무기사용시기, 작전수행과정 및 판례연구를 통한 법적 책임 및 한계에 대한 부분도 심도 있는 연구가 필요하다.

2. 통합적 대테러 전담부서 창설

대테러 활동과 관련된 정책수립(기획), 정보수집·대비태세 지도 점검·안전활동·교육 훈련 등의 예방 및 대비 활동, 상황전파·초동조치·사건대응·사후처리·사건수사 등의 대응활동을 통합적으로 수행하기 위한 일원화된 부서를 창설해야 할 필요가 있다. 이를 통해, 현재와 같이 기관별 분산된 업무수행이 아닌 종합적이고 총력적 대응이 가능할 것이다. 현재처럼 국방부 대테러활동 훈령에 명시된 대테러 정책수립(국방부 정책기획관실), 테러예방·대비·대응(합참, 국군안보지원사령부, 국방정보본부, 국방부조사본부), 테러정보(국방정보본부, 합참, 국군안보지원사령부, 국방부조사본부), 테러사건수사(국방부조사본부) 등 대테리 업무가 기관별로 분산되어 있는 상황에서 군의 대테러역량을 통합하고 시너지를 낼 수 있는 통합부서의 필요성은 절실하다. 이를 통해 정보수집과 예방(안전)활동·대응(무력진압) 및 수사기능이 통합되어 업무의 공백을 방지할 수 있을 것이다.

다음으로 국가지정 군 대테러 특수임무대를 추가 지정할 필요가 있다. 예를 들어 합참지정 대테러 초동조치 부대 중 군 사법경찰 기능을 보유한 군사경찰 특수임무대를 추가적으로 활용한다면 도심지역에서 과학적 초동수사 및 테러 무력 진압작전이 가능할 것이다.

또한 테러사건 유형별 맞춤식 형태의 합동협상팀 운용을 검토해야 한다. 특히 사건유형별 협상기법 및 노하우면에서 관련기관이 보유한 강점들을 종합하여 운용해야 한다. 이를 위해 평시 협상요원들의 시뮬레이션 훈련과 합동 교육이 선행되어야 한다. 또한 기관별 구분되어 있는 협상팀을 단일화하여 상설조직화하고, 관련 전문기관과 협조하여 위탁 교육 및 훈련 등을 통해 실전대응능력을 강화하는 방안도 검토해야 한다.

3. 테러 정보 공유체계 구축

관계기관별 테러정보 공유의 목적은 사전예방활동을 통하여 테러사건을 발생 자체를 억제하는 것이고, 테러위험인물의 유입을 차단하기 위한 첩보 수집 활동 및 테러위험인물에 대한 정보의 통합관리, 각 기관별 정보공유 활성화로 요약할 수 있다. 이를 위해서는 국정원·경찰을 비롯하여 군내 정보·수사기관 간 정보공유구축을 위한 노력이 필요하다.

이러한 관계기관별 효율적 정보활동을 위해서는 먼저 대테러활동에 필요한 정보나 자료를 수집할 수 있는 법률적 검토가 필요하다. 황문규(2016)는 현 테러방지법 상 국가기관 등 대테러활동을 수행하는 관계기관이 대테러활동의 수행기관이며, 각 기관에 관한 법적 규정에서 정하는 직무의 범위 내에서 정보활동을 할 수 있다고 분석하고 있다. 또한 국방부 대테러 활동훈련 상에도 국방부(안보지원사) 주관 대테러 정보기관별 정보공유체제를 유지토록 명시되어 있으므로 테러정보 임무와 기능을 수행하는 군 관계기관들은 정보활동을 법률적으로 정당하게 수행할 수 있다. 이를 바탕으로 테러용의자를 특정하고 테러를 예방하기 위해서는 테러관련 방대한 DB를 처리·분석하여 결정적 단서를 발견하고 피내사자를 압축할 수 있는 시스템을 갖추어야 한다. 이를 위해 테러위험인물·대상·수단에 대한 범죄경력 조회 및 DB구축을 위해 군·경찰 간 테러정보 공유체계를 구축·공유해야 할 것이다. 이러한 차원에서 정보기관과 수사기관간의 새로운 역할 정립과 융합적 차원의 관계 설정은 바람직한 테러 대책을 위한 기본적인 전제가 되어야 한다(윤해성, 2011).

둘째, 군내 관계기관별 실질적인 테러정보 통합관리 체계를 구축해야 한다. 이를 위해 국방부 정보본부, 합참, 안보지원사, 국방부조사본부(헌병) 등 군내 정보·수사기관에서는 테러정보 공유 및 통합관리와 연계된 테러 정보 전담조직이 필요할 것이다. 이를 통해 실질적인 테러정보의 통합관리 및 분석, 관계기관 배포, 테러징후 평가가 가능할 것이다.

셋째, 국무총리실 대테러센터, 국정원 테러정보종합센터, 합참 안보지원사, 경찰 등 관계기관 간의 주기적인 정보공유가 필요하다. 현재와 같은 물리적 정보공유체계에서 나아가 실질적 측면의 정보공유가 이뤄져야 한다. 이를 위해 군내 C4I망인 KJCCS·ATCIS 내 테러링크를 추가하고, COP 내 각종 DB를 활용한 테러 대응 상황공유 체계를 구축할 필요가 있다. 또한 대외적으로는 군·경·관 관계기관별 H/L 및 연락관 운용, 종합재난관리시스템, CCTV 관제시스템 등을 활용한 재난정보·영상정보시스템 공유되어야 할 것이다. 추가적으로 대테러 관계기관별 대테러 장비DB 구축 등 대테러 자산 통합운영방안 검토를 통해 대테러 전술·진압·초기협상, 과학수사 등 테러관련 장비현황에 대한 정보통합을 실시해야 한다.

4. 테러 정보·수사역량 강화

최근 세계 주요국가의 정보기관과 수사기관이 융합되는 추세임을 고려하여 군 정보기관인 국군안보지원시령부와 수사기관인 국방부 조사본부의 통합적 형태의 공조시스템 마련이 필요할 것이다. 예를 들어 미 국방부 범죄수사국(DCIS)의 경우 정보 관련 활동과 군 내 수사활동을 동시에 실시하여 업무 간 공조가 잘 이뤄지고 있다. 또한 독일의 경우 협동대테러센터(GATZ)라는 컨트롤타워 아래 군 방첩대(MAD)와 연방정보국(BND), 연방수사국(BKA) 등이 통합적으로 활동하고 있는데, 이와 같은 형태의 공조체계 마련이 필요하다고 할 수 있다. 이를 위해 국방부 조사본부·안보지원사령부 등 관계기관 구성원으로 대테러 전담 합동 수사팀을 구성할 필요가 있다. 안보지원사 중심의 테러정보 수집활동과 군사경찰 중심의 테러범죄수사활동을 통해 기관별로 분산되어 수행되던 용의자 신원확인·사이버수사·현장감식 및 채증·감정 등의 융합된 테러정보·수사활동을 발전시킬 수 있을 것이다.

5. 정책적 시사점

본 장에서는 ISIS 및 외로운 늑대에 의한 테러 위협이 증가하는 현실과 남북관계 냉각에 따른 북한의 테러 위협이 증가하는 상황에서, 군 차원의 테러대응체계 현황을 파악하고 군의 대테러 역량을 강화하기 위한 방안을 제시하였다.

연구 결과 국가 차원에서 테러를 효율적으로 대비하고 대응하기 위해서는 군 대테러활동의 강화가 필요하며 현재 군의 테러 대응체계를 보다 발전적인 방향으로 보완할 필요가 있음을 확인할 수 있었다. 특히 동시다발적 복합 테러위협의 가능성이 가장 높은 북한과 대치하고 있는 현 안보상황과 고강도 테러 발생 시 초기에 즉시 대응가능한 군이 핵심전력이라는 점 등을 고려할 때, 대테러 관련 군의 역량 강화는 반드시 필요하다고 분석했다.

현재의 군 대테러 활동체계는 대테러 업무를 총괄하는 컨트롤 타워의 부재로 군내 대테러 관계기관들의 분산형 업무수행과 업무 칸막이 현상이 발생하고 있고, 주체가 불분명한 복합 테러 발생 시 군의 초기 전력 투입 제한과 관계기관별 작전수행체계 미흡 및 테러 관련 정보공유가 잘 이뤄지지 않는다는 문제점이 발견되었다.

이러한 현재의 군 대테러 활동 체계의의 취약요소를 개신하기 위해서는, 첫째, 국가 대테러 활동 시스템 전반에 초점을 둔 군의 대테러 역량 확충이 급선무이며, 이를 위해 대테러 정책수립·예방·대비·대응활동 등 전반적인 대테러 활동의 일관되고 통합된 업무수행이 가능토록 전담부서의 창설이 필요할 것이다. 또한 전담조직 보강을 위해 동시다발적 테러발생 시 효과적으로 대응가능한 대테러 특수임무대 추가지정 및 합참차원의 테러사건 유형별 맞춤식 합동협상팀 운용도 필요할 것이다.

둘째, 대테러 합동 정보공유 체계 구축차원에서 국방정보본부, 국방부 조사본부, 국군 안보지원사령부 등 군 정보 및 수사기관에 관한 통합적인 테러정보체계의 구축이 필요하고, 군내에서 개별 기관별로 수집하고 있는 테러정보를 실질적으로 공유하는 제도적 장치가 반드시 필요하다.

셋째, 작전수행체계 면에서 테러주체와 상관없이 신속하게 군 전력의 투입을 가능하게 할 수 있도록 테러방지법 개정이 요구되어야 한다. 또한 최신 테러 양상을 반영한 합참–현장지휘 본부까지 연계한 테러대응 훈련 강화, 관계기관별 연합전술교리, 대테러작전부대 간 표준작전 수행절차(SOP), 민·관·군·경 통합작전수행역량 구축에 주력해야 한다.

넷째, 수사기관·대학·연구기관 등으로 구성된 관계기관 합동 대테러 전담 수사팀을 상설화하여 기관별 공조된 업무수행 및 시너지를 극대화해야 한다.

제6절 재외국민 보호를 위한 국외테러 대응 발전방안

1. 범정부 차원의 재외국민보호 관련 법령 정비 강화

먼저 위기유형별 영사조력 업무의 구체적 법제화 반영이 필요하다. 2021년 1월 영사조력법의 시행으로 영사조력의 지원범위가 구체화되기는 하였지만, 주로 형사절차와 범죄피해, 실종 등 범죄사건 발생 시에 국한되어 있고 주요 위기 유형별 영사조력의 범위 또한 미흡한 실정이다. 2019년 헝가리 유람선 사고대응 시, 현지

대사관의 영사조력은 물론 우리나라에서 파견한 '신속대응팀'의 구성원인 소방청의 긴급구조대, 해군 특수구조대 등이 주재국과 긴밀한 협력이 가능하도록 외교부 장관을 현지에 파견하여 외교적 노력을 기울인 것은 적절한 조치로 평가되었다. 그러나 실질적인 영사조력은 결국 현장에 도착한 후에서야 주재국 협조하에 진행되었다(이희용, 2019). 따라서 신설된 영사조력법 상에 주재국의 소방, 경찰, 출입국관리소, 응급의료시스템 등과 위기유형별로 긴밀한 공조체계가 작동될 수 있도록 관련 법령의 법제화 반영이 필요하다.

둘째로 중앙재난안전대책본부 관련 법령 개정이 필요하다. 재난 및 안전관리기본법상에는 중앙재난안전대책본부가 행정안전부에 설치되는 경우만을 상정하고 있다. 해외재난이 발생했을 시에는 외교부 또는 원자력안전위원회에 중대본이 설치될 수 있도록 중앙재난안전대책본부 구성 및 운영 등에 관한 규정(대통령훈령)의 개정이 필요하다. 현재 외교부는 위 훈령 개정을 추진하기 위해 행정안전부와 지속적으로 협의를 추진 중에 있는 상태이다.

셋째로 장기적으로 재외국민보호 기본법의 제정을 통한 범정부 차원의 정합성 확보노력이 필요하다. 현재 재외국민보호와 관련된 개별법령은 재외국민보호를 위한 영사조력법,[14] 재외공관 영사업무 법령, 여권법, 재외동포법, 테러방지법, 통합방위법, 재난 및 안전관리기본법, 해상교통안전법, 선박안전법, 해적행위 예방에 관한 법률 등을 들 수 있다. 앞서 전술하였듯이 현재의 개별적인 법령을 통해서는 통합적인 재외국민 보호가 효율적으로 이루어지기 어렵다. 특히 변화하는 테러환경 등 위기양상에서는 다양한 형태의 재외국민 위협에서 효율적으로 대응하기가 제한된다(김열수·박계호·박민형, 2016). 따라서 부처 간의 공조체계 및 역할분담이 명확토록 개별법령들의 정합성을 보완된 기본법 제정이 필요하다.

이러한 주된 이유를 몇 가지 예로 들면, 먼저 테러방지법에서 제시하고 있는 국외 테러(제14조) 발생 시 무력진압작전 및 인질구출 상황발생 시 관계기관인 국

14 재외국민의 생명·신체 및 재산을 보호하기 위한 국가의 영사조력(領事助力)과 관련한 제반사항을 규정함으로써, 국민의 안전한 국외 거주·체류 및 방문을 도모함을 목적으로 하는 법이다. 주용 영사조력 상황은 형사절차, 재외국민의 범죄 피해 및 사망, 미성년자·환자인 재외국민, 재외국민의 실종, 해외위난상황 발생, 유실물 처리 등의 상황에서 제공된다.

가정보원, 경찰청, 해양경찰청, 국토교통부, 행정안전부 등 관계기관의 개별 법령과 연계하여 수립되어야 하나 상충되는 요소가 상당수 있다. 또한 해외 재난상황 발생 시 현재의 재난 및 안전관리기본법상 해외 재난대응 체계상의 재난안전대책본부 운영개념을 구체화해야 한다. 재난상황의 보고 및 관리 적용(제21조)과 피해내용, 응급조치사항, 대응 및 복구활동 등 재난보고사항에 대한 구체적 보완이 필요하다(시행령 제24조).

이와 더불어, 코로나 등 해외 감염병 위기상황에 대해서는 세계보건기구(WHO)를 비롯한 국제재난구호(UNCHAR), UN재해경감 국제전략기구(UN ISDR) 등 국제기구 및 주재국 보건당국과의 국제 협력절차 방안을 입법화하고(전병율, 2015), 확진환자 급증 시 주재국 내 국경봉쇄, 항공편 운항중단, 출입국 금지, 국내 이동 금지 등 강력한 이동제한 조치에 따른 조치사항을 구체화해야 한다. 재외국민에 대한 국내 후송방안(전세기 운용지침), 긴급구난활동비 사용지침, 신속 해외송금 지원제도 운용지침, 국내 발병의 격리시설 규정 등 관련 법령상의 보완을 통해 위기 상황별 지원조건, 범위, 액수, 기간 등도 구체화해야 한다(이준서, 2018; 문현철, 2020). 특히 국경폐쇄 발생 시에는 인근 피해국들과 전세기 공동 운용(임시항공편 투입)과 같은 효율적인 방안을 검토해야 한다(경향신문, 2020. 3. 18.). 마지막으로 국제연합 평화유지활동의 참여에 관한 법률의 개정 등을 통하여 재외국민보호활동을 위한 군 파견조항의 입법화도 실행되어야 할 것이다(문재태, 2021).

2. 위기유형별 재외국민보호 매뉴얼 정합성 확보 통한 업무조정 개선

재외국민보호와 관련된 국가위기관리 문서체계를 살펴보면 「국가위기관리기본지침」을 근간으로 하여 재외국민보호 위기관리 표준매뉴얼, 실무매뉴얼, 현장조치매뉴얼 등으로 구분된다. 위 매뉴얼 상의 제시된 대표적 위기유형이 국외 테러, 해외납치, 국가 간 갈등 및 분쟁, 정정불안 및 내전, 지진·풍수해 등 자연재해, 방사능 누출, 감염병 또는 가축질병·항공기·선박·철도 등 교통사고로 분류되어 있고, 유형별로 ① 사전예방, ② 초동대응, ③ 사건대응, ④ 사후조치 정립되어 있다.

2019년 헝가리 선박침몰사고는 재외국민보호 차원의 국가위기관리체계가 적시적으로 작동한 성공적 사례로 평가되고 있는데, 외교부 주도로 범정부 협업을 통한 중앙대책본부를 설치운영하였다.[15] 당시 중앙재난안전대책본부에서 사고대응에 가장 중점을 둔 것은 골든타임내 초기대응과 업무조정 일원화를 통해 지휘체계를 확립하는 것이었다(외교부, 2019). 또한 주재국과의 긴급구조를, 주재국 공안기관 및 구조기관과 유기적 공조를 통해 효과적으로 대응하였다. 따라서 위 사례를 평가할 때, 향후 재외국민보호 매뉴얼의 가장 중요한 중점은 상황발생 시 위기유형에 부합되는 국가위기관리체계를 범정부차원에서 단일 지휘조직이 골든타임 내 신속히 작동시키는 것이다.

이러한 매뉴얼상의 보완사항으로는 먼저 중동·아프리카·동남아시아 등 정세가 불안한 주재국의 주요 테러유형별 동향, 테러양상에 따른 관계기관별 실효성 있는 역할분담 및 조치사항(예방–대비–대응)이 구체화 되어야 한다. 둘째로 위기상황별 주도기관과 지원 및 협조기관을 지정하고 종합체계도상에 위기상황별 관계기관과 조직체계도를 신속히 공유토록 해야 한다. 헝가리 선박 침몰사고 발생 시 관련 매뉴얼에 소방청, 문화체육관광부 등 핵심기관이 종합체계도상에 관계기관으로 반영되지 않아 상황공유에 상당한 시간이 소요되기도 하였다(외교부, 2019). 또한 현 코로나 상황 시 해외 국민 이송 간 문제가 되었던 재외국민보호」 위기대응 실무매뉴얼에 반영된 '감염병' 부분과 외교부의 감염병 재난 위기대응 실무매뉴얼 간 연계성이 확보되어야 할 것이다. 이와 더불어 위기 상황별 피해자 심리지원 관련해서는 보건복지부와 행정안전부 주관의 공동심리지원대책반 운영사항이나 언론 대응 및 장례지원 분야 등에 있어 주도기관과 지원기관의 역할 등 관계기관의 임무와 역할을 명확히 해야 한다(외교부, 2019). 한 예로 언론 대응 측면에 있어 2019년 헝가리 선박사고 시 피해자 가족에 대한 개인정보 공개과정에서 행정안전부, 지방자치단체, 여행사 등 다양한 기관들이 동시에 관여하게 되고 언론의 보도

15 범정부 차원의 관계기관으로는 법무부, 국방부, 행정안전부, 문화체육관광부, 보건복지부, 여성가족부, 국토교통부, 해양수산부, 경찰청, 소방청, 해양경찰청, 국가정보원 등이 참여하였다.

경쟁이 맞물려 개인정보가 무분별하게 유출되면서 2차 피해가 발생하기도 하였다.

특히 현재 정립된 위기유형을 개선해서 국외 테러, 해외납치, 내전 및 분쟁 등 고의적인 위협과 자연재해(지진, 풍수해)와 감염병, 교통사고(항공기, 선박 등)와 같은 비고의적인 위협으로 구분하여 상황별로 구체적인 대응방안을 수립이 필요하다. 이를 위기유형별로 살펴보면 먼저 국외 테러(해외납치)를 예로 들어보면, 테러방지법상 국가테러대응 체계상의 국외 테러사건대책본부 운영개념에 부합되게 작성되어야 한다.

둘째로 감염병 위협에 대해서는 감염병 발생 시 재난 및 안전관리기본법의 해외 재난대응체계상의 중앙재난안전대책본부 운영개념과 연계성 있게 작성하여 2015 메르스 백서, 2020 코로나 대응사례의 분석을 통해 우리 교민에 대한 역학조사 및 감염관리, 임상경과분석 등 주요 분야별 대책을 구체화해야 한다.

셋째로 항공기 및 선박 사고에 대해서는 먼저 해외 재난대응 체계상의 중앙재난안전대책본부 운영개념을 구체화해야 한다. 특히 2019년 헝가리선박침몰사고 백서 분석을 통해 주요 분야별 대응방향을 구체화하여 중앙재난안전대책본부 가동, 위기경보 발령, 정부합동 신속대응팀 파견, 비상연락체계 구축 등 체계적인 시스템을 완성해야 한다. 또한 현지 여행사를 활용한 안전정보 획득, 안전간담회 실종자 수색활동, 피해자 및 가족지원, 사고원인 조사, 언론대응체계 등 다방면의 대응방안을 마련할 필요가 있다.

표 10-5 해외 테러사건발생 시 관계기관별 주요조치사항

관계기관	주요조치사항
외교부	재외국민보호대책본부 구성
국무총리실 대테러센터	테러대책실무위원회 구성
국가정보원	위기상황 관련 정첩보 공유
경찰청	주재국 경찰협력, 인터폴 공조
국방부해양사고	군사작전 판단, 해외 군 장비 및 물자지원 판단
소방방재청	테러대응구조대 해외 지원
국토교통부	항공기등 교통수단 지원
산업통상자원부	주재국 민간 기업지원

넷째로 주재국별 지정학적 특성에 따른 대표적인 위기상황을 염출하여 기능 및 분야별 대응방향을 정립하고 위기관리 전문조직인 대테러센터 및 외교부 차원의 매뉴얼 지도점검을 제도화하여 정례적으로 실시해야 한다. 이를 위해 먼저 주재국을 포함한 국제기구(UN, EU, 아세안 등)를 중심으로 연락관 파견 등 협조요청 절차와 매뉴얼을 구체화하여 사전 예방활동을 강화해야 한다(송석윤, 2018). 특히 주재국을 포함한 국제기구(UN, EU, 아세안 등)와의 위기상황에 대한 중심으로 협조요청 절차와 매뉴얼을 재정립하고, UN 국제설립기구(ISDR), 평화유지국(DPK) 등의 지원 및 협조체제를 구체화하여야 한다. 지진과 같은 대규모 재난 발생에 대해 인력과 장비 조기 투입 및 지원절차를 정립해야 한다. 또한 주재국 물리적(기후, 지형)·사회환경(치안, 정세불안)을 고려하여 구호지원이 가능토록 인력·장비의 편성 등 각종자원 요소를 패키지화하여(양철호·박효선, 2013), 골든타임 내 충족하는 즉각 대응이 가능토록 개선해야 한다.

3. 민간 위기관리 조직과의 긴밀한 거버넌스 대응체계 구축

변화하는 비전통안보위협 상황에 실시간 대응할 수 있도록 종래 외교부를 중심으로 국가 공권력 위주의 위기관리 대응의 패러다임에서 벗어나, 위기 유형별 국내외 관계기관, 민간 기업 및 단체, 학계 등과 긴밀한 거버넌스 체계를 구축하여 총력대응 차원의 위기관리체계를 구축하는 것이 중요하다. 이를 위해서는 먼저 주재국 내 관계당국, 유관기관, 교민사회(한인회), 민간보안기업 등의 역할을 재외국민보호 매뉴얼에 반영하고, 거버넌스 차원에서 기업, 교민사회의 의견을 수렴하여 정례적으로 발전시켜야 한다. 특히 주재국 위기관리 대응의 조직도상 해외 주재 민간(보안) 기업과의 명시과업을 구체화하여 위기관리기구 및 현장지휘본부와 연계하여 효율적인 대응시스템이 이루어지도록 해야 한다.

제도적 개선사항으로 앞서 언급한 미국의 OSAC 프로그램을 우리 실정에 맞게 검토하여 주재국별 가칭 '해외안전자문협의회'를 구성 및 운영해야 한다. 특히 동남아, 중동, 아프리카 등 해외 주요 사회불안 국가들에 주재하고 있는 민간 보안

기업, 경호경비조직 등을 중심으로 상설협의체를 구성하여 재외국민보호를 위한 안전활동 플랫폼을 구축해야 한다. 이러한 분야에 종사하는 민간 담당자들은 대다수가 과거 군·경 및 공안기관에서 대테러 및 위기관리 업무를 수행했던 전문가들이므로 주재국 공안기관과의 인적네트워크 및 경험적 노하우를 살려서 주재국별 재외국민보호 위기상황 시 단계별 현장지휘본부에 편성하고 석방·구호지원팀, 대외협력팀에 추가편성하는 등의 구체적 운용방안 수립이 필요할 것이다(윤민우, 2014). 이런 차원에서 코이카, 코트라 등의 공공부문 주체들뿐만 아니라 주요 민간기업들이 위기관리 매뉴얼 및 안전 컨설팅을 제도화(업체~개인 매뉴얼, 교육훈련 프로그램)하는 노력을 통해 재외국민 신변안전을 도모하고 업무 효율성을 높이도록 해야 할 것이다.

둘째로 KOICA 해외사무소 안전담당관을 재외국민보호를 위한 위기관리 대응조직에 포함해야 한다. 안전담당관들 역시 과거 군 무관, 경찰 주재관 등 공안분야 경력자들이 상당수 포함되어 있으므로 전문적 역량을 고려하여 위기유형별로 재외국민보호대책본부 및 국외 테러사건대책본부 예하의 현장지휘본부에 편성하고 상황파악, 피랍가족 지원 등 세부적인 운용방안을 마련한다면 민간 정보수집 역량이 강화될 수 있을 것이다.

4. 재외국민 전담조직 보강/교육훈련 역량 강화

외교부 조직보강 차원에서 대테러 업무를 담당하는 국제안보과 및 해외안전을 담당하는 재외국민보호과, 재외국민안전과, 신속대응팀, 해외안전여행 서비스의 조직에 대한 강화방안도 마련되어야 한다(윤태영, 2018). 재외공관의 안전, 테러첩보의 신속한 전파, 체계적 해결역량 강화, 관련 부서 간 상시 정보공유체계 구축, 해외안전정보와 여행경보단계의 적시적인 전파 등 실효성 있는 재외국민보호체계에 대한 완비를 목적으로 세부적인 강화방안을 구성해야 한다.

이를 위해 주재국의 특성, 운영시스템 등에 대해 이해도가 높은 전문인력을 양성하고 충분히 인력을 배치해야 하며 특히, 납치, 해적 테러 등에 대해서 초동대응을 위한 주재국 내 전문 협상 및 구조 인력을 염두하여 판단·지정하고 해당 국가의 특성뿐만 아닌 수법, 협상에 대한 이해도가 높은 인력의 양성, 배치가 필요하다. 또한, 주재국 내 민간 보안회사 및 공신력 있는 외국계 보안회사의 활용을 검토하여 상황발생 시 부족한 현지 인력을 보완할 수 있는 방안을 마련하는 등 다방면의 노력이 필요하다. 중동지역의 경우 가장 빈번하게 폭탄테러가 발생하는 국가로 이를 대비하기 위해 교민, 민간기업(현지 여행사)을 대상으로 예방활동, 교육훈련의 정례화를 통해 테러단체 분석, 자살폭탄테러, 매설폭탄테러(IED), 우편물폭탄테러 등 관련 예방 및 행동요령을 전파하는 방안도 고려해야 한다.

5. 정책적 시사점

테러, 감염병 등 해외에서 재외국민을 대상으로 하는 각종 위기상황은 기존 군사안보 위주의 전통적 안보패러다임에서 탈피하여 초국가적 형태로 증대되고 있는 중요한 비전통안보 위협이다. 위기상황은 시간이 지나면서 서서히 국민들 인식 속에서 잊혀지고 위기불감증은 위기가 기억 속에서 잊혀지면 또다시 높아지는 특성을 가지며, 이러한 불감증은 또다시 닥쳐올 위기상황의 적색 신호이다. 따라서 재외국민 보호를 위한 범정부 차원의 노력이 중요하다.

이러한 이유로 본 장에서는 글로벌 테러양상의 변화에 따른 재외국민보호를 위한 위기관리대응체계를 발전시키고자 하였다. 먼저 국내외 문헌연구 및 전문가 인터뷰를 통한 재외국민보호 정책의 문제점 진단을 통해 '위기 유형별 영사조력 체계의 구체적 입법화 미흡', '관계기관과의 위기관리매뉴얼 정합성 보완', '민간기관과의 위기관리 거버넌스 미흡' 등 현재 재외국민 위기대응 시스템상 문제점을 도출하였다.

이를 위한 대표적인 발전방안으로는 먼저 재외국민보호 기본법 제정, 중앙재난안전대책본부 법령 개정 등 '범정부 차원의 정합성이 확보된 재외국민보호 관련 법령 정비강화를 제시하였다. 둘째로, 위기유형별 재외국민보호 표준~실무~현장조치 매뉴얼의 정합성 확보를 통한 업무조정 개선을 제시하였다. 특히 재외국민보호 매뉴얼의 작성시 위기 유형별 보완사항을 구체화할 것과, 상황 발생시 국가위기관리체계를 범정부차원에서 단일 지휘조직이 골든타임내 신속히 작동시켜야 함을 강조하였다. 셋째로 '민간 위기관리 조직과의 긴밀한 거버넌스 대응체계 구축을 제시하였는데, 변화하는 비전통안보위협 상황에 실시간 대응할 수 있도록 종래 외교부 중심의 국가 공권력 위주의 위기관리 대응의 패러다임에서 탈피하여, 위기 유형별 국내외 관계기관, 민간 기업 및 단체, KOICA, 학계 등과 긴밀한 거버넌스 체계를 구축하여 가칭 '해외안전자문협의회' 등 총력대응 차원의 위기관리체계를 구축할 것을 강조하였다. 넷째로는 재외국민 안전정보, 대테러활동 등 재외국민 전담조직의 전반적인 보강과 교육훈련의 중요성을 제시하였다.

제7절 국가중요행사 대테러안전대책 발전방안

국가중요행사 대테러안전대책 수립에서 가장 중요한 것은 첫째, 실질적 테러정보 역량 강화를 위해 국정원, 대테러센터, 국방부, 외교부, 경찰청 등 핵심 테러정보 기능을 가진 관계기관을 중심으로 개별기관들의 업무중첩 및 실질적 정보수집·분석·공유가 가능토록 범정부 차원의 일원화된 테러정보공동체를 구축하는 것이다. 둘째, 국가중요시설 테러대응 전담조직 보강을 위해 국가급 대테러특공대의 기동 플랫폼, 일선 초동 경찰조직의 대테러 전투기술 및 장비보강 등이 요구된다. 셋째, 드론대응체계 보강을 위해 중요 국가중요시설을 대상으로 드론방어체계 강화, 공공분야에서 활용하는 드론의 정보보안 보장을 위한 국산화 추진, 합동 드론테러대응부대 창설 등이 검토되어야 한다. 넷째, 민간 위기관리조직과의 긴밀한 거버넌스 대응체계 구축 및 강화가 필요하다.

1. 최근 국가중요행사 테러위협 양상 분석

다음 〈표 10-6〉은 같이 최근 20여 년 간의 역대 올림픽 및 주요 국가중요행사 간에 발생한 테러사건 사례를 분석한 것이다. 대표적으로 2001년 9·11 테러 이후 뉴테러 양상 속에서 실시된 2004년 그리스 아테네 올리픽, 2012년 런던 올림픽 직전 알카에다에 의한 테러위협, 2016년 브라질 리우데자네이로 올림픽 경기간 양궁종목을 대상으로 계획된 ISIS 테러위협(washingtonpost, 2016. 7. 19) 등의 사례를 들 수 있다.

한편 최근 2020 도쿄올림픽(2021년 개최)이라는 국가중요행사의 대테러안전대책을 수립한 일본의 경우에는 행사 준비 기간 동안 주요 테러위협을 평가하였다. 이때 올림픽 행사간 치러지는 다자간 정상회의, 주요경기 진행간 국제사회의 이목을 집중시키기 위한 이슬람 국제테러단체 연계 및 추종세력, 일본 내 코로나19 확산으로 인한 극단주의 성향의 올림픽 반대단체 및 반원전단체 등으로 분석하였다

표 10-6 세계 각국의 국가주요행사간 테러 사례

주요 국가중요행사명 (개최일시)	테러 사례(위협)	테러주체
영국 Gleneagles G8 회의 (2005년 7월)	런던에서 영국계 파키스탄인에 의한 지하철 및 버스폭탄테러(56명 사망)	이슬람 이민자
중국 북경 올림픽 (2008년 8월)	Eastern Turkistan Islamic Movement (ETIM) 의한 폭탄테러(3명 사망, 13명 부상)	이슬람극단주의 테러단체
남아프리카 월드컵 (2010년 7월)	스페인-네델란드 결승전 간 Al Shabaab 폭탄테러 발생(64명 사망)	이슬람극단주의 테러단체
영국 런던 올림픽 (2012년 8월)	알카에다 기획하, 체첸조직원 의한 쇼핑몰 테러 모의	이슬람극단주의
미국 소치 올림픽 (2014년 2월)	올림픽 준비기간 중 체첸(Caucasus Emirate) 테러단체에 의한 기차역과 버스성류장 일대 테러 모의	이슬람극단주의
브라질 리오데자네이로 올림픽 (2016년 8월)	올림픽 준비기간 중 ISIS 의해 영향을 받은 브라질 청년의한 테러 모의	이슬람극단주의

출처: Wada(2021) :Terror Threat at Tokyo Olympics 2021 재정리.

(Wada, 2021). 또한 올림픽 진행간 발생가능한 주요 테러양상으로는 과거 옴진리교를 중심으로 한 대규모 화학테러, 드론 테러, 코로나19의 확산과 연계된 바이오·사이버 테러 등이 제기되었다(테러정보통합센터, 2020).

2. 현 국가중요행사 대테러안전활동 분석

현 국가중요행사 안전확보를 위한 대테러 안전활동은 다음과 같이 시행된다. 먼저 국가중요행사는 관계기관과 협의하 대테러센터에서 연 1회 지정한다. 국가중요시설 대테러안전대책 규정(국무조정실)에 근거하여 국가급 행사, 지역급 행사, 개별급 행사로 분류하며, 대테러안전활동 주관기관도 행사급에 따라 대테러센터장, 국정원 지부장, 행사 주체 기관장으로 순차적으로 규정되어 있다.

먼저 국가급 행사의 대표적 종류로는 하계·동계 올림픽, FIFA 월드컵, 국제박람회 등이 있으며, 대테러센터장이 대테러·안전대책본부를 구성하고, 국제행사조직위원회와 협조를 하게 된다. 둘째 지역급 행사에는 아시아 경기대회, 세계육상선수권대회, 유니버시아드대회 등이 있으며, 국정원 지부장이 대테러·안전대책본부 본부장이 되어 대테러센터에 대테러안전대책 관련 제반 사항을 지원요청 할 수 있다. 셋째 개별급 행사는 국제영화제, 서울 ADEX, P4G 정상회의 등이며 행사주체 기관장이 자체 대테러·안전활동을 수행하며 지역내 경찰·소방·군과 협조를 하게 된다.

| 그림 10-2 | 대테러안전대책본부 편성(2018 평창동계올림픽)

대테러안전대책본부 운영은 6개월을 기준으로 단계별로 진행되는데, 먼저 1단계에서는 관계기관의 세부 안전계획을 수립하고, 2단계에서 행사 주요시설물에 대한 안전점검 및 모의 종합훈련을 실시 후에, 3단계는 현장안전통제실 가동 및 24시간 비상대비 구축 등의 순으로 단계별 안전활동을 확대하게 된다.

최근의 대표적인 국가급행사시 대테러안전대책본부 구성예는 2017 U-20 월드컵대회, 2018 평창동계올림픽 대회, 2019 광주세계수영선수권대회를 들 수 있다.[16]

1) 평창올림픽 대테러안전대책 활동사례

평창동계올림픽 대테러안전대책본부는 2017년 하반기부터 19개 기관합동으로 구성·운영하였다. 관계기관별 주요활동을 살펴보면 먼저 경찰청은 차량 및 인원에 대한 검색을 강화하고 위험물 반입차단을 통해 대회시설 안전을 확보하였다. 또한 위협이 높은 차량돌진테러에 대비해 취약장소를 분석하여 장애물을 설치하고 올림픽기간 중 교통안전활동을 추진하였다. 둘째 국방부는 경기장 외곽지역경비와 공중·해상초계활동을 실시하며 긴급 상황에는 폭발물 처리반, 화생방신속대응팀 등 지원대책을 마련하였다. 셋째 해양경찰청은 강릉경기장 주변해역에 함정 및 해양경찰특공대를 배치하여 해상경계를 강화하였다. 넷째 소방청은 소방청 안전대책본부를 구성하고 경기장 선수촌 등에 인력과 차량을 배치하여 각종 사건·사고 발생 시 긴급구조에 대비하였다. 국토교통부는 경기장인근 비행금지구역을 설정하고 공항시설 등의 보안점검활동을 수행하였으며, 철도보안 강화를 위해 인천·강릉 간 주요 8개 KTX역을 중심으로 보안검색 활동을 전개하였다(대테러센터, 2018).[17]

---

16 https://www.korea.kr/news/pressReleaseView.do?newsId=156174142.

17 대테러센터(2018). 제5차 국가테러대책위원회 보도자료.

3. 국가중요행사 대테러안전대책 발전방향

1) 관련 법령 일원화

다자간 정상회의 간 대테러안전대책본부(대테러센터 & 국정원)와 경호안전통제단(대통령경호처)간의 관련 법령 및 업무절차 일원화를 통한 공조활동 강화가 필요하다. 이를 통해 단순한 조직내 물리적 통합이 아닌 화학적 융합을 통한 정보공유, 통합적 초동대응이 가능할 것이다.

표 10-7 국가중요행사(다자간 정상회의)시 관련규정

<table>
<tr><th>기구</th><th>주요 임무</th><th>관련 규정</th><th>화학적 융합(효과성)</th></tr>
<tr><td>경호안전 통제단
(대통령 경호처)</td><td>• 행사간 국내외 국빈 경호안전대책 총괄</td><td>다자간 정상회의 경호 및 안전관리 업무규정 (대통령훈령 331호)</td><td rowspan="2">• 경호위해요소(테러수단) 실시간 안전관리/모니터링 강화
• 관계기관과의 실시간 정보유통체계 강화
• 골든타임내 초동대응 작전요소(민간군)의 통합운용 가능
• 대테러특공대 등 직진요소 패기지운동</td></tr>
<tr><td>대테러 안전대책본부
(국정원/대테러센터)</td><td>• 행사간 대테러 안전대책 총괄</td><td>국가중요행사 안전관리 대책 테러방지법 시행령 (제26조)</td></tr>
</table>

2) 정보공동체 상설기구화

앞서 제9장에서 일본 도쿄올림픽 대테러안전대책 개편방향에서 살펴본 대로, 정보공동체의 상설기구화 및 보강이 필요하다, 국가중요행사간 우리나라의 정보공유협의체의 현 실태를 살펴보면 국가정보원이 컨트롤타워 역할을 하면서 국정원 직원들과 국방부, 경찰, 해경 등 관계기관 파견직원으로 구성된 하부조직인 테러정보통합센터에서 생산되는 테러정보를 제한된 관계기관을 대상으로 별도의 유통망을 통해 일방향적인 열람위주의 수준으로 테러정보가 공유되고 있는 실정이다. 또한 국가테러대책위원회의 사무국 역할 내지는 관계기관 대테러활동의 물리적 차원의 총괄 역할을 수행하는 국무총리실 대테러센터 상황실과 국정원 테러정보

통합센터와의 테러정보 수집의 업무중첩(가외성)으로 인해 이른바 '옥상옥'이 되는 문제점이 발생할 수 있다.

이를 개선하기 위해서는 먼저 테러정보통합센터와 대테러센터 상황실과의 명확한 업무분장 및 업무관계의 정립이 이루어져야 한다. 둘째로 현재와 같이 제한된 관계기관 위주로 파견근무 형태의 테러정보 조직이 아닌 국내외 주요 테러유형별 정보 수집 및 분석기능을 수행하는 핵심기관인 국정원, 외교부(국외테러정보), 경찰청(국내테러), 국방부(군사시설/대북도발), 경호처(국가중요행사간 요인테러)의 관리자급(서기관) 인원들로 구성된 상설기구로 확대 편성해야 할 것이다. 이러한 책임있고 권위있는 수준의 상설화된 테러정보공동체를 통해 테러정보의 종합적인 수집 및 분석, 공유 기능이 수행되어야 할 것이다.

3) 주요 전담조직 보강

먼저 대테러안전대책본부 구성시 외교부, 경찰청, 국방부, 해경, 국토부 등의 관리자급의 추가인원 편성을 통해 조직보강이 필요하다. 이를 통해 평시 테러유형별로 테러예방·대비단계간 관계기관과 강력히 연계된 국가 총력전 차원의 대테러 역량의 발휘가 가능하고, 특히 테러발생시에는 국외테러(외교부), 국내일반테러(경찰청)를 담당하는 테러사건대책본부와 연계한 협조된 대테러작전 수행(무력진압작전 및 초동작전수행 등) 및 국외테러(재외국민보호 및 인질협상)에 대한 실질적 대응역량이 강화될 수 있을 것이다.

둘째 국가중요행사 준비 및 실시기간만이라도 초동대응을 수행하는 경찰에 개인화기 및 중화기 수준의 무기체계 보강이 필요하다. 현재 경찰 112타격대는 개인화기는 보유하고 있으나 기본적인 전투기술은 물론 상황발생 시 CQB 작전 수행은 취약한 실정이다. 일본 경찰청이 올림픽 기간 중 전국 일선 경찰조직이 초동대응 역량을 강화하기 위해 자동소총을 시급하였넌 사례는 우리도 고려가 필요하다

셋째 다자간 정상회의 등 국제행사 시 참석하는 외국국민 등 대통령 경호법상 보호하도록 명시된 경호대상자[18]에 대한 위해시도 등을 포함하는 요인테러 발

생 시 테러혐의점을 규명하기 위한 별도의 상설자된 전담조직이 필요하다. 현재의 국가테러대응체계 상에는 테러혐의점 규명을 위해 국정원 주도의 군·경찰 및 기능별 관계기관의 조사관으로 구성되는 대테러합동조사팀이 운영되는데, 위에서 언급한 요인테러와 관련해서는 별도의 조직을 편성하거나 기존 대테러합동조사팀에 대통령경호처의 추가편성이 필요하다. 왜냐하면 대통령을 포함하는 국가차원의 경호대상자에 대한 위해행위는 자칫 전점으로 확대될 수 있을 만큼 중대한 국가위기 상황이며, 특히 특수한 경호구역 내에서 발생된 테러상황은 경찰 등 수사기관의 접근이 제한되는 매우 긴급한 상황이라고 볼 수 있다. 따라서 별도의 테러혐의점 규명을 위한 전담조직 내지는 대통령경호처가 경호법(제17조)상 명시된 특별사법경찰권을 기반으로 대테러합동조사팀에 추가편성 되어야 할 것으로 판단된다.

4) 드론테러 대응체계 보강

국가중요행사시 불법드론에 대한 탐지·식별·차단 시스템의 우선 보강이 중요하다. 2019년부터 대테러센터를 중심으로 범부처 차원에서 노력하여 최소한의 기본적 보강은 되었으나 국가중요행사를 치르는 대규모 체육시설, 초고층복합건물 등과 같은 다중운집시설에 대한 드론위협평가 및 대비체계는 아직 취약한 실정이다.

따라서 이러한 시설을 대상으로 드론방어체계 차원의 불법드론 탐지–식별–무력화 시스템의 구축이 필요하며, 이를 위해 건물 설계시에도 불법드론 대응 시스템 설계용역을 필수화하는 방안도 검토해야 할 것이다. 특히 민간기업의 보안팀에도 드론위협에 대비하여 휴대용 재머, 드론재밍건, 휴대용 주파수 교란장비 등 기본적인 안티드론 장비와 전문적 능력을 갖춘 인원을 배치해야 할 것이다.

둘째로 국가중요행사 대테러안전대책 활동 시, 공공분야에서 활용하는 드론은 북한 및 적성국가에 의한 위치정보, 이미지·영상 등 사용자 개인 및 조직 정보의 해킹방지 등 정보보안 목적 차원에서 국내드론으로 교체해야 할 것이다. 2019

---

18 대통령경호법 4조(경호대상)에 명시된 경호대상은 6가지 유형으로서 대통령과 그 가족, 대통령 당선인과 그 가족, 전직 대통령과 그 배우자(10년 이내), 대통령권한대행과 그 배우자, 대한민국을 방문하는 외국의 국가 원수 또는 행정수반(行政首班)과 그 배우자, 경호처장이 인정하는 국내외 요인(要人).

년 한국드론산업진흥회의 공공용 무인항공기 수요 통계현황에 따르면 국방부·국토교통부 등 13개 정부부처에서 활용하는 드론은 중국산의 점유율이 56.4%이며 국산은 19%에 불과한 것으로 나타났다.[19] 따라서 국토교통부, 방위사업청 등 관계부처를 중심으로 국내 암호통신기술을 바탕으로 비행·촬영정보를 보호할 수 있는 기틀을 마련하는 등 제도적 개선이 요구된다.

셋째로 드론과 연계된 동시다발테러에 대비해 경찰청, 국방부, 국토교통부 등 관계기관으로 구성된 합동 드론테러대응부대를 창설하여 주요 국가중요시설 및 민간다중운집시설 등 테러대상시설 위주 불법드론에 대한 대응 임무를 수행케 해야 할 것이다.

5) 민관 테러대응 거버넌스 강화

앞서 전술한 일본의 '테러대책 도쿄 파트너십 추진회의'와 유사하게 민간 위기관리조직과의 긴밀한 거버넌스 대응체계 구축을 제안하고자 한다. 대표적으로 앞서 언급한 일본의 사례나 미국 국무부 주도의 민간 기업·단체가 연계된 해외안전자문위원회(Overseas Security Advisory Council: OSAC)[20] 프로그램을 우리 실정에 맞게 검토하여 '국외 위기대응 협의체'의 구축이 시급하다(김태영·이상학, 2021). 이를 통해 국가중요행사 준비간 정례화된 Working Group을 구성하여 국내 주재하는 해외기업에 대한 테러위협 정보의 쌍방향 공유가 가능할 것이다. 현재 2019년부터 국정원 주도로 민간기업이 참여하는 형태의 기업안전협의체의 조직구성 및 운영방식, 정보공유체계 등을 실질적 민-관 위기대응 조직으로 정예화하는 것도 검토가 요망된다.

19 http://www.newdaily.co.kr/site/data/html/2019/05/22/2019052200210.html.
20 https://www.osac.gov/About/WhoWeAre.

제8절 <<<

가상자산 활용한 사이버 테러 대응 발전방안

1. 법적·제도적 개선방안

앞서 살펴본 것처럼 가상자산의 특성상 테러범죄 수사를 위한 디지털포렌식에 적지 않은 제한사항이 발생하고 있으며 이에 대한 대응조치가 없는 이상 앞으로도 이는 계속될 것으로 보인다. 따라서 위에서 지적한 내용들에 대해 향후 개선되어야 할 것으로 판단되는 개선방향을 제시하고자 한다.

1) 암호해제 및 무결성 인증 시스템 확립

앞서 언급한 바와 같이 가상자산의 경우 주소와 개인키 모두 긴 문자열로 이루어져 있어 이를 수사기관 자체적으로 해제하기란 매우 힘들다. 따라서 우선적으로 현실적인 측면을 고려하여 압수수색 등을 통해 해당 가상자산을 확보하기 전에 면밀한 내사 등을 통해 피압수 대상물의 주소, 개인키를 확보하는 것을 선행토록 디지털포렌식 수사실무를 개선해야 한다.

둘째로 암호해제 기술은 개발하기 전까지는 소유자로부터 주소 및 개인키 등의 정보를 임의제출 받아야 하나, 이는 본인 범죄 부인 등으로 인한 제한사항이 있으므로 제도적인 개선이 필요할 것으로 보인다. 즉, 현실적으로 대다수의 가상자산 거래가 거래소를 통해 이루어진다는 점을 감안할 때 거래소에 대하여 일괄적으로 개인키 및 주소를 비롯한 이용자 정보 보관 권한과 이를 관리할 의무를 주고 이를 뒷받침할 만한 보안기술 및 수단을 강구 할 수 있도록 범정부차원의 지원이 필요하다.

물론, 개정된 특정 금융거래정보의 보고 및 이용 등에 관한 법률 시행령(2021. 3. 16. 국무회의 의결)에 따라 가상자산 사업자가 다른 가상자산 사업자에게 1백만 원이상에 상당하는 가상자산을 이전하는 경우 가상자산을 보내는 고객과 가상자산을 받는 고객의 성명 및 가상자산 주소를 제공하도록 하고 금융정보분석원장 등은 가상자산을 이전하는 가상자산 사업자에게 가상자산을 보내는 고객의 주민등록번호와 여권번호 또는 외국인등록번호를 요청할 수 있도록 하며, 해당 가상자산 사업자는 요청받은 날부터 3영업일 이내에 그 정보를 제공하도록 하는 등 개선 노력이 있지만 실제 가상자산 관련 테러범죄 수사 시 제도적 효용성을 입증하고 부족한 부분을 보완하기 위한 지속적인 관심과 노력이 필요하다.

다만 제도적으로 미흡한 현실을 고려했을 때 거래소에서 개인의 가상자산 조작 우려가 제기될 수 있으나 모든 이용자들에게 동시 공유되는 블록체인 특성을 감안하면 조작 가능성이 낮은 것은 다행이라 할 것이다. 그리고 앞서 제시한 바와 같이 개선된다면 외부 감시, 통제가 명확해져 수사기관의 효율적인 수사에 도움이 됨은 물론 음성거래 등 가상자산 악용 사례도 상당수 감소할 것으로 보인다.

셋째로 무결성 인증을 위해 수사기관이 테러범죄에 이용되었거나 직접 범죄 대상물인 가상자산에 대한 분석을 위한 디지털포렌식을 실시하기 전 최초 압수 과정에서부터 오염 여부를 검증할 수 있는 시스템 마련이 필요할 것으로 판단된다.

즉, 해당 가상자산 계정을 통한 압수 시작부터 이체 완료 시까지 실시간 검사를 통한 오염상태 체크가 가능한 기술 개발이 선행되어야 한다. 물론 이는 거래소에서 보관하는 압수물을 대상으로 판단하는 사항이므로 거래소의 보관 절차상 오염여부를 검증할 필요가 있다는 것이다.

넷째로 향후 압수시점 이후에 연결된 블록체인 등에 오염이 발생하여 무결성이 의심될 수 있는 상황이 초래될 경우를 대비하여 압수 당시 이체 전 과정에서 오염 여부를 체크하고 기록할 수 있는 모니터링 시스템이나 장비를 도입하여 무결성 수준을 제고해야 한다.

예를 들어 박순태 등(2020)은 특정 거래소의 개인 지갑주소를 알고 있는 상황에서 해당 거래소의 실제 가상자산이 포함된 Hot Wallet과 Cold Wallet을 알 수 있고, 거래분석을 통해 해당 개인과 거래한 다른 개인의 지갑주소 및 거래소의 Hot Wallet, Cold Wallet을 식별할 수 있음을 확인하였으며, 백의준 등(2018)은 비트코인 네트워크에서 비정상 트랜잭션 및 유저 등의 이상 탐지에 적절한 특징을 제시하였는데, 비트코인 네트워크의 트랜잭션과 유저 그래프의 특징들을 수집한 후 통계정보를 추출하고 시각화된 플롯을 만들어 이를 분석하는 방법을 사용하였다. 거래소에 대한 해킹 등의 오염사례가 많이 발생하고 있음을 고려하면 이러한 가상자산 흐름 추적 기술 및 이상 탐지 기술을 활용하여 오염발생지를 확인할 수 있을 것이다(박순태, 신용희, & 강홍구, 2020).

최훈제(2019)는 형사소송법 제131조[21]를 근거로 압수된 가상자산 관리에 있어 두 가지 관리적 특성을 고려해야 함을 주장하였다. 개인키 또는 지갑파일의 훼손 및 분실 가능성이 그 첫 번째이고, 두 번째는 개인키 유출에 대한 위험이다. 그리고 이러한 특성을 고려했을 때 디지털 증거물 처리절차와 같은 중앙화된 관리시스템이 필요하며 이러한 관리시스템이 구축된 후에도 유출의 위험성이 존재하므로 위험성을 줄이기 위한 추가적인 방법이 필요함을 주장하였다. 특히 디지털 증거물은 압수수색에서부터 법정 제출에 이르기까지 전 과정에서 무결성이 검증되어야 한다. 따라서 대검찰청에서도 검찰, 경찰을 비롯한 수사기관이 수집한 디지털 증거물에 대해서는 관련 업무를 담당하는 조직을 별도로 구성하여 제3자 위탁보관의 형식으로 운영하고 있다. 가상자산의 경우 거래가 발생할 때마다 해시값이 변경되고 수수료가 발생하는 등 총량이 바뀌는 경우도 있으므로 기존의 디지털 증거물과는 다른 방법으로 무결성을 입증해야 하며, 초기에 명확하고 통일된 시스템을 정착시킬 필요성이 있다. 따라서 디지털 증거물 담당 조직을 확대·개편하거나 별도의 조직을 만드는 등의 방법을 통해 이체 시점 당시의 압수 대상물이었던 가상자산 상태를 별도로 공증하여 이를 유지·보관할 필요가 있으며, 그 방법은 위에서 무결성 확보 방안으로 언급한 거래분석 등이 활용될 수 있을 것이다.

또한, 가능하다면 가상자산 거래의 지연으로 인한 압수 당시와의 거래내역 불일치 등을 최소화하기 위해 압수시점을 선정할 때 디지털포렌식 전문요원과 사전에 상의하고 포렌식 요원을 현장에 대동하여 이를 검증한 후 압수를 진행하도록 하는 등 변동 가능성을 최소화하기 위해 노력해야 한다.

---

21 형사소송법 제131조(주의사항) 압수물에 대하여는 그 상실 또는 파손 등의 방지를 위하여 상당한 조치를 하여야 한다.

2. 가상자산 개념 및 압수방법 법제화

가상자산은 기존의 법적인 압수대상으로 보기 어려운 특이성을 갖고 있으므로 단순히 판례에 의존하여 압수를 진행할 것이 아니라 장기적으로는 가상자산 압수를 위한 법적인 근거를 마련해야 할 필요가 있다. 기존 개념에 비추어 봤을 때 물건보다는 권리에 가까운 개념인 가상자산 압수가 가능하도록 압수대상의 범주를 확대하거나 별도의 개념으로 추가하는 것을 고려해야 한다.

물론 모든 압수 대상물에 대한 세부적인 압수 방법을 법제화하는 것은 불가능하며 합리적이지 않다. 하지만 기존에 존재하지 않던 새로운 개념인 가상자산의 유통과 범죄에서의 활용이 증가하는 상황에서 현행 형사소송법은 전자정보의 압수 방법을 출력, 복제 및 원본매체 압수로 제한하고 있으며, 법정에서도 증거능력을 판단할 때 그 동일성 및 무결성을 매우 엄격하게 따지고 있음을 고려하면 가상자산을 기존 법적인 의미의 전자정보의 범주에 포함시켜 해당 압수 방법을 적용할 수 없으므로 그 압수 및 보존에 있어 별도의 방법을 법적으로 명시할 필요가 있다. 현재까지는 기존 판례에서 인정한 수사기관에서 자체 생성한 주소로 이체하는 방법이 현실적이며, 이는 앞에서 언급했듯이 압수 시점부터의 무결성과 연계 보관성을 보장할 수 있는 공증기관의 설립과 연계하여 진행해야 한다. 따라서 현재 형사소송법 제106조 제3항의 내용에 추가하여 출력, 복제가 불가능하고 정보저장매체 압수로 그 목적을 달성하기가 현저히 곤란한 가상자산 등의 압수 시 수사기관이 자체 생성한 주소 등의 매체로 이동하여 압수할 수 있음을 명시하거나 세부내용은 별도의 하위법령에 명시하는 것이 적절할 것으로 보인다.

3. 국제공조수사 및 가치변동 대응 방안

변이성과 거래의 용이성이라는 특징을 지닌 가상자산은 디지털포렌식의 목적 달성을 위해 신속한 확보가 필요하다. 하지만 앞서 언급했듯이 현재의 전 세계적인 거래소 생태계가 테러범에게 매우 유리한 상태이며 그에 반해 대한민국의 국제

공조수사를 위한 노력은 미흡한 상황이다.

지금은 국제적 차원에서 공조수사가 필요한 경우에만 형사사법공조 절차에 따라 진행하고 있는데, 형사사법공조는 그 절차가 복잡하고 오랜 시간이 소요되어 휘발성이 강한 디지털 증거물을 수집하고 사이버범죄를 수사하는 데에는 적합하지 않다. 실제로 형사사법공조 절차를 통해 외국에서 범죄 증거물 등 자료를 받기 위해 평균 4~6개월 이상이 걸린다는 통계가 있으며, 우리나라의 통신가입자 정보 및 로그 기록 등 자료 보관의 법정 기간이 3개월이고, 이 기간이 세계적으로 결코 짧은 편에 속하지 않는다는 사실을 고려하면 사실상 형사사법공조 절차에 따라 외국에서 디지털 증거물을 받는 것은 매우 어렵다고 볼 수 있다. 그리고 이는 가상자산 관련 범죄 수사에 있어서도 동일하다.

반면 사이버범죄와 관련된 국제협력 체계인 사이버범죄 협약에 가입할 경우 상시 접촉 창구를 유지함으로써 법률 및 기술 자문, 증거 보전 및 수집 등의 국제공조가 가능해지고, 보전 조치를 통해 1~2일 내 요청 자료를 보전함으로써 추후 범죄혐의 소명에 필요한 증거물을 신속하게 확보할 수 있게 된다. 이뿐만 아니라 사이버범죄 협약은 가입국들이 협력을 통해 사이버범죄에 신속, 정확한 대응을 할 수 있도록 그 기반을 마련해주고 있으며, 이는 곧 사이버 테러범죄에 대한 억제와도 직결되는 부분이다. 실제로 2004년부터 2008년까지 106개 국가에 발생한 DDoS 공격 사례를 통계적으로 분석한 결과, DDoS 공격을 받은 가입국의 IP의 개수가 협약 가입 전에 비해 가입 후 최소 11.8%에서 최대 68.7% 감소한 것으로 나타났다. 사이버범죄협약이 사이버범죄 또는 그 피해 감소에 영향을 주고 있는 사실이 실증적으로 확인된 것이다(유민종, 2019).

이렇듯 사이버범죄 협약 가입을 통해 테러범죄에 이용된 가상자산을 압수하는 등 디지털포렌식에서 연계보관성의 첫 번째 단계를 신속하고 정확하게 진행할 수 있을 뿐만 아니라 대한민국의 거래소를 경유한 테러범죄를 억제하는 두 마리 토끼를 잡을 수 있을 것으로 기대된다.

마지막으로 가치변동 문제로서 모든 가상자산의 가치는 매 시점 고정되어 있지 않고 지속적으로 변하기 때문에 현금화 시점과 시스템상 거래 시점 간 가치가 일치하지 않는 실정이다. 이러한 가상자산의 가치 변동 문제로 인해 가상자산이 각종 범죄에 이용될 시 적용 죄명이나 형량 산정을 위한 증거물 발췌 및 분석에 있어 어려움이 존재하는 것이 현재 디지털포렌식 환경의 현실이므로 이를 극복하기 위해 정부 차원에서 적극적으로 나설 필요가 있다.

물론, 거래소별 가상자산 거래 시 일정한 가치가 부여되어 있기는 하지만 이는 실제 공식적인 화폐라고 할 수 없어 일반 현금으로 환전하기 전까지는 화폐에 대한 치환 기능만이 있을 뿐, 이를 범죄수사에서 필요로 하는 실제 금전가치라고 할 수 없다.

이에 따라 정부에서 각 거래소에 대한 관리감독 기구를 운용하면서 공통적인 가치를 부여할 필요가 있다. 이를 통해 현금화되지 않은 상태라고 해도 정부에서 인정하는 화폐가치를 부여함으로써 현금과 같은 가치를 산정할 수 있게 되고, 이는 곧 수사기관에서 디지털포렌식을 진행하는 과정에서 거래내역별 금전산정 목록 분석 시 과연 해당 분석 내용상의 수치가 중범죄에 해당하는지, 어떤 죄명이 적용되는 증거인지 등을 판별할 수 있는 기준이 될 수 있을 것으로 판단된다.

제9절 인공지능(AI) 기반 산업보안 기밀유출 대응 발전방안

코로나19로 인해 디지털 기반의 원격 비대면 환경에서 재택근무가 일상적인 생활패턴이 되고 있는 상황에서 해킹공격, 기밀유출 등 사이버 테러[22]는 국가 차원의 심각한 위협이 되어버렸다. 특히 민간기업 및 공공기관과 연구기관, 방산

22 주요 기관의 정보 시스템을 파괴하여 국가 기능을 마비시키는 신종 테러로 정보화 시대의 산물로, 컴퓨터망을 이용하여 데이터베이스화되어 있는 군사, 행정, 인적 자원 등 핵심 정보를 파괴하는 것을 말한다. 21세기의 테러는 점점 이러한 컴퓨터망의 파괴로 집중될 것으로 예상되며, 앞으로는 전쟁도 군사 시설에 대한 직접적인 타격보다는 군사 통신, 금융망에 대한 사이버 테러 양상을 띨 가능성이 높다(국방과학기술 용어사전).

업체 등 사회 전 영역에서 발생할 수 있는 가상사설망(VPN) 대상의 해킹, 랜섬웨어 등 무차별적인 사이버 테러를 통해 국가 및 기업의 고도의 기밀을 탈취하려는 시도가 급증하고 있다. 만약 국내 산업 핵심기술이 탈취되어 국외로 유출되거나 원전·전력·가스 등의 국가기반시설 대상 해킹공격은 단순한 경제적 피해뿐만 아니라 극도의 사회적 공포감을 조성하여 국가안보에 심대한 위협을 초래할 수 있다. 이에 따라 국외 주요국가들은 이른바 사이버 보안역량 강화에 역량을 집중하고 있다. 우리나라도 2021년 7월 국가안보실장 주재로 국가사이버안보정책조정회의를 통해 랜섬웨어 해킹 공격에 따른 범정부 대응, 첨단 방위산업 기술 해킹 방지 대책 등에 대한 범정부 차원의 총력을 기울이겠다고 밝힌 바 있다(보안뉴스, 2021. 7. 16).[23]

앞서 전술한 바와 같이 최근 사이버 공간에서 동조자 규합을 위한 가상화폐를 활용한 자금확보 등 고도의 해커와 같은 전문가에 의한 테러위협이 증가하고 있다. 특히 글로벌 팬데믹(Pandemic) 상황으로 인해 경제활동 패러다임의 전환점을 맞이함에 따라 전 세계 기업들은 자신들이 향후 맞닥뜨릴 수 있는 각종 위험 유형을 식별하고 위기관리 방안을 재정립하고 있는데, 최근 재택근무나 원격근무의 보편화로 인한 보안 취약성에 대한 우려가 커지고 있다.

특히, 각 기업은 민감한 고객정보를 다루거나 기업의 기밀정보를 취급하는 부서에 의하여 중요 정보의 유출 가능성이 크다는 점을 인식하고 있으며, 이에 따라 보안관리 체계가 제대로 작동되고 있는지 확인하고 대비태세를 갖추기 위해 노력하고 있다.

최근 들어 국가경제에 심각한 영향을 미치는 산업 핵심기술이 국외로 유출되는 산업기술 유출 사고가 끊이지 않고 있다. 대표적인 예로 2020년 6월에 국방과학연구소(ADD)에서 발생한 퇴직자에 의한 핵심 군사기밀자료 68만여 건(260GB) 유출사건을 들 수 있다(경향신문, 2020. 6. 25). 대검찰청의 2018년 조사자료에 의하면 영업비밀보호에 관한 법률(부정경쟁방지법) 위반 건수가 852건으로 2017년에 비해 무려 41.5% 급증한 것으로 밝혀졌다(한국경제, 2019. 11. 24). 또한 2017년 국정감사 자료에

23 https://www.boannews.com/media/view.asp?idx=99150&page=1&kind=2

따르면 2008년부터 2017년까지 국외로 유출된 산업핵심기술은 디스플레이 제조·특수 선박 제작 기술 등 총 37건에 이르고 있다.

이러한 산업기술 유출피해의 심각성을 고려할 때 신속한 피해방지와 기업 내에서의 추가적인 기술 유출을 차단할 수 있도록 산업기술 유출 범죄자를 조기에 식별하고 주요 증거를 확보하는 것은 기업으로서 최선의 방법 중 하나라고 할 수 있다(황지원·김재연·주윤창, 2019). 그러나 산업보안 사고조사는 일반적인 조사와 달리 피조사자가 대부분 조직 내 전문가 계층일 뿐 아니라 다수의 사람이 연루되어 있기에 증거 은폐 등으로 결정적 증거 확보가 어려우며, 조사 대상자를 특정하기 쉽지 않은 측면이 있다(황지원·김재연·주윤창, 2019; 최종우·이창무, 2019). 그리고 막상 관련자들을 조사하더라도 통상적인 대면 조사기법으로는 허위진술 여부 등에 대한 실시간 판단이 제한되어 범죄 혐의점을 밝히기가 상당히 어렵다(김성종, 2015, 이창무 외, 2019).

이에 본 장은 산업보안 사고 대응 역량을 강화하기 위하여, 각종 산업보안 범죄이론 및 범죄행동분석 기법을 바탕으로 최신 ICT 기술을 적용한 인공지능 기반 산업보안 사고 프로파일링 시뮬레이터의 도입 필요성과 구축방안을 제시하는 데 그 목적을 두고 있다. 특히, 보안사고 조사를 위하여 앞서 설명한 산업보안 사고의 은밀성이나 내부자 소행 등의 특성을 감안하여 프로파일링 역량을 강화하는 데 중점을 두었다.

1. 산업보안의 개념과 특성

1) 산업보안의 개념[24]

산업보안에 대한 개념적 정의는 다양하나, 대표적인 국가 산업보안 주관기관인 국가정보원의 '산업보안업무 편람'에서는 "산업체·연구소에서 보유하고 있는

24 이창무 외. (2019), "산업보안학" 박영사(사단법인 한국산업보안연구학회.), p. 34, 43, 57. 재정리.

기술·경영상 정보 및 이와 관련된 인원·문서·시설·통신 등을 경쟁국 또는 업체의 산업 스파이나 전·현직 임직원, 외국인 유치 과학자 등 각종 위해요소에 의하여 침해되지 않도록 보호하는 활동"으로 정의하여 산업체·연구소의 기술·경영상 정보를 경쟁 국가 및 기업으로부터 보호하기 위한 대응 활동에 초점을 두고 있다(이창무 외, 2019).

그리고 이러한 산업보안은 정부가 주도하는 산업보안과 민간 기업이 주도하는 산업보안으로 구분할 수 있는데 먼저, 국가 차원의 산업보안은 국정원, 검찰, 경찰, 국방부 등이 주도하여 국가산업정보 관련 정부 출연기관, 산업체 및 연구소 기술정보가 경쟁 국가에 유출되지 않도록 하는 산업기술 유출조사 활동을 포함한 예방 및 산업보안 활동을 말한다. 또한 기업 차원의 산업보안은 기업체 및 연구소의 보안부서가 수행하는 다양한 산업기술, 영업비밀 유출 등 보안사고에 대한 대응 활동을 의미한다(김자원·전민서·박상호, 2016).

이러한 산업보안 범죄 및 산업보안 사고조사의 개념을 파악하기 위해서는 관련 법령 및 규정에 대한 이해가 필요한데, 먼저 대표적인 법률로 산업기술보호법[25]을 들 수 있다. 이 법률은 '(구) 영업비밀보호법'의 처벌 대상이 민간 기업으로 한정되어 있고 관련 법률에 규정한 법령으로는 기술유출 방지 효과를 내지 못하자 2006년 10월 산업기술의 유출방지 및 보호에 관한 법률을 제정하여 국내 핵심기술 등을 보호하여 국가안전 및 경제안정을 도모하고자 도입되었다. 둘째로, 부정경쟁방지 및 영업비밀보호에 관한 법률[26]을 들 수 있는데, 이 법령에서 규정한 영업비밀이란 "공공연히 알려져 있지 아니하고 독립된 경제적 가치를 가지는 것으로 비밀로 관리된 생산방법, 판매방법 기타 영업활동에 유용한 기술 또는 경영상 정보"를 말한다. 또한 이 법에 따라 보호받는 영업비밀의 경우 기업은 물론 개인 및 비영리기관이 보유한 정보를 포함하며 영업비밀을 절취, 기망, 협박 기타 부정한 수단으로 취득하거나 근로계약에 의해 비밀유지 의무가 있는 자가 재직 중이나 퇴직 후 부정이익 목적으로 비밀을 사용하거나 공개하는 행위를 금지하며 이를 위반

25 산업기술의 유출방지 및 보호에 관한 법률(법률 제16476호, 2019.8.20. 일부개정).

26 부정경쟁방지 및 영업비밀 보호에 관한 법률(법률 제16204호, 2019.1.8. 일부개정).

하는 행위를 침해행위로 규정하고 있다(공선명, 2017).

셋째로, 군사 및 안보 분야와 연관되는 기술보호를 위한 방위산업기술보호법[27]이 있다. 이는 대한민국 방위산업 수출 대상국이 증가하고 기술 수준도 선진국 대비 유사한 수준을 보이고 있는 점, 방위산업기술이 국가안보는 물론 국가발전의 원동력이자 전략적 경제자원으로 인식되는 점을 고려하여 제정한 것이다. 이 법의 배경에는 방위산업기술이 다양한 법률에 의해 관리되고 있어 오히려 부실 관리 우려가 있었던 점을 고려한 것으로 2015년 12월 29일 「방위산업기술보호법」 제정을 통하여 국방 분야의 방위산업기술 지정 및 보호체계 지원과 더불어 기술유출을 법적으로 처벌함으로써 방산기술 보호에 기여하고자 하였다(양현상·김승춘, 2020).

이창무 외(2019)의 연구에서는 산업보안 사고의 정의를 정당한 방법 및 절차가 아닌 "산업기술, 방산기술, 중소기업기술 등 산업보안과 관련된 주요 기술을 부정한 방법으로 유출, 취득, 사용, 공개하는 행위와 타인의 영업비밀을 침해하는 행위"로 정의하였다. 따라서 본 장에서는 산업보안 조사의 개념적 정의를 '국가 및 기업차원의 핵심기술을 보호하기 위하여 산업보안과 관련된 주요 관계 법령 및 규정에 반하는 범죄 및 사고 행위에 대응하는 활동'으로 재정리하였다.

2) 산업보안 사고의 특성과 한계

산업보안 사고조사의 가장 큰 특성은 수사 절차와 다르게 기업이익을 고려하여 기업 활동 저해 요인을 찾아 피해를 근절하고 자산을 신속히 회수하여 기업 이미지 훼손을 방지하는 데 있다. 이런 이유로 최근 대기업들은 피해액보다 더 많은 조사비용을 투입하여 보안조사 및 사후 대책을 수립하는 데 총력을 기울이고 있다(이창무 외, 2019). 또한 강제 조사방식이 제한되고 임의성을 동반한 조사기법을 활용하는 방식이 사용될 수밖에 없기에 그리고 이러한 방식의 조사기법에서는 결국 개인에 대한 프로파일링에 기반한 대면조사가 매우 중요하다. 왜냐하면, 앞서 언급한 바와 같이 내부자에 의한 유출이 대부분이라는 점에서 해당 인원들을 프로파일

27 방위산업기술보호법(법률 제15052호, 2017.11.28. 일부개정).

링하여 조기에 비위사실을 식별 후 이들이 유출하려는 회사 기밀을 확보하는 것이 무엇보다 중요하기 때문이다(Chung, 2009; 이효직 외, 2016).

둘째로, 산업보안 조사 범위는 발생한 보안사고 유형에 따라 다소 다르기는 하지만 법률적 문제들을 고려해 일반적으로 회사 임직원이나 하청업체 종사자들로 제한된다. 그리고 조사가 가능한 장소도 사업장, 사무실 등으로 국한되며 대상 범위도 보안사고 연루 가능성을 최대한으로 확인하여 회사 자체 징계 또는 민사소송 등 손해배상을 위한 법적 대응 단계에 필요한 증거들을 획득하는 수준으로 한다. 특히, 담당 보안사고 조사인원은 보안을 유지하기 위하여 최소한으로 한정하고 비공개로 진행하며 피조사자들의 동의를 얻어서 이루어지다 보니 여러 가지 제한사항이 존재하게 된다. 먼저, 피조사자의 개인 정보 접근이 어렵다는 이유로 피조사자의 특성을 파악하는 데 상당한 한계가 발생하다 보니 관련자들의 전문성이나 특징을 파악하지 못한 채 조사에 임할 수밖에 없어 피조사자의 약점을 파악하기 어렵다는 것이다. 또한 피조사자 대면 조사 시 자발적인 동의 없이는 민감한 내용에 대한 답변을 들을 수 없으므로 초기에 핵심적인 질문을 통하여 스스로 당황하게 하여 자백을 유도케 해야 하나, 이 역시 피조사자에 대한 프로파일링이 미흡하기에 제한이 따른다고 할 수 있다(김금종, 조성구, 김동제, 2014).

셋째로, 산업보안 조사 과정에서 요구되는 직무지식 등 전문적 지식의 요구 수준이 매우 높다는 것이다. 특히, 주요 유형인 산업기밀유출, 회계부정, 지적재산권 침해 등은 조사 시 해외 은닉자금 추적 및 회수, 디지털 포렌식 기법, 공공 정보망 활용한 공시정보 조사 등과 같이 고도의 전문성이 요구되고 비위자들의 조직적 계획범죄로 허위진술과 증거은폐 시도 가능성이 크기 때문에 이들에 대한 대면 조사시 사전에 프로파일링을 통하여 상당한 수준의 조사역량이 갖추어져 있지 않은 경우 효과적인 조사가 제한된다(안재경, 박석만, 최이문, 2018).

2. 산업보안 조사기법의 이해[28]

1) 피조사자 특성에 기반한 프로파일링 기법 적용 조사

(1) 혐의 확실성 여부에 따른 적용 기법

피조사자 진술이 혐의 입증을 뒷받침하지 않아도 다른 증거로 혐의가 확실한 경우 자백 여부와 관계없이 피조사자 특성에 기반한 프로파일링을 통하여 육하원칙과 구성요건에 따라 준비된 질문 목록 그대로를 차례로 조사하면 된다(김민지, 2013). 즉 피조사자를 강압하거나 회유할 필요 없이 '당신이 어떤 거짓말을 하더라도 오히려 그것은 당신에게 불리하게 작용한다.'라는 점을 인식시키는 것이다. 이때 조사자의 자신감으로 인해 피조사자를 단순히 논리적으로만 굴복시키려고 했다가는 어떤 증거를 가졌는지를 미리 보여주는 결과를 낳을 수도 있기에 피조사자가 혐의를 인정한다면 진술 번복 가능성에 대비하여 피조사자를 인정케 하는 논리를 추출하도록 노력해야 한다(황지원·김재연·주윤창, 2019).

한편, 피조사자의 혐의가 확실하지 않다면 피조사자의 진술에서 모순을 찾아내는 식의 문답이 이루어져야 하는데, 이때는 이미 수집한 증거를 활용하여 피조사자의 고의적 모순을 깨뜨리는 방식으로 조사해야 한다.

(2) 피조사자 성격에 따른 기법

조사자와 피조사자와의 대면조사 과정은 심리적인 대결이다. 따라서 피조사자가 어떤 성격이며, 조사자의 질문에 어떤 반응을 보이는지와 같은 부분에 대해 미리 프로파일링을 통해 그에 따른 전략을 가지고 접근해야 한다(Buckley, J. P., & Inbau, F. E., 2005). 피조사자의 성격과 관련하여 첫째로, 피조사자가 감정형인 경우를 들 수 있다. 감정형은 표현이 풍부하고, 공감 능력이 뛰어나다. 따라서 양심의 가책으로 번뇌하고 있을 가능성이 큰데, 이러한 유형의 피조사자는 논리보다 감성 호소형 접근이 적당하다. 즉, 흔들리는 피조사자의 마음에 기대어 넘어뜨리는 방

28 김학경·이승용·김민호. (2018), "산업기술유출사건 조사방법론(성신여대 프라임 사업추진단), pp. 183-191 재정리.

법인데 구체적 수단으로는 사회적 명분, 피조사자 행위에 따른 피해 심각성 부각, 누구라도 그럴 수 있다는 동정과 공감 등이 여기에 포함된다.

둘째로, 이성형 피조사자를 들 수 있다. 이런 유형은 자기 설득으로 범행을 합리화하고 있을 가능성이 크고 감정적 호소로는 효과가 없으므로 치밀한 논리로 모순을 깨뜨려야 한다. 그렇지 않고 감정에 호소하려고 하면 오히려 조사자를 쉽게 보는 경우도 있다. 그리고 간혹 피조사자 진술 중 어디까지가 거짓말인지 알 수 없는 경우가 있으므로 논리를 충분히 이해하려해야 한다. 즉, 사실에 근거하여 수집된 증거로 끊임없이 피조사자 진술을 판단하는 태도가 절대적으로 필요한 것이다. 또한, 경우에 따라 이성형 피조사자의 계속되는 거짓말을 역이용할 수도 있는데 피조사자 진술을 그대로 믿어주는 것처럼 공감을 표시하며 약간의 힌트를 제시하는 것이다. 이렇게 되면 피조사자들은 조사자가 자신을 믿고 있다는 사실에 고무되어, 거짓말을 계속 이어가게 되는데, 이것을 서류에 그대로 담았다가 다음번에 상반된 진술할 경우 이를 근거로 반박하는 방법이다(김충식, 2013).

세 번째는 순응형 피조사자로 조사 대상자가 협조적인지 여부에 따라 구분할 수 있다. 먼저, 순응형 피조사자들은 보편적으로 고집이 세지 않고, 남의 말에 잘 의존하는 경향이 있다. 이러한 경우에는 조사자 앞에서도 표현이 소극적이기 때문에 상대적으로 다루기 쉬운 편이나 기본적으로 자신이 조사받고 있다는 사실 자체에서 상당한 압박과 불안감을 느낄 수 있다. 다음은 반대 유형인 비순응형 피조사자로 이러한 유형은 상당히 적대적 태도를 보이는 경향이 있고, 자신이 조사받고 있다는 사실을 용납하지 못하는 경우도 있다. 일단 조사자 질문에 감정적으로 받아치는 경우가 많아 조사하기 상당히 어려운 유형이다. 그리고 순응형이면서 이성형 피조사자가 있는데, 대표적으로 산업기밀 유출 범죄자처럼 전문직이나 화이트칼라 직종 중 조사받는 것에 익숙하지 않을 때 많이 보이는 유형이다. 이들은 기본적으로 조사에 임하는 자세가 상당히 유순하므로 조사는 수월하나, 조사자가 제시한 증거와 단서에 대한 유불리를 꼼꼼하게 따져 진술한다. 따라서 이러한 유형의 피조사자에게는 지위와 자격에 맞는 존중으로 대하는 것이 중요하다. 특히, 조사자의 의견과 다른 진술을 내놓더라도 윽박지르지 말고 구체적 해명을 하도록 요구해야 하고, 순응형이라고 해서 책임을 무조건 인정하는 것은 아니므로 공손한

태도와 달리 논리적으로 반격하는 모습에 흥분해서는 안 된다(홍유진, 2018).

넷째로, 비순응형·감정형 피조사자는 흥분한 상태이기 쉽다. 무조건 자신이 억울한 손해를 보고 있다고 생각하는 피해 의식에 빠져있는 경우도 있고, 감정조절 장애에 기인할 수도 있으므로 이러한 피조사자에게 중요한 것은 흥분을 가라앉히도록 하는 것이다. 일단 피조사자 진술을 충분히 청취하겠다는 자세로 믿음을 준 뒤, 시간을 두고 자신의 입장을 진술하도록 기회를 준다. 다만, 무조건 들어주기만 하는 자세는 피조사자에게 휘둘릴 수 있어 피해야 한다. 또한, 논점을 벗어나는 진술을 하거나, 이미 했던 진술을 다시 하는 모습을 보이면 단호한 모습으로 요점을 정리해서 제지해야 한다. 이는 조사자가 용인하는 한계를 분명히 설정해 놓고, 그 안에서 자유를 주는 방식이다(김학경·이승용·김민호, 2018).

3. AI 기반 산업보안 테러 프로파일링 시뮬레이터 구축방안

1) 산업보안 테러 프로파일링 시뮬레이터 도입 필요성

앞서 살펴본 것과 같이, 산업기밀 유출범죄 및 사이버 테러 등은 사전에 치밀한 준비를 한 경우가 많고 상당한 전문지식을 가진 내부자에 의한 조직적인 연루범죄인 경우가 많다 보니 대면조사기법 사용 시 피조사자 개인 능력과 지식, 성격, 습관, 진술 상 특징 등 다양한 측면에서 상대를 파악하여야 한다. 그리고 이를 바탕으로 하여 혐의를 스스로 인정할만한 최적의 질문과 답변을 유도하는 등 논리적으로 대화를 이끌어나가는 조사기법인 일명 프로파일링 방식의 사용이 요구된다(이석연, 김진우, 2011). 예를 들어, 다수의 내부인원에 의한 조직적 연루가 의심되는 경우, 이들에 대한 조사가 쉽지 않을 뿐만 아니라 설사 일부 인원에 대해 의심할만한 정황을 발견하더라도 당사자들이 계획적이고 상당한 전문지식을 가지고 있다는 점을 고려하면, 회사 자체 보안조사팀은 조사시 특정한 질문을 통해 과연 어떠한 답변이 나올 수 있는가에 대하여 사전에 예상할 수 있는 기법인 일명 '프로파일링' 기반 대면조사 방식에 숙달되어 있어야 한다(김자원·전민서·박상호, 2016). 그리고 이러한 조사방식의 핵심기반인 프로파일링은 보통 범죄심리분석으로 불리는데(뉴스핌, 2019. 10. 2), 용의자 성향부터 연령·성별·콤플렉스까지 분석이 가능하며, 프로파일링 조사 결과에 따라 조사 방향을 결정하거나 피조사자의 범위를 측정할 수 있다.[29] 또한, 프로파일링을 통해 사건 현장 단서를 토대로 용의자의 예상행동을 밝혀내면 피조사자에게 심리적 압박감을 주어 스스로 혐의를 인정토록 하는 상황을 유도할 수 있다.

특히, 화이트칼라 범죄자에 해당하는 산업기밀 유출 사범들은 자신의 전문성에 기인한 계획적인 범죄를 통해 증거은닉 및 연루자를 통한 추적 회피 등을 자주 하므로 조사시 상당한 준비과정이 필요하다. 그리고 조사자 입장에서는 피조사자에 대한 중요 정보인 개인 성격, 학력, 전문성, 콤플렉스, 지인 관계 등을 활용하여 전략적 질문을 선택해야 하며, 이러한 질문에 대해 피조사자의 대응 답변이나 허위진술 가능성 등을 파악하여 집중 조사를 수행해야 한다. 따라서 피조사자를 대상으로 한 전략적·맞춤형 조사기법을 훈련할 수 있도록 개인별 인적사항과 취급업무 관련 각종 전문지식에 대한 빅데이터 구축과 이러한 빅데이터를 자동으로 조합, 연계하여 적시적인 질의·답변을 예상 및 염출할 수 있는 프로파일링 기반 인공지능 시뮬레이터가 필요하다(정교래, 장세경, 2018). 실제로 한국 테라데이타는 북유럽의 단스케 은행과 연계하여 인공지능 기반의 시스템을 이용하여 사기범죄를 탐지하는 방안을 발표한 바 있다(데일리시큐리티, 2020. 4. 26).[30] 따라서 이와 같은 점들을 고려하여 피조사자들의 개인 특성들을 빅데이터화한 자료를 기반으로 최적의 대면조사를 위한 AI 기반 프로파일링 시뮬레이터를 도입하는 것이 필요하다고 할 수 있다.

---

29 범죄자 프로파일링(offender profiling, criminal profiling)은 심리학, 사회학, 범죄학 등을 이용하여 범죄자의 심리 및 행동 등을 분석하고 그 결과를 바탕으로 범인상(像) 추정, 범죄유형 분류, 피의자 신문 전략 수립을 지원하는 수사기법을 말한다(위키백과, 2020. 1. 23).

30 "테라데이타-단스케 은행, 인공지능 기반 사기 행위 탐지 플랫폼 발표", 데일리시큐(2020.4.26.), https://www.dailysecu.com/news/articleView.html?idxno=25134.

2) 인공지능 프로파일링 시뮬레이터에 대한 이해

'AI 기반, 산업보안 범죄 프로파일링 시뮬레이터'의 핵심개념은 수사 및 정보기관과 민간기업 보안 관계관들의 조사역량 증대를 위해 증강현실 상황에서 조사자가 산업보안 사고와 관련된 피조사자를 상대로 일련의 행동 촉발형 질문을 하고, 피조사자의 답변 및 행동에 대한 언어적·비언어적 행동 반응의 진위를 탐지·판단하면서 실체적 진실을 밝혀내는 것이다.

이를 위해서는 먼저 피조사자 진술의 진위탐지를 위해 이미 이론화된 산업기밀 유출사건 조사 및 수사기법, 범죄 행동 분석의 언어적·비언어적 표현의 반응분석을 융합할 수 있는 ICT 기술이 적용되어야 한다. 특히, 위의 비언어적 표현은 수사면담 분야에서 자율신경계 반응 및 진술 분석과 더불어 용의자에 대한 수사과정에서 대표적인 거짓말 진위 식별 지표로 신뢰성 있게 활용되고 있다(이혜수 외, 2015). 둘째로, 수사면담 기법 중 진술분석의 객관적 신뢰도 및 타당도를 높이기 위해 피조사자를 상대로 한 산업보안 사고 관련 행동 촉발형 질문과 피조사자의 답변 및 행동이 자동 생성되는 시스템이 구축되어야 한다. 셋째로, 가상현실(3D 환경) 기반의 상호 인터렉션(Interaction), 음성인식 등을 통해 조사 실습 시 시공간적 제약 극복이 가능해야 한다. 넷째로, 온라인 증강현실 기반의 실제 산업기밀유출 사고사례를 대상으로 한 시뮬레이션 훈련을 통해 사실감 및 훈련 실효성을 증대시킬 수 있어야 하는데, 특히 산업기밀유출 관련 실제 사건과 수사면담 이론 및 조사기법을 적용한 시나리오를 구성함으로써 다양한 조사 상황별 시나리오 적용을 통해 가상의 조사대상자의 언어적·비언어적 행동분석을 위한 조사기법 습득이 가능할 것이다(김태영, 김호, 2019). 이러한 차원에서 본 장에서는 가상 시뮬레이터 핵심기술의 운용개념과 산업보안 사고 프로파일링을 위한 시나리오 구축에 대해서 보다 구체적으로 제시해보고자 한다.

3) 운용개념

시뮬레이터 핵심기술의 기반은 증강현실(AR), 언어적 반응분석을 위한 인공지능 대화엔진, 비언어적 반응분석을 위한 딥러닝 기반의 안면인식과 햅틱 기술로 요약할 수 있다.

(1) 증강현실(Augmented Reality: AR)

증강현실은 사용자가 보는 현실화면 또는 실제 영상에 문자 등과 같은 가상적인 정보들을 실시간 중첩 또는 합성한 영상으로 보여주는 기술을 의미한다. 이처럼 현실 환경을 가상 환경으로 보완시켜 주는 증강현실은 사용자가 실시간 보는 실제 영상에 3차원적인 가상적인 영상을 겹치게 함으로써 그 구분이 모호해지도록 하는 특성이 있으며, 출력장치를 통해 가상 환경에 몰입케 하는 가상현실(VR)과는 명확히 구분되는 개념이다(시사경제용어사전, 2017. 11).

그리고 가상현실(Virtual Reality: VR)은 자신(객체)과 배경·환경 모두 현실이 아닌 가상의 이미지를 사용하는 데 비해, 증강현실은 현실의 이미지나 배경에 3차원 가상 이미지를 겹쳐서 하나의 영상으로 보여주는 기술이다. 또한, 증강현실은 혼합현실(Mixed Reality, MR)이라고도 하는데, 증강현실과 가상현실은 서로 비슷한 듯 하지만 그 주체가 허상이냐 실상이냐에 따라 명확히 구분되기에 증강현실이 가상현실과 비교해 현실감이 뛰어나다는 특징이 있다.[31] 결론적으로, 증강현실을 통해 가상 속의 현실 세계와 환경에 집중적으로 몰입하고, 쌍방향 대화 관계를 형성함으로써 잠재의식 속의 기억을 각성(의식기억) 상태로 발전시키는 효과를 거둘 수 있다(다음백과, 2020).[32]

(2) 인공지능 대화 엔진

국내 인공지능(Artificial Intelligence: AI) 대화 엔진은 기본적으로 딥러닝 기반의 챗봇 플랫폼으로, 기존의 챗봇 시스템의 한계를 뛰어넘은 지식 기반의 심층 대화 시스템으로 발전하고 있다. 기존의 챗봇이 간단한 자연언어 처리와 규칙 및 문장 매칭 방식의 대화 매니저를 가지고 있다면, AI 대화 엔진(Dialoguc Engine)은 복합추

31 증강현실(AR)-현실과 가상의 절묘하고 신기한 조화(용어로 보는 IT, 이문규, IT 동아).
32 https://100.daum.net/encyclopedia/view/b20j0390n10.

| 그림 10-3 | AI 대화엔진 처리 과정

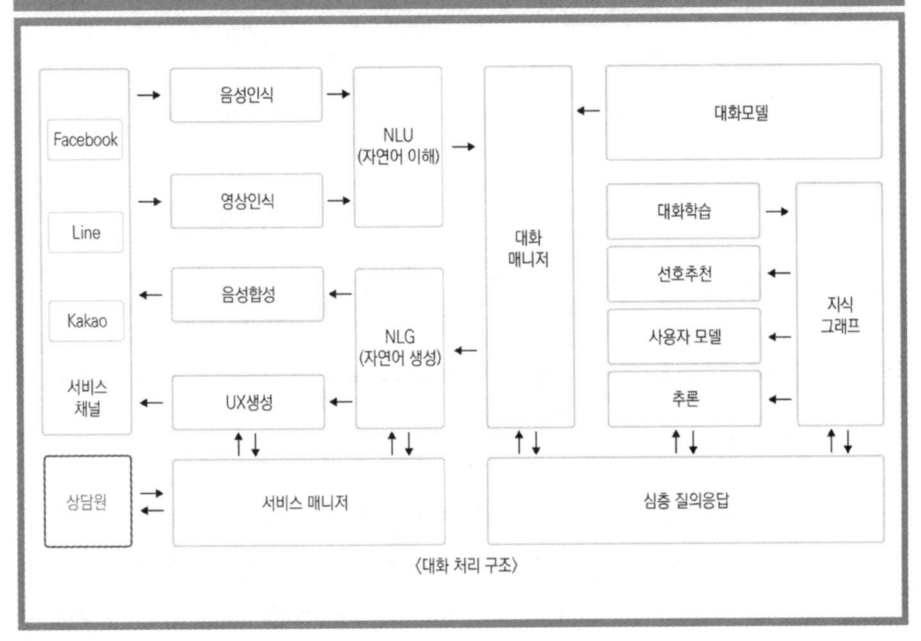

출처: 솔트룩스 톡봇 대화엔진 재구성.

론 기반의 자연어 이해 결과를 바탕으로 사용자 발화의 정확한 의미를 이해하고, 탁월한 답변을 제공하는 강력하고 유연한 대화 모델을 생성할 수 있도록 지원할 수 있다(솔트룩스, 2020).[33]

AI 대화엔진의 처리 과정은 위 〈그림 10-3〉에서 보는 바와 같이, 먼저 사용자가 다양한 채널을 통해 톡봇 대화 엔진에 메시지를 전달하면, 입력된 메시지는 자연어를 이해하는 엔진을 통해 분석되며, 대화 매니저가 대화 학습된 모델을 통해 최적화된 음성, 텍스트 등 적절한 형태로 사용자에게 전달한다. 한편, 대화 모델방식으로 처리하기 제한되는 메시지의 경우 심층 질의응답 방식을 통해 문제를 해결하며, 사용자와 실시간 대화 중에 문제 발생시에는 모니터링하는 관리자가 실시간 대화에 관여할 수 있도록 한다(정보통신기획평가원, 2019).

33 http://www.saltlux.com/ai/talkbot.do?menuNumber=1.

| 그림 10-4 | 음성 대화 인터페이스 기반 서비스 구성도

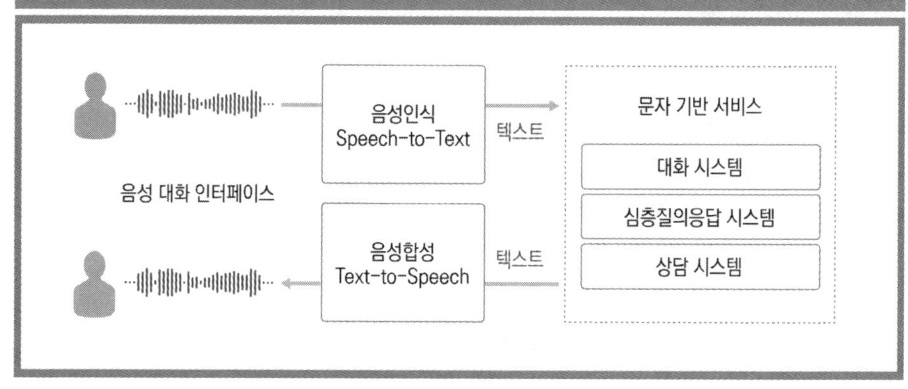

출처: 솔트룩스 회사 홈페이지 소개자료 참조.

이와 같은 대화 엔진의 장점은 먼저 고도의 정밀 언어인지 기술과 딥러닝 기반의 언어를 의도하는 지식학습 기술력의 통합을 통해 인간에 가까운 대화 처리가 가능하다는 것이다. 둘째로, 주제별 다양한 시나리오 설정이 가능하고 설계된 개별 시나리오들과의 통합이 용이하며, 페이스북, 카카오톡과 같이 스마트폰 SNS와 연동이 가능하다는 장점도 있다.

(3) 딥러닝 기반의 안면인식 기술

딥러닝 기반의 안면인식 기술은 언어적 행동 반응을 분석하기 위한 ICT 기술로서 피조사자의 행동 반응 진위여부를 가리기 위해서는 얼굴 분석 및 인식이 필요한데 마이크로소프트 Azure의 Cognitive Services Face 서비스를 통해 사람의 얼굴 정보를 감지, 인식 및 분석처리 하는 알고리즘의 제공이 가능하며, 모바일 앱을 통해서도 구현할 수 있다(MicroSoft, 2020. 4. 20).[34] 최근 경찰청에서는 실종된 아동에 대한 수색이나 일반적인 범죄의 예방 및 범죄수사 등을 위하여 안면인식 기술 등을 보유한 지능 인식 기반 CCTV 개발을 진행하고 있다.

그리고 국외에서도 딥러닝 기반의 안면인식 기술을 활발히 활용하고 있다.

---

34 https://docs.microsoft.com/ko-kr/azure/cognitive-services/face/overview(Azure Face 서비스).

미국 국토안보부의 경우는 비자발급 현황에 대한 효율적인 감시와 공항 내 보안을 강화하기 위해 탑승객들의 안면인식 정보 스캔을 확대하고 있다. 또한, 미국의 경찰은 인공지능 기반 바디캠(카메라)을 설치하여 범죄 용의자나 지명수배자에 대한 검거 활동에 활용하고 있다(강민정, 2019). 또한, 독일에서도 특정한 인물의 행동을 자동으로 인식, 분석할 수 있도록 함으로써 범죄를 조기에 차단하고 조기에 검거할 수 있도록 하고 있다(박원규, 2019).

위와 같은 경향과 관련하여 본 장에서는 얼굴 감정의 분석 및 추적을 위한 최신 기술인 Haar Training과 Camshift을 활용하면 10초 주기로 감정분석이 가능하다는 것에 주목하였다.[35] 대표적 감정분석으로 Neutral(중립), Anger(화남), Fear(두려움), Contempt(경멸), Disgust(역겨움), Happy(행복), Sad(슬픔), Surprise(놀람) 등을 전송하는데, 이들을 긍정적 감정(Happy), 부정적 감정(Sad, Fear, Anger), 중립적 감정(Contempt, Disgust, Surprise) 등 세 가지로 분류할 수 있다. 그리고 이를 토대로 쌍방향 질문과 답변시 평균적인 기저(基底) 행동을 시뮬레이터 시작 단계에서 인식한 후에, 시뮬레이터 훈련 중 발생하는 언어적·비언어적 반응을 분석하여 피조사자의 진술의 거짓 유무를 분석하게 된다. 특히, AI와 증강현실 등 최신 ICT 기술이 융합적으로 활용되어야 하는데, 언어적·비언어적 표현 반응 추출과 상황 감지 및 인식기술을 통해 상대 표정을 인식하고, 통계적으로 축적된 데이터베이스로 쌍방향 대면활동 기반의 훈련이 진행되어야 하며(김태영·김호, 2019), 이를 통해 산업기술 유출 유형별 시나리오 빅데이터를 기반으로 한 가상의 피조사자가 설정되어 훈련이 진행되게 된다.

(4) 햅틱 기술

햅틱(Haptic) 기술은 가상 및 증강현실 상황에서 힘, 진동 등을 통해 사용자에게 운동감 및 터치감을 주는 기술을 의미하며(Bermejo & Hui, 2017), 본 장에서 제안하는 시뮬레이터에서는 비언어적 행동의 정교한 신체 움직임의 인식 및 실습을 위해서 손·팔·다리 모션캡쳐 기반의 인터렉션 장치를 통해 신체의 움직임 등을 식

35 http://Note.Sonots.Com/Scisoftware/Haartraining.Html#T1A1F262.

별하여 압력, 열, 진동 등과 같이 상담자에게 터치감을 제공해 줄 수 있다. 그리고 이러한 시뮬레이터 훈련에 대한 정량적·정성적 분석 및 평가를 통해 구체화하는 체계로 이루어진다.

4) 산업보안 사고 프로파일링 시나리오 구축

본 장에서는 시나리오 기법을 적용하여 최근 실제로 발생한 산업보안 유출사고 사례를 기초로 주요 상황들을 가정해 프로파일링 시나리오를 예시적으로 구축하였다. 이때 수사신문기법의 핵심적인 이론을 적용하여 전개 과정을 기본조사기법과 심층조사기법의 2단계 형식으로 적용하였다.

먼저, 기본적 대면 조사기법은 산업기밀유출 피조사자의 특성 및 성격 유형(감정적, 이성적), 핵심적 조사 쟁점 및 모호한 표현에 관한 질문과 언어적·비언어적 반응을 통한 조사대상자의 거짓반응 행태에 대해 관찰하였다(대검찰청, 2010).

그리고 본 장에서 피조사자의 기밀유출은 산업기밀 유출에 해당하므로 피조사자의 행위가 법에서 정한 구성요건에 부합하는 문답을 통해 그 여부를 확인한다는 것이 매우 중요하다. 구성요건이란 형법상에 금지 또는 요구되는 행위가 무엇인지를 추상적이고 일반적 형태로 기술해 놓은 법률요건을 의미한다.[36] 구성요건은 주체, 객체, 시간, 행위 태양 등과 같은 객관적 구성요건과 고의 및 목적과 같은 주관적 구성요건으로 분류된다.

표 10-8 사건 시나리오 개요

구 분	주요 내용
1. 사건개요	'20. 4. 15. 서울 강남구 소재 ○○ 기업에서 에너지원천 생성 기술의 기밀 유출사고 발생
2. 예상 기밀 유출자 (피조사자) *성향 및 특성	전략기획실 김○○ 부장
	○○ 대학 전자공학과 출신의 엘리트로, 에너지 원천 기술의 국내 최고 엔지니어임. 자존감이 매우 높고, 분석적·이성적인 성격 유형

36 이병태. (2016). 법률용어사전. 법문북스.

3. 원인 및 동기	경쟁회사로 채용되기 위하여 해당 부서 연구원을 설득, 공모하여 기술을 유출
4. 보안조사 진행 상황	• 유출 정황은 식별하였으나 누가 유출을 하였는지 구체적으로 어떠한 자료를 유출하였는지 특정하기 어려움 • 수사기관이나 언론에 유출될 때 발생할 수 있는 회사 이미지 하락을 우려하여 비공개 자체 조사를 통한 비위자 식별 후 기밀 유출을 차단하고 해고하는 것으로 방향을 설정
	• 사고 발생 부서 소속 연구원 전원과 인접 지원 부서 전원에 대한 조사를 하기로 결정 • 관계자들 개인 전문지식 수준과 평소 회사에 대한 불만 등 개인 성향, 상호 인맥 관계, 평소 언행이나 성격 등 특성이 기술되어 있는 개인 인사자료를 근거로 한 개인별 맞춤형 질문으로 과연 해당 인원의 반응이 어떤지 보면서 허위진술이나 또 다른 공모자 여부 등에 대한 조사 착수 • 조사자 입장에서 개인별로 모든 사항을 분석하여 특성에 부합한 질문을 하기도 어렵고 해당 질문에 대한 반응이 과연 허위진술인지 아니면 고의적 은폐 정황인지 알기가 힘든 상황임 • 강제수사권이 없으므로 임의 동의를 받아서 그들이 제출하는 자료와 휴대폰 등만을 근거로 분석 중이나 특별한 정황이 식별되지 않음 • 대면조사를 통해 의심될만한 단서를 확인하기로 결정

표 10-9 기본적 대면 조사기법 예시

중점	핵심항목	주요 질문 중점(예시)
1. 라포 형성	• 친밀감과 신뢰감	① 감정호소형 ② 감사/친근함 표시 ③ 최근/친근함 표시
2. 조사대상자의 성격 및 특성 파악	• 감정형 • 이성형 • 평소습관 • 억양/말투	① 감정호소형 접근(공감, 동정, 위로) ② 치밀한 논리적 추궁(증거기반) ③ 말투(사투리/억양/목소리 특징) ④ 습관(큼큼 소리, 침 뱉음, 손가락 튕김 등)
3. 조사대상자의 전문성	• 관리자형(경영) 직무지식 • 실무자형(연구) 직무지식	① 시스템 차원의 문제 지적 ② 기술적 차원의 문제 지적
3.질문의 쟁점 파악 (모호한 답변 확인)	• 개방형/폐쇄형 질문 선별적 적용 • 논리적 흐름 유지	① 하나의 쟁점 질문 ② 다수의 쟁점 질문
4.직간접 경험 여부 파악	• 남에서 들은 내용인지 직접 경험한 것인지 징표 확인	① 현장의 날씨, 풍경 ② 전해 들은 내용, 경험한 내용 식별 ③ 과도하게 상세한 진술 의도 의심

표 10-10 심층 대면 조사기법(범죄구성요건)[37]

구분	조사 중점	주요 가상질문
1. 주체	공범 관계 확인 (종범·공동정범·교사범 유무)	① 경쟁회사 담당자를 알게 된 시점·계기 ② 기술유출을 지시한 사람 ③ 자문료 송금시 결재권자 ④ 메일 전송 시 방화벽 기능 제거자
2. 일시 및 장소	일시(공소시효, 야간침입) 장소(관할)	① 입사시기, ② 이메일 발송시기, ③ 기술유출 대가금액 합의 장소
3. 객체	객체의 규모, 종류, 수량, 금액	① 유출기술내용·종류 ② 기술 개발기간 ③ 감정가격/투입비용
4. 동기(목적)	목적범 여부	① 기술유출이유(대가성금액, 경쟁사 채용, 상급자 배신감 등)

5) 피조사자의 특성 및 성격에 따른 시나리오

조사관은 피조사자가 어떤 성격이고, 조사관의 질문에 어떤 반응을 보이는지에 따라 차별적인 전략을 가지고 접근해야 한다(권영재, 2011; 류창현, 장석헌, 2019). 먼저 피조사자가 감정형인 경우를 들 수 있는데, 이 경우 피조사자는 사고 피해에 이미 공감하고 자신의 죄를 후회하고 있을 가능성이 크다. 이런 유형의 피조사자에 대해서는 숫자나 논리보다는 감성호소형 접근이 적당하다. 이미 흔들리고 있는 피조사자의 마음에 기대어 완전히 넘어뜨리는 방법이다. 감정형 피조사자에게는 깊은 공감과 위로를 적당히 완급을 조절해가며 쓰면 효과적이다.

둘째로, 이성적인 성격의 피조사자의 경우 자기 설득으로 자신의 범행을 합리화하고 있을 가능성이 크기에 객관적인 사실과 치밀한 논리로써 그 주장의 모순을 깨뜨려야 한다. 또한, 진술 전반이 거짓말로 구성되어 있는 경우, 이에 대해 논리적인 추궁이 시작되면 무마하기 위해 또 다른 거짓말을 할 가능성이 크다. 따라서 사실에 근거하여 끊임없이 피조사자의 진술을 판단하려는 태도가 절대적으로 필요하다. 아래의 시나리오는 지난 2019년 서울지방경찰청 국제범죄수사대가 LG

37 형법상 금지 또는 요구되는 행위가 무엇인가를 추상적·일반적으로 기술해 놓은 것으로, 즉 금지의 실질을 규정한 법률요건에 해당(이병태, 법률용어사전, 법문북스, 2016).

화학 전기차용 배터리 인력 유출과 기술침해 등 혐의로 SK이노베이션을 고소한 산업보안 사고 내용을 각색한 것이다(머니투데이, 2019. 9. 17).

표 10-11 기본적 대면 조사기법 시나리오

구분	대상	언어적 시나리오	비언어적 시나리오
라포형성(친밀감형성)	조사자	부산에서 오시다니, 멀리서 오셨습니다. 몇 시에 출발하셨어요? 오는 길에 차량이 막히지는 않던가요?	
	피조사자	배려해 주셔서 감사합니다.	
피조사자 특성	조사자	회사대표인 김○○는 평소에 어떤 성격인가요? 그 사람 성격상 보통 회사 기밀을 어떻게 관리하는가요?	
	피조사자	박○○은 근본적으로 사람을 믿지 않습니다. 당연히 직원들도 믿지를 않지요. 그래서 회사 기밀 중 하나인 프로그램 소스의 개발이 끝나면 자신만이 보관하고, 나머지 직원들의 컴퓨터에서는 모두 삭제하도록 하는데, 자신은 그 프로그램 소스를 USB 2개에 저장해서 하나는 회사 사무실에 보관하는 것으로 알고 있어요.	머리카락을 심하게 반복해서 쓸어 올리면서 진술
감정형	조사자	피조사자는 20년 가까이 ○○ 분야에서 최고로 인정받고 있는 전문가이십니다. 그런데 지금 모든 증거가 말해주고 있는데, (기술을 유출한) 그런 사실이 없다고 말씀하시네요. 기술자로서 학자로서 쌓아 올리신 명예를 지키셔야 하지 않겠습니까.	
	피조사자	저도 그렇게 하고 싶습니다.	한숨을 내쉬며 양쪽 다리를 심하게 떰
이성형	조사자	피조사자는 방금 A에게 2020. 2. 1. 5,000만원을 입금했다고 진술했는데, 조사자가 제출한 계좌에서는 같은 2월 내내 통장 잔액이 2,000만원을 넘지 않습니다. 그런데 5,000만원을 어떻게 입금하였다는 것인가요?	
	피조사자	아! 생각해보니 당시 제 동생 B에게 부탁하여 박○○이 5,000만원을 바로 A에게 입금했던 것으로 기억합니다.	얼굴이 붉어지고 언성을 높이며 말투가 빨라짐
	조사자	B를 상대로 이미 조사한 결과, B는 기초생활수급자로 전 재산이 300만원을 넘지 않는다고 하고, 이미 신용불량자라서 계좌거래는 하지 못한다고 하는데 어떻게 생각하나요?	
	피조사자	(피조사자는 묵묵부답하다)	눈이 갑자기 흔들리고 시선회피
쟁점 확인	조사자(단일쟁점)	피조사자는 20년 2월 3일 17:30 강남구 역삼동에 소재한 미래기업 3층 미래기획실 사무실에서 ○○○과 마주친 사실이 있는가요?	

	피조사자	없습니다. 전 모른다니깐요.!	우측 무릎을 심하게 떨면서 팔짱을 끼는 등 폐쇄적 태도 견지
	조사자 (다수 쟁점)	피조사자는 20년 2월 3일 17:30 강남구 역삼동에 소재한 미래기업 3층 미래기획실 사무실에서 이○○과 만나 미래기업의 인수합병에 관한 재무서류를 넘겨받았는데, 임원 회의록에 21년 자회사의 가치를 부풀려야 한다는 내용이 기재되어 있었지요?	
	피조사자	정확히 기억나지 않습니다.	눈을 마주치지 않고, 창문을 바라봄
직간접 경험여부 확인	조사자 (다수 쟁점)	당시 진술인은 재무이사로서 XXXX. XX. XX. 임원회의 때 대표이사 강○○이 기획관리실장 이○○에게 뭐라고 지시한 것으로 기억하는가요?	
	피조사자	그때 사장님께서 (말꼬리를 올리고 가래침을 반복적으로 재떨이에 뱉으면서) 기획관리실장에게 "카자흐스탄 거기에 가서 큰 거 세장만 먹여봐"라고 지시하셨습니다.	눈동자는 불안함의 표현으로 좌우로 흔들림
	조사자 (다수 쟁점)	'큰 거 세 장'은 진술인의 평소 회사 근무 경험상 무엇을 의미하는 건가요	
	피조사자	'큰 거'는 보통 억 단위를 말하는데, '세 장'이라고 했으니 3억 원을 의미합니다.	귓불과 코, 머리카락을 긁적거리고, 과장된 설명적 손짓 표현

다음 2단계에서는 심층 조사기법으로 산업기밀 유출사고조사 시 필요한 질문사항과 범죄를 구성하는 구성요건인 신분, 공범 관계, 객체, 원인·동기 등 핵심요건을 식별하는 행동촉발 질문을 통한 조사대상자의 거짓 반응 행태에 대한 시나리오를 구성하였다.

표 10-12 심층대면 조사기법 시나리오

구분	대상	언어적 시나리오	비언어적 시나리오
교사범 유무 확인	조사관 (교사범) 유무	당시 피의자에게 회사 신상품의 설계도면을 가져오라고 지시한 사람이 누구였습니까?(교사범의 유무 확인)	
	피조사자	제게 모르는 번호로 누군가가 연락을 했고, 만나보니 30대 중반 가량의 말쑥한 양복 차림의 남자가 제게 "이○○에게 얘기를 듣지 않았느냐"면서, MV-230의 설계도면을 복사해 달라고 요구하였습니다.	입을 꾹 다물고, 실눈을 뜨고, 손이나 관절을 비틀기

구성 요건 '일시' 확인	조사관	피의자가 기술을 이전받기로 했던 중국 ○○산업 기술이사 류평OO와 이메일을 주고받은 게 언제, 언제였나요?(구성요건 일시)	
	피조사자	세미나를 끝내고 돌아온 직후부터 류평OO이 빙빙 돌려 말하지 않고, 저희 회사 기술에 관심이 있다면서 00월 00일 이메일을 보냈습니다.	손톱을 물어뜯고 입술과 손가락을 깨묾
구성 요건 '대상' 확인	조사관	여기 회계장부 XXXX년 11월에도 '추식'이라고 적혀있는데, 당시 추석은 9월이었는데 11월에 그렇게 적혀있는 이유가 무엇인가요?(구성요건 객체)	
	피조사자	그 이유는 대표이사가 9월에 이미 공무원들에게 추석 선물값을 돌렸는데, 자기 돈이 더 나갔다면서 11월에 추가로 경리한테 요구했기 때문에 현금 2,000만원을 인출하면서 경리가 그렇게 메모한 것입니다.	귓불과 코, 머리카락을 긁적거리고, 과장된 설명적 손짓 표현
	조사관	피의자가 제안받은 스카웃 조건이 무엇인가요?(구성요건 객체)	
	피조사자	연봉 3억 원에 스톡옵션을 주겠다고 했습니다. 그리고 (망설이다가) 우리 회사 특허기술 중에서 자기가 지정하는 기술을 가지고 오면 연봉은 5억 원까지 상향시킬 수 있고, 격려금 조로 즉시 5억 원을 현금으로 지급하겠다고 하였습니다.	
기타	조사관	기술 유출한 동기가 무엇인가요?(구성요건 원인동기)	
	피조사자	그 기술을 공동으로 개발한 것은 대표이사인 공○○과 기술이사였던 저입니다. 그런데 공○○은 기술 개발이 끝나자마자 저를 영업이사로 변경하려고 했고, 특허권은 온전히 법인 명의로 등록하려고 했습니다. 그 기술은 제가 80% 이상 개발한 것이거든요. 법인 명의로 등록하게 되면 제가 10%만 갖게 되는 거였습니다.	손을 안쪽으로 집어놓고, 손끝이 떨림, 엉덩이를 들썩거림
	조사관	그에 대해 공OO에게 피의자는 뭐라고 항의하였나요? (구성요건 원인동기)	
	피조사자	제가 개인 명의로 특허등록을 하거나, 아니면 개발비 명목으로 10억 원을 달라고 했습니다. 그런데 공○○은 말도 안 되는 소리라면서, 그럴 거면 회사에서 나가라고 하였습니다. 그 말을 듣고 너무 배신감을 느끼던 중 평소 알고 지내던 중국 ○○○사 기술이사가 제게 연락을 했고, 결국 그쪽에서 10억 원을 받기로 했던 것입니다.	얼굴이 붉어지며 억울함을 과장되게 표현, 말투가 빨라짐

6) 시뮬레이터의 알고리즘 적용[38]

시뮬레이터 알고리즘 적용을 단계별로 살펴보면 먼저 시뮬레이터 진행은 조사자인 교육생이 실제사건을 바탕으로 한 산업기밀유출 유형별 시나리오를 선택

38 김태영. (2014). 국유특허(등록번호 10-1388633) '가상 쌍방향 신문훈련 시스템 및 이를 활용한 훈련 방법'(특허청) 재정리.

한다. 시나리오는 단계별(초중고급) 상이한 난이도를 구성하여 교육생의 학습수준이 점진적으로 강화되도록 교육환경을 구성한다. 둘째로, 가상 형태의 피조사자에게 진술의 진위여부를 판단하기 위한 행동촉발질문을 유발하는 질문을 실시한다. 셋째로, 시뮬레이터는 조사자의 음성질의를 인식하여 피조사자의 상황별 질문에 해당하는 반응을 표현한다. 넷째로, 조사자는 피조사자의 언어적 비언어적 반응에 대한 진위 여부를 분석함으로써 조사 진행이 되도록 한다. 이와 같은 방식으로 조사자는 피조사자와 음성 형태의 언어적 표현과 비언어적 표현을 통한 산업기밀 유출 조사 시 핵심적인 유형의 조사 질문을 반복적으로 진행한다.

마지막으로 최종 시뮬레이터 훈련이 끝나면 과학적인 방식의 정량적·정성적 평가 및 피드백이 구현된다. 특히 훈련 진행현황을 모니터링하고 성과를 분석하여 역량상태를 지속적으로 관리 할 수 있는 이른바 교육생 역량관리시스템의 구축이 중요하다. 기존에는 과학적인 훈련성과를 평가할 수 있는 기준이 모호했던 반면, 시뮬레이터 개발을 통해 언어적·비언어적 행동분석 및 조사기법 구사능력을 계량화하여 일정 점수에 도달하면 목표 달성되는 체계로 훈련의 질적평가를 가능하게 할 수 있다. 이와 같이 실시간 교육생들의 훈련 현황 모니터링, 성과분석 및 세부 유형별 역량 평가분석 등을 통해 교육생의 산업기술 유출 조사 역량에 대한 신뢰성 있는 학습 및 평가방안을 정형화할 수 있을 것이다.

4. 결론

지금까지 산업보안 사고에 대비한 인공지능 기반, 프로파일링 조사기법 역량을 강화하기 위하여 AI 기반 최신 ICT기술을 활용한 프로파일링 시뮬레이터를 구축방안에 대하여 살펴보았다. 이미 서두에서도 언급한 바와 같이, 현재 산업보안 사고의 심각성은 날로 커지고 있다. 하지만 이에 대하여 기업들은 효과적인 대응이 어려운 실정이며 자체 보안조사를 통한 대응 과정에서도 시스템상 한계를 인식하고 있어 이를 극복하기 위한 인공지능형 시뮬레이터 개발이 시급한 상황이다.

그리고 이와 같은 문제개선의 일환으로 도입하고자 하는 산업보안 조사 역량 강화의 궁극적인 목적은 기업의 활동을 저해하는 요소를 찾아내어 보다 나은 기업 환경을 조성하는 데 있다. 특히, 이는 세계적인 기업들이 보안사고 발생 시에도 기업 이미지가 저하될 것을 우려하여 법으로 강제하지 않는 한 국가 사법기관의 개입을 먼저 요청하지 않는다는 현실을 고려할 때 더욱 필요하다고 할 것이다(이창무 외, 2019).

그간 산업기밀 유출조사를 위한 전문가 양성 차원의 직무교육은 제대로 이뤄지지 못하였고, 경력자를 위한 보수교육도 제대로 시행되지 않은 채 실무현장에 투입해 많은 시행착오를 겪었다. 특히, 산업보안 조사의 경우 일반적인 수사절차와 달리 강제절차의 진행이 제한되기 때문에 본인의 동의가 수반되지 않는 이상 피조사자의 특성 등을 조속히 파악하여 신속한 사실관계를 파악하고 및 추가 기밀유출을 차단해야 한다. 그러나 기밀유출 대부분이 '산업 스파이'가 아닌 전·현직 기업 관계자 등 내부자에 의하여 발생하며 이들은 해당 분야의 전문성이 높고 인맥을 악용한 은밀성 등으로 물증을 확보하기가 여간 어려운 일이 아니다(조선일보, 2019. 9. 25). 따라서 이러한 산업보안 조사를 담당하는 전문가 집단은 일반적인 조사 및 수사담당자들보다 산업보안 분야의 법·제도, 범죄심리, 경영관리, 기술적 측면 등 융·복합적 측면의 전문적 지식 구비가 요구되는 실정이나 공공기관 및 민간 기업이 이러한 역량을 갖춘 전문 인력을 선발 및 교육하는 것은 한계가 있다(김자원·전민서·박상호, 2016).

그러므로 이와 같은 점을 고려하여 프로파일링을 통한 면담조사로 피조사자의 심리적 압박과 답변상 허점을 파고들어 자술하도록 하거나 문제점을 파악하는 대면조사 기법역량 강화가 중요하다. 왜냐하면, 기밀유출 주요 유형별 범죄자의 특성을 빅데이터화 한 자료를 근거로 인공지능 아바타가 피조사자가 됨으로써 조사자인 교육생의 개별 질문에 대한 반복적인 반응을 제공하고 이에 따른 분석과정을 통해 교육생으로 하여금 프로파일링 능력을 향상시킬 수 있다. 그리고 이러한 반응이 어떠한 의미를 담고 있는지를 알려주어 효과적인 질문과 답변 및 반응에 따른 집중 조사대상을 압축할 수 있게 역량을 강화함으로써 비위자 식별이 가능할 것으로 판단된다. 본 장에서 제시한 것과 같은 시뮬레이터 개발을 통해 직무역량 향상과 더불어 산업기밀 유출사고의 감소를 기대해본다.

참고문헌

[국내문헌]

1. 단행본

국가정보원. (2020). 『2019년 테러정세 및 2020년 전망』. 서울: 국가정보원.

김학경 · 이승용 · 김민호. (2018). 『산업기술유출사건 조사방법론』. 성신여대 프라임 사업추진단, 183－191.

대검찰청. (2010). 『조사 · 신문핵심원리 실무매뉴얼』.

대테러센터. (2018). 제5차 국가테러대책위원회 보도자료.

신상엽. (2011). 『기계경비론』. 서울: 백산출판사.

외교부. (2019). 『2019 헝가리 선발 침몰사고 백서」, 서울: 외교부.

유민종. (2019). 사이버범죄협약과 국내 법제의 양립 가능성 연구(Doctoral dissertation, 서울대학교 대학원).

윤민우. (2014). 『해외에서의 신변안전 길라잡이』. 코트라 연구용역 과제.

이만종 · 김강녕 · 김경순 · 임유석 · 박보라. (2018). 『외국의 국제행사 테러대비 사례조사 및 정책제언』. 호원대학교 산학협력단, 서울: 국무총리실 대테러센터 정책연구용역.

이병태. (2016). 『법률용어사전』. 서울: 법문북스.

이준서. (2018). 『감염병 예방 및 대응체계에 관한 법제 개선방안 연구』. 서울 : 한국법제연구원.

이창무 외. (2019). 『산업보안학』. 서울: 박영사.

정보통신기획평가원. (2019). 『주간기술동향 1922호 ICT 신기술

정효연. (2017). 정보통신기술을 활용한 스마트 재난안전관리에 관한 연구. 목원대학교.

중앙방역대책본부 (2020). 코로나19감염증－19 집단시설 · 다중이용시설 대응 지침(제2판).

최경환. (2010). 『국내 다중이용시설 대테러 대응방안』. 서울: 치안정책연구소.

최항섭 · 강홍렬 · 장종인 · 음수연. (2005). 미래 시나리오 방법론 연구. 경제인문사회연구회 협동연구총서.

최훈제. (2019). 가상화폐 압수수색 표준절차 및 정족수다중서명을 이용한 압수물관리방

안 제안 (Doctoral dissertation, 서울대학교 대학원).

2. 논문

강 욱 · 이 윤. (2015). 산업기술 · 영업비밀 유출(의심)자에 대한 효과적인 면담 방안. 『경찰학연구』, 15(2), 105－126.

강희조. (2017). 4차산업혁명과 ICBMS를 활용한 재난안전관리에 관한 연구. 『디지털콘텐츠학회논문지』, 18(6), 1213－1216.

공선명. (2017). 산업보안 관련 법률 및 판례에 관한 연구. 『한국산업보안연구』, 7(1), 65－99.

권영재. (2011). 형사절차상 영상녹화제도의 유용성 과 표준모델에 관한 연구. 『동국대학교 박사논문』.

김금종 · 조성구 · 김동제. (2014). 산업보안 민간조사 원의 직무 모델. 『한국산업보안연구』, 4(2), 175－203.

김민지. (2013). 피의자 신문기법의 문제점 및 개선 방안. 『한국경찰연구』, 12(1), 31－62.

김상겸 · 문재태. (2014). 재외국민보호에 관한 법적 연구. 『토지공법연구』, 64, 365－395.

김상진. (2018). 경호실패귀인과 실패사례 분석을 통한 효율적인 경호운용방안 모색: 경호환경의 실패요인과 위해패턴 성향 도출. 융합보안논문지, 18(1), 143－155.

김선규 · 문보승. (2019). 한국 내 드론테러 발생 개연성에 관한 정책적 제안. 『한국군사학논집』, 75(2), 167－191.

김성종. (2015). 산업기술 보안에 대한 조사 및 분 석과 개선방안. 『융합보안논문지』, 1(1). 3－8.

김순석. (2011). 테러예방을 위한 환경설계 가이드라인. 『한국경찰연구』, 10(4), 139－166.

김은영. (2016). 대량살상형 테러양태와 변화분석 연구, 『국가정보연구』, 9(1), 240－274.

김자원 · 전민서 · 박상호. (2016). 산업보안 현장 전 문인력을 고려한 요구역량 분석 연구. 『한국산업보안연구』, 6(2), 7－27.

김충식. (2013). 효율적인 신문기법에 관한 실증적 고찰. 『한남법학연구』, 창간호, 106－150.

김태영. (2014). 국유특허(등록번호 10－1388633). 가상 쌍방향 신문훈련 시스템 및 이를 활용한 훈련 방법. 『특허청』.

김태영 · 김호. (2019). 가상현실기반 테러 및 범죄 수사신문 훈련용 시뮬레이터 개발연구. 『한국 테러 학회보』, 10(2), 15－29.

김태영·윤민우. (2017). OECD 국가들의 폭탄테러사건의 상황적 특성에 관한 연구. 『한국테러학회보』, 10(2), 5－25.

류창현·장석헌. (2019). 피면담자의 VR－HMD 생체 신호와 키니식 (행동) 진술분석 기반 자동 수사면 담 및 신문 시스템 플랫폼 개발의 함의. 『한국범죄 심리연구』, 15, 31－44.

문현철. (2020). 해외 감염병재난 대응체계의 개선 방안에 관한 연구－[감염병의 예방 및 관리에 관한 법률]의 대응규정을 중심으로. 『인문사회』, 11(1), 155－170.

박순태·신용희·강홍구. (2020). 사이버 범죄에 악용되는 암호화폐 불법거래 추적. 『정보과학회지』, 38(9), 40－47.

박원규. (2019), 경찰의 안면인식기술 사용에 관한 법적 검토, 국회입법조사처. 『입법과 정책』, 11(2), 245－264.

백의준·신무곤·지세현·박지태·김명섭. (2018). 비트코인 네트워크 트랜잭션 이상 탐지를 위한 특징선택 방법. 『KNOM Review '18－02』, 21(02).

부형욱·이현지·설인효. (2016). 한국사회에서 발생 가능한 테러시나리오와 군의 대테러 능력발전방향. 『국방정책연구』, 59(4), 27－52.

서상열. (2007). 要人테러의 위기관리 사례분석 및 발전방향에 관한 고찰. 『한국경호경비학회지』, (14), 235－260.

성국경. (2017). IoT기술동향 및 활용방안에 관한 연구. 『차세대융합기술학회논문지』.

성빈·이윤호. (2013). 초고층건축물의 테러 위험도 사전평가에 관한 연구,「한국경호경비학회지』, 36, 293－316.

신형석 (2019). 정부청사의 효율적 방호·보안관리를 위한 법령체계 정비방안에 대한 소고. 『한국경호경비학회』, (61), 41－57.

안재경·박석만·최이문. (2018). 범죄심리 수사 및 면담기법의 효과성에 대한 연구: NICHD 프로토콜, 진술분석, 폴리그래프를 중심으로. 『범죄수사학연구』, 4(1), 3－35.

안효춘·김국주·양현상·홍규덕·박영준. (2020). 국가중요시설의 적대적 드론 방어를 위한 스마트 대공방어체계 운용요구능력 고려사항에 관한 연구. 『한국방재학회 논문』, 20, 187－195

양영우·이주락. (2018). 드론의 물리보안 활용방안과 한계에 관한 고찰. 『치안정책연구』, 32(3), 255

양철호. (2017). 테러동향 변화에 따른 군·경 테러대응체계 개선방향.「치안정책연구』, 31(3), 61－90.

양현상·김승춘. (2020). 방산기술보호를 위한 기술 및 제도적 발전방안 연구. 『한국 IT 정책경영학회 논문지』, 12(1), 1525－1530.

윤민우. (2014). 해외에서의 한국인 대상 인질납치 사건에 대한예방과 대응: 신변안전 강화를 위한 방안에 대한 연구. 『한국경찰연구』, 13(2), 231-270.
_____. (2018). 유럽 각국들에서의 최근 테러 동향과 특성, 그리고 대테러 정책의 변화. 『한국치안행정논집』, 14(4), 191-212.
윤태영. (2018). 한국의 국외인질테러 대응체계와 활동 평가: 아프가니스탄 피랍사건을 중심으로. 『한국공안행정학회보』, 27(3), 273-302.
이도선. (2015). CPTED를 활용한 대테러 적용요소와 기법에 관한 기초연구,「한국 테러학회보』, 8(4), 117-136.
이민형·이정훈. (2015). 국가중요시설의 물리적 보안 요인 분석-항만보안을 중심으로. 『융합보안논문지』, 15(6), 45-53.
이상열. (2015). 뉴테러리즘의 예방을 위한 경찰의 대응방안에 관한 연구. 『한국경찰학회보』, 51, 95-126.
이상희·이상학·최연준. (2020). 물리보안정보관리 플랫폼(PSIM)을 활용한 펜데믹 대응방
이상희·이주락. (2017). 물리보안의 정의에 관한 연구: 위험평가이론을 중심으로. 『한국산업보안연구』, 7(2), 33-52.
이석민·신상영·원종석·박진·윤형미. (2020). 서울시 스마트 안전도시 구축방안. 서울연구원.
이석연·김진우. (2011). 악의적인 내부자에 의한 산업기밀 누설에 대한 사회행동학적 탐지 시스템. 『과학수사학회지』, 5, 307-320.
이영래. (2010). 요인테러 발생원인과 경호실패 연구. 광운대학교 대학원 박사학위논문.
이혜수·김재홍·오영록·이장한. (2015). 거짓진술행 동에서 나타나는 정서적 각성 및 인지적 부하. 『한국심리학회지』, 29(4), 85-101.
이희용. (2019). 재외국민보호와 영사업무. 『외교(7월호)』, 130, 74-89.
임헌욱. (2017). 국제표준화기구 (ISO)의 인증기준에 준하는 [국가중요시설]의 요구사항 개발. 『융합보안논문지』, 17(3), 65-71.
정교래·장세경. (2018), 가상현실 기술을 활용한 과 학수사 교육 개선방안 연구. 『범죄수사학연구』, 4(1), 103-118.
정병걸·성지은. (2019). 일선행정의 혁신과 리빙랩: 치안현장 문제해결을 위한 폴리스랩 사업 사례. 『한국행정학보』, 53(4), 275-296.
조성구. (2018). 한국의 국가안보와 대테러 전략-요인암살 사례와 경호활동의 방향. 『한국경찰연구』, 17(2), 251-268.
차장현·김병직·강태호·조성원. 2019. 다중이용시설 대테러 및 재난 안전 진단지표 개발. 『한국치안행정논집』, 16(3), 383-404.
최오호. (2019). 국회 외곽 경호·경비시스템 발전방향에 관한 연구. 『시큐리티연구』, 60, 113-136.

최종우·이창무. (2019). 산업기술유출범죄 수사의지에 영향을 미치는 요인 분석. 『한국경찰학회보』, 21(5), 105－132.
카이스트(KAIST) 문술미래전략대학원. (2018). 대한민국 국가미래전략 2018.
허종문·원재연·조재희·노영주. (2018). 7 포커 인공지능 시뮬레이터 구현. 「한국인터넷방송통신학회 논문지」, 18(6), 277－283.
홍유진. (2018). 효과적인 피의자신문 기법 탐색을 위한 연구: PEACE－model과 Reid technique의 효과성 검토 및 검증을 중심으로. 『경기대학교 박사학위 논문』.
황문규. (2016). 테러방지법상 정보활동의 범위와 한계. 『경찰법 연구』, 14(1).
황지원·김재연·주윤창. (2019). 산업보안범죄 심리－자기통제력, 조직몰입도, 자기합리화를 중심으로. 한국정책학회. 『동계학술발표논문집』, 19－29.

3. 기타

데일리시큐. (2020. 4. 26.). "테라데이타－단스케 은행, 인공지능 기반 사기 행위 탐지 플랫폼 발표".
https://www.dailysecu.com/news/articleView.html?idxno=25134

[해외문헌]

1. 단행본

ASIS. (2015). Physical Security Principles, Alexandria: ASIS International.
Clarke, R. V., & Newman, G. R. (2006). Outsmarting the terrorists, Westport, CT: Praeger Security International.
Sclimid, A.P., Jongman, A.J., & Stohl, M. (1988). Political terrorism: a new guide to actors, authors, concepts, databases, theories, and literature. New Brunswick: Transaction Books.
Patterson, D. G. (2013). Physical Protection Systems: A Practical Guide, 2nd Edition. Alexandria: ASIS International.

2. 논문

Bermejo, C., & Hui, P. (2021). A survey on haptic technologies for mobile aug－mented reality. ACM Computing Surveys (CSUR), 54(9), 1－35.
CISA. (2020). Guidance on the Essential Critical Infrastructure Workforce: Ensuring Community and National Resilience in COVID－19 Response Version 4.0, The Cybersecurity and Infrastructure Security Agency
Deloughery, K. (2013). Simultaneous Attacks by Terrorist Organizations. Perspectives

on Terrorism, 7(6), 1－11.
Doss. (2020). The ASIS Physical Security Professional Study Guide, 3rd Edition,. Alexandria: ASIS International.
Grossman, N. (2018). Drones and terrorism: Asymmetric warfare and the threat to global security. Bloomsbury Publishing.
Inbau, F. E., Reid, J. E., Buckley, J. P., & Jayne, B. C. (2013). Essentials of the Reid technique: Criminal interrogation and confessions. Jones & Bartlett Publishers.
Iqbal, Z., & Zorn, C. (2008). The political consequences of assassination. Journal of Conflict Resolution, 52(3), 385－400.
Kim, T., Jeong, S., & Lee, J. (2020). Factors of Mass Casualty Terrorism. *Security Journal*, 1－21.
McCartan, L. M., Masselli, A., Rey, M., & Rusnak, D. (2008). The logic of terrorist target choice: An examination of Chechen rebel bombings from 1997-2003. Studies in Conflict & Terrorism, 31(1), 60－79.
Perliger, A. (2015). The Causes and Impact of Political Assassinations. CTC Sentinel, 8(1), 11－13.
Restas, A. (2015). Drone applications for supporting disaster management. World Journal of Engineering and Technology, 3(03), 316.
U.S. Department of Defense. (2018). UFC 4－010－01 DoD, Minimum Antiterrorism Standards For Buildings, U. S. DoD.
U.S. SENATE. (2021). EXAMINING THE U.S. CAPITOL ATTACK.
U.S. Homeland Security (2015). Commercial Facilities Sector－Specific Plan An Annex to the NIPP 2013.
Wada, D. (2021). Terror Threat at Tokyo Olympics 2021. Japanese Society and Culture, 3(1), 3.

3. 기타

Azure Face 서비스. ko－kr/azure/cognitive－services/face/overview.
MicroSoft. (2020. 4. 20). https://docs.microsoft.com.

사항색인

저자 약력

김태영

육군사관학교 졸업(국제관계학과)
서울대학교 행정대학원 정책학 석사
동국대학교 경찰사법대학원 범죄학 박사
미국 육군성 CID 범죄수사교육 수료
육군본부 군사경찰실 참모총장 경호대장, 법제담당, 수사제도발전장교
수도방위사령부 군사경찰단 특별경호대장, 대대장
국무총리실 대테러센터 상황담당
합동참모본부 대테러작전 담당
경찰대학교 테러리즘·범죄학 강사
현 충남대학교 국가정책대학원 강사
현 대통령경호처 경호안전교육원 교수

문영기

육군사관학교 졸업(사학과)
국방대학교 안보정책학 석사
경남대학교 정치외교학 박사
합동참모본부 대테러작전 담당
육군 특전사령부 특임단장, 작전처장, 특전여단장, 참모장, 부사령관
국무총리실 대테러센터장
2018 평창동계 올림픽/2019 한-아세안 특별정상회의 대테러안전대책 본부장
현 한국연구재단 초빙교수(테러리즘, 경찰대학교)
현 국방부 안보정책자문위원

테러리즘의 스펙트럼

초판발행	2022년 2월 25일
중판발행	2022년 10월 20일
지은이	김태영 · 문영기
펴낸이	안종만 · 안상준
편 집	양수정
기획/마케팅	오치웅
표지디자인	이학영
제 작	고철민 · 조영환
펴낸곳	(주) 박영사 서울특별시 금천구 가산디지털2로 53, 210호(가산동, 한라시그마밸리) 등록 1959. 3. 11. 제300-1959-1호(倫)
전 화	02)733-6771
f a x	02)736-4818
e-mail	pys@pybook.co.kr
homepage	www.pybook.co.kr
ISBN	979-11-303-1495-2 93350

정 가 35,000원